HANDBOEK CHAKRAPSYCHOLOGIE

Van dezelfde auteur:
Chakra-werkboek
Reis door de chakra's

Anodea Judith

HANDBOEK CHAKRAPSYCHOLOGIE

Zelfverwerkelijking in zeven stappen

BECHT • HAARLEM

© 1996 Anodea Judith
Oorspronkelijke titel: Eastern Body, Western Mind
Oorspronkelijke uitgever: Celestial Arts, Berkeley, CA

Voor het Nederlandse taalgebied:
© 1997 Uitgeverij J.H. Gottmer / H.J.W. Becht BV, Postbus 160, 2060 AD Bloemendaal
(e-mailadres: gottmer@xs4all.nl)

Vertaling: Marijke Koekoek en Hajo Geurink
Omslagontwerp: Rian Visser
Zetwerk: Peter Verwey Grafische Produkties bv, Zwanemburg
Druk en afwerking: Ten Brink Meppel bv

ISBN 90 230 0954 1 / NUGI 626

Alle rechten voorbehouden. Niets uit deze uitgave mag worden verveelvoudigd, opgeslagen in een geautomatiseerd gegevensbestand, of openbaar gemaakt in enige vorm of op enige wijze, hetzij elektronisch, mechanisch, door fotokopieën, opnamen, of enige andere manier, zonder voorafgaande schriftelijke toestemming van de uitgever.

Voorzover het maken van kopieën uit deze uitgave is toegestaan op grond van artikel 16b j° het Besluit van 20 juni 1974, St.b. 351, gewijzigd bij Besluit van 23 augustus 1985, St.b. 471 en artikel 17 Auteurswet 1912, dienen de daarvoor wettelijk verschuldigde vergoedingen te worden voldaan aan de Stichting Reprorecht (Postbus 882, 1180 AW Amstelveen).
Voor het overnemen van gedeelten uit deze uitgave in bloemlezingen, readers en andere compilatiewerken (artikel 16 Auteurswet 1912) dient men zich tot de uitgever te wenden.

Inhoud

Voorwoord 8

Inleiding: Heilige centra van het Zelf 11

    Ontdekking van de Regenboogbrug 12

    Wielen die helen 15

    De menselijke biocomputer 19

    Karakterpantsering 31

    De zeven rechten 36

    De zeven identiteiten 39

    Chakrademonen 44

    Ontwikkelingsfasen 46

    De ontwikkeling van de volwassene 55

Eerste chakra: Het in ere herstellen van de tempel die het lichaam is 59

    Verschillende kleuren rood 63

    Het ontvouwen van de bloembladen 66

    De lotus laten groeien 74

    Trauma's en mishandeling 79

    Algemene effecten van trauma's en mishandeling 87

    Karakterstructuur 90

    Herstel van de lotus in zijn oorspronkelijke staat 94

Tweede chakra: Zwemmen in de wateren van verschil 111

    Verschillende kleuren oranje 115

    Het ontvouwen van de bloembladen 117

    De lotus laten groeien 132

    Trauma's en mishandeling 136

    Karakterstructuur 146

    Exces en deficiëntie 152

    Herstel van de lotus in zijn oorspronkelijke staat 160

DERDE CHAKRA: ONS EEN WEG NAAR MACHT BRANDEN 175

    Verschillende kleuren geel 179

    Het ontvouwen van de bloembladen 183

    De lotus laten groeien 194

    Karakterstructuur 199

    Trauma's en mishandeling 207

    Exces en deficiëntie 220

    Herstel van de lotus in zijn oorspronkelijke staat 225

VIERDE CHAKRA: HET EVENWICHT IN DE LIEFDE VINDEN 233

    Verschillende kleuren groen 237

    Het ontvouwen van de bloembladen 241

    De lotus laten groeien 259

    Trauma's en mishandeling 266

    Karakterstructuur 274

    Exces en deficiëntie 282

    Herstel van de lotus in zijn oorspronkelijke staat 287

VIJFDE CHAKRA: AL TRILLEND TOT EXPRESSIE KOMEN 299

    Verschillende kleuren blauw 303

    Het ontvouwen van de bloembladen 306

    De lotus laten groeien 317

    Trauma's en mishandeling 320

    Karakterstructuur 328

    Exces en deficiëntie 334

    Herstel van de lotus in zijn oorspronkelijke staat 338

INHOUD

ZESDE CHAKRA: ONZE WEG ERDOORHEEN ZIEN 353

   Verschillende kleuren indigo 357

   Het ontvouwen van de bloembladen 360

   De lotus laten groeien 379

   Trauma's en mishandeling 383

   Exces en deficiëntie 386

   Herstel van de lotus in zijn oorspronkelijke staat 391

ZEVENDE CHAKRA: JE OPENEN VOOR HET MYSTERIE VAN DE HEMEL 407

   Verschillende kleuren violet 411

   Het ontvouwen van de duizendbladige lotus 413

   De lotus laten groeien 429

   Trauma's en mishandeling 431

   Exces en deficiëntie 434

   Herstel van de lotus in zijn oorspronkelijke staat 440

BESLUIT: HERSTEL VAN HET HEILIGE 457

   De vele schakeringen van de Regenboog 458

   Alles in elkaar passen 463

   Kundalini-ontwaken 470

BIBLIOGRAFIE 478

REGISTER 483

WOORD VAN DANK 496

Voorwoord

Dit boek richt zich op belangrijke kwesties die vandaag de dag in de psychotherapie aan de orde komen: verslaving, afhankelijkheid van anderen, lichamelijk en seksueel misbruik, gezinsdynamiek, karakterstructuren, innerlijke kracht, feminisme, mannenemancipatie, seksualiteit, politiek en spiritualiteit. Het integreert technieken uit de bio-energetica, visualisatietechnieken, dieptepsychologie, meditatie, en alles ertussenin.

In de meer dan twintig jaar dat ik in de geestelijke gezondheidszorg werkzaam ben geweest, heb ik de menselijke ziel veel te veel zien lijden. Daar zat ik dan met mijn papieren zakdoekjes, om de tranen te drogen van mensen die ten diepste gewond waren door de afgrijselijke onwetendheid van emotioneel gehandicapte verzorgers – mensen die probeerden zich strompelend door een verwarde wereld heen te slaan, vol met anderen die net zo gewond zijn als zijzelf. Ik heb gezien hoe het heelwordingsproces degenen die deze heroïsche reis maken kan overweldigen en beangstigen. Toch ben ik ook getuige geweest van de ongelooflijke transformaties en hoop die deze reis haar reizigers brengt, alsmede van de transformatie van de wereld om hen heen.

Aan deze hoop op transformatie draag ik dit werk op. Het is een reisgids voor de bewustwordingsreis, een systematische methode om de problemen die ons kwellen aan te pakken. Het is geschreven voor mensen die met hun eigen heelwordingsproces bezig zijn en voor de therapeuten, counselors en docenten bodywork die onderweg als gids optreden. Het is ook bedoeld voor ouders die bewuste en gezonde kinderen willen grootbrengen en voor mensen die alleen maar wakker willen worden en met hun eigen ontwikkeling verder willen komen.

Handboek chakrapsychologie laat zien hoe de chakra's als hulpmiddel bij diagnose en heelwording gebruikt kunnen worden. Mijn belangrijkste doel is dit chakrasysteem zelf te beschrijven, als een lens waardoor wij naar de complexe problemen van de evolutie van de ziel, zowel de individuele als de collectieve, kunnen kijken. Het systeem wordt uitgelegd door de belangrijkste bestanddelen ervan te behandelen, de afzonderlijke chakra's, waarbij wordt onderzocht hoe deze door menselijk gedrag en de menselijke beschaving vorm krijgen en gevormd worden.

In dit boek heb ik drie draden van filosofisch denken dooreen geweven:
1. *Verlichtingsfilosofieën*, die zich opwaarts en verder bewegen, naar de rijken van het mentale en het spirituele. Deze komen voornamelijk uit oosterse culturen, en hun focus is transcendentie. Ze proberen de zorgen en problemen van de aardse wereld te ontvluchten door zich naar hogere niveaus van bewustzijn te verheffen die het lijden transcenderen.
2. *Belichamingsfilosofieën*, die zich naar beneden en naar binnen bewegen, naar de rijken van manifestatie, ziel, lichaam en betrokkenheid bij de wereld om ons

heen. Deze worden weerspiegeld in somatische therapieën, bio-energetica en op het aardse gerichte spiritualiteit. Hun focus is immanentie, of de aanwezigheid van het goddelijke in ons. Ze proberen een einde aan het lijden te maken door de strijd aan te binden met de krachten die dat veroorzaken.
3. *Integratiefilosofieën*, die zich naar integratie van tegenstellingen bewegen: lichaam en geest, hemel en aarde, geest en materie, licht en schaduw, mannelijk en vrouwelijk. Wat deze draad betreft heb ik ervoor gekozen me op de dieptepsychologie van Carl Gustav Jung te richten, en wel specifiek op zijn opvattingen over de reis van de ziel naar individuatie. Het doel van integratiefilosofieën is transformatie en heelheid.

Het chakrasysteem is een wijsgerige symbolisatie van het universum. Elk van de zeven niveaus stelt zulke belangrijke gebieden van het menselijk leven voor, dat er over elk chakra hele boeken geschreven zouden kunnen worden. Onderwerpen zoals liefde en relaties, macht en spiritualiteit, emotie en instinct vragen er gewoon om onderzocht en begrepen te worden. Seksualiteit bijvoorbeeld is maar één aspect van het tweede chakra, en seksueel misbruik is maar één aspect van seksualiteit. Het kan gewoon niet het doel van dit boek zijn om de complexiteit van een bepaald soort misbruik nauwkeurig te beschrijven. Het gaat er hier om misbruik de context van een groter systeem te geven, waarin het energetisch en spiritueel begrepen kan worden. Vanuit deze context is het mogelijk zicht te krijgen op je heelwordingsproces. Zie voor verdere informatie de leestips aan het eind van elk hoofdstuk.

Ik wilde een boek schrijven dat zo 'gebruikersvriendelijk' mogelijk is. Ik weet dat veel mensen in de op snelheid gerichte wereld van vandaag geen tijd hebben om een boek van deze omvang van a tot z te lezen. De tekst is daarom onderverdeeld in een groot aantal subparagrafen en tabellen, die de informatie gemakkelijk toegankelijk maken – je kunt lezen wat voor jou belangrijk is en de rest overslaan. Sommige gedeelten zijn wat meer op psychotherapeuten gericht en daarin wordt dan voor psychotherapie specifieke taal gebruikt, andere zijn op een algemeen publiek gericht.

Dit werk is zonder meer een westerse benadering van de chakra's. Het plaatst moderne psychosociale kwesties in een spiritueel kader, dat gebaseerd is op de esoterische interpretaties van de chakra's die in oosterse teksten kunnen worden gevonden. Ik bied hier geen bovenaardse discipline waarvoor ik leentjebuur heb gespeeld bij oosterse culturen, maar een nuchtere, praktische toepassing voor hedendaagse slachtoffers van de westerse beschaving. Niettemin is het onvermijdelijke resultaat een mengeling van Oost en West.

De rangschikking van onze chakra's is de organisatiestructuur die wij scheppen om tegen de wereld opgewassen te zijn. Door deze innerlijke rangschikking te begrijpen, kunnen wij onze afweermechanismen en behoeften begrijpen, en leren hoe wij het evenwicht kunnen herstellen. Het chakrasysteem heeft precies dezelfde geldigheid als welke psychologische theorie ook, en ik vind dat het veel ruimer toepasbaar is – het omspant tenslotte lichaam, geest en ziel. Ik nodig je uit het samen met mij te verkennen en al doende je eigen heelwordingsproces te verdiepen.

N.B.: De persoonlijke verhalen die hier worden verteld zijn combinaties van echte mensen – soms overlappen verhalen van verschillende mensen elkaar om tot de beste voorbeelden te komen. Alle namen en specifieke details zijn veranderd om de anonimiteit van de betrokkenen te waarborgen. Ik spreek mijn diepe dankbaarheid uit voor de cliënten, studenten en vrienden die zichzelf ter wille van de transformatie op het spel hebben gezet en me zoveel over dit materiaal hebben geleerd.

INLEIDING

*Heilige centra
van het Zelf*

Ontdekking van de Regenboogbrug

Al maalt men hun zielen in precies dezelfde molen,
Al legt men hun hart en hoofd vast,
De dichter zal toch altijd de regenboog volgen,
En zijn broer toch altijd de ploeg.

JOHN BOYLE O'REILLY

Je staat op het punt op reis te gaan door de vele dimensies van je eigen zelf, waarbij je verleden, heden en toekomst tot een ingewikkeld web van inzicht zult weven. Deze reis zal je naar een transformatie van bewustzijn voeren – over de Regenboogbrug – die geest en stof, hemel en aarde, lichaam en geest met elkaar zal verbinden. Terwijl je jezelf transformeert, transformeer je de wereld.

Het is een kleurrijke reis, kleurrijk als het leven zelf. Het is een alternatief voor de kleurloze, veel te grijze mentaliteit van het moderne tijdperk, waarin kleuren tot het kinderrijk beperkt blijven. Te veel volwassenen daarentegen brengen hun leven in donkere maatkostuums door, rijden in grijze metro's en over grijze autowegen door een zwart-witte werkelijkheid van onverbiddelijke keuzen en beperkte mogelijkheden. De opdracht van deze reis is het herwinnen van de multidimensionale verscheidenheid van de menselijke ervaring – niets meer of minder dan een queeste naar onze heelheid en de vernieuwing van onze collectieve geest.

De zeven kleuren van de regenboog symboliseren een alternatief voor ons binaire zwart-witte bewustzijn en bieden ons een wereld met veel kansen. De Regenboogbrug brengt de verscheidenheid aan licht tot uitdrukking die tijdens haar ontwikkeling van bron naar manifestatie ontstaat. De zeven kleuren ervan symboliseren zeven trillingsmodaliteiten van het menselijk bestaan – energiecentra die in ieder van ons bestaan.

De yogafilosofie leert ons dat de slangengodin Kundalini de evolutionaire levenskracht in ieder mens symboliseert. Zij ontwaakt uit haar slaap in de aarde om zich een weg door de chakra's te dansen, waarbij zij de regenboog weer een metafysische brug tussen materie en bewustzijn laat zijn. Via deze transformatiedans wordt de regenboog de *axis mundi* – de wereldas die door de verticale kern van ieder van ons loopt. Tijdens onze levensreis zijn de chakra's de wielen langs deze as, die het voertuig van het Zelf meeneemt op onze evolutiequeeste, over de Regenboogbrug, om opnieuw onze goddelijke aard terug te winnen.

Deze Regenboogbrug kan ook de culturen van Oost en West overspannen, daar deze van elkaar moeten leren. De schatten van het Oosten brengen westerlingen een enorme spirituele rijkdom. De ingewikkelde yogaoefeningen, de vele boeddhistische en hindoeïstische heilige geschriften en de rijke voorstellingswereld van oosterse godheden brengen westerlingen nieuwe dimensies van spirituele ervaring. Niettemin bestaat er ondanks deze spirituele rijkdom een overheersende materiële armoede in veel oosterse landen, vooral in India, waar yoga en het chakrasysteem zijn ontstaan. De meeste westerlingen daarentegen kennen materiële welvaart, maar spirituele armoede. Hebzucht en geweld domineren onze nieuwsberichten, angst en leegte kwellen onze jeugd, en een geestloos materialisme put de hulpbronnen van de wereld uit. Ik geloof dat het mogelijk is om zowel materiële overvloed als spirituele rijkdom te hebben. We kunnen alle chakra's tegelijk omvatten en zo eindelijk iets van persoonlijk en cultureel evenwicht bereiken.

Het oversteken van de Regenboogbrug is een mythische metafoor voor de ontwikkeling van het bewustzijn. Terugkeren naar een mythe is het werken aan onszelf in een breder kader plaatsen – een kader dat een diepere betekenis aan onze individuele strijd geeft. De Regenboogbrug herstellen is opnieuw contact maken met onze eigen goddelijkheid, deze in de wereld om ons heen verankeren, en de kloven waardoor onze wereld zo wordt geteisterd dichten.

In de mythologie is de regenboog altijd een teken van hoop geweest – een verbinding tussen hemel en aarde, een teken van harmonie en vrede. Ooit geloofde men dat godheden, geesten en stervelingen zowel tijdens als na het leven over de kleurenbanden trokken en de ondeelbaarheid van hemel en aarde beschermden. In de Noorse mythologie verbond de Regenboogbrug mensen met de goden, en vormde ze de schakel tot het Walhalla, het hemelse paleis waar de goden verbleven.

De regenboog als archetypisch symbool duikt in veel mythologieën over de hele wereld op. In de mythologie van de Hindoes schiep de godin Maya de wereld uit zeven sluiers met de kleuren van de regenboog. In de Egyptische mythologie waren het de zeven stola's van Isis, in het christendom de zeven sluiers van Salome, voor de Babyloniërs was het de met edelstenen in regenboogkleuren bezette halsketting van Isjtar, en voor de Grieken de gevleugelde Iris, die de boodschappen van de goden naar de mensen op aarde overbracht.[1]

De pot met goud aan het einde van de regenboog uit de Keltische mythologie symboliseert een soort Heilige Graal – het verloren vat van spirituele vernieuwing en vervulling. Jung verwees naar goud als het symbolische eindproduct van innerlijke alchemistische transformatie. De tocht door de chakra's is een alchemistisch proces van steeds toenemende verfijning, dat licht en schaduw verenigt, mannelijk en vrouwelijk, geest en materie, en dit allemaal in de smeltkroes van het lichaam en de psyche. De pot met goud is inderdaad de ongrijpbare steen der wijzen, die ons tot de heroïsche transformatiereis verlokt.

Het Turkse woord voor regenboog betekent letterlijk *brug*. Oude mythen vertellen ons dat wanneer de dag des oordeels nadert, de Regenboogbrug afgebroken zal worden, waardoor de verbinding tussen hemel en aarde voor altijd verwoest zal worden. Nu we bij het naderen van een nieuw millennium een onzekere toekomst tegemoet gaan, kan de dag des oordeels misschien worden afgewend door de Regenboogbrug met behulp van ons eigen bewustzijn opnieuw op te trekken. Zo wordt de reis een heilige queeste – een queeste die hoop en verbondenheid herstelt, die ons vernieuwt en de wereld behoudt.

Wielen die helen

Het chakrasysteem is een uit zeven niveaus bestaand filosofisch model van het universum. Chakra's hebben het Westen via de yogatraditie en yogabeoefening bereikt. Yoga (wat *juk* betekent) is een discipline die werd ontworpen om het individuele met het goddelijke samen te brengen, door mentale en lichamelijke oefeningen uit te voeren die ons alledaagse en spirituele leven samenvoegt. Dit doel wordt bereikt door verschillende stadia van verruimend bewustzijn door te maken. De chakra's symboliseren deze stadia.

Een chakra is een centrum van activiteit dat levenskrachtenergie ontvangt, assimileert en uitdrukt. Het woord chakra is letterlijk te vertalen met wiel of schijf, en verwijst naar een draaiende cirkel van bio-energetische activiteit, emanerend vanuit de belangrijkste zenuwknopen die zich vanuit de wervelkolom vertakken. Er zijn zeven van deze wielen, opgestapeld in een energiekolom die zich van de onderrug tot de kruin uitstrekt (figuur 0-1). Er bevinden zich ook kleinere chakra's in de handen, voeten, vingertoppen en schouders. Letterlijk elke werveling van activiteit zou een chakra kunnen worden genoemd. Het zijn echter de zeven grote chakra's die met basisstaten van bewustzijn correleren, en deze chakra's zullen we in dit boek behandelen.

Het chakrasysteem ontstond meer dan vierduizend jaar geleden in India. Naar chakra's werd verwezen in de oude Veda's, de latere Upanishaden, de *Yogasutra's van Patanjali*, en het meest gedetailleerd in de zestiende eeuw door een Indiase yogi in een tekst die de *Sat-Chakra-Nirupana* wordt genoemd.[2] In de jaren twintig werden de chakra's naar het Westen gebracht door Arthur Avalon, met zijn boek *The Serpent Power*.[3] Thans vormen ze een veel verbreid concept dat gebieden van het lichaam en de psyche met hiermee geassocieerde metafysische rijken verbindt.

Chakra's zijn geen stoffelijke entiteiten. Net zoals gevoelens of ideeën kunnen ze niet worden vastgehouden zoals een stoffelijk voorwerp kan worden vastgehouden. Niettemin hebben ze een krachtige uitwerking op het lichaam, aangezien ze de uitdrukking zijn van de belichaming van spirituele energie op stoffelijk niveau. Chakrapatronen zijn diep in de kern van de lichaam-geestinterface geprogrammeerd en houden sterk verband met ons lichamelijk functioneren. Net zoals emoties onze ademhaling, hartslag en stofwisseling kunnen beïnvloeden, en dit ook doen, zo beïnvloeden de activiteiten in de verschillende chakra's onze klierprocessen, lichaamsvorm, chronische lichamelijke kwalen, gedachten en gedrag. Door yoga-, ademhalings- en bio-energetische technieken, lichaamsoefeningen, meditatie en visualisatie toe te passen, kunnen wij op onze beurt onze chakra's, onze gezondheid en ons leven beïnvloeden. Dit is een van de essentiële waarden van dit systeem – dat het zowel op het lichaam als in de geest in kaart gebracht kan worden en via elk hiervan toegankelijk is.

Figuur 0-1. Plaats van de chakra's op het lichaam

De chakra's zouden dus een plaats hebben, hoewel ze niet in stoffelijke zin bestaan. In figuur 0-1 zijn de respectieve plaatsen van de zeven chakra's te zien. Deze plaatsen kunnen per individu enigszins verschillen, maar de relatie waarin ze tot elkaar staan verschilt niet.

Hoewel de chakra's niet zoals stoffelijke entiteiten kunnen worden gezien of vastgehouden, komen ze tot uitdrukking in de vorm van ons stoffelijk lichaam, de patronen die we in ons leven manifesteren, en in de manier waarop we denken en voelen en omgaan met de situaties waar het leven ons voor plaatst. Net zoals we de wind zien aan het bewegen van bladeren en takken, zo kunnen we de chakra's zien aan wat we om ons heen scheppen.

Op grond van hun plaats in het lichaam zijn de chakra's met verschillende staten van bewustzijn, archetypische elementen en filosofische constructen geassocieerd. De onderste chakra's bijvoorbeeld, die zich dichter bij de aarde bevinden, worden met de praktischer aangelegenheden van het leven in verband gebracht – overleving, beweging, actie. Ze worden door stoffelijke en maatschappelijke wetten geregeerd. De bovenste chakra's stellen mentale rijken voor en zijn via woorden, beelden en concepten op een symbolisch niveau werkzaam. Elk van de zeven chakra's is ook een belangrijk gebied van de menselijke psychologische gezondheid gaan symboliseren, iets wat als volgt kort kan worden samengevat: (1) over-

Figuur 0-2. Belangrijkste functies en elementen van de chakra's

leving, (2) seksualiteit, (3) macht, (4) liefde, (5) communicatie, (6) intuïtie en (7) cognitie (figuur 0-2).

Metaforisch hebben de chakra's betrekking op de volgende archetypische elementen: (1) aarde, (2) water, (3) vuur, (4) lucht, (5) geluid, (6) licht en (7) denken. (Dit is mijn interpretatie; in klassieke teksten worden alleen de vijf elementen aarde, water, vuur, lucht en ether genoemd.) Deze elementen symboliseren op hun beurt de universele principes zwaartekracht, polariteit, verbranding, evenwicht, trilling, luminescentie en bewustzijn zelf. Wanneer we deze basisprincipes en de essentie van de ermee in verband gebrachte elementen begrijpen, geeft ons dat een sleutel tot inzicht in de unieke aard van elke afzonderlijke chakra. Aarde is vast en compact; water is vormeloos en vloeibaar; vuur is stralend en transformerend; lucht is zacht en ruimtelijk; geluid is ritmische pulsatie; licht is verlichting brengend; denken is het ultieme medium van bewustzijn. Meditatie op de elementen brengt een diepe gewaarwording van de onmiskenbare smaak van elk chakra teweeg.

Tezamen vormen de chakra's een soort jakobsladder, die de polariteiten hemel en aarde, lichaam en geest, geest en materie met elkaar verbindt. Deze polariteiten bestaan op een continuüm, waarbij de chakra's de oplopende sporten zijn die in alle levensprocessen belichaamd worden. Elke stap omhoog gaat van een zware, duidelijk omlijnde trillingsstaat naar een hogere, subtielere en vrijere vorm. Elke stap omlaag brengt ons bij vorm en vastheid.

Aangezien er bij de chakra's zeven niveaus horen en de regenboog zeven kleuren heeft, wordt de langzaamste trilling van zichtbaar licht, rood, met het onderste chakra in verband gebracht, en de snelste, kortste, violet, met het kruinchakra. Elk van de andere kleuren (oranje, geel, groen, blauw, indigo) stelt de stappen ertussenin voor.[4] Terwijl we leren de chakra's in ons te openen en te helen, *worden* we de Regenboogbrug – de levende schakel tusen hemel en aarde.

De principes en attributen die bij elk van de chakra's horen, zullen in de volgende hoofdstukken worden besproken. In figuur 0-3 is een deel van de basisinformatie bijeengebracht.

De menselijke biocomputer

Het woord chakra betekent letterlijk schijf. Wat komt het goed uit dat schijven tegenwoordig de gebruikelijke eenheden zijn waarop geprogrammeerde informatie wordt opgeslagen. We kunnen deze analogie gebruiken en chakra's als floppy's beschouwen die essentiële programma's bevatten. We hebben een overlevingsprogramma dat ons vertelt wanneer we moeten eten, hoeveel uur we moeten slapen en wanneer we een trui moeten aantrekken. Het bevat bijzonderheden zoals hoeveel geld we denken nodig te hebben, wat we bereid zijn voor dat geld te doen, wat een bedreiging voor ons overleven kan betekenen, en wat ons een gevoel van veiligheid geeft. Zo hebben we ook programma's voor seksualiteit, macht, liefde en communicatie. In deze analogie kan het zevende chakra als het besturingssysteem worden gezien. Dit symboliseert hoe we al onze andere programma's organiseren en interpreteren.

In de computerwereld schrijdt de technologie zo snel voort dat tien jaar geleden geschreven programma's thans hopeloos ouderwets zijn. Dit geldt ook voor veel van de programma's die wij als kinderen hebben gekregen. Ouderwetse genderrollen zijn bijvoorbeeld onverenigbaar met gelijkwaardige relaties, en er ontstaan dan ook nieuwe modellen uit de strijd die moderne paren leveren. Een alcoholist volgt een ontwenningsprogramma, en programma's zijn noodzakelijk om gewicht kwijt te raken of een academische titel te behalen. We functioneren allemaal met behulp van een stel programma's, waarvan we ons al dan niet bewust kunnen zijn. De uitdaging waar we voor staan, is het programma vinden en het virus verwijderen.

De chakra's bevatten geprogrammeerde subroutines die vormgeven aan ons gedrag. Te veel eten is een subroutine van het overlevingschakra. Woedeaanvallen kunnen een onbewuste subroutine van een excessieve machtchakra zijn. Meditatie kan een bewuste subroutine van ons zevende chakra zijn.

In deze analogie is het lichaam de hardware, onze programmering de software en het Zelf de gebruiker. We hebben echter niet al deze programma's geschreven en een deel van de programmeertaal is zo archaïsch dat ze onbegrijpelijk is. Het is werkelijk een heroïsche uitdaging om vast te stellen wat onze programma's zijn en ze allemaal te herschrijven, terwijl we gewoon ons leven blijven leven. Toch is dit wat ons te doen staat om heelwording te bereiken. Deze taak wordt nog moeilijker wanneer we beseffen dat al onze individuele programma's deel uitmaken van een groter cultureel systeem waarop we geen of weinig invloed kunnen uitoefenen.

Figuur 0-3. Tabel van overeenkomsten

	Chakra een	Chakra twee	Chakra drie
Sanskriet-naam (betekenis)	Muladhara (wortel)	Svadhisthana (zoetheid)	Manipura (flonkerend juweel)
Plaats	Onderkant ruggengraat, stuitbeenplexus	Onderbuik, genitaliën, onderrug, heupen	Plexus solaris
Belangrijkste levensgebied	Overleving	Seksualiteit, emoties	Macht, wil
Gerichtheid op het Zelf	Zelfbehoud	Zelfvoldoening	Zelfbepaling
Doelen	Stabiliteit, aarden, lichamelijke gezondheid, voorspoed, vertrouwen	Soepelheid, lust, gezonde seksualiteit, gevoel	Vitaliteit, spontaneïteit, wilskracht, doelgerichtheid, gevoel van eigenwaarde
Rechten	Om er te zijn, te hebben	Om te voelen, te willen	Om te handelen
Ontwikkelingsfase	Baarmoeder tot één jaar	Half- tot twee jaar	Anderhalf tot vier jaar
Identiteit	Fysieke identiteit	Emotionele identiteit	Ego-identiteit
Demon	Angst	Schuld	Schaamte
Element	Aarde	Water	Vuur
Excessieve kenmerken	Zwaarheid, traagheid, monotonie, overgewicht, hamsteren, materialisme, hebzucht	Overdreven emotioneel, slecht afgebakende grenzen, seksverslaving, obsessionele gehechtheden	Overheersend, beschuldigend, agressief, met verschillende dingen tegelijk bezig, voortdurend actief
Deficiënte kenmerken	Herhaaldelijke angst, gebrek aan discipline, rusteloos, te licht, zweverig	Frigiditeit, impotentie, rigiditeit, emotionele verdoving, angst voor lust	Zwakke wil, weinig gevoel van eigenwaarde, passie, traag, angstig

INLEIDING

Chakra vier	*Chakra vijf*	*Chakra zes*	*Chakra zeven*
Anahata (ongeslagen)	Vissudha (zuivering)	Ajna (waarnemen)	Sahasrara (duizendvoudig)
Hart	Keel	Voorhoofd	Kruin, hersenschors
Liefde, relaties	Communicatie	Intuïtie, verbeeldingskracht	Bewustzijn
Zelfacceptatie	Zelfexpressie	Zelfbespiegeling	Zelfkennis
Evenwicht, mededogen, zelfacceptatie, goede relaties	Heldere communicatie, creativiteit, weerklank	Paranormale waarneming, nauwkeurige interpretatie, verbeeldingskracht, helder zien	Wijsheid, kennis, bewustzijn, spirituele band
Om te beminnen en bemind te worden	Om te spreken en gehoord te worden	Om te zien	Om te weten
Vier tot zeven jaar	Zeven tot twaalf jaar	Adolescentie	Het hele leven
Sociale identiteit	Creatieve identiteit	Archetypische identiteit	Universele identiteit
Verdriet	Leugens	Illusie	Gehechtheid
Lucht	Geluid	Licht	Denken
Afhankelijkheid van anderen, slecht afgebakende grenzen, bezitterig, jaloers	Te veel praten, niet kunnen luisteren, te wijdlopig, stotteren	Hoofdpijn, nachtmerries, hallucinaties, waanideeën, concentratieproblemen	Overdreven intellectueel, spirituele verslaving, verwarring, dissociatie
Verlegen, eenzaam, alleen, gebrek aan empathie, bitter, kritisch	Spreekangst, slecht ritme, afasie	Slecht geheugen, slechte ogen, ziet geen patronen, ontkenning	Leermoeilijkheden, spiritueel scepticisme, bekrompen opvattingen, materialisme, apathie

Het chakrasysteem kan als hulpmiddel gebruikt worden om virussen te bestrijden en om ons leven te herprogrammeren. Als we dit op individueel niveau kunnen leren, kunnen we dezelfde methoden misschien wel op onze cultuur en omgeving toepassen.

Er is nog een belangrijk aspect aan deze analogie dat we maar al te vaak heel vanzelfsprekend vinden, namelijk de basisenergie die dit alles laat functioneren. De meest geavanceerde computer met megabytes aan software is nutteloos zonder elektriciteit. Wat al onze programma's activeert, is de energie die we in het systeem laten stromen. Ingewikkelde inwendige stroomschema's beslissen welke gebieden energie moeten krijgen en wanneer. Hongercentra worden geactiveerd wanneer onze maag leeg is en seksuele centra ontwaken door bepaalde stimuli.

Om een mens te kunnen begrijpen, moeten we de energie die door het systeem stroomt onderzoeken. We kunnen deze energie als opwinding beschouwen, als lading, aandacht, bewustzijn of gewoon als de levenskracht. (Bepaalde spirituele stelsels noemen haar *chi*, *ki* of *prana*.) Ons inzicht in de chakra's ontstaat uit de analyse van het patroon waarin energie door het lichaam, het gedrag en de omgeving van een persoon stroomt.

Sally's patroon zou kunnen zijn dat ze haar lichaam negeert en volledig in haar hoofd leeft. Georges patroon zou kunnen zijn dat hij mensen wegduwt wanneer ze dichtbij komen, terwijl hij tegelijkertijd te veel praat in een poging hen bezig te houden. Jane zou van de ene baan naar de andere kunnen gaan, zodat ze nooit lang genoeg ergens blijft om promotie te maken, en zou een niet zo fraai zelfbeeld kunnen hebben vanwege haar gebrek aan succes. Deze patronen kunnen als uitdrukkingen worden gezien van de manier waarop chakraprogramma's onze menselijke biocomputer laten werken.

Het is heel gebruikelijk om een volstrekt goed programma te hebben en niet te weten hoe dit te activeren. Mensen die problemen hebben met hun gewicht weten vaak precies wat ze wel en niet zouden moeten eten, of welke lichaamsbeweging ze zouden moeten nemen. Maar dergelijke programma's aan de gang krijgen is een heel andere zaak. Voor activatie is een energielading nodig die zich door de psychische stromen van het lichaam beweegt.

Om onze programma's aan de gang te krijgen, moeten we onze energiestromen activeren (figuur 0-4). Net zoals bij elektriciteit het geval is, is onze stroom bipolair. Menselijke lichamen zijn groter dan ze breed zijn, en dus lopen onze belangrijkste energiebanen verticaal, terwijl er subtielere stromen in andere richtingen lopen. Zo hebben we dus twee belangrijke polen: de op de aarde gerichte pool waarmee we via ons lichaam contact maken, en de pool van bewustzijn, die we via onze geest ervaren.

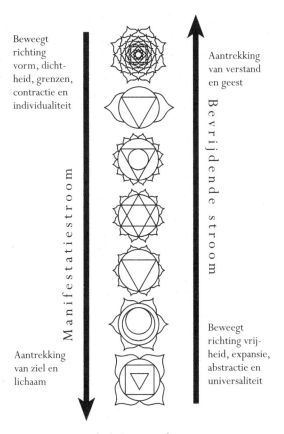

Figuur 0-4. Energetische stromen

Wanneer er via het lichaam energetisch contact wordt gemaakt, heet dat *aarden*. We zijn geaard als we stevig contact met de aarde maken, vooral via onze voeten en benen. Dit wortelt in gewaarwording, gevoel, actie en in de dichtheid van de stoffelijke wereld. Deze verbinding zorgt ervoor dat we ons veilig voelen, levendig, op onszelf geconcentreerd en in onze omgeving geworteld.

Bewustzijn daarentegen ontstaat vanuit de ongrijpbare entiteit die we geest noemen. Het is ons innerlijk inzicht, ons geheugen, onze dromen en opvattingen. Het organiseert ook de met onze zintuigen waargenomen informatie. Wanneer het bewustzijn van het lichaam wordt losgemaakt, is het uitgestrekt en vaag, dromerig en leeg, maar tot grote reizen in staat. Wanneer het met ons lichaam is verbonden, ervaren we een dynamische energiestroom door ons hele wezen. Op deze manier raakt het spirituele rijk belichaamd, wordt het tastbaar en werkzaam. We hebben in feite het systeem ingeschakeld, net zoals we onze stereoapparatuur inschakelen zodat we op verschillende frequenties kunnen afstemmen. De chakra's worden dan zoiets als stations, die op verschillende frequenties ontvangen en uitzenden.

Ziel en geest zijn uitdrukkingen van deze polariteiten. In mijn gebruik van deze termen zie ik ziel als strevend naar vereniging met het lichaam, de voorkeur gevend aan vorm, hechten en gevoel, terwijl geest zich naar vrijheid en verruimd bewustzijn beweegt. *Ziel is de individuele uitdrukking van geest, en geest is de universele uitdrukking van ziel.* Ze zijn met elkaar verbonden en versterken elkaar. (Deze uiteenzetting wordt in het hoofdstuk over het zevende chakra uitgewerkt.)

Bevrijding en manifestatie

Bevrijding is het pad van transcendentie. Manifestatie is het pad van immanentie. Beide leiden naar dezelfde plaats: het goddelijke. De zeven wervelingen van de chakra's worden teweeggebracht door de combinatie van deze twee actieve principes: bewustzijn en materie. Bewustzijn kunnen we zien als een stroom die via het kruinchakra binnenkomt en zich door het lichaam heen naar beneden beweegt. Aangezien de chakra's elementen symboliseren die steeds vaster worden naarmate ze afdalen (van denken naar aarde), noem ik deze neerwaartse energiestroom de *stroom van manifestatie*. Wanneer we gedachten omzetten in visualisaties, dan in woorden en uiteindelijk in vorm, zijn we bezig met het manifestatieproces. Uitsluitend door belichaming kan bewustzijn zich manifesteren. Dit betekent dat de energiestroom door het lichaam/de hardware moet worden geleid om de noodzakelijke programma's te activeren.

De opwaartse stroom, die zich vanuit de vaste aarde naar etherisch bewustzijn beweegt, is de *stroom van bevrijding*. Terwijl we stap voor stap door de chakra's omhoog gaan, worden we minder begrensd. Water is minder scherp omlijnd dan aarde, gedachten zijn minder specifiek dan woorden of beelden. De chakra's werden vanouds als een pad naar bevrijding beschouwd – een pad waarop men bevrijd is van de beperkingen van de stoffelijke wereld.

Het is een basispremisse van dit boek dat er voor een mens sprake moet zijn van evenwicht tussen deze beide stromen om heel te kunnen zijn. Als we ons niet kunnen bevrijden, kunnen we niet veranderen, groeien of verruimen. We gaan op automaten lijken, onbewust vastzittend in monotone subroutines, ons bewustzijn door de saaiheid in slaap gewiegd. Zonder de stroom van manifestatie daarentegen worden we doelloos en leeg – dromers die naar uitgestrekte rijken vliegen maar er niet kunnen landen, vol ideeën maar niet in staat tot betrokkenheid of voltooiing. Wanneer we beide stromen verenigen, brengen we de paring van kosmische polariteiten teweeg die bekendstaat als *hieros gamos*, heilig huwelijk. Deze vereniging van tegenstellingen doet onbegrensde mogelijkheden ontstaan. Het is de metaforische bron van *conceptie* – een woord dat zowel de geboorte van een idee als het begin van leven impliceert.

Helaas worden beide stromen door negatieve ervaringen beïnvloed. Lichamelijke pijn, jeugdtrauma's, maatschappelijke programmering en een onderdrukkend milieu of onderdrukkende activiteiten halen de bodem onder onze voeten vandaan en snijden ons dus af van de bevrijdende stroom die zijn oorsprong aan de basis vindt. Onze cultuur, die zo trots is op haar filosofie dat geest belangrijker is dan materie, snijdt ons af van onze lichamelijke ervaring en van de aarde zelf. Door deze scheiding wordt onze seksualiteit ontkend, worden onze zintuigen bestormd, ons milieu misbruikt en onze macht gemanipuleerd. Onze bodem is onze vorm, en zonder bodem verliezen we onze individualiteit.

Aan het andere uiteinde van de pool maken verkeerde informatie en indoctrinatie ons bewustzijn krachteloos. Het kind dat te horen krijgt dat het niet zag wat het zojuist gezien heeft of niet gevoeld kan hebben wat het voelde, leert aan zijn eigen bewustzijn te twijfelen. Instincten en herinneringen kunnen losraken van het bewustzijn. Dit kan fobieën teweegbrengen en dwangmatige activiteit, waarbij het gedrag niet noodzakelijkerwijs overeenkomt met de bedoelingen van de bewuste geest.

Gelukkig worden informatie en ervaringen zowel in lichamelijke als mentale staten opgeslagen. Wanneer de ene kant afgesneden is, slaat de andere kant de informatie op. Ons lichaam kan herinneringen terugvinden die onze geest vergeten is, zoals wanneer incestherinneringen tijdens bodywork of seks bij mensen opkomen. Wanneer we bewustzijn in onze bodem brengen, activeert dit verschillende herinneringen en ervaringen die de leugens en misverstanden onthullen die we uit ons geheugen hebben gebannen en die ons bewustzijn zijn kracht hebben ontnomen.

Evenzo kunnen gewaarwordingen in het lichaam terugkeren wanneer onze aandacht op bepaald mentaal materiaal wordt gericht – de elementen van een droom, personages in een roman, of beelden uit een film. Wanneer ik mensen aan de praat krijg over een essentieel onderwerp, gebeurt het vaak dat ze energie in hun lichaam voelen stromen, omdat een deel dat voorheen krachteloos was tot leven komt. Beide leiden tot diepgaand inzicht.

Integratie van lichaam, geest en energie maakt heelwording mogelijk. Het is niet genoeg om alleen maar te begrijpen zonder te doen, of om alleen maar energie te ontladen zonder inzicht. Het is de integratie van deze twee stromen die de energie levert voor de veranderingen die we in ons leven tot stand proberen te brengen.

Receptie en expressie

Geven en nemen zijn de gemeenschappelijke principes van al het leven. Beide zijn essentiële factoren in open systemen, wat de wereld betreft en wat de persoonlijke ontwikkeling van ieder mens betreft. Als geven en nemen uit balans zijn, raakt het systeem ofwel overstelpt ofwel leeg, en kan het niet langer functioneren.

Er bestaan ook twee horizontale stromen die in en uit elk chakra komen – de stroom van receptie en de stroom van expressie. We vermengen onze twee verticale stromen om onszelf op verschillende chakraniveaus tot uitdrukking te kunnen brengen. De spraak die ik via mijn keelchakra tot uitdrukking breng, is bijvoorbeeld een mengeling van mijn gedachten, wil en ademhaling. Mijn liefde is een mengeling van gevoelens en begrip. Evenzo komt wat we via deze horizontale stromen ontvangen het systeem binnen en beweegt het tussen onze chakra's op en neer. Een inzicht dat ik krijg bijvoorbeeld, kan iets in mijn lichaam losmaken of mijn denken veranderen.

Wanneer een chakra geblokkeerd is, raken receptie en expressie verstoord. Als we de chakra's als gaten in een fluit zien, kunnen we begrijpen dat het om het hele bereik te spelen nodig is dat we elk ervan kunnen openen en sluiten. Hoe we dit werkelijkheid kunnen laten worden is het onderwerp van dit boek.

Chakrablokkades

Een blokkade ontwikkelt zich vanuit gelijkwaardige en tegengestelde krachten die elkaar op een bepaald niveau ontmoeten. We kunnen niet alleen maar de ene of de andere kracht elimineren. Ze moeten geïntegreerd worden. We hebben allemaal wel eens ervaren dat de vrije stroom van onze energie of intenties geblokkeerd leek. Gewoonteblokkades kunnen in categorieën vallen die met chakrafunctionering te maken hebben. Als communicatie bijvoorbeeld moeilijk voor ons is, hebben we een blokkade in het vijfde chakra. Als we in angst en onderwerping leven, zouden we kunnen zeggen dat ons machtchakra geblokkeerd is. Als onze lichamelijke gezondheid of persoonlijke financiën constant in crisis verkeren, hebben we een blokkade in het eerste chakra.

Waardoor wordt een chakra geblokkeerd? Jeugdtrauma's, culturele conditionering, bekrompen opvattingen, restrictieve of uitputtende gewoonten, lichamelijke en emotionele verwondingen, of zelfs alleen maar gebrek aan aandacht dragen allemaal bij aan het ontstaan van chakrablokkades. Moeilijkheden komen in het leven in overvloed voor, en voor elk ervan ontwikkelen we een strategie om ermee om te gaan. Wanneer moeilijkheden maar blijven bestaan, worden deze strategieën chronische patronen, die als afweerstructuren in het lichaam en de psyche verankerd raken.

Uiteindelijk doen deze afweermechanismen patronen van bijeen-, vast-, in-, terug- en tegenhouden in ons spierstelsel ontstaan die het vrijelijk stromen van energie beperken, zelfs wanneer er geen werkelijke bedreigingen meer bestaan. Deze chronische spanning staat bekend als *lichaamspantsering*. Ze is van invloed op onze houding, ademhaling, stofwisseling en onze emotionele geestesgesteldheid, alsmede op onze waarnemingen, interpretaties en opvattingen. Aangezien het lichaam-geestsysteem in die mate wordt beïnvloed, zien we manifestaties in onze relaties, ons werk, onze creativiteit en opvattingen – die allemaal naar voortzetting van het patroon neigen.

Zoals een steen in een beekbedding stokken en bladeren verzamelt, zo wordt elke enigszins significante blokkade mettertijd steeds ernstiger. Wat als een kleine angst begint, groeit uit tot een regelrechte fobie, die onze vrijheid ernstig beperkt. Telkens optredende woede kan iemand van zijn of haar vrienden vervreemden, en die eenzaamheid kan een depressie en nog meer woede produceren. Wanneer men zich in relaties vastklampt, brengt dat verlating teweeg, wat de neiging om zich vast te klampen nog versterkt.

Bovendien is een blokkade in een specifiek chakra van invloed op het stromen van de vier basisstromen. Het kan zijn dat we niet in staat zijn onze bevrijdende stroom 'van de grond' te krijgen, zodat we telkens maar weer met overlevingskwesties worden geconfronteerd. Of we zijn niet in staat om onze manifestatiestroom volledig te aarden, en dan blijven we dwalen in een stroom van ideeën, niet in staat contact te maken met de werkelijke wereld. Als we niet in staat zijn een bepaalde soort energie (zoals liefde of nieuwe informatie) te *ontvangen*, dan verschrompelt het chakra, waardoor dit nog meer in zijn functioneren wordt beperkt. Als we niet in staat zijn energie *tot uitdrukking te brengen*, stagneren we en worden we een gesloten systeem.

In al deze gevallen ervaren we het leven onvolledig of onevenwichtig. Daarom is het belangrijk de blokkades die we meedragen te herkennen, manieren te vinden om de bron en betekenis ervan te begrijpen, en hulpmiddelen te ontwikkelen om ze te helen.

Om een chakra te deblokkeren, zullen er verschillende niveaus moeten worden aangepakt:

1. *Begrijpen wat de dynamiek van het betreffende chakra is.* Dit betekent het chakrasysteem goed genoeg kennen om zowel de aard van elk chakra als zijn functie in het systeem als geheel te kunnen begrijpen. Op deze manier weten we wat het chakra probeert voor elkaar te krijgen, en hoe het chakra zich gedraagt wanneer het optimaal functioneert.
2. *Onderzoeken hoe de persoonlijke geschiedenis verband houdt met de levensgebieden van dit chakra.* Elk chakra kent een ontwikkelingsfase, met trauma's en mishandeling, die van invloed zijn op het functioneren van dit chakra. Inzicht in wat je programmering in elke ontwikkelingsfase is geweest levert essentiële informatie over de aard van de blokkade op.
3. *Oefeningen en technieken uitvoeren.* Omdat de chakra's stoffelijke vorm hebben gekregen, zijn er specifieke lichaamsoefeningen ontworpen om bepaalde delen van het lichaam te openen. Er bestaan ook meditaties, concrete opdrachten en visualisatietechnieken om veranderingen in een chakra te helpen bewerkstelligen.

4. *Excessen en deficiënties in evenwicht brengen.* Als een chakra geblokkeerd wordt door voortdurend inhouden en vasthouden, leren we los te laten. Als een chakra geblokkeerd wordt door voortdurende vermijding, leren we ons op dat gebied in zowel ons lichaam als ons leven te concentreren.

Niet alle blokkades zijn echter hetzelfde, zelfs niet in hetzelfde chakra. Voor verschillende blokkades zijn er verschillende soorten van helen nodig. In de paragraaf hieronder wordt een belangrijk onderscheid gemaakt tussen twee basissoorten van chakra-onevenwichtigheid. In de hoofdstukken die nog volgen wordt nauwkeurig bekeken wat de oorzaak van blokkades in specifieke gebieden is, en wordt de aard van hun verschillende manifestaties geanalyseerd.

Exces en deficiëntie

Zo veel problemen in het leven ontstaan uit te veel of te weinig van iets. Ons leven lang zoeken we naar evenwicht. De manier waarop iemand met stress, negatieve ervaringen of trauma's omgaat, valt meestal in een van de volgende twee categorieën: de betrokkene versterkt zijn energie en aandacht om de stress te bestrijden, of vermindert zijn energie om zich uit de situatie terug te trekken. Dit heeft een *excessieve* of een *deficiënte* strategie om met problemen om te gaan tot gevolg. Je kunt zien voor welke van de twee mensen hebben gekozen door naar hun lichaam te kijken en uit te zoeken wat hun gewoonten zijn. Hoe staat het met de gespannenheid van het lichaam? Is er sprake van chronische spanning? Maken ze zich overal overdreven druk om? Zijn ze dwangmatig over details, overdreven ordelijk? Als dat het geval is, kennen ze over het algemeen te veel grenzen en zijn ze excessief. Als hun patroon daarentegen is dat ze zich uit situaties terugtrekken, vaag, onbetrouwbaar of erg wispelturig zijn, en hun lichaam te weinig spanning vertoont, los of pappig is, dan kennen ze waarschijnlijk te weinig grenzen en zijn ze deficiënt. De somatisch therapeut Stanley Keleman omschrijft het zo:

> In een te veel grenzen omvattende reactie verdikken of verstijven de membranen van de structuur dusdanig dat de omgeving niet gepenetreerd kan worden, niet van buitenaf naar binnen, niet van binnenuit naar buiten. Onvoldoende begrensde structuren hebben betrekking op membranen die losraken; er is sprake van poreusheid, en de wereld dringt de betrokkene binnen of deze lekt naar de wereld uit.[5]

We kunnen dit ook als patronen van vermijding of overcompensatie beschouwen. Vermijding leidt tot chakradeficiëntie en overcompensatie leidt tot chakraexces.

Een bullebak die zijn onzekerheid compenseert door anderen te overheersen, vertoont een excessief derde chakra. Een bang mens die voortdurend praat, zou een excessief vijfde chakra hebben. Een veel te zwaar individu kan een excessief eerste chakra hebben en zijn lichaamsgewicht gebruiken om zich beschermd en geaard te voelen. Excessieve chakra's overcompenseren verlies of beschadiging door zich excessief daarop te concentreren – meestal op een disfunctionele manier die het verlies niet heelt.

Een vermijdingsreactie doet zich in een bepaald gebied voor wanneer men niet genoeg ontwikkeling heeft om volledig op dat niveau te functioneren, dus vermijdt men situaties waarbij dat gebied betrokken zou kunnen worden. Mensen die als kind lichamelijke trauma's hebben opgelopen kunnen zich uit hun lichaam terugtrekken en moeite hebben om de stoffelijke wereld het hoofd te bieden. Iemand die zich machteloos voelt, zal alles doen om conflicten te vermijden. Mensen die in eenzaamheid en verwaarlozing zijn opgegroeid hebben misschien niet geleerd hoe ze relaties moeten aangaan, en zullen hun hartchakra afsluiten en zich uit het sociale leven terugtrekken.

Een excessief chakra is te zeer in wanorde om functioneel nuttig te kunnen zijn. Net zoals bij een verkeersopstopping raakt het chakra door overlading geblokkeerd, en de energie wordt dicht en stagneert. Een deficiënt chakra perkt de energie in en blijft verkrampt, leeg en nutteloos.

Door de jaren heen worden we waarschijnlijk tijdens onze ontwikkeling excessief in bepaalde gebieden en deficiënt in andere. Als mensen in hun eerste chakra deficiënt zijn, is het waarschijnlijk dat ze excessief zullen zijn in hun bovenste chakra's. Als ze excessief gehecht zijn aan macht over anderen, zullen ze problemen in hun relaties hebben. Het is zelfs mogelijk om zowel deficiënte als excessieve patronen in hetzelfde chakra te vertonen. Iemand die bijvoorbeeld hevig emotioneel is maar seksueel frigide, vertoont zowel exces als deficiëntie in het tweede chakra.

Excessieve en deficiënte chakra's hebben echter enkele dingen gemeen. Ze zijn allebei het gevolg van strategieën die bedoeld zijn om met stress, trauma's of onplezierige omstandigheden om te gaan. Ze perken beide de energie die door het systeem stroomt in en ze blokkeren de volledige expressie van zowel de bevrijdende als de manifestatiestroom. Uiteindelijk hebben ze allebei disfunctioneel gedrag en gezondheidsproblemen tot gevolg.

Het helen van deze onevenwichtigheden is theoretisch heel eenvoudig. Een excessief chakra moet energie ontladen en een deficiënt chakra moet energie ontvangen. Het is echter moeilijk om een chakra dat veertig jaar dicht is geweest te openen, of om een excessief persoon zo ver te krijgen dat deze loslaat. Bovendien zijn er veel subtiliteiten die uitzonderingen op bovenstaande regel teweegbrengen. Als mensen bijvoorbeeld als een manier om te ontladen te veel praten, helpt het waarschijnlijk niet om hen aan te moedigen meer te praten. In plaats hiervan moeten zij kracht geven aan een onderliggende deficiëntie, niet goed geaard zijn of emotionele verdoving bijvoorbeeld. Op deze manier kan een excessief chakra een deficiënt voeden. Iemand die goed kan visualiseren, kan dezelfde kracht gebruiken om zich een gezonder lichaam voor te stellen (en te scheppen). Bij het versterken van een deficiënt chakra kan het ook noodzakelijk zijn om steun te creëren door een chakra eronder te versterken. Ons gevoel van macht (derde chakra) neemt toe wanneer we geaard zijn (eerste chakra). Voor goede relaties (vierde chakra) is emotionele gevoeligheid (tweede chakra) vereist. Deze subtiliteiten komen al werkend met het systeem in de loop der jaren aan de oppervlakte.

De schoonheid van het chakrasysteem bestaat erin dat het multidimensioneel is. Deze onevenwichtigheden kunnen verbaal worden aangepakt met gesprekken, lichamelijk met oefeningen en aanrakingen, spiritueel met meditatie, emotioneel met onderzoek van gevoelens, visueel met beelden, auditief met geluid, en verwerkelijking kan plaatshebben met concrete opdrachten die bepaalde levensgebieden versterken.

Karakterpantsering

Het karakter is het harde omhulsel dat door energie wordt achtergelaten en dat als zodanig een huis vormt; maar wanneer we groeien, wordt het omhulsel te klein.

JOHN CONGER

Wanneer excessen en deficiënties deel gaan uitmaken van onze patronen van bijeen-, vast-, in-, terug- en tegenhouden, kunnen ze als *karakterpantsering* worden omschreven. Dit is een bio-energetische term die gebruikt wordt ter beschrijving van bepaalde strategieën om met problemen om te gaan en van de erbij behorende chronische patronen van bijeen-, vast-, in-, terug- en tegenhouden die in de houding en de weefsels van het lichaam huizen. Het kenmerkende van karakterpantsering is dat ze ontstaat op grond van tijdens de ontwikkelingsstadia van het leven ervaren moeilijkheden. Onze manieren om met deze uitdagingen om te gaan, worden gewoontepatronen die in de 'bedrading' van het zich ontwikkelende systeem terechtkomen. Van deze patronen zijn we ons niet bewust. Ze zijn niet wat we besluiten te doen, maar lijken meer op automatisch lopende standaardprogramma's. In deze zin zijn het onbewuste gewoontereacties – zichzelf instandhoudende patronen die vaak juist opnieuw de situaties creëren waardoor ze werden veroorzaakt.

Karakterstructuren beschrijven het geheel van de pantseringspatronen in het lichaam. Alexander Lowen beschrijft vijf basiskarakterstructuren, elk met onmiskenbare kenmerken, die gebaseerd zijn op het werk van Wilhelm Reich.[6] De meeste mensen vertonen een van deze vijf structuren, maar hebben ook wel iets van de overige vier. Zo kunnen we ons door de ene karakterstructuurlaag heen werken en daar dan weer een andere onder vinden; ook wordt een structuur soms door een bepaalde levenssituatie geactiveerd: verlies van een geliefde kan bijvoorbeeld onze 'orale' kwesties activeren en de spanningen van een eindexamen onze behoefte om te presteren. Inzicht in karakterpantsering komt bij het werken met de interface tussen lichaam en geest heel goed van pas en correleert rechtstreeks met de verspreiding van energie door de chakra's.

Lowen heeft de vijf karakterstructuren specifieke namen gegeven, die enkele ervan nogal pathologisch doen lijken. Ik ben van mening dat deze karakterstructuren in feite heel gewoon zijn en daarom geef ik er de voorkeur aan minder vernederende namen te gebruiken. De vijf structuren worden hier kort beschreven, waarbij beide namen worden gebruikt, en komen in de volgende hoofdstukken uitgebreider aan de orde.

Figuur 0-5. Lichaamstypen

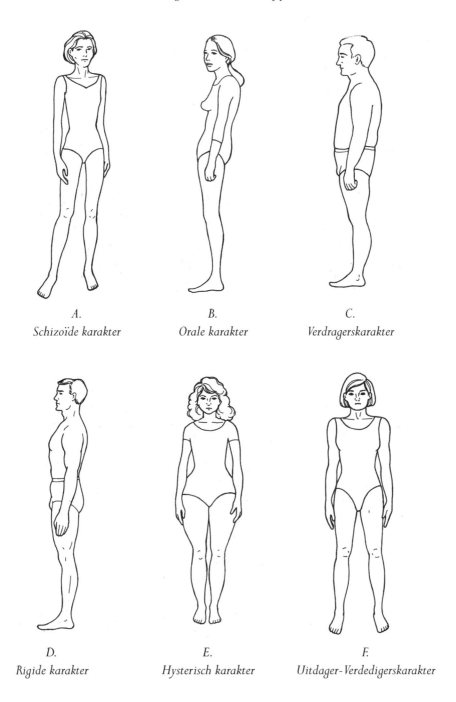

A. Schizoïde karakter

B. Orale karakter

C. Verdragerskarakter

D. Rigide karakter

E. Hysterisch karakter

F. Uitdager-Verdedigerskarakter

De schizoïde/creatieve structuur. Lowen noemde deze structuur schizoïde vanwege de kenmerkende scheiding tussen lichaam en geest, die het gevolg is van vervreemding van het eerste chakra. Mensen met deze structuur zijn zeer creatief en intelligent; hun bovenste chakra's zijn overontwikkeld. Hun problemen hebben te maken met het recht om te bestaan, dus deze structuur wordt bij chakra een besproken.

De orale/beminnaarsstructuur. De orale structuur wordt bij het tweede chakra besproken, omdat ze het gevolg is van deprivatie tijdens de met chakra een en twee samenhangende koesterende/voedende afhankelijkheidsfase. Aangezien orale types sterk op emotionele versmelting en geven zijn gericht, worden zij ook wel 'de beminnaars' genoemd.

De masochistische/verdragersstructuur. De masochistische structuur wordt in chakra drie gefixeerd met als kenmerk begrensde energie bij de wil. Van hun autonomie beroofd als zij zijn, zijn masochisten geneigd alles binnen te houden, in een tegenstrijdig patroon van behagen en verzet bieden, waarbij zij hun geblokkeerde energie naar binnen richten. Zij zijn sterk en trouw en kunnen problemen goed verdragen, dus krijgen zij de positievere benaming 'verdragersstructuur'.

De rigide/prestatiegerichte structuur. Mensen van dit type hebben door een gebrek aan goedkeuring verwondingen bij hun hart opgelopen en zijn geneigd hun energie op prestaties te richten. Zij zijn heel functioneel, maar vaak bang voor relaties, betrokkenheid en gevoelens van intimiteit. De prestatiegerichte structuur wordt bij chakra vier besproken.

De psychopathische/uitdager-verdedigersstructuur. De psychopathische structuur houdt wat de ontwikkelingsfasen betreft ook met het derde chakra verband, maar het resultaat is eerder excessief dan deficiënt. Mensen van dit type zijn gericht op macht over anderen; zij worden ook wel uitdagers-verdedigers genoemd, omdat zij de zwakken verdedigen en de sterken uitdagen. Aangezien hun patronen van bijeen-, vast-, in-, terug- en tegenhouden de energie in het lichaam naar boven brengen, vooral naar de nek en schouders, bespreek ik de uitdagers in het hoofdstuk over chakra vijf.

Om gemakkelijk iets over de vijf karakterstructuren op te zoeken, wordt in figuur 0-6 een overzicht hiervan getoond. Andere overzichten volgen bij de uitgebreidere besprekingen waarin het verband tussen de structuren en de exces- en deficiëntiepatronen van alle zeven chakra's wordt aangetoond.

Figuur 0-6. Vijf karakterstructuren

Lowens termen	Schizoïde	Orale
Alternatieve termen	Creatieve	Beminnaars-
Deprivatieleeftijd	Baarmoeder tot halfjaar	Half- tot tweeëneenhalf jaar
Patronen	Bijeenhouden	Vasthouden (vastklampen)
Angst	Instorten, gek worden	Verlating, afwijzing
Twijfels	Recht om te bestaan	Recht om te hebben
Illusie	Mijn geest is mijn lichaam.	Ik kan het niet alleen. Liefde zal alles oplossen.
Ouders	Boos, bang	Depriverend
Persoonlijkheids-symptomen	Ontbeert zelfgevoel	Depressief, behoeftig, afhankelijk
Ogen	Leeg, onbeweeglijk, bang	Bedelend, jong hondje
Positieve aspecten	Zeer creatief	Liefdevol
Lichamelijke tekenen	Spanning in gewrichten, gespannen, schrikachtig	Ingezakte borstkas, te dik of te dun, bleek, zacht
Meest getroffen chakra's	Deficiënte eerste	Excessieve tweede, excessieve vierde

Masochistische	Rigide	Psychopathische
Verdragers-	Prestatiegerichte	Uitdager-Verdedigers-
Anderhalf tot drie jaar	Drieëneenhalf tot vijf jaar	Tweeëneenhalf tot vier jaar
Inhouden	Terughouden	Tegenhouden
Vernedering, onbeschermd zijn	Overgeven (aan gevoelens)	Onderwerping (aan een ander)
Recht om te handelen (autonomie)	Recht om te willen, recht om te voelen	Recht om vrij te zijn, recht om lief te hebben
Ik probeer je tevreden te stellen.	Prestaties zijn alles.	Het is allemaal een kwestie van willen.
Indringerig, autoritair	Seksueel afwijzend, koud	De ene ouder verleidelijk, de andere autoritair
Voelt zich klem zitten, humeurig	Agressief, trots, prestatiegericht	Machtshonger, obstinaat, tegendraads
Vol pijn en verwarring	Glinsterend, helder, aanwezig	Dwingend
Standvastig, geduldig, diplomatiek	Succesrijk, zeer functioneel	Houden het hoofd koel, aardig tegen underdogs
Gedrongen, samengeknepen billen, schokkerige bewegingen	Hoofd hoog, hart gesloten, bekken actief, middel geblokkeerd	Aantrekkelijk, naar boven verplaatste energie, los bekken
Geblokkeerde derde	Deficiënte vierde	Excessieve derde, sterke vijfde

De zeven rechten

Elk chakra weerspiegelt een fundamenteel, onvervreemdbaar recht (zie hieronder). Het verlies van een recht blokkeert het chakra. Het weer opeisen van dit recht is een noodzakelijk onderdeel van het helen van het chakra (figuur 0-7).

Chakra een: het recht om er te zijn. Om stevigheid in het eerste chakra te vinden, moeten we een instinctief besef hebben van ons recht om er te zijn. Tijdens de cursussen die ik geef, valt het mij altijd op dat de meeste mensen juist met dit recht problemen hebben, hoe eenvoudig het ook mag lijken. Zonder het recht om er te zijn, kunnen maar weinig andere rechten worden opgeëist. Hebben we het recht om ruimte in te nemen? Hebben we het recht om goed voor onszelf te zorgen? Het recht om er te zijn is het recht om te bestaan – het recht dat de basis is van ons overleven en ons gevoel van veiligheid.

Een uitvloeisel van dit recht is *het recht om te hebben*, in het bijzonder om te hebben wat we nodig hebben om te kunnen overleven. Het kan zijn dat ik mijn recht om er te zijn heb begrepen, maar nog steeds moeite heb mezelf toe te staan om dingen zoals tijd voor mezelf, plezier, geld, bezittingen, liefde of complimentjes te hebben. Niet in staat zijn iets te hebben, is zoiets als een boekenkast zonder planken bezitten. Als er in het systeem geen plaats is om dingen in op te slaan en geen doelmatig proces om ze te verwerven, dan bevinden we ons voortdurend in een staat van deprivatie – zelfs wanneer we hulp aangeboden krijgen.

Een ongewenst kind twijfelt aan zijn recht om er te mogen zijn en kan later in zijn leven problemen krijgen met het verwerven van wat hij nodig heeft. Wanneer ons voedsel, kleding, beschutting, warmte, medische zorg of een gezonde omgeving is ontzegd, is ons recht om te hebben beknot. Als gevolg hiervan kunnen we in ons leven vaak vraagtekens bij dat recht gaan zetten. Het recht om te hebben ligt ten grondslag aan het vermogen om te omvatten, bevatten, bewaren en manifesteren – allemaal aspecten van een gezond eerste chakra.

Chakra twee: het recht om te voelen. Een cultuur die het uiten van emoties afkeurt of gevoeligheid als zwakte beschouwt, maakt inbreuk op ons fundamentele recht om te voelen. 'Je hebt niet het recht om kwaad te zijn.' 'Hoe kun je op die manier je emoties uiten? Je zou je moeten schamen!' 'Jongens huilen niet.' Dit soort opmerkingen maken inbreuk op ons recht om te voelen. Door te voelen, verkrijgen we belangrijke informatie over ons welzijn. Wanneer het recht om te voelen geschaad wordt, raken we het contact met onszelf kwijt, worden we gevoelloos en verward. Een uitvloeisel van dit recht is het *recht om te willen*, want als we niet kunnen voelen, is het erg moeilijk te weten wat we willen. Ons recht om van gezonde seksualiteit te genieten is nauw met ons recht om te voelen verbonden.

Chakra drie: het recht om te handelen. Culturen met nauw omschreven gedragspatronen schaden het recht om te handelen middels angst voor straf en het afdwingen van blinde gehoorzaamheid. De meeste mensen doen wat anderen doen, bang om te vernieuwen, bang om vrij te zijn. Wanneer het recht om te handelen wordt beperkt, dan verzwakt dat onze wil en spontaneïteit, en onze levenskracht neemt af. Dit impliceert niet dat zinloze of grillige daden gunstig zijn voor het derde chakra, maar wel dat we de vrijheid nodig hebben om onze innerlijke autoriteit te ontwikkelen. Een uitvloeisel van dit recht is *het recht om vrij te zijn*.

Chakra vier: het recht om te beminnen en bemind te worden. In een gezin kan dit worden geschaad door disfuncties in het vermogen van de ouders om van hun kind te houden en ervoor te zorgen. In de cultuur komt de schade tot uitdrukking in een veroordelende houding ten opzichte van mannen die van mannen en vrouwen die van vrouwen houden. Het recht om te beminnen wordt verder geschaad door rassenstrijd, culturele vooroordelen, oorlog, of alles wat vijandigheid tussen groepen tot gevolg heeft, alsmede door weinig eigendunk, een gebroken wil en het onvermogen om te voelen of te communiceren. Daar dit het middelste chakra in een systeem van zeven is, wordt het recht om te beminnen geschaad wanneer een van de andere rechten wordt verloren of beschadigd.

Chakra vijf: het recht om de waarheid te spreken en te horen. Dit recht wordt geschaad wanneer we in ons gezin van herkomst niet oprecht mogen praten. 'Zo spreek je niet tegen me, knul!' 'In dit gezin wordt niet over dit onderwerp gesproken.' Dit houdt ook in dat er niet naar ons geluisterd wordt wanneer we spreken, dat er familiegeheimen bewaard worden, en dat er niet eerlijk tegen ons wordt gesproken. Wanneer onze ouders, cultuur of regering tegen ons liegen, wordt dit recht geschonden. Duidelijk leren communiceren is van wezenlijk belang voor het weer opeisen van dit recht.

Chakra zes: het recht om te zien. Dit recht wordt geschaad wanneer ons wordt verteld dat wat we waarnemen niet echt is, wanneer dingen met opzet verborgen worden gehouden of ontkend worden (zoals drinken door een van de ouders), of wanneer de diepte van ons inzicht niet serieus wordt genomen. Wanneer kinderen dingen zien die buiten de grenzen van hun begrip vallen, of wanneer zich regelmatig boze of beangstigende scènes voordoen, vermindert hun vermogen om te zien. Dit kan zowel op het gezichtsvermogen als op subtielere psychische waarnemingen van invloed zijn.

Chakra zeven: het recht om te weten. Hiertoe behoort het recht op nauwkeurige informatie, het recht op waarheid, het recht op kennis en het recht om gewoon te weten wat er aan de hand is. Een goede schoolopleiding vormt een belangrijk deel van kennis. Even belangrijk zijn onze spirituele rechten – het recht om ons op welke manier ook met het goddelijke te verbinden. Een ander een spiritueel dogma opdringen doet afbreuk aan onze bij het zevende chakra behorende persoonlijke en spirituele rechten. Wanneer ons informatie en een goede schoolopleiding wordt onthouden, wordt het natuurlijk zoeken van het zevende chakra belemmerd.

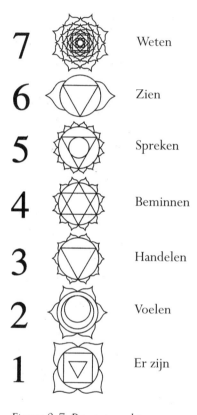

Figuur 0-7. De zeven rechten

De zeven identiteiten

Als onze rechten intact blijven, of als we erin geslaagd zijn deze weer op te eisen, bestaat er een goede kans dat we onze zeven fundamentele chakra-identiteiten kunnen aannemen. Elk hiervan bouwt voort op degene eronder, in een zich steeds uitbreidend patroon van grotere systemen. Alvorens tot een opsomming van de identiteiten te komen, is het de moeite waard na te denken over het concept *identiteit* zelf, want dit is een glibberig maar belangrijk psychologisch en spiritueel concept.

Een identiteit geeft ons *betekenis*. We zijn voortdurend op zoek naar betekenis, omdat we daarmee weten hoe we moeten handelen. In een systeem bepaalt de identiteit van de delen hoe deze op elkaar inwerken. Katten kunnen zich met andere katten voortplanten, maar niet met honden. Wanneer we regenwolken zien, weten we dat we de autoramen dicht moeten doen. Als we ziek of uit ons gewone doen zijn, willen we weten wat daar de oorzaak van is.

Elk chakra wordt met een bepaalde, tijdens onze ontwikkelingsfasen tevoorschijn komende identiteit in verband gebracht. Elke identiteit omvat de identiteiten van de vorige fasen. Verruiming van ons identiteitsbesef is een van de sleutels tot bewustzijnsverruiming.

De identiteiten kunnen als metaforische lagen kleding worden beschouwd, als manieren waarop de wezenlijke ziel eronder wordt bedekt. Het is geen probleem om kleren te hebben – we hebben verschillende uitmonsteringen voor verschillende gelegenheden nodig, van spijkerbroek tot smoking tot sexy lingerie. Het is wel een probleem als we denken dat kleding is wie we werkelijk zijn, en onze kleren nooit afleggen.

Wanneer we zo in deze identiteiten opgaan dat we ze verwarren met het eraan ten grondslag liggende Zelf, dan zijn we op een bepaald niveau blijven steken. We hebben de kleding met het lichaam zelf verward – niet bereid onze kleren uit te trekken, bang om de naaktheid eronder bloot te geven. Als we ons daarentegen helemaal niet met een niveau kunnen vereenzelvigen, dan weten we dat we hier nog wel wat werk voor de boeg hebben. Op sollicitatiebezoek gaan in een smerige spijkerbroek, of formeel gekleed tuinieren is ongepast – als dat alles is wat we kunnen, zijn we ten zeerste beperkt.

De chakra-identiteiten kunnen positief of negatief zijn, bevrijdend of beklemmend. Ze zijn tegelijkertijd echt en niet echt. Ze zijn echt in de zin dat ze echte delen zijn, maar ze zijn ook niet echt, omdat ze niet het geheel zijn (figuur 0-8).

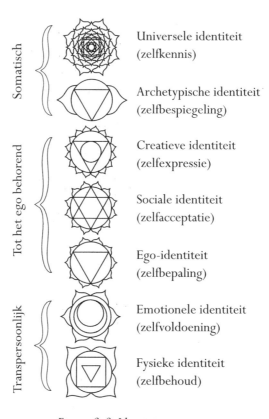

Figuur 0-8. Identiteiten

Chakra een. Ons eerste identiteitsniveau staat bekend als de *fysieke identiteit*, en de functie ervan is *zelfbehoud*. Hier leren we ons met ons lichaam te vereenzelvigen – wanneer mijn lichaam honger heeft, heb *ik* honger, wanneer het pijn heeft, heb *ik* pijn. Het lichaam omhult de onzichtbare ziel, en onthult er de vorm en uitdrukking van. Wanneer we ons met ons lichaam vereenzelvigen, vereenzelvigen we ons met de uitdrukking van de ziel in stoffelijke vorm, en ook met de lichamelijke eigenschappen mannelijk, vrouwelijk, jong, oud, dik, dun, gezond of ziek.

Vereenzelviging met ons lichaam is noodzakelijk voor het omgaan met de stoffelijke wereld. Als ik niet besef dat ik geen doos met vijftig kilo papier kan optillen, kan ik verschrikkelijke pijn in mijn rug krijgen. Als ik niet herken dat ik hongerig ben of rust nodig heb, kan ik op den duur mijn gezondheid schaden. Zonder deze identiteit zijn we van ons lichaam gescheiden en niet met de stoffelijke wereld verbonden.

Chakra twee. Onder het lichaamsoppervlak kolken de emoties. De emoties zijn de kleren van onze gevoelens. Wanneer we een sterke emotie ervaren, voelen we dat we leven en vereenzelvigen we ons vaak met het betreffende gevoel. Zelfs onze taal gebruikt deze vereenzelviging: ik *ben* woedend, ik *ben* bang. (In andere talen wordt gezegd: ik *heb* angst of woede.) Dit is de identiteit die zegt: *ik voel dus ik ben*, en wat ik ook voel, dat *is* wat ik ben. Sommige mensen identificeren hun voornaamste zelfgevoel op deze manier.

Het tweede chakra is dus onze *emotionele identiteit* en de functie ervan is *zelfvoldoening*. Emoties komen vanuit onze fysieke identiteit tevoorschijn en brengen toch een extra dimensie mee. We moeten ons lichaam voelen om onze emoties te voelen en hun boodschappen te leren interpreteren. De emotionele identiteit verruimt het ervaren van ons lichaam en geeft dit dimensie en structuur, waardoor ze ons met het stromen van de wereld verbindt.

Chakra drie. In het derde chakra vereenzelvigen we ons met onze wil, ons gedrag en onze daden. Hier beseffen we dat we een afzonderlijke entiteit zijn met de macht om onze eigen daden en gevolgen uit te kiezen. Dit is de *ego-identiteit*, gericht op *zelfbepaling*.[7] Dit type vereenzelviging zegt: ik ben wat ik doe. Wanneer we iets goed doen of iets moeilijks bereiken, hebben we een goed gevoel over onszelf. Wanneer we fouten maken of falen, denken we dat we slecht zijn. We denken dat wat we doen een uitspraak is over wie we zijn. De ego-identiteit komt vanuit de lichamelijke en emotionele identiteit tevoorschijn en kan als een *innerlijke leidinggevende* worden beschouwd, daar ze leiding geeft aan onze activiteit in de wereld. Het is de identiteit die het vaakst de leiding heeft. Maar we moeten niet vergeten dat ze slechts tot het middenkader behoort.

Chakra vier. In het vierde chakra scheppen we een *sociale identiteit*, die ook als de *persona* bekendstaat. De persona is de persoonlijkheid die werd geschapen om met anderen in wisselwerking te treden – het is het deel van onszelf dat van het ego toestemming heeft om aan de oppervlakte te komen, maar dan wel helemaal van de schaduw gescheiden. Onze sociale identiteit kan de dwangmatige helper zijn, de verleidelijke minnaar, de behager, of de entertainer. In het gezin kunnen we de rol van de verloren zoon of dochter op ons nemen, van de held, het brave meisje, of de rebel. Oorspronkelijk is ons zelfbeeld gebaseerd op hoe anderen op ons reageren – of we populair zijn of een buitenstaander, of we worden bewonderd of bekritiseerd, bemind of afgewezen – waarbij we onszelf voornamelijk via onze relaties definiëren. Naarmate we ouder worden verschuift de identiteit, en gaat ze ook inhouden hoe we onze dienstverlenende rol ten opzichte van anderen waarnemen, of hoe we geleerd hebben te geven en een wereld die groter is dan ons op het ego gerichte zelf te omvatten. Dit wordt onze basis voor *zelfacceptatie*.

De sociale identiteit heeft het ego als fundament, maar dijt voortdurend uit en ontstijgt het rijk van egocentrische behoeften om een bewustzijn van anderen te gaan inhouden. Wanneer ik me losmaak van mijn exclusieve vereenzelviging met het ego-zelf en om andere mensen op de wereld geef, komt mijn sociale identiteit tevoorschijn. Niettemin hangt de manier waarop ik mezelf aan anderen presenteer voor een groot deel af van onderliggende egosterkte.

Chakra vijf. Het vijfde chakra is het centrum van onze *creatieve identiteit*. Hier vereenzelvigen we ons met onze *zelfexpressie* – wat we zeggen en voortbrengen. Oorspronkelijk vereenzelvigen we ons met onze wereld door middel van de verplichtingen die we aangaan. Ik heb me tot een huwelijk verplicht, en door deze verplichting ben ik een echtgenote. Ik heb beloofd een boek te schrijven, en wat deze verplichting betreft ben ik een schrijver. In deze identiteit nemen we de verantwoordelijkheid voor wat we zeggen door die in onze daden te belichamen. Via onze creativiteit maken we onszelf kenbaar als kunstenaar, leraar, ondernemer, politicus, moeder of vader. (Het kan ook zijn dat we ons met onze fouten en mislukkingen identificeren.) De creatieve identiteit verruimt naar buiten toe, dankzij haar vermogen om aan het grotere systeem bij te dragen en terug te geven.

Wanneer dit niveau rijpt, gaan we ons met grotere mogelijkheden vereenzelvigen en proberen we inspiratie uit de grote werken van de beschaving te halen, uit de bezielende daden van helden en heiligen, dichters en schilders. Wanneer we ons naar het creatieve stromen van de wereld om ons heen uitbreiden, vereenzelvigen we ons met ons pad. Ons pad is de bewustwording van wat onze persoonlijke bijdrage aan het grotere systeem is. Idealiter leidt het pad naar een steeds grotere bewustzijnsgroei en de uiteindelijke transcendentie van het persoonlijk zelf, dat tot transpersoonlijk zelf wordt. Het fundament ervan is een gezond ego, maatschappelijk zelfvertrouwen en mededogen voor anderen.

Chakra zes. In het zesde chakra breiden we ons uit tot onze *archetypische identiteit*, waarbij het individuele *ik* in iets transpersoonlijks wordt getransformeerd. Ons eigen verhaal wordt nu als een gebeurtenis in een groter verhaal gezien. Als we onder een niet zo'n goede moeder hebben geleden, die geen goede moeder kon zijn omdat ze geen steun kreeg, dan dragen we een stukje van het archetypische verhaal van de degradatie van de moedergodin met ons mee – het verlies van de archetypische moeder. De macht waaraan het onze moeder ontbrak, was dezelfde macht die al duizenden jaren van vrouwen wordt afgenomen, van het archetype zelf wordt afgenomen. Zij die leden omdat hun vaders afwezig waren, dragen een stukje van het grotere verhaal van de industriële revolutie met zich mee, van mannen die hun macht werd ontnomen, die van hun gezinnen en de op de aarde gerichte waarden van thuis werden verwijderd.

Wanneer we onze eigen levensthema's in sprookjes, mythen en nieuwe verhalen weerspiegeld zien, vergroten we ons inzicht in het Zelf. In het grotere systeem ervaren we *zelfbespiegeling*. We beseffen dat we acteurs zijn in een veel groter drama, dat we op de golven van culturele getijden worden meegevoerd. Wanneer we op dit niveau rijpen, nemen we bewust de evolutie van de archetypische symbolen die tot ons spreken in ons op. Als we een kruistocht voor het behoud van het regenwoud ondernemen, doen we meer dan alleen maar bomen redden – we leveren een bijdrage aan een grotere archetypische goede zaak.

Chakra zeven. In het kruinchakra komen we bij de laatste en grootste identiteit: onze *universele identiteit*. Hoe groter ons bewustzijn wordt, hoe groter onze identiteit kan worden. Wanneer we beseffen hoe geweldig groot de omvang van de kosmos is, zijn we in de gelegenheid om onze kleinere, beperktere wereld te transcenderen en ons met het gehele universum te vereenzelvigen. Dit is een veel voorkomend thema bij mystieke ervaringen, tijdens welke de vereenzelviging met de kleinere egostaten plaatsmaakt voor herkenning van een op eenheid gebaseerde gelijkenis met het gehele leven, met de gehele schepping. In oosterse filosofieën is dit de basis van ware *zelfkennis* – besef van de innerlijke goddelijkheid.

Elk chakraniveau beweegt zich van uitsluitend individuele entiteiten – zo uniek en bijzonder als ons lichaam – naar een universele gemeenschappelijkheid. Helemaal bovenaan bij het kruinchakra wordt individualiteit getranscendeerd en in het grotere veld van het goddelijke opgenomen. Dit komt tot uitdrukking in de boeddhistische spreuk *Gij bent Dat*. Het doel van het kruinchakra, van meditatie en in feite van de meeste spirituele disciplines is het verbreken van de banden met de kleinere identiteiten en het bereiken van verwezenlijking van de universele identiteit. Dit ontkent de werkelijkheid van de kleinere identiteiten niet; het betekent alleen maar dat we deze als deel van een verenigd en geïntegreerd geheel zien.

Elke identiteit is, wanneer ons ontwikkelingsproces zich daar concentreert, van het grootste belang. Net zoals bij de behoeftehiërarchie van Maslow het geval is, moeten we onze identiteiten eerst op de lagere niveaus consolideren voordat we de grotere identiteiten in stand kunnen houden, zelfs al kunnen we er zo nu en dan een glimp van opvangen als ze nog helemaal niet aan de orde zijn. Wanneer we de hogere, meer omvattender identiteiten ervaren, krijgen onze lagere identiteiten het juiste perspectief – ze worden niet minder belangrijk, maar nemen hun plaats in van delen die een veel groter, machtiger geheel schragen.

Chakrademonen

Het onbewuste is niet alleen maar slecht van aard, het is ook de bron van het hoogste goed; niet alleen donker maar ook licht, niet alleen dierlijk, halfmenselijk en demonisch maar ook bovenmenselijk, spiritueel en, in de klassieke betekenis van het woord, 'goddelijk'.

C.G. JUNG

Elk chakra heeft wat ik een specifieke demon ben gaan noemen, die de gezondheid ervan aantast en de identiteit ervan ondermijnt. Ik gebruik het woord *demon* niet om een of ander slecht wezen mee aan te duiden, maar als een manier om de tegenkracht te benoemen die de natuurlijke activiteit van het chakra schijnbaar tegenwerkt. De reden dat ik 'schijnbaar' zeg, is dat demonen opduiken om ons iets te leren. Een tegenkracht resulteert meestal in het versterken van wat ze bestrijdt. De aanwezigheid van de demon zorgt ervoor dat het chakra zijn werk niet kan doen, maar die uitdaging dwingt ons ook meer bewustzijn naar die taak te brengen, zodat we die uiteindelijk beter kunnen verrichten.

Wanneer de demonen niet worden onderkend, weerhouden ze ons ervan voorwaarts te gaan. Ze zetten onze energie in een bepaald chakra vast, waarbij ze onze activiteiten en uitdrukkingsmogelijkheden uitschakelen en onze daadkracht blokkeren. Als we de demon onderkennen en onderzoeken waarom hij zich daar bevindt, verwerven we een dieper inzicht in onszelf. Door bijvoorbeeld te onderkennen dat we angstig zijn, kunnen we die angst het hoofd bieden en de oorsprong ervan begrijpen, waardoor we op den duur meer zelfvertrouwen krijgen. Door verdriet te onderkennen kan heelwording plaatshebben en kan het hart ontlast worden.

De demonen worden gedetailleerd besproken in de hoofdstukken die aan hun respectieve chakra's zijn gewijd. Wat volgt is een korte beschrijving van elke demon, om je een globaal idee van hun reikwijdte te geven (figuur 0-9).

De demon van chakra een is *angst*. Angst ontstaat wanneer iets ons overleven bedreigt. Angst belet dat we ons veilig, geconcentreerd en kalm voelen. Angst brengt een hyperalertheid teweeg die energie naar de bovenste chakra's stuwt.

De demon van chakra twee is *schuldgevoel*. Schuldgevoel ondermijnt het natuurlijk stromen van de emotionele en seksuele energie die door het lichaam stroomt en weerhoudt ons ervan ons open te stellen, waardoor emotionele en seksuele banden met anderen afnemen.

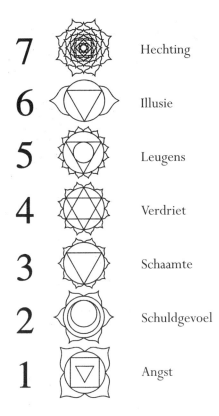

Figuur 0-9. Chakrademonen

Chakra drie heeft als demon *schaamte*. Schaamte ondermijnt ons gevoel van eigenwaarde, onze persoonlijke macht, spontane activiteit en vreugde. Schaamte doet het derde chakra inzakken en richt de ervan uitstralende energie naar binnen, tegen het zelf.

Verdriet is de demon van het hartchakra. Verdriet gaat de lichtheid en expansie van het hart tegen en doet het zwaar en gesloten aanvoelen. Verdriet ontstaat wanneer het hart wordt gekwetst.

Leugens vormen het tegenovergestelde van het bij het vijfde chakra behorende spreken van de waarheid. Leugens verwringen onze betrekkingen met de buitenwereld met behulp van verdraaide informatie.

Illusie is de demon van chakra zes. Illusie fixeert de aandacht en belet ons scherp te zien.

Hechting ten slotte is de demon van het zevende chakra. Hechting is het kleine aandachtsgebied dat bewustwording en vereniging met het kosmisch bewustzijn verhindert.

Ontwikkelingsfasen

Als er iets in het kind is wat we willen veranderen, zouden we eerst eens moeten onderzoeken of het niet iets is wat beter in onszelf veranderd zou kunnen worden.

C.G. Jung

De ontwikkeling van de vaardigheden en concepten die op de chakra's betrekking hebben heeft tijdens het leven stap voor stap plaats, waarbij elke voltooide fase het gezond ontwaken van het volgende chakra ondersteunt. Hoewel we meestal met behulp van al onze chakra's functioneren, zijn er specifieke ontwikkelingsfasen waarin de verschillende chakravaardigheden worden geleerd en in de persoonlijkheid opgenomen. De chakra's ontwikkelen zich achter elkaar, van beneden naar boven, in samenhang met onze chronologische leeftijd (figuur 0-10). Soms is het noodzakelijk dat het volgende chakra zich alvast begint te ontwikkelen om zo datgene eronder in staat te stellen zijn ontwikkeling te voltooien. Er bestaat soms dan ook een zekere mate van overlapping tussen de ontwikkeling van het ene chakra en het volgende. Uiteraard bestaat er ook verschil in ontwikkeling tussen mensen, een discrepantie die in de bovenste chakra's groter wordt.

Voor de voltooiing van de eerste volledige ronde van de chakraontwikkeling is ruwweg twintig jaar nodig, waarna de hele cyclus opnieuw begint, op een complexer niveau, wanneer het kind het huis uitgaat en aan zijn of haar volwassen leven begint. De omschrijvingen van de fasen hieronder zijn noodzakelijkerwijs kort, maar in de volgende hoofdstukken worden meer bijzonderheden gegeven – het volgende is slechts als een schets van het zich ontvouwende ontwikkelingsproces bedoeld. Deze fasen kunnen met andere ontwikkelingsmodellen vergeleken worden, zoals in figuur 0-11 is te zien.

Chakra een: helft van de zwangerschap tot een jaar na de geboorte, met een piek bij 4 tot 5 maanden

Het eerste chakra heeft betrekking op de vorming van het stoffelijk lichaam en heeft plaats tijdens de prenatale ontwikkeling en het eerste jaar. Tijdens deze fase is de lichaamsgroei het snelst, en dus richt de levenskracht zich voornamelijk hierop. De ontwikkelingstaak van de zuigeling is leren hoe hij met zijn lichaam moet omgaan – hoe hij moet zuigen, eten, het eten moet verteren, moet vastpakken, zitten, kruipen, staan, lopen en voorwerpen moet hanteren – en in het algemeen hoe hij met de stoffelijke wereld en de een uitdaging vormende zwaartekracht moet omgaan. Deze taken vergen ongelooflijk veel van hem, en zijn bewustzijn wordt er het hele eerste jaar door in beslag genomen.

Figuur 0-10. Ontwikkelingsfasen

Het bewustzijn van de zuigeling is naar binnen gericht, hij heeft weinig besef van de buitenwereld. De baby leeft in symbiose met zijn moeder en beseft nog niet dat hij een afzonderlijk Zelf heeft. Totdat het kind op eigen kracht beweegt, is zelfs minimale onafhankelijkheid onmogelijk. Ontdekken en onder de knie krijgen van motorische functies is de eerste stap naar deze onafhankelijkheid.

Het bewustzijn richt zich in dit stadium hoofdzakelijk op overleving en lichamelijk comfort. Wanneer aan deze behoeften wordt voldaan, verankert dit de ziel in het stoffelijk lichaam, en dan voelt het kind zich welkom op de wereld. Erik Erikson, die acht stadia van psychosociale ontwikkeling onderscheidt, definieert de strijd die op deze leeftijd wordt gevoerd als een strijd van *vertrouwen versus wantrouwen*. Wanneer we goed door deze fase heenkomen, geeft ons dat een gevoel van hoop; bovendien wordt ons recht om er te zijn en ons recht om te hebben bevestigd. Tijdens deze fase wordt de fundering voor zekerheid en aarding gelegd die ons tot *zelfbehoud* in staat stelt en de *fysieke identiteit* vormt.

Figuur 0-11. Vergelijkende ontwikkelingstheorieën

Chakra	1. Muladhara	2. Svadhisthana	3. Manipura
Identiteit	Fysieke	Emotionele	Ego
Leeftijd	Baarmoeder tot één jaar	Half- tot twee jaar	Anderhalf tot drie jaar
Freud	Orale	Orale	Anale
Reich/Lowen	Schizoïde (creatieve)	Orale (beminnaarsstructuur)	Masochistische (verdragersstructuur)
			Psychopatische uitdager-verdedigersstructuur
Piaget	Sensorisch-motorische (fasen 1 en 2)	Sensorisch-motorische (fasen 3 tot 6)	Pre-operationeel
Erikson	Vertrouwen versus wantrouwen**	Vertrouwen versus wantrouwen**	Autonomie versus schaamte en twijfel
Maslow	Fysiologische	Veiligheid	Gevoel erbij te horen*
Wilbur	Pleromatische, uroborische	Tyfoonachtig (axiaal, pranisch, beeldlichamen)	Lidmaatschapszelf
Kohlberg	Straf/gehoorzaamheid	Instrumenteel/hedonisme	Brave jongen/meisje
Psychosynthese	Lagere collectieve onbewuste	Lagere persoonlijke onbewuste	Bewuste zelf

* Dit is de volgorde van Maslow. Om de chakra's beter te weerspiegelen zou gevoel van eigenwaarde met het derde chakra corresponderen en het gevoel erbij te horen met het vierde.

** Ik zou een met het tweede chakra corresponderende fase aan de zes van Erikson willen toevoegen, namelijk losmaken versus hechten, zodat vertrouwen versus wantrouwen bij het eerste chakra blijft behoren.

4. Anahata	5. Vissudha	6. Ajna	7. Sahasrara
Sociale	Creatieve	Archetypische	Universele
Drie tot zeven jaar	Zeven tot twaalf jaar	Adolescentie	Volwassenheid
Fallische	Latente	Adolescente	Genitale
Rigide (prestatiegerichte/hysterische structuur) Psychopatische uitdager-verdedigersstructuur			
Pre-operationeel	Concrete operaties	Formele operaties	Formele operaties
Initiatief versus schuldgevoel	Vlijt versus minderwaardigheidsgevoel	Identiteit versus rolverwarring	Intimiteit versus eenzaamheid, geslachtelijkheid versus verdiept in zichzelf zijn, integriteit versus wanhoop
Gevoel van eigenwaarde*	Zelfverwezenlijking	Transcendentie	Transcendentie
Vroeg-egoïsch personisch	Middel-egoïsch personisch	Centaur/existentieel, laat-egoïsch, rijp ego, laag subtiel	Hoog subtiel, causaal, ultiem
Gezag en orde	Sociaal contract	Universalisme	Universalisme
Bewuste zelf	Bewuste zelf	Hogere onbewuste, hogere collectieve, onbewuste	Transpersoonlijk

Chakra twee:
0,5 tot 2 jaar, met een piek bij 1 tot 1,5 jaar

Het tweede chakra, dat wordt gekenmerkt door dualiteit, gewaarworden, voelen en mobiliteit, komt met ongeveer een halfjaar in de bewuste aandacht, wanneer visuele scherpte het kind in staat stelt de ogen op voorwerpen buiten hemzelf te richten en een groter visueel perspectief te verwerven. Een opvallende staat van alertheid doet zich voor wanneer het kind gaat zitten en zich voor het eerst bewust wordt van dingen die zich buiten zijn onmiddellijke bereik bevinden.[8]

Wanneer het kind leert kruipen en lopen, ontwikkelt het het vermogen om bij zijn moeder weg te gaan en korte episoden van onafhankelijkheid te ervaren. Dit wordt door Margaret Mahler *uit het ei komen* genoemd: het kind begint te ontdekken dat het een afzonderlijk persoon is, en komt uit de eiachtige symbiose van chakra een. Daar het nog steeds erg van de moeder afhankelijk is, is deze ontdekking tegelijkertijd beangstigend en opwindend, en dus stort het zich vol ambivalentie in een wereld van verscheidenheid en keuzen. Hoewel Eriksons eerste fase, *vertrouwen versus wantrouwen*, zich tot in deze periode uitstrekt, zou ik deze fase een afzonderlijke naam geven, gekenmerkt door het conflict *losmaken versus hechten*. Terwijl het kind op onderzoek uitgaat, ervaart het zijn eerste onderscheidingen als binaire keuzen – goed en slecht, lust en pijn, nabijheid en afstand, ik en ander. Tijdens deze fase worden deze onderscheidingen eerder gevoeld dan begrepen. Het kind is thans een en al behoefte, gewaarwording en verlangen. Behoeften willen bevredigd worden. Gewaarwording maakt plaats voor verlangen. Behoeften en verlangens kenmerken de motivatie om te bewegen – iets zien en erheen bewegen, ermee versmelten en het opnemen (meestal via de mond). Aangezien er nog geen sprake van taalontwikkeling is, is emotie het voornaamste communicatiemiddel, waarop hopelijk op zorgzame en zinvolle wijze wordt gereageerd.

Deze fase is gericht op de vorming van een *emotionele identiteit*, die vooral belangstelling heeft voor zelfvoldoening.

Chakra drie:
1,5 jaar tot ongeveer 4 jaar

Chakra drie begint met de periode van autonomiepogingen die zich voordoet tijdens wat in het Engels de 'terrible two's' wordt genoemd (ook wel bekend als de koppigheidsfase). Het kind is nu met succes bij de moeder 'uit het ei gekropen' en voelt zich in deze afzonderlijkheid veilig genoeg om met zijn wil te willen experimenteren. Wat in het tweede chakra alleen maar machteloos wensen was, wordt nu een wilsdaad, met een beetje hoop op succes. Zijn taalontwikkeling stelt het kind in staat tijd in termen van oorzaak en gevolg op te vatten. Dit besef maakt het mogelijk impulsen te gaan beheersen en behoeftebevrediging uit te stellen. (Als ik mijn groenten opeet, krijg ik een toetje.) Hier beginnen de onbewuste, instinctieve staten van de onderste twee chakra's onder bewuste controle te komen, een teken van het verschijnen van het bewuste zelf en het ontwaken van het ego.

Het kind is tijdens deze fase van nature op zichzelf gericht en wil een gevoel van persoonschap, macht creëren, en het vermogen om zichzelf te scheppen en te bepalen. Het is zich van zichzelf als een afzonderlijke entiteit bewust en concentreert zich nu door verkenning en ontwikkeling van zijn eigen wil op de dynamiek van macht.

De belangrijke prestatie hier is een besef van autonomie en wilskracht, dat in harmonisch evenwicht is met de wil van anderen. De wil van het kind breken is buitengewoon beschadigend, net zoals het kind een buitensporig gevoel van macht geven zonder grenzen te stellen. Erikson verwijst naar deze fase met de woorden *autonomie versus schaamte en twijfel*. Gezonde vastberadenheid brengt macht en wilskracht teweeg.

Dit is de vorming van een persoonlijke *ego-identiteit*, die vooral op *zelfbepaling* is gericht.

Chakra vier: 4 tot 7 jaar

Chakra vier ontwikkelt zich wanneer men het koppige egocentrisme van het derde chakra achter zich laat en belangstelling begint te tonen voor relaties buiten die met moeder en vader. Dit betekent niet dat het hart nog niet open is geweest, zoals alle ouders van peuters zullen kunnen getuigen. Tijdens eerdere fasen is het hart open, maar niet intelligent, daar het onbewust is van zijn liefhebben. Wanneer chakra vier ontwaakt, wordt liefhebben bewuster, hetgeen betekent dat gedragingen bewust worden aangepast om liefde te winnen of te uiten.

De in chakra drie ontwikkelde autonomie vormt een basis voor relaties met anderen. De relaties binnen het gezin voorzien het kind van het eerste voorbeeld van hoe het zijn eigen relaties moet vormen. Het kind verinnerlijkt deze gezinsrelaties nu en begint speelkameraadjes van zijn eigen leeftijd te krijgen. De aard van deze relaties is van grote invloed op het gevoel van eigenwaarde van het kind, en daarom kan afwijzing of verlies tijdens deze fase bijzonder beschadigend zijn.

De wereld van het gezin is de sociale basis voor het betreden van de grotere wereld van school of dagopvang. Conceptueel denken maakt het mogelijk de wereld als een complexe verzameling relaties te beschouwen, en het leren kennen van deze relaties is de belangrijkste taak waarvoor het kind staat. 'Waarom maakt het vuur de kamer warm?' 'Waarom rijdt de moeder van Susie in een andere auto?' 'Waarom heeft pappa een baard en jij niet?' Leren hoe dingen met elkaar in verband staan is tijdens deze fase het belangrijkste waarop het bewustzijn is gericht.

Deze fase luidt de vorming van ons relatieprogramma en onze *sociale identiteit* in. Een geslaagde vorming van een gezonde sociale identiteit berust op *zelfacceptatie*, iets wat tegelijkertijd acceptatie van anderen mogelijk maakt. Erikson noemt deze fase *initiatief versus schuldgevoel*, waarbij vastberadenheid doelgerichtheid teweegbrengt, noodzakelijk voor het niveau erboven.

Chakra vijf: 7 tot 12 jaar

Dit is de fase van creatieve expressie. Wanneer de sociale identiteit eenmaal tot ontwikkeling is gekomen en men de basisrelaties tussen zichzelf en de wereld begrijpt, ontvouwt zich een periode van persoonlijke creativiteit. Als de voorgaande fasen goed zijn verlopen, heeft het kind een stevig zelfgevoel en is het energetisch en emotioneel gevuld. Thans is er een verlangen om die energie in creativiteit om te zetten, in iets teruggeven aan anderen, dat wil zeggen de wereld iets van zichzelf aanbieden. Het vermogen om dit te doen en erom gewaardeerd te worden is essentieel voor het instandhouden van egosterkte. Het denken van het kind beweegt zich nu op een symbolischer vlak, waardoor creativiteit en abstracter denken mogelijk wordt (de *concrete operaties* van Piaget).

Erikson noemde deze fase *vlijt versus minderwaardigheidsgevoel*, een fase waarin vastberadenheid een gevoel van competentie tot gevolg heeft. Dit is een periode van expansie, experimenteren en creativiteit. Daarom is het van belang de natuurlijke nieuwsgierigheid en creativiteit van het kind te steunen. Het is ook belangrijk om gezonde voorbeelden van communicatie te geven.

Dit is de vorming van een *creatieve identiteit*, met als belangrijke kenmerk *zelfexpressie*.

Chakra zes: adolescentie

Voor het ontwaken van dit chakra is een vermogen om patronen te herkennen en deze op belangrijke beslissingen toe te passen noodzakelijk. Dit is de fase van Piagets *formele operaties*, tijdens welke de verbeeldingskracht van het kind hem helpt zijn symbolische voorstelling van de wereld te ontwikkelen.

Voor adolescenten betekent deze fase het opnieuw onderzoeken van hun sociale identiteit – die nu meer een bewuste keuze wordt, terwijl de sociale identiteit van het vierde chakra voor een groot deel in onbewuste reactie op de gezinsdynamiek ontstaat. Er kan sprake zijn van een ontwakende belangstelling voor spirituele zaken, mythologie, of symboliek, of die nu via muziek, songteksten, filmsterren, of de laatste mode op school verloopt. Wanneer deze belangstelling de kans krijgt te rijpen, leidt ze tot de vorming van een *archetypische identiteit*, die op *zelfbespiegeling* is gericht. Erikson gaf het conflict dat tijdens de adolescentie optreedt de naam *identiteit versus rolverwarring*.

Chakra zeven: begin volwassenheid en daarna

Het zevende chakra houdt verband met het streven naar kennis, de vorming van een levensopvatting, en het bezig zijn met spirituele activiteiten. Elk nieuw stukje informatie gaat door de zeef van de zich ontwikkelende levensopvatting (een voortdurend veranderende structuur), waarbij de basis wordt gelegd voor al het toekomstige gedrag. Het zevende chakra heeft voor een groot deel betrekking op het zoeken naar zin – vragen over de aard van het leven, het universum en het innerlijk Zelf.

Dit leidt tot de vorming van een *universele identiteit*, die met behulp van *zelfkennis* in de kern van het ontwaakte Zelf te vinden is.

Het is belangrijk stil te staan bij de rol die zowel de naar boven als de naar beneden lopende energiestromen tijdens de ontwikkelingsfasen spelen. Met wat van Ken Wilbur geleende termen uit diens ontwikkelingspsychologie kunnen we begrijpen dat het afdalen van bewustzijn vanuit het kruinchakra samengaat met de ordening van ruwe energie van onderaf, en stimulerend werkt op het vermogen om naar de volgende fase door te gaan[9] (figuur 0-12). Doordat we bewustzijn (chakra zeven) van ons lichaam (chakra een) hebben, kunnen we ons van ons lichaam onderscheiden en zodoende ons lichaam en de stoffelijke wereld beïnvloeden. De ontwikkeling van beelden (chakra zes) stelt ons in staat een wereld buiten onszelf waar te nemen en veroorzaakt een besef van anders zijn en het verlangen om te bewegen en op onderzoek uit te gaan (chakra twee). De ontwikkeling van taalvaardigheden (chakra vijf) stelt ons in staat onze wil te doen gelden (chakra drie): we kunnen ja, nee, dat wil ik wel en dat wil ik niet zeggen. Taalinteractie levert ons *concepten* op die onze bewegingen, gevoelens, of handelingen kunnen begeleiden, en zo wordt de conceptuele wereld van relaties, kenmerk van chakra vier, geboren.

Wanneer zich tijdens een van deze cruciale fasen moeilijkheden voordoen, kan dit van invloed zijn op het chakra dat zich dan aan het ontwikkelen is, alsmede op de chakra's die volgen. Ons gevoel van macht bijvoorbeeld wordt positief beïnvloed door de zekerheid dat onze overlevingsbehoeften op de juiste manier worden bevredigd, welbehagen van het hart wordt geschraagd door de koestering van aanrakingen in de eerste en tweede chakrafase, ons vermogen tot communiceren wordt ondersteund door een evenwichtig ego en een besef bemind en geaccepteerd te worden.

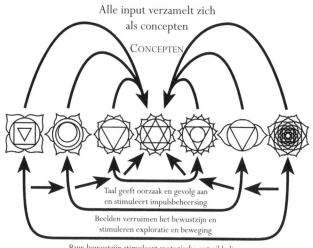

Figuur 0-12. Gecombineerde stromen tijdens de ontwikkeling

De ontwikkeling van de volwassene

Het individuatieproces

Individuatie betekent een op zichzelf staand, homogeen wezen worden, en voorzover individualiteit onze diepste, ultieme en onvergelijkelijke uniekheid omvat, impliceert individuatie ook zijn of haar eigen zelf worden... of 'zelfverwerkelijking'.

C.G. JUNG

De chakraontwikkeling tijdens de kindertijd is relatief onbewust. De ontwikkeling tijdens de volwassenheid daarentegen is grotendeels bewust – we moeten ons *willen* ontwikkelen, anders gebeurt er waarschijnlijk niets. Bij veel mensen ontwikkelen de chakra's zich nooit, zij blijven afhankelijk en machteloos en bevrijden zich nooit uit hun geprogrammeerde instinctieve patronen. Het kan zijn dat zij nooit naar het spirituele hunkeren en nooit het potentieel van hun hogere zelf ontdekken. Het bewustwordingsproces gaat vaak met uitdagingen en moeilijkheden gepaard, dus wie zal zeggen of zij beter of slechter af zijn? Maar voor degenen die ontevreden zijn met het script dat ze hebben gekregen, die naar iets groters verlangen, is hier een beschrijving van de tweede ronde van via de chakra's verlopende persoonlijke ontwikkeling.

Wanneer het kind eenmaal het huis uit is en zelfstandig gaat wonen (begin volwassenheid), beginnen de chakrafasen opnieuw. De tweede ronde kan niet zo precies beschreven worden als de eerste, daar er van veel meer potentieel voor variatie in de ontwikkelingsvolgorde sprake is. Sommige mensen krijgen kinderen voordat ze een vak leren, andere gaan jarenlang naar school. Sommigen beginnen met spiritualiteit en krijgen later een gezin, of krijgen dit nooit. Sommigen besteden korte tijd aan het vestigen van een economische basis, een relatie, of een vorm van creatieve expressie, terwijl anderen hun hele leven met een van deze taken bezig zijn. Wat nu volgt is een algemene richtlijn – die misschien eerder als haalbaar dan als reëel zou kunnen worden beschouwd. Daarom worden er geen leeftijden genoemd.

Chakra een. Het eerste vraagstuk dat moet worden opgelost is dat van overleving – woonruimte vinden, leren voor jezelf te zorgen, een onafhankelijk inkomen zien te verwerven. De tijd die aan deze fase wordt besteed, verschilt van mens tot mens – voor sommigen is het een levenslange strijd. Succesvolle voltooiing van deze fase uit zich in fundamentele onafhankelijkheid en tevredenheid met zichzelf.

Chakra twee. Zodra dit is bereikt (of tegelijkertijd), vormt men seksuele relaties. Dit wil niet zeggen dat seksualiteit zich niet al vele jaren voordoet, maar het bewustzijn van 'het andere' wordt nu scherper, en de behoefte aan een partner kan hoofdzaak worden. Bevrediging van emotionele behoeften is de eraan ten grondslag liggende drijfveer, die gewoonlijk op de partner wordt geprojecteerd. Emotionele frustratie kan onbewuste patronen uit de schaduw wakker schudden, die de eerste relaties kunnen saboteren, vaak met misverstanden, verwijten en emotionele verwarring. Dit is des te heviger wanneer het volwassen besef een eigen wil en verantwoordelijkheid te hebben nog niet is ontwaakt.

Chakra drie. Volwassenen bevrijdt het individuatieproces van de verplichting ons te moeten aanpassen om aan de verwachtingen van ouders, vrienden of samenleving te voldoen, en het stelt ons in staat een echt individu te worden, dat op eigen kracht en vanuit een eigen wil opereert. Hier laten we afhankelijkheid, machteloosheid en gehoorzaamheid achter ons en scheppen we onze eigen weg en toekomst. Hiertoe kan het in een mensenleven al dan niet komen. Een dergelijke bewustwording wordt vaak in gang gezet door zinloze baantjes, of de verslaving aan relaties waarin we door de behoeften en verwachtingen van de ander worden bepaald.

Zo begint de taak onze eigen weg in de wereld te vinden – ontwikkeling van een eigen carrière en van vaardigheden om uitdagingen het hoofd te bieden en ons lot in eigen hand te nemen. Dit kan een tijd van politieke betrokkenheid zijn, van het zoeken naar verbondenheid bij anderen die hun eigen machteloosheid bestrijden, of dit nu in politieke groeperingen, therapiegroepen of spirituele groepen gebeurt. Het onevenwichtige derde chakra streeft naar macht *over* anderen, het ontwaakte derde chakra, dat besef van zijn eigen autonomie heeft, zoekt steun en macht *bij* anderen.

Chakra vier. De gerichtheid op relaties groeit uiteindelijk uit tot ware empathie en altruïsme en het instandhouden van duurzame partnerrelaties. Relaties die het hormonenstadium achter zich hebben gelaten, vereisen meestal een ernstige herevaluatie van het eigen gedrag ten opzichte van anderen. Soms dwingt de beëindiging van een relatie ons tot onderzoek van *al* onze relaties, inclusief die in ons gezin van herkomst. Als er kinderen zijn, ligt de nadruk op gezinsdynamiek. Relaties met collega's, medewerkers, vrienden en gemeenschap vergroten de complexiteit van deze zich tijdens de middelbare leeftijd voordoende fase.

Het kan ook zijn dat ons zelfonderzoek onze relatie tot de wereld om ons heen betreft. Welke rol hebben we gespeeld? Welke rol willen we spelen? Wat verlangen we van relaties? Welke delen van onszelf zijn onderdrukt geweest en moeten weer opgeëist worden? Jung merkte het vierde chakra aan als het begin van individuatie op middelbare leeftijd, in eerste instantie gericht op het evenwicht tussen innerlijk mannelijk en vrouwelijk, of *animus* en *anima*.[10]

Chakra vijf. Opnieuw gaan creatieve en persoonlijke expressie een rol spelen. Dit is de fase waarin mensen hun persoonlijke bijdrage aan de gemeenschap leveren. Deze kan het opzetten van een bedrijf inhouden, een boek of proefschrift schrijven, een eigen huis bouwen, of serieus aandacht besteden aan een artistieke hobby. Deze creatieve expressie is bevorderlijk voor de integratie van tijdens de voorgaande fasen ervaren kwesties. Bij de meeste mensen doet deze fase zich omstreeks de middelbare leeftijd voor, maar bij creatievere persoonlijkheden gebeurt dit veel eerder, en kan deze zelfs aan andere activiteiten voorafgaan of deze domineren. In deze periode kunnen we onze bijdrage ook in overheidsdienst leveren.

Chakra zes. Deze fase heeft betrekking op nadenken over en bestuderen van patronen via verkenning van mythologie, religie en filosofie. Er kan sprake zijn van een periode van zoeken in de vorm van reizen of hernieuwde bestudering van innerlijke wegen. Dit is een introverte fase, een fase van opnemen wat van buiten komt, nu de extroverte behoeften bevredigd zijn en er naar verdere innerlijke ontwikkeling wordt verlangd. (Voor degenen die introvert zijn begonnen, kan het tijd zijn dat wat is geleerd aan de buitenwereld mee te delen.) Dit is ook een tijd van spirituele belangstelling en ontwikkeling, als deze zich tenminste nog niet had voorgedaan. Een dergelijk zoeken intensiveert wanneer de kinderen groot zijn en de volwassene meer tijd en vrijheid heeft voor contemplatie en spirituele oefeningen.

Chakra zeven. Dit is een tijd van wijsheid, spiritueel inzicht, kennis en kennis overdragen. Nu voegen we de informatie die we tijdens ons hele leven hebben verzameld samen, en geven alles door aan anderen. Voor sommigen betekent dit dat zij de gewone wereld de rug toekeren om spirituele doelen na te streven, voor anderen is dit een tijd van kennis overdragen en delen met anderen, een tijd om meesterschap te ontwikkelen.

Ook hier moet weer onderstreept worden dat deze ontwikkelingsfasen, vooral de tweede cyclus, niet voor iedereen hetzelfde zijn en evenmin in dezelfde volgorde worden ervaren. Onopgeloste conflicten uit de jeugd houden bovendien ontwikkeling tijdens de volwassenheid vaak tegen. Als je vindt dat je op sommige niveaus niet erg ver bent gekomen, dan is dit een boek voor jou. Het kan je helpen erachter te komen waar je bent blijven steken en uitleggen hoe je aan het bevrijdingspad naar heelheid kunt beginnen.

In de volgende hoofdstukken worden de voorgaande principes uitvoerig op elk chakra afzonderlijk toegepast. Je mag echter niet vergeten dat dit meer een model dan een rigide dogma is. Individuele mensen zijn zeer complexe wezens, en om te zien of dit model geldig is, moet hun hele chakrapatroon worden onderzocht. Tijdens de cursussen die ik geef, krijg ik altijd massa's vragen in deze trant: 'Mijn vriend heeft of doet zus of zo. Welk chakra is dat?' Zo eenvoudig ligt het zelden. Specifieke symptomen met specifieke chakra's verbinden is niet genoeg. Een timide persoon bijvoorbeeld (deficiënt derde chakra) kan last hebben van onvoldoende geaard zijn (deficiënt eerste chakra), tumultueuze gemoedsaandoeningen (excessief tweede chakra), of van legio andere mogelijkheden. Wat belangrijk is, is eerst inzicht zien te krijgen in het volledige systeem, en dan ieder mens als een geheel te onderzoeken, met gebruikmaking van verstand, intelligentie, competentie en mededogen. Slechts dan zal de beoordeling volledig kunnen zijn.

NOTEN

1. Ken Wilbur, *Sex, Ecology, Spirituality* Boston: Shambala, (1995), 7.
2. *Sat-Chakra-Nirupana*, 'Description of and Investigation into the Six Bodily Centers', door Tantrik Purnananda-Swami, in het Engels vertaald door Arthur Avalon (zie hieronder).
3. Arthur Avalon, *The Serpent Power* New York: Dover Publications, Inc., (1974).
4. Oude tantristische diagrammen hadden uiteenlopende kleurenassociaties voor de chakra's. Zie voor meer informatie over de kleuren van het 'etherisch lichaam' en de chakra's de verhandeling van Valerie Hunt: 'A Study of Structural Integration from Neuromuscular, Energy Field, and Emotional Approaches', verkrijgbaar via het Rolf Institute, Boulder, Colorado, of zie mijn *Chakra-werkboek* H.J.W. Becht, Haarlem, (1991).
5. Stanley Keleman, *Patterns of Distress: Emotional Insults and Human Form* Berkeley, CA: Center Press, (1989), 9.
6. Zie Lowen, *Language of the Body* New York: Collier Books, (1958), of Reich, *Character Analysis* New York: Farrar, Strauss, and Giroux, (1949).
7. De eerste drie oriëntaties – zelfbehoud, zelfvoldoening en zelfbepaling – werden voor het eerst door Jacqueline Small met 'lagere krachten' gecorreleerd en wel in haar boek *Transformations* Marina del Rey, CA: De Vorss & Co., (1982).
8. Margaret Mahler, *The Psychological Birth of the Human Infant: Symbiosis and Individuation* New York: Basic Books, (1975), 54.
9. Ken Wilbur, *The Atman Project* Wheaton, IL: A Quest Book, (1980), 7–29.
10. J. Marvin Spiegelman en Arwind U. Vasavada, *Hinduism and Jungian Psychology* Phoenix, AZ: Falcon Press, (1987), 48.

EERSTE CHAKRA

Het in ere herstellen van de tempel die het lichaam is

Het eerste chakra in één oogopslag

Element:
- Aarde

Naam:
- Muladhara (wortel)

Doel:
- Funderen

Levensgebieden:
- Wortels
- Aarden
- Voeding
- Vertrouwen
- Gezondheid
- Huis
- Gezin
- Bloei
- Juiste grenzen

Kleur:
- Rood

Plaats:
- Onderrug
- Stuitbeenplexus

Identiteit:
- Fysieke

Gerichtheid:
- Zelfbehoud

Demon:
- Angst

Ontwikkelingsfase:
- Laatste drie maanden van de zwangerschap tot een jaar

ONTWIKKELINGSTAKEN:
- Lichamelijke groei
- Motorische vaardigheden
- Objectpermanentie

BASISRECHTEN:
- Om er te zijn en te hebben

EVENWICHTIGE KENMERKEN:
- Goede gezondheid
- Levenskracht
- Goed geaard
- Op je gemak in je lichaam
- Vertrouwen in de wereld
- Gevoel van veiligheid en zekerheid
- Vermogen om te ontspannen en onbeweeglijk te zijn
- Stabiliteit
- Bloei
- In levensonderhoud wordt goed voorzien

TRAUMA'S EN MISHANDELING:
- Geboortetrauma
- Verlating, fysieke verwaarlozing
- Slechte fysieke band met moeder
- Ondervoeding, problemen met voeden
- Ernstige ziekte of zware operatie
- Lichamelijk geweld/gewelddadige omgeving
- Mishandeling met klisteerspuit
- Overgeërfde trauma's – overlevingsangsten van de ouders (bijvoorbeeld overlevenden van de holocaust, oorlogsveteranen, armoedige omstandigheden)

DEFICIËNTIE:
- Ontkoppeling van lichaam
- Veel te licht
- Angstig, bekommerd, rusteloos, niet kunnen stilzitten
- Weinig focus en discipline
- Financiële problemen
- Zwakke grenzen
- Chronisch wanordelijk

Exces:
- Veel te zwaar, te veel eten
- Hamsteren, op het materiële gefixeerd, hebzucht
- Traag, lui, moe
- Angst voor verandering, verslaafd aan zekerheid
- Rigide grenzen

Lichamelijke gebreken:
- Aandoeningen van de ingewanden, anus, dikke darm
- Aandoeningen van massieve delen van het lichaam: botten, tanden
- Problemen met benen, voeten, knieën, onderrug, billen
- Eetstoornissen
- Vaak ziek (kan deficiënt en/of excessief zijn)

Helingsstrategie:
- Opnieuw verbinding maken met het lichaam
- Lichamelijke activiteit (aerobics, gewichtheffen, rennen, dansen)
- Veel aanrakingen, massage
- Bio-energetisch aarden
- Hatha-yoga
- Naar vroegste relatie tot moeder kijken
- Het recht om er te zijn opeisen

Affirmaties:
- Het is veilig voor me om er te zijn.
- De aarde ondersteunt me en vervult mijn behoeften.
- Ik houd van mijn lichaam en heb vertrouwen in zijn wijsheid.
- Ik ben in overvloed ondergedompeld.
- Ik ben hier en ik ben echt.

Verschillende kleuren rood

Toen Mary mijn spreekkamer binnenkwam, was de pijn in haar lichaam tastbaar. Niettemin was ze zich er niet van bewust. Haar loop was stijf en zenuwachtig, en haar ogen schoten alle kanten uit, zo hyperalert was ze met het oog op haar eigen veiligheid. Ze sprak snel, alsof ze erg bang was, en de urgentie van haar woorden onthulde een diep lijden dat in zesenveertig jaar nooit was verlicht. Haar lichaam was gespannen, dun en pezig, en haar geschiedenis bracht een aantal zelfdestructieve neigingen aan het licht, inclusief anorexia, een poging om haar lichaam en leven volledig uit haar geest te bannen. Thans had ze last van gevoelloosheid in haar handen en voeten. Haar van de wateren van haar ziel afgesneden handen fladderden uit eigen beweging zenuwachtig heen en weer, als vissen aan een hengel. Ze kon niet zeggen of ze honger of slaap had, of het koud of warm had. Ze was losgekoppeld van haar lichaam, en het was dan ook niet verwonderlijk dat ze zich ook van het leven zelf losgekoppeld voelde.

Deze vrouw was duidelijk een individu, maar toch had haar lijden dezelfde wortels als het lijden van veel andere cliënten die ik door de jaren heen heb gezien. Ze had andere therapeuten geprobeerd, die zich uitsluitend tot gesprekken beperkten en niet in staat waren geweest de ernstige scheiding van lichaam en geest waaraan ze leed aan te kaarten. Zij is niet de enige in deze toestand, veel anderen kennen deze ook, in veel gradaties van hevigheid. Wanneer we van ons lichaam gescheiden zijn, zijn we gescheiden van onze levendigheid, van de natuur en van onze fundamenteelste innerlijke waarheid. Deze scheiding veroorzaakt dissociatie. Wanneer we van ons lichaam losgekoppeld zijn, worden onze handelingen dwangmatig – ze worden niet meer door bewustzijn geregeerd en zijn niet langer in gevoelens geworteld, maar worden aangedreven door een onbewuste drang om de kloof tussen lichaam en geest tot elke prijs te overbruggen.

Het contact met ons lichaam kwijtraken betekent spiritueel dakloos worden. Zonder anker drijven we doelloos rond, gebeukt door de winden en de golven van het leven. Onverbondenheid met het lichaam is een culturele epidemie. Van alle verliezen die vandaag de dag scheuren in de menselijke ziel veroorzaken kan deze vervreemding wel eens de meest alarmerende zijn, omdat ze ons van de wortels van het bestaan scheidt. Met banen die ons omlaaghalen, routines die automatisch zijn en omgevingen die onze zintuigen vernietigen, verliezen we de vreugde die ontstaat vanuit de dynamische verbinding met de enige levende aanwezigheid die we gegarandeerd ons hele leven zullen hebben: ons lichaam.

Dissociatie brengt gevaarlijk ontkoppelde handelingen teweeg. Zinloze moorden en geweld (waarbij het lichaam van een ander als een levenloos en zinloos ding wordt beschouwd, een ding als het eigen lichaam) beheersen onze nieuwsuitzendingen. En worden met morbide fascinatie door anonieme kijkers ondergaan.

Vrouwen vernietigen hun rondingen of vergroten ze met siliconen om aan de culturele figuurnormen te voldoen die ons vanaf billboards en vanuit tijdschriften worden toegeschreeuwd. Mannen dwingen hun vlees met bodybuilding tot onderwerping om een gevoel van macht te krijgen, waarbij ze vaak hun gewaarwordingen en gevoelens verdoven. Veel mensen komen in verslavingen terecht, verdoven hun levendigheid met voedsel, drugs of dwangmatige handelingen. Kinderen worden gehoorzaam geslagen, gemolesteerd en gedrild, worden uit hun jonge lichaam verdreven voordat ze zelfs maar leren het te begrijpen, verdreven door lichaamloze volwassenen die niet weten wat ze vernietigen.

Ons wordt geleerd het lichaam met de geest te beheersen, die als iets veel hogers wordt beschouwd. Maar het lichaam bezit een intelligentie waarvan de mysteries nog door de geest moeten worden doorgrond. We lezen in boeken wat we moeten eten, hoe we de liefde moeten bedrijven, hoeveel slaap we nodig hebben, en leggen dit alles liever aan het lichaam op dan dat we naar het lichaam luisteren.

Zonder lichaam als verenigende bestaansvorm raken we gefragmenteerd. We onderdrukken onze levendigheid en gaan op machines lijken, kunnen gemakkelijk gemanipuleerd worden. We raken onze vergelijkingsbasis voor de waarheid kwijt.

Devaluatie van het lichaam is ook iets waaraan veel religieuze opvattingen zich schuldig maken. Sommige religies beschrijven het lichaam als de wortel van alle kwaad, en andere vertellen ons dat het slechts een illusie is of op zijn best alleen maar onbeduidend. De geneeskunde behandelt het lichaam mechanisch, als een verzameling losse onderdelen die van de ziel erin is gescheiden. De standaardopleiding voor psychotherapeuten negeert het aandeel dat het lichaam in de geestelijke gezondheid heeft. Er wordt geen kennis vereist over anatomie, voeding, allergieën, beweging, yoga, neuromusculaire samenhang, bio-energetische karakterstructuren of zelfs maar eenvoudige massage. Therapeutische aanrakingen of welk fysiek contact dan ook zijn vaak strikt verboden, zo groot is de angst voor seksuele onzuiverheid. Universiteiten leiden onze geest op, ten koste van ons lichaam: dagen, maanden, jaren zitten we stil, in opleiding voor zittend werk dat de behoeften van het lichaam zal blijven ontkennen.

Is het een wonder dat we onze stoffelijke omgeving zozeer negeren, dat we het lichaam van de aarde schade berokkenen om onze gedissocieerde manier van overleven te kunnen voortzetten? Misschien is het steeds groter wordende probleem van dakloosheid wel een metafoor voor onze eigen culturele dakloosheid, want het lichaam is echt het huis van de ziel. De crisis in de gezondheidszorg gaat veel verder dan de vraag of de verzekering alles wel vergoedt – het is een crisis die betrekking heeft op de biologische werkelijkheid van ons bestaan.

Degeneratie van onze stoffelijke werkelijkheid is een culturele epidemie waarvoor geen eenvoudig geneesmiddel bestaat, geen pil om in te nemen, geen wonderbaarlijke genezing. Ook kunnen we niet altijd de pijn verlichten die ontstaat wanneer de verdoving uitgewerkt raakt en we ons weer bewust worden van de inperking en het misbruik dat we eerder hebben geaccepteerd. Slechts door het lichaam te genezen, kunnen we een begin maken met heling van de wereld zelf, want de verhouding lichaam/geest is hetzelfde als de verhouding cultuur/planeet. Helen van de kloof tussen lichaam en geest is een voor het helen van ons allemaal noodzakelijke stap. Het heelt ons huis, onze fundering en de basis waarop al het andere is gebouwd.

Het ontvouwen van de bloembladen

BELANGRIJKSTE LEVENSGEBIEDEN VAN HET EERSTE CHAKRA

De fundering van de tempel

Alle funderingen rusten op de aarde – de universele ondergrond voor alles wat we doen. Ons lichaam is de aarde van onze ziel, de fundering, het huis. Contact maken met het lichaam is contact maken met de aarde, om in de biologische werkelijkheid van het bestaan te worden geaard. Het eerste chakra, dat zich aan de onderkant van de ruggengraat bevindt, vormt de fundering voor het gehele chakrasysteem. Hier leggen we de basis voor de lichaamstempel – het anker voor de Regenboogbrug. Zonder een sterke, gewortelde fundering kan er niet veel worden bereikt. We hebben een bodem nodig die stevig genoeg is om stabiliteit te verschaffen, maar ook meegevend genoeg om door wortels doordrongen te kunnen worden. Voor het verankeren van deze tempel moet diep in de aarde worden gegraven, want de Sanskrietnaam ervoor, *muladhara*, betekent *wortel*.

De fundering kan de energie van de tempel omvatten door de reikwijdte, randen en grenzen ervan te bepalen. Ze bakent een plek af, een basiscontext voor alles wat ons overkomt. Ze geeft ons een grondgebied, een huis, een ankerbedding voor onze ervaringen. De fundering bepaalt grotendeels de vorm van de structuur erboven, doordat ze vaststelt wat de structuur kan bevatten, hoe hoog ze kan worden, welke soorten spanning ze kan verdragen. Zo weerspiegelt schade aan dit chakra zich dus in alle chakra's erboven.

Een sterke fundering bouwen betekent stevigheid verwerven. Met stevigheid kunnen we vastberaden zijn en grenzen scheppen. Stevigheid heeft consistentie, herhaalt zich, is betrouwbaar. Ons lichaam is de vaste vorm van ons bestaan; het heeft bepaalbare grenzen. Stevig zijn betekent alles waarmee we worden geconfronteerd zonder ervoor terug te deinzen onder ogen zien, betekent in waarheid verankerd blijven wanneer we tegenstand ontmoeten, betekent kalm en zeker blijven.

Overleving

Het aan bewustzijn ten grondslag liggende element waardoor deze fundering wordt gevormd is het overlevingsinstinct. Dit instinct is archaïsch, fundamenteel en onvermijdelijk, en bestuurt het basisonderhoudsprogramma van ons stoffelijk bestaan. Wanneer het is bevredigd, wijkt het terug tot een soort zoemende subroutine, zodat ons bewustzijn zich met andere activiteiten kan bezighouden. Wanneer het wordt bedreigd, domineert het alle andere bewustzijnsfuncties. Waar zijn je gedachten wanneer je plotseling door een straatrover wordt achtervolgd, wanneer je op het punt staat een auto-ongeluk te krijgen, of met een levensbedreigende ziekte wordt geconfronteerd? In dergelijke situaties wordt alle beschikbare psychische energie naar overleving gestuurd en is er weinig beschikbaar voor iets anders.

Wanneer overlevingsbedreigingen vaak optreden (wat het geval is voor iemand die te midden van geweld of ernstige armoede opgroeit), dan raakt het bewustzijn op dit niveau gefixeerd. Het lichaam blijft in een staat van voortdurende alertheid verkeren en wordt overspoeld door stresshormonen die de instinctieve vecht-of-vluchtreactie in gang zetten. Hierdoor kan men zich rusteloos en gespannen voelen en niet meer tot een diepe slaap in staat zijn, hetgeen mettertijd tot gezondheidsproblemen kan leiden. Dit komt veel voor bij de posttraumatische stress-stoornis (PTSS), een stoornis waarbij stressreacties lang nadat het trauma voorbij is blijven bestaan.

Een van mijn cliënten is in een oorlogsgebied in Guatemala opgegroeid. Na vijftien jaar in een veiliger omgeving te hebben doorgebracht, waren zijn spieren nog steeds voortdurend gespannen en in gereedheid om hem te laten wegrennen. Hij leed aan slapeloosheid en klemde zijn kaken voortdurend op elkaar. Hij was angstig en schrikachtig en kon zich moeilijk concentreren en had problemen met het manifesteren van voorspoed. Hij was een uitermate creatieve, intelligente, gevoelige man, wiens lichaam toen hij begin dertig was aan het kapotgaan was omdat hij zich nooit kon ontspannen. Hij kon noch aan de eisen van zijn eerste chakra voldoen nog eraan ontsnappen.

Wanneer het eerste chakra beschadigd is, worden we geteisterd door met overleven samenhangende kwesties, inclusief gezondheids-, geld- en huisvestingsproblemen en problemen met werk vinden. We kunnen het idee hebben dat een basisgevoel van veiligheid en zekerheid ons steeds ontsnapt, wat we ook doen, zelfs wanneer we niet werkelijk in ons overleven worden bedreigd.

De overlevingsinstincten vormen de basis van het *collectieve onbewuste*, de overgeërfde neigingen en voorkeuren die zich in de loop van de evolutie in de menselijke psyche hebben ontwikkeld. Deze instincten vormen de natuurlijke impulsen van het lichaam om zichzelf te verdedigen en contact met de omgeving te maken. Wanneer deze natuurlijke instincten worden ontkend, is er sprake van een breuk tussen ons waakbewustzijn en de kern van ons wezen. We worden lichaamloos en raken los van onze omgeving. Door het eerste chakra te herstellen, kunnen we in harmonie met onze fundamentele overlevingsinstincten leven zonder er onbewust door bestuurd te worden.

De demon angst

Wanneer we in ons overleven worden bedreigd, zijn we bang. Angst verhoogt ons bewustzijn en overspoelt het lichaam met natuurlijke chemicaliën (zoals adrenaline) om het de voor actie benodigde kracht te geven. Angst brengt ons bewustzijn naar het hier en nu om de dreiging het hoofd te bieden, maar richt de aandacht naar buiten en naar boven, naar de chakra's van waarneming en mentale activiteit. We worden hyperalert, rusteloos, ongerust. We kunnen niet stilzitten, ons ontspannen of loslaten. Het is alsof ons lichaam te klein is geworden.

Wanneer we in een omgeving leven waarin gevaar of deprivatie heersen, ervaren we angst. Als we bij het opgroeien vaak in gevaar verkeerden, dan doordringt angst ons fundamentele overlevingsprogramma. Het angstgevoel is ons enige gevoel van zekerheid, hoe paradoxaal dit ook mag klinken. We voelen ons alleen maar veilig omdat we hyperalert zijn en we gaan ons zelfs nog ongemakkelijker voelen wanneer we proberen ons te ontspannen. Het zenuwstelsel en de bijnieren doen voortdurend overwerk. In deze staat van zeer sterke prikkeling zijn onze reactiestarters gevoeliger en eerder geneigd in uitersten te reageren. Onze fundering is letterlijk wankel, en het kan zijn dat zich concentratieproblemen voordoen. Het gevolg is dat ons lichaam in een voortdurende staat van spanning verkeert, die normaal wordt. Dit kan uiteindelijk leiden tot hoge bloeddruk, problemen met het hart en de maag, verzwakking van het afweerstelsel, zwakke bijnieren, slapeloosheid of chronische vermoeidheid.

Idealiter doet angst ons ontwaken uit de slaperige sluimertoestand van versmelting en vertrouwen die kenmerkend voor de zuigeling is. Wanneer de dreiging niet kan worden overwonnen, passen we ons aan de angst aan en ontwikkelen we een fundamentele verkramptheid en wankelheid. Dit is het tegenovergestelde van de gezonde staat van het eerste chakra, dat met veiligheid, zekerheid en stevigheid in verband wordt gebracht. Om van angst af te komen, moeten we leren hoe we ons kunnen ontspannen en de subtiele energieën van het lichaam kunnen voelen. Dit om plezier te kunnen hebben en onze aandacht naar bredere perspectieven te kunnen uitbreiden. Door angst te bestrijden, versterken we het eerste chakra. Door met angst te leven, verzwakken we het eerste chakra.

Om volledig te kunnen aarden in een stevige fundering die in staat is de rest van onze activiteiten te schragen, moet de demon angst worden overwonnen. Dit betekent in de eerste plaats dat de angst begrepen moet worden. Waar is ze vandaan gekomen? Hoe is ze je van dienst geweest? Begrijpen is echter niet genoeg, omdat de angstreactie nog steeds in het lichaam huist. De volgende stap is loslaten en integreren van de instinctieve reacties op de angst. Zorgt de angst ervoor dat je wilt wegrennen en je verbergen? Maakt ze je boos en actief of verlamd en verward? Wanneer we het lichaam toestaan deze reacties te vertonen, helpt dit de *Gestalt* van de reactie op het oorspronkelijke trauma te voltooien. Tijdens de voltooiing kan de angstcyclus worden doorbroken en kan er een gezonder patroon worden gecreëerd. Ten slotte moet men de kracht en de innerlijke hulpbronnen ontwikkelen om in de toekomst vergelijkbare dreigingen het hoofd te bieden. Dit kan het opbouwen van zelfvertrouwen inhouden, het leren van oosterse gevechtskunsten, of verbetering van communicatieve vaardigheden.

Hoewel angst de demon van het eerste chakra is, is het ook een heilige tegenstander, een aanwezigheid die ons veel kan leren. Angst bestaat als bondgenoot van zelfbehoud, leert ons dat we belangrijk zijn en dat het nodig is dat we goed voor onszelf zorgen. Pas wanneer we in deze demon een bondgenoot herkennen kan hij waarlijk worden bedwongen.

Ernest Holmes, grondlegger van de *Science-of-Mind*-filosofie, vindt dat angst en vertrouwen vergelijkbare eigenschappen hebben. Angst is de overtuiging dat er iets afschuwelijks kan gebeuren, terwijl vertrouwen de overtuiging is dat er iets goeds zal gebeuren. Hoewel de resultaten verschillend zijn, zijn de oorzaken hetzelfde – beide overtuigingen regeren ons gedrag en beïnvloeden hoe we ons voelen. Als we onredelijke angst kunnen vervangen door redelijk vertrouwen, hebben we daarmee een natuurlijk tegengif voor de demon van ons eerste chakra in handen.

Terugkeer naar onze wortels

De Sanskriet-naam voor het onderste chakra, *muladhara*, betekent wortel. Dit chakra wortelt ons in ons lichaam, de stoffelijke wereld en de aarde. Een plant kan zonder wortels niet overleven, en ook de psyche van een mens kan dat niet. Onze wortels staan voor waar we vandaan komen: de aarde, de baarmoeder, onze voorouders en familie, en onze persoonlijke geschiedenis. We kunnen niet tegelijkertijd ons verleden ontkennen en onze wortels instandhouden.

Om een stevige fundering te kunnen scheppen, moeten we uitzoeken hoe het met de wortels van onze jeugd is gesteld. Deze wortels hebben ons tijdens onze meest vormende fasen zo goed en zo kwaad als het ging gevoed en gesteund. Wanneer de grond ongastvrij was, moeten we onze psyche naar vruchtbaarder bodem transplanteren. Dit houdt in dat we aandacht moeten besteden aan de omgevingen waarin we leven en aan de grond die we om ons heen creëren.

Het muladhara-chakra komt met het element *aarde* overeen, die de bodem voor onze wortels vormt. Zoals in de inleiding al werd gezegd, is menselijk leven afhankelijk van een toevoer van energie. Onze wortels vormen als het ware de manier waarop ons systeem aansluit op het grotere systeem van de planeet, die onze bron is, de oorsprong van de bevrijdende stroom, van waaruit alles zich ontwikkelt. De voor fysiek overleven benodigde elementen zijn uit de aarde afkomstig: het voedsel dat we eten, de dingen die we aanraken en zien, het water dat we drinken, de lucht die we inademen, en de geluiden die we horen. Om te staan of te bewegen, duwen we tegen de aarde, en wanneer we ervoor kiezen onbeweeglijk te blijven, dan rusten we op de aarde (gekoesterd door de zwaartekracht).

Voor de meesten van ons zijn onze wortels onbewuste invloeden op ons gedrag, die verband houden met elementen uit ons verleden. *Muladhara* in ons bewustzijn brengen betekent bewustzijn naar onze wortels brengen, betekent het verleden blootleggen, om het te onderzoeken, erin te graven. Alles wat boven de aarde groeit, tot in de oneindigheid, wordt complexer. Wanneer we naar onze wortels afdalen, komen we in een enkelvoudigheid terecht, een eenvoud, in de gemeenschappelijkheid van het collectieve onbewuste. Het brengt ons naar huis, naar de aarde.

Aarden

Een gezond eerste chakra stelt iemand in staat energetisch geaard te zijn – een concept dat van wezenlijk belang is om te begrijpen wat fundamentele levendigheid en welbevinden is. Wanneer we geaard zijn, kunnen we ons in tijd en ruimte oriënteren en zijn we met de omgeving verbonden. Geaard zijn betekent dat we via ons lichaam en onze omgeving met een bron van kracht zijn verbonden. In fysiek opzicht gebeurt dit via de benen en voeten, waardoor opwinding het lichaam wordt ingestuwd, waardoor exces wordt afgevoerd en in de grond wordt ontladen. Dit betekent dat we op eigen benen kunnen staan en vooruit kunnen komen in het leven. Slechts door energie uit de basis te putten en omhoog te leiden, kunnen we een dergelijke bevrijdende stroom creëren.

Aarden brengt bewustzijn naar het lichaam, en het is essentieel voor het vormen van gezonde grenzen. We voelen ons wakkerder en levendiger wanneer de neerwaartse bewustzijnsstroom verbinding maakt met het lichaam, en het gewaarwordingsveld, de randen en grenzen van de stoffelijke werkelijkheid raakt.

Voor veel mensen die zichzelf als spiritueel beschouwen, is het leven een stuk verbeterd nadat ze hadden geleerd hun energie zowel naar beneden als naar boven te sturen. Ons wordt altijd maar verteld dat spiritualiteit iets hoogs is, iets dat ver is, onstoffelijk. Waarlijk de levendigheid van ons lichaam ervaren is een diepgaande spirituele staat ervaren – die veeleer wordt bereikt door onze natuurlijke neigingen te aanvaarden dan door deze met behulp van ascetische oefeningen te ontkennen.

Wanneer we geaard zijn, kunnen we aanwezig, geconcentreerd, dynamisch zijn. Onze aandacht is op het hier en nu gericht, waardoor de manier waarop we onszelf presenteren een dynamische intensiteit krijgt. Onze ervaring is direct, met de zintuigen waargenomen, onmiddellijk. We zijn vol zelfvertrouwen maar beheerst, verbonden met onze eigen hulpbron.

Zonder aarding zijn we onstabiel. We raken ons middelpunt kwijt, verliezen onze zelfbeheersing, worden meegesleept, of dagdromen in een fantasiewereld. We raken het vermogen om te omvatten kwijt, dat het vermogen is om te hebben en te houden. Als we niet kunnen omvatten, kunnen we onze grenzen niet handhaven en geen innerlijke kracht opbouwen; we kunnen dus niet rijpen. Grenzen maken de hermetische sluiting mogelijk die voor transformatie noodzakelijk is. Zonder grenzen vervliegt en verwatert de natuurlijke opwinding en wordt ze ondoelmatig. Wanneer we de grond onder onze voeten verliezen, dwaalt onze aandacht af en lijkt het wel of we hier helemaal niet zijn.

Gezonde bodem onder onze voeten krijgen is het essentiële werk dat bij het eerste chakra hoort, en de basis voor eventuele verdere groei. Het gaat hier om de bevestiging van ons eigen bestaan en de basisrechten van het eerste chakra: het recht om er te zijn en het recht om te hebben, namelijk dat wat voor ons overleven noodzakelijk is.

Voeding

Onze behoefte aan voeding dwingt ons een open systeem te blijven, dat voortdurend met onze omgeving in interactie is. De manier waarop we onszelf steunen en voeden komt voort uit onze persoonlijke geschiedenis. Voeding is de fundamenteelste vorm van steun voor het overleven van het lichaam. Zonder steun vallen we. Zonder voeding zakken we in elkaar. Mensen die een gevoel van fysieke instorting belichamen, onthullen een gebrek aan steun in hun leven, en hun lichaam laat een gevoel van verslagenheid zien. Het kan zijn dat ze aan hun recht om er te zijn twijfelen, dat ze er moeite mee hebben zichzelf te voeden, of dat ze last hebben van problemen die met verlating te maken hebben.

Eetstoornissen zijn vaak manifestaties van problemen met voeding van het eerste chakra. Mijn vriendin Connie ging altijd eten als ze zich eenzaam voelde, waarmee ze probeerde uit haar gevoelens van leegte stevigheid te creëren. Mary, die we al eerder tegenkwamen, twijfelde dusdanig aan haar recht om er te zijn, dat ze letterlijk twijfelde aan het recht om zichzelf te voeden, en vaak dagenlang niet at. Ons recht om er te zijn weer opeisen, geaard leren worden, onze behoefte aan voeding bevredigen, het zijn allemaal bij het eerste chakra behorende noodzakelijkheden.

Manifestatie en voorspoed

Voor manifestatie is het aanvaarden van beperking vereist. Een grens stelt ons in staat te omvatten, en zo te ontvangen en te bouwen. De kenmerken van goed geaard zijn – contact met ons lichaam en de stoffelijke wereld, zorg voor onszelf, zelfbehoud – dragen bij aan het vermogen om voorspoed te manifesteren. Ik heb het hier niet over rijk zijn, ik heb het over het voldoen aan fundamentele overlevingsbehoeften op manieren die zekerheid bieden, stabiliteit en genoeg vrijheid om het overlevingsbewustzijn te ontstijgen. Dit betekent in staat zijn de huur of de hypotheek te blijven betalen, de auto goed te laten onderhouden, het huis betrekkelijk schoon te houden, het huishouden soepel te laten lopen, en drie maaltijden per dag op tafel te zetten. Het gaat hierom de basiseisen van het aardse niveau te kunnen hanteren, de voorwaarden voor het leven in een stoffelijk lichaam. Om deze overlevingsbehoeften te vervullen, moeten we met onze directe stoffelijke omgeving kunnen omgaan – moeten we eruit kunnen halen wat we voor ons zelf- of gezinsbehoud nodig hebben. Dit is het proefterrein van onze met het eerste chakra samenhangende vermogens. Het geeft ons een hulpmiddel voor onze eigen onafhankelijkheid in handen, waardoor we in staat zijn op eigen benen te staan, voet bij stuk te houden. Alleen door voet bij stuk te houden, kunnen we onze toekomst bepalen.

Het eerste chakra is het meest specifieke en beperkte niveau van het systeem. Een beperking is een grens, waardoor iets wordt afgescheiden van wat er zich omheen bevindt om het te kunnen definiëren. Een grens schept een noodzakelijke beperking die ons in staat stelt iets te hebben dat heel is, specifiek is.

Om te kunnen manifesteren, moeten we beperking kunnen accepteren. We moeten in staat zijn ons te concentreren op wat we willen, om er duidelijk over te zijn. We moeten in staat zijn eraan vast te houden, lang genoeg om manifestatie te laten plaatshebben. Ik moet maanden achtereen in mijn stoel kunnen zitten om dit boek te manifesteren. Om goede arbeidsvaardigheden te manifesteren kan het noodzakelijk zijn om langdurige perioden van scholing of opleiding te doorstaan. Om ergens goed in te worden, moeten we telkens maar weer oefenen, waarbij we ons net zolang tot die specifieke activiteit beperken totdat we haar onder de knie hebben.

Ik heb veel zeer intelligente en getalenteerde mensen ontmoet, vooral in kringen van New Age en de alternatieve cultuur, die geen voorspoed konden manifesteren. Wat me aan deze groep ook is opgevallen, is een onrealistische gehechtheid aan vrijheid, de tegenzin om beperking te accepteren die leidt tot de manifestatie van hun basisbehoeften. Het gevolg is dat ze helemaal geen vrijheid hebben, maar slaaf zijn van een bewustzijn op het niveau van het eerste chakra. Als vrijheidslievende Boogschutter heb ik de jaren tussen mijn twintigste en dertigste in deze staat doorgebracht. Ik was vrij van de beperkingen van een saaie baan, maar ik was ook te arm om iets met mijn vrijheid te doen. Pas toen ik welgemoed beperkingen aanvaardde, manifesteerde ik voorspoed voor mezelf.

Wanneer we met de beperkingen van het eerste chakra samenwerken, wordt onze energie groter en breidt ze zich op natuurlijke wijze uit naar andere niveaus. Wanneer we tegen deze beperkingen in opstand komen, worden we in overlevingsstand gehouden en zijn we niet in staat onze bevrijdende stroom van de grond te krijgen. De essentiële paradox is hier dat we beperking moeten accepteren om deze te kunnen transcenderen. Dit thema is op alle chakra's van toepassing – we moeten het ene niveau consolideren voordat we het andere kunnen bereiken en verder kunnen gaan.

De lotus laten groeien

Ontwikkeling en vorming van het eerste chakra in één oogopslag

Leeftijd:
- Baarmoeder tot 1 jaar

Taken:
- Lichamelijke groei
- Motorische ontwikkeling
- Hechting

Behoeften en levensgebieden:
- Vertrouwen
- Voeding
- Veiligheid
- Recht om er te zijn

Ons gezin van herkomst bepaalt hoe we veld winnen, hoe we ons territorium vormen. Als we niet genoeg worden aangeraakt en vastgehouden, zullen we op emotioneel gebied misschien nooit zeker van onszelf zijn, nooit zeker van de grond waarop we staan, omdat we er immers niet op kunnen vertrouwen dat anderen ons zullen vasthouden. Het is mijn ervaring, en ook die van anderen, dat mensen die niet genoeg vastgehouden zijn, bang zijn om te vallen en zich met een stijve houding van de aarde terugtrekken.

Stanley Keleman

Een doen-alsof-spelletje

Sta jezelf toe, even maar, de ervaringswereld van het pasgeboren kind binnen te gaan. Je hebt zojuist de warme en donkere baarmoeder verlaten waarin je van alles werd voorzien en komt nu in verblindend licht en kou tevoorschijn. Je doet je ogen open en ziet vlekkerige beelden, hoort hardere geluiden dan je ooit hebt gehoord. Je bent bang en je hebt honger op een manier die je nooit eerder hebt ervaren. Een of ander basisinstinct leidt je mond naar een borst en je zuigt je eerste levenssappen op, warme melk stroomt je lege maag in. Je ontspant je, omdat je je voorlopig veilig voelt. Je bent je levenslange reis met de moeilijkste taak begonnen – geboren worden.

De eerste paar maanden van je leven ben je niet in staat zelf iets te doen. Je begrijpt niets en hebt bijna geen controle over je lichaam of omgeving. Je spreekt de taal niet, dus je kunt niet communiceren en ook niets begrijpen van wat er om je heen wordt gezegd, en toch hangt je leven af van het vervuld krijgen van je behoeften.

Hoewel je geleidelijk eenvoudige taken onder de knie krijgt, is dit voornamelijk de staat waarin je je tijdens je eerste levensjaar bevindt. Het vervuld krijgen van je behoeften ligt buiten je macht, maar je hebt alles nodig. Er is een beangstigend gevoel dat er in de baarmoeder niet was. Je krijgt dingen niet zo automatisch als voorheen. Er doen zich perioden van honger, kou, ongemak en pijn voor. Of deze behoeften op wonderbaarlijke wijze vervuld worden, bepaalt je psychologische fundering voor je betrekkingen met de wereld: *vertrouwen* of *wantrouwen*. Omdat je het mechanisme waarmee je je behoeften vervuld krijgt niet begrijpt (huilen is in deze fase automatisch en onopzettelijk), wordt de kwestie *vertrouwen versus wantrouwen* een fundamentele ervaring van je ware zelf. Dit is je eerste vage besef of je blij bent hier te zijn of niet.

Vertrouwen of wantrouwen is het basiselement van je met het eerste chakra samenhangende programma, dat een fundering vormt voor alle andere programma's die volgen. Vertrouwen stelt het lichaam in staat zich uit zijn verkrampte houding te ontvouwen, maakt zekerheid en kalmte mogelijk, en moedigt banden, hechting, op onderzoek uitgaan aan. Wanneer er vertrouwen is, is het overlevingsinstinct tevreden en er een gevoel van emotioneel welzijn. Als je ervan overtuigd bent dat de wereld een vriendelijke plek is, heb je het gevoel dat je zult leven. Zonder vertrouwen voelt je overlevingsinstinct zich voortdurend bedreigd, en omdat je niets tegen deze dreiging kunt doen, is de angst onverdraaglijk.

De wezenlijke dingen om te kunnen overleven – voeding, vasthouden, warmte en lichamelijk comfort – moeten van buiten jou komen. Ze worden door je wortels verschaft, dat wil zeggen je ouders, familie en verzorgers. De mate waarin ouders in deze taak slagen, hangt voor een groot deel af van het soort steun dat zij als zuigelingen en kinderen kregen, en van het soort steun dat ze zelf krijgen terwijl jij jong bent. Zijn grootouders behulpzaam en aanmoedigend? Heeft het gezin genoeg geld om in zijn behoeften te voorzien? Moet de moeder werken? Eet ze goed tijdens de zwangerschap en het zogen? Dit alles is van invloed op de ontwikkeling van je eerste chakra.

Tijdens de eerste paar maanden van je leven reageert je zenuwstelsel instinctief. Er komen signalen vanuit je lichaam – honger, kou, ongemak – en deze worden spontaan via bewegingen of huilen overgebracht. Je bewustzijn is niet genoeg ontwikkeld om het stromen van energie te blokkeren. Je bent volkomen open, aangezien je nog niet hebt geleerd ongewenste zaken uit te filteren. Je babylichaam wordt letterlijk overspoeld met levendigheid of lading. Vanuit deze staat vorm je je eerste chakra en het prille begin van het zelf.

Omgeving als Zelf

*Menselijk leven begint in een staat van pre-egoïsche verankering.
De toestand van de pasgeborene is er een van onderdompeling in de
Dynamische Grond die voorafgaat aan de verwoording van
enig besef van verzelfstandigde individualiteit...
In de staat van oorspronkelijke verankering bevindt de
pasgeborene zich eigenlijk in een baarmoeder buiten de baarmoeder.
Hij bevindt zich in een staat van psychische zwangerschap die
voorafgaat aan de bevalling en ontwikkeling van het ego.*

MICHAEL WASHBURN

Voor de zich ontwikkelende foetus is de baarmoeder de eerste lichaamservaring, het eerste huis, de eerste omgeving, en de bestaansgrond van waaruit het leven verrijst. Daarom heeft deze omgeving een belangrijke en vaak genegeerde invloed op de ontwikkeling van het eerste chakra. De voedingsbalans van de moeder en de emotionele staten waarin zij tijdens de zwangerschap verkeerde spelen een rol in de structuur van de ondergrond van het kind. Wanneer de baarmoeder strakgespannen is, leert het kind zijn eigen lichaam samen te trekken. Wanneer de moeder bang of gespannen is, stromen er chemische stoffen door de baarmoeder die een niveau van verhoogde energie stimuleren dat een normale uitgangsstaat voor de foetus wordt. Als de moeder substanties zoals tabak, alcohol of drugs gebruikt, dan gebruikt het kind in haar die ook.

De geboorte is de toegangspoort tot het leven en het prille begin van individualiteit. Het is de eerste stap die we op onze levenslange reis zetten en deze heeft een duidelijk effect op wat we van die reis vinden. Toch is de zuigeling zich tamelijk lang niet van die individualiteit bewust. Zelfs na de geboorte blijft hij in een staat van versmolten identiteit verkeren, en gedurende de eerste vijf tot zes maanden heeft hij geen idee van een afzonderlijk zelf. Het lichaam, de stem, aanraking en algemene aanwezigheid van de moeder maken allemaal deel uit van een verenigde, ongedifferentieerde hele ervaring van het leven. Het bewustzijn is bijna geheel op het lichaam gericht.

Hoe de moeder en de omgeving zijn, wordt letterlijk de eerste ervaring van het zelf. Als de moeder warm en vol aandacht is, en de omgeving prettig en steun biedend, dan is dit zoals we onszelf ervaren. De door ons heen stromende lading is warm, opwindend en positief. Als de moeder kil en wreed is en de omgeving pijnlijk, dan heeft onze eerste ervaring van het leven zelf een negatieve lading. Deze programmering levert een fundamentele bouwsteen voor alle verdere ontwikkeling en is de reden waarom met het eerste chakra verband houdende kwesties in alle chakra's erboven opdagen.

EERSTE CHAKRA

Als reflexmatige gebaren en geluiden (zoals huilen) verlichting in de vorm van voedsel, warmte en troost teweegbrengen, dan blijft de continuïteit tussen binnen en buiten in stand en blijft de versmoltenheid bestaan tot er van genoeg bewustzijn en motorische ontwikkeling sprake is om aan losmaken te beginnen. Als het kind niet in staat is zijn behoeften bevredigd te krijgen, dan ontwikkelt het steeds meer wantrouwen jegens de buitenwereld, dissociatie van de innerlijke wereld, en in de kern van zijn wezen een gevoel van hulpeloosheid en ontoereikendheid. De behoefte aan het consistent blijven van de innerlijke wereld en de buitenwereld is bij het jonge kind nog vele jaren extreem groot, maar vooral tijdens een periode waarin er geen onderscheid tussen bestaat. Als onze instinctieve impulsen ons niet de dingen opleveren die we voor ons overleven nodig hebben, dan leren we die impulsen te wantrouwen of te negeren, en tegelijk de wereld als vijandig waar te nemen. Door onze fundamentele instincten te wantrouwen, zorgen we voor onenigheid met de diepste kern van ons stoffelijk wezen. Het levert een conflict op met onze ondergrond en de natuurlijke wereld.

Erikson noemde deze eerste levensstrijd *vertrouwen versus wantrouwen*, en beschreef de gezonde afloop ervan als een gevoel van hoop. 'Hoop is het duurzame geloof in de haalbaarheid van primaire wensen.'[1] Hoop zorgt voor zelfvertrouwen, enthousiasme, positief denken en een gevoel van opwinding over het leven. Hoop is de onontbeerlijke essentie om te gedijen en verder te komen.

De ontwikkelingstaken tijdens deze fase hebben te maken met leren hoe het lichaam als basisvoertuig van het leven te gebruiken. Het bewustzijn, dat vanuit het zevende chakra omlaag stroomt, is oorspronkelijk op het lichaam zelf gericht: het kind ontdekt zijn handen, voeten, vingers en tenen. Het leert met behulp van zijn instincten te zuigen, te grijpen, om te rollen, te gaan zitten, kruipen en lopen. Het kind leert ook contact te maken met de stoffelijke wereld door voorwerpen vast te pakken en te verplaatsen, waarbij het leert een fles of beker te hanteren, en het gebruikt de spijlen van de box om zichzelf op te trekken tot het staat. Het leert uiteindelijk dat ook al ziet het voorwerpen niet, deze toch blijven bestaan.

Het bij het eerste chakra behorende programma is preverbaal, preconceptueel, reflexmatig en instinctief. Piaget noemde deze fase de *sensorisch-motorische periode*, tijdens welke het bewustzijn sensorisch is en de taak van het kind motorische ontwikkeling.

Wanneer het kind ongeveer een halfjaar oud is, heeft er een verbijsterende verandering plaats. Het kind kan zitten en wordt voor de eerste keer zonder hulp verticaal. De chakra's vormen nu een rij, en de energie begint naar boven te stromen. Ouders nemen vaak een toegenomen levendigheid en aanwezigheid in het kind waar. Wanneer het kind zit, is zijn gezichtsveld, en dus ook de wereld, groter. Dit markeert het begin van het tweede chakra.

Andere met het eerste chakra samenhangende ontwikkelingen gaan echter door: het lichaamsgewicht blijft toenemen, de motorische coördinatie wordt steeds beter, en de benen worden ter voorbereiding op het lopen steeds sterker. Spoedig kruipt en loopt het kind, het staat eindelijk op eigen benen, en het heeft enige mate van verticale onafhankelijkheid. De fundamentele bouwstenen voor het individuele leven zijn gelegd, en het kind is er klaar voor om de wereld via zijn zintuigen en bewegingen te gaan verkennen, waarbij het opwindende rijk van chakra twee opengaat.

Trauma's en mishandeling

Alles wat een bedreiging voor het overleven vormt, zoals een *geboortetrauma, verlating, verwaarlozing, ernstige ziekte, ondervoeding, extreme armoede of lichamelijk misbruik*, is van invloed op het eerste chakra. Hoe jonger een kind is wanneer dergelijke dingen voorkomen, hoe waarschijnlijker het is dat deze bedreigingen de vorming van het eerste chakra zullen schaden. Een probleemloos eerste levensjaar zorgt voor een solide fundering die latere moeilijkheden beter het hoofd kan bieden of hiervan beter kan herstellen.

Wanneer een jong kind met gevaar of verwaarlozing wordt geconfronteerd, dwingt hem dat op zichzelf terug te vallen – een onafhankelijkheid die ontwikkelingsmatig onmogelijk is. In plaats hiervan valt het kind in een onverdraaglijke put van angst en hulpeloosheid – de ervaring dat er geen bodem is. Wanneer dit gebeurt, wordt de neerwaartse energiestroom geblokkeerd. De levenskracht trekt naar de bovenste chakra's, waar ze zich veiliger voelt. De opwaartse beweging wordt dan een gewoonte, waardoor de lagere chakra's leeg raken en het systeem uit evenwicht wordt gebracht.

De meeste mensen kunnen zich hun geboorte en vroegste kindertijd niet bewust herinneren. Niettemin doordringen ze, als oerervaringen, indirect elk aspect van ons wezen. Het herstellen van deze trauma's is een proces waarmee het intellect duidelijk niets te maken heeft. Het vereist een terugkeer naar de boodschappen en bewegingen van het lichaam, onderdompeling in onze lichamelijkheid, herstel van de verbinding met onze wezenlijkste impulsen. Hieronder worden enkele van de betreurenswaardige gebeurtenissen die het functioneren van het eerste chakra tijdens de cruciale vormende fasen ervan schaden, wat grondiger besproken.

Geboortetrauma

De geboorte is onze eerste overlevingservaring. Dat het kind na de geboorte vrijwel onmiddellijk van de moeder wordt gescheiden, is een ongelukkige medische gewoonte die fundamenteel traumatisch voor het kind is. Het is geen wonder dat in een cultuur waarin een dergelijke gewoonte wordt bedreven de mensen zo weinig contact hebben met hun ondergrond, dat ze de aarde, onze collectieve ondergrond, als zelfmoordenaars aan het schaden zijn.

Bewustzijn en cultuur veranderen veel sneller dan de ontwikkeling van het stoffelijk lichaam. Pas deze laatste eeuw worden baby's in een technologische omgeving geboren, terwijl ze miljoenen jaren lang vanuit de baarmoeder in een even organische ervaring van contact met de moeder, stilte, duisternis en omsluiting terechtkwamen. De technologische geboorte, waarbij de baby de baarmoeder uitgetrokken wordt, helder licht in, op de billen wordt geslagen en van de moeder wordt gescheiden, vormt wel zo'n schok voor ons oude zenuwstelsel, dat de ervaring een aanval op ons neurologisch besef van ondergrond is. Deze eerste momenten brengen over dat er iets mis is, ook al is een pasgeborene zich niet bewust van een dergelijke formulering. Jongensbaby's worden nog meer getraumatiseerd wanneer ze zonder verdoving worden besneden!

Gelukkig wordt men in de ziekenhuizen zich er steeds meer van bewust dat een zekere continuïteit van baarmoeder naar moeder en borst noodzakelijk is. Borstvoeding is aan een comeback bezig, en dat postnataal contact cruciaal is voor de band tussen moeder en kind wordt eindelijk erkend. Ondertussen zitten we met hele generaties die een grondverzakking veroorzakende geboorte-ervaring achter de rug hebben. Voor de meesten van ons zal het weer opeisen van ons lichaam en onze ondergrond een bewuste handeling zijn in plaats van een letterlijk geboorterecht.

Geboortetrauma's kunnen verdere moeilijkheden en zwakheden tot gevolg hebben. Het kind dat een verschrikkelijke geboorte heeft gehad, huilt waarschijnlijk vaker, is waarschijnlijk behoeftiger, en heeft waarschijnlijk meer gezondheidsproblemen dan een kind met een prettige geboorte-ervaring. Het huilen kan op zijn beurt het ontstaan van een emotionele band tussen ouder en kind belemmeren, omdat het spanning bij de nieuwe ouders veroorzaakt, die tot verdere verwaarlozing of mishandeling kan leiden. Wanneer er een goede ondergrond klaarligt, en het kind goed wordt ontvangen, gevoed en verzorgd, dan is het betrekkelijk kalm, waardoor het waarschijnlijker wordt dat het tijdens deze zo belangrijke eerste paar maanden de positieve aandacht en steun van anderen ontvangt.

Couveusekinderen

Couveusebaby's moeten het zonder de aanrakingen en zonder de borst van de moeder stellen. Wanneer je liefdevolle gezichten door het glas ziet maar niet aangeraakt wordt, maakt dat je los van je lichaam. Volwassenen die couveusebaby's waren, kunnen geneigd zijn hun leven als surrealistisch te beschouwen en genoegen te nemen met afstandelijke relaties zonder te weten hoe ze die dichterbij moeten brengen. Vaag beseffen ze dat er iets aan hun leven ontbreekt, maar ze kunnen niet goed begrijpen wat dat is. Isolatie voelt gewoon aan, en wordt derhalve te gemakkelijk geaccepteerd; ze hebben geen veiligheid en geen emotionele banden ervaren en dus ook geen stevig contact met hun eigen lichaam.

Verlating

Verlating, of deze nu fysiek of emotioneel was, is van directe invloed op ons overleven. Een kind dat niet genoeg wordt aangeraakt, ervaart een soort verlating, zelfs wanneer het wel andere zorg krijgt. Aanrakingen zijn zo wezenlijk, dat kinderen die in tehuizen opgroeien waar ze die niet krijgen vaak aan een ziekte sterven die *marasmus* heet, een Grieks woord voor wegkwijnen. Ze hebben gewoon niet genoeg energie om zichzelf van voedsel alleen te vormen. Studies uit de jaren twintig onthulden sterftecijfers voor tehuisbaby's van negentig tot honderd procent; de weinige baby's die wel overleefden, waren degenen die zo nu en dan in pleeggezinnen verbleven.[2]

Verlating kan subtiel of flagrant zijn. Altijd wanneer een jong kind van zijn moeder wordt gescheiden voelt hij zich een beetje verlaten. Korte scheidingsperioden zijn normaal en veroorzaken geen blijvend letsel. Langere perioden, zoals langdurig ziekenhuisverblijf, echtscheiding of grote reizen, brengen een diepe onzekerheid teweeg. Het is belangrijk om na zulke scheidingen tijd uit te trekken voor extra aandacht en geruststelling.

Wanneer een kind geadopteerd is, dan is er sprake van verlating door de biologische moeder, ook al was die dan gepland. Adoptiefouders moeten de scheidingsangst van het kind compenseren door het consistent liefde en zekerheid te bieden – meer dan eigen kinderen nodig zouden hebben.

Verlating bedreigt ons in ons overleven. Verlating zorgt ervoor dat we ons ongewenst voelen en doet ons twijfelen aan ons recht om er te mogen zijn. Verlating roept angst op, die gepaste reacties op gewone situaties remt. Als we bijvoorbeeld als volwassenen bang zijn om verlaten te worden, kan het zijn dat we bang zijn om in onze relaties onze mening te geven over dingen die ons niet bevallen uit angst om opnieuw verlaten te worden. Het kan ook zijn dat we verlating te snel accepteren, dat we de geringste kritiek of stemmingswisseling van onze partner als teken dat we ongewenst zijn opvatten. De leegte die verlating veroorzaakt kan elke keer dat het ons als volwassene overkomt opnieuw ervaren worden; verlies van een geliefde geeft ons het gevoel dat we op instorten staan. Het lichaam kan deze instorting weerspiegelen: de spieren hebben voortdurend te weinig spanning, de benen zijn zwak en de schouders zijn gebogen, alsof de ruggengraat zichzelf niet helemaal rechtop kan houden.

Wanneer verlating tijdens de vormende jaren optreedt, heeft dit dikwijls een excessief eerste chakra tot gevolg – een chakra dat overcompenseert door zich aan zekerheid, voedsel, geliefde personen of routines vast te klampen. Janet was niet gelukkig in haar baan, maar was doodsbang deze kwijt te raken omdat ze bang was nooit meer een andere te kunnen vinden. De relatie van Marianne was onbevredigend, maar ze was ervan overtuigd dat ze altijd alleen zou blijven als ze weg zou gaan. Marvin had een heleboel geld op de bank, maar kon het gewoon niet uitgeven. Ieder van hen klampte zich vast aan de zekerheid van wat ze hadden, waarbij ze in feite al hun energie in een vastklamppatroon stopten dat valse zekerheid verschafte. Omdat ze een zeker basisvertrouwen misten, waren ze allemaal bang voor verandering.

Verlating door anderen brengt ook de neiging om zichzelf in de steek te laten voort. Cindy bijvoorbeeld laat bij de minste of geringste onderbreking de taak waarmee ze bezig was in de steek. Sam zorgt niet goed voor zijn lichaam, vergeet te eten of in bad te gaan. Sarah laat bij een meningsverschil haar eigen mening voor wat die is en neemt de mening van de ander over. Nathan laat zijn projecten varen voordat hij ze heeft voltooid, gaat voortijdig van school, en maakt zowel thuis als op zijn werk taken niet af. Verlating ondermijnt het vertrouwen dat nodig is om een gevoel van zekerheid, hoop en zelfvertrouwen te ontwikkelen. Verlating ondermijnt onze fundering van het Zelf.

Verwaarlozing

Verwaarlozing is een subtielere vorm van verlating. Verwaarlozing treedt vaak met tussenpozen op en werkt de fundamentele taak van het eerste chakra – stabilisering van het gehele systeem – tegen. Als de verwaarlozing niet zo ernstig is dat we het niet overleven, groeien we op met een begraven herinnering aan hulpeloosheid die geen verband houdt met iets concreets. Deze instabiliteit leidt tot wantrouwen jegens anderen, waardoor er nog meer vervreemding ontstaat van degenen die ons misschien steun zouden kunnen geven. Verwaarlozing heeft ook schaamte tot gevolg, die van grote invloed is op het met het derde chakra samenhangende gevoel van eigenwaarde en persoonlijke macht, alsmede op het met het vierde chakra samenhangende recht om bemind te worden. Net zoals verlating komt verwaarlozing vaak terug in de manier waarop we onszelf behandelen.

Problemen met voeding

Ondervoeding of vijandige eetsituaties (zoals vaders woede-uitbarstingen aan tafel) beïnvloeden ons vermogen om onszelf te voeden – een essentiële functie van het eerste chakra. Of een kind nu borstvoeding krijgt of niet, de emotionele staat van de moeder tijdens het voeden en overgeërfde houdingen ten opzichte van voedsel zijn allemaal van invloed op deze uiterst belangrijke overlevingsfunctie. Ik heb meerdere cliënten gehad die niet mochten eten voordat hun broers genoeg hadden gegeten. Een andere cliënte vertelde me dat ze vier uur aan tafel moest blijven zitten om haar koude gebakken eieren op te eten. Sommige kinderen hebben voortdurend honger, terwijl anderen worden volgepropt met voedsel van slechte kwaliteit, of gedwongen worden te eten wanneer ze geen honger hebben, of door ouders met behulp van voedsel gemanipuleerd worden.

Volwassenen die als kind dit soort ervaringen hadden, hebben er veel moeite mee echte hongerboodschappen te interpreteren. Ze kunnen voedselallergieën hebben, eten vermijden, of verslaafd zijn aan eten. Dit kan zich voordoen als problemen met vertrouwen, als eetstoornissen, spijsverteringsproblemen, of gewoon als de stagnerende energie die het gevolg is van een gesloten systeem, dat geen nieuwe input in zich op kan nemen. Aangezien voeding veel vormen kan aannemen – voedsel, vrienden, intellectuele of creatieve stimulering – kan dit probleem naar veel andere levensgebieden worden vertaald.

Klisteerspuiten

Een ander met het eerste chakra samenhangend trauma, dat een generatie geleden vaker voorkwam dan nu, is een door klisteerspuiten veroorzaakt trauma. Herhaald gebruik van de klisteerspuit komt neer op seksueel misbruik, alleen heeft het misbruik dan eerder betrekking op het eerste chakra dan op het tweede chakra van de seksualiteit (hoewel het in bepaalde gevallen seksuele ondertonen kan hebben). Dit binnendringen van het gebied dat het nauwst met het wortelchakra samenhangt, vernietigt het vertrouwen dat in deze fase zo cruciaal is en breekt letterlijk iemands gevoel van stevigheid. Er ontstaan gegarandeerd problemen met grenzen: ofwel iemand trekt ondoordringbare muren op, ofwel iemand heeft geen grenzen. Het met het eerste chakra samenhangende recht om te hebben wordt ontkend, daar de enige stevige schepping van het kind tegen zijn wil wordt weggenomen op een tijdstip dat asynchroon met het lichaam is. Als reactie hierop wordt er energie omhoog gestuurd, naar het hoofd, met als gevolg ofwel een onvermogen om te bevatten en te omvatten, ofwel een excessieve behoefte hieraan, alsmede een beschadigd besef van autonomie (een levensgebied dat bij het derde chakra hoort).

Dit betekent echter niet dat elk klisteerspuitgebruik ook misbruik is. Er zijn momenten waarop het om gezondheidsredenen noodzakelijk kan zijn. Het wordt pas misbruik wanneer dit middel overdreven vaak, onnodig, wordt toegepast als machtsinstrument of instrument om het kind mee te straffen, of als perverse seksuele sublimatie van de ouder.

Lichamelijk geweld

Lichamelijk geweld veroorzaakt pijn en leert kinderen zich van hun lichamelijke gewaarwordingen te dissociëren. De door het geweld veroorzaakte angst produceert stresshormonen, en deze verhoogde staat kan verslavend worden, kan een behoefte teweegbrengen om het hele leven crises te creëren om het gevoel te hebben in leven te zijn en om de door dissociatie veroorzaakte verdoving te overwinnen. Crises brengen ons telkens weer in overlevingsstaat. Dissociatie van het lichaam kan ons gemakkelijk ongelukken doen krijgen, omdat randen, grenzen en gevaren niet opgemerkt worden. Deze kleine verwondingen brengen ons weer bij de vertrouwde pijnervaring. Strategieën om lichamelijk geweld het hoofd te bieden, kunnen op alle chakra's van invloed zijn en problemen opleveren met het zich overgeven aan gevoelens (chakra twee), met machtsdynamiek en gevoel van eigenwaarde (chakra drie), relaties (chakra vier), communicatie (chakra vijf), duidelijk zien (chakra zes) en helder denken (chakra zeven).

Aangezien lichamelijk geweld het lichaam letterlijk beschadigt, zal het altijd op de een of andere manier opduiken in de levensgebieden die bij het eerste chakra horen. Het betekent een diepgaand verraad van vertrouwen, daar het kind nooit goed is toegerust om zichzelf te beschermen. Lichamelijk geweld kan excessieve of deficiënte strategieën om met problemen om te gaan opleveren, waarbij ofwel het bewustzijn van het lichaam wordt gescheiden, ofwel een obsessie met het lichaam als ding wordt gecreëerd. Combinaties van dissociatie en obsessie komen ook voor, zoals gevoelloosheid en streng aan de lijn doen.

Lichamelijk geweld heeft een fragmenterende uitwerking op het zenuwstelsel en een vergelijkbare uitwerking op de natuurlijke ervaringenstroom. In sommige gevallen wordt het lichaam beschadigd door steekwonden, andere verwondingen of botbreuken. Volgt hier niet uit dat de subtielere energievelden ook gebroken en versplinterd raken? Hierdoor wordt het moeilijk het verbrijzelde gevoel van stabiliteit, vertrouwen, veiligheid en welzijn te herstellen.

Aangezien lichamelijk geweld meestal afkomstig is van iemand thuis, wordt het dagelijks leven gevaarlijk. Angst is dan een trouwe metgezel – een manier om met de wereld om te gaan – en wordt als zodanig een maatstaf voor de ervaring in leven te zijn. Hierdoor kan men in de toekomst crisessituaties gaan creëren, waarin het vertrouwde stressgevoel wordt gebruikt om dat gevoel van in leven zijn te stimuleren.

Ongelukken, operaties, ziekten

James kwam uit een betrekkelijk normaal gezin, waarin de duidelijke vormen van mishandeling waardoor mijn cliënten zo vaak worden geteisterd, niet voorkwamen. Niettemin liet zijn geschiedenis een ongelooflijke reeks abnormale ongelukken zien. Toen hij vier was, werd hij door een auto aangereden en brak hij een been. Het jaar erop viel hij en brak hij zijn schedel. Weer een ander jaar kreeg hij acute blindedarmontsteking. Toen hij vijftien was, gleed de krik onder een auto vandaan terwijl hij onder die auto lag, wat bijna zijn dood was. Toen hij bij mij kwam, op negentienjarige leeftijd, was hij kort daarvoor door een straatrover aangevallen toen hij 's avonds ergens een pizza bezorgde, werk dat hij na schooltijd doet. James was een intelligente en innemende knul, die moeite had om stil te zitten, zich te concentreren of iets vol te houden. Hoewel hij verder intact was, had hij ten gevolge van zijn vele ongelukken een getraumatiseerd zenuwstelsel.

Operaties, ernstige ziekte, of door ongelukken teweeggebrachte lichamelijke verwondingen kunnen een traumatische uitwerking op het lichaam en het zenuwstelsel hebben. Zelfs operaties die noodzakelijk zijn om te overleven, kunnen het lichaam en de psyche van het kind dat ze ondergaat traumatiseren. We denken meestal niet dat auto-ongelukken emotionele gevolgen op lange termijn hebben, maar veel mensen rapporteren lang nadat hun lichamelijke verwondingen zijn genezen onbewuste angsten, slaapproblemen, veranderingen in hun eetgewoonten, aanhoudende nervositeit en concentratieproblemen.

Gevolgen van deze gebeurtenissen kunnen lastiger te ontcijferen zijn wanneer ze als onbetekenend van tafel zijn geveegd. Niettemin laten ze hun sporen na in het lichaam, meestal als posttraumatische stresssymptomen die een energetische fragmentatie laten zien die geen verband houdt met huidige gebeurtenissen. De neiging tot fragmentatie kan op het energetisch proces van de schizoïde karakterstructuur (blz. 90) lijken, maar dan zonder de andere lichamelijke of emotionele kenmerken ervan. Het is alsof de kracht van de ongelukken de ziel het lichaam uitgestuurd heeft, en deze de weg terug niet helemaal heeft gevonden. Net zoals een gebroken kopje dat wordt gelijmd kleine lekken kan vertonen, zo heelt ook de aura niet altijd volledig, waardoor er problemen kunnen optreden met omsluiting, concentratie, aarden en andere met het eerste chakra samenhangende kwesties.

Overgeërfde trauma's

Lucy werd twee jaar nadat haar zusje aan wiegendood stierf geboren. Lucy's ouders waren dol op haar, en aan al haar behoeften werd consequent aandacht besteed. Wat deze zorgzaamheid echter voedde, was de angst van haar ouders dat Lucy ook wel eens plotseling zou kunnen sterven. Lucy nam deze angst onbewust over, en had haar hele leven vaak problemen met haar gezondheid en last van onzekerheid.

Hannah had een onderliggend gevoel van angst en onzekerheid dat niets met een trauma of met mishandeling te maken scheen te hebben. Ze klampte zich excessief vast aan veiligheid en hamsterde bezittingen, zo kwam het tot uitdrukking. Haar ouders waren tijdens de Tweede Wereldoorlog gedwongen geweest met groot gevaar voor eigen leven naar de Verenigde Staten te vluchten. Haar moeder was door deze ervaring getraumatiseerd geraakt, hoewel er in het gezin nauwelijks over gesproken werd. Hannah kon zich herinneren hoe haar moeder uit nachtmerries ontwaakte en dan bij haar troost zocht. Haar moeder was fanatiek over het op slot doen van deuren, het in voorraad houden van levensmiddelen voor noodgevallen, en ze leefde met angst om Hannah's toekomst. Onopzettelijk gaf zij haar angst door aan haar dochter.

Het is mogelijk met het eerste chakra samenhangende problemen van onze ouders te erven zonder zelf direct misbruikt te zijn. Ouders met een oorlogstrauma, ouders die grote armoede hebben gekend, of vervolging wegens hun ras, of de holocaust hebben overleefd, of eerder een kind hebben verloren, of met onopgeloste problemen van welke aard dan ook kampten (inclusief het vermogen om volledig in hun eigen lichaam te zijn), kunnen hun angsten onbewust op hun kinderen overdragen. Dit zal waarschijnlijk eerder tot bepaalde gedragingen en opvattingen over het gevaar van de wereld leiden dan tot lichamelijke manifestaties. Niettemin kan dit de onderliggende bestaansgrond met een niet-identificeerbare laag van angst en wantrouwen vervuilen die uiteindelijk deel van de lichaamservaring gaat uitmaken.

Algemene effecten van trauma's en mishandeling

Zwakke grenzen

We kunnen belichaming in de weg zitten door niet toe te staan dat zich grenzen vormen – of door niet toe te staan dat grenzen zich ontvormen. In beide gevallen kunnen we onze toekomst, onze zelfvorming belemmeren.

STANLEY KELEMAN

Grenzen kunnen een mysterie vormen voor mensen die koestering, continuïteit en veiligheid hebben ontbeerd. Een van mijn cliënten, die in een weeshuis is opgegroeid, kon maar niet begrijpen wat de bedoeling van grenzen was en waarvoor ze nodig waren. De pijn om zijn afgescheiden zijn en zijn verlangen naar versmelting waren zo hevig dat het hele concept grenzen voor hem weerzinwekkend was. Het gevolg was dat hij herhaaldelijk de grenzen van anderen schond en uiteindelijk in de gevangenis belandde, beschuldigd van het lastigvallen van kinderen.

Wanneer onze eigen grenzen niet functioneren, zal de wereld ze ons verschaffen. Anderen zullen ons afwijzen, de politie zal ons in de gevangenis zetten, ziekte zal ons begrenzen. We zullen een paar vormen met mensen die veel te rigide grenzen hebben en die ons voortdurend op onszelf zullen terugwerpen. Als de bij de onderste chakra's behorende behoeften echter op de juiste manier vervuld zijn, zijn we niet bang om goede grenzen te vormen. We zijn in staat te zeggen: 'genoeg gegeten', 'genoeg gedronken', of 'genoeg van deze onproductieve relatie'. We kunnen ons terugtrekken, met het veilige gevoel dat onze eigen wortels ons zullen schragen. We zijn niet van anderen afhankelijk. Als onze behoeften tijdens de fase van het eerste chakra niet werden bevredigd, dan zijn we bang grenzen te stellen – nog steeds proberen we tot elke prijs de versmelting en het contact te bereiken die ons werden ontzegd, omdat we nooit het bevredigende gevoel 'genoeg' hebben ervaren.

Wanneer mensen een eigen ondergrond wordt onthouden en ze de overlevingsbehoeften van het gezin moeten vervullen, dan worden er geen grenzen gevormd. Dit is de achtergrond van degene die afhankelijk is van anderen, die misschien wel voor mammie heeft moeten zorgen toen zij ziek was, of voor pappie toen hij dronken was, of voor jongere broertjes en zusjes terwijl de ouders aan het werk waren. Wanneer deze plichten noodzakelijk voor het overleven worden, dan wordt overleven gelijkgesteld met geen grenzen hebben. Het kind groeit op met een pragmatische tegenstrijdigheid, omdat we in de huidige wereld om te kunnen overleven juist wel grenzen nodig hebben.

Wanneer de bovenste chakra's domineren

Zonder bewustzijn van lichamelijk gevoel en gedrag raakt een mens in een van het lichaam ontdane geest en een van betovering ontdaan lichaam verdeeld.

ALEXANDER LOWEN

Ervaringen die een bedreiging voor het overleven vormen, maken de opwaartse beweging van energie in het lichaam krachtiger. Wanneer het lichaam niet veilig en behaaglijk is, haalt het kind zijn aandacht van de onplezierige ervaring vandaan en snijdt het lichaamsgewaarwordingen af. De neerwaartse, aardende stroom wordt zoveel mogelijk belemmerd en de meeste energie wordt naar het hoofd geleid. Dergelijke mensen kunnen lichamelijk gevoelloos zijn en het niet merken wanneer ze moeten eten of rusten, wat beide met het eerste chakra samenhangende onderhoudsprogramma's zijn. Als gevolg hiervan kunnen ze vaak ziek zijn – ze luisteren alleen maar naar het lichaam wanneer het zo hard schreeuwt dat het niet meer genegeerd kan worden. Het kan zijn dat ze emoties niet goed duiden (aangezien emoties lichamelijke gewaarwordingen hebben) en zich dus niet bewust zijn van hun behoeften. Mensen met een versnelde opwaartse stroom letten extreem goed op boodschappen die van buiten henzelf komen, alsof ze voortdurend op zoek zijn naar manieren om met hun verzorger contact te maken of voortdurend op gevaar loeren. Dit is het stempel van een deficiënt eerste chakra: het lichaam is verdoofd en het bewustzijn verhoogd, waardoor een diepe kloof tussen lichaam en geest ontstaat.

Een volwassene met een beschadigde ondergrond wordt meestal geteisterd door een verschrikkelijk besef dat er iets fout is, maar hij of zij kan niet vaststellen wat dat dan is. Ondergrond is zo fundamenteel en krijgt zo jong structuur dat hij letterlijk achtergrond wordt. We zijn ons er maar zelden van bewust dat onze ondergrond onvruchtbare bodem, een modderige grondverzakking, of ondoordringbare rotsgrond is. Net zoals een vis niet weet dat hij zich in water bevindt, zo is onze ondergrond vaak onzichtbaar voor ons. Het gevolg hiervan kan zijn dat het een therapeut die met dit probleem aan het werk is, niet duidelijk wordt wat er nu eigenlijk aan de hand is, en dat hij of zij ervandaan geleid kan worden, net zoals de eigen energie van de cliënt deze van zijn of haar ondergrond heeft weggevoerd. De sessies kunnen zeer intellectueel zijn, van het ene onderwerp naar het andere springen, of leugens en weglatingen bevatten die het echte probleem toedekken. Wat de van boven naar beneden gerichte structuur waarin de bovenste chakra's overheersen nodig heeft, is leren hoe ze de neerwaartse stroom van het lichaam kan ontwikkelen en hoe ze een ondergrond kan vormen, werkelijk zoals iemand een fundering zou leggen – steen voor steen.

Objectiveren van het lichaam

Een van mijn cliënten sprak voortdurend over haar lichaam als 'dat ding dat ik met me meesleep'. Een andere cliënte maakte zich zo druk over haar figuur dat het een obsessie werd, ze probeerde het er net zo uit te laten zien als dat van modellen. Weer een andere cliënte, een danseres, zei: 'Ik word zo kwaad op mijn lichaam als het niet uitvoert wat het hoort te doen.'

Voor degene met een beschadigd eerste chakra kan het lichaam een oneigen entiteit zijn, dat eerder als een statisch ding wordt gezien dan als een levende uitdrukking van de ziel. Vervreemding van het lichaam heeft objectivering van het lichaam tot gevolg, dat wil zeggen dat het als een voorwerp, een ding wordt gezien, zoals een marionettenspeler zijn marionetten ziet.

In deze cultuur beschouwen vrouwen, ook al hebben ze als kind geen misbruik ervaren, hun lichaam vaak als een ding. Zoals Susan Kano in *Making Peace with Food* schrijft: 'Slechts door uitgebreide en voortdurende conditionering kan een intelligent menselijk wezen ertoe worden gebracht zichzelf als decoratie te gaan zien, met als hoogste prioriteit het bereiken van een slank lichaam, in plaats van als een compleet mens met talloze andere zorgen en een onbeperkt potentieel.'[3] Wanneer we onszelf en elkaar objectiveren, gaan we het lichaam zien als een ding dat bedwongen en onderhouden moet worden in plaats van als een levende dynamische uitdrukking van wie we zijn.

Onevenwichtigheden in de andere chakra's

Wanneer het eerste chakra beschadigd is, wordt dit in alle andere chakra's weerspiegeld. De seksualiteit wordt erdoor beïnvloed, daar ze een ervaring van het lichaam, van de zintuigen en van contact en verbondenheid is; het gevoel van persoonlijke macht wordt erdoor beïnvloed omdat we zonder grond onder de voeten niet kunnen vechten of onszelf kunnen verdedigen. Zonder wortels die energie en voeding vanuit de aarde omhoog halen, zijn we zwak. Relaties worden nadelig beïnvloed door het gebrek aan grenzen en door een aanhoudende onzekerheid waarvoor voortdurende geruststelling nodig is. Communicatie kan door angst worden geblokkeerd of excessief worden, waarbij woorden losstaan van gevoel.

Door een uitgebreide en creatieve verbeeldingskracht en een toewijding aan intellect als verdediging tegen gevoel zullen de bovenste chakra's een grote kans lopen versterkt te worden. In extreme gevallen kan een dergelijke versterking verwarring, vaagheid of een gevoel gek te worden veroorzaken. Het antwoord hierop bestaat niet uit kortwieken van het bewustzijn, maar uit aarding en belichaming van dat bewustzijn.

Karakterstructuur

De schizoïde karakterstructuur: creatief en intelligent

Het schizoïde afweermechanisme is een noodmechanisme om een het leven en de geestelijke gezondheid bedreigend gevaar het hoofd te bieden. In deze strijd worden alle mentale vermogens ingeschakeld bij het gevecht om te overleven. Overleven is afhankelijk van de absolute controle en heerschappij over het lichaam door de geest.

ALEXANDER LOWEN

De schizoïde karakterstructuur wordt vanwege haar grote intelligentie, creativiteit en belangstelling voor spirituele zaken ook wel de creatieve karakterstructuur genoemd. Deze structuur ontwikkelt zich al vroeg in het leven, soms zelfs al in de baarmoeder, wanneer een kind door een angstige, boze of onwillige moeder wordt verwacht wier emoties op het kind worden overgedragen. Deze structuur kan ook als het *ongewenste kind* worden gezien[4] (figuur 1-1). Als de moeder bang is om zwanger te zijn of zich ertegen verzet, zullen haar spieren zich spannen en zal de baarmoeder strak om de foetus zitten. Het groeiende kind krijgt geen gevoel van vrijheid, veiligheid of gewenstheid. Het trekt zijn eigen wezen samen, ook al groeit het lichamelijk sneller dan wanneer dan ook. Samentrekking wordt de gewone manier van zijn, een energetische uitdrukking van het zich uit het leven terugtrekken.

Als de moeder zich van haar eigen lichaam heeft verwijderd zal ze haar kind geen gezond besef van ondergrond kunnen geven. Het kan zijn dat ze het kind niet genoeg aanraakt, terwijl aanraking toch de fundamentele bevestiging van het bestaan van het kind is. Aangezien het lichaam geen bevestiging krijgt, twijfelt het creatieve karakter aan zijn *recht om er te zijn*, het eerste van onze zeven rechten. Creatieve types hebben niet het gevoel dat ze het recht hebben om ruimte in te nemen of aandacht aan hun lichamelijke behoeften te besteden. Ze zijn geneigd hun eigen lichaam te ontkennen, door honger-, dorst- of vermoeidheidssignalen te negeren. Dit kan ook gebeuren wanneer de moeder oververmoeid of ziek is of gewoon te veel kinderen heeft, ook al zijn die gewenst. Zonder goede steun is de moeder niet in staat haar kind de belangrijke aarding te geven die het tijdens zijn eerste levensjaar nodig heeft.

Mary, die we al eerder in dit hoofdstuk tegenkwamen, had een schizoïde/creatieve karakterstructuur. Ze was groot, dun en pezig. Haar ogen waar wijdopen, alsof ze in een schrikreactie waren bevroren. Ze was nerveus, trillerig en uitermate opgewonden, zozeer dat ze zelfs tot manische aanvallen neigde. Ze sliep en at zeer weinig, en was ooit als anorexisch gediagnosticeerd. Toen ik haar vroeg een tekening van haar lichaam te maken (wat een moeilijke oefening voor haar was), tekende ze een touw dat als een boa constrictor strak om haar torso zat gewonden. Haar bovenlichaam bewoog bijna niet en haar borstkas was ingevallen (figuur 0-5, A).

Ze was met name bij haar keel geblokkeerd, die ze terwijl ze sprak voortdurend schraapte. Ze sprak gehaast en angstig. Niettemin schreef ze veel en in wat ze schreef, onthulde ze een zeer gevoelige en intelligente geest. Ze was tot grote inzichten en waarnemingen in staat en van wat er om haar heen gebeurde, ontging haar niet veel. Haar bovenste chakra's waren uitermate ontwikkeld, terwijl haar onderste chakra's erg weinig energie hadden. Ze had geen contact met haar lichaam: ze had vele jaren geen seksuele partner gehad. Ze voelde zich op de meeste gebieden van haar leven machteloos. Ze woonde alleen, bracht veel tijd alleen door, en had kennissen, maar geen intieme vrienden.

Mary's energetisch proces was gefragmenteerd. Ze gaf er de voorkeur aan de therapie tot praten te beperken, iets waarbij ze zich veilig voelde, en ze sprong van de hak op de tak. Ze vertelde me dat ze het gevoel had dat ze 'niet had deelgenomen aan haar eigen leven', en toen ze begon te helen verspreidde ze haar energie eerst over te veel activiteiten, bang om in maar één ding te investeren. Aangezien haar lichaam samengetrokken was, vond ze het moeilijk met te veel lading of opwinding om te gaan. Als deze zich voordeden, raakte ze altijd in de war door de opwaartse energiestroom die de bovenste chakra's van een te zware lading voorzag en haar met te veel informatie overspoelde zonder haar een manier aan de hand te doen om deze te ordenen. De begrenzende en aardende aspecten van de onderste chakra's lagen buiten haar bereik, omdat ze eigenlijk altijd in angst leefde.

Ik gaf Mary eenvoudige opdrachten om goed voor zichzelf te zorgen, die op fundamentele zaken als eten en slapen waren gericht. Ik raadde haar aan zich eenmaal per week te laten masseren, vaak te gaan wandelen, en zichzelf te trakteren op aangename dingen zoals langdurige warme baden. Aangezien ze haar lichaam niet als een compleet, afzonderlijk organisme kon ervaren, probeerden we het stukje voor stukje te herwinnen. Ik maakte gebruik van haar tekentalent en liet haar bewegingen uitvoeren die uitdrukten wat ze tekende. Dit gaf haar een gevoel van het verband tussen haar lichaam en het beeld dat ze van haar lichaam had. Ik hielp haar haar grenzen te ervaren en bij te stellen door ze van de teruggetrokken ruimte diep in haar te verplaatsen naar iets dat ze om zich heen kon zetten om een gevoel van veiligheid te krijgen. Ik hielp haar de gewoonte om haar lichaam samen te trekken te doorbreken door haar tegen me aan te laten duwen terwijl ik een kussen vasthield, waarbij ze energetisch van binnen naar buiten moest duwen. Ik zorgde ervoor dat ze niet te sterk werd geladen, omdat haar lichaam dit niet aankon. Als alternatief hiervoor werkten we met aardingsoefeningen en rustige, veilige, fysieke exploratie.

Geleidelijk leerde Mary aandacht aan haar lichaam te besteden. In een doorlopende therapiegroep leerde ze langzaam meer mensen te vertrouwen en zich voor hen open te stellen. Ze leerde zichzelf op waarde te schatten en haar recht om er te zijn weer op te eisen. Ze begon zich met activiteiten bezig te houden die haar

Figuur 1-1. De schizoïde (creatieve) karakterstructuur – Het ongewenste kind

Eerste chakra *Zeer deficiënt*	Tweede chakra *Deficiënt*	Derde chakra *Paradoxaal (excessief en deficiënt)*	Vierde chakra *Deficiënt*
Trauma in utero, vroegste jeugd	Geen contact met gevoelens, met gewaarwording van het lichaam	Opwaartse stroom sterk, geeft indruk een heleboel energie te hebben	Is bang voor intimiteit, zondert zich af
Twijfelt aan recht om er te zijn, aan bestaansrecht	Gevoelens worden verstandelijk beredeneerd, kunnen verwrongen, afwijkend zijn	Neerwaartse stroom zwak, weinig concentratie	Op zijn hoede, afstandelijk
Energie wordt naar boven, naar het hoofd getrokken	Ontbeert vertrouwen in relaties, vooral op lichamelijk gebied	Verspreid voorkomende, abnormale uitbarstingen van energie, zeer nerveus, snel opgewonden, zeer gevoelig	Tegen afhankelijkheid gewapend
Lichaam gespannen en samengetrokken	Povere lichamelijke banden	Functioneert slecht onder spanning	Gebrek aan eigenliefde
Gevoel dat lichaamsdelen losse onderdelen zijn	Weinig besef van verzorging	Voelt zich machteloos	Niet demonstratief of hartelijk, bang om zich open te stellen
Beweegt zich mechanisch	Bewegingen kunnen schokkerig zijn, niet vloeiend	Weinig gevoel van eigenwaarde	Paradoxale ademhaling (bijvoorbeeld de buik intrekken bij een inademing)
Neigt tot paranoia			
Is bang voor desintegratie			
Wantrouwt eigen lichaam			

persoonlijke voldoening opleverden. Haar herstelproces doorliep veel wendingen en stadia, maar toen het eenmaal op gang was gebracht kon ze de zelfontkenning die meer dan veertig jaar haar patroon was geweest, niet langer volhouden. Ze nam nu deel aan haar eigen leven.

Vijfde chakra *Excessief*	Zesde chakra *Uitermate ontwikkeld (kan excessief zijn)*	Zevende chakra *Uitermate ontwikkeld (kan excessief zijn)*
Zeer spraakzaam maar chaotisch; kan van de hak op de tak springen	Fantasierijk	Trekt zich terug in wereld van de geest, kan zeer spiritueel zijn
Mechanische stem	Paranormaal begaafd	Zeer intellectueel
Blijft praten om zich veilig te voelen	Intuïtief	Zeer intelligent
Energie wordt via de keel ontladen	In staat om in archetypen en symbolen te denken, houdt van het abstracte	Briljante, vernieuwende denkers, zitten niet vast aan oude vormen
Kan interrumperen	Visueel bewust (hyperalert), actief fantasieleven	
Moeite met luisteren, met nieuwe informatie opnemen	Sensitief	
Zeer creatief, artistiek		

Herstel van de lotus in zijn oorspronkelijke staat

Helen van het eerste chakra

Wat volgt, is een overzicht van aanbevelingen, technieken en interventies om onevenwichtigheden in het eerste chakra aan te pakken. Ik wil onderstrepen dat elke techniek met voorzichtigheid dient te worden toegepast, in aansluiting op je eigen therapiestijl. Geen twee mensen zijn gelijk, en de ruimte ontbreekt hier voor gedetailleerde differentiële diagnosen.

Algemene principes en beoordeling

Onze relatie met ons lichaam helen is onze relatie met de aarde helen. Onze ondergrond herwinnen is onze levendigheid herwinnen, is de fundering van al wat volgt. Het is belangrijk om eerst vast te stellen in welke staat van verbondenheid mensen zich met hun lichaam, met de grond onder hen en de omgeving om hen heen bevinden. De vorm van het lichaam en de karakteristieke stijl om banden met de buitenwereld aan te gaan zijn aanwijzingen hiervoor. Nauwkeurige observatie van hoe mensen lopen, praten, zich bewegen, ademhalen, zitten en van achter hun ogen naar buiten kijken vertelt ons een heleboel over onderliggende patronen. Waar we naar kijken is de uitdrukking van het lichaam van een innerlijk proces – zoals contractie, expansie, strijd, bevrorenheid, instorting, activatie, verdoving of dissociatie.

Merk op dat dit energetische uitdrukkingen zijn en geen emotionele staten, hoewel ze vaak veroorzaakt worden door en vergezeld gaan van emoties, zoals angst, met als gevolg contractie; hulpeloosheid, met als gevolg instorting; en opwinding of boosheid die activatie teweegbrengen. Deze staten zullen in overeenstemming met wat er op een bepaald moment aan de hand is veranderen. Het beschrijven van een trauma uit het verleden kan activatie in sommige delen van het lichaam veroorzaken.

Bij het werken aan het eerste chakra is wat het lichaam energetisch tot uitdrukking brengt belangrijker dan de emotie zelf. Door de persoon in kwestie met zijn lichamelijke gewaarwordingen in contact te houden in plaats van op zijn of haar emoties te focussen, kunnen moeilijke, traumatische zaken vanzelf aan de orde komen. De betreffende persoon kan zich concentreren op wat zijn of haar lichaam doet, zonder in gevoelens om te komen die meer bij het tweede chakra horen. Dit wordt gedaan door voortdurend naar de lichamelijke processen die tijdens de sessie worden ervaren te verwijzen en deze te spiegelen. 'Wanneer je bang bent, wat doet je lichaam dan? Wat gebeurt er in je buik, of met je ademhaling?'

Mensen kunnen leren pijnlijke emoties te verlichten door eenvoudigweg hun lichamelijke uitdrukking te veranderen, zonder het labyrint van historische inhouden en emotionele soep overhoop te halen. Ook een eenvoudige aanwijzing om te aarden kan grotere kracht en kalmte teweegbrengen, zoals: 'Wat gebeurt er wanneer je je voeten weer op de grond zet en je gewicht erop laat rusten?' 'Wat gebeurt er wanneer je gaat staan?'

HET LICHAAM TEKENEN

Ik vind het nuttig om cliënten met kleurkrijt hun eigen lichaam op een groot stuk krantenpapier te laten tekenen. De instructie die ze krijgen is te tekenen hoe hun lichaam voelt, zonder te proberen er een waarheidsgetrouwe afbeelding van te maken. Het kan zijn dat een anorexische cliënte die zo dun als een potlood is haar lichaam als een opgeblazen ballon tekent als dat is hoe ze het ervaart. Een rigide persoon kan donkere vierkanten en scherpe hoeken tekenen. Een angstige, samengetrokken persoon kan een heel klein lichaam tekenen, waarbij slechts een kwart van het papier wordt gebruikt, terwijl een te zeer geëxpandeerd individu meerdere vellen papier nodig kan hebben. Een onvoldoende gevormde, ingezakte persoonlijkheid kan ijle wervelingen tekenen zonder enige concrete vorm.

Het mooie van deze oefening is dat ze grafisch laat zien, zonder verstandelijke beredenering, wat er energetisch aan de hand is. De cliënte kan naar haar eigen tekening kijken en vormen zien die normaal gesproken onbewust blijven. Na de cliënte eerst gevraagd te hebben over haar tekening te praten, kan de therapeut vervolgens op aspecten wijzen die over het hoofd zijn gezien, en vragen stellen zoals: 'Wat betekent deze dikke zwarte lijn die door je middel gaat voor jou?' 'Ik zie dat je tekening er heel vloeiend uitziet, maar geen grenzen heeft. Past dat bij je leven?' 'Het lijkt erop dat je bang bent ruimte in te nemen.' 'Je tekent je lichaam alsof het heel dik zou zijn, maar het is in feite erg dun.' Soms worden er hele delen van het lichaam weggelaten – hoe staat de cliënte tegenover deze delen? Eén vrouw liet haar hoofd weg omdat ze geen ruimte meer had op het papier en niet om nog een vel durfde te vragen. Verliest ze uit angst om te vragen wat ze nodig heeft vaak haar hoofd? Een ander gebruikte drie heel grote vellen papier, maar maakte slechts een paar zwakke tekens. Haar energie was te diffuus.

Laat indien mogelijk de cliënte voor een levensgrote spiegel staan, met haar tekening voor haar borst. Dit geeft het effect van een soort röntgenblik op het inwendige schema van de energetische structuur. Wat is haar gevoel over deze persoon? Welke conclusie zou ze trekken als ze alleen maar de tekening zag? Wat zijn de gebieden die de meeste aandacht en heling behoeven? Als er geen spiegel in de spreekkamer is, geef dit dan als opdracht voor thuis mee. Het is een goed idee om mensen terwijl ze groeien en veranderen periodiek een dergelijke tekening te laten maken, zodat ze een grafische voorstelling van hun voortgang krijgen.

LICHAAMSDIALOOG

De eerste stap om uit dissociatie te komen is de communicatie met het lichaam herstellen. Deze oefening geeft uitdrukking aan verschillende delen van het lichaam en laat de geest met deze delen in dialoog treden en iets over hun ervaring vernemen.

Ik begin meestal met de cliënte te verzoeken in een ontspannen, prettige houding te gaan liggen, waarna ik met pen en papier naast haar ga zitten om alles wat gezegd wordt op te schrijven. Ik vraag haar eerst net te doen alsof haar lichaam een bedrijf is en zij een bedrijfsadviseur die daar op bezoek is om de arbeiders te interviewen over hoe ze over hun werk en hun positie in het bedrijf denken. Elk lichaamsdeel is een bedrijfslid, en ik vraag haar om van de voeten naar het hoofd te werken. Nadat ik een deel van het lichaam opnoem, begint de cliënte met: 'Ik ben mijn voeten en ik...,' en vult de zin dan aan met haar emotionele ervaring. 'Ik ben mijn voeten en ik heb het gevoel dat het gewicht van de wereld op me rust.' 'Ik ben mijn buik en ik ben bang.' 'Ik ben mijn hoofd en ik leid de zaak.' Soms kan het zijn dat een bepaald lichaamsdeel een heel verhaal wil vertellen, dat meerdere uitspraken verbindt. Andere keren is het misschien zijn stem kwijt of kan het verdoofd aanvoelen.

Wanneer het hele lichaam de kans heeft gehad te spreken, lees ik hardop terug wat ik heb opgeschreven, zonder de lichaamsdelen te vermelden. 'Ik heb het gevoel dat het gewicht van de wereld op me rust. Ik ben bang. Ik leid de zaak. Ik voel me verdoofd, gespannen.' De cliënte krijgt zo de kans te zien hoe haar lichaam tot uitdrukking brengt hoe zij haar leven ervaart.

Na deze oefening (die meestal een hele sessie in beslag neemt) kan men dan naar de lichaamsdelen terugkeren en in dialoog treden met de delen die het belangrijkst lijken. 'Dus jij, borstkas, voelt je toegesnoerd en leeg. Wat zou je voller maken?' 'Dus jij, maag, hebt het gevoel dat je groot moet zijn om opgemerkt te worden. Hoe voelt het om groot en vol te zijn? Hoe voelt het wanneer je leeg bent?' De maag zou kunnen antwoorden: 'Het voelt doodeng wanneer ik leeg ben. Maar als ik vol ben, voel ik me verdoofd.' De volgende vraag kan zijn: 'Waar ben je bang voor?'

De dialoog kan tussen de cliënt en zichzelf plaatshebben, of tussen de therapeut en de cliënt. Het doel is via communicatie en erkenning een relatie tot stand te brengen – een relatie die vervolgens tot actie en verandering kan leiden.

Exces en deficiëntie in het eerste chakra vaststellen

Voordat de meeste oefeningen uitgevoerd kunnen worden, is het noodzakelijk exces en deficiëntie in het chakra in kwestie vast te stellen. Een excessief chakra zal het meest aan ontspannende of ontladende oefeningen hebben, terwijl een deficiënt chakra van stimulerende of opladende oefeningen zal profiteren.

Lading is een bio-energetisch woord voor de basisspanning van het lichaam. We voelen lading wanneer we boos, opgewonden, seksueel geprikkeld, bang, verliefd zijn of in andere emotionele staten verkeren. Telkens wanneer we in ons overleven worden bedreigd voelen we lading, wanneer we een diepe spirituele band krijgen, wanneer we een spannende film zien, of wanneer we een kunstwerk aan het scheppen zijn. Lading kan als intensiteit, enthousiasme, of verhoogd bewustzijn aanvoelen. Kwesties uit onze jeugd bevatten een heleboel lading, sommige positieve, sommige negatieve. Voor kinderen van alcoholisten of gescheiden ouders zijn vakanties vaak met angst geladen. We worden hypergevoelig voor kwesties die een heleboel lading hebben en we kunnen op deze situaties te sterk reageren of ze dwangmatig vermijden. Positieve ervaringen bevatten ook lading. We kunnen een energielading krijgen wanneer we een oude vriend zien, promotie krijgen, of aan een goede vakantie terugdenken.

Lading kan worden opgeroepen met behulp van aardende en ademhalingsoefeningen, fantasie, visualisatie, of door over geladen materiaal te praten. Droombeelden kunnen een heleboel lading bevatten, en deze lading kan terwijl men over de droom praat spontaan in het lichaam optreden. De waarheid heeft ook een lading, vooral als ze eerst verborgen is geweest, alsof er een poort in het lichaam opengaat.

Toenemende lading doet het bewustzijn van het lichaam toenemen door de levendigheid ervan te doen toenemen. Als iemand gedeprimeerd is, of als zijn of haar lichaam zwak of ongevormd lijkt, kan het vergroten van de lading hem of haar een gevoel van welbevinden geven; bovendien is dit een tamelijk veilig proces. Een depressie is in feite een staat van te weinig lading, een gebrek aan opwinding of enthousiasme.

Niet alle lading is echter plezierig. Wanneer een lichaam stijf samengedrukt wordt, zoals het geval is bij de schizoïde/creatieve karakterstructuur, kan vergrote lading als angst worden ervaren. Chronische spierspanning is bedoeld om lading af te weren, als een manier om ongewenste gevoelens te vermijden of te verjagen. In dit geval moet men uitkijken dat het lichaam niet overbelast of met meer energie geladen wordt dan het veilig aankan. Wanneer mensen te veel geladen zijn, kunnen ze zich angstig, rusteloos, bang of machteloos voelen. Bovenmatige lading van dit type wordt als stress ervaren (figuur 1-2).

Figuur 1-2. Exces en deficiëntie in het eerste chakra

Een excessief eerste chakra trekt zo veel energie aan dat hij de energie niet naar beneden, naar de grond kan laten stromen, of omhoog naar de rest van het lichaam. Hierdoor ontstaat een bovenmatige stevigheid die moeite met veranderingen heeft.

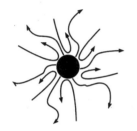

Een deficiënt eerste chakra is zo samengetrokken dat naar binnen stromende energie wordt afgebogen en willekeurig door het hele lichaam heen wordt verspreid, zonder aarding. Hierdoor ontstaan chaotische bewegingen met weinig consistentie.

EEN DEFICIËNT EERSTE CHAKRA

Een deficiënt eerste chakra is samengetrokken, leeg, zwak, slordig of ongevormd. Dit is meestal te herkennen door alleen maar naar het lichaam te kijken. Door samentrekking ziet iemand eruit alsof hij zich zo klein mogelijk wil maken. Hij kan met de benen over elkaar geslagen zitten, voorovergebogen, de armen dicht tegen het lichaam gedrukt, waarbij hij gespannen, kleine bewegingen maakt. Wanneer je contractie vaststelt, is het belangrijk om te proberen uit te vinden waar het centrum ervan zich bevindt. Iemand kan zijn energie opwaarts samentrekken, in zijn hoofd, achterwaarts in zijn plexus solaris of het gebied rondom zijn hart, of ook wel neerwaarts, in zijn ondergrond.

Als de samentrekking opwaarts geschiedt, raakt het eerste chakra leeg, en de persoon in kwestie kan dan absoluut geen gevoel meer in dit gebied hebben. Als de energie van iemand erg wanordelijk is, zal het eerste chakra zwak zijn en bij de geringste uitdaging verdwijnen. Het chakra kan soms geaard lijken en soms niet. De cliënt kan voortdurend van houding veranderen, alsof hij de kriebels heeft, of van de ene op de andere voet gaan staan. De energie heeft over het algemeen iets rusteloos, en er treden ook vaak concentratieproblemen op.

Er bestaat ook een soort deficiëntie dat zich zowel in een dun als in een groot, veel te zwaar lichaam kan voordoen (wat op een exces zou lijken te wijzen), in welk geval het lichaam erg los en ongevormd is. Aangezien het eerste chakra over stevigheid gaat, heeft het ongevormde lichaam moeite zich harder te maken of zijn vorm, ondergrond of basisstructuur te behouden. Spiertonus, bloedcirculatie, kleur en grenzen zijn zwak. Dit is een staat van ondervoeding en te weinig lading.

Iemand met een deficiënt eerste chakra heeft niet in de gaten dat het lichaam belangrijk is. Uiterlijke verzorging en hygiëne kunnen te wensen overlaten, de kleding kan slordig zijn. De alledaagse dingen zijn niet belangrijk, terwijl fantasieën, dromen, kennis en spiritualiteit heel belangrijk zijn (gecompenseerd door overheersing van de bovenste chakra's).

Deficiënte eerste chakra's moeten dynamisch geaard worden en reageren goed op staand uitgevoerde oefeningen die het lichaam laden (zie Aardingsoefening, blz. 105). Zij moeten gestimuleerd worden om zich te vormen en die vorm te handhaven. De vorm kan met behulp van moeilijke taken versterkt worden. Grensoefeningen zijn heel nuttig.

Een excessief eerste chakra voelt zwaar aan, heeft weliswaar stevigheid maar met een traag en massief gevoel. Het lichaam is meestal groot, compact en zwaar, wat vooral bij de heupen, dijen en billen is te zien. Het is eerder stevig en dik dan los en week. Als er geen gewichtsproblemen zijn, zijn de spieren meestal hard en stijf.

Het excessieve wortelchakra is tamelijk stevig gevormd en lijkt immuun voor verandering. Het kan zijn dat de cliënt zich tijdens sessies niet vaak beweegt (terwijl iemand met een deficiënt chakra voortdurend kan bewegen); zijn ogen staan defensief en hij houdt het hoofd stil. Het kan zijn dat hij klaagt over stijfheid, traagheid, verveling of angst voor verandering, of moeite met op gang komen. Er kan sprake zijn van een zekere hardheid in het karakter van de cliënt. Hij houdt van routine, zekerheid en bezittingen, en het kan zijn dat hij op financieel gebied iets wil bereiken. Hij kan cynisch over spirituele zaken lijken en de voorkeur geven aan het concrete. Hij kan er onberispelijk uitzien, goed gekleed en goed verzorgd. Zijn bewegingen, als die er tenminste zijn, kunnen repetitief of compulsief zijn. Zijn grenzen zijn te zeer gevormd, lijken wel bakstenen muren. Hij klaagt erover vast te zitten.

Excessieve eerste chakra's moeten zich ontladen, moeten loslaten en van excessieve stabiliteit tot beweging en stromen komen. Aangezien de energie in de onderrug vastzit, is beweging nodig om de energie doelmatiger te verspreiden en het eerste chakra een beter evenwicht te geven. Lichamelijke beweging in de vorm van dansen, lopen, zwemmen of stretchen hebben meestal succes bij het excessieve eerste chakra, omdat het fysieke vertrouwd en prettig is. Yoga wordt in het bijzonder aanbevolen, omdat dit vredige ontspanning en subtiele beweging van innerlijke energie mogelijk maakt.

EVENWICHTIGE KENMERKEN

Een evenwichtig eerste chakra is stevig geaard en toch op dynamische manier levendig. Het chakra vertoont zowel soepelheid als consistentie en is op zijn gemak met zowel expansie als contractie. Er is sprake van vorm zonder rigiditeit, een gevoel van lichamelijke behaaglijkheid, en een gezonde verspreiding van energie door het hele lichaam. Dit levert een gevoel van innerlijke zekerheid op, goede zelfverzorging, een bevestiging van het recht om er te zijn, en een sterk gevoel van aanwezigheid.

Mij wordt vaak gevraagd of een chakra tegelijk excessief en deficiënt kan zijn. Dit is in feite tamelijk vaak het geval, namelijk wanneer bepaalde strategieën om met problemen om te gaan voor overcompensatie zorgen, terwijl andere aspecten worden vermeden. Dit is een poging de energie in een chakra in evenwicht te brengen, in plaats van in het systeem als geheel. Een chakra dat in zichzelf evenwicht vertoont, zal minder snel andere chakra's in het systeem beïnvloeden dan een chakra dat eenzijdige patronen laat zien. We zorgen voor integratie door de extremen naar een gemeenschappelijk centrum terug te brengen, dat in het stoffelijk lichaam is verankerd. Te veel eten bijvoorbeeld is vaak een poging het lichaam te aarden. Door de functie die onderontwikkeld is te versterken (in dit geval goede aarding), maken we het de compenserende functie mogelijk af te zwakken.

BEOORDELING AAN DE HAND VAN DE PERSOONLIJKE GESCHIEDENIS

Ook het blootleggen van met de ontwikkelingsfasen samenhangende ervaringen in het leven kan licht werpen op de structuur van een bepaald chakra. Wat is er bekend over de geboorte, borstvoeding of vroegste jeugd van de cliënt? Wat was er in die tijd nog meer aan de hand in het gezin? Was er sprake van ernstige ziekte, operaties of ontberingen? Wat kwam er aan emotionele betrokkenheid en koestering van de moeder? Hoe stond de moeder tegenover haar eigen lichaam? Bestonden er bedreigingen voor het eigen overleven of voor dat van gezinsleden? En hoe werd er met deze factoren omgegaan? Deze vragen brengen meestal excessieve en deficiënte strategieën aan het licht.

Verwaarlozing en afwijzing hebben meestal deficiëntie tot gevolg. Er komt dan niet genoeg energie het systeem binnen om een stevige fundering te vormen. Stressrijke situaties, verstikking of talloze uitdagingen zullen eerder exces tot gevolg hebben. De ondergrond moet alsof zijn leven ervan afhangt volhouden om te kunnen overleven, en dus overcompenseren. Het is echter mogelijk dat dezelfde situatie bij twee mensen even sterke maar tegenovergestelde reacties teweegbrengt – door lichamelijk geweld kan de ene persoon volledig het contact met zijn lichaam verliezen, terwijl de andere er overdreven op gericht raakt.

Hardnekkige problemen zijn voorbeelden van de processen die zich afspelen. 'Ik heb voortdurend problemen met mijn gezondheid.' 'Ik lijk maar niet op gang te kunnen komen.' 'Ik ben de hele tijd bang.' 'Mijn financiële toestand is altijd abominabel.' Deze kunnen meestal onder exces- of deficiëntieproblemen worden gerangschikt. Vergelijk deze uitspraken met het overzicht dat in figuur 1-1 wordt gegeven om tot een beoordeling van je eigen processen te komen.

Algemene strategieën

BEVESTIGING VAN HET STOFFELIJKE

Het eerste chakra staat voor onze stoffelijke werkelijkheid. Wanneer het eerste chakra wordt beschadigd, wordt onze verhouding tot de stoffelijke wereld beschadigd. Daarom heeft zowel in het geval van exces als van deficiëntie genezing plaats door een nieuwe verhouding tot het stoffelijke – tot ons lichaam, de aarde en onze omgeving – te creëren. Dit kan een daad van hereniging zijn of een exploratie van een prachtig mysterie.

Voor de schizoïde structuur met een deficiënt eerste chakra zijn aanraking en koestering cruciaal voor de ontwikkeling van een relatie met het lichaam die bevestigend en plezierig is. Regelmatige massage en lichaamsbeweging zijn onontbeerlijk. Massage helpt bij het afbreken van samengetrokken lichaamspantsering en is tegelijkertijd een koesterende en plezierige ervaring. Lichaamsbeweging zorgt ervoor dat er energie door het lichaam wordt gepompt en kracht wordt ontwikkeld, waardoor een gevoel van verbondenheid en trots wordt bevorderd.

Zoals eerder gezegd, is het belangrijk de cliënt voortdurend naar zijn lichamelijke ervaring te verwijzen: 'Wat gebeurt er in je buik wanneer je het over dit voorval hebt?' 'Kun je voelen hoe je ademhaling verandert wanneer je het over je moeder hebt?' Als de cliënt meldt dat hij zich zenuwachtig of bang of boos voelt, moedig hem dan aan deze gevoelens in zijn lichaam te verankeren door hem te vragen de bij de gevoelens behorende lichamelijke gewaarwordingen te beschrijven. 'Wat voel je in je lichaam wanneer je zenuwachtig bent?' Het antwoord zou kunnen zijn: 'Ik krijg vlinders in mijn buik, mijn ademhaling wordt oppervlakkiger, ik span mijn schouders aan.'

Elk gevoel heeft een lichamelijke gewaarwording. Wanneer de lichamelijke reactie eenmaal duidelijk is, kan het gevoel verdiept worden door die reactie te overdrijven, of verzwakt door een gelijkwaardige tegenovergestelde reactie tot stand te brengen. Er zou gezegd kunnen worden: 'Span je schouders en beperk je ademhaling nog meer.' Verheviging van het gevoel kan helpen dit van het onbewuste in het bewustzijn te brengen, waar het herwonnen, onderzocht of uitgedrukt kan worden. Dit is vooral van wezenlijk belang wanneer het lichaam gevoelloos is en de lichamelijke gewaarwordingen overdreven moeten worden om opgemerkt te worden.

Een negatief gevoel kan verzwakt worden door de cliënt een tegenovergestelde beweging te laten maken. Joanie bijvoorbeeld, die als kind mishandeld werd, heeft een onbewuste reactie op pijnlijke zaken die bestaat uit het aannemen van de foetushouding. Wanneer haar gevraagd wordt deze beweging te overdrijven, rolt ze zich op tot een bal, alsof ze zich wil verbergen. Terwijl ze dit doet, voelt ze een hevige angst, die ze herkent als een gevoel dat ze als kind vaak had. Om haar aan te moedigen zich te ontrollen, vraag ik haar haar ademhaling dieper te maken, haar voeten op de grond te zetten, en zich dan met kracht in haar voeten te duwen. Dit stimuleert een tegenovergestelde reactie, die een heel ander gevoel teweegbrengt. Dit geeft Joanie besef van haar ondergrond en leidt tot een nieuwe manier van in haar lichaam zijn.

Soms brengt dit veranderen van bewegingen een tot een catharsis leidende deblokkering teweeg, die al dan niet raadzaam kan zijn, afhankelijk van de omvang van het trauma. Er moet voorzichtig te werk worden gegaan. Als het trauma ernstig is, kan het activeren van deblokkering het systeem overweldigen, vooral als de aarding zwak is. Als er tijdens vorige sessies hard aan aarden is gewerkt, waarbij sprake is geweest van een sterk vertrouwen in de therapeutische relatie, dan kan rustige deblokkering tot verlichting leiden, doordat de gevoelens die in de lichaamspantsering werden vastgehouden nu worden ontladen en er dus nieuw gevoel het lichaam binnen kan.

Wil Joanie deze geaarde houding kunnen handhaven en er zich prettig bij voelen, dan zal ze haar gebruikelijke manier om met dingen om te gaan moeten veranderen. Het is niet zo gemakkelijk om je energetisch terug te trekken wanneer je voeten stevig op de vloer staan. Om de nieuwe structuur te stutten, moet ze confrontaties aangaan, nee zeggen, boos worden of zich verdedigen. Deze reactie moet aangemoedigd worden, maar wel zodanig dat ze met kleine, hanteerbare stapjes totstandkomt.

De emotionele en fysieke structuur zijn afhankelijk van elkaar. Verandering in de fysieke structuur bevordert het ontstaan van een nieuwe emotionele reactie, en verandering in emotionele expressie bevordert het ontstaan van nieuwe lichaamshoudingen. Er moet aan beide structuren tegelijk worden gewerkt, maar emoties behoren meer bij het tweede chakra, dus zullen we ons hier op de fysieke structuur concentreren.

OEFENINGEN VOOR DE VOETEN

We maken via onze voeten en benen contact met onze ondergrond. Aan de voeten werken kan twee dingen inhouden: direct met de voeten zelf werken, zoals bij voetmassage, rekken en strekken, schoppen of duwen met de voeten het geval is (zie *Reis door de chakra's* voor meer oefeningen), of indirect terwijl de cliënt op zijn voeten staat (letterlijk op eigen benen leert staan).

Ik vraag de cliënt altijd eerst zijn schoenen en sokken uit te trekken en op een tennisbal of voetmassageroller te gaan staan om de spieren in de voet los te maken. De cliënt staat op de ene voet terwijl hij de andere in de tennisbal duwt, waarbij hij genoeg gewicht benut om spanning los te laten. Een voetmassageroller is in feite een houten apparaatje met drie rubberen rollers dat bij veel 'groene' drogisterijen wordt verkocht. De voetmassageroller is harder dan de tennisbal, maar dringt dieper door. Soms laat ik de cliënt over een houten roller lopen, een soort dunne deegroller, waarbij hij zijn voeten telkens een paar centimeter beweegt. Deze laatste oefening kan nogal wat pijn aan de voeten veroorzaken als er veel geblokkeerde energie zit, dus die pas ik alleen maar in latere stadia toe.

Helaas bestaan de meeste vormen van psychotherapie uit een verbale dialoog vanuit twee stoelen, en zijn ze absoluut niet-lichamelijk. Dit is duidelijk niet de beste methode voor iemand die aan met het eerste chakra verband houdende problemen wil werken, vooral als zijn cognitieve vermogens bij wijze van afweer overontwikkeld zijn. Niettemin kunnen er in dit soort situatie een paar eenvoudige dingen gedaan worden om aarden te bevorderen. Op zijn minst kan men een cliënt leren zijn voeten op de grond te houden, bij voorkeur met de schoenen uit. Hierdoor kan hij een diepgaander energetisch contact met zijn lichaam instandhouden en een grotere aanwezigheid tijdens de sessie. Dit is essentieel voor mensen met aardingsproblemen (in feite het grootste deel van de bevolking). Door de cliënt te vragen zo nu en dan goed in zijn voeten te duwen, kan deze het contact met zijn ondergrond opnieuw bevestigen en versterken. Dit is heel nuttig wanneer er van angst en nervositeit sprake is. Deze oefening helpt om energie door het lichaam te duwen, waar ze losgelaten kan worden. Men kan de cliënt vragen voortdurend op de ervaringen in zijn lichaam te letten, op de manier zoals hiervoor uiteengezet werd. Oefeningen die betrekking hebben op het tekenen van het lichaam of op het spreken voor lichaamsdelen alsof die subpersoonlijkheden zijn, alsmede op het lichaam gericht huiswerk zijn essentiële toevoegingen bij het werken aan het eerste chakra.

Wanneer de voeten eenmaal losgekomen zijn, vraag ik de cliënt te gaan staan en ze op een geheel nieuwe manier te ervaren. Ik vraag hem te voelen hoe zijn voeten het gewicht van zijn lichaam rechtop houden en om de structuur van de vloer onder zijn voeten te voelen. De meeste mensen zijn er verbijsterd over dat ze zich zoveel meer van hun voeten bewust zijn en voelen zich onmiddellijk een beetje meer geaard.

Psychologisch werk doen terwijl men staat, vergroot de energie van het lichaam, maakt grotere assertiviteit mogelijk, ontkent passiviteit en bevordert onafhankelijkheid. Alleen het staan al is een autonomieverklaring. Door te gaan staan verlaat men het babystadium en laat men de volwassene tevoorschijn komen. Staan legt een basis en is de letterlijke manifestatie van de metafoor 'ergens voor staan'. Er bestaan veel uitdrukkingen die dit belangrijke energetische concept weerspiegelen: 'voet bij stuk houden', 'geen been hebben om op te staan', 'weigeren ergens voor te gaan staan', 'weerstaan' en tot besluit 'verstaan' in de zin van begrijpen. Een cliënt laten staan belichaamt al deze concepten afzonderlijk en tegelijk. In dit geval is waar hij voor staat hijzelf.

Er moet ook zorgvuldig aandacht worden besteed aan de manier waarop hij staat. Wordt het bekken naar voren gekanteld of ingehouden? Zijn de knieën soepel of volledig gestrekt? Hangt de buik naar voren of is de borstkas ingevallen? Dit zijn allemaal aanwijzingen voor de patronen van bijeen-, vast-, in-, terug- en tegenhouden van de cliënt, die opgemerkt dienen te worden en waaraan mettertijd gewerkt dient te worden. Het helpt om zowel bewuste als onbewuste lichaamshoudingen te onderzoeken. Een bewuste lichaamshouding vertonen we wanneer we worden bekeken. We houden onze buik in, trekken schouders en borst op en maken onze ruggengraat recht. Een onbewuste lichaamshouding doet zich voor wanneer we er niet over nadenken. Misschien zakken we wel in, spannen we ons, of staan we gewoonlijk op één been.

Hoe voelt de cliënt zich terwijl hij probeert te aarden? Krijgt hij er een zenuwachtig of veilig gevoel van? Doet zich in het lichaam een spanningscentrum voor of ontspant het lichaam zich? Is er veel concentratie voor nodig of gaat het hem natuurlijk af? Drukken de ogen opwinding, angst of droefheid uit? Dit zijn de dingen waarnaar gevraagd moet worden en die moeten worden geobserveerd, of die de cliënt als feedback moet krijgen. 'Je ogen vertonen ineens angst, is dat wat je voelt?' Richt die vaststelling vervolgens op het lichaam. 'Dus welke gewaarwording in je lichaam laat je weten dat je bang bent en wanneer trad deze gewaarwording voor het eerst op?' Andere vragen of uitspraken zouden kunnen zijn: 'Wat ervaar je in deze houding?' 'Je bekken is ingetrokken. Wat gebeurt er als je het naar voren laat komen?' 'Het lijkt erop dat je het nodig hebt je knieën vast te zetten. Wat gebeurt er wanneer je ze buigt?' Deze uitspraken zijn niet zozeer analytisch bedoeld, maar als een uitnodiging om tot diepere ervaringen te komen. Probeer onderbrekingen in de energiestroom op te merken, plekken die stijf worden gehouden, of delen die onbeholpen bewegen. Breng deze onbewuste processen vervolgens onder de aandacht van de cliënt en overdrijf ze, net zolang tot ze bewust worden.

De knieën vastzetten is een manier om het lichaam een passief gewicht te laten worden, om ons energetisch terug te trekken terwijl we de indruk wekken aanwezig te zijn. Passief gewicht kan ook als dood gewicht worden beschouwd – het vastzetten van de knieën verzwakt de energetische verbinding tussen de benen en de grond en verdooft lichamelijke gewaarwordingen. Wanneer de knieën vastzitten, komt de buik naar voren, de borstkas valt in, het hoofd zakt naar beneden en de ademhaling wordt zwakker. Dit is de houding van verslagenheid, van verslagen zijn, en een nederlaag staat allegorisch gelijk aan vallen; we zetten onze knieën dus vast om te blijven staan. De houding van alertheid daarentegen vertoont licht gebogen knieën en houdt het centrum van de zwaartekracht laag; deze houding ziet eruit als de houding die door beoefenaars van oosterse gevechtskunsten wordt aangenomen.

AARDINGSOEFENING

Om zijn besef van dynamisch contact met de grond te vergroten, vraag ik de cliënt in spreidstand te gaan staan, met de tenen enigszins naar binnen wijzend en de knieën licht gebogen. Soms geef ik hem opdracht in zijn voeten te duwen, alsof hij de vloer onder zich in twee stukken wil splijten. Dit vergroot de stevigheid van de benen. Wanneer mensen deze houding aannemen, kunnen ze niet snel omver geduwd worden. Door de cliënt te vragen in deze houding te blijven staan terwijl de therapeut licht tegen zijn borstbeen duwt, moet hij zijn voeten in de vloer duwen, hetgeen de energie in de benen versterkt.

Wanneer de cliënt de basishouding eenmaal onder de knie heeft, vraag ik hem zijn knieën een paar keer langzaam te buigen en te strekken, waarbij hij bij een buiging moet inademen en bij het strekken moet uitademen en zijn knieën als het ware in de vloer moet duwen. De knieën mogen niet helemaal gestrekt worden. Als deze oefening goed wordt uitgevoerd zal er een lichte trilling in de benen optreden. Bij sommige mensen gebeurt dit al na enkele seconden, bij andere na minuten. Het trillen is een teken dat er meer energie in de benen en voeten komt. Als de oefening wordt voortgezet zal deze energie geleidelijk toenemen en zal het trillen sterker worden. De energie kan worden benut om delen van het lichaam die verdoofd zijn tot leven te wekken en om blokkeringen op te heffen, of ze kan naar het bovenste deel van het lichaam worden doorgestuurd. Elke keer dat we tegen iets stevigs duwen, laten we de energie beter door ons lichaam stromen. Toenemend contact met de grond zorgt voor meer lading. Men dient goed op te letten hoe de cliënt met de toegenomen lading omgaat. Als er angst ontstaat, wat vaak gebeurt, moet deze ofwel worden verwerkt ofwel worden verminderd. De angst kan worden verminderd door de oefening langzamer uit te voeren of door ermee op te houden, door met de benen in de lucht te schoppen, of door met het hoofd omlaag in een stoel te zitten. De angst kan worden verwerkt door met het materiaal dat erdoor wordt belicht aan het werk te gaan. Zo werd Sally tijdens haar eerste aardingservaring heel angstig. Dit was aan haar ogen en ademhaling te merken en ook bij het verklaren van haar ervaring.

'Ik voel me helemaal niet prettig,' zegt ze.

'Goed, laten we onmiddellijk stoppen en zien waar deze onbehaaglijkheid vandaan komt. Wat voel je in je lichaam?'

'Ik krijg tintelingen in mijn handen en lippen.' (Dit is geen ongewone reactie op lading.)

'Oké, ga met je aandacht naar je handen. Wat willen ze doen? Welke impuls voelen ze?'

'Ik weet 't niet. Ik zou 't niet weten. Ik ben in de war.'

Ik kan haar armen zien trillen, alsof ze helemaal geblokkeerd zijn. 'Probeer je armen naar voren uit te steken. Steek je armen uit.' Sally steekt haar armen naar voren uit en de lading gaat door haar bovenlichaam heen en haar handen uit. Ze begint te snikken. Het angstgevoel verandert en plotseling is ze helemaal ondergedompeld in de herinnering dat ze haar armen naar haar moeder wilde uitsteken wanneer deze er niet was. Ze is in staat haar verdriet en haar remming om zich voor anderen open te stellen, te uiten. Ik laat haar mijn handen vastpakken en voel een stevig contact met iemand. Het eindresultaat was een gevoel van kalmte.

In dit geval ontstond de angst vanuit de verwarring die ze voelde omtrent haar instinctieve reactie op het nodig hebben van iemand die er niet is, een reactie waarmee ze was gestopt omdat er nooit bevrediging van haar behoefte op volgde. In andere gevallen volgt een oplossing niet zo snel. Ik houd als regel aan dat ik de cliënte zo ver meeneem als ze aankan, en dat ik alleen maar aandring wanneer ik er vertrouwen in heb dat er tijdens de sessie de een of andere oplossing mogelijk is. Ik bepaal dit door de cliënte nauwkeurig te observeren en een voortdurende dialoog in stand te houden die me op de hoogte houdt van zowel haar lichamelijke als emotionele staat.

Wanneer iemand de problemen die door de oefeningen aan het licht werden gebracht begint op te lossen, wint de aarding aan stevigheid. Ze is letterlijk bezig op te lossen wat tussen haarzelf en haar ondergrond in de weg heeft gezeten. Terwijl dit gebeurt, beginnen er voor problemen met werk, huisvesting en lichamelijke kwalen – allemaal met het eerste chakra samenhangende kwesties – oplossingen te komen.

REGRESSIEVE TECHNIEKEN

Aangezien de eerste levensfasen preambulant zijn, kan niet al het bij het eerste chakra behorende werk staand worden gedaan. Als er sprake is van trauma's die zich in de vroegste fasen van de kindertijd hebben voorgedaan, kan het noodzakelijk zijn houdingen te laten aannemen die deze eerdere fasen imiteren.

Rebirthingoefeningen worden liggend uitgevoerd en maken gebruik van bepaalde ademhalingstechnieken om herinneringen aan de baarmoeder en de geboorte op te wekken. Holotropische ademhalingsoefeningen (door Stanislav Grof uitgedacht) maken diepe, in het lichaam vastgehouden spanningen vrij. Dit zijn geen technieken die hier uitgebreid beschreven kunnen worden, ze worden slechts aangeduid om cliënten eventueel voor enkele sessies te kunnen doorverwijzen om toegang te krijgen tot materiaal uit deze vroegste fasen. Dit zijn echter zeer krachtige methoden, die niet lichtvaardig mogen worden toegepast op een cliënt met een ernstig trauma of op een cliënt waarvan men de geschiedenis nog niet goed kent.

Wanneer ik met ervaringen uit de zuigelingentijd werk, laat ik de cliënt op zijn rug liggen, op een futon, met gebogen knieën, zodat de voeten plat op het rubber staan. Ik laat hem dan ontspanningsoefeningen doen en oefeningen waarmee de ademhaling dieper wordt, waarbij ik er goed op let of er tekenen zijn te zien van energetische veranderingen of blokkades. De volgende oefening, *duwen met de voeten*, brengt energie naar de benen.

Ik vraag de cliënt zijn benen in de lucht te steken en ermee rond te zwaaien, zoals een baby zou kunnen doen. Ik moedig hem ook aan abstracte geluiden te maken bij het ademhalen – voor sommigen gemakkelijk, voor anderen moeilijk. De geluiden helpen de cliënt zich over te geven aan de beweging van de energie, maar vormen op dit moment geen focus.

Ik vraag hem vervolgens zijn voeten naar voren te duwen, met de tenen naar het lichaam gerekt. Terwijl de cliënt in zijn hielen duwt, zullen de benen spoedig beginnen te trillen, net zoals bij de staande oefeningen, en ik moedig hem aan zich aan dit trillen over te geven en door te gaan met diep ademhalen. Nadat zo lading is opgebouwd vraag ik de cliënt snel met zijn benen te schoppen om zo te ontladen, met gebogen knieën voor de eerste fasen, met gestrekte knieën voor rijpere fasen. Ik moedig hem aan geluiden te maken en als de armen met energie gevuld lijken, kan hij ook met zijn handen of vuisten op de mat slaan. Het schoppen duurt totdat de cliënt moe is (meestal na een minuut) en wordt door de rest gevolgd.

Dit is een expressieve opladings-/ontladingscyclus die wegduwt, maar opnemen niet aanmoedigt. De energie zal loskomen en gaan stromen, maar de cliënt leert niet haar te omvatten. Dit is goed om fundamentele angst los te laten en rigiditeit te doorbreken, maar de cyclus wordt niet aangeraden bij verlatingskwesties, gebrek aan koestering of verwaarlozing, dat zijn zachtere en stillere ervaringen.

N.B.: Veel van deze oefeningen hebben wat ik een *nastroom* noem. Dit betekent dat de energiestroom eerder onmiddellijk na dan tijdens de oefening in het lichaam optreedt. Het is dan ook uitermate belangrijk dat de cliënt een paar minuten rust neemt om het stromen van energie in zijn lichaam werkelijk te voelen alvorens tot iets anders over te gaan.

Wanneer het om de zachtere emoties gaat, vraag ik de cliënt te gaan liggen en werken we eerst aan de handen en lippen. Ik masseer voorzichtig de schouder- en rugspieren, en laat de cliënt dan zijn handen naar voren uitsteken, alsof hij ze naar iemand uitsteekt. Ik moedig ook de zuigreactie aan door hem te vragen zijn lippen naar voren te duwen (vooral goed voor de orale structuur). Dit wakkert de orale ervaring weer aan, en door het bespreken van herinneringen uit het verleden kan het helpen de eindeloze orale verlangens te bevredigen. Het is belangrijk de sessie te beëindigen met het langzaam laten opstaan van de cliënt, zodat deze voelt dat hij in staat is zich op een actieve en volwassen manier staande te houden.

Sommige van deze technieken hebben diepgaande implicaties voor de grenzen van een cliënt en dienen niet te worden toegepast voordat er duidelijke grenzen zijn geschapen en er een gevoel van veiligheid en vertrouwen tussen therapeut en cliënt is ontstaan. De therapeut moet zich van overdrachts- en contra-overdrachtsverschijnselen bewust blijven. Ik beschrijf de oefening altijd van tevoren, volledig, en ik vraag de cliënt voordat we beginnen of hij zich er gemakkelijk bij denkt te voelen, waarna ik hem ervan verzeker dat we er op elk moment mee kunnen ophouden. Bij een cliënt die nog maar pas met de therapie is begonnen stel ik dergelijke oefeningen zelfs helemaal niet voor, en ook niet bij een cliënt die naar mijn oordeel niet goed 'nee' kan zeggen (zoals mensen die seksueel misbruik hebben doorstaan en cliënten met een extreem grote behoefte om anderen te plezieren). Net zoals bij elke therapeutische techniek zijn behoedzaamheid en voorzichtigheid geboden.

Conclusie

Als je een levend lichaam hebt, kan niemand je vertellen hoe je de wereld moet ervaren.
En niemand kan je vertellen wat waarheid is, omdat je deze zelf ervaart.
Het lichaam liegt niet.

STANLEY KELEMAN

Als het eerste chakra niet op gezonde wijze functioneert, zitten we hopeloos vast op een alledaags niveau van zijn, waarbij we altijd dezelfde kwestie vermijden en er altijd mee te maken krijgen – onze behoefte om het basisniveau van waaruit al het andere zich ontwikkelt te verstevigen. Ik ben van mening dat als de ondergrond van iemand niet enigszins intact is, al het andere werk minder doelmatig is. Als de ondergrond intact is, kan het werk erna op coherentere wijze plaatshebben en de ondergrond versterken. Aarden is een langzaam en cumulatief proces. Het is een beginpunt, maar door wat we erboven bouwen is het altijd aan verandering onderhevig.

We kunnen nooit te veel aan aarding werken. Onze cultuur, die zo ver van de grond van de planeet verwijderd is, met waarden waaruit zo weinig achting voor het lichaam en de stoffelijke wereld spreken, scheidt ons voortdurend van onze ondergrond. Hoe de ontwikkeling tijdens de jeugd ook is verlopen, er valt altijd wel werk te verrichten om de culturele programmering die ons contact met ons eerste chakra verzwakt te boven te komen.

Het in ere herstellen van de heilige tempel die ons lichaam is, van ons recht om er te zijn en ons recht om te hebben wat we nodig hebben om te kunnen overleven, kan een vreugdevolle hereniging met de ondergrond van ons eigen wezen zijn en een stevig begin van de opwindende, naar heelwording voerende reis door de chakra's.

NOTEN

1. Erik Erikson, zoals geciteerd door Newman en Newman, *Development Through Life: A Psychosocial Approach* (Chicago: Dorsey Press, 1975), 182.
2. Ashley Montagu, *Touching. The Human Significance of the Skin* (New York: Harper & Row, 1971), 77–78, waarin nog meer van dit soort studies is opgenomen. De meeste lieten een sterftecijfer van honderd procent zien.
3. Susan Kano, *Making Peace with Food* (New York: Harper & Row, 1989), 40.
4. Deze term is afkomstig van Dr. Pamela L.A. Chubbuck.

Aanbevolen literatuur

Voor oefeningen die met de chakra's verband houden:

Reis door de chakra's, een oefenboek. Anodea Judith & Selene Vega. Haarlem: H.J.W. Becht, 1994.

Yoga voor beginners:

The Runner's Yoga Book. Jean Couch. Berkeley, CA: Rodmell Press, 1992.
Relax and Renew: Restful Yoga for Stressful Times. Judith Lasater. Berkeley, CA: Rodmell Press, 1995.

Voor bio-energetische oefeningen:

The Way to Vibrant Health. Alexander Lowen en Leslie Lowen. New York: Harper Colophon Books, 1977.

Algemene somatische psychologie:

The Body in Recovery: Somatic Psychotherapy and the Self. John P. Conger. Berkeley, CA: Frog, Ltd., 1994.
The Language of the Body. Alexander Lowen. New York: Collier Books, 1958.
Somatics. Reawakening the Mind's Control of Movement, Flexibility, and Health. Thomas Hanna. Reading, MA: Addison-Wesley Publishing Co., 1988.
The Human Ground: Sexuality, Self, and Survival. Stanley Keleman. Berkeley, CA: Center Press, 1975.
Your Body Speaks its Mind. Stanley Keleman. Berkeley, CA: Center Press, 1975.
Patterns of Distress. Stanley Keleman. Berkeley, CA: Center Press, 1989.

TWEEDE CHAKRA

*Zwemmen
in de wateren
van verschil*

TWEEDE CHAKRA IN ÉÉN OOGOPSLAG

ELEMENT:
- Water

NAAM:
- Svadhisthana (zoetheid)

DOEL:
- Beweging en verbondenheid

LEVENSGEBIEDEN:
- Beweging
- Gewaarwording
- Emoties
- Seksualiteit
- Verlangen
- Behoeften
- Lust

KLEUR:
- Oranje

PLAATS:
- Onderbuik
- Heiligbeenplexus

IDENTITEIT:
- Fysieke

GERICHTHEID:
- Zelfvoldoening

DEMON:
- Schuldgevoel

ONTWIKKELINGSFASE:
- 0,5 tot 2 jaar

Ontwikkelingstaken:
- Sensorische verkenning van de wereld
- Voortbeweging

Basisrechten:
- Om te voelen en plezier te hebben

Evenwichtige kenmerken:
- Sierlijke beweging
- Emotionele intelligentie
- Vermogen om lust te ervaren
- Koestering van zichzelf en anderen
- Vermogen om te veranderen
- Gezonde grenzen

Trauma's en mishandeling:
- Seksueel misbruik (bedekt of openlijk)
- Emotioneel geweld
- Onstabiele situaties
- Verwaarlozing, kilte, afwijzing
- Ontkenning van gevoel van het kind, gebrek aan spiegeling
- Verstrikking
- Emotionele manipulatie
- Te veel gebruiken van de box of beperking van normale beweging
- Religieuze of morele strengheid (tegen lust)
- Lichamelijk misbruik
- Alcoholische gezinnen
- Overgeërfde kwesties – ouders die hun eigen problemen rondom seksualiteit niet hebben verwerkt; niet-behandelde incestgevallen

Deficiëntie:
- Rigiditeit van lichaam en gedrag
- Frigiditeit, angst voor seks
- Weinig sociale vaardigheden
- Ontzegging van plezier
- Excessieve grenzen
- Angst om te veranderen
- Gebrek aan verlangen, hartstocht, opwinding

Exces:
- Uitspelen van seksualiteit, seksuele verslaving
- Verslaving aan genot
- Buitensporig sterke emoties, door emoties beheerst (hysterie, bipolaire stemmingswisselingen, crisisjunkies)
- Buitensporig gevoelig; emotioneel
- Zwakke grenzen, schendt grenzen van anderen
- Manipulatie door verleiding
- Emotionele afhankelijkheid
- Obsessionele gehechtheid

Lichamelijke gebreken:
- Aandoeningen van de voortplantingsorganen, milt, urinewegen
- Menstruatieproblemen
- Seksuele disfuncties: impotentie, voortijdige ejaculatie, frigiditeit, geen orgasmen
- Pijn in de onderrug, last van de knieën, gebrek aan soepelheid
- Verdoofde zintuigen, geen zin meer in eten, seks, leven

Helingsstrategie:
- Bewegingstherapie
- Emoties vrijlaten of indammen, wat van toepassing is
- Met het innerlijke kind werken
- Aan grenzen werken
- Twaalfstappenprogramma's voor verslavingen
- Leuke dingen laten doen
- Sensorische intelligentie ontwikkelen

Affirmaties:
- Ik verdien plezier in mijn leven.
- Ik neem informatie uit mijn gevoelens op.
- Ik ben blij met mijn seksualiteit.
- Mijn seksualiteit is heilig.
- Ik beweeg gemakkelijk en moeiteloos.
- Leven is leuk.

Verschillende kleuren oranje

Verlies je verstand en kom tot bewustzijn.

Fritz Perls

Ik kom zelden een cliënt of zelfs een vriend(in) tegen die geen problemen met seksualiteit heeft. Te weinig, te veel, bang, verslaafd, beschaamd, geen, dwangmatig – het geschreeuw van pijn om seksuele verwondingen weerklinkt door veel levens; pijn en frustratie, woede en angst gaan ermee gepaard, en dat allemaal terwijl seksualiteit als iets plezierigs is bedoeld. Gezamenlijk echoën ze als worstelingen met een hele reeks seksueel geladen onderwerpen door onze cultuur: geboortebeperking, abortus, rechten van homoseksuelen, naaktheid, trouw, celibaat, kindermishandeling, verkrachting en pornografie. In een dwingende paradox wordt seksualiteit tegelijk afgewezen en verheerlijkt.

Deze wonden eisen hun emotionele tol. Emotionele verdoving is het erkende ideaal voor gedrag in het openbaar. Emotionele reacties worden afgekeurd omdat ze als verlies van zelfbeheersing worden gezien. De functie *voelen*, in de jungiaanse betekenis van het woord, wordt in onze cultuur als een lagere functie beschouwd, die met de lagere status van vrouwen wordt geassocieerd. Hartstocht, een essentiële motiverende kracht voor vitaliteit, macht en creativiteit wordt onderdrukt, wordt als een nukkig kind gezien dat door onze wil onder de duim moet worden gehouden. Zonder hartstocht en lust vervaagt ons leven tot zinloze eentonigheid, raken onze gevoelens afgestompt achter de dagelijkse subroutines van ons verwacht gedrag.

Het tweede chakra – centrum van gewaarwording en gevoel, emotie en lust, intimiteit en verbondenheid, beweging en verandering – wordt in plaats daarvan verdraaid en verwrongen, geplet en verkwist, waardoor de perceptuele cognitie van de geest nog meer van de sensorische grond van het lichaam gescheiden raakt. Zonder gevoel raken we letterlijk het contact kwijt. Als onze zintuigen afgestompt zijn, wordt ons gedrag zinloos in plaats van zinvol.

Door het tweede chakra te genezen, herwinnen we *ons recht om te voelen*. We herwinnen ook onze hartstocht en lust, behoeftigheid en kwetsbaarheid, en onze sensorische verbondenheid met zowel de innerlijke als de uiterlijke werkelijkheid. We bevrijden de stroom dynamische energie die van levensbelang is voor groei, verandering en transformatie, en laten het pantser vallen dat ons afgescheiden houdt. Vervolgens kunnen we de intimiteit herwinnen waarnaar we zo verlangen, en onze gefragmenteerde eenzaamheid beëindigen.

Seksualiteit en spiritualiteit hebben lang een strijdige relatie gehad. Veel mensen zien ze als gepolariseerde rivalen waar het bewustzijn betreft – dat het ene nastreven, verloochenen van het andere is. Dergelijke filosofieën zeggen ons dat we om spiritueel te worden begeerte moeten overwinnen, van seksualiteit moeten afzien, dat we boven onze gevoelens moeten uitstijgen. Andere stromingen, zoals tantra, beschouwen seksualiteit en spiritualiteit als een ondeelbaar geheel, waarin het ene het andere versterkt.

Wanneer we de kwaliteiten van het tweede chakra ontkennen, ontkennen we daarmee een essentieel stuk van onze heelheid, een stuk dat een belangrijke rol speelt bij bewustzijnsverruiming en -ontwaking. Door aan dit chakra meer of minder belang toe te kennen dan aan het andere, brengen we het gehele systeem uit evenwicht. Laten we het tweede chakra als een opwindend en noodzakelijk onderdeel van onze reis eren, en zo onszelf de vrijheid geven om tot nog verdere bewustzijnsverruiming te komen.

Het ontvouwen van de bloembladen

Belangrijkste levensgebieden van het tweede chakra

Verandering
Beweging
Stromen
Gewaarwording
Lust
Emotie
Behoeften
Verlangen
De schaduw
Schuldgevoel
Dualiteit
Seksualiteit

In het water duiken

De mythe van verdrinken en opnieuw geboren worden, is door de hele geschiedenis heen in verschillende religies en verschillende culturen doorgegeven als de mythe van de doop – het in de rivier ondergedompeld worden om te verdrinken, te sterven, om opnieuw geboren te kunnen worden. Dit is een gedurfde sprong in het niet-zijn, met als doel tot nieuw zijn te komen.

Rollo May

Wanneer we het tweede chakra binnengaan, komen we in het natte rijk van emoties en seksualiteit. Waar we bij het eerste chakra aan aarding en stabiliteit hebben gewerkt, cultiveren we thans gevoelens en beweging; waar we ons eerder met overleven en structuur hebben beziggehouden, concentreren we ons thans op seksualiteit en lust. Van het element *aarde* heeft er een verschuiving naar het element *water* plaatsgehad, van vast naar vloeibaar. Bij deze transmutatie ontmoeten we *ver-*

andering. Via consistentie krijgt bewustzijn betekenis; via verandering krijgt het aanmoediging en verruiming.

Als we het lichaam als een vat voor de ziel en de geest beschouwen, dan verschaft het element aarde van het eerste chakra steun voor en omvatting van de vloeibare essentie van het tweede chakra, ongeveer zoals een glas water bevat. Zonder de juiste omvatting stroomt het water weg en droogt het glas op. Met te veel omvatting echter, kan water helemaal niet stromen; het blijft stilstaan en wordt dof. Het liefst hebben we een glas dat met water gevuld kan worden, dat dit water kan vasthouden, en dat weer geleegd kan worden. De taak van het eerste chakra was dit vat te ontwikkelen. Laten we nu eens naar de inhoud ervan kijken.

OVERGAVE AAN BEWEGING

Consistentie in verandering vinden, is de zich ontvouwende stroom omarmen. Hebben we bij het eerste chakra aarding, stabiliteit, focus en onbeweeglijkheid ontwikkeld, de met het tweede chakra samenhangende uitdaging is precies het tegenovergestelde: loslaten, stromen, bewegen, voelen en meegeven. Alleen door te bewegen kan ons bewustzijn zich verruimen, en alleen door verandering wordt ons bewustzijn gestimuleerd. Beweging en verandering bevorderen bewustwording.

Beweging overwint de inertie van het eerste chakra. Met behulp van beweging breiden we ons waarnemingsveld uit, waardoor we onze sensorische input vergroten. Door het lichaam te bewegen, ontwikkelen we spierweefsel, versterken we de bloedcirculatie, prikkelen we zenuwuiteinden, en vergroten we over het algemeen onze soepelheid en levendigheid. Doordat er lust en opwinding door het zenuwstelsel stromen, baadt het organisme in gevoel en bewustzijn, wordt het bewustzijn wakker. Beweging wordt zelf lust.

Door aandacht te besteden aan de manier waarop we ons bewegen, kunnen we begraven problemen en gevoelens blootleggen. Bij het eerste chakra gaven de structuurvormen van het lichaam ons aanwijzingen voor onbewuste processen. Bij het tweede chakra observeren we hoe deze vormen bewegen en contact maken.

GEWAARWORDING

De zintuigen vormen de essentiële schakel tussen de innerlijke wereld en de buitenwereld. Alleen met behulp van de zintuigen kunnen we ons isolement transcenderen en met een grotere sfeer in contact komen. Sensorische ervaringen zijn tegelijkertijd lichamelijk, emotioneel en spiritueel. De zintuigen vormen de poort tussen de binnen- en de buitenwereld. Het gezicht, het gehoor, de reuk, de smaak en de tastzin leveren ons een voortdurend veranderende innerlijke matrix van de wereld om ons heen op, via welke we onze basisopvattingen, strategieën om met problemen om te gaan en denkprocessen ontwikkelen. De zintuigen vormen de gegevenstoevoer van ons gehele systeem. Ze zorgen ervoor dat we ons in de wereld kunnen oriënteren, dat we contact kunnen leggen, ze geven onze ervaringen betekenis. Met behulp van onze zintuigen maken we onderscheid tussen genot en pijn, zetten we uit of trekken we samen, gaan we vooruit of achteruit, reageren we of bepalen we.

Wanneer er pijn of leegte is, sluiten onze zintuigen zich. Wanneer dit gebeurt, beperken we de informatie die ons bewustzijn binnenkomt en snijden we onszelf van de wereld om ons heen af. De zintuigen vormen het enige hulpmiddel dat we hebben om verbondenheid te ervaren.

De complexe combinatie van gewaarwording en gevoel zorgt voor onze emotionele ervaringsstructuur. De zintuigen vormen, als de taal van het gevoel, de basis van onze waarden. Hoe we iets waarnemen en hoe we erover denken, zijn de manieren waarop we waarde vaststellen. Zonder zintuiglijk contact met wat er om ons heen bestaat, raken we ons besef van waarden en onderscheidngsvermogen kwijt.

LUST

Net zoals logica het verstand leidt, zo leidt verlangen de ziel.

THOMAS MOORE

Wat doe je na een dag hard werken? De meeste mensen proberen zich te ontspannen en gaan iets leuks doen. Zodra een organisme eenmaal in zijn overlevingsbehoeften heeft voorzien, is het volgende punt op de agenda meestal lust. Het is biologisch ingeschapen om lust na te streven en pijn te vermijden. Pijn zorgt ervoor dat we samentrekken, ons terugtrekken, ons afsluiten, terwijl lust ons uitnodigt ruimer te worden, ons te ontplooien, ons op onze zintuigen af te stemmen. Als ons allesomvattende doel bij het tweede chakra het stimuleren van beweging is, dan is lust de meest uitnodigende manier om dit te bereiken.[1]

Als kinderen ervaren we lust via aanraking en nabijheid, spel en stimulering, en bevestiging van onze emotionele ervaring. Kinderen vinden het leuk om te leven en stellen zich met hun levendigheid open voor ontmoetingen met de wereld. Wanneer ze hierbij liefde en aanmoediging op hun weg vinden, zien ze het leven als een plezierige ervaring.

Helaas kennen niet alle kinderen deze luxe. Mijn cliënt Jennifer kwam uit een gezin waarin plezier als verspilling van tijd en energie werd afgekeurd. Haar moeder was een overbelaste alleenstaande ouder van vijf kinderen die om te overleven gewoon alle plezier moest opgeven. Er was nooit genoeg tijd of geld voor die kleine extra dingen die het leven zo veraangenamen. Van Jennifer werd als oudste verwacht dat ze volwassen verantwoordelijkheden op zich nam. De tijd die ze met haar vriendinnen doorbracht werd beschouwd als tijd die ze het gezin tekort deed. Het werd haar niet toegestaan haar eigen pleziertjes na te jagen. Ze groeide op met het gevoel dat ze zelf geen recht op verzetjes had terwijl haar moeder zo hard werkte om te overleven. Tot op de dag van vandaag, nu ze toch een goedbetaalde baan heeft, kan ze haar kleren alleen maar bij de tweedehandswinkel kopen, gaat ze zelden op vakantie en gunt ze zich maar weinig tijd voor seksueel genot. Het leven is voor haar geen pretje.

Bij Oliver zaten er aan lust manipulatieve touwtjes vast. Oliver kreeg alleen maar plezierige traktaties, zoals koekjes, laat televisie kijken, of knuffelen met mammie, als hij zich overeenkomstig de behoeften van zijn moeder gedroeg. Wanneer hij zelf verdrietig, boos of behoeftig was, werden deze traktaties hem onthouden. Hoewel dit er als een normale toepassing van beloning en straf kan uitzien, heeft Oliver er thans moeite mee zijn woede te voelen en zijn behoeften te uiten, omdat hij bang is dat zijn vrouw hem dan affectie zal onthouden of dat er een onzichtbare straf uit de hemel zal vallen om alles waar hij waarde aan hecht mee te nemen. In feite heeft Oliver er moeite mee om erachter te komen wat hij wil, omdat hij lang geleden geleerd heeft zijn behoeften te ontkennen. Oliver voelt zich schuldig wanneer hij plezier heeft – vraagt zich altijd af of hij het verdient.

Samantha heeft in een gezonde sfeer lust ervaren. Haar ouders hielden van haar en raakten haar aan zonder haar grenzen te schenden. Er was respect voor haar lichaam en er werd goed voor gezorgd. Haar ouders hadden plezier in haar nieuwsgierigheid en opgetogenheid, en het gezin had veel pret. Ze heeft een gezond lustbesef. Ze luistert naar haar lichaam en weet wanneer ze genoeg heeft gehad. Ze is positief en enthousiast over het leven.

Hoe werd er in jouw gezin van herkomst tegen plezier aangekeken? Werd het afgekeurd of aangemoedigd? Was er tijd om op vakantie te gaan, met z'n allen te lachen en te spelen? Was de overheersende boodschap dat hard werken en zelfopoffering noodzakelijk waren om te overleven of het middel tot geestkracht vormden? Werden werk en spel, zelfdiscipline en plezier in evenwicht gebracht? Hoe weerspiegelt dit zich in je eigen gerichtheid op plezier?

Lust nodigt ons uit om aandacht aan onze zintuigen te besteden, om voluit in het hier en nu te leven, om van het leven te genieten. Lust nodigt ons uit om ons te ontspannen en zo spanning te verdrijven. Lust maakt ons ontvankelijker voor nieuwe ideeën, enthousiaster over nieuwe taken of eisen. Dankzij lust kunnen we ons bewustzijn over het gehele, complexe netwerk van zenuwuiteinden uitstrekken die voortdurend, via de gewaarwording, de binnen- en buitenwereld met elkaar verbinden.

Lust nodigt ons uit om iets te integreren, terwijl pijn ons tot scheiding en ontkenning dwingt. Als ik iets of iemand plezierig vind, zal ik eerder de behoefte hebben om op nader onderzoek uit te gaan, er dichterbij te komen, het deel van mijn leven te maken. Als iets niet plezierig is (zoals een baan waaraan we een hekel hebben), bestaat de neiging het te vermijden of te ontkennen.

Onze cultuur stelt rijpheid gelijk aan het vermogen om lust te verloochenen. Naarmate we ouder worden, wordt ons steeds vaker gezegd onze pleziertjes opzij te zetten – we moeten stilzitten, hard werken, onze gevoelens ontkennen of beheersen. De lust die we ooit kenden, wordt door schuldgevoel binnen de perken gehouden, wordt door starheid in het lichaam en het denken binnengehouden. Wat star wordt, wordt ook broos en breekbaar. Een star systeem moet vanwege zijn breekbaarheid krachtig verdedigd worden, en die verdediging heeft een gesloten staat tot gevolg.

We kunnen slechts een beperkte lading dragen wanneer we ons schrap zetten. Wanneer we loslaten en vrijelijk stromen, ervaren we een grotere abondantie van de levenskracht in ons. Lust nodigt ons uit los te laten, te stromen en te bewegen. Het vrijelijk door het hele lichaam laten stromen van energie is een van de belangrijkste doelen van het tweede chakra. Wanneer lust wordt ontkend, wordt een essentieel deel van ons bij het tweede chakra behorende programma nooit geschreven. Hierdoor ontstaat er een persoon die een noodzakelijk ingrediënt voor heelheid mist, maar niet weet wat het is, hoe het aanvoelt, hoe het moet worden gevonden, of zelfs dat het ontbreekt.

We laten ervaringen door het filter van ons gevoel gaan. Wanneer lust wordt ontkend, wijzen we ons recht erop af, voelen we ons schuldig dat we er behoefte aan hebben, beschaamd dat we het hebben. Vervolgens raken alle gevoelens aan twijfel onderhevig. Het kind heeft niet langer de zeef van zijn eigen gevoelens om inkomende prikkels mee te filteren, en verliest dus het onderscheidend vermogen van gezonde grenzen. Het resultaat bestaat uit excessieve afweermechanismen of het onvermogen om zichzelf te beschermen. Problemen met grenzen komen dan het meest voor in de drie onderste chakra's.

Wanneer primaire, gezonde genoegens worden verloochend, nemen secundaire genoegens, zoals het genoegen van drinken, drugs, verantwoordelijkheid vermijden, de eigen seksualiteit uitspelen, of te veel eten, hun plaats in. Aangezien secundaire genoegens ons sterke verlangen naar primaire genoegens niet werkelijk kunnen bevredigen, doet dit gebrek aan bevrediging ons nog meer hunkeren, waardoor de basis voor verslavingen wordt gelegd. We hebben een geweldige honger om ons goed te voelen, een honger die nooit echt wordt gestild. Gezonde genoegens brengen bevrediging mee, verslavende genoegens een hunkering naar meer.

EMOTIES

Emotie is de belangrijkste bron van alle bewustwording. Zonder emotie kan er geen transformatie van duisternis in licht en van apathie in beweging plaatshebben.

C.G. JUNG

Emoties zijn instinctieve reacties op sensorische gegevens. Als de zintuigen ruwe informatie opleveren, zijn gevoelens de onbewuste reactie op deze informatie en emoties de manier waarop we onze gevoelens structureren. Zonder bewustzijn regeren emoties onze reacties. We kunnen boos worden, verliefd worden of niet meer verliefd zijn, ons gedeprimeerd of bang voelen, maar deze emoties ontstaan over het algemeen helemaal uit eigen beweging in de diepten van onze psyche. We kunnen kiezen hoe we op deze emoties willen reageren, maar de gevoelens leiden een eigen leven.

Ik geloof dat emoties uiteindelijk een spirituele functie hebben, als de taal van de ziel. Deze taal wordt met het lichaam gesproken. We kunnen gewaarwordingen als de woorden zien, gevoelens als de zinnen en emoties als de alinea's. Deze bouwstenen zijn de primaire niveaus van onze ervaring, met behulp waarvan ons verhaal zich ontvouwt, hetgeen ons betekenis oplevert. Betekenis integreert onze systemen, onze gevoelde gewaarwording van het ervaren van de wereld.

De meeste therapieën zijn sterk op emoties gericht. Diepgaande gevoelens van angst, frustratie, schaamte of ongerustheid brengen de zoektocht naar verandering en het begin van transformatie op gang. Als we voor deze emoties op de vlucht slaan (iets dat onze cultuur steunt), slaan we op de vlucht voor de naar onze transformatie voerende poort.

Wanneer we eenmaal met zoeken zijn begonnen, helpen emoties het verhaal van de reis van onze ziel te ontrafelen. Gevoelens komen uit het onbewuste tevoorschijn, uit de instinctieve kern van het lichaam, en bewegen zich vanuit de onderste chakra's omhoog om het bewustzijn binnen te gaan. We reageren op bepaalde manieren, maar we weten niet altijd waarom. Gevoelens boeien ons bewustzijn, fixeren onze aandacht totdat we hun mysterie ontrafelen. Gevoelens vormen de sleutel tot verborgen herinneringen, tot gebeurtenissen die een betekenis hebben die onze bewuste geest kan hebben ontkend. Oorspronkelijk zijn emoties onbewuste organisaties van impulsen om letsel te vermijden en lust te zoeken.

Het is moeilijk om zonder een of andere vorm van beweging emoties te voelen. Het is lastig om stil te blijven zitten wanneer we boos of opgewonden zijn. Nervositeit doet ons trillen. Verdriet kan ons diepe, trillerige zuchten doen slaken. We beheersen emoties door de bewegingen van ons lichaam te bevriezen. We klemmen onze kaken op elkaar, spannen onze nek en buik, onderdrukken onze ademhaling en trekken over het algemeen samen. Wanneer de emotie later wordt gevoeld, dan gaat ze meestal met de een of andere beweging gepaard, met een loslaten van de vastgehouden spanning, die ons in staat stelt weer los en ruim te worden. Woede wordt bevrijd door te slaan of te schoppen, angst door te schudden, hunkering door de armen uit te strekken, verdriet door snikken.

Net zoals het deblokkeren van emoties het lichaam bevrijdt, zo is ook het omgekeerde waar: we kunnen emoties ook bevrijden door het lichaam bewust te bewegen. De armen uitstrekken kan verborgen verlangen en verdriet aan de oppervlakte brengen; op een kussen slaan kan tot diepere niveaus van woede toegang geven. Onze houding vertelt ons een heleboel over het soort emoties dat onder ons bewustzijn is opgeslagen. Wanneer we de plaatsen waar het lichaam vastzit gaan bewegen, helpt dat de emoties te bevrijden en levendigheid en beweeglijkheid te herstellen.

BEHOEFTEN

Behoeften zijn noodzakelijkheden. Het zijn geen nutteloze verlangens. Ik moet benzine in mijn auto doen om deze te laten rijden. Ik moet een opleiding volgen om bepaald werk te kunnen doen. Mijn kind heeft liefde nodig om tot een emotioneel evenwichtig mens te kunnen opgroeien. Dit zijn vereisten voor gezond functioneren.

Als kind krijgen we vaak een gevoel van schaamte over onze behoeften. Onze ouders hebben ze misschien niet kunnen vervullen, of ze hadden zelf onvervulde behoeften. Het gevolg was dat ons geleerd werd dat het geen noodzakelijkheden waren, en we leerden ze te verloochenen. Een vrouw die bij mij in therapie was, kon zichzelf pas toestaan te eten als ze absoluut uitgehongerd was, kon pas benzine gaan tanken als de tank bijna leeg was, en kon pas inademen nadat ze eerst haar uitademing een poosje leeg had gehouden. Ze zag haar behoeften als te veronachtzamen verlangens, iets dat ze kon overwinnen. Ze voelde zich schuldig dat ze ze had en probeerde ze verborgen te houden. Zo hield ze zichzelf in een staat van ontbering en lediging, waardoor ze haar basisbehoeften niet kon bevredigen en niet met andere dingen verder kon gaan.

Wanneer we weer voor onze behoeften opkomen, nemen we de verantwoordelijkheid voor onze eigen vervulling.

VERLANGEN

Je bent wat je diepe drijvende verlangen is. Zoals je verlangen is, zo is je wil. Zoals je wil is, zo is je daad. Zoals je daad is, zo is je lot.

Brihadaranyaka Upanishad IV.4.5

Verlangen is een spirituele/emotionele impuls die beweging en verandering opwekt. Verlangen is de behoefte van de zintuigen om bevrediging te vinden door middel van expansie, en de behoefte van de geest om tot iets groters over te gaan, om verandering te omhelzen. Als we niets verlangen, zijn de zintuigen afgesloten. We verliezen onze levendigheid. We missen de stimulans om vooruit te komen. Het voorwerp van ons verlangen is dan misschien niet onontbeerlijk, maar het gevoel van verlangen is het verlangen van de ziel om voorwaarts te gaan.

Verlangen wordt door spirituele disciplines vaak afgekeurd. Ons wordt geleerd dat verlangens een valstrik vormen, dat ze ons van het ware pad afbrengen, dat ze ons wel op een dwaalspoor moeten brengen. Ons wordt verteld dat verlangens tot frustratie en lijden leiden en dat we slechts door ze te verloochenen waarlijk God, verlichting of vrede kunnen vinden. Maar God vinden is ook een verlangen, een hunkering, een behoefte. Zonder verlangen kunnen we niet genoeg inspanning in stelling brengen om iets moeilijks te bereiken. Zonder verlangen hebben we geen energie, inspiratie, of zaad voor de wil. Verlangen leidt misschien tot frustratie, maar die frustratie levert ons krachtige lessen op om tot groei te komen. Verlangen is geen valstrik, verlangen is de brandstof voor actie. Het is het voorwerp van onze verlangens dat vaak verwarring veroorzaakt. Wanneer we de diepere behoeften achter onze verlangens begrijpen, kunnen we onszelf beter tevredenstellen op het niveau van de ziel.

Verlangen is een combinatie van gewaarwording en gevoel. Verlangen is de brandstof voor de wil, die met chakra drie samenhangt. Het is het zaad van hartstocht en enthousiasme, het is essentieel voor het ontwikkelen van energie en macht. Het is de essentiële uitval naar voren die ons tot actie aanzet. Alleen door contact met onze gevoelens te blijven houden, kunnen we waarlijk het verlangen van onze ziel kennen; alleen door onze diepste verlangens te kennen, kan onze wil helderheid hebben. Anders saboteren de niet-erkende verlangens de wil door ertegen te strijden. En dit brengt ons bij de schaduw.

DE SCHADUW

Men raakt niet verlicht door zich figuren van licht voor te stellen, maar door de duisternis bewust te maken.

C.G. JUNG

Aangezien het tweede chakra de eerste belangrijke bewustzijnsverandering voortbrengt, de eerste ervaring van tegenstellingen, en dit chakra letterlijk het getal twee symboliseert, wordt hij met dualiteit en polariteit in verband gebracht. Dus is een van de volwassen ontwikkelingstaken die met het tweede chakra samenhangen het integreren van voorheen gepolariseerde of eenzijdige aspecten van onze persoonlijkheid in een ondeelbaar geheel. Dit is een wezenlijke stap in onze alchemistische zoektocht: het weer opeisen van de schaduw en de integratie van polariteiten zoals mannelijk en vrouwelijk, lichaam en geest, innerlijke en uiterlijke ervaring. Net zoals bij Jungs individuatieproces het geval is, moeten we vaak in het onderbewuste afdalen om zoekgeraakte overblijfselen van de onderste chakra's op te ruimen teneinde heel te worden. Bij het tweede chakra is onze taak het herwinnen van de schaduw.

De schaduw symboliseert onderdrukte instinctieve energieën die in het rijk van het onbewuste achter slot en grendel zijn gestopt. Ze sterven niet en houden ook niet op te functioneren, maar ze maken niet langer deel uit van bewust gewaarzijn, worden niet langer rechtstreeks door onze bewuste activiteit tot uitdrukking gebracht. Ze worden bijgevolg onbewust uitgebeeld, soms met grote kracht. We kunnen denken dat we nooit kwaad worden, maar een passieve koppigheid vertonen die anderen razend maakt. We kunnen onze eigen behoeften ontkennen, maar onszelf subtiel in het middelpunt van de aandacht manipuleren.

Het vergt heel wat energie om de schaduw geketend te houden en berooft het geheel van zijn gratie en kracht. Bovendien werkt het niet, want de schaduw achtervolgt ons in onze dromen, saboteert ons werk en onze relaties en wordt in dwangmatige handelingen gesublimeerd. Wanneer de schaduw wordt onderdrukt, zijn we van onze heelheid en van onze ondergrond afgesneden. Daar de instinctieve energieën een groot deel van de psyche van het kind uitmaken, kunnen we ook niet bij de onschuld en spontaneïteit van het innerlijke kind.

Wanneer de schaduw niet wordt onderkend, wordt ze op anderen geprojecteerd. Als een verborgen vorm waarover wij ons hoogmoedige licht laten schijnen, zo zien we de schaduw schaamteloos in het gedrag van de mensen om ons heen paraderen, terwijl wij deugdzaam onbezoedeld blijven. Maria, die haar seksualiteit onderdrukte, zag iedere man als iemand die probeerde gunsten op seksueel gebied van haar te krijgen. Sandy's pleegmoeder, in haar kerk een vriendelijk kopstuk, was thuis overheersend, deelde er harde straffen uit en beschuldigde Sandy voortdurend van immorele daden.

Wanneer we gepolariseerd raken, lijken we op een magneet die de tegenpool aantrekt. We trekken steevast mensen aan die onze verworpen schaduw belichamen – als partners, bazen, medewerkers, buren, of kinderen, die zich middels relaties die we niet gemakkelijk kunnen vermijden ongemerkt in ons leven indringen. Als we onze persoonlijke macht hebben verworpen, zal onze baas een tiran zijn. Als we een altijd maar gevend, van anderen afhankelijk mens zijn, zullen we met een kil en niet-gevend persoon trouwen. Als we rustig en welgemanierd zijn, zal onze buurman of buurvrouw of huisgenoot lawaaierig en ongemanierd zijn.

Schaduweigenschappen worden wanneer ze op anderen worden geprojecteerd hevig bekritiseerd en veroordeeld. Deze kritiek en veroordeling vormen de sleutel tot de schaduw als een afgewezen zelf. Als seksualiteit een afgewezen zelf is, dan zal de openlijke seksualiteit van anderen een hoog geladen negatieve reactie teweegbrengen (wat we wel zien bij sommige religieuze sekten die op het seksuele gedrag van anderen zijn gefixeerd). Als woede een afgewezen zelf is, zullen we die in anderen vrezen en bekritiseren. Als we onze emoties onderdrukken, zullen we weinig verdraagzaam zijn voor mensen die behoeftig zijn, huilen, of erg expressief zijn. We voelen ons erg ongemakkelijk in de nabijheid van mensen die onze schaduwenergieën uitdrukken. Ons veroordelen is een poging de bron van onze onbehaaglijkheid te ontkennen.

De psycholoog Hal Stone oppert dat dit veroordelen uit de resonantie tussen het afgewezen zelf en het gedrag van de ander ontstaat.[2] Het is voor een niet-emotioneel, rationeel mens moeilijk om in de nabijheid van een emotioneel mens te verkeren, omdat dit zijn afgewezen emoties doet ontwaken. Aangezien dit aspect van zijn persoonlijkheid zich niet mag uitdrukken, moet de stimulus tot elke prijs worden weggenomen. Wordt deze niet weggenomen, dan zal zijn afgewezen zelf dusdanig ontwaken dat het niet meer onder de duim kan worden gehouden – iets dat voor het zelfconcept van het ego gevaarlijk is. Negatieve, kritische beoordelingen proberen stimuli weg te nemen die onze schaduw wakker zouden kunnen maken.

Wanneer we onze schaduw weer opeisen, veroordelen we anderen niet meer, accepteren we onszelf en anderen meer, en herstellen we een wezenlijke heelheid. Een van mijn afgewezen zelven was de luilak. Ik was niet in staat me te ontspannen en moest mezelf de hele tijd opdrijven om voortdurend iets af te maken. Ik had kritiek op mensen die niet zo hard werkten als ik en ik vond het maar niets als mijn echtgenoot de zondagskrant zat te lezen – totdat ik leerde erkennen hoezeer ik tijd nodig had om gewoon maar wat te zitten en te ontspannen. Dat ik anderen om hun luiheid veroordeelde, had me de sleutel tot mijn afgewezen zelf gegeven. Toen ik mezelf toestond zo nu en dan lui te zijn en te ontspannen en meer van het leven te genieten, verdween mijn behoefte om te veroordelen en verbeterden mijn gezondheid en relaties aanzienlijk.

Herwinning van de schaduw betekent niet dat we dieven, moordenaars, verkrachters of aan woede verslaafden worden. Dergelijke aspecten komen eerder naar boven wanneer de schaduw onderdrukt wordt en de energie ervan dusdanig aangroeit dat ze het overneemt van het bewuste zelf. Hoe sterker de schaduw wordt onderdrukt, hoe luider ze moet schreeuwen om gehoord te worden en hoe groter de kans is dat ze demonisch wordt.

Met een voorbeeld wordt dit misschien wat duidelijker. Stel, je neemt een paar boterhammen en wat fruit mee naar je werk, voor de lunch. Om jezelf ervan te weerhouden te vroeg te gaan eten, stop je alles achter in een bureaula en denk je er niet meer aan. Je stuurt je lunch naar het schaduwrijk, waar hij uit het oog en uit het hart is. Je krijgt het zo druk, dat je hem helemaal vergeet, totdat er twee weken later een vreemde lucht uit je la begint te komen en je de rottende etenswaren ontdekt. In het begin zagen ze er heel anders uit, maar toen ze in de schaduwen vergeten werden, degenereerden ze tot iets heel onaangenaams.

Met elementen van onze persoonlijkheid kan hetzelfde gebeuren. Wanneer ze niet tot uitdrukking worden gebracht, kunnen ze zich niet ontwikkelen. Onze kinderlijke driftbuien kunnen geen verfijnde communicatie worden. Onze behoeftigheid vindt geen liefde en intimiteit; onze seksuele driften worden dwangmatige fantasieën. Onze schaduwelementen gaan, net zoals afgewezen kinderen, tot steeds extremer gedrag over om aandacht te krijgen.

Herwinning van de schaduw betekent dat we de instinctieve energieën van onze behoeften en verlangens herwinnen, zodat ze op een passende manier gekanaliseerd kunnen worden. Het betekent niet dat we het bewustzijn uitleveren aan de schaduw, maar dat we in plaats hiervan de schaduw in het bewustzijn brengen.

SCHULDGEVOEL

Schuldgevoel is de demon van het tweede chakra omdat het het vrije stromen van beweging aan banden legt, grotendeels door het plezier erin weg te nemen. Als ik me schuldig voel over wat ik doe, geniet ik er niet ten volle van. Ik kan de ervaring niet volledig voelen als een deel van mij afgevroren of beperkend is, of probeert toezicht te houden op wat ik doe. Toen ik voortdurend in gevecht was met mijn gewicht, voelde ik me telkens wanneer ik iets at schuldig. Het gevolg was dat eten me geen bevrediging opleverde en dat ik het weer wilde doen. Dwangmatige handelingen zijn vaak instincten van het lustprincipe, die wel herhaald moeten worden omdat het schuldgevoel waarvan ze vergezeld gaan bevrediging voorkomt.

Schuldgevoel houdt de schaduw opgesloten in haar duistere en onbewuste rijk. We zouden kunnen zeggen dat schuldgevoel de cipier is die de schaduw in haar cel houdt, haar ervan weerhoudt in het licht van bewustzijn te komen. Als gevolg hiervan wordt de gekooide schaduw nog vasthoudender en moet de cipier zijn greep verstevigen.

Terwijl het tweede chakra ons openstelt voor de tweevoudige aard van de werkelijkheid, volgt de schaduw hem op de voet en polariseert ze de persoonlijkheid. Dit verdeelt ons in licht tegenover donker, goed tegenover kwaad. We zijn de ene dag geweldig en de volgende verschrikkelijk, allemaal vanwege iets wat we hebben gedaan. Hoe helderder het licht, hoe donkerder de schaduw. Hoe groter het schuldgevoel is, hoe meer we onszelf proberen te bevrijden door ons onberispelijk te gedragen. Onberispelijk gedrag verhindert dat de energie vanuit de onderste chakra's op natuurlijke wijze naar boven stroomt en is geneigd lichaam en geest te polariseren.

Een gepolariseerde persoonlijkheid wordt gekenmerkt door of/of-denken. Zonder de veelheid van de regenboog zitten we opgesloten in zwartwitkeuzen. Wanneer een jong kind dat nog geen echt besef van verbondenheid met anderen heeft zedelijke beginselen krijgt onderwezen, gebeurt dat meestal in termen van zwart en wit. Dit is braaf, dat is stout. En dit is ook noodzakelijk bij jonge kinderen die de wereld nog niet volledig kunnen begrijpen. Maar wanneer we niet verder komen, blijven we in een onvolwassen cognitief proces steken.

Kinderen die voortdurend in angst voor straf leven, komen in dit of/of-denken vast te zitten. Zij willen dat de regels duidelijk zijn, zodat ze zich eraan kunnen houden en dus veilig zijn, wat te begrijpen is. Zij willen dat alles in zwart en wit ontleed wordt en zullen geneigd zijn het hele leven in gepolariseerde termen te beschouwen. Maar wat gebeurt er in twijfelgevallen?

Sandy had het er bijvoorbeeld maar moeilijk mee om te besluiten of ze haar vriend nu wel of niet zou verlaten. Voor haar bestonden er maar twee keuzemogelijkheden: of ze bleef met hem samenwonen, of ze beëindigde de relatie en zou hem nooit meer zien. Geen van beide mogelijkheden vond ze aantrekkelijk. Het kwam nooit bij haar op dat er nog een aantal andere mogelijkheden bestonden dan deze twee uitersten. Ze kon bij hem weggaan en met hem blijven uitgaan en misschien ook een poosje met anderen uitgaan. Ze kon de bestaande relatie beëindigen en proberen op een vriendschappelijke basis met hem te blijven omgaan. Omdat ze zich schuldig voelde over haar negatieve gevoelens, dacht ze dat ze deze volledig moest overwinnen of zich uit de relatie moest terugtrekken.

Gevoelens zijn meestal ambigu. Volledige aanvaarding van onze gevoelens houdt aanvaarding van deze ambiguïteit in. Zwartwitkeuzen zijn zelden aanvaardbaar. Onaanvaardbare keuzen weerhouden ons ervan beslissingen te nemen en zetten ons in verlamming vast. We kunnen niet verder, en het bij het tweede chakra behorende aspect beweging wordt geblokkeerd. Wanneer je je vast voelt zitten in of/of-denken, vraag je dan eens af waarover je je schuldig voelt.

Er wordt momenteel een nieuw soort wiskunde, *fuzzy logic* genaamd, aan de binaire logica van computers toegevoegd om deze slimmer te maken. Deze fuzzy logic kan bij benadering de staten tussen polariteiten aangeven, in plaats van alleen maar met uit en aan, nul en een te werken. Fuzzy logic definieert plaatsen tussen het klokhuis van een appel en de hele appel als half opgegeten, bijna op, bijna heel, of elke vorm ertussenin. Deze vormen zijn meestal nauwkeuriger; bovendien maken ze betere beslissingen mogelijk.

We moeten ons vermogen om te voelen ontwikkelen om de subtiele nuances tussen polariteiten te kunnen onderscheiden. Wanneer onze gevoelens verdoofd zijn, kunnen we alleen maar de voor de hand liggende verschillen onderscheiden, de opvallender zwartwitkeuzen. Wanneer er sprake is van schuldgevoel, denken we dat we duidelijke beslissingen moeten nemen en voelen we ons niet op ons gemak met schattingen. Het gevolg is dat het lastiger kan zijn om bij de waarheid te komen, om die waarheid aan anderen uit te leggen, en lastiger om met behulp ervan tot een goede beslissing te komen.

Natuurlijk kan schuldgevoel ook gezond zijn, een gevoel dat ons in staat stelt ons gedrag voor, tijdens of na onze daden te onderzoeken. Wanneer ons schuldgevoel niet verwrongen is, vertelt het ons waar de grenzen liggen en waar we moeten veranderen. Als schuldgevoel de functie van feedback heeft, is het geen demon maar een gids. Pas wanneer schuldgevoel buitensporig groot wordt, een gewoonte wordt, wanneer het verinnerlijkt en giftig wordt, overheerst het het vrije stromen van beweging en de volledige zintuiglijke ervaring van het leven die voor het tweede chakra zo noodzakelijk is. Schuldgevoel is een leraar wanneer het ons leidt, maar een demon wanneer het ons aan banden legt.

SEKSUALITEIT

De eenheid van cultuur en natuur, werk en liefde, moraliteit en seksualiteit waarnaar de mensheid eeuwig verlangt, die eenheid zal altijd een droom blijven zo lang de mens bevrediging van de biologische behoefte aan natuurlijke (orgastische) seksuele voldoening in de weg staat.

WILHELM REICH

Seksualiteit is de ultieme uitdrukking van de vele levensgebieden die met het tweede chakra in verband worden gebracht: beweging, gewaarwording, lust, verlangen, emoties en polariteit. Seksualiteit is opheffen van verschillen, vereniging van tegengestelden en de verbindende ervaring die afgescheiden zijn, transcendeert en de fundering vormt voor het volgende chakra: macht. Seksualiteit geeft ons veel gelegenheid om te groeien, daar ze ons in contact brengt met anderen die van nature van ons verschillen.

Seksualiteit is de integratie van Eros, de fundamentele aantrekkingskracht. Eros is een god uit de klassieke oudheid, de verbindende kracht die verenigt en verrukt, overbrugt en troost. Dit wordt tot stand gebracht via een voortdurend bewegende stroom dynamische energie die wordt geschapen en versterkt door twee elkaar rakende energiesystemen. In de hindoeïstische mythologie is Eros de god *Kama*, de schepper van alle goden, de bindende aantrekkingskracht die het universum bijeenhoudt. Eros ontkennen is flirten met desintegratie en vernietiging.

Eros omhelzen is in staat zijn tot overgave, tot meestromen met de biologische aard van het instinctieve/emotionele lichaam. Dansen met Eros is dansen met de levenskracht in de bevrijdende stroom van de onderste chakra's. Seksualiteit is de extatische uitdrukking van die kracht.

Seksualiteit is, zoals al eerder gezegd, door onze cultuur helemaal verkeerd begrepen. De wonden van verkeerd beheerde seksualiteit zijn diep en alomtegenwoordig, ze zijn van invloed op de natuurlijke wijze waarop opwinding door het lichaam stroomt. Schuld is als demon van het tweede chakra een probaat tegengif tegen lust en gevoel van eigenwaarde. Schuldgevoel is met zo'n kracht door de seksuele poorten van waaruit Eros stroomt uitgestort, dat bij velen deze poort, een essentiële, naar lust en transformatie voerende poort, niet langer opengaat. Seksualiteit wordt afgewezen en naar het rijk van de schaduw gestuurd, waar ze haar demonische vorm aanneemt, wanhopig en ten koste van alles naar verbondenheid zoekend.

Herwinnen van het tweede chakra is herwinnen van ons recht om te voelen en ons recht op gezonde seksualiteit. Het is de herwinning van de eroskracht die door alle aspecten van het leven stroomt. Dit betekent niet dat deze energie altijd in de seksuele daad culmineert. Eros is in alle aspecten van ons leven springlevend – de geur van lekker eten in de keuken, de kleuren van een zonsondergang, een ijsje eten op een warme dag. Eros dient een geëerd deel van onze ervaring te zijn, geëerd omdat hij een machtige god is.

EVENWICHTIGE KENMERKEN

Een evenwichtig tweede chakra bezit het vermogen tot seksuele bevrediging, lichamelijk genot, plezier in het leven, intimiteit, welwillende aanvaarding van beweging en verandering, inclusief sierlijke lichamelijke bewegingen. Er is stabiliteit en helderheid in emotionele staten. Men is tot diepe gevoelens in staat, zonder buitensporig theatraal gedoe. Evenwicht houdt het vermogen in om onszelf en anderen te koesteren, terwijl we toch gezonde seksuele en emotionele grenzen instandhouden.

Seksualiteit is in een evenwichtig tweede chakra een gezonde uitdrukking van intimiteit, lust en vreugde, met gevoelige grenzen en een oprecht gevoel van verbondenheid. Dit evenwicht of het gebrek eraan kan zich in alle mogelijke seksuele stijlen voordoen – heteroseksuele, transseksuele, homoseksuele, biseksuele. Wat gezonde seksualiteit is, kan alleen door de personen in kwestie worden bepaald; enkele algemene richtlijnen kunnen echter geen kwaad. Zo dienen twee volwassenen er allebei mee in te stemmen en er genoegen aan te beleven, dient seksualiteit in ons leven geïntegreerd te zijn, en zou ze persoonlijke groei moeten bevorderen. Uiteindelijk zou seksualiteit ter versterking van het gehele chakrasysteem moeten dienen.

De lotus laten groeien

Ontwikkeling en vorming van het tweede chakra in één oogopslag

LEEFTIJD:
- 0,5 tot 2 jaar

TAKEN:
- Sensorische verkenning van de wereld
- Voortbeweging
- Losmaken uit symbiotische versmelting

BEHOEFTEN EN LEVENSGEBIEDEN:
- Losmaken versus hechten
- Veiligheid en steun om op verkenning uit te gaan
- Emotionele zekerheid
- Stimulerende omgeving
- Zelfvoldoening

Om teder, liefdevol en zorgzaam te kunnen zijn, moeten mensen in hun vroegste jaren teder bemind en verzorgd worden, vanaf het moment dat ze worden geboren.

ASHLEY MONTAGU

Toen mijn zoon, Alex, op zijn eerste verjaardag zijn eerste stapjes door de kamer zette, was dat een gedenkwaardig moment. Hij was werkelijk verrukt van zichzelf en de vreugde op zowel zijn als mijn gezicht was onmiskenbaar. Tot ons aller trots trad hij een nieuwe staat van rijpheid binnen. Hij bezat thans een hoger niveau van onafhankelijkheid, wat zowel opwinding als gevaar meebracht. Hij kon zich bij het verkennen van de wereld sneller bewegen en hij kon zichzelf ook pijn doen. Zijn eerste pasjes waren wankel en onzeker – nu hij rechtop stond, kon hij verder vallen. Onmiddellijk wilde hij door mij vastgehouden worden en van mij de verzekering krijgen dat hij veilig was, dat wat hij had gedaan goed was. Dit dilemma, *losmaken versus hechten*, kenmerkt de met het tweede chakra samenhangende ontwikkelingsfase.[3]

We hebben eerder de grotere alertheid beschreven die zich voordoet wanneer het kind met ongeveer een halfjaar rechtop kan zitten. De ogen kunnen dan beter focussen, waardoor ze de buitenwereld op een manier die voorheen onmogelijk was in het bewustzijn van het kind brengen en een nieuwe toevloed van bewustzijn stimuleren. Op deze leeftijd is de buitenwereld een onontgonnen mysterie voor het kind, dat het alleen maar via de zintuigen kan ontdekken. Het wil met deze wereld versmelten en verlangt er thans naar zich ernaartoe te bewegen en haar te verkennen, van dichtbij te proeven en aanraken wat hij van een afstand ziet en hoort. Dit stimuleert de drang om voortbewegingsvermogen te ontwikkelen, iets dat eerst onbeholpen, frustrerend en zelfs beangstigend is.

Nu het verkennen van de omgeving de aandacht van het kind gevangen houdt, begint de primaire gerichtheid op de moeder langzaam af te nemen. De ontdekking van de buitenwereld vernietigt de gelukzalige psychische eenheid die kenmerkend is voor het eerste chakra. Het kind is thans ondergedompeld in een wereld van dualiteit, zodat zijn eerste onderscheidingen binair worden – binnen en buiten, ik en ander, lust en pijn. Soms voelt de aanwezigheid van de moeder warm en lekker aan, terwijl ze andere keren boos of tekortdoend lijkt – wat psychologen de 'goede moeder' en de 'slechte moeder' noemen. De opdracht van het kind is nu deze dualiteiten met elkaar te verbinden.

Aangezien de cognitieve vermogens taal en redeneren nog niet ontwikkeld zijn, kan deze verbinding oorspronkelijk alleen maar via gevoelens tot stand worden gebracht. De wereld buiten het kind stimuleert gevoelens in het kind. Het uiten van deze innerlijke gevoelens veroorzaakt veranderingen in de buitenwereld, zoals wanneer een moeder haar kind komt troosten wanneer het huilt. Gevoelens vormen de geboorte van psychisch bewustzijn en het begin van waardeontwikkeling. Wat aangenaam aanvoelt, wordt als goed beschouwd, wat onaangenaam is als slecht. Deze binaire onderscheidingen geven richting aan de bewegingen van het kind. Hij wil zich naar dat wat goed aanvoelt toe bewegen en van onbehaaglijkheid vandaan. De zintuigen vormen de stimulus voor deze gevoelens; vandaar dat het verrukken van zijn zintuigen het belangrijkste voor het kind wordt. Het is belangrijk dat het kind bij zijn verkenningstochten een prettige omgeving heeft, met kleurrijke vormen, speelgoed dat geluid maakt en stoffen die hij kan aanraken.

De emotionele staat wordt de belangrijkste indicator van de werkelijkheid en vormt de basis voor de ontwikkeling van de *emotionele identiteit*. Het kind heeft weinig besef van tijd, dus wat het kind voelt, wordt ervaren als een onveranderlijk eeuwig moment. Als het zijn moeder mist, lijkt het alsof zij voor altijd verdwenen is. Wat hij voelt, is wat hij ervaart te zijn. Als er op zijn emoties wordt gereageerd, wordt er op hem gereageerd en dan ontwikkelt het een gevoel van veiligheid, macht en verbondenheid met anderen.

Naarmate het lichaam zich ontwikkelt en sterker wordt, worden de bewegingen doelmatiger. Sensorische stimulatie, gevoelens en beweging raken onlosmakelijk met elkaar verbonden. Deze verbinding kan alleen stevig worden wanneer het kind wordt toegestaan (wanneer dit veilig is) zich overeenkomstig zijn gevoelens te bewegen, wanneer het bij een vreemde die het niet vertrouwt mag weglopen, of een speeltje dat het plezier oplevert mag houden. Dit koppelt de emoties aan lichaamsinstincten.

Naarmate zijn bewegingen doelmatiger worden, wordt de wereld van het kind steeds groter, en het gebeurt soms dat het zich van de moeder vandaan beweegt. Eerst is dit beangstigend, en het wil onmiddellijk terugrennen om zich ervan te vergewissen dat ze er nog steeds is. Nadat deze dans herhaaldelijk is uitgevoerd, ontstaat de veiligheid die het kind in staat stelt geleidelijk als een afzonderlijke persoonlijkheid tevoorschijn te komen, waarmee de fundamenten voor chakra drie worden gelegd. De ontwikkelingspsychologe Margaret Mahler heeft deze fase *uit het ei komen* genoemd, omdat het kind uit de eiachtige symbiose met de moeder komt en als een afzonderlijk individu tevoorschijn komt.[4]

Aanraking, behaaglijkheid en koestering leveren het kind de zekerheid en de verbondenheid op die het veilig maken om zich los te maken. 'Gebrek aan aanraking wordt als scheidingsangst ervaren – gebrek aan contact, aan verbondenheid,' zegt Ashley Montagu, auteur van *Touching: The Human Significance of the Skin*.[5] Door dit gebrek aan verbondenheid voelt het kind zich in zijn overleven bedreigd en wordt het in de paniek en angst van het eerste chakra teruggeworpen, waardoor de ontwikkeling niet goed omhoog kan gaan. Aanraking geeft ons kinesthetisch besef en is de eerste zintuiglijke ervaring die we leren. Kan het kind leren op zijn eigen zintuigen te vertrouwen? Kan het leren deze correct te interpreteren? Worden zijn gevoelens juist gespiegeld? Wordt het tegen gevaar beschermd? Wordt het aan een giftig emotioneel veld in het gezin blootgesteld? Aangezien het verkennen van de onmiddellijke omgeving een angstige en gevaarlijke onderneming kan zijn, is ondersteunende begeleiding van verzorgers essentieel.

Tegemoetkomen aan overlevingsbehoeften en stimuleren van gezonde emotionele banden tussen ouders en kind is gunstig voor de ontwikkeling van het tweede chakra, doordat zo het verkennen van de buitenwereld een plezierige en veilige ervaring wordt. De energiestroom tussen moeder en kind is wat deze overgang stabiliteit verleent; de standvastigheid van moeder maakt het veilig om op onderzoek uit te gaan. De ondergrond wordt een springplank voor opwaartse ontwikkeling. Zonder een goede ondergrond waarop we ons kunnen afzetten, kunnen we niet erg ver komen, dat lijkt springen op een zandstrand.

Het *emotionele klimaat* van het gezin is in dit stadium van cruciale invloed. Als de moeder angstig, boos of bezorgd is, zal het kind deze emoties op een non-verbaal, somatisch niveau oppikken. Somatische ervaringen komen in de bedrading van het systeem terecht, dat wil zeggen dat ze emotionele staten worden die buiten de invloedssfeer van de bewuste geest biochemisch in het spierweefsel verankerd raken. De taal van de emoties (die later het *emotionele repertoire* wordt) wordt in deze fase door meelevende spiegeling geprogrammeerd. Dit soort spiegelen houdt in dat het kind terugkrijgt wat het aan het doen zou kunnen zijn. 'Je ziet er niet erg gelukkig uit. Is er iets?' 'Ik zie dat je erg opgewonden bent!' 'Ben je boos op pappa?' Als een kind nog niet kan praten, geschiedt emotionele spiegeling door middel van troost en stembuigingen – een weerkaatsing van en reactie op wat het kind voelt. Dit kan zoiets eenvoudigs zijn als het kind oppakken wanneer het huilt, het wiegen wanneer het overstuur is, of hem een plek geven waar het zijn boosheid op een goede manier kan uiten.

Dit is de fase waarin het kind zijn *emotionele identiteit* ontwikkelt. Het leert de emoties waarin het is ondergedompeld te uiten. Als woede het emotionele veld is dat het omringt, dan leert het kind die woede na te bootsen en ontwikkelt het de biochemische emotionele staat die ermee gepaard gaat. We identificeren ons met emoties die vertrouwd zijn. Dit betekent dat we ons het echtst voelen wanneer we de emoties voelen die verband houden met het klimaat van ons gezin van herkomst. Als dat een klimaat van woede of droefheid was, voelen we ons het echtst wanneer we boos of verdrietig zijn. Als volwassenen zullen we geneigd zijn situaties te creëren die vertrouwde emoties in gang zetten.

De bij deze ontwikkelingsfase behorende taken zijn het ontwikkelen van een sensorische verbinding tussen binnen- en buitenwereld, het zorgen voor een emotionele band en een ondersteunende emotionele omgeving voor zowel intimiteit als losmaking, het ontwikkelen van een gevoel van plezier over en verbondenheid met het lichaam, en het wekken van het zich ontwikkelende bewustzijn door middel van sensorische stimulatie. Als deze taken op de juiste manier worden uitgevoerd, zal het kind een goede kans op een gezond tweede chakra hebben, en op de hiermee samengaande eigenschappen sierlijke beweging, diepe emoties, ontvankelijkheid, passie voor het leven en seksuele gezondheid.

Trauma's en mishandeling

Tactiele en sensorische deprivatie

Verlies van de essentiële staat van welbevinden die zich vanuit onze babytijd ontwikkeld zou moeten hebben, leidt tot zoektochten ernaar en substituten ervoor. Geluk is niet langer een gewone staat van het in leven zijn, het wordt een doel.

Jean Liedloff

David groeide op in een welgesteld kleinburgerlijk gezin. Zijn moeder was een toegewijde carrièremoeder wier leven zich thuis afspeelde. Ze deed alles wat van een moeder wordt verwacht – ze kookte en maakte het huis schoon, bracht haar kinderen met de auto naar sportclubs, legde schone kleren voor hen klaar en deed veel voor school. Niettemin raakte ze haar kinderen zelden aan. Ze omhelsde hen niet, liet hen tijdens het voorlezen niet op schoot zitten en toonde geen lichamelijke affectie. In feite toonde niemand in het gezin affectie. Het gevolg is dat David een wond in zijn ziel meedraagt die hem belet met zichzelf in contact te komen of te begrijpen wat hij nu echt met zijn leven wil. Hij neigt tot eenzelvigheid, stopt zijn energie in zijn carrière en vermijdt de intimiteit van relaties.

Wanneer de lichaamsidentiteit niet door aanrakingen wordt bevestigd, wordt die vaak vervangen door een verstard beeld – een kloof tussen het zesde en tweede chakra. Wanneer een beeld het overneemt van het voelende zelf (wat bij de narcistische persoonlijkheid gebeurt), kan de persoon in kwestie uiterlijke successen boeken, maar er toch onzeker over blijven wie hij of zij werkelijk is. Naarmate het leven voortschrijdt, wordt deze kloof steeds duidelijker, totdat de betrokkene instort. De narcistische wond is een wond van de ziel. Het diepere, kwetsbaarder, voelende zelf is genegeerd, terwijl het oppervlakkige uiterlijke zelf geprezen en beloond wordt.

Kinderen hebben een bepaalde hoeveelheid sensorische input nodig om de belangrijke verbinding tussen lichaam en geest te ontwikkelen. Een juiste sensorische stimulering vergroot de intelligentie, het coördinatievermogen en de alertheid. Als er verschillende soorten speelgoed zijn om mee te spelen, kleuren om te zien, geluiden om te horen en stoffen om te voelen, krijgt de geest meer input om het proces ervan te stimuleren. Daniel Goleman beschrijft in zijn boek *Emotional Intelligence* hoe ratten met luxere kooien (meer ladders en tredmolens) niet alleen sneller uit doolhoven kwamen, maar ook zwaardere hersenen ontwikkelden dan ratten met kariger kooien.[6] Wanneer sensorisch bewustzijn een rol gaat spelen, ontwikkelen zich belangrijke neurale schakelschema's.

Jean Liedloff, auteur van *The Continuum Concept*, vermeldt diepgaande ontwikkelingsverschillen tussen kinderen die vastgehouden en gedragen worden en kinderen bij wie dit niet gebeurt. Aangezien een kind de ingeschapen, instinctieve verwachting heeft dat het vastgehouden wordt, krijgt het wanneer het aangeraakt wordt het gevoel dat het zo goed is, een gevoel dat het zenuwstelsel kalmeert. Mist het deze ervaring, dan ontstaat het overweldigende verlangen om vastgehouden te worden, dan strekt de sensorische aandacht zich buiten zichzelf uit en gaat ze op zoek naar de ontbrekende ervaring. Na te veel teleurstellingen raakt ze verdoofd. Liedloff zegt dat het verschil tussen de verwachtingen van een kind en zijn feitelijke werkelijkheid met zijn gevoel van welbevinden correleert.[7] Hoe groter het verschil, hoe meer een kind twijfel, achterdocht, angst om gekwetst te raken en berusting ervaart – wat allemaal ondermijnend voor het emotionele welbevinden is.

Te veel of te weinig stimulering brengt ernstige conflicten teweeg in de innerlijke afbeelding van de buitenwereld, de vorming van relaties en de ontwikkeling van gratie en beweging. Kinderen die aanrakingen hebben moeten ontberen, gaan hier paradoxaal genoeg mee om door zich van anderen terug te trekken, door hun behoefte aan intimiteit te ontkennen. Wanneer ze worden omhelsd, voelen ze zich vaak stijf en houterig; ze zijn niet in staat de omhelzing volledig te ontvangen.

Gebrek aan aanraking kan verschillende soorten zelfbevrediging in gang zetten, zoals voortdurend heen en weer schommelen en dwangmatig masturberen, en ook eetstoornissen. Dit zijn allemaal pogingen om het met het tweede chakra samenhangende gat met het een of ander soort beweging en plezierig gevoel op te vullen. Marion Woodman beschrijft in *Addiction to Perfection* vetzucht als het wikkelen van het lichaam in zacht vlees, in een poging een afwezige of afwijzende moeder te vervangen.[8]

Gebrek aan aanraking verhindert de ontwikkeling van de belangrijkste kanalen van sensorische waarneming. Wanneer de zintuigen te veel of te weinig gestimuleerd worden, gaan de sensorische kanalen dicht. Wanneer we de taal van de zintuigen niet leren, is dat net zoiets als niet leren lezen – ons wordt voor ons overleven, welbevinden en verruimd bewustzijn noodzakelijke informatie onthouden. Zintuiglijke gewaarwordingen zijn de bouwstenen van emotionele intelligentie en stellen ons in staat goed met anderen op te schieten.

De andere zintuigen ontwikkelen zich geleidelijk aan in combinatie met tactiele ervaringen. Het geluid van de rustige of boze stem van moeder staat in verband met de warmte van het vastgehouden worden, de eenzaamheid van verwaarlozing, of de angst om geslagen te worden. Visuele aanwijzingen, zoals gezichtsuitdrukkingen, licht en donker, of de aankleding van verschillende kamers worden met de lichamelijke ervaringen slapen en waken, eten en baden in verband gebracht. Deze associaties zijn de schakels van het innerlijke afbeeldingssysteem dat zich ontwikkelt via de ervaring die het kind sensorisch van de wereld opdoet. Als de ervaring pijnlijk is, gaan de zintuigen dicht en wordt de wereld onbetwistbaar kleiner. Het kind trekt zich terug in de innerlijke wereld van fantasie en verbeelding.

Als het kind meer stimulering krijgt dan het aankan, wordt het overladen en zal het teveel aan energie een weg zoeken om zich te ontladen. Aangezien dit een periode is waarin emoties de voornaamste taal zijn, geschiedt deze ontlading via emotionele uitingen zoals huilen of woede. Deze gewoonte kan stevig ingeburgerd raken en gedurende het hele leven blijven bestaan.

Wanneer een baby tussen de negen en achttien maanden oud is, leert hij gewaarwordingen, handelingen en reacties tot een geordend zelfgevoel aan elkaar te rijgen. Het aaneenschakelen van verschillende gewaarwordingen tot een enkele ervaringsgestalt markeert de eerste koppeling van lichaam en geest. Als de gewaarwordingen niet logisch uit de ervaring voortvloeien, leert het kind zijn eigen gewaarwordingen te wantrouwen. Als de gewaarwording honger niet tot gevolg heeft dat het kind gevoed wordt, als de kalmerende stem van een moeder geen verband houdt met vastgehouden worden, als een kind vanwege zijn natuurlijke behoeften een schaamtegevoel bezorgd krijgt of afgewezen wordt, dan lijken de zintuigen het niet de juiste informatie te hebben gegeven. Wanneer we onze zintuigen wantrouwen, leggen we ze stil. Vandaar dat een misbruikt kind zelfs als volwassene vaak niet weet of het hongerig of verzadigd, moe of in gevaar is, te veel prikkels binnenkrijgt of op het punt staat verkouden te worden. De zintuigen hebben hun betrouwbaarheid als informatieverzamelaars verloren.

Volgens Jung leidt een onderontwikkeld sensorisch functioneren frequent tot het verkeerd beoordelen van situaties, doordat op een excessieve intuïtie wordt vertrouwd, die vaak nauwelijks iets met de werkelijkheid te maken heeft. Ook hier geldt: wat in het tweede chakra deficiënt wordt, duikt in het zesde chakra vaak als een exces op.

Hoewel te weinig stimulering de nieuwsgierigheid van de zich ontwikkelende geest niet aanwakkert en het kind zonder gevoel van verbondenheid en alleen achterlaat, kan te veel stimulering het zenuwstelsel overstelpen en angst veroorzaken. Als we op ons kind afgestemd zijn, kunnen we hopelijk een evenwicht bereiken.

DE EMOTIONELE OMGEVING

> *E-moties zijn energie in beweging. Als ze niet worden geuit, wordt de energie onderdrukt. Als energie moeten ze ergens heen gaan. Emotionele energie zet ons in beweging, net zoals alle energie dat doet...Wanneer we emoties afwijzen, wijzen we de ondergrond en de essentiële energie van ons leven af.*
>
> JOHN BRADSHAW

Rebecca was een peuter toen haar ouders gingen scheiden. Het was een tijd van boosheid en pijn in het gezin. Terwijl ze nog in de kinderstoel zat (zegt haar moeder), was ze getuige van gewelddadige ruzies tussen haar ouders. Hoewel Rebecca niet werd geslagen, was ze getuige van de voortdurende woede van haar vader jegens zijn echtgenote, totdat haar moeder uiteindelijk Rebecca en haar broertjes en zusjes meenam en haar echtgenoot verliet. Op dat moment werd Rebecca een kleine duvel, draagster van de woede van haar nu afwezige vader. Rebecca, die in een veld van geweld ondergedompeld was geweest, had geleerd dat woede een belangrijke manier van met anderen omgaan was. Tien jaar later, toen haar moeder voor het eerst bij me kwam, bestond dat patroon nog steeds. Het was nu van invloed op Rebecca's sociale leven, haar schoolprestaties en het welbevinden van haar moeder.

Soms zijn kleine kinderen net reactiemachientjes. Energie komt erin; energie gaat eruit. Omdat ze de rijpheid missen om hun emoties te temperen, stromen de gevoelens die door een gezin stromen met erg weinig verandering door de kinderen. Kinderen besluiten niet om boos of angstig, liefdevol of rustig te worden. Ze weerspiegelen slechts het emotionele klimaat waarin ze hulpeloos ondergedompeld zijn.

De emoties die door het kind trekken, zijn wel degelijk van invloed op hun fysiologische toestand, hun besef van de wereld en hun toenemende zelfgevoel. Als het gezin van woede doordrongen is, kunnen kinderen gewend raken aan het hoge adrenalinegehalte dat woede teweegbrengt en kunnen ze leren dat woede de normale manier is om jezelf tot uitdrukking te brengen. Zij kunnen het besef van hun eigen macht met woede associëren. Als mamma of pappa angstig is, wordt die angst non-verbaal op het kind overgedragen en wordt die deel van het emotionele repertoire van het kind. Als de omgeving liefdevol is, is zijn zich ontwikkelende zelfgevoel geconcentreerd op het verwachten, ontvangen en uiten van die liefde en de ermee gepaard gaande gevoelens.

De emoties die kinderen in reactie op situaties tot uitdrukking brengen, worden vaak met straf, afwijzing of schaamte beantwoord. Rebecca werd voor haar woedeaanvallen gestraft. David werd een emotioneel teruggetrokken jongen die vanwege zijn verlegenheid belachelijk werd gemaakt. Sarah was van nature uitbundig, maar werd zo beschaamd gemaakt dat ze rustig werd. Het uiten van gevoelens wordt zo een gewantrouwde impuls.

Wanneer we onze eigen gevoelens niet kunnen vertrouwen, houden we ze in plaats daarvan binnen, leggen we ze stil, of maken we ons ervan los. Aangezien emoties een instinctieve reactie op onze ervaring vormen, verliezen we een wezenlijke verbinding met onze ervaring en het leven. We kunnen alcohol of drugs gaan gebruiken om afstand van onze ervaring te nemen. Ons gedrag kan dwangmatig zijn, van gevoel gespeend. Een mishandelende ouder is niet in staat de pijn van het kind te voelen. Aangezien onze gevoelens zo sterk met gewaarwording samenhangen, moeten we om ze te onderdrukken de gewaarwordingen van ons lichaam verzwakken, en dus ook onze levendigheid.

Emoties vormen de eerste taal van het kind, die met behulp van de instinctieve reacties van het lichaam wordt gesproken. Het kind leert zijn emotionele taal via doelmatige spiegeling en positieve reacties op haar ruwe gevoelens. Als de ouder op de emotionele uitingen van het kind reageert, leert het kind dat zijn ingeschapen reactieve taal doelmatig is en besteedt het er meer aandacht aan. Als het leert zijn emoties te begrijpen, wordt het *emotioneel geletterd*, dat wil zeggen dat het zijn eigen emoties en die van anderen kan begrijpen en overbrengen. Emoties kunnen zich vervolgens geleidelijk tot betekenis ontwikkelen (dat wil zeggen via de chakra's rijpen).

Empathie bevordert emotionele geletterdheid. Door doelmatige spiegeling kan een kind bewustzijn aan zijn instinctieve gevoelens hechten. Het leert dat een bepaalde innerlijke staat woede wordt genoemd, terwijl andere gevoelens verdriet of angst genoemd kunnen worden. Op deze manier leert het zijn gevoelens op een volwassener manier te uiten. Wanneer Johnny er verdrietig uitziet, zegt zijn moeder: 'O, wat zie jij er vandaag verdrietig uit. Wat is er aan de hand?' Zo leert hij zijn gevoelens te benoemen, te begrijpen en ze later via taal over te brengen in plaats van ze uit te spelen.

Wanneer ons wordt gezegd dat we iets niet mogen voelen, is dit een ontkenning van ons met het tweede chakra samenhangende *recht om te voelen*. 'O, zo mag je niet over je oom denken.' 'Veeg die grijns van je gezicht!' 'Je hebt niet het recht boos te zijn!' Als we deze opmerkingen geloven, brengen we de overheersing van verstand over gevoel op gang. We voelen ons schuldig over onze gevoelens en onderdrukken deze, soms zelfs zo grondig dat ze niet langer herkenbaar zijn.

Susan, bijvoorbeeld, mocht nooit boos zijn. Niets in haar leven maakte haar boos, dus dat leek geen probleem te zijn. Ze klaagde wel over de eenzaamheid die ze creëerde door zich voortdurend van mensen terug te trekken. Ze zag niet dat haar terugtrekken een gevolg was van de woede die ze niet kon uiten. Als ze maar kon uiten wat haar niet aanstond, zou ze misschien veranderingen in haar relaties kunnen doorvoeren in plaats van zich eruit terug te trekken.

Voor iemand die emotioneel ongeletterd is, is iemand die in een emotionele staat verkeert een compleet mysterie, alsof die persoon een vreemde taal spreekt. Degene die emotioneel is, krijgt de kritiek dat hij of zij zich aanstelt, zich als een dwaas gedraagt, terwijl een emotioneel ongeletterde zijn eigen gevoelens net zo'n mysterie vindt. Wanneer de gevoelsfunctie onderontwikkeld is, komt ze in de schaduwvorm ervan tot uiting als humeurigheid. De stemmingen zijn niet bewust met gevoelens verbonden, maar hebben niettemin emotionele tonen die voor een ander meestal heel duidelijk zijn. Wanneer de humeurige persoon wordt gevraagd wat er mis is, antwoordt deze meestal met een knorrig 'niets!', wat in feite waar is. Door hun ongeletterdheid kunnen ze hun eigen emoties niet lezen, noch de belangrijke betekenis ervan vernemen.

In een gezin waar gevoelens niet geuit worden, is er gewoon geen kans om de emotionele taal te leren. Zonder emotionele geletterdheid gaat er een hele dimensie van menselijke beleving verloren. Wanneer we onze eigen behoeften en gevoelens niet kunnen lezen, zijn we niet in staat eraan te voldoen, en blijven we vastzitten totdat de boodschap eindelijk doorkomt.

VERSTRIKKING

De met het tweede chakra samenhangende ontwikkelingsfase begint met een versmolten identiteit van moeder en kind en eindigt met het optreden van autonomie. Het kind leert zijn emoties eerst als een uitbreiding van die van het gezin, maar het leert later zijn eigen emoties te hebben. Wanneer het kind niet als een uniek individu mag verschijnen en zich niet als zodanig mag uiten, loopt het vast. Wanneer er emoties bovenkomen die de moeder niet bevallen, zoals boosheid, afhankelijkheid of angst, en deze worden met straf, afwijzing of schaamte beantwoord, dan leert het kind dat het alleen maar gevoelens kan hebben die met de wensen en gevoelsstaten van zijn ouders overeenkomen. Het mag geen afzonderlijke identiteit ontwikkelen die in zijn eigen sensorische/emotionele ervaring is geworteld. Het leven van het kind wordt in termen van gezinsbehoeften gedefinieerd, maar het gezin voorziet niet in de behoeften van het kind. Een verstrikt kind zal zich derhalve schuldig voelen wanneer het zijn eigen behoeften en belangen volgt.

Het verstrikte kind krijgt een vals zelfgevoel. Het richt zich op prikkels van buitenaf, bepaalt wat het voelt aan de hand van reacties van anderen en vormt een uiterlijke persona die misschien wel helemaal niet strookt met zijn innerlijke behoeften. Dit is de basis van de narcistische persoonlijkheid die zo goed door Alice Miller wordt beschreven in haar boek *Het drama van het begaafde kind*.[9] De uiterlijke persona wordt als het werkelijke zelf beschouwd. Het gevolg is een leven zonder individuatie of authenticiteit.

Een verstrikt kind zal zich ten zeerste bewust zijn van de gevoelens van anderen. Heldervoelendheid (het vermogen om de emoties van anderen te voelen) komt voort uit een chakra dat te veel op anderen is gericht en niet genoeg in de lichamelijke ervaring is geworteld. Een heldervoelende komt op een feestje en voelt zich verantwoordelijk voor de vrouw in de hoek die door iedereen genegeerd wordt, of hij kan de jaloezie van zijn buurman voelen, wiens echtgenote aan het flirten is. Dit alles zonder zich van zijn eigen behoeften bewust te zijn. Een beetje heldervoelendheid maakt ons ontvankelijk voor anderen, maar teveel maakt ons los van onze ondergrond en zorgt ervoor dat we geregeerd worden door een wanordelijke mengeling van de emoties van anderen, waarover we geen controle hebben.

SEKSUEEL MISBRUIK

Ik ben gaan beseffen dat seksueel misbruik voor het slachtoffer een opgedrongen doodservaring is. Dat wil zeggen, het slachtoffer ervaart zijn leven als iets dat door een ander is gedood.

EVANGELINE KANE

Seksueel misbruik treft de kern van het tweede chakra. Of het misbruik nu minder ernstig of ernstig was, binnen het gezin of erbuiten plaatshad, seksueel misbruik heeft langdurige effecten op alle aspecten van het tweede chakra: het vrijelijk stromen van energie in het lichaam, het vermogen om als volwassene intimiteit, plezier en een gezonde seksualiteit te beleven, het vermogen om ons bij emoties op ons gemak te voelen, een gezond besef van grenzen en een positieve relatie met het eigen lichaam. Verder wordt de schade van seksueel misbruik niet tot het tweede chakra beperkt – het is van invloed op ons gevoel van vertrouwen, onze ervaring van macht (of het gebrek eraan), onze toekomstige relaties en vaak, vanwege de geheimhouding die ermee gepaard gaat, op ons vermogen tot communiceren. Aangezien het een aanval is op de gevoels- en zintuiglijke functies van het lichaam, compenseren chakra's zes en zeven vaak met een overmaat aan intuïtie en denken.

Seksueel misbruik omvat alles wat de natuurlijke ontwikkeling van de seksualiteit van een kind niet respecteert. Seksueel misbruik zou kunnen bestaan uit het slaan of straffen van een kind wanneer het zijn eigen genitaliën aanraakt, of uit het opdringen van seksualiteit aan een kind dat er nog niet aan toe is of er geen belangstelling voor heeft. Tot seksueel misbruik behoren exhibitionisme, voyeurisme, blootstelling aan pornografie, seksueel opgewonden doen raken, inbreuk op de privacy, ongewenste lichamelijke affectie, niet voor de leeftijd geschikte seksuele taal of grappen, alsmede het onmiskenbare strelen van de genitaliën of geslachtsgemeenschap met een kind door een volwassene, ouder, of ouder broertje of zusje. Een kind door middel van ontbloting, flirten, of beloften over beloningen overhalen om op manieren waarop het anders misschien niet zou komen seksuele belangstelling te tonen, is ook seksueel misbruik. Het laat de seksualiteit van het kind zich niet in haar eigen tempo ontwikkelen. Volwassenen die zich aan onwillige volwassen slachtoffers opdringen, houden zich ook met seksueel misbruik bezig, maar ik heb het hier over activiteiten die ons op qua ontwikkeling gevoeliger leeftijden aantasten. Hoe jonger een kind bij een dergelijke gebeurtenis is, hoe vernietigender de effecten ervan zijn.

De prikkeling van erogene zones is bedoeld om grenzen te laten verdwijnen. Voor volwassenen is dit meestal een plezierige ervaring. De oorspronkelijke staat van het kind kent echter geen grenzen. De ontwikkeling van het jonge kind is gericht op het ontwikkelen van een ego dat grenzen kan vormen en onderscheid kan maken, en niet op het laten verdwijnen ervan. Als de erogene zones op deze gevoelige leeftijden worden geprikkeld, vormen zich wellicht helemaal geen grenzen en heeft het kind moeite om invloeden die van buitenaf binnenkomen tegen te houden of zelfs maar te ordenen. Dit probleem met grenzen is voor mensen die als kind slachtoffer van seksueel misbruik waren vaak een levenslange strijd. Zonder goede grenzen kunnen ze zichzelf niet tegen toekomstige invasies beschermen, en verdere traumatische seksuele ervaringen doen zich dan ook zeer vaak voor. Inwendig kan dit zelfs op het afweerstelsel van invloed zijn, dat niet in staat kan zijn binnendringende organismen goed te herkennen.

Seksueel misbruik kan emotionele verdoving teweegbrengen, dissociatie, verschillende verslavingen, eetstoornissen, of fobieën, seksuele disfunctie, schuld en schaamte, depressies, vijandigheid, afhankelijkheid, slaapstoornissen, psychosomatische stoornissen en vele andere levensproblemen. Het helpt relaties, waarin vertrouwen en intimiteit in het spel komen, in de vernieling, en veel overlevenden van misbruik kiezen liever voor een celibatair en eenzaam leven dan voor het risico van nog meer verraad. Anderen kunnen erg op seks gericht of promiscue worden, waarbij ze telkens weer op zoek gaan naar de hoge erotische lading die hun als kind werd opgedrongen. Daarom worden sommige niet-behandelde overlevenden van seksueel misbruik later zelf daders, niet in staat de grenzen van anderen te respecteren, en onbewust het misbruik waaronder ze te lijden hadden naar buiten brengend. Vaak is seksueel misbruik zo traumatisch dat de gebeurtenissen uit het geheugen worden gebannen, zodat ze moeilijk te herkennen en behandelen zijn. Bij anderen blijven de herinneringen maar spontaan boven komen, vooral wanneer dit ongewenst is, zoals tijdens intieme momenten, ontspanningsoefeningen, meditatie of het maatschappelijk verkeer.

Seksueel misbruik brengt de lust-/pijndynamiek in de war en vervormt de interpretatie van emoties. Omdat de lichamelijke ervaring aangenaam kan zijn terwijl het emotionele verraad pijn doet, kan er een voortdurende verwarring omtrent lust en pijn optreden. Mensen kunnen zich verdrietig of beschaamd voelen terwijl ze genot ervaren, of genot beperken uit angst voor de emoties die het naar boven brengt. In andere gevallen, waarin de dader een vertrouwd gezinslid was en het misbruik zich onder het mom van intimiteit en nabijheid voordeed (soms de enige nabijheid die het kind ontving), kan emotioneel genot met schuld- en schaamtegevoel gepaard gaan. Het hele tweede chakra raakt enorm vervormd. Overlevenden van misbruik voelen zich dikwijls door hun eigen lichaam verraden en kunnen ervoor kiezen de signalen ervan volledig te negeren. Het ontwarren van deze in gewaarwording en emotie begraven strijdige boodschappen is een lang en moeizaam proces.

Door het misbruik in het bewustzijn te brengen, zodat de gevolgen ervan duidelijk kunnen worden en het genezingsproces in gang kan worden gezet, kunnen zich diepgaande veranderingen in elk aspect van iemands leven voordoen. Het is mogelijk de gevolgen van seksueel misbruik te helen en er zijn thans veel therapeuten, groepen en boeken die bij het genezingsproces behulpzaam kunnen zijn (zie Aanbevolen literatuur aan het eind van dit hoofdstuk).

VERKRACHTING

Verkrachting is wel zo'n duidelijke aanval op het tweede chakra dat dit bijna vanzelf spreekt. Het gebruik van seksualiteit om macht en geweld uit te oefenen, de schending van iemands grenzen en waardigheid, de intimidatie en vernietiging van de innerlijke levenskracht – dit alles is een aanval op het hele chakrasysteem. Daar het tweede chakra de eerste plek in het systeem is waar de buitenwereld binnenkomt (essentieel voor een open systeem), kan verkrachting ertoe leiden dat het hele systeem zich sluit. Alle reeds opgenoemde gevolgen kunnen zich ook voordoen wanneer volwassenen worden verkracht. Wanneer er sprake is van ongeheelde wonden ten gevolge van seksueel misbruik in de jeugd, is een verkrachting niet alleen een traumatische gebeurtenis, maar ook een heropvoering van eerdere gebeurtenissen. Hoe sterker de funderingen van onze onderste chakra's zijn, hoe beter we toegerust zijn om te herstellen.

ABORTUS

Abortus is niet iets dat een jong kind overkomt, maar moet hier toch besproken worden omdat het diepgaande gevolgen kan hebben voor het tweede chakra van een vrouw. Op emotioneel niveau vormt abortus een morele strijd, en hoe progressief iemand ook mag zijn, de beslissing is nooit gemakkelijk. Abortus gaat bijna altijd gepaard met emotionele verwarring en vaak met schuldgevoel en angst, en kan een groot gevoel van verdriet en verlies meebrengen. Bovendien stopt abortus het natuurlijke proces van het lichaam, dat erop ingesteld is de zwangerschap te voltooien. Zelfs wanneer abortus onder verdoving plaatsheeft, is er sprake van een aanval op de organen van het tweede chakra, en het kost tijd voordat een dergelijke wond geheeld is, iets dat niet genoeg onderkend wordt.

Een vrouw die zojuist een abortus heeft ondergaan, zou zichzelf met dezelfde tederheid moeten behandelen die ze een slachtoffer van verkrachting zou geven, omdat bij een abortus de baarmoeder in zekere zin verkracht wordt. Het is niet alleen dienstig om een ritueel te bedenken of een dialoog in gang te zetten met betrekking tot de mogelijke ziel van het kind, het is ook belangrijk om voor, tijdens en na de operatie een dialoog met het lichaam te voeren. We kunnen het lichaam vertellen wat er gaat gebeuren, het tijdens het proces troosten en het nadien kalmeren. Het is belangrijk dat je een vriendin over je verdriet vertelt, dat je de tijd neemt om in je dagboek te schrijven, dat je een poos alleen met je gevoelens kunt zijn.

Dat het politieke klimaat in de Verenigde Staten zo stormachtig is, helpt ook niet erg mee. Een ongewenste zwangerschap levert een vrouw al genoeg pijn en trauma op; als ze tot het moeilijke besluit komt een abortus te ondergaan, heeft ze liefde en steun nodig en geen vernedering en schaamte.

ALGEMENE GEVOLGEN VAN MISHANDELING

In een wereld die lust zowel nastreeft als afwijst, waarin seksualiteit verward, verkeerd gericht en mishandeld wordt, en waarin mechanisering de zintuiglijke ervaringen van het lichaam ontkent, zijn de verwondingen aan het tweede chakra talloos en diep. Alles wat de ontwikkeling van het tweede chakra blokkeert, verbreekt twee essentiële verbindingen: de *inwendige* verbinding tussen lichaam en geest en de *uitwendige* verbinding die binnen- en buitenwereld, ik en ander, ziel en omgeving verenigt. Zonder deze verbindingen raken we, zoals Alexander Lowen schrijft, 'in een van het lichaam ontdane geest en een van betovering ontdaan lichaam verdeeld'.[10]

Bij gebrek aan tactiele stimulering en koestering raken we letterlijk het contact kwijt, worden we gefragmenteerd, eenzaam, verwijderd, afgesneden, en uiteindelijk verkeerd geïnformeerd. Als onze sensorische kanalen dichtgaan, blokkeren we het grootste deel van onze informatietoevoer en raken we in onze eigen wereld opgesloten. Wanneer we geen contact met onze eigen gevoelens hebben, hebben we ook geen contact met die van anderen, en missen we de basis voor de empathie en het mededogen die noodzakelijk zijn om bij het vierde chakra te komen.

Als we onszelf niet met beweging tot uitdrukking mogen brengen, wordt ons lichaam stijf, hoewel dit blokkeren heel wat energie kost. Een kind dat uit angst voor afwijzing of kritiek al zijn handelingen doorlicht, raakt zwaar gepantserd, met een starheid die in fysieke onbeholpenheid en onbehagen wordt weerspiegeld. Vaak is er tevens sprake van een vergelijkbaar gebrek aan soepelheid en openheid ten aanzien van nieuwe ideeën, alternatieve levensstijlen, avonturen of mogelijkheden. Wat *afgewezen* wordt, wordt vervolgens *geprojecteerd* – starheid kan hartstochtelijk veroordelend zijn, gevoed door de passie die in het rijk der gevoelens verboden is.

Karakterstructuur

De orale karakterstructuur: de beminnaar

Het orale karakter doet niet erg zijn best om zijn hand uit te steken om te pakken wat hij nodig heeft. Dit is gedeeltelijk te wijten aan het ontbreken van een hevig verlangen, gedeeltelijk aan de angst om zijn hand uit te steken. Hij hoopt op de een of andere manier te krijgen wat hij nodig heeft zonder ernaar te grijpen; op deze manier kan hij de gevreesde teleurstelling omzeilen.

ALEXANDER LOWEN

Samantha zat op mijn divan; de tranen stroomden over haar wangen. Haar stem was net als haar lichaam zwaar en langzaam. Ze was bij me gekomen omdat ze depressief was en te veel at, maar ze was thans helemaal wanhopig over de plotselinge beëindiging van de relatie met een vrouw met wie ze haar leven hoopte te delen. Ze voelde zich verlaten en verraden. Ze had het gevoel dat ze instortte. Het lukte haar niet om diep adem te halen. Ze dacht de hele tijd maar aan haar geliefde en klampte zich wanhopig vast aan de geringste hoop op een verzoening. Ze zorgde niet goed voor zichzelf, kon zich op haar werk niet concentreren, en had zo nu en dan zin om zelfmoord te plegen. Vandaag had ze het gevoel dat al haar hoop voor de toekomst de bodem was ingeslagen – dat ze zonder haar geliefde voor altijd verloren was.

Samantha is een voorbeeld van de orale karakterstructuur. Haar gevoelens van verlies en wanhoop zijn heel echt. Als we in haar lichaam zouden kunnen kruipen, zouden we de verwoestende leegte voelen, alsof iemand zojuist een schakelaar had omgedraaid en ons van al onze eerste levensbenodigdheden had afgesneden. Het zou lastig zijn om rechtop te zitten. We zouden willen inzakken, ons tot een bal oprollen en door iemand vastgehouden willen worden. Onze armen zouden wellicht levenloos langs ons lichaam hangen. We zouden ons aan onze geliefde willen vastklampen, hem of haar willen vergeven, willen smeken bij ons te blijven en voor ons te zorgen. De verlatenheid zou maar al te echt en vertrouwd zijn, omdat we die in andere relaties al eerder hebben meegemaakt. We zouden helemaal in ons verdriet opgaan.

Wat Freuds psychoseksuele fasen betreft correleren het eerste en tweede chakra met de *orale fase*, waarin de voeding en lichamelijk contact de belangrijkste focus vormen. Wanneer er in deze fase sprake is van deprivatie krijgt het kind niet de energie die het nodig heeft en heeft het letterlijk moeite zich te vormen. De deprivatie is meestal emotioneel – te veel gescheiden zijn van de moeder, te weinig aanraking, te weinig aandacht – maar kan ook fysiek zijn, wat inhoudt dat het kind niet genoeg te eten krijgt, te vroeg van de borst wordt gehaald, of een moeder heeft die niet genoeg energie heeft om haar kind te voeden. In deze tijd, waarin werkende en alleenstaande moeders heel gewoon zijn, bestaan er veel redenen waarom een moeder misschien niet in staat is goed voor haar kind te zorgen, zowel op emotioneel als op fysiek gebied. Het gevolg is deficiëntie in het vermogen van het eerste chakra om te aarden en te vormen, en een excessieve behoeftigheid in het tweede chakra. We kunnen het orale karakter als het *ondervoede kind* beschouwen (figuur 2-1).

In de bio-energetica wordt het orale karakter als afhankelijk, tot verslaving geneigd en behoeftig gezien. Het lichaam is meestal zacht en te weinig gevormd, soms dun en ingezakt, andere keren te zwaar maar los in het vlees. Er is meestal sprake van een ingevallen borstkas, en de spieren en het vlees schijnen van berusting te verzakken (figuur 0-5, B). Het orale karakter blijft ten gevolge van de deprivatie chronisch te weinig geladen. Ze vallen gemakkelijk ten prooi aan depressies en hebben over het algemeen te weinig energie. Ze twijfelen niet zozeer aan hun *recht om te bestaan* (wat voor de schizoïde/creatieve structuur geldt), maar meer aan hun *recht om te hebben*. Ze houden zich niet zo erg bezig met de vraag 'zal ik overleven?', maar vragen 'ben ik gewenst?' Hun problemen zijn op voldoende voeding uit voedsel of liefde geconcentreerd. Ze willen wanhopig graag bemind worden; wanneer dit verlangen wordt gefrustreerd, wat meestal het geval is, wenden zij zich voor troost tot voedsel en orale activiteiten.

Waar de schizoïde structuur zich terugtrekt, streeft de orale structuur naar afhankelijkheid en versmelting als afweermiddel tegen deprivatie. Dit heeft te maken met het onvermogen van het kind om in zijn eigen emotionele behoeften te voorzien, waardoor het naar een toevoer van energie van buitenaf op zoek gaat om zich normaal te voelen. Derhalve wordt zijn energie als volwassene ook buiten zichzelf gefixeerd. Wanneer de orale persoonlijkheid bemind wordt, voelt ze zich krachtig en heel. Ze koestert en geeft, is een loyale partner die opmerkzaam en begripvol is. Ze hecht zich goed en bemint diep, en daarom is haar vriendelijker naam de beminnaar. Beminnaars zijn niet bang om lief te hebben, grenzen te laten verdwijnen, of intiem met een ander te zijn, ook al worden ze meestal gekwetst. Aangezien ze zo diep beminnen, is het uitgaan van een relatie verbijsterend en ze vragen zich af waarom de liefde van een ander niet net zo diep gaat als die van hen. Hun afhankelijkheid uit zich vaak in klitten, wat mensen natuurlijk wegjaagt en het probleem instandhoudt. Wat ze het meest gaan vrezen is afwijzing.

Daar beminnaarstypen opfleuren wanneer ze met anderen verkeren, definiëren ze zich vaak via dienstbetoon aan anderen, hoewel dit afweermiddel ook een val kan zijn. Door dienstbaar te zijn, verwerft men ogenschijnlijk het recht om zijn behoeften vervuld te krijgen, alsmede het gevoel gewenst te zijn. De orale per-

Figuur 2-1. De orale karakterstructuur (de beminnaar) – Het ondervoede kind

Eerste chakra *Deficiënt*	Tweede chakra *Excessief*	Derde chakra *Deficiënt*	Vierde chakra *Excessief*
Gevoel van leegte, verlatenheid	Afhankelijk, kleverig	Te weinig lading, lethargisch	Gelooft dat liefde alles zal oplossen
Moeite zichzelf te vormen, lichaam ziet er ingezakt uit	Behoeftig	Gebrek aan agressie, angst voor woede	Zeer gehecht in relaties, trouw
Benen bieden geen steun; kan niet op eigen benen staan; knieën zijn volledig gestrekt	Hunkert naar aanraking, koestering, seks	Onvoldoende tonus	Heel liefdevol, vriendelijk, meedogend, begripvol
Schaarste – er is nooit genoeg	Emotioneel responsief	Herkent machtopties niet	Afhankelijk
Angst om los te laten	Wil samensmelten	Haalt zichzelf naar beneden, vooral in relaties	Voelt zich snel afgewezen
	Voelt zich misdeeld	Weinig gevoel van eigenwaarde	
		Snel ontmoedigd, eisen lijken onmogelijk	

Vijfde chakra *Excessief*	Zesde chakra *Kan evenwichtig zijn*	Zevende chakra *Deficiënt*
Vult leegte op met orale activiteit, zoals praten	Kan zich in beide richtingen manifesteren	Spirituele verbinding gaat over zoeken naar vereniging, meer om de hartwond te helen
		Spiritualiteit kan ouder-kindrelatie weerspiegelen (dat wil zeggen kinderlijk), wil dat iemand voor hem/haar zorgt
Wint mensen door middel van conversatie voor zich en gebruikt die om hun aandacht vast te houden (liefde te krijgen)	Gerichtheid op anderen zorgt voor zeer fijngevoelige intuïtie	Intelligentie is berekenend – gefixeerd op vervullen behoeften
Onvolwassen communicatie – vraagt niet rechtstreeks om bevrediging behoeften	Te weinig energie vanuit de ondergrond haalt misschien het bovenste chakra niet	
Stem kan kinderlijk of droevig zijn	Dagdromen om leegte op te vullen	

soonlijkheid is een eersteklas kandidaat om afhankelijk van anderen te worden – met een dwangmatige behoefte om anderen te fixeren en zich op anderen te fixeren.

De uitputting die het gevolg is van voortdurend geven veroorzaakt een nog grotere innerlijke leegte, en dit is de vicieuze cirkel van de orale structuur. Deze geeft om te ontvangen, maar ontvangt zelden wat ze zelf geeft, en zo houdt ze zichzelf leeg en wordt ze nog behoeftiger. Vaak is het zo dat hoe misdeelder een orale karakterstructuur is, hoe meer ze probeert te geven. Om deze cirkel te doorbreken moet ze leren zichzelf fysiek, emotioneel en spiritueel te voeden. Door ons eigen vat te vullen neemt onze behoeftigheid af en zijn we beter in staat te ontvangen. Wanneer we dan geven, doen we dat vanuit volwassen volheid in plaats vanuit leegte.

Zoals de naam al zou kunnen inhouden, is het orale karakter vaak gefixeerd op koken en eten of andere orale activiteiten zoals roken, drinken, veel praten of bijten. Voedsel, de enige vaste substantie die we tot ons nemen, verschaft ons een gevoel van steun en stevigheid en is een substituut voor de emotionele koestering die ontbrak. Het is in feite een soort voeding – het geeft steun, kracht en een gevoel van innerlijke aanwezigheid die de onverdraaglijke leegte kan vullen. Helaas kan te veel eten tot lethargie en inertie leiden en gezonde aarding in de weg staan. Een zwaar lichaam hebben is een manier om ons zwaar genoeg te voelen om in de wereld verankerd te zijn, waarbij we ons met het lichaam van de moeder omhullen en onszelf de troost geven die we niet kregen toen we die nodig hadden. Minder gaan eten kan angst of depressies teweegbrengen en een leegte zonder specifieke focus of inhoud blootleggen.

Mensen met een orale/beminnaarsstructuur geloven dat liefde alles kan oplossen. Ze kunnen de opofferende moeder zijn, de toegewijde echtgenote, de trouwe werknemer. Ze kunnen goed zijn in het afbreken van andermans muren, daar ze geen grote behoefte aan grenzen in hun interpersoonlijke relaties hebben. Ze snappen er niets van wanneer anderen grenzen optrekken, 'nee' zeggen of afstand scheppen. Aangezien orale types hun fixatie hebben opgelopen in een levensperiode zonder grenzen, waarin het kind het nodig had te versmelten met de moeder, zijn grenzen niet bepaald hun sterkste punt. Dit gebrek aan grenzen kan tot relatieproblemen leiden die vaak in afwijzing resulteren en bestendigt de vicieuze cirkel afhankelijkheid/afwijzing/onzekerheid/klitten/afwijzing.

Bij orale types is de agressie onderontwikkeld en ze worden zelden boos. Dit is gedeeltelijk zo omdat ze gewoonweg niet genoeg energie voor boosheid hebben en omdat boos worden het risico van afwijzing meebrengt, hun grootste angst. Zonder agressie is het voor het orale karakter heel lastig de harde, onherroepelijke grenzen te vormen die kenmerkend zijn voor de stevigheid van het eerste chakra en die om te overleven zo noodzakelijk zijn. Concentratie en zelfdiscipline, grensvorming en acceptatie van opgelegde structuur (zoals een baan of school) vragen een enorme inspanning en kunnen wezensvreemde concepten lijken die de onredelijke eisen stellen waaraan orale types zo'n hekel hebben en waartegen ze zo'n weerstand hebben.

Mensen met een orale karakterstructuur kunnen helen door te leren op eigen benen te staan en macht en heelheid in hun autonomie en onafhankelijkheid te voelen. Ze hebben er baat bij wanneer hun agressie wordt gestimuleerd, omdat die het lichaam kracht geeft en de bevrijdende stroom opstuwt om de bovenste chakra's te voeden. Ze hoeven het tweede chakra, dat meestal excessief is, niet te ontwikkelen, maar dienen in plaats hiervan dit exces in evenwicht te brengen door het er onmiddellijk boven en onder gelegen chakra te ontwikkelen, namelijk die van de wil en die van aarding. Hun grote vermogen om lief te hebben moet weer op henzelf gericht worden, zodat ze goed voor zichzelf gaan zorgen en zichzelf spiritueel gaan voeden. De eerste stap is hen uit hun excessieve emotionele toestand te halen en weer contact met vaste grond te laten maken.

Exces en deficiëntie

Aangezien het tweede chakra op beweging betrekking heeft, hebben exces en deficiëntie een enorme invloed op de mate van interne en externe beweging van het lichaam, alsmede op de emotionele identificatie en de uitdrukking van seksualiteit. In dit rijk van de dualiteit is een gezond evenwicht nodig om voort te kunnen gaan naar het derde chakra, dat van macht. Het instandhouden van twee polen vraagt genoeg soepelheid om zich naar gelang de situatie naar een van beide polen uit te breiden. Met slechts één pool is er geen macht. *Monopolarisatie* is de gehechtheid aan slechts één kant van een situatie of één kwaliteit van een dynamisch evenwicht, zoals activiteit zonder rust, praten zonder te luisteren, licht zonder schaduw. Monopolarisatie brengt een tot stilstand gekomen staat van ontwikkeling teweeg die verdeling zaait tussen het ene deel van onszelf en een ander deel, en beweging en voortgang belemmert. Met één oog kunnen we geen diepte waarnemen. Wanneer er sprake is van monopolarisatie, ontbreekt het ons aan diepte en gevoel; het leven wordt vlak. Maar als we alleen maar in het midden kunnen rondhangen, ontbreekt het ons aan breedte en dimensie en leven we in de nevelige grijze zone.

Veel mensen aarzelen bij dit chakra tussen exces en deficiëntie – bij sommigen gaat het hierbij om een periode van jaren, die bijvoorbeeld door cycli van seksualiteit of onthouding gekenmerkt worden, terwijl anderen in het tijdsbestek van een dag extreme emotionele fluctuaties kunnen ervaren. Vasthouden aan het eigen middelpunt (wat verband houdt met het gronden van het eerste chakra) is essentieel om een gezond evenwicht te kunnen bereiken. Dit evenwicht houdt niet in dat we ons star tot een vast centrum moeten beperken, maar is een kwestie van homeostatische fluctuatie rondom een innerlijke stabiliteit, net zoals duikelaartjes altijd weer rechtop komen te staan vanwege het gewicht onderin. Wanneer we in de onstuimige zeeën van het tweede chakra ons middelpunt weten te vinden, is dat een teken van vastberadenheid dat ons in staat stelt verder te gaan (figuur 2-2).

DEFICIËNTIE

David vond het lastig om te weten wat hij voelde. Hij had vaak depressieve buien, die soms dagen aanhielden, maar hij kon er zelden achterkomen wat hem dwarszat. Zijn huwelijk was stabiel maar ontbeerde hartstocht. Seks zag hij vaak eerder als een plicht dan als iets plezierigs. Omdat hij als kind zelden aangeraakt werd, voelde hij zich niet op zijn gemak bij tentoonspreidingen van affectie. Hij klaagde erover dat hij zich emotioneel verdoofd voelde, terwijl de emotionele fluctuaties van zijn vrouw een compleet mysterie voor hem waren. Hij was niet echt gelukkig in zijn werk, maar hij was doodsbang om na te denken over veranderen van

Figuur 2-2. Exces en deficiëntie van het tweede chakra

Een excessief tweede chakra heeft een zwakke grens en kan weinig bevatten. Er kan sprake zijn van te weinig voorzichtigheid met betrekking tot seksuele en emotionele uitingen, met een krachtiger beweging naar buiten dan naar binnen.

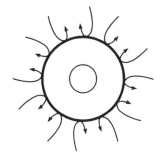

Een deficiënt tweede chakra heeft een starre grens en laat heel erg weinig energie door naar zijn kern. Omdat het chakra leeg is, is er weinig animo om naar buiten te treden.

werkkring. Zijn lichaam was goedgevormd maar stijf. Aan Davids bij het tweede chakra behorende programma was maar zelden geschreven. Als gevolg hiervan was het chakra dichtgegaan.

Deficiëntie van het tweede chakra resulteert bovenal in beperkte beweging, zowel fysiek als emotioneel en seksueel. Dit is aan het lichaam te zien als stijve of schokkerige bewegingen, stijve gewrichten en een onbuigzaam spierstelsel dat zich maar moeilijk aan zachtheid en gevoel kan overgeven. Zo iemand loopt stijf, met weinig beweging in de heupen, en heeft moeite om zijn knieën en bekken te buigen. (Dit varieert met de ernst van de deficiëntie, die niet altijd zo duidelijk is.) Probeer maar eens te lopen terwijl je je bekken stijf houdt, dan krijg je een idee hoe dit zou kunnen voelen. Je kunt de starheid die hiervoor nodig is in de rest van je lichaam voelen.

Wanneer beweging beperkt wordt, werkt dit belemmerend op het stromen van opwinding door het lichaam en op het onderhouden van *chi* of levenskracht; de ademhaling wordt minder diep, de stofwisseling neemt af en de emoties worden zwakker. Aangezien beweging en verandering essentieel zijn voor de veerkracht van het systeem, maakt de onbuigzaamheid van de deficiëntie van het tweede chakra ons breekbaar. Om deze breekbaarheid te beschermen, worden zeer sterke grenzen instandgehouden om ongewenste energie die verandering teweeg zou kunnen brengen en de stabiliteit zou kunnen bedreigen buiten te houden. We geloven dat als we gevoelens laten stromen, we door het konijnenhol zullen vallen zonder iets om ons tegen te houden. Velen voelen dit als desintegratie, en totdat er genoeg ondergrond is om nieuwe beweging te ondersteunen kan dit een heel intense angst zijn.

Op mentaal niveau kan bewegingsbeperking en angst voor verandering tot monopolarisatie van ideeën leiden – de opvatting dat dingen maar op één manier gedaan kunnen worden. Ook dit moet met behulp van starre en vijandige grenzen worden verdedigd (wat bij religieus en politiek fanatisme vaak wordt gezien). Er bestaat weerstand tegen nieuwe input, en deze concentratie op één punt kan een hevigheid veroorzaken die misschien krachtig lijkt, maar in werkelijkheid broos en breekbaar is.

Aangezien lust tot een uitbreiding van energie vanuit de kern naar de periferie uitnodigt, zal iemand met een deficiënt tweede chakra zijn samengetrokken staat handhaven. Zo iemand is geneigd lust te vermijden, vaak omdat hij een scherpe innerlijke criticus heeft die geen plezier kan toestaan zonder zichzelf te veroordelen. Door deze afwijzing kan energie naar hogere chakra's worden gestuurd, met positieve of negatieve gevolgen. De energie kan als extreme activiteit of verslaafdheid aan werken naar het derde chakra gaan, of als grotere creativiteit, godsdienstige geestdrift, een obsessie voor zuiverheid of intellectuele strevingen naar de hogere chakra's. Wanneer lust een afgewezen zelf wordt, zal de lust van anderen scherp worden veroordeeld.

Deficiëntie op emotioneel niveau kan ofwel het gevolg zijn van een volledig ontbreken van programmering (dat optreedt bij het opgroeien in een emotioneel kil gezin), ofwel van het onderdrukken van emoties om een beladen situatie te kunnen verdragen. In beide gevallen zijn een gebrek aan gevoel en een hiermee corresponderend gebrek aan lichamelijke gewaarwordingen vermijdingsstrategieën die tot deficiëntie van het tweede chakra leiden. Dit veroorzaakt een gevoel van leegte, een gevoel van dofheid over het leven, een gevoel vast te zitten (geen innerlijke beweging) en een gevoel van eenzaamheid. Er kan sprake zijn van een soort berusting, apathie of pessimisme, en van onvermogen om de eigen behoeften te voelen.

Op seksueel gebied manifesteert deficiëntie van het tweede chakra zich als onderdrukte, afgenomen, of afwezige seksuele gevoelens. Het kan lastig zijn om tijdens seks emotionele verbondenheid te voelen, om opgewonden te raken of een orgasme te krijgen, of er kan verdoving in het onderlichaam optreden. Er kan sprake zijn van schaamte over seks, van veroordeling, of gewoon van een hevige verlegenheid die de energie samentrekt op momenten dat deze anders groter zou worden en met een andere energie zou versmelten. Daar seksualiteit zo'n complex onderwerp is, kan angst voor seks in feite de angst zijn voor de gevoelens die seks losmaakt – verinnerlijkte schaamte over niet goed genoeg zijn, schaamte over ons lichaam, paniek omtrent zwakke grenzen, onvermogen om goed te communiceren, of talloze andere problemen die samenhangen met wonden uit het verleden.

Samentrekking van het tweede chakra kan ook van invloed zijn op het sociale vlak, daar voor sociale vaardigheden emotionele geletterdheid is vereist. Verinnerlijkt schuldgevoel en schaamte kan tot grote onbeholpenheid in sociale situaties leiden, waardoor iemand stijf en kil kan lijken wanneer hij met anderen omgaat. Mensen kunnen denken dat iemand geen gevoelens heeft, terwijl in werkelijkheid de gevoelens alleen maar verborgen zijn. Deficiëntie van het tweede chakra leidt meestal tot introversie.

EXCES

Dana verkeerde altijd in een emotionele staat. Voor haar was alles een crisis die onmiddellijk moest worden aangepakt. Ze was soms uitbundig, vol energie, en inspirerend voor anderen. Andere keren werd ze door woede of een stortvloed van tranen in beslag genomen, alsof haar wereld op het punt stond in te storten. Ze was heel sociaal en besteedde veel van haar tijd aan telefoneren of naar feesten gaan. In haar relaties was ze heel seksueel en gaf ze veel. Ze vond het heerlijk nauw bij iemand betrokken te raken en haar relaties hadden zeer dramatische ups en downs. Ze kon bijna niet stilzitten, zich op taken concentreren, of behoeftebevrediging uitstellen. Toen ik met haar werkte, stond ze twee jaar droog maar was ze meer dan tien jaar alcoholiste geweest. Dana's excessieve tweede chakra overcompenseerde haar gemis aan emotionele bevrediging als kind.

Wanneer men een excessief tweede chakra heeft, heeft men in hevige emotionele staten het meest het gevoel te leven. De zin 'ik ben boos' impliceert meer dat we die emotie zijn dan dat we slechts dat gevoel op dit moment hebben. Sommige mensen voelen alleen maar dat zij iets zijn wanneer ze de een of andere hevige emotie voelen. De scala kan uiteenlopen van woede tot tranen, van opwinding tot angsten – elk ervan het middelpunt waar alle anderen omheen moeten dansen. Het is voor zo iemand lastig om onderscheid te maken tussen wat ze voelen en wat de realiteiten van de situatie zijn. Als ze zich bedreigd voelen, kunnen ze niet zeggen of de dreiging echt is. Ze kunnen niet zien dat hun angst met iets uit hun eigen verleden kan samenhangen, of dat ze kunnen kiezen hoe ze willen reageren. Ze kunnen op emotioneel gebied ook buitensporig gevoelig zijn, niet in staat dingen van zich af te laten glijden en zich alles aantrekken. Emoties kunnen in relatief korte tijd van het ene uiterste naar het andere gaan.

De opwaartse stroom, met als basis onbewuste instincten, is actiever dan de neerwaartse stroom van bewust inzicht. In een gezin kunnen degenen met sterke emoties het gedrag van de andere gezinsleden dicteren. Dit exces veroorzaakt ook deficiëntie bij de anderen. De emotionele dictator neemt alle emotionele ruimte in en alle anderen moeten rondom hun grillige of depressieve buien dansen, beroofd van het recht op hun eigen gevoelens.

In tegenstelling tot de eenzaamheid van de deficiënte staat, heeft een persoon met een excessief tweede chakra een hevige behoefte om altijd met anderen verbonden te zijn. Er kan van een verslaving aan mensen en feesten sprake zijn en een onvermogen om alleen te zijn, grenzen te vormen, of nee te zeggen. Daar de ermee samenhangende ontwikkelingsfase er nog steeds een van versmelting en afhankelijkheid is, kunnen we wanneer we in het tweede chakra vastzitten onze heelheid als afzonderlijk wezen maar niet begrijpen en proberen we de versmelting die niet werd voltooid te handhaven.

Zonder het vermogen om afgescheidenheid te begrijpen, is het lastig om de eigen gevoelens van die van anderen te onderscheiden (heldervoelendheid). Mensen die erg heldervoelend zijn, zijn zich zo bewust van wat alle anderen voelen dat ze moeite hebben om met hun eigen gevoelens in contact te komen. Als ze bij iemand zijn die depressief is, nemen ze de depressie over, alsof die hun schuld is. Ze zijn gelukkig als anderen gelukkig zijn. Dit kan sociale, seksuele en emotionele afhankelijkheid tot gevolg hebben.

Als gevolg van de hevige behoefte aan verbondenheid worden er maar zwakke grenzen gevormd en bestaat er gebrek aan respect voor de grenzen van anderen. Ze kunnen hun behoeften zo wanhopig aan anderen opdringen dat ze de vervulling ervan in de weg staan. Ze kunnen anderen onopzettelijk seksueel en emotioneel schenden. Er kan van obsessionele gehechtheid sprake zijn, of van een fixatie op een ander als een object dat de sleutel tot het eigen gevoel van verbondenheid en levenskracht bezit. Afwijzing en gehechtheid brengen een vicieuze cirkel op gang die de behoeften van de persoon in kwestie onvervuld laat en diens drang vergroot om precies dat gedrag tentoon te spreiden dat een oplossing in de weg staat. Het exces laat zichzelf voortdurend de vrije loop, in een poging behoeften vervuld te krijgen, terwijl de innerlijke ketel leeg raakt en nooit een echt gevoel van macht of liefde ontwikkelt.

Vaak is deze afhankelijkheid van anderen het gevolg van een poging ons voor de hevigheid van onze diepere emoties te verschuilen. Wanneer we met anderen samen zijn, druk in de weer met hen en hun behoeften, worden we van onze eigen angsten en droefheid afgeleid. Aangezien emotionele behoeften in deze ontwikkelingsfase van buitenaf moeten worden vervuld, resulteert fixatie op dit niveau in gefixeerdheid op anderen ten koste van zichzelf.

Een systeem dat in dit chakra excessief is, hunkert naar prikkeling van de zintuigen. In tegenstelling tot degene met een deficiënt tweede chakra, die zachte kleuren en mild eten zou kunnen verkiezen, of uniformiteit van omgeving, heeft degene met een excessief tweede chakra voortdurend prikkeling, verandering en opwinding nodig. Deze mensen hebben een heel dramatisch besef van wat leven is, dat oorspronkelijk een soort gedijen kan lijken, maar hun prikkeling leidt zelden tot echte output, en de betrokkenen kunnen zich verloren of alleen voelen wanneer ze rustiger proberen te zijn.

In seksueel opzicht lijkt het excessieve tweede chakra met behulp van zijn geslachtsklieren leiding te geven aan de rest van het systeem. Mensen met een excessief tweede chakra zijn vaak geweldige minnaars, ze zijn ontvankelijk voor de instinctieve energie van eros, en de intimiteit, verbondenheid en egobevestiging die ze in seksuele situaties ervaren, doet hun goed. Hoewel hiermee op zichzelf niets mis is, wordt het een probleem wanneer dit het wint van goed onderscheid maken bij de keuze van minnaars, een dusdanige seksuele verslaving veroorzaakt dat andere aspecten van het leven verwaarloosd worden, of veroveren van minnaars tot gevolg heeft in plaats van echte intimiteit. Kwantiteit kan belangrijker worden dan kwaliteit.

Het tweede chakra houdt verband met het element water, en een excessief tweede chakra heeft een vat dat als gevolg van gebrekkige grenzen zwak is, waardoor het water wegvloeit en zich verspreidt voordat het als voeding voor innerlijke groei kan dienen. Er kan van een behoefte aan voortdurende beweging sprake zijn, waardoor het moeilijk wordt iets lang genoeg vol te houden om het tot manifestatie te laten komen.

Wat het lustprincipe betreft, kan het excessieve tweede chakra zo op lust zijn gericht dat er niets anders wordt volbracht. Wanneer de lustverslaafde met moeilijkheden wordt geconfronteerd, zegt hij gewoon: 'Dit is te moeilijk. Ik wil uitgaan en plezier hebben en me beter voelen.' Een excessief chakra haalt de energie naar zich toe en laat deze niet naar andere chakra's gaan. Derhalve wordt de energie die nodig is om de wil van brandstof te voorzien door de behoefte aan onmiddellijke bevrediging vastgehouden. Als er uiteindelijk ook werkelijk van bevrediging sprake was, zou alles goed zijn, maar wanneer de cyclus tot verslaving leidt, heeft die nooit plaats en komen alle andere behoeften in de verdrukking.

VERSLAVINGEN

Verslavingen zijn moeilijk bij chakra's onder te brengen, omdat verschillende substanties verschillende staten teweegbrengen en verschillende chakra's beïnvloeden. Zelfs verslaving in het algemeen kan niet in een enkel chakra worden ondergebracht. In het geval van chemische afhankelijkheid levert de drug waarvoor gekozen wordt belangrijke aanwijzingen omtrent chakraonevenwichtigheid op. Stimulerende of kalmerende middelen houden voornamelijk verband met de energiedynamiek van het derde chakra, terwijl alcohol de versmelting en vermindering van remmingen veroorzaakt die nauwer met het tweede chakra samenhangen. Te veel eten kan een poging tot aarding zijn (eerste chakra), een stap in de richting van lust (tweede chakra), of geblokkeerde woede in het derde chakra. Maar alle verslavingen zijn oorspronkelijk een poging om een gevoel of staat van bewustzijn teweeg te brengen of te ontkennen. De poging om een bepaalde staat teweeg te brengen is compensatie, terwijl ontkenning vermijding is. Dit levert ons onze fundamentele excessieve en deficiënte strategieën om met problemen om te gaan op.

Alcohol verkleint de remmende controle van de bewuste geest, waardoor de bevrijdende stroom van beneden naar boven kan stromen en ongehinderd naar de kruin kan gaan, waardoor er energie vrijkomt en het systeem ontladen wordt. Wanneer de neerwaartse stroom, die scherpstelt en beperkt, excessief wordt, kan de levenskracht zich ingeperkt voelen en er wordt opluchting gevoeld door het overwinnen van de overheersende invloed. Een alcoholist kan wanneer de energie naar boven stroomt zijn woede de vrije loop laten of dingen zeggen die voorheen geblokkeerd waren. Vrij van remmingen kan hij spontaan zijn, zijn gevoelens met anderen delen, grapjes maken en zich levendig voelen. Helaas gaat er met deze bevrijding geen integratie gepaard. Er is sprake van uitdrukking, maar nauwelijks van opname. De opluchting is tijdelijk en moet telkens weer herhaald worden – een cyclus die tot verslaving leidt. Het volgende is er een voorbeeld van dat het omhoog sturen van energie niet altijd heilzaam is.

Aangezien het tweede chakra op beweging betrekking heeft, hebben pogingen om die te dwarsbomen of een andere richting te geven de neiging om herhalingspatronen te veroorzaken, terwijl de energie in beweging op zoek naar bevrijding rondwervelt. Als we deze energie als een beek zien – een toepasselijke analogie aangezien dit het waterchakra is – kunnen we begrijpen dat tegenhouden van het water tot erosie van de oevers leidt, de natuurlijke grenzen van de beek. Waar de oever van de beek beschadigd raakt, ontstaat er een werveling van water die energie het chakra inzuigt zonder die door de beek te laten gaan, waardoor er steeds meer erosie ontstaat. Zich herhalende patronen brengen verslavingsgedrag teweeg dat mettertijd toeneemt en ons in destructieve cycli gevangen houdt die ook andere aspecten van ons leven eroderen.

Hoewel de behandeling van verslavingen een gecompliceerd proces is dat buiten het bereik van dit boek valt, valt de noodzaak om de cyclische herhalingspatronen een andere route te geven en de eraan ten grondslag liggende emotionele kracht te ontladen onder de invloedssfeer van het tweede chakra. Aangezien verslaving zo vaak het gevolg van een emotionele wond is, zijn de algemene principes van het helen van het tweede chakra van toepassing. Die principes zijn: opnieuw verbinding maken met de gewaarwordingen van het lichaam, ontlading en/of leren bevatten van doordringende emoties, voltooiing van geblokkeerde, door trauma bevroren bewegingen, en leren de eigen behoeften te ontcijferen en op de juiste wijze te bevredigen.

Figuur 2-3. Verslavingen en de chakra's die erbij horen

CHAKRA ZEVEN:	religie, spirituele oefeningen
CHAKRA ZES:	hallucinogenen, marihuana
CHAKRA VIJF:	opiaten, marihuana
CHAKRA VIER:	tabak (roken), suiker, liefde, marihuana
CHAKRA DRIE:	amfetaminen, cocaïne, cafeïne, werk, woede
CHAKRA TWEE:	alcohol, seks, heroïne
CHAKRA EEN:	eten, gokken, winkelen, werk

Herstel van de lotus in zijn oorspronkelijke staat

Helen van het tweede chakra

Wat we niet kunnen voelen, kunnen we niet helen.

JOHN BRADSHAW

Er is zoveel verkeerd aan onze culturele opvattingen over emoties en seksualiteit, dat het helen van dit chakra een gigantische opgave wordt die boven ons persoonlijk zelf uitstijgt. Wie heeft een beslissende stem over hoe gezonde seksualiteit er echt uitziet? Hoe reageren we emotioneel correct? Wanneer zijn we ooit klaar met ons emotionele werk? Kunnen we in een wereld vol opdringerige geluiden en beelden onze zintuiglijke kanalen volledig openstellen? Hoe houden we onze seksualiteit, waarbij uit de aard der zaak anderen betrokken zijn, gezond en krachtig als die anderen wonden in hun eigen seksualiteit hebben opgelopen? Het tweede chakra is in hoofdzaak een bewegingschakra, dat nooit volledig heelt omdat het voortdurend in een staat van verandering verkeert. Als er een criterium voor een geheeld tweede chakra zou bestaan, was dat wellicht het vermogen om verandering te accepteren zonder de stabiliteit van de eigen kern te verliezen.

Er zou een heel boek nodig zijn om alles wat er bij het helen van problemen met het tweede chakra komt kijken te beschrijven. Er bestaan in feite alleen al over helen na seksueel misbruik veel werken, om nog maar niet te spreken over de boeken over emotioneel geweld, het gewonde innerlijke kind, objectrelaties en op beweging gerichte therapieën, die allemaal ook rechtstreeks op het tweede chakra betrekking hebben. Ik beperk mijn bespreking van helende technieken tot degene die specifiek met de chakratheorie verband houden, en geef aan het einde van het hoofdstuk een lijst met aanbevolen literatuur.

Het helen van het tweede chakra is grotendeels een kwestie van het exces of de deficiëntie ertoe bewegen naar het midden te gaan. De basispremisse is eenvoudig: wanneer beweging wordt beperkt, stel dan vast welke patronen van bijeen-, vast-, in-, terug- en tegenhouden zich voordoen en moedig beweging aan. Wanneer de beweging excessief is, leer die dan in toom te houden, ofwel door emoties te uiten zodat de druk afneemt, ofwel door te leren meer gevoel en opwinding te verdragen. Hiertoe moet geleerd worden aandacht te schenken aan de subtiele stromen en impulsen die door het lichaam stromen.

HET HERSTELLEN VAN HET NATUURLIJKE GENEZINGSPROCES

Wat goed begrepen dient te worden, is dat het lichaam zijn eigen genezingsproces heeft. Wanneer we ons snijden, is het belangrijk dat we de wond schoonmaken en verbinden, maar het natuurlijke genezingsproces heeft vanzelf plaats, onder het verband. We zijn biologisch toegerust met ingeschapen instincten voor genezing en zelfbehoud, en wanneer trauma's of voortdurende spanning deze instincten in de weg staan, is onze hele fundering verstoord en daarmee ook de energiestroom in ons lichaam.

Het laten stromen van energie is de manier waarop het lichaam het evenwicht herstelt. Een onbelemmerde stroom tot stand brengen en die tegelijkertijd van een veilig vat voorzien zal genezing zeker bevorderen. Hierdoor wordt de bevrijdende stroom hersteld die ons in staat stelt beperkende patronen los te laten en ruimer te worden. Wanneer de bevrijdende stroom het bewustzijn bereikt, wordt de betekenis ervan in een grotere context geïntegreerd. Dit helpt om de manifestatiestroom omlaag te laten stromen, waardoor de emotionele energie naar constructieve doelen wordt gekanaliseerd.

Door het tweede chakra te helen, handelen we altijd namens het natuurlijke genezingsproces van het lichaam, waarbij beweging en emoties van het grootste belang zijn. Wanneer die beweging wordt belemmerd, wordt ook het genezingsproces belemmerd. Als onze ingeschapen reactie op een bepaalde situatie wordt gedwarsboomd, ontstaat de neiging om voortdurend vergelijkbare situaties te creëren om zo het oorspronkelijke patroon te voltooien. Als de blokkade ernstig is, kan in vergelijkbare situaties misschien geen voltooiing worden bereikt, waardoor we in een hopeloze cyclus van zich herhalende negatieve trauma's terechtkomen die we niet kunnen oplossen en waardoor we niet verder kunnen gaan.

HET IJS ONTDOOIEN – BEWEGING WEER VRIJELIJK LATEN STROMEN

> *Een trauma doet zich uitsluitend voor wanneer iemand zich aan gevaar aanpast*
> *(een normale reactie), maar vervolgens niet in staat is zich opnieuw aan te passen*
> *of niet in staat weer te gaan functioneren zoals voor het gevaar optrad... Het is de*
> *belemmerde (of verijdelde) vlucht- of vechtreactie die de bevriezingsreactie tot*
> *gevolg heeft die tot traumasymptomen zal leiden.*
>
> PETER LEVINE

Ray kwam de eerste keer mijn spreekkamer binnen met klachten over een telkens terugkerende hevige pijn in zijn nek. Hij was bij een fysiotherapeut, een chiropractor en een masseur geweest en hij had standaardpsychotherapie geprobeerd, maar niets hielp. Daar er geen organische oorzaak voor de pijn bestond, wist hij dat het om de een of andere lichaam/geestkwestie moest gaan. Ik kon zien dat hij zijn lichaam stijf hield, dat zijn nek niet veel bewoog en dat hij zijn handen en armen dicht tegen zijn borstkas hield. Zijn energie werd ingeperkt.

Toen we eenmaal met bio-energetische oefeningen begonnen, reageerde hij hier erg goed op. Hij was gemakkelijk op te laden en ontlading had met een schuddende beweging plaats die zich spoedig ontwikkelde tot hevige, maar willekeurige bewegingen van zijn armen en schouders. Omdat ik wist dat er een flink trauma achter zijn bevriezingsreactie schuilging, ging ik voorzichtig te werk en liet ik hem enkele weken opladings- en ontladingsoefeningen doen alvorens op de inhoud van het trauma in te gaan. Deze energie moest langzaam vrijkomen, net zoals de stoom in een snelkookpan, voordat het deksel eraf kon. Ik moedigde hem aan verschillende bewegingen met zijn armen en schouders te maken, zodat hij beter in contact kwam met het bewegingsvermogen van zijn lichaam.

Omdat een blokkade als vastzittende energie kan worden beschouwd, wist ik dat er dingen open moesten gaan om de energie los te maken. Dat zijn armen hun beweeglijkheid hervonden, zorgde voor zo'n opening en verzwakte zijn gevoel van machteloosheid. Langzaamaan begon ik dingen uit zijn verleden en tevoorschijn komende emoties in de bewegingen te verwerken, die spoedig van willekeurig tot doelbewust werden. Hij leerde hoe hij zijn armen in overeenstemming met zijn innerlijke behoeften kon gebruiken, ze kon uitstrekken voor steun en wegduwbewegingen kon maken om grenzen op te trekken. Toen er grenzen en een gevoel van macht en aarding waren ontstaan, was het veilig om diepgaander op het emotionele materiaal in te gaan. We ontdooiden geleidelijk het ijs in zijn lichaam en herstelden de emotionele stroom.

Wanneer een organisme wordt bedreigd, neemt de energiestroom in het lichaam ter voorbereiding op een vlucht of een gevecht toe. Als zowel wegrennen als vechten onmogelijk is (wat het geval is wanneer een kind door zijn vader wordt geslagen), moeten we deze impulsen onderdrukken, ook al wordt het lichaam van energie voorzien. Wanneer we dit herhaaldelijk moeten doen, worden we gedwongen in deze energetische tegenstrijdigheid van activering en remming te leven. Dit heeft een soort bevroren intensiteit tot gevolg die bekend staat als *tonische onbeweeglijkheid* of *bevriezingsreactie*. Het vermogen om voor dood te gaan liggen om zo prooidieren voor de gek te houden of de gevolgen van het trauma te verminderen is in het hele dierenrijk een natuurlijke biologische reactie. Bevriezen stelt ons in staat het lichaam gedeeltelijk te verlaten en ons van de pijnlijke gevoelens die zeer waarschijnlijk zullen optreden los te maken. Als we verwondingen niet kunnen voorkomen, is dissociatie een waardevol afweermiddel. Door ons bewustzijn te verdoven, worden we tijdens de directe ervaring niet verpletterd.

Somatisch therapeut Peter Levine heeft bestudeerd hoe terugkerende trauma's en mishandeling een chronische bevriezingsreactie in het lichaam teweegbrengen. Wanneer een trauma wordt geactiveerd, bibberen we enigszins, alsof we het koud hebben. In feite zijn we stijfbevroren, bevroren in onze bewegingen, in onszelf samengetrokken en teruggetrokken, en onderwijl verbruiken we een heleboel energie. In het dierenrijk is het niet de bedoeling dat deze bevriezingsreactie blijvend is. Wanneer het trauma voorbij is, zit het dier te bibberen en beweegt het zich afwijkend, waarbij het de bevroren energie ontlaadt en uiteindelijk tot zijn natuurlijke staat terugkeert.

Als er telkens weer of voortdurend sprake is van trauma, of als er geen troost is of geen veilige plek waar ontlading kan plaatshebben, komen we er niet toe deze extra, bevroren energie los te laten. Een bepaald deel van ons wezen blijft in het trauma vastzitten, en het vrijelijk tot uitdrukking brengen van energie wordt belemmerd. Peter Levines beschrijving is beeldend:

> Wanneer we niet in staat zijn doelmatig op gevaar te reageren, ervaart ons zenuwstelsel het gevaar als een aanhoudende gebeurtenis die dan in onze psyche bevroren raakt. Wanneer het zenuwstelsel bedolven wordt, gaan er strijdige boodschappen naar de spieren. Deze kunnen niet samenwerken. Bewegingen verliezen hun vloeiendheid. Ze worden schokkerig, stijf en ongecoördineerd, wat de door de gebeurtenis veroorzaakte angst alleen maar groter maakt. Wanneer de ervaring maar intens genoeg is, bezwijkt het organisme. Het lichaam/geestcomplex ervaart dit als angst, hulpeloosheid, een nederlaag en een depressie.[11]

Als bevriezen onbeweeglijkheid veroorzaakt, dan impliceert ontdooien bevrijding van de natuurlijke beweging van het lichaam. Net zoals het weer op gang brengen van de bloedsomloop na bevriezing tot hevige pijn kan leiden en langzaam dient te gebeuren, zo is dit ook het geval met het losraken uit de traumatische gevolgen van onbeweeglijkheid. Hoe dieper de blokkering is doorgedrongen, hoe groter het trauma is en hoe groter de energie die hier ligt opgeslagen. Bevrijden van deze energie moet langzaam en heel voorzichtig gebeuren.

Om bedelving van het zenuwstelsel te voorkomen, is het belangrijk eerst een soort anker of ondergrond te creëren die bereikbaar is wanneer het slecht gaat. Dit kan een veilige en vertrouwde herinnering zijn, een lichaamshouding die prettig aanvoelt, of een verbinding met een innerlijke bron van kracht, echt of fantasie. Wanneer de dam in de beek is verwijderd, kan er met zoveel kracht energie gaan stromen dat we een grote rots nodig hebben om ons aan vast te houden, willen we niet te snel stroomafwaarts meegespoeld worden. Verankering van de bevrijde energie aardt haar in de stevigheid van chakra een. Dit wordt gedaan door emotie in gewaarwording en impulsen te vertalen. 'Wanneer je deze woede voelt, wat zijn dan de gewaarwordingen in je lichaam?' 'Wat willen je handen met deze energie doen?' Wanneer de energie in de lichamelijke gewaarwordingen wordt verankerd, kan ze naar boven stromen, naar het bewustzijn, om daar betekenis te krijgen. 'Lijkt deze woede op de woede die je vader op je losliet toen je klein was?' 'Kun je deze schaamte als een gevolg van je verlatenheid beschouwen in plaats van als een gevolg van wat je hebt bereikt in het leven?'

Het is ook belangrijk om langzaam te werk te gaan, om verschillende delen van de ervaring stukje bij beetje te integreren. Levine noemt deze langzame integratie *titratie* – titreren is het met kleine beetjes bij elkaar doen van chemicaliën, beetjes die te klein zijn om te exploderen. Zo ontstaat er zonder ongelukken een nieuw geheel. Tijdens traumatische situaties moet het zenuwstelsel zijn reactie geleidelijk aan met de gebeurtenis in evenwicht brengen. Kleine stukjes die het zenuwstelsel aankan zonder overstelpt te raken, kunnen uiteindelijk tot volledige genezing leiden. Dit is een ingewikkelde procedure, die uitvoerig wordt beschreven in het nieuwste boek van Peter Levine, *Waking the Tiger: Healing Trauma through the Body*.

SCHULDGEVOEL AANPAKKEN

Iets aan schuldgevoel doen begint met het onderzoeken van de krachten die op een bepaald moment op onze daden van invloed waren. Voor het kind dat zich schuldig voelt over zijn slechte schoolprestaties is het belangrijk dat het gaat inzien dat het zich misschien wel door de explosieve gezinssituatie niet op zijn huiswerk kon concentreren. Voor degene die zich schuldig voelt over zijn behoeftigheid is het belangrijk om vast te stellen of er in het verleden aan zijn behoeften werd voldaan. Uitsluitend door krachten uit het verleden te onderkennen, kunnen we huidig gedrag waarover we ons schuldig voelen werkelijk veranderen. Dit betekent niet dat we de verantwoordelijkheid voor wat we eventueel hebben aangericht niet op ons hoeven te nemen, maar het laat ons die verantwoordelijkheid in de juiste context zien. Hier zijn enkele stappen die je kunt zetten om iets aan je schuldgevoelens te doen.

1. Plaats het schuldige gedrag in zijn context. Wat waren de krachten die indertijd op je inwerkten?
2. Onderzoek de motieven, driften en behoeften die aan je gedrag ten grondslag liggen. Waaraan probeerde je te voldoen of wat probeerde je te bereiken?
3. Kijk of je dit gedrag vroeger misschien als voorbeeld hebt gehad. (Mijn moeder pakte ruzies altijd zo aan. Zo is het me geleerd om iets gedaan te krijgen. Mijn vader heeft zijn school nooit afgemaakt.)

4. Probeer erachter te komen hoe je onderliggende behoeften op een directere en betere manier vervuld kunnen worden.
5. Inventariseer de schade die je eventueel hebt aangericht en zoek manieren om het goed te maken. Als je niet weet hoe je het goed moet maken, kun je dit meestal gewoon vragen. Als de persoon die je schade hebt berokkend niet meer te bereiken is, probeer de situatie dan op globalere manier aan te pakken. Geef geld of tijd aan een blijf-van-mijn-lijfhuis. Betaal iemands psychotherapie. Help iemand zijn schooldiploma te halen. Ga vrijwilligerswerk bij een liefdadige organisatie doen.
6. Maak een plan voor nieuw gedrag.
7. Vergeef jezelf en ga verder.

Als je door schuldgevoel over onschuldige gedragingen zoals plezier of tijd voor jezelf geteisterd blijft worden, onderwerp dan de overtuigingen die deze waarden ondersteunen aan een onderzoek door jezelf de volgende vragen te stellen:

Welke overtuiging zegt bijvoorbeeld dat seks slecht is, of dat tijd voor jezelf egoïstisch is? Wat is de oorsprong ervan? Waar heb je deze overtuiging geleerd? Aan wie komt ze ten goede?

Wat zijn de effecten van de waarden die aan die overtuiging inherent zijn?

Wat is je eigen overtuiging en waarop is die gebaseerd?

Wat zijn de gevolgen van je daden? Wordt jou schade berokkend of anderen? Hoe kun je steun voor je daden krijgen als je van mening bent dat die juist zijn?

WERK OP EMOTIONEEL GEBIED: OPEISEN VAN ONS RECHT OM TE VOELEN

Emoties zijn een instinctieve beweging van psychische energie. Alleen onze geest interpreteert sommige emoties als 'goed' en andere als 'slecht'. Wanneer we de emoties onderdrukken die met misbruik en mishandeling verband houden, onderdrukken we tegelijkertijd al onze emoties en daarmee ook de beweging van de ziel. Het helen van het tweede chakra impliceert het opeisen van ons recht om te voelen. De eerste stap hierbij is opheffing van het schuldgevoel dat onze gevoelens blokkeert. We leren deze te zien als natuurlijke reacties op de situaties die ons treffen.

De emoties die met misbruik en mishandeling samenhangen, kunnen overweldigend en vaak strijdig zijn. We kunnen zowel hevig verlangen als verraad voelen, met een gelijktijdige aandrang om zowel onze hand uit te steken als ons terug te trekken. We kunnen tegelijkertijd expansieve woede en samentrekkende angst ervaren. Soms voelen we misschien sterke emoties en andere keren verdoving.

Emoties zijn de voorlopers van actie (derde chakra), dus is het lastig om een emotie te laten stromen als de actie waartoe ze aanzet gevaarlijk of beangstigend is. Als we onszelf toestaan woede te voelen en we hierdoor iemand willen vermoorden, kan het gevaarlijk zijn het gevoel te ervaren. Als het beleven van het verdriet om een scheiding uit het verleden onze huidige eenzaamheid ondraaglijk maakt, zullen we manieren vinden om dit te vermijden. Als we door te voelen dat we iemand nodig hebben ons aan diens misbruik of mishandeling blootstellen, kunnen we onze behoefte niet toegeven.

Wanneer de kracht achter een emotie steeds groter wordt maar niet geuit of bevrijd wordt, brengt dit een emotioneel exces teweeg. We moeten een veilige manier scheppen om die emotionele kracht te verminderen en beter omvat en gekanaliseerd te laten worden. De energie van een emotie kan in geschikte bewegingen of activiteiten worden gekanaliseerd. Ik gebruik mijn woede vaak om het huis schoon te maken, omdat ik wanneer ik kwaad ben een heleboel energie heb, maar ik kan me niet op iets moeilijks concentreren. Verdriet kan in het schrijven van poëzie worden gekanaliseerd, angst in verhoogd bewustzijn en verlangen in creatieve activiteiten.

Wanneer emoties excessief zijn, kunen we ons bewustzijn naar de gewaarwordingen in ons lichaam verschuiven. Emoties willen naar buiten, willen actie ondernemen en erkend worden. We dienen dit in evenwicht te brengen door ons naar binnen te keren en aandacht aan het innerlijk zelf te besteden. Door onze aandacht bewust naar binnen te richten, verzachten de emoties en leveren ze ons een rijker tapisserie van informatie en verbondenheid op.

EMOTIES VRIJLATEN – VOORS EN TEGENS

In een wereld waar onderdrukte emoties de norm zijn, is het doel van psychotherapie vaak het bevorderen van emotionele bevrijding geweest. Soms kan een catharsis diepgaande genezing en transformatie meebrengen. Het loslaten van iets wat lang in het lichaam vastgehouden is, kan het lichaam in staat stellen zich op nieuwe manieren te hervormen. Het vrijlaten van emoties brengt echter niet altijd genezing teweeg. In sommige gevallen, waarin het trauma ernstig is of emotionele patronen zoals woede of tranen te goed ingesleten zijn, kan het de betrokkene overweldigen, nog meer gevoelens van hulpeloosheid veroorzaken, of de emotionele routine en gewoontereacties nog versterken. Wanneer het vrijlaten van emoties eenvoudig een ontlading van energie zonder cognitieve integratie is, levert het op korte termijn opluchting op, maar zelden blijvende verandering. De betrokkene streeft deze ontlading dan telkens weer na.

Vrijlaten van emoties is de instinctieve psychische beweging vanuit het onbewuste naar het bewuste. Vrijlaten van emoties voltooit handelingen die onderbroken waren. Als we onze emoties de eerste keer niet volledig konden voelen of uiten, scheppen we nieuwe situaties waarin we ze kunnen voelen. Emoties die in het lichaam worden vastgehouden, fixeren onze energie in vasthoudpatronen die haar voor ons onbereikbaar maken. Wanneer een emotie eenmaal is geuit, kunnen we die energie herwinnen en een nieuwe kijk op de situatie ontwikkelen. Wanneer we eenmaal om een dode hebben getreurd, kunnen we loslaten. Wanneer we eenmaal een angst hebben erkend, kunnen we stappen zetten om die te overwinnen.

Vrijlaten van emoties is iets waar het lichaam volledig bij betrokken is. Het is niet genoeg dat het hoofd eenvoudigweg verdriet of woede erkent. Met elke emotie hangt beweging samen, en totdat die beweging wordt bevrijd, zal de energiewerveling van de emotie blijven bestaan. Veel van mijn cliënten komen bij andere therapeuten vandaan, bij wie ze hebben geleerd hun patronen en gedrag in het licht van hun voorgeschiedenis te zien. Ze zeggen: 'Ik weet dat mijn seksuele gedrag het gevolg is van misbruik door mijn vader. Ik heb er jaren aan gewerkt, *maar het is niet veranderd*.' Verandering is beweging, en om verandering te scheppen moet er zowel innerlijke als uiterlijke beweging in het lichaam zijn.

Geblokkeerde emotie zit vast in de structuur van het lichaam. Wanneer ik bezig ben verborgen gevoelens te bevrijden, vraag ik de betrokkene wat ik haar lichaam onbewust zie doen te overdrijven. Als ik haar zie wiebelen en draaien, vraag ik haar die bewegingen te overdrijven. Als ik zie dat ze haar lichaam samentrekt, vraag ik haar dit samentrekken te overdrijven. Dit brengt onbewuste bewegingen en de ermee gepaard gaande gevoelens in het bewustzijn. Terwijl zij de overdreven houding vasthoudt, vraag ik haar wat voor gevoel dit opwekt. Als een antwoord niet duidelijk is, vraag ik haar onder woorden te brengen wat haar lichaam zegt. Een samengetrokken persoon zou kunnen zeggen: 'Raak me niet aan.' Iemand die zit te wiebelen en te draaien zou daarmee kunnen zeggen: 'Ik wil hier helemaal niet zijn.' Ik vraag haar vervolgens dezelfde uitspraak of hetzelfde gevoel met beweging uit te drukken. 'Als je op een toneel stond, en je moest dit gevoel zonder woorden overbrengen, hoe zou je dat dan doen?' Zo raken de gevoelens belichaamd en worden ze tegelijkertijd in het bewustzijn gebracht.

Door dit proces wordt meestal vroeg of laat de natuurlijke stroom van gevoelens aangeboord. Vanaf dat moment ga ik het uiten van gevoel vergemakkelijken. Als er sprake is van woede, geef ik mijn cliënten een racket om mee op de sofa te slaan.

Als het om verdriet gaat, bied ik troost en sympathie. Als er sprake is van angst, wijs ik op innerlijke hulpbronnen voor kracht, laat ik bewegingen uitvoeren die het tegenovergestelde van samentrekken zijn en stabiliseer ik hun energie met behulp van aardingstechnieken.

OMVATTEN VAN ENERGIE EN GEVOELENS

Onze energie omvatten is onze opwinding met ons lichaam omarmen, is gevoelens zich in het vat van ons lichaam laten ontwikkelen en ons door deze gevoelens gevormd laten worden. Door met en vanuit onze lichamelijke gevoelens te leven, veranderen ze ons, cultiveren ze onze liefde.

STANLEY KELEMAN

De eerste somatische therapeuten die ik, een oraal karakter met kenmerkend gebrek aan lading, raadpleegde, moedigden me allemaal aan 'het eruit te gooien'. Ik huilde mijn tranen, schopte en schreeuwde, sloeg op kussens, en maakte inderdaad mijn energiestroom los. Maar als een in wezen te weinig geladen vat raakte ik hierdoor ook uitgeput en namen mijn verdraagzaamheid en concentratievermogen af. Ik kwam er later achter dat het voor mij beter was te leren hoe ik mijn energie en gevoelens moest omvatten. Dit deed mijn levenskracht en stabiliteit toenemen.

Er zijn tijden waarin het vrijlaten van emoties niet raadzaam is. Wanneer de ondergrond te zwak is om stabiliteit, veiligheid en omvatting te verschaffen, kan het vrijlaten van emoties iemand eerder gedesintegreerd dan geïntegreerd maken. Wanneer de trauma's uit het verleden ernstig zijn, kunnen emoties zoals woede of hulpeloosheid opnieuw traumatiserend werken en het zenuwstelsel in zijn vertrouwde traumatische stresspatronen doen schieten. Wanneer beschadigende emotionele gewoonten de klacht zijn (ongecontroleerd in woede uitbarsten, te gemakkelijk huilen, door angst verlamd zijn), helpt het niet om deze emotionele gewoonten nog sterker aan te zetten. Wanneer het hierom gaat, is het beter om aan omvatting van energie en gevoelens alsmede aan gedragsverandering te werken.

Als het tweede chakra excessief is, biedt omvatting evenwicht. Omvatten houdt in dat we niet onmiddellijk naar een gevoel, aandrang, verlangen of behoefte handelen. Dit excessieve gedrag is vaak een onbewuste manier om energie te ontladen voordat ze volledig in het bewustzijn kan komen, waar ze te bedreigend zou kunnen zijn. Zonder omvatting heeft er geen opslag van energie plaats en is er praktisch geen kracht.

Energie volgt de gebruikelijke uitingswegen. Omvatting nodigt uit tot het aanleggen van alternatieve wegen. Als de manier waarop we ons gewoonlijk uiten wanneer we angstig zijn uit seksueel contact, drinken van alcohol of schreeuwen tegen iemand bestaat, raken we hieraan verslaafd en zullen we de angst nooit begrijpen of opheffen. Als we kunnen leren die angst te omvatten, kunnen we een andere manier vinden om hem te laten verdwijnen.

Leren omvatten houdt niet in dat we een ervaring ontkennen of verloochenen. Het gaat hier niet om een geval van geest boven materie, maar om een bewuste doordringing van geest *in* materie. Omvatting is een diepgaander richten van de aandacht op het emotionele proces en waar dit probeert heen te gaan. Leren omvatten betekent dat we de energie in staat stellen onze weefsels te vullen, ons gevoel te verruimen en onze opwinding te ontwikkelen. Op deze manier leren we onze opwinding vast te houden in plaats van te verbruiken.

Jeannette had de gewoonte om de hele dag door dwangmatig kleine hapjes te eten. Als er tijdens haar werk ook maar het minste leek tegen te zitten, moest ze iets in haar mond stoppen om haar aandacht van haar gevoelens af te leiden. Ik vroeg haar die gevoelens eens zonder haar 'speen' uit te zitten en te noteren wat er boven kwamen. 'Ik kon niet stilzitten. Ik wilde ijsberen, dingen naar mijn baas gooien, de stekker van de telefoon eruit halen en tegen iemand schreeuwen.' Tijdens het werken aan en weerstaan van deze ontladingsimpulsen werden we ons bewust van het feit dat ze zich klein voelde en dat ze toen ze daar te jong voor was te veel verantwoordelijkheid had gekregen. Om de taken die van haar verwacht werden te vervullen, had ze de steun van het eerste chakra nodig gehad; die steun ontbrak echter. Instinctief greep ze naar voedsel om zichzelf extra energie te geven en instinctief zag ze dit als een substituut voor steun van het eerste chakra. Slechts door inzicht te krijgen in de aan haar gedrag ten grondslag liggende motivatie konden we geschiktere strategieën om met problemen om te gaan bedenken. Dit inzicht ontstond door weerstand te bieden aan de verslavende impulsen, zodat verborgen herinneringen in het bewustzijn konden komen.

Stille wateren hebben diepe gronden. Met behulp van omvatting krijgen onze gevoelens grotere diepte. Een gezond tweede chakra kan emoties zowel uiten als omvatten, iets dat niet tot stagnatie leidt. Omvatten is het ontwikkelen van energie voor transformatie, wat beter is dan energie verstrooien en uitgeput raken.

SEKSUELE HEELWORDING – EROS HET HOF MAKEN

Eros is het bindende element par excellence. Het is de brug tussen zijn en worden, en het houdt werkelijkheid en betekenis bijeen.

Rollo May

Het is betreurenswaardig dat onze cultuur seksualiteit van de rest van het leven wil afscheiden. Daar seksualiteit de kosmische verbindende kracht is die tot vereniging en verruiming leidt, is het paradoxaal dat we hebben geprobeerd seksualiteit uit de gesprekken en activiteiten van de rest van ons leven te verwijderen.

Hierdoor hebben we bevorderd dat seksuele wonden niet erkend en niet geheeld worden, verborgen als ze zijn door schuld- en schaamtegevoel.

Seksuele heelwording beperkt zich niet tot wat we in bed doen, maar heeft betrekking op onze hele benadering van het leven. Seksuele heelwording bereiken is op emotioneel/sensorisch niveau het leven volledig ervaren – beminnen met onze ogen en oren en neuzen; omarmen van ons hunkeren naar poëzie, structuur en nabijheid; intiem worden met de subtiele nuances van het innerlijk zelf. Seksuele heelwording kan zich niet afzonderlijk voordoen, aangezien gezonde seks op veel niveaus van bewustzijn betrekking heeft. Ze kan niet van emotionele heelwording worden gescheiden, omdat seksualiteit de emoties vrijmaakt. Ze is nauw met de zintuigen en de kracht van hunkeren en verlangen verbonden. Er is een soepel stromen van energie voor nodig. Heelwording in elk blaadje van de lotus van het tweede chakra – emotie, verlangen, beweging, gevoel, lust en behoefte – is tegelijkertijd heelwording van onze seksualiteit.

Voor seksuele heelwording is een evenwicht tussen omvatten en stromen vereist. De meeste mechanische seksuele disfuncties, zoals impotentie, geen orgasme kunnen bereiken, voortijdige ejaculatie, weerspiegelen een onvermogen om onze opwinding te omvatten of ons eraan over te geven. Deze problemen zijn eerder energetisch dan uitsluitend seksueel, en weerspiegelen zich meestal in de rest van de persoonlijkheid. Door deze energiepatronen in het lichaamspantser aan te pakken, kunnen tegelijkertijd de seksuele problemen aangepakt worden.

Seksuele heelwording impliceert een verschuiving van de mechanische activiteit van seks naar de sacrale kwaliteit van eros. Voor seksuele heelwording dient de eenheid van seksualiteit en eros opnieuw hersteld te worden, waardoor seks weer naar het domein van het goddelijke wordt teruggebracht. Eros is een geheimzinnige kracht, en om eros het hof te maken moeten we ons aan het onbekende overgeven. Wonden uit het verleden, ontstaan door misbruik, mishandeling, afwijzingen en verwachtingen, temperen onze ervaring van eros. Ze maken ons bang voor onszelf, bang om ons open te stellen, bang om de natuurlijke erotische impuls te vertrouwen die psyche en soma, ik en ander, hemel en aarde verenigt in een boog van energie die alle chakra's in vuur en vlam zet en met elkaar verbindt. Wanneer we onze emotionele wonden helen, kunnen we weer goed onderscheid gaan maken en durven we ons vertrouwen weer te schenken, zodat we ons opnieuw aan voelen kunnen overgeven. Het enige doel van eros is versterken en verbinden, maar we moeten het vertrouwen en de aarding van het eerste chakra bezitten en het emotionele zelfvertrouwen van het tweede chakra, om ons volledig voor deze versterking open te stellen.

Seks zonder eros is leeg en mechanisch, functioneert door een duw van de wil, die daarmee vaak opgebruikt is. Seks met eros voedt de wil. We raken vervuld van energie, van bezieling om te veranderen, te leren en de grenzen die we voordien accepteerden achter ons te laten. Van eros bezielde seksualiteit onthult het goddelijke van de seksuele daad, haalt ons omhoog en naar buiten.

Bij seksuele heelwording is uiteraard een ander mens betrokken – een heilige geliefde bij wie vertrouwdheid en geduld, begrip en vaardigheid bestaat. Dit is misschien wel het moeilijkst bereikbare element, omdat we de geschikte geliefde nu eenmaal niet te voorschijn kunnen toveren. Wanneer we met seksuele problemen te maken hebben, is het belangrijk op elk moment te kunnen stoppen, waarbij onze geliefde ons dan aanmoedigt om wat we op dat moment ook voelen te verwerken. Wanneer een partner in een soort verdoving raakt, op mechanische routines of angst terugvalt, is het tijd om te stoppen en te zeggen: 'Wat voel je op dit moment? Hoe kan ik je helpen?' Omdat seks de intiemste en kwetsbaarste ervaringen van ons leven behelst, is de seksuele arena vaak de plek waar onze diepste gevoelens opkomen, een plek die van het grootste belang is voor heelwording in het algemeen.

Seksuele heelwording beperkt zich ook niet alleen tot het tweede chakra. Seksuele ervaringen versterken en worden beïnvloed door alle andere chakra's. Onze relatie tot de gezondheid van ons lichaam (in vorm en in contact blijven) is de belangrijke bijdrage van chakra een. Een vanuit het derde chakra afkomstig gezond ego en gevoel van macht stelt ons in staat tijdens onze betrekkingen met anderen geconcentreerd en in evenwicht te blijven. Het vierde chakra, met zijn nadruk op relaties, heeft een duidelijke invloed op seksualiteit.

Gezonde relaties met open harten en heldere communicatie (vijfde chakra) kunnen de seksuele verbondenheid alleen maar vergroten. Verbeeldingskracht (zesde chakra) speelt een krachtige rol bij het verbeteren van seksuele relaties, net zoals het vermogen om seks als een spirituele vereniging te ervaren (zevende chakra).

Seksuele heelwording brengt het heilige weer terug naar de seksuele daad. Het is een wederzijds eren van het goddelijke in ons, een herstel van heelheid via het ervaren van genot, en een voeden van de ziel met het oog op de rest van de reis over de Regenboogbrug.

NOTEN

1. Mensen die zich met sadomasochistische seksualiteit (SM) bezighouden, zullen het uiteraard oneens zijn met deze uitspraak. Voor sommige mensen is pijn onder bepaalde omstandigheden lust. Deze schaduwkant van seksualiteit is een ingewikkeld onderwerp waarbij niet alleen de pijn/lustdynamiek komt kijken, maar ook psychologische vraagstukken van macht en onderwerping. Soms is er een intens gevoel voor nodig om verdoving te bestrijden, en pijn is een intens gevoel. Er zijn mensen voor wie pijn in gevallen waarin voorheen verdoving en samentrekking heersten tot verruiming uitnodigt.
2. Hal Stone werkt vooral met *voice dialogue*; enkele van zijn boeken, die hij samen met Sidra Stone schreef, zijn *Embracing Our Selves* en *Embracing Each Other* (zie bibliografie).
3. Volgens Erikson zitten we op deze leeftijd nog steeds in het dilemma *vertrouwen versus wantrouwen*. Als ik het tweede chakra op deze manier zou moeten kenschetsen, dan zou ik een fase toevoegen: *losmaken versus*

hechten, waarvan autonomie het einde zou betekenen en ons bij de volgende fase zou brengen, het handhaven van die autonomie tijdens hevige aanvallen van schaamte en twijfel.
4. Margaret Mahler, *The Psychological Birth of the Human Infant: Symbiosis and Individualism* (New York: Basic Books, 1975), 53–54.
5. Ashley Montagu, *Touching: The Human Significance of the Skin* (New York: Harper & Row, 1978), 209.
6. Daniel Goleman, *Emotional Intelligence* (New York: Bantam Books, 1995), 225.
7. Jean Liedloff, *The Continuum Concept* (Reading, MA: Addison-Wesley, 1975), 32.
8. Marion Woodman, *Addiction to Perfection* (Toronto: Inner City Books, 1982), 36.
9. Alice Miller, *Het drama van het begaafde kind: Een studie over het narcisme* (Het Wereldvenster, 1986).
10. Alexander Lowen, *The Betrayal of the Body* (New York: Collier Books, 1967), 2.
11. Peter Levine, *Waking the Tiger: Healing Trauma through the Body* (uit een nog niet gepubliceerd werk).

Aanbevolen literatuur

Seksueel misbruik:

The Courage to Heal: A Guide for Women Survivors of Sexual Abuse. Ellen Bass en Laura Davis. New York: Harper & Row, 1988.

Male Survivors: 12 Step Recovery Program for Survivors of Childhood Sexual Abuse. Timothy L. Sanders. Freedom, CA: Crossing Press, 1991.

The Courage to Heal Workbook: For Women and Men Survivors of Child Sexual Abuse. Laura Davis. New York: Harper & Row, 1990.

Allies in Healing: When the Person You Love Was Sexually Abused as a Child. Laura Davis. New York: Harper Perennial, 1991.

Recovering from Incest: Imagination and the Healing Process. Evangeline Kane. Boston: Sigo Press, 1989.

Werken aan emoties:

Emotional Intelligence. Daniel Goleman. New York: Bantam, 1995.

The Emotional Incest Syndrome: What to Do When a Parent's Love Rules Your Life. Dr. Patricia Love. New York: Bantam Books, 1990.

Guilt is the Teacher, Love is the Lesson. Joan Borysenko. New York: Warner Books, 1990.

Heilige seksualiteit:

The Art of Sexual Ecstasy: The Path of Sacred Sexuality for Western Lovers. Margo Anand. Los Angeles: J.P. Tarcher/Putnam, 1989.

Erotiek Energie Extase: Een nieuw licht op seksualiteit. David en Ellen Ramsdale. Haarlem: Becht, 1994.

Sacred Sex, Ecstatic Techniques for Empowering Relationships. Jwala. A Mandala Book, 1537 – A 4th ST. Ste 149, San Rafael, CA 94901.

Sacred Pleasure. Riane Eisler. San Francisco: Harper, 1995.

DERDE CHAKRA

Ons een weg naar macht branden

Derde chakra in één oogopslag

ELEMENT:
- Vuur

NAAM:
- Manipura (flonkerend juweel)

DOEL:
- Transformatie

BELANGRIJKSTE LEVENSGEBIEDEN:
- Energie
- Activiteiten
- Autonomie
- Individuatie
- Wil
- Gevoel van eigenwaarde
- Pro-activiteit
- Macht

KLEUR:
- Geel

PLAATS:
- Plexus solaris

IDENTITEIT:
- Ego-identiteit

GERICHTHEID:
- Zelfbepaling

DEMON:
- Schaamte

ONTWIKKELINGSFASE:
- 1,5 tot 4 jaar

DERDE CHAKRA

Ontwikkelingstaken:
- Verwezenlijking van scheiding
- Vestiging van autonomie

Basisrechten:
- Om te handelen en om een afzonderlijk persoon te zijn

Evenwichtige kenmerken:
- Verantwoordelijk, betrouwbaar
- Evenwichtig, werkzame wil
- Goed gevoel van eigenwaarde, evenwichtige egosterkte
- Warme persoonlijkheid
- Zelfvertrouwen
- Spontaneïteit, speelsheid, gevoel voor humor
- Goede zelfdiscipline
- Besef van de eigen macht
- In staat uitdagingen het hoofd te bieden

Trauma's en mishandeling:
- Schaamtegevoel bezorgen
- Autoritaire handelwijzen
- Onzekere situaties
- Onderdrukking van de wil
- Lichamelijke mishandeling, gevaarlijke omgeving, angst voor straf
- Verstrikking
- Emotionele manipulatie
- Niet bij de leeftijd passende verantwoordelijkheden (geparentificeerd kind)
- Van ouder overgeërfd schaamtegevoel

Deficiëntie:
- Weinig energie
- Zwakke wil, gemakkelijk te manipuleren
- Weinig zelfdiscipline en vermogen dingen af te maken
- Weinig gevoel van eigenwaarde
- Kil, emotioneel en/of lichamelijk
- Slechte spijsvertering
- Samengevouwen middel
- Aangetrokken tot opwekkende middelen
- Slachtoffermentaliteit, anderen de schuld geven
- Passief

- Onbetrouwbaar

Exces:
- Bovenmatig agressief, overheersend, toezicht uitoefenend
- Behoefte om gelijk te hebben, het laatste woord te hebben
- Manipulatief, machtshongerig, slinks
- Aangetrokken tot kalmerende middelen
- Woedeaanvallen, gewelddadige uitbarstingen
- Koppigheid
- Sterke ambitie (type-A-persoonlijkheid)
- Prestatiegericht
- Arrogant
- Hyperactief

Lichamelijke aandoeningen:
- Eetstoornissen
- Spijsverteringsstoornissen, maagzweren
- Hypoglycaemie, diabetes
- Spierkrampen, spierstoornissen
- Chronische vermoeidheid
- Hoge bloeddruk
- Stoornissen van maag, alvleesklier, galblaas, lever

Helingsstrategie:
- Risico's nemen (D)
- Aarden en emotioneel contact
- Diepe ontspanning, spanningsbeheersing (E)
- Krachtige lichaamsbeweging (hardlopen, aerobics, enzovoort)
- Oosterse vechtkunsten
- Opzitoefeningen
- Psychotherapie: ontwikkel egosterkte; laat woede vrijkomen of omvatten; werk aan schaamteproblemen; versterk de wil; moedig autonomie aan

Affirmaties:
- Ik eerbiedig mijn innerlijke kracht. Ik voer taken met gemak en moeiteloos uit.
- Mijn innerlijk vuur brandt door alle blokkeringen en angsten heen.
- Ik kan alles wat ik wil.

Verschillende kleuren geel

Geen mens kan het verdragen blijvend verlamd te worden door zijn eigen machteloosheid.

Rollo May

We hoeven de krant maar op te slaan om te zien dat wij een cultuur zijn die geobsedeerd is door macht. Koppen vol geweld, oorlog, slachtoffers en overheersing leggen een wereld bloot die voortdurend in de ban van conflicten is. Sterkte wordt vaak als overheersing gedefinieerd, gevoeligheid als zwakte. De tijd nemen om over belangrijke beslissingen na te denken wordt als onzin beschouwd, terwijl snelle, gewaagde zetten als briljante prestaties worden aangeprezen. Het politieke nieuws laat zich meer als de sportpagina lezen dan als een intelligente analyse: 'President wint op punten van verdeeld congres.' 'Republikeinen staan op zetelwinst.' 'Houthakkers brengen milieuactivisten nederlaag toe.' Velen vestigen hun hoop op het leiderschap van weinigen, blijven steken in passieve hulpeloosheid terwijl degenen die we met macht hebben bekleed het verkwisten om elkaar te bestrijden, stagnatie en politieke blokkering te veroorzaken, of oorlog te voeren.

Wij die in onze eigen gevoelens van machteloosheid ondergedompeld zijn, worden gefascineerd door de triomfen van anderen en halen een perverse bevrediging uit het volgen van de voortdurende strijd om de heerschappij en de macht – over ons, andere mensen, andere landen, en de Natuur zelf – maar altijd macht *over* iets.

Wat is macht? Waar krijgen we die? Hoe gebruiken we die? Waarom hebben we die nodig? Hoe vermijden we haar onevenwichtige dualiteit van slachtoffering en misbruik, agressie en passiviteit, overheersing en onderwerping? Hoe komen we bij onze eigen macht zonder die van anderen te verkleinen? Hoe herwinnen we, met volle verantwoordelijkheid, en trots, ons ingeschapen *recht om te handelen*, zonder remming en schaamte?

Dit zijn vragen die voor iemand die een heelwordingsproces doormaakt van wezenlijk belang zijn. Doordat we tot gehoorzaamheid zijn opgevoed door ouders en leraren, en zijn afgericht om met grotere institutionele, juridische, militaire en politieke machtsstructuren samen te werken, zijn we een maatschappij van slachtoffers en heersers geworden. Met ons gepolariseerd of/of-denken zien we macht in termen van verslinden of verslonden worden, heersen of overheerst worden, winnaars of verliezers, één punt voor of één punt achter.

Het algemene machtsmodel dat in onze huidige wereld bestaat, is met 'macht over' te omschrijven, is gebaseerd op strijd en op tegenstellingen tussen dualiteiten, waarbij de ene kant het uiteindelijk van de andere kant *wint*. In de maatschappij vinden we dit terug in klassenverhoudingen, leeftijdsdiscriminatie, racisme, seksisme, en bijna elk ander '-isme' dat we kunnen opnoemen. Macht wordt met geweren en geld gevestigd, en onze cultuur is door beide geobsedeerd. In een land waar de droom eruit bestaat dat ieder mens, zoals Laurence Boldt zegt, een 'koninkje' kan worden, zien we macht als het hebben van een rijk om over te heersen – hoe groter het rijk, hoe groter de macht.[1]

In onze innerlijke wereld zet de strijd zich voort. We denken dat we macht verwerven door onze minder goede kanten te bestrijden met de kracht van onze sterke kanten. Als de goede kant wint, hebben we een gevoel van macht. Als we verliezen, voelen we ons machteloos. Van ons wordt gevraagd dat we onze geest over de materie laten heersen, dat we onze kracht bewijzen door onze instincten te beheersen, waarbij we de ruwe energie van ons ware zelf onderdrukken, de psychische bron van onze macht. Strijd is waar onze levenskracht zich op gaat richten.

Ongetwijfeld is het soms belangrijk dit soort innerlijke strijd te winnen. Maar de overwinning van de ene kant op de andere leidt niet tot heelheid, maar tot verdere fragmentatie. Dergelijke gevechten beroven het systeem van energie, en meestal doen ze zich steeds weer voor, om telkens weer gestreden te worden. Het is geen wonder dat onder degenen die aan het herstel van hun psychische gezondheid werken zo veel slachtoffers zitten, die hun snode kwellers tot zondebok maken, hopend zo hun verloren macht terug te winnen, maar niet altijd beseffend dat we allemaal het slachtoffer zijn van een onderdrukkend maatschappelijk stelsel, van culturele waarden die ons klein houden en van een achterhaald machtsconcept. We zijn het besef van onze eigen heiligheid kwijtgeraakt, we zijn het contact met onze innerlijke macht kwijt.

Herstructurering van de manier waarop we over macht denken en kanalisering en omvatting van die macht in ons eigen wezen vormen de uitdaging waarvoor we bij chakra drie staan. Dit transformeert ons, geeft ons leven zin. Wanneer we ware, van binnenuit emanerende macht bezitten, kunnen we opnieuw levensvreugde ervaren.

Wat we moeten doen om onze macht te herwinnen, is ons met een geheel nieuwe dynamiek gaan bezighouden, een nieuwe definitie van macht die ons uit de strijd en naar transformatie verheft, uit het verleden en naar de toekomst, macht die mensen bezielt, kracht geeft, zonder anderen te reduceren.

De machtsdynamiek van het chakrasysteem is ook op dualiteit gebaseerd, maar dan zo dat de nadruk op *vereniging en synergie* ligt en niet op *scheiding en strijd*. Ruwe energie ontstaat vanuit de vereniging van de bij het eerste en tweede chakra behorende attributen materie en beweging. De uitdrukking van die energie als activiteit wordt door overleven en lust gemotiveerd, de instinctieve krachten die zich verenigen en een opstijgende bevrijdende stroom voortbrengen.

Dat we de instinctieve impulsen in door de wil afgedwongen activiteit kunnen transformeren, wordt mogelijk gemaakt door het *afdalen* van bewustzijn dat, terwijl het de opstijgende bevrijdingsstroom tegenkomt, vorm en richting geeft dankzij inzicht (figuur 3-1). Wanneer de opstijgende en afdalende stroom zich verenigen, wordt de ruwe energie van macht tot activiteit geconcentreerd. Slechts door deze vereniging kunnen we beseffen dat het ware doel van macht transformatie is.

Figuur 3-1. Vereniging van verticale stromen op het niveau van het derde chakra

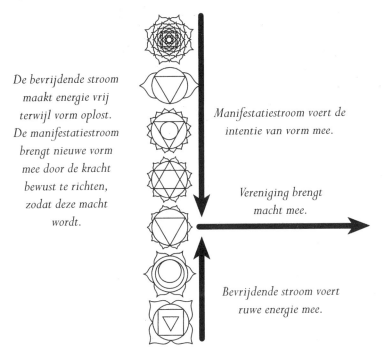

We komen het derde chakra dus via de poorten van de dualiteit binnen. Door beide kanten van een tegenstelling met succes te integreren, komen we in een derde domein terecht dat polariteit tegelijkertijd zowel omvat als transcendeert door een nieuwe dynamiek te creëren. Hier laten we het heen-en-weer slingeren tussen of/of, winnen/verliezen, zwart/wit achter ons en betreden we het regenboogrijk van veelvoudigheid. Wanneer we ons eenmaal in het midden van de Regenboogbrug hebben gewaagd, breiden onze keuzemogelijkheden zich uit, wordt onze horizon breder. Naarmate onze keuzemogelijkheden groter worden, worden ook onze kracht en vrijheid groter.

Wanneer we keuzen maken, zetten we de wil in gang. Door onze wil te gebruiken, ontwikkelen we onze individualiteit, ontdekken we onze sterke en zwakke punten en beginnen we de macht te ontplooien die ons leven richting zal geven. We verlaten het rijk van veiligheid en zekerheid, we dragen onze veiligheid in onszelf mee. Voor veel herstellende mensen is zich veilig voelen iets waar ze zich zorgen over maken, en dat is ook goed te begrijpen. Maar macht ontstaat niet uit voorzichtig blijven; macht ontstaat uit de bereidheid om de wereld van veiligheid te verlaten en naar het onbekende te trekken. Wanneer we voor uitdagingen komen te staan, worden we sterker, omdat we zo wel gedwongen worden te groeien. Macht zal, net zoals een spier, niet in omvang toenemen door niets te doen.

In het chakrasysteem als geheel is het doel van het derde chakra het transformeren van de inertie van materie en beweging in een bewust richten van door de wil afgedwongen activiteit. Aarde en water zijn passief en vast. Ze bewegen omlaag. Het eerste en tweede chakra zijn instinctief. Ze volgen de weg van de minste weerstand. Het vuur van chakra drie is dynamisch en licht, verheft zich, beweegt zich van de zwaartekracht af. Deze verandering is noodzakelijk om de bovenste chakra's te bereiken en onze reis te voltooien.

We moeten bereid zijn passiviteit achter ons te laten. We moeten bereid zijn zoals het altijd is geweest achter ons te laten, onze gewoonten te veranderen, een nieuwe koers uit te zetten en chakra drie binnen te gaan. We moeten bereid zijn tot individuatie – bereid om uit het vertrouwde en verwachte te stappen en de uitdaging van onzekerheid aan te gaan. 'Onafhankelijk van de publieke opinie zijn is aldus de eerste formele voorwaarde om iets groots te bereiken,' zegt Hegel.[2] 'Je moet de verandering zijn die je in de wereld wilt zien,' zegt Gandhi.[3]

Wrijving zorgt voor vonken. Vuur transformeert materie in warmte en licht en geeft ons het vermogen om te zien en te handelen. Vuur doet ons uit onze passieve sluimering ontwaken, doet bewustzijn tot inzicht ontbranden. Inzicht tempert het vuur, bindt ruwe energie tot macht, richting en transformatie. Zo bereiken we op onze zich ontvouwende reis van materie tot bewustzijn het vurige gele gedeelte van onze Regenboogbrug.

Het ontvouwen van de bloembladen

Belangrijkste levensgebieden van het derde chakra

Energie
Activiteit
Autonomie
Autoriteit
Individuatie
Wilskracht
Gevoel van eigenwaarde
Schaamte
Pro-activiteit
Macht

ENERGIE EN ACTIVITEIT

Als onze aarding sterk en stevig is en het natuurlijk stromen van emotie en beweging niet wordt tegengewerkt, dan kunnen we energie in activiteit omzetten. Terwijl we input vanuit onze omgeving blijven ontvangen, neemt de energie in het systeem toe en begint dit, zoals elk open systeem, behoefte aan reorganisatie, uitdrukking en ontlading te krijgen.

De natuurlijke uitdrukking van deze energie is activiteit. Deze verbindt ons met onze omgeving, waarbij ze ons in staat stelt onze opwinding op te laden en te ontladen. Ze leert ons dingen over de wereld en over onszelf. Activiteit kan tot verrukking of onheil leiden, afhankelijk van de resultaten ervan. Bij het volwassen worden, beginnen we uit te kiezen door welke impulsen we ons willen laten leiden en welke we in toom willen houden. En zo begint een bewust zelf tevoorschijn te komen, waarin het verstand zich door instincten laat leiden, zo begint persoonlijke verantwoordelijkheid te ontstaan, zo wordt het ego geboren.

Een gezond derde chakra laat een vurige levenskracht zien. Er is sprake van vreugde en enthousiasme over het leven. Ons gevoel van persoonlijke macht geeft ons de hoop dat we dingen die belangrijk voor ons zijn kunnen verwezenlijken, en deze positieve kijk zorgt ervoor dat we niet bang zijn ons in het onbekende te storten, risico's te nemen, of fouten te maken. Wanneer ons energieveld sterk is, gaan we niet onder hindernissen gebukt. We raken niet uit de richting wanneer we voor uitdagingen komen te staan, maar gaan met wilskracht verder. We vinden het prettig om actief te zijn, uitdagingen aan te nemen en de wereld meester te worden. Activiteit doet ons gevoel van macht toenemen, omdat die ons voortdurend nieuwe uitdagingen bezorgt.

Wanneer activiteit echter met schaamte en afkeuring wordt beantwoord, dan verkleint dit ons machtsgevoel. We wantrouwen onze vermogens en zijn bang voor de gevolgen van onze eigen energie. Om verdere schaamte te vermijden, remmen we onze impulsen en worden we ingehouden en verlegen. We raken onze spontaneïteit en speelsheid kwijt. Doordat we onze eigen impulsen niet kunnen vertrouwen en voortdurend toezicht moeten houden op wat er in ons ontstaat, raakt de persoonlijkheid in zichzelf verdeeld. Er is energie voor nodig om deze verdeeldheid in stand te houden, een verlies aan energie dat ons van onze fundamentele levenskracht en heelheid berooft.

AUTONOMIE

De voortgang van de onderste naar de bovenste chakra's is een voortgang van individualiteit naar universaliteit. We beginnen in een staat van versmelting, maken ons vervolgens los en worden onafhankelijk, om uiteindelijk in een grotere wereld op te duiken, als een bewust persoon deze keer.

We kunnen de eerste drie chakra's als de lagere versnellingen van het systeem beschouwen. Ze zorgen ervoor dat we geaard en verbonden, gemotiveerd en actief blijven. Ze zorgen ervoor dat het individuele zelf bij zijn interacties met de wereld in stand wordt gehouden. De bovenste chakra's verbinden ons met behulp van communicatie, visioenen en inzicht met het universele. Wanneer we vooruitkijken, zien we dat we bij het hartchakra een spectaculaire vooruitgang boeken en in het midden van de Regenboogbrug terechtkomen, een plek waar het individuele en universele elkaar in volmaakt evenwicht ontmoeten. Maar voordat deze ontmoeting kan plaatshebben, moeten we ervan doordrongen zijn dat we ieder een afzonderlijk, uniek persoon zijn. Zonder sterk zelfgevoel is onze liefde nog steeds een onbewust versmelten. Zonder onze unieke individualiteit raken we overweldigd door de uitgestrektheid van het universele.

Onlangs had ik een negentienjarige vrouw in therapie, die na een heftige ervaring met LSD op het randje van een psychose verkeerde. Ze had haar vorige levens, allerlei archetypische energieën en een overzichtsbeeld van de kosmos aan zich voorbij zien trekken. Maar haar ego was nog steeds zo ongevormd, dat ze zichzelf tijdens deze reis volledig was kwijtgeraakt. Ze verkeerde los van haar ondergrond in het oneindige rijk van de bovenste chakra's. Enkele eenvoudige aardingsoefeningen brachten een diepgaande bewustzijnsverandering teweeg en zij vond zichzelf weer terug, althans tijdelijk. Om weer een stevig zelfgevoel te krijgen, moest er heel wat opnieuw opgebouwd worden, en dat kostte tijd.

Veel New Agers en aanhangers van andere spirituele bewegingen staan afkeurend tegenover een stevig ego en persoonlijke autonomie, en ook tegenover seksualiteit, hartstocht, verlangen, behoeften en de heiligheid van het lichaam. Hoewel ik het ermee eens ben dat het loslaten van gehechtheid en het transcenderen van de kleinheid van het ego wezenlijke stappen zijn om een universeel bewustzijn te bereiken, is deze prestatie, als we een gezond ego ontberen om een dergelijke transcendentie te ondersteunen, pure diffusie en mogelijk een vlucht uit de werkelijkheid.

Het verwerven van *autonomie* is dan ook een noodzakelijke taak van het derde chakra. Zonder autonomie is de liefde van het hartchakra eerder in behoefte dan in kracht geaard, eerder een verlangen om te vluchten dan om te verruimen. Een evenwichtige relatie houdt in dat de erin betrokken personen afzonderlijke wezens zijn, hun individualiteit behouden, hun eigen ontwikkeling volgen, en uit eigen verkiezing en eigen wil in vrijheid en heelheid samenkomen. Dit recht kan ons niet door een partner (of wie dan ook nu we het er toch over hebben) worden toegekend als we het niet eerst in onszelf bezitten.

Autonomie is *essentieel* voor het ontwikkelen van persoonlijke verantwoordelijkheid. Als we onszelf niet als een afzonderlijk persoon kunnen zien, kunnen we niet de verantwoordelijkheid voor onze daden op ons nemen. We blijven passief en onverantwoordelijk, jammeren en klagen vaak over de stand van zaken, worden geregeerd door de tijdelijke gril van de groep, de cultuur, onze partner of onze ouders.

Gebrek aan autonomie wordt vaak gekenmerkt door *anderen de schuld geven*. Als we nog steeds anderen de schuld van onze problemen geven, zijn we nog niet klaar met onze individuatie. Dit zie je vaak bij paren die overmatig met elkaar zijn verstrengeld. Door anderen de schuld te geven, plaatsen we zowel onze wil als onze verantwoordelijkheid buiten onszelf. Zijn we in onze autonomie geaard, dan zijn wij de oorzaak van ons leven en zijn we in staat de juiste verantwoordelijkheid en macht op ons te nemen. Uitsluitend door verantwoordelijkheid te nemen, kunnen we echt veranderingen tot stand brengen. Als het de schuld van anderen is, kunnen we alleen maar wachten totdat zij veranderen. We zouden dan wel eens altijd kunnen blijven wachten.

INDIVIDUATIE

De reis van de ziel naar verwerkelijking is een proces dat Carl Jung *individuatie* noemde. Het is een reis naar heelheid en bewustwording, een reis die over de

Regenboogbrug voert. Op deze reis ontwaakt de mens uit de kleine wereld waarin hij voorheen woonde om de grotere wereld van het persoonlijke en collectieve onbewuste te omarmen door zijn schaduw, zijn innerlijk mannelijke en vrouwelijke en zijn verbinding met mythische en archetypische energieën te herwinnen. Het doel van individuatie is integratie van voorheen onontwikkelde aspecten van zichzelf in een groter, allesomvattend *Zelf* dat tegelijkertijd persoonlijk en universeel is.

Daar de invloedssferen van het eerste en tweede chakra grotendeels onbewust zijn en overeenkomen met de staat van versmelting tussen moeder en kind, vormt het derde chakra het punt waarop het individuatieproces echt begint. Hier ontwaakt het ego en begint het zich van verwachtingen van buitenaf te onderscheiden. Wat een grotendeels passieve ervaring is geweest, wordt nu een door de wil afgedwongen beschikking. Om te individueren, moeten we ons uit de zwaartekrachtvelden van aarde en water, moeder en vader, groep en maatschappij losmaken en het unieke, goddelijke individu in ons leven tevoorschijn laten komen.

Tijdens de individuatiefase van het derde chakra overwinnen we onze psychische inertie, onze onbewuste gewoonten en de manieren waarop we ons door anderen laten bepalen. We maken ons los van verinnerlijkte ouders, leeftijdsgenoten en cultuur, en beginnen onszelf te definiëren. Deze fase gaat om uniek durven zijn, om de integriteit van je eigen waarheid het risico van afkeuring te laten lopen. Individuatie is het zich ontvouwen van onze unieke bestemming, het zich ontvouwen van de ziel. We kunnen de wereld niet veranderen als we nog niet zijn geïndividueerd uit hoe we door de wereld geacht worden te zijn. Zonder de bereidheid om te individueren, kunnen we onze macht niet echt herwinnen.

Jungs ideeën over individuatie komen overeen met het via de chakra's verlopende ontwikkelingsproces naar volwassenheid. Dacht Jung dat individuatie in het hartchakra begon, met de integratie van het innerlijk mannelijke en vrouwelijke (animus en anima), ik ben van mening dat individuatie begint met het bij het derde chakra behorende ontstaan van psychische autonomie. Veel mensen wekken dit chakra helemaal niet en volgen hun hele leven de wegen van de minste weerstand, waarbij ze hun macht aan anderen geven en zichzelf in termen van wat er van hen wordt verwacht definiëren. Zij blijven steken in de minder gedifferentieerde aspecten van de onderste chakra's. Schade aan de onderste chakra's of niet voltooien van de hierbij behorende ontwikkelingsfasen weerhoudt ons ervan tot op deze hoogte volwassen te worden en houdt ons van ware psychische vrijheid af.

EGO-IDENTITEIT

Nadat we ons met ons fysieke lichaam en onze emotionele ervaring hebben geïdentificeerd, beginnen we een autonome nieuwe identiteit te vormen. Dit markeert de geboorte van het *ego* – een bewuste verwerkelijking van onszelf als een zichzelf bepalende afzonderlijke entiteit.

Freud postuleerde het ego voor het eerst toen hij de persoonlijkheid in drie belangrijke componenten verdeelde: het *id*, dat onze ingeschapen biologische en instinctieve driften voorstelt; het *superego*, dat het bewustzijn voorstelt dat deze driften in toom houdt; en het *ego*, dat tussen die twee bemiddelt. Het ego beheert de scheidslijn tussen bewust en onbewust, binnen en buiten, en ook de poorten tussen de vele werelden van het Zelf.

Jung zag het ego als het bewuste element van het Zelf. Hiertoe behoren niet noodzakelijkerwijs onze onbewuste hoop en dromen, fantasieën en angsten. Aangezien het ego zich onbewust is van het onbewuste, is het niet het middelpunt van het hele Zelf, maar functioneert het als een werkzaam principe dat innerlijke en uiterlijke ervaring verenigt. Daar het eerste chakra zich met de innerlijke wereld bezighoudt en het tweede met de buitenwereld, vormt het ego een manier om deze twee ervaringsniveaus in het derde chakra te coördineren.

John Pierrakos definieert het ego in *Energetica van de ziel* in termen van somatische energie en noemt het 'het menselijk vermogen dat de energiestroom vanuit en naar de kern van de mens tot stand brengt. Dit vermogen kiest, maakt onderscheid en analyseert, en het reguleert de stroom van energie en ervaring.'[4]

In chakratermen ordent het ego de instinctieve energie die vanuit de eerste twee chakra's omhoog gaat terwijl die zich verenigt met bewustzijn dat van boven naar beneden gaat. We vormen het ego met bewustzijn. Levensenergie is de substantie ervan.

Het ego functioneert als een *leidinggevende identiteit*, als de algemeen directeur van het Zelf. Het zoekt uit welke impulsen uitgedrukt of onderdrukt moeten worden en richt de beweging van onze energie op een doel. Het ego vormt de uitdrukking van wie we zijn, de verklaring die we tegenover de wereld afleggen. Het zorgt voor afweermiddelen om het kwetsbare, ware Zelf te beschermen en het ontwikkelt de strategieën en gedragingen om aan de behoeften van dat groeiende en zich ontwikkelende ware Zelf tegemoet te komen. Ten slotte voert het ego het bewustzijn tot zelfbepaling. Op basis van dit concept, een soort psychische blauwdruk aan de hand waarvan gebouwd gaat worden, kun je zeggen dat het ego de ervaring ordent.

In de totale persoonlijkheid heeft een goed functionerend ego een zware taak. Het moet het zelf in staat stellen zich door instinctieve kernenergieën te laten leiden die grotendeels onbewust zijn, terwijl het ook rekening moet houden met de transpersoonlijke, spirituele energieën die het gewone bewustzijn overstijgen, waarbij het dan ook nog het Zelf in de wereld van alledag consistent, veilig, betrokken en effectief moet houden. Hiervoor is egosterkte vereist. Een sterk ego is in staat veelvoudige en moeilijke ervaringen te integreren en een functionerend, enkelvoudig Zelfgevoel in stand te houden.

Toch verenigt het ego niet alleen, maar verdeelt het ook, want het sluit de minder gunstige instinctieve energieën op in het schaduwrijk. Waar het ego op liefde en succes is gericht, bestaat de schaduw uit die elementen die dat in de weg lijken te staan. Dus maakt het ego een verdeling tussen bewust en onbewust, tussen schaduwelementen van de onderste chakra's en de zich ontwikkelende persona die in het vierde chakra tevoorschijn komt. Het goede nieuws is dat omdat het ego deze oerverdeling maakt, het ook kan integreren. Zo gaat ons concept van het Zelf het individuatiewerk omvatten. Het spoort ons aan om in de wereld handelend op te treden en om innerlijk zoekgeraakte stukjes terug te vinden.

Individuatie is een expansie van het Zelf tot buiten de domeinen van het ego, maar het ego is noodzakelijk om deze groei te verankeren. Het woord *ego* is een combinatie van de Griekse wortels voor *ik* (e) en *aarde* (go). Het ego is dus het geaarde zelf, de geïndividualiseerde wortels van bewustzijn.

Het ego lijkt op een huis. Daar wonen we. Het omvat ons, verschaft ons een plek om te groeien en te veranderen, en schept grenzen die noodzakelijk zijn om ons als entiteit te kunnen vormen. Het houdt de energie in het systeem in evenwicht, houdt ons in homeostase. Veel spirituele disciplines raden ons aan het ego te transcenderen en het als iets slechts, beperkends of onechts te beschouwen. Het probleem met het ego is niet dat het beperkend is – maar dat we onszelf er altijd door laten opsluiten. Uit angst, schuldgevoel of schaamte blijven we opgesloten en gaan we nooit naar buiten, naar de grotere wereld, doen we nooit onze ramen en deuren open. Het is niet verkeerd om een huis te hebben, maar het zou een anker voor de ervaring moeten zijn, geen beperking ervan. Als we het zo bekijken, kunnen we zowel een sterk ego bezitten als het transcenderen.

DE WIL

Een vrouw uit mijn chakratherapiegroep wilde wel aan problemen met het derde chakra werken. Toen het haar beurt was, keek ze me aan en zei: 'Oké, vertel me maar wat ik verondersteld word te doen.' Dit kenschetste haar probleem beter dan alles wat volgde. Ze had zich tot iets *buiten zichzelf* gewend om haar te vertellen wat ze *verondersteld* werd te doen met betrekking tot haar eigen behoeften, zelfs voordat die behoeften waren uitgesproken. Hoeveel mensen zouden hun leven niet gehoorzaam leven zoals we dat 'verondersteld' worden te doen, altijd maar buiten zichzelf op zoek naar aanwijzingen zonder zich af te vragen wat de bron van al die veronderstellingen is? 'Verondersteld volgens wat?' vroeg ik op mijn beurt.

'Nou, ik dacht dat je het een of andere proces voor me in gedachten had,' antwoordde ze.

'Ik heb meer belangstelling voor het proces waar je al in zit. Ik kan je alleen maar helpen op te heffen waardoor het geblokkeerd wordt.'

'Maar ik weet niet wat dat is.'

'Geloven dat er al iets voor je is voorgeschreven zou er wel eens een groot deel van kunnen uitmaken. Kijk in plaats daarvan eens naar wat je verlangt en nodig hebt. Dat is de brandstof voor je wil. Je passie en verlangen geven je wil kracht en richting.'

Vanaf dit punt gingen we aan de slag met wat er als kind met haar wil was gebeurd – hoe die was gedwarsboomd, hoe ze voor daden vanuit haar autonomie werd gestraft, hoe haar moeder haar een rolmodel van onzelfzuchtig andere mensen tevredenstellen voorschotelde. Het kostte haar heel wat moeite om te leren herkennen wat ze echt zelf wilde. Wanneer de vraag: 'Wat zou ik doen als er niets was wat ik verondersteld werd te doen?' voor het eerst wordt gesteld, wordt deze vaak met een mysterieuze leegte beantwoord.

Als kinderen worden we beloond wanneer we doen wat we 'verondersteld worden te doen' en gestraft wanneer we niet gehoorzamen. Tijdens de cruciale periode waarin we autonomie ontwikkelen krijgt onze wil door dingen buiten onszelf structuur, zonder dat er respect is voor de behoeften en de richting van ons innerlijk zelf. We worden tot gehoorzaamheid opgevoed. Voor gehoorzaamheid is wel een wil nodig, maar dat is een wil die aan een ander wordt gegeven, een *lichaamloze wil*. Deze wil ontstaat niet meer in ons eigen lichaam, maar in dat van iemand anders – het lichaam van onze ouder, onze geliefde, de school, het bedrijf, of het leger. De wil die we niet kunnen opeisen maakt ons ontvankelijk voor manipulatie door anderen, aangezien er genoeg mensen zijn die het heerlijk vinden om ons te vertellen wat we doen moeten als we dat zelf niet weten.

Gehoorzaamheid voert ons van verantwoordelijkheid vandaan, want we volgen alleen maar orders op. Als de orders fout zijn, is het de schuld van een ander. Wanneer we gehoorzaamheid als gewoonte of gegeven accepteren, gaan we op slaven lijken. We vergeten vragen te stellen. We werpen bommen op onschuldige mensen omdat dat onze orders zijn. We zetten achteloos onze geliefden aan de kant, zonder erover na te denken hoe dat moet voelen, omdat onze kameraden dat zo doen. We aanvaarden wat we zien zonder ons af te vragen of er niet een andere manier bestaat. We verkopen een stukje van onze ziel.

We moeten natuurlijk geen halsstarrige individualisten worden die alleen maar op hun eigen bevrediging uit zijn, want dat is een ontkenning van het grotere sociale web waarmee we verweven zijn. Puur egoïsme, niet getemperd door vrijwillige samenwerking met grotere krachten, is net zo beschadigend. We blijven dan vastzitten in het kleinere egozelf, niet in staat de meegaande liefde van het hartchakra binnen te gaan. Zo blijven we eenzaam en machteloos, aangezien er geen synergie is, geen verlangen om samen te werken.

Dit samenwerken heeft echter alleen maar echte kracht of enthousiasme als het vrijwillig gebeurt, als het vanuit onze eigen wil ontstaat. Wanneer we het ondersteunende verlangen vanuit het tweede chakra ontberen, worden we makke en gehoorzame automaten, zonder levenskracht en authenticiteit. Door onze wil te onderdrukken, roepen we zijn schaduw op die eerder uit passief-agressieve sabotage of reactieve rebellie bestaat dan uit strategische actie.

Rollo May vraagt zich in zijn klassieke boek *Love and Will* af wat er aan de verstoorde wil ten grondslag ligt: 'Ik ben van mening dat het een staat van gevoelensloosheid is, de wanhopig makende mogelijkheid dat niets ertoe doet, een toestand die veel op apathie lijkt.'[5] Verderop omschrijft hij de wil als 'het vermogen om het eigen zelf zo te ordenen dat er beweging in een bepaalde richting of naar een bepaald doel kan plaatshebben'.[6] De fundering ervan is verlangen, het bij het tweede chakra behorende hunkeren naar wat we missen. Verlangen voorziet de wil van brandstof; afdalend bewustzijn verleent de wil met behulp van intentionaliteit richting en vorm. Zonder intentie geen wil maar gril.

Ons verlangen maakt ons op de toekomst gericht. Via de wil verwezenlijken we die toekomst.

Het is interessant dat het derde chakra zich in het zachtste deel van het bovenlichaam bevindt. Er zitten geen botten voor de plexus solaris. Dit betekent dat het enige wat ons lichaam rechtop houdt, met onze chakra's in een rechte lijn boven elkaar, een *wilsdaad* is vanuit de energetische bron van het lichaam. Wanneer we maar weinig gevoel van eigenwaarde hebben, wanneer onze wil gebroken is, wanneer we moe zijn en geen levenskracht hebben, dan zakt dit deel van het lichaam in. Het chakra is niet vol genoeg om het bovenlichaam te ondersteunen. Zonder deze steun zakt de borstkas in, zodat we minder lucht binnenkrijgen, vormt het hoofd geen rechte lijn meer met de rest van het lichaam en strekken de knieën zich volledig, zodat we van onze ware ondergrond losraken. Het is nuttig om bij het ontwikkelen van de wil bepaalde lichamelijke oefeningen te doen, zoals opzitoefeningen, die de maagspieren versterken en dit kwetsbare deel van het bovenlichaam ondersteunen.

GEVOEL VAN EIGENWAARDE

Wanneer men het gevoel heeft dat het een catastrofe is om ongelijk te hebben, wordt men ertoe gebracht keuzen en beslissingen te vermijden. Het ontwikkelen van een individuele persoonlijkheid wordt derhalve in de kiem gesmoord.

EDWARD WHITMONT

Voor een sterke levenskracht is gevoel van eigenwaarde nodig. Met een fundamenteel vertrouwen in onszelf kunnen we het onbekende beter het hoofd bieden. We hebben een zelfgevoel dat niet gelijk instort wanneer er dingen fout gaan, dat wanneer zich uitdagingen voordoen consistent kan blijven. Voor een gezond ego is het niet erg om fouten te maken. Iemand die vastzit in schaamtegevoel heeft geen ruimte om fouten te maken, zijn expansiemogelijkheden zijn ernstig beperkt. Hoe kunnen we ons uitstrekken en groeien als we geen fouten kunnen maken? En hoe kunnen we zonder die expansiemogelijkheid een besef van onze eigen macht ontwikkelen? Wanneer we weinig gevoel van eigenwaarde hebben, is er sprake van een verlammende onzekerheid in plaats van beweging en macht.

In de vele jaren dat ik therapie geef, heb ik zelden veel correlatie tussen een groot gevoel van eigenwaarde en succes gevonden. Mensen met een schitterende carrière, een prachtig uiterlijk of stapels geld hadden het laagste gevoel van eigenwaarde. Zij die een gezonder gevoel van eigenwaarde hebben, lijken degenen te zijn met minder verwachtingen en meer toestemming om gewoon maar te leven. Zij die zichzelf goed behandelden, goed voor hun lichaam zorgden, contact met hun gevoelens hadden en zichzelf plezier gunden, hadden een groter gevoel van eigenwaarde omdat *ze zich beter voelden*. Zij vulden hun kelk door aandacht te schenken aan eenvoudige, met het eerste en tweede chakra samenhangende, zaken. Doordat ze zich gevuld voelden, hadden ze zelfvertrouwen. Ze hadden energie. Hun zelfgevoel werd minder bepaald door uiterlijke successen, omdat er een aanwezigheid in hen was. Omgekeerd is het zo dat als ons gevoel van eigenwaarde groot is, we meestal beter voor onszelf zorgen.

SCHAAMTE

Schaamte is de demon van het derde chakra. Schaamte is omgekeerd evenredig met persoonlijke macht – hoe groter de schaamte, hoe minder machtig we ons voelen en hoe moeilijker het voor het ego is om zichzelf te vormen. Schaamte blokkeert de bevrijdende stroom en voorkomt dat de energie die vanuit de onderste chakra's naar boven stroomt zich tot effectieve actie ontwikkelt. We schamen ons over onszelf, en dus over onze basisinstincten, die vervolgens door de geest in toom gehouden moeten worden. Het gevolg is dat door schaamte gehinderde persoonlijkheden het gevoel hebben dat ze vastzitten en dat ze in dwangmatige herhalingspatronen en verslaving terecht kunnen komen.

Wanneer de opstijgende, bevrijdende stroom bij het derde chakra komt vast te zitten, vergroot dit de manifesterende, neerwaartse bewustzijnsstroom. De geest leidt de zaak en legt de biologische energie in beheerste en aanvaarde patronen vast. Mensen die door schaamte worden gehinderd respecteren hun gedachten meer dan hun instincten, vooral de innerlijke stemmen die hun voortdurend vertellen hoe waardeloos en minderwaardig ze zijn. Hun spontaneïteit wordt door hun innerlijke kritische blik en toezicht beperkt en hun energie bevriest bij hun wil.

Aangezien natuurlijke instincten nooit volledig onderdrukt kunnen worden, komen ze van tijd tot tijd in schaduwvormen tevoorschijn, die het schaamtegevoel en het gevoel van ontoereikendheid alleen maar vergroten. Wanneer we ons misdragen, kwaad worden, instorten of onze zelfbeheersing even laten verslappen, schamen we ons nog dieper. Voorbeelden hiervan zijn de lijner en de drugsgebruiker die zich herhaaldelijk te buiten gaan, en de ondernemer die werk en succes door talmen en passief-agressief gedrag saboteert. De blokkade in de wil zorgt ervoor dat de neerwaartse stroom niet het tweede chakra, met zijn gerichtheid op lust, in kan, zodat die activiteiten zelden werkelijk genot opleveren. Schaamte wordt op de een of andere manier door lijden tot bedaren gebracht en de behoefte om telkens weer opnieuw ellende en mislukking te creëren houdt de betrokkene in een heel ongelukkige en denkbeeldige evenwichtstoestand.

PRO-ACTIVITEIT

Niet wat ons overkomt, maar onze reactie op wat ons overkomt doet ons pijn.

STEVEN R. COVEY

Janet maakte zich zorgen dat ze geen promotie zou krijgen, iets dat ze juist zo graag wilde. Aangezien ze van haar huidige salaris nauwelijks kon rondkomen, was deze promotie heel belangrijk voor haar. Eerst zat ze er verschrikkelijk over in, maar vervolgens werd ze pro-actief. In plaats van te wachten op haar functioneringsgesprek, keerde ze de rollen om en stelde ze haar baas vragen over zijn kijk op het bedrijf. Verder sprak ze met mensen die voor de nieuwe positie van belang waren, in de hoop dat dezen haar zouden willen aanbevelen. Ze voorzag wat er zou moeten gebeuren om zichzelf te vervangen en polste enkele geïnteresseerde collega's, die ze begon in te werken. Na al dit werk kreeg ze inderdaad de zo felbegeerde promotie.

Steven R. Covey heeft in zijn bestseller *The Seven Habits of Highly Effective People* de term pro-activiteit gepopulariseerd, die vooral tijdens managementcursussen veel wordt gebruikt. Pro-actief zijn is een alternatief voor *reactief* (exces van het derde chakra) of *inactief* (deficiëntie van het derde chakra) zijn. Pro-activiteit gaat om het kiezen voor bepaalde acties in plaats van deze te beheersen of erdoor beheerst te worden. Pro-actieve mensen geven zelf hun toekomst vorm, nemen de verantwoordelijkheid voor hun toekomst, voor het initiëren van gedrag dat hun de door hen gewenste situaties zal opleveren. Een pro-actief mens gaat niet zitten wachten tot er wat gebeurt. Pro-actief zijn betekent dat je een oorzakelijke invloed op je omgeving bent in plaats van een slachtoffer van de omstandigheden. Pro-activiteit vereist initiatief en wilskracht.

MACHT

Het terrein van de mysteries is de grens waar macht macht ontmoet, want mysterie is het ontstaan van machten die niet in kaart zijn gebracht en ongetemd zijn, die de logica van naakte kracht niet zullen volgen en dus op onvoorziene wijzen zullen handelen.

STARHAWK

Al deze attributen samen vormen persoonlijke macht. Het Engelse woord 'macht' (*power*) komt van de Latijnse wortel *podere*, in staan zijn. Macht is het vermogen om te veranderen en heeft slechts één bestaansreden – transformatie. Wanneer het oude niet meer aan zijn doel beantwoordt, is het tijd om het in iets nieuws te transformeren. Macht is geen ding, maar een manier. Het is een verwerkelijkingsproces.

Wanneer we op authentieke manier durven te leven, hebben we macht; wanneer we ons innerlijk onderzoeken en de naakte waarheid vertellen, hebben we macht. Hoe meer risico's we durven nemen, hoe meer vraagtekens we zetten, hoe meer we ons verzetten tegen de aandrift om tegen dat wat we in onze botten voelen in te gaan, hoe gemakkelijker het wordt. Macht ontstaat wanneer we bereid zijn fouten te maken en bereid zijn er verantwoordelijk voor te zijn, ervan te leren en onze fouten te corrigeren.

Macht is de uitdrukking van het heilige dat zich evolutionair ontvouwt. Macht is de ontzagwekkende aanwezigheid van het goddelijke. Macht is het mysterie, het onbekende, de ontmoeting met de ander. Macht is de overgang van het verleden naar de toekomst. Om aan de enge gevangenissen van persoonlijke beperking te ontsnappen en de grootse uitgestrektheid van de volledigheid te naderen, moeten we onze macht herwinnen. Macht is het vermogen om ons eigen lot te bepalen. Alleen op een weg van uniekheid kan de levenskracht zich ontvouwen en de domeinen van het onbekende doordringen. Alleen met macht kunnen we de hindernissen uit de weg ruimen die ons gevangen, geknecht en onbewust houden.

Macht begint met wat er is. Aarde, als materie, is het vat, beweging is het middel. Ons lichaam is het voertuig, onze emoties de brandstof en het derde chakra dus de motor. Als we boven deze niveaus willen uitstijgen, moeten we terwijl we nieuw inzicht integreren dit alles met ons meedragen. Aarde en water verankeren ons in de werkelijkheid, vormen het vat waarin het alchemistische vuur helder en heet kan branden. Aarde en water vormen de kroes waarin transformatie plaatsheeft.

De lotus laten groeien

Ontwikkeling en vorming van het derde chakra met één oogopslag

LEEFTIJD:
- 1,5 tot 4 jaar

TAKEN:
- Ontwikkeling van autonomie
- Ontwikkeling van taal
- Impulsbeheersing
- Onder de knie krijgen van vasthouden en loslaten
- Zindelijk worden
- Zelfbepaling

BEHOEFTEN EN VRAAGSTUKKEN:
- Juiste discipline
- Ondersteuning van autonomie
- Zelfvertrouwen en aanmoediging
- Spelen

Deze fase wordt derhalve beslissend voor de verhouding liefde/haat, samenwerking/eigenzinnigheid, zichzelf tot uitdrukking brengen/onderdrukking hiervan. Vanuit een gevoel van zelfbeheersing dat niet ten koste gaat van het gevoel van eigenwaarde ontstaat een duurzaam besef van goede wil en trots; vanuit een gevoel van verlies van zelfbeheersing en een gevoel van vreemde overheersing ontstaat een duurzame neiging tot twijfel en schaamte.

ERIK ERIKSON

Ik was een alleenstaande moeder toen mijn zoon in de bij het derde chakra behorende fase verkeerde. Ik herinner me nog goed wat een uitdaging het was om 's ochtends zowel Alex als mezelf ontbijt te geven en gewassen en aangekleed te krijgen. Toen Alex jonger was, had ik 's ochtends altijd alle tijd voor hem uitgetrokken en daar was hij op gaan rekenen. Nu hij helemaal opging in deze fase, waren onze ochtenden een strijd tussen zijn wil en de mijne. Hij wist dat ik me moest haasten en hij wist hoe hij me moest pakken. Tijdens het aankleden verstopte hij altijd zijn schoenen als ik hem die wilde aantrekken. Hij zat altijd met zijn eten te spelen of gooide het op de grond en vroeg dan om meer. Het woord *nee* vond hij heerlijk en hij giechelde blij om zijn pas verworven macht over mammie. Terwijl ik vocht tegen de aandrang om tegen hem te schreeuwen en in plaats hiervan mezelf tot het liefdevolle geduld dwong dat alleen een ouder kan begrijpen, deed mijn eigen derde chakra pijn.

Dit verhaal is kenmerkend voor een van de meest uitdagende fasen van het ouderschap – de peuterpuberteit. Hier zien we een zich ontpoppende autonomie die nog in afhankelijkheid is gedrenkt. Het kind begint zich los te voelen, maar wil voortdurend gerustgesteld worden dat de ouder er nog is. Het wil zelf dingen doen, maar de meeste taken zijn te moeilijk om alleen te doen. Het wil zijn wil doen gelden, puur voor zijn plezier, zonder oordeelkundig te zijn over wanneer en hoe die wil te gebruiken. De uitdaging van deze fase is het leren beheersen en richting geven van impulsen zonder aan spontaneïteit en enthousiasme in te boeten. Hoewel dit moeilijk is, is dit wel cruciaal voor het ontwikkelen van een gevoel van eigenwaarde, persoonlijke autonomie en een sterke wil – allemaal aspecten van een gezond derde chakra.

Deze tumultueuze overgangsfase begint wanneer de angst om van de moeder gescheiden te worden vermindert, waardoor een nieuw niveau van onafhankelijkheid kan ontstaan. Het kind is inmiddels qua taalvaardigheid zo ver dat het zinnetjes van twee of drie woorden kan maken. Beide mijlpalen doen zich voor wanneer het kind ongeveer anderhalf, twee jaar oud is. Wanneer het kind de storm van koppig egocentrisme heeft doorstaan en ongeveer op zijn derde als een betrekkelijk coöperatief individu tevoorschijn komt, hebben we veilig de andere kant bereikt.

Terwijl we ons vanaf de onderkant ontwikkelen, blijft er bewustzijn vanuit de bovenste chakra's naar beneden doorsijpelen. We herinneren ons dat het bewustzijn van het zevende chakra de motorische ontwikkeling in het eerste chakra in gang zette. Beelden vanuit het zesde chakra motiveerden gevoel en beweging in het tweede chakra. Nu doet de taalontwikkeling (vijfde chakra) geleidelijk concepten doordringen die de geest in staat stellen de impulsen en het gedrag die vanuit het fysieke/emotionele lichaam ontstaan te *beïnvloeden*, wat ons het vermogen tot persoonlijke wil in chakra drie oplevert. Met andere woorden, er is een verbinding tussen taal en handelen tot stand gebracht die ons het potentieel voor impulsbeheersing oplevert. Het kind kan een uitspraak zoals 'sla je broer niet' begrijpen en vervolgens proberen dat concept vast te houden om zijn agressieve impulsen in te tomen. Het kan zich de zin 'de kachel is heet' herinneren en besluiten die niet aan te raken. Nu het kind de natuurlijke, door de babytijd opgelegde grenzen achter zich heeft gelaten, moet het de juiste grenzen verinnerlijken, hetgeen door verinnerlijking van taal geschiedt. Het kind kan zijn ouders tijdens deze periode van verinnerlijking van concepten behoorlijk op de proef stellen, wat het kind helpt de verbinding taal/handelen te maken. Is duwen hetzelfde als slaan? Hoe dicht kan hij bij de kachel komen zonder zich te verbranden? Betekent nee echt nee?

Taal dompelt de peuter onder in de stroom van de tijd. Eerder was zijn ervaring onmiddellijk, in de zin dat reflexen en emotionele reacties noch door het filter van de conceptuele geest gingen, noch op welke manier ook beheerst werden. In feite is het kind tijdens de eerste twee chakrafasen helemaal niet tot beheersing in staat, en wee de ouder die probeert die te eisen!

Taal brengt ook een gevoel van verleden, heden en toekomst mee, dat het kind in staat stelt activiteiten onder controle te houden, uit te stellen, te plannen, of er over na te denken. Het begint zich thans een beeld van *oorzaak* en *gevolg* te vormen. Als het op het potje gaat, is mamma blij. Als het zijn groenten opeet, krijgt het een toetje. Als het de kachel aanraakt, verbrandt het zich. *Zonder een idee van tijd kunnen we impulsen niet beheersen.*

Voordat het kind dit punt bereikte, vertoonde het reflexen, zoog het alles op en nam het geen initiatief. Het identiteitsbesef dat in het eerste en tweede chakra werd ontwikkeld is een meegekregen identiteit. Een behaaglijk, goed doorvoed lichaam, of een hongerig, misbruikt lichaam; een rustige emotionele omgeving of een instabiele – dit zijn elementen waarover we geen controle hebben, maar die niettemin de ondergrond van ons wezen vormen. Ze vormen de *prima materia*, het ruwe materiaal waaruit we onszelf scheppen. Vanuit dit meegekregen veld individueren we.

Terwijl het kind leert zijn impulsen te beheersen en richting te geven, ontwikkelt het zijn wil. De ego-identiteit ontwikkelt zich door de impulsen en instincten die vanuit de onderste chakra's opkomen te sorteren en te besluiten welke er geactiveerd moeten worden. Zoals eerder gezegd, wordt het ego nu bemiddelaar tussen de schaduw en de zich ontwikkelende *persona*. Als Mary straf krijgt wanneer ze boos wordt, dan zal haar opstandige, boze zelf een schaduwdeel van haar worden, terwijl haar innemende en rustige kant een belangrijk deel van haar persona kan worden. Haar ego, de innerlijke algemeen directeur, bepaalt welke delen van de persoonlijkheid 'aangenomen' worden en welke 'ontslagen' – we cultiveren de delen die doen wat we geacht worden te doen.

Een groot deel van dit gevecht om beheersing en zelfbeheersing wordt tijdens het zindelijk maken uitgevochten. Zindelijk worden, vaak een strijd tussen de wil van de ouder en het kind, impliceert het leren beheersen van spieren die eerder mochten reageren zoals ze wilden. Hiervoor is het onder de knie hebben van twee fundamentele energetische principes vereist: *vasthouden* en *loslaten*. De coördinatie van deze principes doet levenslange patronen ontstaan die in de bedrading van de karakterstructuur terechtkomen.

Als een kind een schaamtegevoel krijgt bezorgd wanneer het zichzelf heeft bevuild, of als het te snel zindelijk wordt gemaakt, raakt loslaten versmolten met schaamte. Het heeft het gevoel dat wat er in hem zit op de een of andere manier slecht is en te allen tijde beheerst en tegengehouden moet worden. Als een kind geschonden is, of tegen zijn natuurlijk ritme in gedwongen werd los te laten (bijvoorbeeld door klisteerspuiten of bevelen om zijn behoeften op schema te doen), wordt vasthouden een daad van verzet en loslaten een daad van onderwerping. Deze fundamentele energetische uitdrukkingen maken dan niet langer deel uit van de zich ontpoppende autonomie, ze worden door de gezagsfiguur gedicteerd. Vasthouden en loslaten worden van buitenaf gereguleerd. We worden door anderen geregeerd, zelfs op het niveau van onze eigen spierreacties, en we verwijderen ons van onze eigen spontaneïteit en raken een deel van onze vitaliteit en vreugde kwijt. Als het ingeschapen besef van timing van een kind echter wordt gerespecteerd en ondersteund, leert het dat het op zijn eigen innerlijke controle over zijn lichamelijke uitdrukking kan vertrouwen, letterlijk en figuurlijk. Het resultaat is zelfvertrouwen.

Erik Erikson noemde deze fase *autonomie versus schaamte en twijfel*, wat betekent dat we met een van beide uit deze fase tevoorschijn komen, afhankelijk van hoe er met deze en eerdere fasen werd omgegaan. Zonder autonomie zijn we bestemd om schaamte te voelen, waardoor we aan onze handelingen gaan twijfelen en de macht die vrij door ons lichaam stroomt voortdurend kritisch gaan volgen. Volgens Erikson levert een goede aanpak van deze fase ons de zo duidelijk bij het derde chakra behorende kenmerken macht en wilskracht op.

Terwijl de spieren zich ontwikkelen, ontwikkelt zich niet alleen het vermogen om vernietiging te veroorzaken, maar ook het vermogen tot zelfbeheersing. Een kind kan wanneer het druk bezig is een lamp van een tafel gooien, en het kan leren de aandrang om zijn zusje te slaan te beheersen. De taak van het kind is een juiste mate van zelfbeheersing aan te leren zonder zijn spontaneïteit, zijn zelfvertrouwen of de vreugde die het in het uitdrukken van zijn impulsen schept kwijt te raken. Wanneer schaamte en twijfel de boventoon voeren, neemt onze autonomie af. We groeien op om door anderen bepaald en beheerst te worden.

Wanneer de onderste chakra's niet verwezenlijkt en hun taken niet voltooid worden, dan komt er wellicht helemaal geen individuatie tot stand. Als de moeder niet genoeg moedert of het kind niet genoeg vertrouwen geeft, of als de emotionele omgeving zo verstrikkend of instabiel is dat dit aan het kind vreet, dan heeft er geen individuatie plaats. In sommige gevallen kan er sprake zijn van losmaken of zelfs opstandigheid, maar verzet tegen overheersing is niet hetzelfde als hier vrij van zijn. Zolang we verzet bieden, blijven we door de kracht waartegen we ons verzetten gevormd en bepaald worden. Rollo May zegt: 'Als wilskracht protest blijft, blijft ze afhankelijk van dat waartegen ze protesteert. Protest is halfontwikkelde wilskracht.'[7]

Deze fase wordt gekenmerkt door het voor het eerst tevoorschijn komen van autonomie (hoe onbeholpen of aarzelend ook), en ouders kunnen dit proces gemakkelijk dwarsbomen of ontmoedigen. Als we ons kind het recht ontzeggen als autonoom wezen te handelen of zich zo te doen gelden, dan zorgen we ervoor dat het zijn leven lang aan dit recht zal twijfelen. Als we in deze cruciale fase niet autonoom mogen zijn (wat bij velen van ons, die gestraft, beschaamd gemaakt en overheerst werden, het geval is), dan raakt het individuatieproces vast in ofwel verzet ofwel onderwerping, en ontwikkelt het zich nooit volledig. Of we houden te stevig vast, of we laten te snel los. Het vuur van spontaneïteit en vreugde vonkt niet meer, de wil is verzwakt en het gevoel van persoonlijke macht en verantwoordelijkheid zijn ondermijnd. Het gevolg is een deficiënt derde chakra dat de bovenste chakra's niet goed kan ondersteunen en niet tot solide manifestatie en volledige verwerkelijking van bewustzijn kan komen.

Als daarentegen zonder onderscheid en zonder respect voor de juiste grenzen te veel wordt toegegeven aan de wil van een kind, dan krijgt het een opgeblazen ego. Van zulke kinderen wordt gezegd dat ze 'paardje rijden op de schouders van de ouders' en een te groot besef van hun eigen macht hebben. Ze zullen in hun leven vaak vallen, waardoor ze heen en weer geslingerd zullen worden tussen gevoelens van minderwaardigheid en meerderwaardigheid. Ze ontberen het door grenzen geschapen vat dat voor ware manifestatie noodzakelijk is. Omdat ze onmiddellijk resultaten verwachten, kan het hun aan de innerlijke discipline ontbreken die noodzakelijk is om de moeilijker taken uit te voeren die ons een echt gevoel van onze macht geven.

Als we dus willen dat onze kinderen als autonome individuen opgroeien, macht hebben en verantwoordelijkheid aanvaarden, moeten we hen op de juiste manier begeleiden, zonder het delicate, zich ontpoppende ego te onderdrukken. Dit ego probeert net zoals een grassprietje dapper maar voorzichtig zijn eerste uitlopers boven de grond te duwen, waarbij het naar het licht van de hemel reikt. Ik hoop dat we voorzichtig te werk zullen gaan, met geduld en wilskracht, en het de voeding zullen geven die het nodig heeft om te groeien. En ik hoop dat geduld en wilskracht ons tijdens dit proces zullen leiden, want daar zullen we zeker behoefte aan hebben.

Karakterstructuur

De verdragersstructuur

Tijdens de ontwikkeling van deze karakterstructuur wordt het spierstelsel van het groeiende kind zo ontwricht dat het zijn natuurlijke functie beweging inruilt voor de neurotische functie vasthouden.

ALEXANDER LOWEN

Met zijn donkere haar en broeierige blik deed Sam me aan een donderwolk denken. Zijn lichaam was compact, gespierd en zwaar. Zijn ogen vertoonden een treurige droefheid, alsof hij in stilte grote verliezen in zijn leven had doorstaan – een droefheid die me deed denken aan de lucht vlak voordat het gaat regenen. Zijn stem paste niet bij zijn krachtige lichaam, leek op een afgezwakt gejammer. Hij begon zijn verhaal met een waslijst klachten. 'Ik heb het gevoel dat ik geen enkele energie heb. Ik ben steeds moe. Ik ben vastgelopen in mijn werk en ik raak nergens meer enthousiast over. Ik voel me alleen maar zwaar en depressief, maar ik weet niet waarom.' Hij hield zijn ogen neergeslagen en zijn lichaam bewoog amper. Toen ik hem vroeg hoe lang hij zich al zo voelde, antwoordde hij: 'Het lijkt wel of ik me altijd zo heb gevoeld. Maar hoe ouder ik word, hoe erger het gevoel. Niets van wat ik doe lijkt er ook maar enige verandering in te brengen.'

Later liet ik Sam opstaan en een paar eenvoudige aardingsoefeningen doen om een lading door zijn lichaam te krijgen. Het werd snel duidelijk dat hij in feite tamelijk veel energie had. Terwijl zijn energie toenam, zag ik hoe de sluier van woede over zijn gezicht begon te trekken, maar toen de woede groter werd, verklaarde hij dat hij de oefening niet prettig vond.

Daar ik zijn behoefte aan autonomie herkende, hielden we op met de oefening en gingen we op zijn achtergrond in. Zijn moeder was verstikkend geweest, zijn vader afstandelijk en passief en zijn oudere broer zat altijd op hem te vitten. Toen hij net twee jaar was, werd zijn zusje geboren; zijn moeder dwong hem vroeg zindelijk te worden omdat ze geen zin had om twee kinderen in de luiers te hebben. Aangezien zijn broer agressief en niet in de hand te houden was, werd Sam gestraft wanneer hij zich verdedigde, zodat hij *niet* zoals zijn broer zou worden. Dit betekende dat hij zijn woede moest onderdrukken. Omdat zijn broer opstandig was, werd Sam de lieveling van zijn moeder. Ze was dol op hem, maar hield hem ook onder de duim. Ze usurpeerde zijn autonomie en wanneer hij het haar naar de zin maakte, vertelde ze hem hoe geweldig hij was, maar ze trok haar liefde terug als hij zich misdroeg. Toen hij later de universiteit verliet omdat hij slechte cijfers haalde, sprak ze een aantal jaren niet tegen hem. En zo behandelde ze dan haar oogappel.

Sam leerde dit alles te verdragen, want hij had het gevoel dat hij geen keus had. Hij probeerde het anderen naar de zin te maken, maar slaagde hier vaak niet in. Wanneer hij faalde, liet hij gemene kritiek op zichzelf los. Zijn leven werd grauw, zijn seksualiteit lauw, zijn energie kwam vast te zitten. Hij had het gevoel dat hij helemaal vastzat en dat was ook zo.

Sam was een voorbeeld van de *masochistische karakterstructuur* (zo genoemd door Lowen) of de *verdragersstructuur* (figuur 3-2). Het dilemma van verdragers is dat ze vastzitten in een patroon dat de energie van hun wil vastzet, hun autonomie inperkt en hun spontaneïteit, vreugde en optimisme samenperst. Ze zitten in een vicieuze cirkel gevangen, een cirkel waarin activiteit die niet vooruit kan tegen het zelf wordt gericht, wat meer frustratie, grotere spanning en meer blokkering veroorzaakt. Dit heeft een somber gevoel van hopeloosheid en wanhoop tot gevolg, een gehandicapte wil en een verlaagd energiepeil – kortom, een deficiënt derde chakra.

Met een 'blokkering' in de energie bedoel ik een plaats in het psychisch en somatisch rijk waar twee of meer tegengestelde krachten elkaar ontmoeten. Misschien wil je wel boos op je baas kunnen worden en heb je tegelijkertijd zijn goedkeuring nodig. Deze twee behoeften, die beide redelijk zijn, werken elkaar tegen. Aangezien geen van beide volledig ontkend of volledig uitgedrukt kan worden, heeft hun wederzijds antagonisme een blokkering tot gevolg. Wanneer een van beide kanten van de blokkering wordt geactiveerd, doet dit de energie van de tegenpool toenemen; de strijd die vervolgens plaatsheeft, brengt stress teweeg. Sam bijvoorbeeld had veel redenen om kwaad te zijn op zijn moeder, maar wilde ook haar liefde; deze behoeften leken onverenigbaar te zijn, vandaar het gevoel vast te zitten.

De verdragersstructuur ontwikkelt zich wanneer de ouder het kind te veel beteugelt en de zich ontpoppende autonomie van het kind de kop indrukt. Aangezien er autoriteit wordt uitgeoefend in een periode waarin er op natuurlijke wijze autonomie verschijnt, die echter nog niet sterk genoeg is om zonder steun stand te houden, kan het kind alleen maar zijn toevlucht tot onderwerping nemen. Daar deze autoriteit niet in overeenstemming is met de wil van het kind, is het resultaat een conflict tussen *uiterlijke gehoorzaamheid* en *innerlijk verzet*. Het kind zegt: 'Goed, ik doe wat je wilt, maar ik werk niet echt mee!' (Stel je voor dat je dit zegt, je voelt gelijk hoe je inwendig alles vastzet.) Om nog enig autonomiegevoel te hebben, verzet een deel van het kind zich tegen werkelijke betrokkenheid; vandaar dat hij geen plezier in zijn beweging of activiteit heeft.[8] Helaas wordt dit verzet een standaardbenadering van het leven; de verdrager heeft er moeite mee ergens bij betrokken te raken of ergens aan deel te nemen zonder dat deze ambivalente gevoelens opduiken en een blokkering veroorzaken.

Toch maakt de uiterlijke gehoorzaamheid hem betrouwbaar, kalm, ijverig, verlangend anderen te plezieren en in staat *vol te houden*. Verdragers houden goed stand tijdens een crisis, zijn trouwe partners en veroorzaken zelden moeilijkheden. Ze kunnen met hun aandacht bij hun werk blijven en moeilijke of onaangename taken uitvoeren. Maar terwijl ze aan de buitenkant proberen te behagen, zijn ze tegelijkertijd tot saboteren geneigd. Een passief-agressieve houding ten opzichte van het leven is de enige uitdrukkingsmogelijkheid die de wil kan hebben om met deze ambivalente gevoelens om te gaan.

De ambivalentie heeft grotendeels betrekking op agressie en tedere gevoelens. De verdrager wil graag goedkeuring en affectie, net zoals ieder kind en iedere volwassene, maar affectie verwerft hij ten koste van zijn eigen autonomie, en dan ontstaat er woede. Aangezien hij zich gemanipuleerd voelt door degene van wie hij affectie wil en hij ook kwaad op die persoon is, voelt hij tegelijkertijd behoefte en woede, en kan hij geen van beide uitdrukken.

Met de woorden van Lowen: '...de masochist ontkent de werkelijkheid niet, wat de schizofreen doet, en hij verwerpt ook de eisen die de wereld aan hem stelt niet, wat het orale karakter doet. Hij aanvaardt de werkelijkheid en bevecht haar tegelijkertijd, hij geeft toe dat haar eisen aan hem rationeel zijn en bestrijdt die tegelijkertijd. Als geen ander karakter verkeert hij in verschrikkelijk conflict.'[9]

Bij veel verdragers is de wil niet met geweld gebroken, maar met schijnbare liefheid. 'Mijn grote jongen zou zoiets nooit doen, zou zijn mammie nooit zo teleurstellen, hè schatje?' 'Cathy is mijn lievelingskind, ze is zo gehoorzaam en rustig.' 'O, ik ben toch zo teleurgesteld dat je dat hebt gedaan. Ik dacht dat je liever was dan je broer.' De implicatie van het niet voldoen aan veronderstelde verwachtingen is dat we op de een of andere manier slecht of ontoereikend zijn, en dat allemaal omdat we iemand hebben geërgerd. We willen goedgekeurd worden en onderwerpen onze wil om die goedkeuring te krijgen, terwijl we daar tegelijkertijd geweldig de pest over in hebben.

Wanneer voorwaardelijke liefde als beloning of straf voor gedrag wordt gebruikt, leven het derde en vierde chakra van het kind in onenigheid met elkaar: het kan liefde krijgen door mee te werken en zijn wil op te geven, of het kan autonomie krijgen door afwijzing te riskeren en liefde kwijt te raken – maar beide kan het in deze constructie nooit krijgen. Liefde en wil worden een kwestie van of/of. Aangezien we beide nodig hebben, is de situatie hopeloos, en de verdrager vervalt tot wanhoop. Het is belangrijk te onthouden dat deze constructie niet klopt. In werkelijkheid kunnen we alleen maar echte liefde en een sterke wil krijgen wanneer beide aanwezig zijn en samenwerken. Het is voor de verdrager buitengewoon moeilijk dit te beseffen.

Aan de wortel van het conflict van verdragers ligt de demon schaamte. Hun grootste angst is vernederd te worden. Wanneer ze gestraft of bekritiseerd worden, maken ze zichzelf de grootste verwijten. Dit verzwakt hun derde chakra en

Figuur 3-2. De masochistische karakterstructuur (de volhouder) – Het gemanipuleerde kind

Eerste chakra *Excessief*	Tweede chakra *Deficiënt*	Derde chakra *Gespleten*	Vierde chakra *Deficiënt*
Trekt zich in zichzelf terug, 'houdt zich in'	Emotionele verdoving (gevoelens worden ingehouden, geblokkeerd)	Energie zit bij de wil vast	Autonomie moet als strijdig met liefde worden gezien
Neigt naar compactheid of zwaarlijvigheid	Kan plezier vermijden of zich er schuldig over voelen	Passief-agressieve manipulatie van anderen	Kritisch, negatief
Excessieve grenzen	Ervaart seks als werk	Innerlijke woede geblokkeerd	Zondert zich af
Weerstand biedend, koppig	Bang om vertrouwelijk te worden, los te laten	Probeert te behagen maar verzet zich hier innerlijk tegen	Ontwikkelt een heleboel leed
Heeft het gevoel vast te zitten, voelt zich onbeweeglijk	Kan zich emotioneel en seksueel ontoereikend voelen	Jammert in plaats van iets te doen Koppig	Bang om naar buiten te treden omdat dit autonomie in gevaar brengt
		Weinig gevoel van eigenwaarde, op schaamte gebaseerd	Beschouwt liefde als voorwaardelijk
		Voelt zich slachtoffer	Blijft onderworpen om liefde te krijgen, verzet zich dus tegelijkertijd tegen intimiteit
		Sterke concentratie van energie	
		Goede discipline	

Vijfde chakra *Deficiënt*	Zesde chakra *Gespleten*	Zevende chakra *Deficiënt*
Excessieve verlegenheid	Zit door schaamtegevoelens vast in zelfkritiek	Meestal niet erg spiritueel vanwege angst om autonomie kwijt te raken
Jammeren en klagen Energie zit vast in keelgebied	Hyperalert	Vaak intelligent en capabel
Moeite met gevoelens onder woorden brengen	Fantaseert liever dan actie te ondernemen	Sceptisch
		Pragmatisch – houdt meer van feiten dan van abstracte ideeën

maakt het lastiger zichzelf te beschermen. Ze voelen opnieuw schaamte wanneer ze vanwege hun zwakke ego worden gemanipuleerd. De verdrager zit vast in een vicieuze cirkel van schaamte die het zelf verdeelt, een verdeeldheid die de schaamte alleen maar in stand houdt. Het is een vreselijke warboel.

We voelen schaamte als we wat uit ons komt niet goed onder controle hebben. Als er met zindelijk maken is begonnen voordat de spieren voldoende ontwikkeld waren, ontstaat er een gevoel van mislukking dat ons doet denken dat wat zich in ons bevindt slecht en vies is en binnengehouden moet worden. We worden beloond voor binnenhouden en gestraft voor loslaten. Waar de schizoïde structuur *bijeenhoudt* en de orale structuur *vasthoudt*, is het belangrijkste patroon van de verdrager *binnenhouden*. Hij gaat zich schamen over wat zich in hem bevindt en dit vertaalt zich in schaamte over alles in hem – zijn gevoelens, gedachten, behoeften en, wat het belangrijkste is, zijn ware zelf. De verdrager is derhalve doodsbang om zich bloot te geven, iets waarvan hij zeker is dat het tot vernedering en nog meer schaamte zal leiden. Hij moet zich dus wel inhouden.

Dit hachelijke lot veroorzaakt verschillende blokkeringen in het hele chakrasysteem. Er zijn vier plaatsen waar spanning het gemakkelijkst loskomt en die verdragers dus moeten bewaken en afsluiten – de benen, handen, keel en genitaliën. Ze zijn dan misschien wel in staat energie vanuit de grond en de kruin op te nemen, maar niet om die los te laten. De energie die zich in het lichaam opstapelt, maakt dit vaak compact en groot, vaak met een dik spierkussen tussen keel en billen. De houding drukt schaamte uit: het achterste samengeknepen, het hoofd omlaag en het derde chakra ingezakt. Het eerste en het vijfde chakra zijn geblokkeerd, en dit binnenhouden en zich tegen het zelf keren veroorzaakt masochisme. De verdrager zit gevangen in een lichaam vol energie die hij niet kan vrijlaten (figuur 0-5, C).

Laten we eens zien hoe dit kussen wordt gevormd. Stel dat iemand op een koude dag bij het raam zit te lezen. Plotseling gooit iemand een steen door het raam. De verdrager raakt geïrriteerd, staat op, trekt een jas aan, doet een das om en gaat verder met lezen. Dan wordt er weer een steen door een ander raam gegooid. Het wordt kouder. De verdrager trekt nog een jas aan, doet nog een das om, over de eerste laag heen. De verdrager zegt niet tegen de stenengooier dat hij moet ophouden, hij trekt gewoon een zwaarder pantser aan. Na de derde steen is er een derde jas en na de vierde steen is de verdrager misschien geïrriteerd genoeg om er iets van te zeggen, maar wanneer hij dit probeert, wordt wat hij roept zo door de jassen en dassen gesmoord dat niemand hem kan horen. Hij kan de stenen niet tegenhouden en zijn pantser niet uittrekken. Hij voelt zich ellendig, waardeloos en tot slachtoffer gemaakt. Het is kenmerkend voor de verdrager dat het niet eens bij hem opkomt dat hij iets tegen het stenen gooien kan doen, laat staan dat hij kwaad op de stenengooier kan worden. De onuitgesproken veronderstelling (gebaseerd op vroegere ervaringen met ouderlijke autoriteit) is dat de stenen toch niet tegengehouden kunnen worden, dus waarom zou hij tijd verspillen en dit proberen? Als het mislukt, veroorzaakt dat alleen maar meer schaamte, dus is het veiliger om je alleen maar te beschermen.

Er komt wel woede, agressie en spontane activiteit in de verdrager op. Het is niet zo dat hij geen gevoel heeft. Maar wanneer die gevoelens ontstaan, wordt het uitdrukken ervan onderdrukt; de energie richt zich naar binnen, tegen het zelf (zie hier de bron van masochisme). Het schaamtegevoel dat er al is, neemt de vorm van een wrede innerlijke criticus aan die de verdrager altijd op zijn lek en gebrek wijst. De meester/slaafrelatie van de ouder en het kind wordt dus innerlijk door de geest en het lichaam herhaald of, in freudiaanse termen, door het superego en het id, daar waar het ego te zwak is om tussen die twee te bemiddelen. Hoe meer de woede zich opstapelt, hoe strenger de innerlijke straf. Hierdoor ontstaan het gevoel van hopeloze wanhoop en het gevoel vast te zitten – de voornaamste klacht in een verdragersleven.

De wil van de verdrager zit vast in onderwerping en verzet en ziet zelden een pro-actieve manier om zijn situatie te verlichten. De verdrager gaat er stilzwijgend vanuit dat situaties verdragen moeten worden in plaats van veranderd. Zijn fundamentele schaamte overtuigt hem ervan dat hij het recht niet heeft om om verandering te vragen. En als hij de kans zou krijgen, zou hij misschien niet eens weten wat hij wil, omdat hij al zo lang geleden afstand heeft gedaan van het recht om te vragen. Verdragers zien hun leven als een reeks onvermijdelijke verplichtingen waaraan ze zich met berusting en wrok onderwerpen.

De bevrijdende stroom komt niet door de impasse bij de wil heen en bereikt dus ook de bovenste chakra's niet. Liefde wordt gezien als iets dat via goedkeuring verworven en door de wil en niet door het gevoel gegeven moet worden. Wat wel voorbij het derde chakra komt, stuit weer op een blokkering bij de keel. De stem van de verdrager kan dan ook als een onderdrukt gejammer klinken. Aangezien openlijke bezwaren niet zijn toegestaan, zijn jammeren en klagen de enige toelaatbare uitdrukkingen van ontevredenheid. Door de blokkering bij de keel wordt een groot deel van de innerlijke wereld voor het zesde en zevende chakra verborgen en derhalve voor het bewustzijn. De innerlijke wereld blijft in plaats hiervan voortdurend in het onbewuste, en het is voor verdragers dan ook bijzonder lastig hun eigen proces te zien. In de benarde toestand waarin ze verkeren, zijn ze een mysterie voor zichzelf; ze trekken gewoon de conclusie dat ze beschadigd en ontoereikend zijn en dat daar niets aan te doen is.

Om te kunnen helen, moet de verdrager zowel zijn boze als zijn tedere gevoelens uiten. De tirannie van de wil moet overwonnen worden door deze iets productievers te doen te geven dan kritiek leveren. De woede die tegen het zelf is gericht moet naar buiten gebracht worden, behoeften moeten onderkend en uit hun mantel van schaamte bevrijd worden. Beweging is nodig om de binnenhoud-patronen te doorbreken en seksualiteit om voeding toe te laten. Het ontwikkelen van gevoel van eigenwaarde is het thema dat aan dit alles ten grondslag ligt, zodat een groter ego het vervolgens tegen de innerlijke criticus kan opnemen en weer in autonomie tevoorschijn kan komen. Voor de verdrager is dit een beangstigend proces, maar wel een proces dat uiteindelijk zijn innerlijk gezag herstelt, zijn wil versterkt en hem zijn levensvreugde en spontaneïteit teruggeeft.

Trauma's en mishandeling

Wanneer wat mij werd aangedaan voor mijn eigen bestwil gebeurde, dan wordt van mij verwacht dat ik deze behandeling als een essentieel deel van het leven accepteer en haar niet in twijfel trek.

ALICE MILLER

Claude Steiner, transactioneel analyticus en radicale therapeut, vertelde ooit het verhaal van een gewone man – we noemen hem Carl – wiens favoriete tijdverdrijf het was om op een zonnige middag naar het park te gaan, op een bank te gaan zitten en zich in de zonnestralen te koesteren. Op een dag, toen hij in kostuum gestoken rustig op zijn bank zat, kwam er een grote man in een uniform en met zware laarzen aan, die voor hem ging staan en zo de zon wegnam. Carl, een vreedzame man die niet graag moeilijk deed, schoof gewoon een stukje op, zodat hij opnieuw de zonnestralen op zijn gezicht kon voelen.

Carl zat nog niet op zijn nieuwe plekje, of de man deed een stap opzij, zodat hij weer de zon wegnam. Carl schoof weer op. De man ook. Op dat moment verhief Carl zijn stem en vroeg hij de man beleefd opzij te gaan. Dat deed de man niet. Carl, die nu boos werd, probeerde hem opzij te duwen. De man duwde Carl terug, stapte met zijn zware laars op diens voet en zette zijn gewicht erop. Carl, die nu heel boos was, begon scheldwoorden te schreeuwen, terwijl hij met zijn armen naar de man uithaalde en om hulp riep.

Maar al zijn geschreeuw was voor niets. Niemand kwam hem te hulp. Toen Carl zijn hoofd optilde en om zich heen keek, zag hij plotseling hoe dat kwam. Hij zag dat iedere persoon in het park een geüniformeerde man voor zich had staan. Veel mensen hadden een laars op hun tenen, terwijl anderen aan hun bank vastgeketend zaten. De meeste mensen op de banken zaten passief stil, sommige zaten rustig te lezen, terwijl andere zich omdraaiden en Carl afkeurend aankeken, vol misprijzen over zijn kinderachtige en oncoöperatieve uitbarsting. Niemand anders klaagde over de man op hun tenen – waarom zou Carl dat dan wel doen? Hun verontwaardiging gold niet de man in uniform, maar Carl. Hij bracht het zelf tot uitdrukking dat zij allang hadden afgewezen.

Daar eindigt het verhaal, maar we kunnen best eens raden hoe het afliep. Bleef Carl schreeuwen en werd hij toen door een ander die de sleutel in zijn bezit hield aan zijn bank vastgeketend? Liet hij zijn rebellie varen en leerde hij net zo rustig en passief te zitten als zijn buren? Trommelde hij hulptroepen op en veroorzaakte hij een opstand in het park? Transformeerde hij zijn cipier? Wat zou jij hebben gedaan?

Ook wij worden op onze plaats gehouden, in een cultuur waarin het verlies van macht zo epidemisch is dat niemand het geschreeuw om dit verlies en de uitroepen van verontwaardiging hoort. In plaats hiervan worden we uitgestoten wanneer we individualiteit tonen; op zijn best worden we gevreesd. Om onze macht over anderen te behouden, geven we vaak onze vrijheid en authenticiteit op en doen we wat er van ons wordt verwacht. Dit is een verschrikkelijk verlies, het versluiert de unieke goddelijkheid in ons die de zaden van evolutie en transformatie bevat. Degenen die dit offer hebben gebracht, verwachten van anderen dat ze dit ook doen en zijn hevig beledigd wanneer ze dit niet doen. Heteroseksuele mannen in hun grijze kostuums kunnen zich beledigd voelen door flamboyant geklede homoseksuele mannen. De gehoorzame echtgenote kan zich beledigd voelen door het militante feminisme van haar dochter. Oorlogsveteranen kunnen zich beledigd voelen door een president die geen trek had in een zinloze oorlog en niet in dienst is gegaan.

In het kielzog van dit verlies is er een beschaving ontstaan die zo wordt geobsedeerd door de macht die ze is kwijtgeraakt, dat ze enorme hoeveelheden geld en energie besteedt om via oorlog en technologie de schaduw van macht in het leven te roepen. We hebben de meester gehoorzaamd, de toezichthouder verinnerlijkt, en we zijn medeplichtig geworden aan een gepolariseerde maatschappij waarvan het belangrijkste doel is meer mensen met minder mensen in toom te houden. Verdoofd voor deze pijn, verdoofd voor onze eigen machteloosheid, verdoofd voor de telkens terugkerende taken waarvan wordt gemeend dat ze noodzakelijk zijn om te kunnen overleven, leven we met de leegte in onszelf. We zijn leeg van binnen, en onze culturele mythe vertelt ons dat macht buiten onszelf is te vinden, in de goedkeuring van anderen, in technologische snufjes, of via een afstandelijke en autoritaire god. Zo halen we onszelf leeg, putten we onze natuurlijke hulpbronnen en onze planeet uit, in onze poging een externe macht te verwerven, een macht over, een macht die ons alleen maar zal knechten.

Wat is er met onze macht gebeurd? Waarom zijn we een zo door macht geobsedeerde cultuur? Waarom is macht zo belangrijk voor onze ontwikkeling en hoe krijgen we haar terug?

Om deze vragen te kunnen beantwoorden, moeten we eerst begrijpen hoe ze ons afgenomen is. Onze levenskracht gebruiken om verder te komen, is een natuurlijk uitvloeisel van een gezonde ontwikkeling. Onze eigen expansie belemmeren is niet iets instinctiefs. Onszelf beschermen doen we echter wel instinctief.

AUTORITEIT

Autoriteit ontheft ons van de verantwoordelijkheid om zelf actie te ondernemen.

STARHAWK

De mensen die thans aan het herstel van hun psychische gezondheid werken, leveren strijd met een erfenis van vorige generaties, die in het ultieme gezag van God over de mens geloofden, van de man over de vrouw, en van de ouder over het kind. Kinderen, die helemaal onderop kwamen, wilde men wel zien maar niet horen. Een braaf kind was een rustig, gehoorzaam kind dat zijn ouders nooit van repliek diende. Wie zijn kind liefhad, kastijdde het, en het breken van de wil van het kind werd als een dienst beschouwd die men het voor zijn eigen bestwil bewees, om het een nuttig lid van de samenleving te maken.

Er kunnen uitgebreide maatregelen worden genomen om dit te bereiken, van afwijzing en onhartelijkheid tot verbale woede en lichamelijke mishandeling. Soms wordt het van niets wetende kind tot medeplichtige van een dergelijke straf gemaakt – moet het buiten de twijgen gaan afsnijden waarmee het geslagen zal worden, moet het niet-gemeende verontschuldigingen mompelen, of leert het ter zelfbescherming te liegen. Zo wordt onze wil leeggehaald en verwrongen. Vervolgens krijgen we hem terug als een instrument om ons zelf te onderdrukken.

Opvattingen over het opvoeden van kinderen die de veiligheid en individualiteit van kinderen zogenaamd 'voor hun eigen bestwil' tenietdoen, worden door Alice Miller *verderfelijke pedagogiek* genoemd. Mensen zijn jaren in therapie om te proberen van de zelfvernietigende opvattingen die ze als waar beschouwden te herstellen – opvattingen over hun eigen slechtheid, de opvatting dat ze een dergelijke behandeling verdienen. Zolang dit soort opvattingen blijft bestaan, zullen ze aan de volgende generatie worden doorgegeven. Onze cultuur berust op het ontkennen van basisinstincten. Om dergelijk gedrag te bevorderen, leren we het onze kinderen aan voordat ze erachter kunnen komen dat het anders kan, en zo raken ze in zichzelf verdeeld en groeien ze op om onderling verdeeld te raken.

Autoriteit is iets waarmee we allemaal te maken krijgen. Als kind hebben we met de autoriteit van onze ouders, verzorgers, oudere broertjes en zusjes, oppassen en onderwijzers te kampen. Hoe deze mensen die autoriteit vormgeven heeft veel te maken met hoe wij ermee omgaan, maar wat nog belangrijker is, hoe we onze *innerlijke* autoriteit ontwikkelen. Uitsluitend met behulp van onze innerlijke autoriteit ordenen en concentreren we onze energie zo dat er een effectieve wil ontstaat. We kunnen met onze voorbeelden van autoriteit wedijveren en tegen hen in opstand komen, maar zij vormen ons idee over macht, en wel op subtiele en verstrekkende wijze.

We hebben deze innerlijke autoriteit nodig om baas over ons eigen leven te kunnen zijn, om stevig aanwezig te kunnen zijn. We hebben een innerlijk deel nodig dat ons naar bed stuurt wanneer we moe zijn, dat ons 's ochtends op tijd laat opstaan, zodat we niet te laat op ons werk komen, dat ons zonder pardon van tafel stuurt wanneer we genoeg te eten of te drinken hebben gehad. We hebben een deel nodig dat deze autoriteit op de juiste manier handhaaft wanneer we voor uitdagingen staan, dat weet wanneer we anderen weerstand moeten bieden en wanneer we voor hen moeten zwichten. We hebben een deel nodig dat ons bij de hand kan nemen en ons kan helpen onze toekomst uit te stippelen. We hebben een innerlijk ordenend principe nodig dat onze groei vorm en richting geeft.

Robert Bly noemt deze autoriteit in zijn boek *Iron John* een 'innerlijke koning'.

> Toen we een of twee jaar waren, was de innerlijke koning, naar we aannemen, springlevend en krachtig. We wisten vaak wat we wilden en dat maakten we zowel onszelf als anderen duidelijk. Natuurlijk zijn er gezinnen die het niets kan schelen wat kinderen willen.
> Bij de meesten van ons werd onze koning al vroeg gedood. Geen enkele koning sterft ooit voorgoed, maar hij valt en sterft. Wanneer de innerlijke strijders niet sterk genoeg zijn om de koning te beschermen – en wie kan dat van hen verwachten wanneer we twee of drie zijn – sterft hij.[10]

Totdat we dit innerlijke deel van onze persoonlijkheid bewust ontwikkelen, zal het worden gevormd door het gedrag van degenen die autoriteit over ons uitoefenen. Als onze vader of moeder een tiran was, zal onze innerlijke autoriteit ofwel tiranniek zijn ofwel het tegenovergestelde, een doetje. Het kan ook zijn dat ze de ene keer tiranniek is en de andere keer een doetje. Als onze vader en/of moeder afwezig of passief was, is onze innerlijke autoriteit hoogstwaarschijnlijk even afwezig. Als onze vader en/of moeder ons in toom hield door kritiek te leveren en ons een schaamtegevoel te bezorgen, zullen hun kritische stemmen in onze geest gegrift staan en *ad nauseam* opnieuw afgespeeld worden, als achtergrondbehang van elke minuut die we leven. Als onze ouders onoprecht en indirect waren, zullen we meesters in het vermijden en manipuleren zijn, zowel ten opzichte van onszelf als van anderen. De sekse van deze persoon is ook van invloed op de manier waarop we deze macht meedragen en op wie we haar projecteren. Als onze vader autoritair was, kunnen we onze angst op andere mannen met wie we omgaan projecteren. Dochters kunnen een voorbeeld aan hun machteloze moeder nemen en de autoritaire handelwijze van hun vader op hun vriendjes projecteren.

Om na te gaan wat de invloed van autoriteit in je eigen leven is, kun je jezelf de volgende vragen stellen:

- Wie was tijdens je jeugd de belangrijkste gezagdrager? Welke middelen paste deze toe om zijn/haar gezag te doen gelden? Wat vond je van deze persoon? Wat vond je van zijn/haar gezag? Gehoorzaamde je uit respect of uit angst?
- Hoe reageerde je op dit gezag? Kwam je in opstand of gehoorzaamde je, of verschilde dit op verschillende momenten? Als je reacties verschilden, welke omstandigheden waren dan op die verandering van invloed?
- Welke vorm neemt de innerlijke autoriteit thans in je leven aan? Naar wie is ze gemodelleerd? Werk je er weloverwogen mee samen of met verzet en wrok? Respecteert deze innerlijke autoriteit het voelende zelf, de beperkingen van het lichaam en de behoefte aan expansie en groei? Waar haalt deze innerlijke autoriteit haar kracht vandaan en wat zou het nog meer kracht geven? Hoe kun je deze autoriteit beter met je leven in overeenstemming brengen?

STRAF

Ze kunnen je nu wel uit de gevangenis laten, omdat ze de gevangenis in je geest hebben gezet.

STARHAWK

Wanneer autoriteit door middel van respect is verworven, resoneert ze met onze innerlijke waarheid. Ze geeft ons de gelegenheid uit vrije wil mee te werken, omdat we in de achterliggende bedoeling geloven. Ik doe een cursus bij een docente voor wie ik respect heb omdat ik haar als autoriteit op een bepaald gebied beschouw. Ik kan als het moet tegenspreken of vragen stellen. Ik ga niet naar een autoriteit toe om mijn macht weg te geven, maar om mijn eigen macht en vaardigheid dankzij haar deskundigheid te vergroten.

Autoriteit die ons opdraagt tegen onze eigen aard in te gaan resoneert met iets diepers – angst. Angst doet onze bij het derde chakra behorende wil teruggaan naar het bij het eerste chakra behorende overlevingsniveau. Ons gedrag is niet langer een daad van zelfbepaling, maar van zelfbehoud. In plaats van een stap vooruit te zetten door actief op te treden, zetten we reactief een stap achteruit. Straf boezemt angst in.

Straf wordt door autoriteiten gebruikt om ons gedrag te beheersen en ons van onze vrije wil te beroven. Straf conditioneert ons – zoals de hond van Pavlov – om automatisch te reageren, zonder na te denken of vragen te stellen. Straf werkt alleen maar wanneer het verlies of de pijn hevig genoeg is om er iets toe te doen, hevig genoeg om ons zelfgevoel te ondermijnen. Straf moet iets weghalen wat groter is dan wat gewonnen zou kunnen worden – iets wat we wanhopig nodig hebben, zoals veiligheid, liefde, plezier, vrijheid of zelfrespect. Straf kan schaamte veroorzaken, of onder de duim houden, ontnemen of schenden. Straf kan lichamelijk of emotioneel zijn, letterlijk of symbolisch. Wanneer ons een broertje of zusje, vriendje of vriendinnetje, of iemand van ons ras of onze sekse ten voorbeeld wordt gesteld, is dat vooral bedoeld om ons eigen gedrag onder controle te houden.

Lichamelijk en emotioneel geweld wordt, of dit nu als straf was bedoeld of als uitlaatklep voor frustraties van een volwassene, door het kind als straf uitgelegd. Een kind pijn doen is niet aleen mishandeling van lichaam en ziel, maar is ook misbruik van gezag. De volwassene bekleedt, als vertrouwen genietende autoriteit, een onvoorwaardelijke machtspositie. Het kind wordt gedwongen tot acceptatie van wat er ook maar wordt gedicteerd en tot het in overeenstemming hiermee ontwikkelen van zijn derde chakra.

John Bradshaw heeft in zijn tv-serie over het gezin laten zien hoe groot een volwassene in de ogen van een kind is door volwassenen af te zetten tegen een vijf meter lange reus die boven hen uittorenend tekeerging en hun vertelde wat ze moesten doen. Wat zijn we klein tegenover zoveel macht! Als dit overwicht tegen ons werd gebruikt, kunnen we ons de rest van ons leven zo klein blijven voelen, anderen altijd als groter, sterker en slimmer blijven zien. Een van mijn cliënten, wie een bijzonder hevig pak slaag nog helder voor de geest stond, werd gekweld door dromen over 'de grote en de kleine'. Dit was het kader waarmee hij naar werksituaties en naar andere aspecten van zijn leven keek.

Starhawk somt in zijn boek *Truth or Dare* vier basismanieren op waarop we op straf kunnen reageren: we kunnen *gehoorzamen, in opstand komen, ons terugtrekken,* of *manipuleren*.[11] Elk van deze reacties kan het derde chakra disfunctioneel maken als ze kenmerkend is voor een patroon. Meestal gehoorzamen of zich terugtrekken is deficiënt zijn; automatisch in opstand komen of manipuleren is excessief zijn. Al deze reacties zijn in passief-agressief gedrag aanwezig: eerst door ineffectieve gehoorzaamheid in opstand komen en vervolgens door terugtrekking manipuleren. Als een kind bijvoorbeeld wordt geslagen omdat het voor zichzelf opkomt (wat als 'tegenspraak' wordt gezien), dan zal het egocentrum van het derde chakra op minder directe manieren macht voor hem weten te vinden, zoals door te laat te komen, niet goed mee te komen op school, zich op jongere broertjes of zusjes of vriendjes af te reageren. Deze pogingen om het derde chakra in evenwicht te brengen, worden tijdens de volwassenheid struikelblokken voor echte effectiviteit en verantwoordelijkheid.

Straf dwingt ons onszelf te loochenen om onszelf te beschermen. Dit veroorzaakt een enorme blokkering van gelijkwaardige en tegengestelde krachten in het derde chakra, een blokkering die op anderen geprojecteerd wordt door hun behoeften ook te ontkennen. 'Een leven van gehoorzaamheid is een leven van ontkenning,' schrijft Starhawk.[12] De naam van dit chakra, *manipura*, betekent met juwelen versierde citadel. Gehoorzaamheid is een bedrieglijke citadel van macht. Authenticiteit is het juweel.

   Aangezien het derde chakra op het ego en zelfbepaling betrekking heeft, is ontkenning van onze authenticiteit tegengesteld aan het ontwikkelen van een gezonde egosterkte. Het ego wordt in plaats daarvan op het vermogen om te gehoorzamen, aan verwachtingen te voldoen, braaf te zijn, straf te vermijden gebouwd. Hoewel we ons hierdoor tijdelijk machtig en vol energie kunnen voelen, zijn we nog steeds onderworpen aan de hoogte- en dieptepunten die het macht ontlenen aan een bron buiten onszelf meebrengt, een bron waarover we geen controle hebben. Als onze baas in een goede bui is en een vleiende opmerking over ons werk maakt, krijgen we een stoot energie en voelen we ons trots op onszelf. Als de baas boos en kritisch binnenstapt, misschien wel vanwege een situatie thuis die niets met het werk te maken heeft, dan is met ons gevoel van macht de vloer aan te dweilen. Onze innerlijke macht zal grotendeels onontwikkeld zijn, daar we ons alleen maar zwak, ineffectief en niet-toereikend hebben gevoeld.

   Macht en egosterkte zijn zo nauw met elkaar verbonden, dat het gevoel dat we over onze eigen macht ontwikkelen het gevoel wordt dat we over onszelf hebben. Als de machtsdynamiek dusdanig was dat we de aan ons opgedrongen overheersing niet konden overwinnen, dan was de conclusie dat we zelf niet toereikend zijn.

HET GEPARENTIFICEERDE KIND

Het is beter je eigen plicht te doen, hoe onvolmaakt ook, dan om de plichten van een ander op je te nemen, met hoeveel succes ook. Verkies te sterven terwijl je je eigen plichten doet: de plichten van een ander zullen je in groot geestelijk gevaar brengen.

BHAGAVAD GITA

Soms is de situatie in een gezin dusdanig dat het kind te snel volwassen moet worden en verantwoordelijkheden op zich moet nemen waartoe het gezien zijn leeftijd niet in staat is. Drugsgebruik door de vader of moeder, armoede, ziekte, dood of scheiding kunnen een kind in de rol van surrogaatpartner of -ouder drukken. Dit kan veel vormen aannemen: de overgebleven ouder emotionele steun geven, jongere broertjes en zusjes helpen opvoeden, geld verdienen voor het gezin, bepaalde kinderrechten of een sociaal leven met leeftijdsgenoten opgeven, of zelfs seksueel met een ouder verkeren. Aangezien er verwacht wordt dat het kind deze rollen *kan* vervullen, en de werkelijkheid is dat het biologisch en emotioneel te jong is om ze adequaat te vervullen, blijft het kind met een overweldigend gevoel van ontoereikendheid zitten. Een dergelijk gevoel van ontoereikendheid hecht zich niet alleen aan alles wat er in de toekomst wordt geprobeerd, maar ook aan het zelfbeeld van het kind. Dit gevoel van ontoereikendheid kan uitsluitend opgeheven worden door te erkennen dat deze verwachtingen onjuist waren en door de ermee gepaard gaande gevoelens te verwerken. Zoals Alice Miller heeft gezegd: 'Wanneer het gevoel van eigenwaarde op de authenticiteit van de eigen gevoelens is gebaseerd en niet op het bezitten van bepaalde kwaliteiten, is men van depressies verlost.'[13]

Jessica, de oudste van vier kinderen, was een kind van een alcoholistische moeder en een vader die vaak voor zaken op reis was. Het patroon van haar moeder was dat ze 's middags begon te drinken en tegen het avondeten laveloos was. Dit hield in dat Jessica op haar twaalfde de rol op zich nam 's avonds haar jongere broertjes en zusjes te eten te geven en naar bed te brengen, waarna ze nog eens aan haar huiswerk kon beginnen. Er waren zelden geschikte levensmiddelen in huis om een goede maaltijd mee te bereiden, en kookboeken waren er ook niet, dus waren de maaltijden smakelijk noch voedzaam. Hoe hard ze ook haar best deed, haar broertjes en zusjes jammerden en klaagden altijd en namen haar haar rol van vervangende ouder kwalijk. Haar broertjes en zusjes waren van nature prikkelbaar en lastig, en Jessica voelde zich in de rol die ze op zich had genomen machteloos en ontoereikend. Vaak huilde ze zichzelf van spanning over de chaos in het gezin in slaap. Het gevolg was dat Jessica op school niet erg kon meekomen en zich dus nooit voor een universitaire studie aanmeldde, ervan overtuigd als ze was dat ze te dom was om het studieprogramma te kunnen volgen. Ze droeg dit zelfbeeld en de bijbehorende minderwaardigheidsgevoelens haar hele leven met zich mee. Toen ze later zwanger werd van haar eerste kind, kreeg ze paniekaanvallen en had ze het gevoel dat ze nooit voor een kind zou kunnen zorgen, ook al had ze een echtgenoot die haar steunde en kwam er genoeg geld binnen om de eerste jaren door te komen.

Dergelijke gevoelens kunnen ook ontstaan wanneer er wel genoeg steun lijkt te worden gegeven. Jack was bijvoorbeeld de zoon van een vooraanstaand chirurg. Toen hij drie was, leerden zijn ouders hem lezen en eenvoudige sommetjes te maken. Ze namen hem mee naar klassieke concerten en gaven hem zijn hele jeugd het beste van het beste. Hij sloeg op school twee klassen over en haalde op zijn zestiende zijn einddiploma, zodat hij naar een prestigieuze universiteit kon gaan. Eenmaal aan de universiteit kreeg hij een zenuwinstorting, waardoor hij geen colleges kon lopen. Zijn gevoelens van ontoereikendheid waren zo sterk, dat ook al had hij het in het verleden briljant gedaan, de enige mogelijkheid die hij nu kon zien mislukking was. Mislukken aan de universiteit zou het vertrouwen van zijn ouders beschamen en aan het licht brengen wat Jack altijd al had vermoed – dat hij een leerstoornis had. Dat gevoel had hij omdat hij altijd hard voor zijn successen had moeten ploeteren. Tests wezen overigens uit dat hij geen leerstoornis had. Het gevoel van ontoereikendheid dat hij had, kwam daarentegen voort uit het feit dat hij altijd dingen had moeten doen die niet bij zijn leeftijd pasten. Emotioneel en fysiek was hij altijd jonger dan zijn klasgenoten, die hem zijn positie kwalijk namen – iets dat zijn verlegenheid en minderwaardigheidsgevoelens alleen maar vergrootte.

TE VEEL STIMULERING EN SENSORISCHE DEPRIVATIE

Het derde chakra, dat ruwe energie ontvangt, schept en door het hele systeem verspreidt, moet alle soorten energie verwerken waarmee we te maken krijgen. (Voel maar eens wat er met je derde chakra gebeurt wanneer je bijvoorbeeld op een levendig feest terechtkomt of een hevige ruzie bijwoont.) Wanneer een kind te veel wordt gestimuleerd, ontvangen het derde chakra en het systeem als geheel meer energie dan ze aankunnen. Seksueel en lichamelijk geweld overbelasten de sensorische systemen van kinderen met het voltage van een volwassen systeem. Ze zijn neurologisch niet toegerust om een dergelijke intensiteit aan te kunnen en moeten manieren vinden om zich tegen de binnendringing te wapenen of de energie door activiteit of hyperactiviteit te ontladen. Ze kunnen als volwassenen overgevoelig voor geluiden, kleuren, emoties of situaties in hun omgeving zijn, omdat ze intense stimulering nog steeds niet aankunnen. Of ze kunnen hyperactief worden, voortdurend op zoek naar activiteit om het teveel aan energie te ontladen. Aan de even beschadigende tegenpool bevindt zich het te weinig gestimuleerde kind. Randy werd zijn hele babyleven lang elke dag alleen in zijn wieg gelaten. Hij werd goed gevoed en gekleed en zijn ouders hielden zelfs op hun manier van hem, maar ze raakten hem niet aan, gaven hem geen speelgoed en zorgden niet voor een gevarieerde omgeving. Hij herinnert zich dat hij een stijve nek kreeg van het urenlang uit het enige raam kijken en dat hij zich ongelooflijk alleen en eenzaam voelde. Het gevolg is dat Randy van zichzelf vindt dat hij te weinig energie en wilskracht heeft, dat hij een innerlijke leegte voelt, vermoeidheid, angst om seksueel tekort te schieten. Randy voelt de meeste energie in situaties met veel prikkels, zoals concerten of grote feesten, maar is geneigd zijn energie te verliezen wanneer hij te lang alleen is. Toch zoekt hij de eenzaamheid op, omdat hij met de leegte hiervan het meest vertrouwd is.

SCHAAMTE

Schaamte vloeit voort uit bijna alle soorten kindermishandeling, of het nu om misbruik van gezag, niet bij de leeftijd behorende verantwoordelijkheden, verwaarlozing, in de steek laten, seksueel, emotioneel en lichamelijk geweld, of buitensporige kritiek gaat. Het kind, dat dergelijk gedrag niet als ouderlijke tekortkomingen kan verklaren, kan maar één conclusie trekken: dat het zelf schuldig is.

Het concludeert dat het de mishandeling op de een of andere manier zelf heeft veroorzaakt en verdiende, dat het op de een of andere manier slecht is of echte liefde en goede zorg onwaardig. Hoewel deze conclusie zich niet op bewust niveau voordoet, wordt ze wel de belangrijkste vormgever van gedrag: de geest leert elke instinctieve impuls en spontane uiting te controleren. Zo komt de betrokkene in schaamte vast te zitten – dankzij een bewustzijn dat toezicht houdt en controleert, in een poging te voorkomen dat spontane daden nog meer schaamte veroorzaken.

Sommige uitspraken van ouders veroorzaken rechtstreeks schaamte bij het kind, de uitspraak 'je moet je schamen!' bijvoorbeeld, die veel te vaak wordt gedaan. Wanneer ouders hun kind nooit prijzen voor wat het goed doet en het altijd maar met kritiek overladen voor wat het verkeerd doet, zal het een in schaamte vastzittende persoonlijkheid ontwikkelen. Ik heb al zo vaak moeten horen dat ouders hun kinderen voortdurend 'stom', 'lelijk', 'gek' of 'lui' noemden terwijl ze zich alleen maar gedroegen zoals dat bij hun leeftijd paste. Kinderen die iets wat nooit uitgelegd is niet kunnen begrijpen, die niet hebben geleerd op het gebied van persoonlijke hygiëne voor zichzelf te zorgen, of die spontaan op gekke situaties reageren, krijgen vaak een schaamtegevoel bezorgd vanwege reacties waaraan ze niets kunnen doen. Het gevolg is dat hun natuurlijke reactie een risico wordt dat in het belang van veiligheid en goedkeuring moet worden opgegeven. Zo raakt het ego in conflict met de instinctieve kern van het zelf.

John Bradshaw beschrijft in zijn uitstekende boek *Healing the Shame that Binds You* hoe de niet-erkende schaamte van de ouders op de kinderen wordt overgedragen. Neem bijvoorbeeld de moeder die alleen maar het gevoel heeft dat ze iets presteert wanneer haar kinderen zich goed gedragen. Elke keer dat het kind zich zo gedraagt dat haar behoefte aan goedkeuring niet wordt bevredigd, wordt haar eigen schaamte op het kind overgedragen. En dus schaamt ze zich wanneer zijn kleren smerig zijn, of als hij zich bij oma thuis misdraagt. Een ander voorbeeld is de vader die zijn school nooit heeft afgemaakt en probeert dit via de universitaire studie van zijn zoon goed te maken, die hij een groot schaamtegevoel bezorgt als hij geen goede cijfers haalt.

Schaamte doet het derde chakra inzakken, en als gevolg hiervan zakt het hele bovenlichaam bij het middel in. Hierdoor wordt de borstholte kleiner, de ademhaling oppervlakkiger en de keel nauwer. Tegelijkertijd valt het hoofd naar voren, zodat het min of meer los van het lichaam raakt en het zesde en zevende chakra (waarneming en inzicht) zich niet meer op één lijn met de andere chakra's bevinden. Het gevolg is dat de gedachten en waarnemingen van de betrokkene vaak uit de pas lopen met de werkelijkheid van het lichaam. Het kan zijn dat de geest probeert het lichaam meer te laten presteren dan het kan door zijn verzoeken om voedsel of rust te negeren en emotionele behoeften te ontkennen, waardoor het hele systeem verzwakt raakt.

Schaamte wordt vaak als een naar binnen gerichte spiraal van energie in de buik ervaren – een wee gevoel, alsof het chakra zich spiraalsgewijs achteruit de ruggengraat in boort in plaats van vooruit het leven in. Vlinders in de buik zijn te vergelijken met de spiraal van schaamte – we zijn bang dat we niet goed genoeg zullen zijn, dat we vast en zeker zullen falen, of dat we ontmaskerd zullen worden.

Schaamte doet een blokkering tussen de geest en het lichaam ontstaan die ons van ons ware zelf afsnijdt. Aangezien het derde chakra zo nauw met de ontwikkeling van het ego is verbonden, smelten het schaamtegevoel en het zelfgevoel samen. Het kind ziet zijn daden niet als onvolmaakt, het ziet zichzelf – voortbrenger van die daden – als iemand vol gebreken. 'Alleen iemand met veel gebreken zou zo'n vergissing begaan,' zegt hij tegen zichzelf. Elke volgende vergissing (en er komen er in een mensenleven altijd veel voor) versterkt deze basisopvatting alleen maar.

Ten slotte wordt de beschaamd gemaakte kern een zichzelf waarmakende voorspelling. We passen ons gedrag aan ons zelfbeeld aan. Wanneer we bang zijn om fouten te maken, durven we onze nek niet uit te steken en houden we onszelf klein en begrensd, waarmee we onszelf een goede reden voor onze minderwaardigheidsgevoelens geven. Zonder de overtuiging dat we kunnen slagen, houden we er al mee op zonder ooit iets geprobeerd te hebben, en hiermee bewijzen we onszelf natuurlijk dat we niet kunnen slagen.

DE GEBROKEN WIL

De wil wordt hoofdzakelijk met behulp van de emoties onklaar gemaakt...Wanneer emoties in schaamte komen vast te zitten, raakt hun energie bevroren, waardoor er geen volledige interactie tussen de geest en de wil op gang komt.

JOHN BRADSHAW

De wil is het hulpmiddel waarmee we de wereld scheppen die we wensen. Helaas is het opvoeden van een kind met een eigen wil meer werk dan het opvoeden van een dociel, gehoorzaam kind. Kinderen met een eigen wil hebben een heleboel energie en willen veel doen. Zij zeggen het wanneer ze het ergens niet mee eens zijn en dagen hun ouders uit. Veel ouders zijn te overwerkt of ongeconcentreerd, of zitten te veel in schaamte vast om in staat te zijn die uitdaging te dulden.

De wil van de ouder en die van het kind laten samengaan is een ingewikkelde en delicate aangelegenheid. Het is van wezenlijk belang dat de ouders, met hun grotere kennis en volwassenheid, in de leidende beginselen en het uiteindelijke gezag over zaken betreffende de veiligheid en het welzijn van het kind voorzien. Het is voor het kind een voortdurende strijd om zich aan het schema van de ouders aan te passen – op tijd klaar zijn voor de crèche, eten wat het voorgezet krijgt, of het nu honger heeft of niet, of midden in een spelletje moeten ophouden of een tv-programma niet helemaal kunnen zien omdat het tijd is om naar huis te gaan. Ouders voor wie hun eigen schema al een te zware last is, hebben vaak weinig besef van de natuurlijke ritmen van hun kind.

Bij hun streven alles soepel te laten verlopen, breken veel ouders bewust of onbewust de wil van het kind. Er wordt een volledig gezag over het kind uitgeoefend – het wordt niet aangemoedigd zelf beslissingen te nemen, het mag geen gevoelens of bezwaren kenbaar maken en het krijgt een schaamtegevoel bezorgd wanneer het die dingen wel doet. Er mag geen afzonderlijke identiteit tevoorschijn komen, er kan geen individuatie plaatshebben en het kind groeit op zonder in staat te zijn de loop van zijn eigen leven te bepalen.

Er is een tijd geweest waarin men dacht dat het goed was om de wil van het kind te breken. Dit was de taak van de ouders en hun beloning was een gehoorzaam kind. Maar zo ontstaan er mensen die zonder gevoel, enthousiasme of een gezond besef van hun eigen macht handelen. Dergelijke mensen zijn gemakkelijk te manipuleren en onder de duim te houden en je krijgt ze gemakkelijk in het schaduwrijk van binnengehouden wrok, passief-agressief gedrag, of plotselinge uitbarstingen van geweld. Deze laatste hebben plaats wanneer ze hun verzwakte macht proberen te compenseren door anderen tot slachtoffer te maken. Hoe kan men zonder wil de verleiding van verslavingen het hoofd bieden? Wanneer ons de kans om nee te zeggen is ontnomen, is ons het vermogen ontnomen om ons leven in eigen hand te nemen en ook het zo essentiële vermogen om het zelf te handhaven.

De volgende punten, afkomstig uit de regels van de verderfelijke pedagogiek van Alice Miller, dienen allemaal om de wil van het kind te breken:

1. Volwassenen zijn de meesters (niet de bedienden!) van het afhankelijke kind.
2. Zij bepalen op goddelijke manier wat goed en slecht is.
3. Het kind wordt verantwoordelijk gehouden voor de woede van de ouders.
4. De ouders moeten altijd in bescherming worden genomen.
5. De levensbevestigende gevoelens van het kind vormen een bedreiging voor de autocratische volwassene.
6. De wil van het kind moet zo spoedig mogelijk worden gebroken.
7. Dit moet allemaal in een heel vroeg stadium gebeuren, zodat het kind het niet zal merken en dus niet in staat zal zijn de volwassene te verraden.[14]

Elk van deze verkeerde regels werkt ondermijnend op het ontstaan van een krachtig derde chakra. Ze beïnvloeden de ontwikkeling van de wil, het gevoel van eigenwaarde, persoonlijke verantwoordelijkheid en persoonlijke vrijheid door deze met behulp van overheersing en onderdrukking, gezag en geweld, angst en onderwerping doeltreffend tot onherkenbare vormen te verwringen. Wanneer dit op jonge leeftijd gebeurt (met name tijdens het voorzichtig tevoorschijn komen van het individuele zelf), hebben we met een verval van krachten bij de kern te maken, die de andere chakra's moeten beschermen en compenseren.

Exces en deficiëntie

EXCESSIEF DERDE CHAKRA

De behoefte aan een onecht zelf om het authentieke zelf te bedekken en te verbergen noopt tot een leven dat door doen en prestaties wordt overheerst.

JOHN BRADSHAW

Excessieve derde chakra's kunnen er op het eerste gezicht als een overvloed aan macht en energie uitzien. In werkelijkheid compenseren ze verzwakte of niet-herkende macht. Om hulpeloosheid, verlating, verwaarlozing en mishandeling te overwinnen is er sprake van een excessieve gehechtheid aan – zelfs obsessie met – macht, controle en het opkrikken van het gevoel van eigenwaarde. Aangezien het ware zelf ondervoed is, probeert men aan een beeld of een onecht zelf te voldoen dat door de goedkeuring van anderen moet worden gevoed. Het gevolg is dat een excessief derde chakra er als voortdurende activiteit kan uitzien, als doen in plaats van zijn. Al die activiteit, al die prestaties, afspraken en druk gedoe krikken het ego op. De betrokkene is voortdurend in beweging, voortdurend opgewonden, voortdurend gestresst en voelt zich daar wel bij, omdat hij onder dergelijke omstandigheden voelt dat hij leeft. Deze chronische druk kan uiteindelijk tot chronische vermoeidheid leiden – een salto van een excessieve naar een deficiënte staat (figuur 3-3).

Iemand met een excessief derde chakra wordt door een starre wil geregeerd. Een excessieve wil is niet noodzakelijk een sterke wil, omdat zijn gebrek aan soepelheid hem broos en breekbaar kan maken. Een excessieve wil kan, wanneer hij wordt uitgedaagd, woedend opstuiven of zich van angst terugtrekken. Een excessieve wil heeft de voortdurende behoefte om alles en iedereen onder controle te hebben. In het uiterste geval is hij de bullebak – overheersend, agressief, boos en opgeblazen. In minder extreme vorm is hij de manager die situaties te veel wil beheersen en die geheel door elk detail in beslag genomen wordt, waarbij hij probeert met zoveel mogelijk variabelen rekening te houden. De manager vraagt zich altijd af: 'Wie zullen er komen? Wat moet ik aan? Hoe lang zal het duren? Wat als dit? Wat als dat?'

Soms is een excessieve wil te zien aan de manier waarop iemand zijn lichaam onder controle houdt. Dansers, atleten, gewichtheffers, hardlopers, hardnekkige lijners en zelfs yogabeoefenaars gaan soms met hun lichaam om alsof het een machine is, laten het hard werken, jagen het met hun wil op, of dwingen het door het rigoureuze dieet waarvoor ze hebben gekozen tot onderwerping. Het kan erop lijken dat ze om spirituele, artistieke of gezondheidsredenen voor een dergelijk

Figuur 3-3. Exces en deficiëntie van het derde chakra

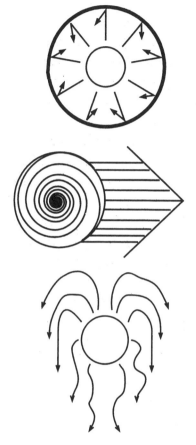

EXCES 1: GEBLOKKEERD
Excessieve energie stapelt zich op als uitdrukking ervan wordt geblokkeerd; kan zich tegen het zelf richten.

EXCES 2: ACTIEF
Wanneer het derde chakra open is, heeft het een brandpunt en een richting. Is het excessief, dan kan deze uitdrukking overheersend of obsessioneel zijn.

DEFICIËNTIE
Een deficiënt derde chakra is uitgeput. De energie die naar buiten stroomt, is zwak en heeft geen doel.

programma kiezen, maar nader onderzoek wijst meestal op een behoefte om met een goed uitziend of presterend lichaam het ego op te krikken. Hoewel dit zeker niet voor al dit soort inspanningen geldt, kan iedereen die aan zelfverbetering werkt in deze valstrik terechtkomen. Het lichaam is geen 'ding', maar een levend voertuig. De integratie die we nastreven bestaat uit een evenwicht tussen luisteren naar de boodschappen van het lichaam en omzetten van die impulsen in productieve activiteit. Waar het voor mensen met een deficiënt chakra nodig kan zijn hun wil met een persoonlijk regiem te ontwikkelen, zullen mensen met een excessief derde chakra meer geneigd zijn dit tot in beschadigende uitersten door te voeren.

Dezelfde overheersing van het zelf door de wil kan zich ook anders voordoen. We zijn dan misschien niet voortdurend excessief actief, maar slepen onszelf wel puur op wilskracht door de uitdagingen van het dagelijks leven heen. Door een automaat te worden, maken we ons los van onze beleving en gevoelens. We staan op de automatische piloot en denken zelden na over wat we aan het doen zijn, we zijn er gewoon niet echt bij betrokken. In dit geval is de wil zowel losgeraakt van het lichaam als van de geest en heeft hij de functie van het ego overgenomen. Een excessieve wil kan de meeste andere chakra's van hun levenskracht beroven. Het tweede chakra sluit zich dan af voor gevoel, het vierde voor authentieke verbondenheid en het vijfde voor vrijuit spreken. Het lichaam kan in activiteit geaard lijken, maar de geest is niet in het lichaam geaard.

Een excessief derde chakra is tot machtsmisbruik geneigd, ter compensatie van een zwak ego en weinig gevoel van eigenwaarde. Macht zal bedwelmend lijken en het ego kan bezeten en onbuigzaam worden. Andere waarden, zoals zelfzorg, mededogen, geduld en begrip, worden door de behoefte aan macht onder de voet gelopen. De levenskracht komt in het derde chakra vast te zitten en kan zich niet naar andere gebieden verspreiden.

Over het algemeen zijn mensen die zich altijd erg druk maken (hoge bloeddruk) te sterk geladen. Hoewel dit qua *oorzaak* niet met het derde chakra hoeft samen te hangen, is dit wel het geval qua *gevolg*. Wanneer het systeem te sterk geladen is, maakt het derde chakra, dat energie verwerkt, tot uitdrukking brengt en verspreidt, overuren. Dit kan tot hyperactiviteit leiden, tot spierspanning, een te hoog maagzuurgehalte en ook tot een overheersende persoonlijkheid of een onbuigzame wil.

DEFICIËNTIE

Mensen met een deficiënt derde chakra lijden aan een combinatie van kenmerken, waaronder gebrek aan vuur en vitaliteit, weinig zelfdiscipline, een zwakke wil en gebrek aan spontaneïteit. Ze laten zich vaak gemakkelijk door anderen manipuleren en voelen zich vaak slachtoffer. Ze hebben vaak last van depressies, aangezien de lichaamsenergie wordt onderdrukt en tegengehouden, en van schaamtegevoel. In dit geval slaat het ego zich er eerder door vermijding dan door overcompensatie doorheen. Ze kunnen intens verlegen zijn en kil of teruggetrokken lijken. Ze zullen confrontaties en uitdagingen meestal uit de weg gaan, vooral wanneer de kans bestaat dat ze zich moeten blootgeven. Ze zullen dus niet snel voor een publiek optreden of in relaties emotionele risico's nemen. Ze zijn meer geneigd op safe te spelen, zich aan regels te houden, anderen te laten leiden en anderen te plezieren. Ze zijn passief en gebruiken hun passiviteit om macht uit te oefenen. Door anderen de leiding te laten nemen, hoeven ze zich niet kwetsbaar op te stellen en geen risico's te nemen en hebben ze macht over anderen, die voor hen risico's moeten nemen. In relaties laten ze anderen het initiatief nemen en volgen ze braaf, maar wel vaak met heimelijke wrok. Het kan zijn dat hun partner gefrustreerd en overstuur raakt van hun passiviteit, terwijl ze zelf onaangedaan, kalm en beheerst lijken. Zo krijgen ze nooit de schuld en zijn ze nooit verantwoordelijk voor iets. Mensen met een deficiënt derde chakra zijn de verloren zoon of dochter van de familie, de stille werkers in de organisatie, of de toegewijde en onzelfzuchtige echtgenote of echtgenoot.

Wanneer de buurman van John vraagt of deze hem een lift naar de dokter kan geven, kan het zijn dat John ja zegt terwijl hij er eigenlijk helemaal geen zin in heeft. Hij is echter te passief om nee te zeggen. In plaats daarvan komt hij drie kwartier te laat opdagen. Dit is zijn manier om zonder de confrontatie aan te gaan woede en agressie tot uitdrukking te brengen, met zo weinig mogelijk risico voor zichzelf.

Angst, schuldgevoel en schaamte (de demonen van de eerste drie chakra's) zijn in het deficiënte derde chakra het meest van invloed. Angst doet de energie onderaan samentrekken, schuldgevoel werkt belemmerend op het stromen van beweging, en het gevolg is dat er erg weinig energie van het derde chakra uitstraalt, omdat die energie nu eenmaal al wordt ingeperkt voordat ze het derde chakra kan bereiken. De energie die er wel in slaagt daar aan te komen zit vast in schaamte.

De bovenste chakra's kunnen daarentegen excessief zijn. De behoefte aan liefde is groot, daar liefde de energie vaak kan bevrijden en naar het derde chakra kan leiden, waardoor de energie daar groter wordt. Het gevoel van eigenwaarde dat ontstaat wanneer men wordt bemind, schept een gevoel van veiligheid dat langzamerhand de ontwikkeling van macht mogelijk maakt. Als de relatie echter stukloopt (wat vaak het geval is), raakt de energie opnieuw samengetrokken en gaat het ego opnieuw in zijn eigen ontoereikendheid geloven.

Een gebrek aan naar buiten gerichte agressie is heel kenmerkend voor een deficiënt derde chakra. Er is gewoon niet genoeg energie voor, of de energie die er is, zit vast in angst en schaamte. Als we het gevoel hebben waardeloos te zijn, waarom zouden we dan voor iets vechten? We zeggen tegen onszelf dat we niet belangrijk zijn en dat het dus ook niet belangrijk is wat er gebeurt. Passiviteit is veiliger. Betrokkenheid brengt angst mee, terwijl afzondering vaak prettiger is.

Deze afzondering en passiviteit ten opzichte van anderen snijdt ons af van de energie van de wereld om ons heen. Terwijl we reeds te zwak geladen zijn, worden we een gesloten systeem, raken we steeds leger en wordt ons leven steeds monotoner, wat ons gevoel van eigenwaarde nu ook niet bepaald ten goede komt.

Wanneer het ons aan een sterk derde chakra ontbreekt, missen we de wil om ons leven in eigen hand te nemen. We hebben weinig zelfdiscipline, maken zelden iets af en gaan verantwoordelijkheid uit de weg. We kunnen ons niet aan een dieet houden, houden oefeningen ter versterking van onze energie niet vol, krijgen onszelf niet zo ver dat we projecten voltooien. De bevrijdende stroom heeft niet genoeg kracht om aan het gravitatieveld van de onderste chakra's te ontkomen, en we komen gewoon geen stap verder.

Van mensen met ME is de energie van het derde chakra opgeraakt. Daar zijn verschillende oorzaken voor. Iemand kan bijvoorbeeld te veel activiteiten hebben ontplooid ten opzichte van de hiervoor beschikbare energie, of zijn energie altijd hebben vastgehouden, waardoor hij deze heeft uitgeput. Er zijn ook verschillende medische oorzaken, waaronder wildgroei van candida, het syndroom van Barr, de ziekte van Lyme en de ziekte van Pfeiffer. In al deze gevallen verlangt het lichaam naar rust, verlangt het ernaar weer opgeladen te worden, contact te maken met de diepergelegen energiebronnen die vanuit de biologische kern emaneren.

Zowel excessieve als deficiënte derde chakra's kunnen zich aangetrokken voelen tot stimulerende middelen zoals cafeïne, amfetaminen of cocaïne. Stimulerende middelen helpen het deficiënte systeem zich normaal te voelen en het excessieve systeem zijn voortdurende activiteit voort te zetten. Uitermate angstige persoonlijkheden kunnen zich ook tot kalmerende middelen zoals opiaten, barbituraten en alcohol aangetrokken voelen.

Het is mogelijk een chakra te hebben dat zowel deficiënte als excessieve strategieën vertoont. We kunnen een zwakke wil hebben, maar constant bezig zijn, waarmee we het systeem mettertijd ondermijnen. We kunnen ons traag en lui voelen, maar toch zeer manipulerend zijn. Wat we goed moeten beseffen, is dat al deze gedragingen iets proberen te doen aan de onderliggende wonden die onze autonomie en ons gevoel van eigenwaarde zijn toegebracht.

Herstel van de lotus in zijn oorspronkelijke staat

Helen van het derde chakra

Want tijdens elke liefdes- of wilsdaad – en uiteindelijk zijn liefde en wil in elke echte daad aanwezig – vormen we tegelijkertijd onszelf en onze wereld. Dit is wat omarming van de toekomst betekent.

ROLLO MAY

ALGEMENE PRINCIPES

Helen van het derde chakra is van wezenlijk belang om een gezonde stofwisseling in stand te houden, de verspreiding van energie door het hele lichaam in balans te houden en onze levensloop met de juiste mate van verantwoordelijkheid en vrijheid te bepalen. Om dit te bereiken, moeten we aan twee niveaus tegelijk werken: het innerlijke beheer van de energie in het lichaam en de externe uitdrukking van die energie in de buitenwereld. Wanneer beide niveaus worden aangepakt, ontwikkelt onze wil zich zo sterk dat we aan maatschappelijke en politieke veranderingen kunnen gaan werken en een bijdrage kunnen gaan leveren aan de voortdurende strijd voor de totale bevrijding van de mens.

Zoals te verwachten, komt het innerlijke werk eerst. We kunnen niet erg doeltreffend zijn in de buitenwereld als onze persoonlijke energie helemaal in de knoop zit in ons eigen lichaam. Om die knopen uit elkaar te halen, moeten we onze inertie overwinnen – de oude gewoontepatronen die ons verzwakken, de angsten uit het verleden die ons vastleggen en beheersen, het verlammende kritische zelfonderzoek dat onze schaamte ons oplegt, of het dwangmatig uitspelen van onopgeloste conflicten. Het overwinnen van deze inertie is de eerste stap in het individuatieproces.

HELEN VAN HET DEFICIËNTE DERDE CHAKRA

Als het chakra voornamelijk deficiënt is, moet er langzaam energie opgebouwd worden, zoals ook gebeurt wanneer er een vuur ontstoken wordt. We kunnen alleen maar aan het zwaartekrachtsveld van het eerste en tweede chakra ontsnappen wanneer er een vuur brandt dat ons aansteekt en voortstuwt. Alleen met het vuur van zelfvertrouwen en enthousiasme kunnen we nieuwe uitdagingen het hoofd bieden of de zelfdiscipline opbrengen om bijvoorbeeld een dieet of een bepaalde meditatieoefening vol te houden. Zonder dit vuur zijn we gedoemd in onze pogingen te blijven steken, wat onze gevoelens van schaamte en machteloosheid slechts vergroot.

Het vuur opstoken betekent versterking van de metabolische energie. De eerste stap in dit proces houdt in dat we de brandstof die we verbruiken om dat vuur aan te maken nader onderzoeken door aandacht te besteden aan wat we eten. Wanneer we voedsel eten dat weinig vet, suiker en additieven bevat en we voldoende proteïne en groenten naar binnen krijgen, kan het vuur schoon branden. Door met regelmatige tussenpozen te eten, blijft het bloedsuikergehalte op peil en kan de energie gelijkmatig stromen. Regelmatig aan aerobics doen, minstens een half uur per keer, is ook heel goed voor het lichaam, onder meer voor de stofwisseling, en het doet een gevoel van macht ontstaan doordat het de spiertonus verbetert. Naarmate we lichamelijk fitter worden, stroomt onze energie soepeler en neemt ook ons gevoel van eigenwaarde toe.

Mensen met een deficiënt derde chakra dienen een leven te leiden dat voeding en steun biedt. Van welke activiteiten krijg je energie? Welke activiteiten putten je uit? Hoe komt dat? Ga op zoek naar activiteiten die je energie geven en probeer hier meer tijd aan te besteden.

Uitdagingen en moeilijkheden kunnen ons ook meer energie geven, zolang ze maar niet overweldigend en onmogelijk zijn. Mensen die vermijdingsgedrag vertonen, voelen zich uitgeput en niet in staat uitdagingen het hoofd te bieden, maar ze beseffen zelden dat ze nu juist door dit gedrag te weinig lading bezitten. Let op wat er in je lichaam gebeurt wanneer je de confrontatie met je baas aangaat, of een risico neemt waardoor je op onbekend terrein terechtkomt. Dat trillerige gevoel kan geactiveerde angst of schaamte zijn, maar er is ook sprake van meer energie en levendigheid. Wanneer we onszelf zo ver krijgen dat we uitdagingen het hoofd bieden, verhogen we het psychische voltage van het systeem zelf. Inertie houdt ons in al bestaande patronen gevangen. Wanneer we ons op onbekend terrein begeven, worden we gedwongen nieuwe patronen te scheppen, het leven in het hier en nu te ervaren en onze eigen verborgen reserves aan macht en kracht te ontdekken.

Degenen met een deficiënt derde chakra dienen aan versterking van hun wil te werken door hun lichamelijke energie te vergroten en ook door bewuste aandacht aan hun doelen en verlangens te besteden. Veel van mijn cliënten nemen hun leven niet in eigen hand, omdat ze geen algemeen plan hebben dat hun langetermijndoelen schetst. De deficiënte structuur brengt niet gemakkelijk iets tot stand en heeft een plan nodig om haar op het juiste spoor te houden. Door ons aan een plan of routine te houden, versterken we onze gevoelens van macht en controle en ook ons zelfvertrouwen.

HELEN VAN HET EXCESSIEVE DERDE CHAKRA

Excessieve derde chakra's hebben meer energie dan het systeem aankan; deze energie moet worden ontladen of naar andere chakra's worden geleid. Vaak bestaat de strategie voor dit soort werk uit het verbeteren van de functie van de andere chakra's en wordt er niet iets aan het derde chakra zelf gedaan. Als het teveel aan energie geherdistribueerd moet worden, moet ze wel ergens heen kunnen gaan. Misschien is het nodig kanalen te openen via welke emoties geuit kunnen worden, of moet het hart zachter worden, of de aarding verbeterd. Rechtstreeks aan het excessieve derde chakra werken kan tot een machtsstrijd leiden die alleen maar voor nog meer exces zorgt.

Excessieve derde chakra's moeten zich juist ontspannen, stilzitten, de controle loslaten. Geleide fantasie, iets dat tot diepe ontspanning leidt, is een uitstekend hulpmiddel hiertoe. Zo kunnen mensen met een excessief derde chakra rust en ontspanning bereiken en een dieper contact met lichaam en geest. Aan yoga doen is goed om tot ontspanning en soepelheid te komen, om blokkeringen die spanning vasthouden heel rustig op te heffen. Door elke dag een poosje de tijd te nemen om helemaal niets te doen, kan het derde chakra zich losmaken van zijn voortdurende uitvallen naar voren. Bovendien leidt dit tot een diepere staat van zijn. Niets doen is voor degenen met een excessief derde chakra echter buitengewoon moeilijk; vaak accepteren ze dit alleen maar met het idee dat ze toch iets 'doen' om hun eigen gezondheid te bevorderen. Dit geldt vooral wanneer ze doorkrijgen dat ontspanning tot een grotere productiviteit leidt.

ANDERE ALGEMENE STRATEGIEËN OM HET DERDE CHAKRA TE HELEN

Geef je behoefte aan veiligheid op

Het eerste wat cliënten of groepsleden die hun derde chakra wensen te ontwikkelen van mij te horen krijgen, is dat ze hun gehechtheid aan veilig zijn dienen op te geven. Dit houdt in dat ze moeten ophouden met altijd maar alles vooruit zeker te willen stellen en dat ze moeten accepteren dat er kritiek, uitdagingen, misverstanden, afwijzingen of mislukkingen mogelijk zijn. Hoewel veiligheid belangrijk kan zijn om te overleven en om emoties te ontwikkelen, is het geen uitdaging voor onze macht als alles wat we doen al bij voorbaat zonder risico is.

We moeten het feit onder ogen zien dat de wereld niet veilig is. Als we onszelf beperken tot wat voorspelbaar en rustig is, kunnen we net zo goed 's ochtends in bed blijven liggen. Door ons aan veiligheid en zekerheid vast te klampen, blijven we kinderen – machteloos, wensend dat anderen de wereld voor ons vormen. De uitdaging die bij macht hoort, is volwassen worden, verantwoordelijkheid accepteren en onze toekomst met behulp van onze eigen pro-activiteit zelf vormgeven. Onze macht neemt toe door uitdagingen aan te gaan en dit tot een goed einde te brengen. We moeten bereid zijn risico's te nemen, ons in het onbekende te begeven, aan de zwaartekracht van het vertrouwde te ontsnappen, om ons tijdens onze reis over de Regenboogbrug naar lichaam en geest te kunnen ontwikkelen.

Werk met woede

Hoewel emoties over het algemeen met het tweede chakra samenhangen, heeft woede voornamelijk betrekking op het derde chakra, omdat ze assertieve, vurige energie uitdrukt. Geblokkeerde woede kan zowel excessieve als deficiënte staten veroorzaken, maar is toch meestal excessief. Het kan zijn dat mensen met een deficiënte structuur zich niet eens van hun woede bewust zijn, omdat ze niet genoeg energie hebben om die uit te drukken. Door een deficiënte structuur in staat te stellen een middel te ontwikkelen om woede mee uit te drukken, krijgt ze toestemming voor het hebben van deze energie en kracht opleverende emotie.

Als woede wordt gevoeld, maar niet wordt geuit, dan heeft dit meestal een excessieve staat tot gevolg. Woede is energie; het lichaam probeert een uitdaging het hoofd te bieden door zijn lading te vergroten. Als zich regelmatig situaties voordoen die ons boos maken, leven we in een te sterk geladen staat. Als die energie niet tot uitdrukking kan worden gebracht, neemt de lading in het lichaam steeds maar toe, waardoor grote spierspanning ontstaat, dwangmatige handelingen, of een behoefte alles onder controle te houden.

Geblokkeerde woede speelt ook vaak een rol bij vetzucht, een stofwisselingsstoornis. Iets zorgt ervoor dat voedsel niet in energie wordt omgezet. We zouden kunnen zeggen dat het vuur niet goed brandt of dat de vuurenergie op de een of andere manier geblokkeerd wordt. Aangezien voedsel geacht wordt ons van energie te voorzien, is de zwaarlijvige gefrustreerd wanneer het voedsel dat hij tot zich neemt hem geen energie geeft. Dus grijpt hij naar meer voedsel, wat het probleem alleen maar groter maakt. Ik heb ontdekt dat het loslaten van geblokkeerde woede vaak de stofwisseling verbetert en problemen met gewicht stabiliseert, soms zonder iets of maar weinig aan het dieet te veranderen. Wanneer het noodzakelijk is om af te vallen, komt er door het weer opeisen van onze woede vaak meer energie voor de wil beschikbaar, zodat het gemakkelijker wordt om ons aan ons dieet te houden.

Woede uiten houdt ook in dat we proberen te achterhalen waardoor ze ontstond, dat we de situaties onderzoeken die we noodgedwongen moesten verdragen en dat we het recht herwinnen om bezwaar te maken tegen het machtsmisbruik dat ons heeft gekwetst of onderdrukt. Wanneer we onze woede op deze kwesties uit het verleden loslaten, komt er energie vrij voor de uitdagingen waarvoor we nu staan. Bovendien krijgen we zo een goede lading om huidige problemen aan te pakken.

Door in therapie woede over onze vader vrij te laten, houden we op met onze echtgenoot of vriend voortdurend op zijn huid te zitten. Onze moeder trotseren weerhoudt ons ervan wrok tegen onze echtgenote, vriendin of dochter te koesteren. Wanneer we in staat zijn onze woede op de bron ervan te richten, worden we niet excessief of schadelijk voor anderen en vergroten we in plaats daarvan ons gevoel van macht. Ik heb tijdens mijn werk als psychotherapeute gemerkt dat cliënten vaak vrezen dat als ze tijdens de therapie woedend worden, ze in het dagelijks leven verschrikkelijke, woedende mensen zullen worden. In werkelijkheid worden ze door hun woede vrij te laten minder boos, maar wel effectiever.

Val de schaamtedemon aan

Bij zowel een excessief als een deficiënt chakra ligt de schaamtedemon meestal in de schaduwen van het derde chakra op de loer, klaar om zijn arme slachtoffer te overvallen zodra zich een vergissing (of zelfs succes) voordoet. De fundering voor een evenwichtig machtsgevoel – een gezond gevoel van eigenwaarde – wordt derhalve voortdurend ondermijnd. Sommige mensen trekken zich hierdoor terug of zakken in, bij andere leidt het tot een furie van compenserende activiteit.

In beide gevallen moeten de wortels van schaamte worden blootgelegd en uit de grond van ons wezen worden getrokken. We kunnen ons over ons lichaam schamen, over onze emoties en seksualiteit, over onze behoeften, over het feit dat we niet 'goed genoeg' zijn, of over ik weet niet hoeveel andere zaken. Het is belangrijk de kritische stem in je hoofd te herkennen en je af te vragen op wiens stem ze lijkt. Welke krachten waren van invloed op degene die zo veel kritiek op jou leverde? Hoe dacht die persoon over zichzelf?

Wanneer de stem haar nare kop opsteekt, is de conversatie vaak nogal eenzijdig. 'Je bent ook zo stom. Je doet nooit iets goed. Je zult nooit iets van jezelf maken.' Waar is de andere kant van deze conversatie? Waar is de opstandigheid die zegt: 'Ik stom, nou zullen we het krijgen! Jij hebt me nooit iets geleerd! Jij hebt nooit de tijd genomen om me iets uit te leggen. Jij verwachtte van mij gedrag dat niet bij mijn leeftijd paste, dat ik dingen wist die ik onmogelijk had kunnen weten. En nooit heb je me gesteund of aangemoedigd!' Of de opstandige stem zou kunnen zeggen: 'Hoor eens, dit is de eerste keer dat ik dit doe. Ik ben natuurlijk niet meteen een expert, maar dat ik het probeer, zou je al heel wat moeten vinden. Ik doe mijn best. *Laat me met rust!*'

Schaamte komt altijd onvermijdelijk voort uit mishandeling. Wanneer je het kind dat je was in het kader van die mishandeling ziet en mededogen voor dat kind toont, zal de schaamte vanzelf verdwijnen. Het helpt ook om een dialoog met je innerlijke kind te voeren, waarbij je het volwassen zelf tegen het kind laat zeggen dat je het vergeeft, dat het niet zijn schuld was, dat het niets verkeerd heeft gedaan, of dat het de mishandeling niet verdiende. Hierdoor vervang je de veel te kritische, schaamtegevoel bezorgende programma's die ons doodop maken en de vreugde uit ons leven halen.

Conclusie

Werken aan het derde chakra, of het nu om exces of deficiëntie gaat, berust op het ontwikkelen van egosterkte. Dit brengt ontwikkeling van het contact met het authentieke zelf mee, via het lichaam en via de gevoelens en verlangens ervan, en ook verbetering van het gevoel van eigenwaarde, via een aanval op de schaamtedemon. Verder dient er een gevoel van macht te worden geschapen, via het aangaan van uitdagingen en deelname aan stimulerende activiteiten. Het loslaten van remmingen en angsten maakt de speelse energie los die het leven gemakkelijk en prettig maakt. Deze tactieken voeden de bevrijdende stroom die zich vanuit het onderste chakra omhoog beweegt.

Om het bewustzijn dat vanuit de kruin naar beneden komt eer te bewijzen, is het nuttig een lijst van doelen en intenties te maken en vervolgens de stappen te plannen die nodig zijn om die doelen tot manifestatie te laten komen. De wil ontwikkelt zich wanneer we onze energie voor deze doelen gebruiken of voor andere routines die helpen onze vaardigheden en onze lichamelijke energie te ontwikkelen. De resultaten van onze inspanningen versterken het proces op positieve wijze en aarden de macht van ons derde chakra in de werkelijkheid.

Door het derde chakra te helen, krijgen we een gezond machtsgevoel en gaan we ook beseffen wat de grenzen van macht zijn. Een gezond derde chakra is bevorderlijk voor een pro-actieve en causatieve benadering van het leven, een benadering waaruit zelfvertrouwen, warmte, verantwoordelijkheidsgevoel en doorzettingsvermogen spreekt. Mensen met een geheeld derde chakra zijn nu in staat uitdagingen aan te nemen, taken af te maken, tegenwerking doeltreffend het hoofd te bieden in plaats van reactief wraak te nemen, en verantwoordelijkheid voor hun daden te nemen. Personen met een gezond derde chakra zijn heel vitaal en kunnen om zichzelf lachen.

NOTEN

1. Laurence Boldt, *Zen and the Art of Making a Living* (New York: Penguin Arkana, 1993), xlvi.
2. Ibid., 152.

3. Ibid., 134.
4. John Pierrakos, *Energetica van de ziel: Ontwikkel je vermogen tot liefhebben* (Haarlem: Becht, 1987), 311.
5. Rollo May, *Love and Will* (New York: Delta, 1969), 27.
6. Ibid., 218.
7. Ibid., 193.
8. Net zoals de wil op lust wordt gebouwd (de stroom die van de grond naar boven beweegt), zo is lust uitsluitend in samenhang met de wil aanwezig (de stroom die van boven naar beneden gaat). Seksuele dwang is hier een goed voorbeeld van: een normaliter plezierige activiteit wordt van dit plezier ontdaan omdat de wil niet in overeenstemming is met de handeling.
9. Alexander Lowen, *Language of the Body* (New York: Collier Books, 1988), 200.
10. Robert Bly, *Iron John* (Reading, MA: Addison-Wesley, 1990), 110–111.
11. Starhawk, *Truth or Dare* (San Francisco: Harper & Row, 1987), 71.
12. Ibid., 81
13. Alice Miller, *Het drama van het begaafde kind* (Het Wereldvenster, 1986).
14. Alice Miller, *For Your Own Good* (New York: Basic Books, 1983), 59.

Aanbevolen literatuur

Healing the Shame that Binds You. John Bradshaw. Deerfield Beach, Fl: Health Communications, 1988.

Truth or Dare: Encounters with Power, Authority, and Mystery. Starhawk. San Francisco: Harper & Row, 1987.

Love and Will. Rollo May. New York: W.W. Norton, 1969.

The Act of Will. Robert Assagioli. New York: Penguin Arkana, 1974.

The Seven Habits of Highly Effective People. Steven R. Covey. New York: Simon & Schuster, 1989.

The Dance of Anger: A Woman's Guide to Changing the Patterns of Intimate Relationships. Harriet Goldhor Lerner. New York: Harper & Row, 1985.

Anger: The Misunderstood Emotion. Carol Tavris. New York: Simon & Schuster, 1982.

VIERDE CHAKRA

Het evenwicht in de liefde vinden

✶ Het vierde chakra in één oogopslag ✶

Element:
- Lucht

Kleur:
- Groen

Naam:
- Anahata (ongeslagen)

Plaats:
- Borst, hart, hartplexus

Doel:
- Liefde en evenwicht

Identiteit:
- Sociale

Levensgebieden:
- Liefde
- Evenwicht
- Liefde voor zichzelf
- Relaties
- Intimiteit
- Anima/animus
- Devotie
- Naar buiten treden en opnemen

Gerichtheid:
- Zelfaanvaarding
- Acceptatie van anderen

Demon:
- Verdriet

Ontwikkelingsfase:
- 4 tot 7 jaar

Ontwikkelingstaken:
- Vormen van relaties met leeftijdgenoten en familie, ontwikkelen van de persona

Basisrechten:
- Om te beminnen en bemind te worden

Evenwichtige kenmerken:
- Meedogend
- Liefdevol
- Empathisch
- Houdt van zichzelf
- Altruïstisch
- Vreedzaam, evenwichtig
- Goed afweerstelsel

Trauma's en mishandeling:
- Afwijzing, verlating, verlies
- Schaamtegevoel bezorgen, voortdurende kritiek
- Geweld ten opzichte van andere chakra's, vooral de lagere
- Niet erkend verdriet, inclusief verdriet van de ouders
- Scheiding, dood van een dierbare
- Liefdeloze, kille omgeving
- Voorwaardelijke liefde
- Seksueel of lichamelijk geweld
- Verraad

Deficiëntie:
- Asociaal, teruggetrokken, kil
- Kritisch, veroordelend, onverdraagzaam ten opzichte van zichzelf en anderen
- Eenzaamheid, afzondering
- Depressie
- Angst voor intimiteit, angst voor relaties
- Gebrek aan empathie
- Narcisme

Exces:
- Op anderen gericht ten koste van zichzelf
- Zwakke grenzen
- Veeleisend

- Op kleverige manier aanhankelijk
- Jaloezie
- Overdreven opofferend

Lichamelijke gebreken:
- Stoornissen aan hart, longen, thymus, borsten, armen
- Kortademigheid
- Ingevallen borstkas
- Problemen met de bloedcirculatie
- Astma
- Deficiënt afweerstelsel
- Spanning tussen schouderbladen, pijn in de borst

Helingsstrategie:
- Ademhalingsoefeningen, pranayama
- Armoefeningen: uitstrekken, intrekken
- Dagboek bijhouden, zelfontdekking
- Psychotherapie
    Aannamen over relaties onderzoeken
    Verdriet uiten
    Vergeving indien van toepassing
    Dialoog met innerlijk kind
    Werken aan gerichtheid op anderen ten koste van zichzelf
    Zelfacceptatie
    Integratie animus/anima

Affirmaties:
- Ik verdien liefde.
- Ik ben liefdevol ten opzichte van mezelf en van anderen.
- Er bestaat een oneindige voorraad liefde.
- Ik leef in harmonie met anderen.

Verschillende kleuren groen

Gedreven door de krachten der liefde gaan de fragmenten van de wereld naar elkaar op zoek, zodat de wereld kan gaan ontstaan.

PIERRE TEILHARD DE CHARDIN

We zijn dan wel een cultuur die door macht wordt geobsedeerd, maar we worden door de behoefte aan liefde gedreven. Het basisrecht van het hartchakra – *beminnen en bemind worden* – is eenvoudig, diep, direct. Helaas is dit chakra gemakkelijk te beschadigen, te verzwakken of te verwonden. Deze verwondingen zijn van het grootste belang, omdat zowel het karakter als de ziel gewond raken, omdat ze zowel het lichaam als de geest treffen, en omdat ze een krachtige uitwerking op de kern van het zelf hebben.

Waarom is liefde zo moeilijk te vinden als ze zo eenvoudig is? De wereldliteratuur staat bol van de verhalen over liefde en het verlies ervan, verhalen die we maar al te goed uit persoonlijke ervaring kennen. Niets doet ons zo goed als het opbloeien van liefde, niets is zo vernietigend als het verlies ervan. Liefde, een ten diepste archetypische ervaring, is de kracht waardoor ons leven wordt beheerst. Zonder liefde kunnen we niet leven, maar de wereld huilt om het gebrek eraan.

Alle vormen van kindermishandeling zijn in feite karikaturen van liefde. Het zijn karikaturen, omdat het niet om het volledig ontbreken van liefde gaat, maar om het ontbreken van gezonde liefde. Hoeveel kinderen zijn er niet geslagen en mishandeld, seksueel misbruikt, streng gestraft, of gesmoord en gemanipuleerd terwijl ze te horen kregen: 'Ik doe dit omdat ik zo veel van je houd.' Karikaturen van liefde doen zich voor wanneer dat wat we in het leven het meest nodig hebben verwrongen en bedorven wordt, ons onthouden wordt en als machtsmiddel wordt gebruikt. Wanneer we niet weten hoe gezonde liefde eruitziet, is het erg lastig voor ons om die in ons leven tot stand te brengen. We klemmen ons aan snippers liefde vast, offeren onszelf op het altaar der liefde, lopen bang weg wanneer we liefde vinden.

In plaats van liefde te omarmen, richten we ons op het tegenovergestelde van liefde: oorlog en geweld. Televisiegeweld vormt het gedrag van onze kinderen. Veel jeugdigen hebben alleen in een bende het gevoel erbij te horen. Adolescenten die bij mij in therapie zijn, vertellen me dat wreed zijn 'cool' is, en dat je om een man te zijn gemeen moet zijn. In Amerika nemen dagelijks 270.000 kinderen een vuurwapen mee naar school. Vuurwapens hebben auto's inmiddels van de eerste plaats op de ranglijst van doodsoorzaken verdrongen.[1] Is dat geen karikatuur van liefde?

De politiek is tegenwoordig steeds minder bereid geld uit te trekken voor de onderdrukten en armen, kinderen en immigranten, terwijl het defensiebudget een heilige koe blijft waaraan tijdens begrotingsdebatten zelden een woord wordt gewijd. Het is al alarmerend genoeg dat onze politieke leiders dit waardesysteem belichamen – nog alarmerender is het stil te staan bij het aantal mensen dat er dezelfde waarden op na moet houden. *Welke culturele mythe zit er achter dergelijke waarden?*

Mythen zijn beschavingsverhalen over onze oorsprong en ons doel op aarde. Onbewust beïnvloeden deze verhalen ons leven, onbewust kunnen ze het zelfs bepalen. Ze omschrijven wat mogelijk is, geven vorm aan wie we zijn en leiden ons naar wat kan zijn. Mythen vormen een uitdrukking van de oerrelaties die er bestaan tussen archetypische elementen in het universum en hun tegenhangers in onze eigen psyche.

In de meest voorkomende mythen zijn we kinderen van een scheiding. De Grote Moeder, een fundamenteel archetype van de psyche, werd minstens 25.000 jaar lang, tijdens het paleolithicum en neolithicum, als levend afgodsfiguur aanbeden.[2] Ze is de archetypische stammoeder van ons allen; de herinnering aan haar zit diep in het collectieve onbewuste verborgen. Ze weerspiegelt hoe we als klein kind onze eigen moeder ervoeren en belichaamt de archetypische kenmerken van de barende bron – koestering, voeding, omvatting en verbondenheid.

Ze was lange tijd uit de collectieve geest van de westerse beschaving verdwenen. Sinds haar verwijdering uit onze belangrijkste mythen is zij opvallend afwezig. Ze begint eigenlijk pas weer op te duiken dankzij de groeiende Godinnenbeweging, recent archeologisch onderzoek en de populariteit van de jungiaanse, archetypische psychologie. Ze is de Moeder die we zijn kwijtgeraakt en die we pas nu weer beginnen terug te vinden. Ze is het archetypische vrouwelijke uit het oerbegin van onze beschavingsgeschiedenis.

Tijdens haar afwezigheid is de Grote Vader de enige hoofdpersoon in onze belangrijkste mythen geworden. Hij is sterk en machtig, maar afstandelijk en ongrijpbaar. Hij heeft geen vrouw of dochter en is vervreemd van alles waarvoor het vrouwelijke archetype staat. Zijn enige zoon is gekruisigd, ogenschijnlijk vanwege de zonden van de kinderen. Bij de echtscheiding zijn wij, de bastaardkinderen, aan de Vader toegewezen.[3] In ons nieuwe huisgezin kon er niet over Moeder worden gesproken en zo vergaten we haar.

We hebben de mythe van een onvolledig gezin geërfd. We zijn de moederloze kinderen in het huis van onze afstandelijke vader, die heelheid proberen te vinden in een wereld die naar de magie en het mysterie van de liefde snakt. Dit is ons verhaal. Dit zijn onze ouders. We zijn de kinderen uit een niet-erkend huwelijk.

Geen wonder dat we zo naar romantische liefde hunkeren. Geen wonder dat onze collectieve fantasie van de mythe man-ontmoet-vrouw-en-ze-leven-nog-lang-en-gelukkig doordrongen is en dat andere vormen van liefde hierdoor onherkenbaar zijn geworden. Als we kinderen uit een volledig en liefdevol mythisch gezin waren, *een partnerschapsmythologie*, zouden we misschien vereniging ervaren door samen te werken en zouden we misschien niet de dwangmatige behoefte hebben om ons verzwakte zelf via een ander te completeren.

Onze belangrijkste mythe is er een van scheiding. We zien onszelf als losstaand van de natuur, van elkaar, van het goddelijke. Door ras, klasse, gender en leeftijd worden scheidingen gecreëerd. Individuen krijgen het morele recht toebedeeld, worden zelfs aangemoedigd, om alles te doen wat nodig is om hun eigen individuele bestaan vooruit te helpen. Terwijl wij onze eigen individuele belangen behartigen, wordt het milieu en alles wat erin leeft vernietigd. Rijkdom en klassenverschil brengen meer scheiding, meer privacy en meer individualisme teweeg.

We hebben een enorme scheiding en vervreemding tussen man en vrouw in het leven geroepen en stimuleren scheiding tussen vrouwen en vrouwen en tussen mannen en mannen. Liefde, de lijm die het hele universum bijeenhoudt, wordt teruggebracht tot liefde tussen twee heteroseksuele mensen en hun vaak eenzame kinderen. Er mankeert kennelijk nogal wat aan dit model, want onze kinderen worden mishandeld en ons huwelijk is een herhaling van het patroon van onze mythische ouders – het aantal echtscheidingen neemt epidemische vormen aan.

Het lijkt erop dat onze verliefdheid op de wereld aan het verdwijnen is. We weten allemaal hoe hevig de pijn is wanneer onze verliefdheid verdwijnt. Die pijn doorboort de kern van ons wezen, slaat een diep gat in de ziel, en verwondt en beschadigt de levenskracht.

In het isolement waarin wij verkeren, kunnen we ons nauwelijks bij alle tragedies die zich in de wereld voordoen betrokken voelen. Komt dit doordat ons vermogen tot betrokkenheid aan het verdwijnen is? Komt dit doordat de tijd die in echte betrokkenheid gaat zitten, in echt voelen, echte communicatie en begrip niet langer als welbestede tijd wordt beschouwd? We raken van anderen vervreemd, worden vijandig, defensief, op onszelf gericht, gaan dwangmatig consumeren. Het resultaat hiervan is afzondering, beklemming en beperking. De grond onder onze voeten wordt onvast, en de energie waarmee we ons ontwikkelen wordt tot traditionele patronen beperkt die de scheidingsmythe instandhouden. In het isolement waarin we verkeren, zijn we het contact met onze spirituele kern, ons hart, kwijtgeraakt.

Door de Regenboogbrug die hemel en aarde met elkaar verbindt over te steken, verbinden we afgescheiden delen van de wereld bewust opnieuw met elkaar. We verankeren zo de mythe van het individualisme in de noodzakelijke aarding van het zelf, terwijl we dat zelf tegelijkertijd tot een bewuste eenheid met de wereld om ons heen uitbreiden – sociaal, ecologisch en mythisch. Om toegang tot het goddelijke te krijgen en als goden te worden, moeten we gaan inzien dat onze eigen goddelijke aard deel uitmaakt van het grotere openbaringsmysterie. Door het hart te helen, herenigen we lichaam en geest, het mystieke en het alledaagse, zelf en ander in een geïntegreerd geheel.

    Dit is de taak die ons bij het hartchakra wacht. Het is ook de taak van iedereen die deze wereld wil helen en haar een toekomst wil geven. Zonder liefde is er geen bindende kracht die onze wereld bijeenhoudt. Zonder liefde is er geen integratie maar desintegratie. Zonder liefde stort onze Regenboogbrug in het midden in en vallen wij in de scheidingskloof eronder.

Het ontvouwen van de bloembladen

BELANGRIJKSTE LEVENSGEBIEDEN VAN HET VIERDE CHAKRA

Liefde
Evenwicht
Zelfbespiegeling
Zelfaanvaarding
Relaties
Intimiteit
Anima/animus
Eros/thanatos
Verdriet
Mededogen
Toewijding

Het mysterie van de liefde

Dat de ene mens van een andere mens moet houden, dat is misschien wel de moeilijkste taak die ons is toevertrouwd, de ultieme taak, de eindtoets, het werk waarvoor al het andere werk slechts voorbereiding is.

RAINER MARIA RILKE

Door de gouden vlammen van ons machtscentrum gedragen, komen we nu bij het hart van het chakrasysteem aan. Hier ligt, in een groene band, het midden van de Regenboogbrug. Hier zijn we halverwege onze reis. Net zoals de groene, groeiende planten die vanuit hun wortels in de aarde richting hemel opschieten, reiken ook wij in twee richtingen naar buiten – door de manifestatiestroom diep in ons lichaam te verankeren en de bevrijdende stroom groter te maken door boven onszelf uit te stijgen. In het hartchakra komen deze stromen in volmaakt evenwicht in het centrum van ons wezen samen. Vanuit dit heilige centrum – het hart van het systeem – gaan we het mysterie van de liefde binnen.

De belangrijkste onderwerpen waarmee we bij het hartchakra te maken hebben, zijn *evenwicht*, *liefde* en *relaties*. Evenwicht brengt ons in het middelpunt van waaruit we kunnen liefhebben, liefde doet ons relaties aangaan en relaties bieden ons de kans het op zichzelf gerichte ego van de onderste chakra's tot bewustzijn van het grotere rijk waarin we zijn ingebed te wekken.

De betovering van liefde stelt ons open voor de weg naar ruimer bewustzijn. Wanneer we verliefd worden, hebben we ineens geen pantser meer, worden we uit onze egocentrische gewoonten gehaald en zien we de wereld ineens heel anders. Liefde doet onze starre opvattingen verdwijnen en verandert onze psychische structuur. Wanneer we verliefd worden, zien we de dingen met andere ogen – kleuren zijn dieper, plaatsen krijgen een nieuwe betekenis, interesses van onze geliefde worden onze interesses.

Terwijl de liefde onze horizon verbreedt, brengt ze ook een diepere verbinding met onszelf tot stand. Verliefd worden brengt ons in ons lichaam terug; verlangen brengt ons via onze behoeften met het fysieke zelf in contact. Met een ander celebreren we de tempel van het lichaam en eren we onze lichamelijkheid. Terwijl we in onszelf de gaven naar boven halen die we met onze geliefde willen delen, worden we gedwongen onze diepste aard onder ogen te zien en te ontwikkelen.

De intimiteit van de liefde legt de schaduw bloot en integreert deze tegelijkertijd. Wanneer we een ander liefdevol accepteren, kunnen de afgewezen delen van onze psyche veilig tevoorschijn komen. Relaties verschaffen niet alleen een kader waarin de schaduw wel tevoorschijn móét komen, de intimiteit ervan nodigt ons er ook toe uit de ander deelgenoot te maken van die diepste, verborgen delen van onszelf. In de accepterende armen van onze geliefde kunnen we ons van deze delen bewust worden. Deze gunstige ontvangst legt de fundamenten voor de zelfexpressie van chakra vijf, daar we slechts door onszelf te accepteren zoals we zijn waarlijk bij onze eigen waarheid kunnen komen en de moed kunnen opbrengen hiervoor uit te komen. Intimiteit is de fundering waarop we voor onze waarheid kunnen uitkomen.

Wanneer we door een ander worden bemind, ervaren we beter wie we zijn, daar we in de ogen, woorden en het gedrag van onze geliefde weerspiegeld worden. Plotseling vangen we een glimp van onze eigen goddelijkheid op, van ons speciaal zijn, en gaan we op een nieuwe manier echt voor onszelf zorgen en een zekere trots en doelgerichtheid voelen. We zorgen beter voor ons lichaam, houden ons huis schoner en durven onze nek verder uit te steken dan we anders misschien zouden doen. Liefde brengt een spiritueel ontwaken teweeg en het verlies ervan diepe wanhoop. Soms scheidt dat verlies ons van ons gevoel van goddelijkheid – iets dat nauwelijks te verdragen is nadat de liefde ons in een staat van verruimd en verhoogd bewustzijn heeft gebracht.

Wanneer de liefde bekoelt, worden we op ons verleden teruggeworpen. Het verlies dat we voelen brengt een kinderlijke kwetsbaarheid teweeg, een staat waarin onze behoeften en problemen, patronen en processen opnieuw aan het licht komen. Om verder te kunnen, moeten we onze pijn wel onder ogen zien en helen, moeten we wel in onze jeugd en psychische structuur graven om het mysterie dat het Zelf is te ontrafelen. Zoals Jung zei: 'Liefde is het dynamisme dat altijd feilloos het onbewuste aan het licht brengt.'[4] Zowel door de aanwezigheid als door het verlies van liefde worden we gedwongen onszelf onder een nieuw licht te bekijken.

Balans

Evenwicht vormt de fundering voor een lang leven. In het tantrisme is het hartchakra een lotus met twaalf bloembladen die een uit twee dooreengevlochten driehoeken bestaande zespuntige ster omgeeft (figuur 4-1). Dit diagram symboliseert de afdaling van geest in materie en de opwaartse bevrijding van materie in geest, die elkaar in volmaakt evenwicht in het hart ontmoeten. Meer dan een ontmoeting is dit een wederzijdse doordringing waarvan het uiteindelijke doel integratie van geest en verstand in lichaam en ziel is.

Figuur 4-1. Het vierde chakra – elkaar doordringende driehoeken

Aangezien het hartchakra het middelpunt van een systeem met zeven centra is, is evenwicht op dit niveau van integratie een principe van wezenlijk belang. Het impliceert zowel innerlijk evenwicht tussen verschillende aspecten van onszelf (lichaam en geest, persona en schaduw, mannelijk en vrouwelijk), als evenwicht tussen onszelf en de wereld om ons heen (werk en vrije tijd, geven en nemen, met anderen verkeren en alleen zijn). Dit evenwicht komt liefde en relaties ten goede, want als we geen evenwicht in onszelf hebben gevonden, is het moeilijk, zo niet onmogelijk, tot gezonde en duurzame liefdesrelaties te komen.

We zullen het onderwerp evenwicht in relaties behandelen door de dynamiek van twee essentiële soorten relaties te onderzoeken: de relatie met onszelf en de relaties die we met anderen aangaan.

Intimiteit

Onszelf liefhebben is het begin van een levenslange romance.

OSCAR WILDE

Intimiteit heeft te maken met, zoals Thomas Moore het zo prachtig formuleerde, onthulling van diepliggende innerlijke aspecten van het zelf.[5] Om intimiteit te kunnen bereiken, moeten we eerst zelfbesef hebben. We moeten vertrouwd zijn met ons eigen innerlijk en onze behoeften, wensen, angsten, grenzen en hoop kennen. Wanneer we ons innerlijk zelf kennen, kunnen we het zelf dat in anderen huist eren. We moeten genoeg van ons eigen zelf kunnen houden om het openlijk aan een ander aan te bieden. Zonder liefde voor onszelf is dit onmogelijk.

De meest voorkomende blokkering in het hartchakra is de afwezigheid van liefde voor onszelf. Hoe kunnen we intimiteit met anderen bereiken als we ons eigen zelf op afstand houden? Hoe kunnen we ons voor anderen openstellen wanneer we door schaamte en kritiek overspoeld worden? Hoe kunnen we evenwicht tussen onszelf en anderen bewaren als we geen innerlijk evenwicht bezitten? Hoe kunnen we anderen met respect behandelen als we onszelf verkeerd behandelen?

In het ideale geval is de schaamtedemon van het derde chakra inmiddels getransformeerd, waardoor we met een oprechte achting voor de heiligheid van ons wezen het hart kunnen binnengaan. Van onszelf houden is eerbiedig en verantwoordelijk met onszelf omgaan, is van ons eigen gezelschap genieten wanneer we alleen zijn, is onze grenzen eren en onze waarheid spreken. Over het algemeen houdt liefde voor onszelf in dat we onszelf net zo behandelen als de mensen van wie we houden – eerbiedig, eerlijk, meedogend, met gevoel en begrip, trots en geduld.

Onze relaties met anderen weerspiegelen onze relatie met onszelf. We zullen anderen vinden die ons behandelen zoals we verlangen behandeld te worden, anderen die reageren op het relatieprogramma dat wij in ons hartchakra meedragen. Liefde voor onszelf vormt de fundering voor liefde voor anderen.

Zelfbespiegelend bewustzijn

Een vriend voor jezelf zijn is niet puur een metafoor of sentimenteel idee.
Het is de basis van alle relaties, omdat het een fundamenteel blijk
van waardering voor de ziel is.

THOMAS MOORE

Ik verbaas me er voortdurend over dat zo veel van mijn cliënten nog niet hebben ontdekt wie de persoon is die in hen leeft. Ze komen bij me omdat ze pijn hebben, omdat alles misgaat in hun leven, en ook wel omdat ze een hekel hebben aan zichzelf. Je zou toch zeggen dat dit op een zeker zelfbesef lijkt te wijzen. Maar wanneer ik een cliënte laat staan, een paar eenvoudige aardingsoefeningen laat doen en me laat aankijken en 'ik' zeggen, klinkt dit woord maar al te vaak hol. Soms is het bijna een vraag, soms klinkt het mechanisch, soms is het nauwelijks een fluistering. Soms kan ze me niet tegelijk in de ogen kijken en 'ik' zeggen. Wanneer ik dergelijke cliënten vraag de uitspraak uit te breiden tot 'ik ben in mijn lichaam', wordt vaak duidelijk dat die uitspraak niet waar is. Of het 'ik' is niet echt tot stand gekomen, of het huist niet volledig in het lichaam.

Toch kan zo iemand me in detail vertellen hoe ze zich voelt, wat ze zoal doet in het leven, of door welke problemen ze wordt gekweld. Het egozelf werkt duidelijk wel. Wat ontbreekt er?

Wat ontbreekt is aanschouwen van het zelf. Aanschouwen doet een heilige relatie ontstaan. Wanneer een tienerdochter de trap afkomt om naar haar eerste universiteitsbal te gaan en er voor het eerst als vrouw uitziet, aanschouwen we haar. Op zo'n moment ontmoet het bewustzijn gewoon wat is. Het is een omhelzing, maar geen fysieke omhelzing. Aanschouwen is niet staren, veranderen, beoordelen of begeren. Het is alleen maar getuige zijn van – omarmen met ons bewustzijn. Door het zelf te aanschouwen, zijn we getuige van een miraculeuze manifestatie van goddelijke energie, met al haar hoop en angsten, vreugde en tranen. Dit getuige zijn van is 'het hart van het hart'. Het brengt ons bij het heilige. Het is het essentiële besef dat aanwezig moet zijn, wil zich ware heelwording kunnen voordoen. Zoals ik altijd tegen mijn cliënten zeg: 'Als het zelf niet aanwezig is wanneer we aan het werk zijn, wat heeft dat dan voor zin?'

Het hart binnengaan is zelfbespiegelend bewustzijn binnengaan. Tijdens deze bespiegeling definiëren we niet alleen onszelf (zoals bij het derde chakra), maar treden we ook in relatie met onszelf. Zelfbespiegelend bewustzijn is het proces van aanschouwen. Herstel is een reis naar bespiegelend bewustzijn. In therapie houden we halt en kijken we naar onszelf – naar onze motieven, handelingen, doelen, hoop en angsten. Hoewel een heleboel mensen cynisch tegenover dit proces staan, is de een of andere vorm van systematisch zelfonderzoek onontbeerlijk als we ons willen ontplooien en als we ons vanuit de machtshongerige obsessie van het beschadigde derde chakra willen verheffen tot een staat van integratie en vrede die kenmerkend is voor het vierde chakra. Met een zelfbespiegelend bewustzijn kunnen we onze psychische brokstukken integreren, ze met elkaar in verband brengen, hun onderling verband zien en heel worden.

Men heeft wel gezegd dat een niet onderzocht leven het niet waard is geleefd te worden. Er is bewuste aandacht voor nodig om patronen te veranderen, iets nieuws te scheppen, kortom, om ons te ontwikkelen. Zonder te onderzoeken wat geweest is, zijn we gedoemd dit te herhalen. Wanneer er geen bewustzijn wordt gecultiveerd, moet onze opwaartse stroom voordat hij tot volledige expansie is gekomen omkeren en weer naar beneden gaan. Hierdoor raken we in telkens terugkerende lussen gevangen, in neurotische patronen die we telkens weer herhalen.

Zelfonderzoek schenkt het leven aan een nieuw geïntegreerd zelf. Dit zelf zit niet langer vast in het verleden, maar wordt door de wil van energie voorzien en is op de toekomst gericht. Zelfonderzoek is essentieel voor het tot stand brengen van het evenwicht dat het hoofdbeginsel van het hartchakra is.

Via zelfonderzoek schenken we het leven aan het bewuste wezen.

Lichaam en geest

Liefde is een belichaamde waarheid, een somatische werkelijkheid.

STANLEY KELEMAN

Een van de belangrijkste evenwichtsgebieden in het hartchakra is dat tussen lichaam en geest. Evenwicht hiertussen ontstaat door te leren de boodschappen van het lichaam te decoderen. Dit vraagt van de geest dat hij goed innerlijk luistert naar de subtiele berichten van het lichaam. Het leidt er vaak toe dat herinneringen bovenkomen, trauma's worden verwerkt, opgeslagen spanning wordt losgelaten en onafgemaakte emotionele transacties worden voltooid. Dankzij dit proces worden verschillende delen van onze ervaring weer met elkaar verbonden. Gevoelens worden opnieuw met mentale beelden verbonden. Impulsen worden in overtuigingen geïntegreerd. Gewaarwording wordt met betekenis verbonden. Dit is wat zelfbespiegeling inhoudt – de geest toestaan onze ervaring in het lichaam te aanschouwen.

Als we door aan onze onderste chakra's te werken volledig in ons lichaam zijn gekomen, zijn we er nu klaar voor dat bewustzijn in hogere niveaus van complexiteit en inzicht te integreren.

Anima en animus

Het mysterie van twee persoonlijkheden lijkt op het contact tussen twee chemische stoffen. Als er een reactie optreedt, worden beide getransformeerd.

C.G. JUNG

Toen we aan het herstel van ons tweede chakra werkten, hebben we onze schaduw ontmoet (en hopelijk ook geïntegreerd), die de onbewuste, afgewezen aspecten van onze persoonlijkheid bevat. Als we de schaduw hebben geïntegreerd, is er energie vrijgekomen die voorheen werd gebruikt om de schaduw tegen te houden, en deze pasverworven energie heeft ons geholpen naar chakra drie voort te gaan, waar we aan het proces van individuatie zijn begonnen. Bij het hartchakra zetten we onze individuatie voort door nog een essentieel evenwicht te ontwikkelen – dat tussen het innerlijk vrouwelijke en mannelijke of, met de woorden van Jung, de *anima* en *animus*.

De anima is de archetypische energie van het innerlijk vrouwelijke en de animus die van het innerlijk mannelijke. De anima zou prominenter in mannen aanwezig zijn en de animus prominenter in vrouwen.

Deze archetypen bestaan ook als symbolen in het collectieve onbewuste, waar ze dikwijls stereotypen worden. Een stereotype is een eigentijdse versie van een archetype, zoals de dociele vrouw of de sterke, stille man. Stereotypen zijn cultureel bepaalde versies van het oorspronkelijke archetype – vaak afgevlakte beelden die slechts een deel van het archetype erachter benadrukken.

Onze moeder en vader hebben hun stempel van deze archetypen in ons achtergelaten, maar hun gedrag werd door de stereotypen van hun tijd beïnvloed. Andere stereotypen worden ons via films en romans, reclame en televise opgedrongen, die vervolgens door sociale druk van leeftijdgenoten nog eens worden bekrachtigd.

Het is belangrijk te beseffen dat de beelden van mannelijk en vrouwelijk die we aan de anima en animus toeschrijven cultureel gedicteerd worden en niet ingeschapen zijn. Als onze beelden van wat mannelijk en vrouwelijk is erg gepolariseerd raken – wat inhoudt dat mannelijk wordt gedefinieerd als afwezigheid van het vrouwelijke en omgekeerd – zullen onze innerlijke anima en animus hoogstwaarschijnlijk onderdrukt worden. We hebben geen toestemming om het tegenovergestelde in onszelf tevoorschijn te laten komen.

Charles bijvoorbeeld heeft de heersende culturele opvattingen over wat een man moet zijn helemaal geaccepteerd. Hij denkt dat een man sterk, rationeel, taai, onafhankelijk, succesvol, beheerst en niet emotioneel dient te zijn. Elke uiting van kwetsbaarheid, emotie, onzekerheid of zachtheid bedreigt het zelfbeeld van Charles. Doordat zijn beeld zo gepolariseerd is, kan zijn vrouwelijke innerlijk helemaal niet naar buiten komen. Zijn anima kan zich als angstige beelden in zijn dromen voordoen, als een depressie of humeurigheid. Ze blijft onderdrukt, zodat ze onbewust op zijn vriendin wordt geprojecteerd. Zij wordt geacht zijn anima te dragen door gevoelens en steun voor haar rekening te nemen en de emotionele kwaliteit van de relatie in stand te houden.

Net zoals de schaduw wordt de onbewuste anima of animus op anderen geprojecteerd, vaak in geïdealiseerde vorm, wat vernietigend is voor onze intieme relaties. Als een man zijn eigen vrouwelijke aard heeft verworpen, kan hij het vrouwelijke in andere mannen verafschuwen, terwijl hij van zijn vrouwelijke partner verwacht dat zij dit concept van het vrouwelijke volledig belichaamt. Hij zal op elk onafhankelijk, assertief gedrag dat zij zou kunnen vertonen kritiek leveren. Evenzo zal een vrouw die haar mannelijke kant niet heeft ontwikkeld van haar man verwachten dat hij altijd krachtig, deskundig en heldhaftig is, terwijl ze tegelijkertijd door deze kwaliteiten wordt onderdrukt. Vrouwen die beweren dat ze een aardige knul willen en hem vervolgens afwijzen wanneer hij gevoelens of zachtheid laat zien, projecteren hun animus. Als zij hun eigen mannelijke kant sterker kunnen laten worden, kunnen zij hun mannen toestaan zachtaardiger te worden. Als we er in onze relaties achterkomen dat *wat ons oorspronkelijk aantrekt ons later afstoot*, zouden we er goed aan doen eens op zoek te gaan naar een geprojecteerde anima of animus.

Zowel in heteroseksuele als in homoseksuele relaties kunnen de archetypen omgekeerd zijn. Een vrouw, of zij nu homoseksueel of heteroseksueel is, kan heel goed een mannelijk leven leiden en het vrouwelijke in zichzelf onderdrukken. Een man kan in zijn relatie met een man of een vrouw het vrouwelijke belichamen. Anima en animus hebben meer te maken met het tegenpoolconcept in het ontwikkelde zelf dan met gender. Het gaat erom de kant die onontwikkeld is te herkennen en aan het licht te brengen. De carrièrevrouw met de scherpe kantjes moet misschien wel haar zachtere kant ontwikkelen, terwijl de introverte, steun biedende man misschien wel zijn initiatiefrijke, mannelijke kant moet ontwikkelen.

De oplossing van anima en animus symboliseert het innerlijke heilige huwelijk, *hieros gamos*, het innerlijk in evenwicht brengen van mannelijke en vrouwelijke energieën. Dit alchemistische huwelijk, zoals Jung het omschreef, is een van de stappen in het individuatieproces die naar heelheid leiden. Alleen wanneer dit proces zich innerlijk voltrekt kunnen we hopen ons van afhankelijkheid en projectie te bevrijden en eerlijk en vrij relaties met anderen aan te gaan.

De hieros-gamosfase van het individuatieproces doet zich meestal op middelbare leeftijd voor. Tijdens eerdere fasen van onze persoonlijkheidsontwikkeling begunstigen we vaak een van beide kanten. De wetenschapper kan een opmerkelijke carrière hebben ontwikkeld die ten koste ging van zijn gezinsleven. Hij kan een logica en exactheid aanhangen die zijn gevoel en verbeeldingskracht overheersen, of hij kan een extraverte persoonlijkheid hebben die vanwege zijn werk voortdurend met anderen in de weer is. Op middelbare leeftijd kan hij zich dan in een crisis bevinden die zijn onderdrukte vrouwelijke kant boven brengt. Hij kan zijn vrouw verliezen, die altijd het vrouwelijke archetype voor hem heeft gedragen, en erachter komen dat hij niet in staat is voor zichzelf te koken of een prettige sfeer in huis te scheppen. Hij kan tot de ontdekking komen dat hij zijn gevoelens niet kan verklaren, omdat zijn creativiteit uitgeput is, uitgeput door te veel *yang* en niet genoeg *yin*, of dat hij niet alleen kan zijn.

De vrouw die zich met hart en ziel op haar huwelijk en gezin heeft gestort, kan op middelbare leeftijd tot de ontdekking komen dat ze nooit voor zichzelf heeft geleefd. Ze heeft misschien altijd het voetspoor van haar man gevolgd en haar gevoelens voor zichzelf gehouden, terwijl ze harmonisch met de behoeften van de anderen om haar heen versmolt zonder aandacht te hebben voor haar eigen bestemming. Ze heeft het archetypische vrouwelijke onzelfzuchtig belichaamd, maar op het moment dat ze op eigen kracht nieuwe wegen moet inslaan, kan ze zich hulpeloos en verloren voelen. Bijvoorbeeld wanneer de kinderen het huis uitgaan en zij niet langer als moeder wordt gedefinieerd. Haar echtgenoot, die altijd hard in de buitenwereld heeft gewerkt om in haar behoeften te voorzien, kan geschokt zijn wanneer ze hem wil verlaten, maar haar behoefte om haar eigen animus te ontwikkelen is binnen het starre kader van haar huwelijk misschien wel onmogelijk te vervullen. Ze moet nu leren beide archetypen in zichzelf mee te dragen.

Hoewel we graag zouden willen dat het kon, kan niemand anders ons nietgeleefde leven voor ons leven. Onze partners doen het nooit goed, en al spoedig blijken we kritiek op hen te leveren en te klagen. 'Als je dat nou eens deed; als je daar nu eens mee ophield.' Als de mannelijke en vrouwelijke archetypen innerlijk onderdrukt worden, zullen hun eigenschappen erg mysterieus of zelfs onwenselijk lijken. We worden uitgedaagd deze archetypen weer op te eisen in plaats van opnieuw op zoek te gaan naar iemand die ze voor ons in zijn of haar leven tot uitdrukking wil brengen terwijl wij onvolledig blijven. Wanneer anima en animus in gelijke mate ontwikkeld zijn, kenmerken onze relaties zich door stabiliteit, wederzijds respect en vrijheid.

Relaties met anderen

Liefde alleen is in staat levende wezens zodanig te verenigen dat zij aangevuld en vervuld worden, want liefde alleen neemt hen mee naar en verbindt hen door wat het diepste in henzelf is... En als ze dit dagelijks op kleine schaal kan bereiken, waarom zou ze dit dan niet ooit op wereldschaal herhalen?

PIERRE TEILHARD DE CHARDIN

Nergens is het begrip evenwicht belangrijker dan in het succes van onze persoonlijke relaties. Als er vanuit het labyrint van botsende paarrelaties één schreeuw opklinkt, dan is het wel die om evenwicht. De ene partner is te afstandelijk, terwijl de andere zich verstikt voelt. De ene partner doet te veel in het huishouden, terwijl de andere boos is over de ongelijke verdiensten. De ene partner heeft meer behoefte aan seks dan de andere, neemt altijd het initiatief tot communicatie, of doet al het emotionele werk. Ik ben er zeker van dat je deze lijst kunt aanvullen met ervaringen uit je eigen relatie.

De natuur streeft naar evenwicht. Gebrek aan evenwicht wordt als druk ervaren, als frustratie en stress, en leidt tot wrok en uitholling van openheid en goede wil. Als de relatie geen rechtvaardig evenwicht kan bereiken, is ze gedoemd te mislukken; ze wordt beëindigd of de partners berusten in hun ellende.

Hieronder staan enkele essentiële energetische uiteenzettingen, die moeilijk te weerleggen zijn en die essentieel zijn voor het instandhouden van ons eigen evenwicht en ons vermogen om intieme betrekkingen met anderen te onderhouden. Er moet echter wel aan toegevoegd worden dat evenwicht niet statisch is. Het is een voortdurend fluctuerende homeostase, een dynamische flexibiliteit van geven en nemen die mettertijd en op veel verschillende manieren evenwicht brengt.

Openstellen en binnenhalen

De ideale toestand om een ander echt te begrijpen is niet zozeer hoe iemand op extreme spanning reageert, alswel hoe hij of zij de kwetsbaarheid van verliefd zijn verdraagt.

ALDO CARATENUTO

Had het derde chakra betrekking op het onder de knie krijgen van de energetische principes *vasthouden en loslaten*, het vierde chakra werkt met *openstellen en binnenhalen*. De fysieke bewegingen die deze kwaliteiten uitdrukken, kunnen geblokkeerd of soepel zijn.

Angst en verdriet blokkeren een van deze reacties of beide, en kunnen uiteindelijk het hartchakra zelf blokkeren. Bij openstellen en naar binnen halen zijn de armen betrokken, die zich vanuit het borstgebied naar voren bewegen. Met behulp van onze armen steken we onze handen uit om iemand of iets aan te raken, en met behulp van de armen halen we binnen wat we zowel fysiek als emotioneel nodig hebben.

Als het hartchakra geblokkeerd is, zullen ook de armen geblokkeerd zijn. Ze worden uit gewoonte voor de borst over elkaar geslagen, zitten tegen de zijkanten van het lichaam geplakt, of ze bewegen onbeholpen en van zichzelf bewust. Als de borstkas vol of opgeblazen is, kan er sprake zijn van een weigering om zich open te stellen, van angst voor overgave, misschien zelfs van een beetje narcisme, of van het standhouden dat bij de uitdager/verdedigersstructuur hoort (figuur 0-5, F). Als de armen zwak zijn en doelloos bewegen en de borstkas ingezakt is (zoals bij de orale structuur), dan wijst dit op een onvermogen om voeding binnen te halen en zichzelf te voeden. Het uitstrekken van de armen kan geblokkeerd zijn geraakt omdat het in het verleden vruchteloos bleek te zijn.

Het is voor het kind gemakkelijker om helemaal op te houden zijn armen uit te steken dan om zijn armen uit te steken en leegte te vinden. In dit scenario wordt de psychische structuur van het chakra echter om die leegte heen gebouwd – als een kast zonder deur en zonder planken om iets op te zetten, ook al kan ze open. Ze steken hun armen uit om te geven, maar kunnen niet ontvangen. Het chakra is deficiënt.

Vaker gebeurt het dat de ene beweging meer voorkomt dan de andere. Ik vraag paren vaak hun ogen te sluiten en via de taal van het lichaam het belangrijkste energetische proces van hun relatie uit te drukken. Nadat ze hun posities hebben ingenomen, vraag ik hun de ogen te openen en te kijken wat de ander doet. Vaak zal de ene met uitgestrekte armen naar voren leunen, terwijl de ander enigszins naar achteren leunt, met de armen over elkaar of met de handpalmen naar hun partner gericht, als om deze tegen te houden. Met woordloze wijsheid geeft dit de dynamiek van de relatie aan.

Toen David en Julie deze oefening deden, was het duidelijk dat Julie het openstellen voor haar rekening nam en David het terugtrekken. Zijn armen lagen keurig over zijn borst gevouwen; hij stond stevig en trots op zijn plaats, terwijl Julie hem openlijk wenkte. Davids moeder was bedrieglijk lief geweest, smoorde hem in een liefde die haar eigen behoeften maskeerde. Het gevolg was dat hij wantrouwig en defensief in zijn hartchakra was geworden. Ik vroeg hem zijn armen te openen en Julie haar armen naast haar lichaam te laten vallen, zodat ze de mogelijkheid van een andere dynamiek met andere gevoelens zouden kunnen ervaren. David voelde zich opgelucht dat hij zijn armen niet moest uitsteken en kon in contact komen met de behoefte dit wel te doen. Julie kon voelen dat het mogelijk was te ontvangen zonder erom te vragen. Dit is de eeuwenoude dans van de achtervolger en de afstandnemer. Wanneer de achtervolger ophoudt met jagen, steekt de afstandnemer zijn armen uit.

Voor Kathy was het een kwestie van oude patronen veranderen. Kathy had een tijdens een eerdere relatie opgelopen gebroken hart behandeld met maandenlang rouwen. Tegen de lente begon ze een nieuwe relatie met een andere vrouw, die ze allerliefst vond. Niettemin werd ze tijdens de opwinding over het opnieuw verliefd worden ook door angst getroffen. 'Mijn laatste twee relaties zijn afschuwelijk geëindigd. Hoe kan ik nou weten of dit niet weer zal gebeuren? Ik ben doodsbang!'

Ik vroeg haar zich te concentreren op de liefheid van haar nieuwe relatie en onderwijl te voelen wat er in haar lichaam gebeurde. 'Ik heb het gevoel dat ik ga flauwvallen. Ik word duizelig en licht in mijn hoofd.' Ik vroeg haar te gaan staan, vroeg een ander groepslid haar geliefde te spelen en zei: 'Laat je lichaam dit gevoel flauw te vallen tot uitdrukking brengen, laat het ons tonen hoe het eruitziet'. Plotseling stond ze niet meer op haar eigen plaats, maar viel ze naar de andere vrouw toe, uit balans en stuurloos. Ze had haar eigen middelpunt verlaten. Geen wonder dat ze doodsbang was!

Haar idee van liefde was gebaseerd op zich naar de ander toe bewegen, met een focus op overgave en openstellen. Hoewel dit een belangrijk element is van elke relatie, was het duidelijk dat zij nooit op het idee was gekomen dat een geliefde zich ook naar haar toe zou kunnen bewegen. Ze probeerde zichzelf ervan te overtuigen dat de ander betrouwbaar was (iets waarvan we nooit helemaal zeker kunnen zijn), zodat ze niet op haar hoede hoefde te zijn en zich kon overgeven. Maar juist door zich zo over te geven liet ze haar eigen zelf in de steek, een probaat middel om een relatie op een ramp te laten uitdraaien. Ik liet haar oefenen met het naar zich toe trekken van haar geliefde terwijl ze op haar eigen plaats bleef staan. Pas daarna konden we overgaan tot een oefening waarbij ze elkaar naar zich toe trokken en waarbij beiden in hun middelpunt bleven en open tegenover elkaar waren.

Gehechtheid en vrijheid

Gehechtheid en vrijheid zijn de manieren waarop we de universele krachten in hun vasthouden en loslaten ervaren. Thomas Moore heeft het in zijn boek *Soul Mates* over de strijd tussen de behoefte van de ziel aan gehechtheid en de behoefte van de geest aan vrijheid. Deze strijd vormt in de meeste relaties een belangrijk thema; het komt tot uiting in de gelijktijdige hunkering naar en angst voor gebondenheid.

In het hartchakra proberen we evenwicht te brengen tussen de inspanningen voor zekerheid van de onderste chakra's en de aantrekkingskracht van het onbekende van de bovenste chakra's. Wanneer onze partner ons inperkt, worden we rusteloos en willen we hem of haar wegduwen. De geest haat inperking en beperking, haat het om geplet te worden.

De ziel echter vindt zekerheid in het lichaam, in vertrouwdheid en permanentie. De ziel heeft graag een vat waarin de energie kan toenemen, terwijl de geest dit zou kunnen verfoeien. Wanneer onze partner zich terugtrekt, wordt de ziel onzeker en wil ze vasthouden. Wanneer onze partner zich aan ons vastklampt, voelt de geest zich rusteloos en opgesloten. Een gezonde relatie dient zowel de opwaartse als de neerwaartse energiebewegingen te eren en evenwicht te scheppen tussen geest en ziel, expansie en constrictie, vrijheid en gebondenheid.

Moore zegt het ronduit: 'Veel mensen schijnen een pijnlijk leven van samen zijn te leiden en over de vreugden van het alleen zijn te fantaseren; of ze leiden daarentegen een leven van eenzaamheid en vullen hun hoofd met verlokkende beelden van intimiteit. Het heen en weer stuiteren tussen deze twee verdedigbare aanspraken op het hart kan een frustrerende, eindeloze strijd zijn die nooit vruchten afwerpt en nooit minder wordt.'[6]

Wanneer we of voor het een of voor het ander kiezen, werken we de scheiding tussen de transcendentie van de Vader en de immanentie van de Moeder in de hand. Als kinderen van gescheiden ouders zoeken we onze toevlucht in het een of het ander, onkundig van het dynamisch evenwicht dat zowel bevrijding als manifestatie ten goede komt.

Hoe meer we de ene soort energie toestaan, hoe meer de andere soort kan doorkomen. Wanneer we ons eenmaal hebben vastgelegd, is het gemakkelijker om een partner zijn of haar eenzaamheid of vrijheid toe te staan. Wanneer we eenmaal weten dat onze vrijheid wordt gerespecteerd, kunnen we ons gemakkelijker vastleggen. Omgekeerd is het zo dat hoe meer een partner aan één aspect hecht, hoe meer zijn of haar geliefde naar het tegendeel ervan zal hunkeren. Dynamisch evenwicht is een dans tussen gehechtheid en vrijheid.

Eros en Thanatos

Liefhebben betekent ons openstellen voor zowel het negatieve als het positieve – voor zowel verdriet, smart en teleurstelling, als vreugde, vervulling en een intensiteit van bewustzijn waarvan we voordien niet wisten dat ze mogelijk was.

ROLLO MAY

Een dynamiek op het gebied van liefde en relaties die wel erg moeilijk te accepteren is, is de dans tussen eros, de levenskracht die verlokt en verenigt, en thanatos, de doodskracht die verdeelt en vernietigt. Eros is de zoon van Aphrodite, stralende godin van liefde en schoonheid, terwijl de duisternis van ons gebrek aan bewustzijn Thanatos, geboren uit de godin Nacht, goed doet.

Wanneer we aan een relatie beginnen, worden we blij op de vleugels van eros meegesleept. We worden tot vereniging, tot versmelting en oplossing opgeroepen, verlokt. Terwijl we boven onszelf uitreiken, boven ons eigen kleine ego, raken we aan iets groters, breders, diepers. We zijn in vervoering gebracht en verruimd. Dit is waar we naar verlangen, naar streven, dit is wat het leven de moeite waard maakt.

Het is dat wat zich in de duisternis van het onbewuste verbergt dat de dood tot liefhebben brengt. Onze onbewuste patronen saboteren relaties, lokken ruzies uit, verwijderen ons van onze geliefde en dwingen ons gedrag in richtingen die de bewuste geest betreurt. Het gebrek aan bewustzijn van onze partner irriteert ons en zorgt ervoor dat we weg willen. Ons eigen tekortschietend bewustzijn kan niet op de behoeften van onze partner inspelen, en op een ochtend worden we wakker en zien we onze teerbeminde met zijn of haar koffers klaarstaan, zeggend dat het voorbij is. Op dat moment staren we regelrecht in het gezicht van Thanatos. Net als Eros is Thanatos een kracht die we niet kunnen beheersen, die ons hulpeloos achterlaat.

Het is niet mogelijk om Eros zonder Thanatos te hebben. Dit betekent niet dat alle relaties op een tragedie moeten uitlopen, maar dat samenkomen en uit elkaar gaan twee onscheidbare stappen van eenzelfde dans zijn. Voor degenen die alleen het samenkomen willen, wordt Thanatos extreem in zijn hardnekkigheid. Voor degenen die scheiding, verwijdering, misverstanden en vervreemding als deel van het stromen en groeien van relaties eren, kan de dans van eros eeuwig opnieuw beginnen.

Mensen met de meest idealistische opvattingen over de liefde krijgen soms de grootste pijn te verduren. Onschuldig vallen ze voor de ander, geven ze alles wat in hun vermogen is aan hun geliefde. Groot is hun teleurstelling wanneer zij, die alles geven en voor wie deze liefde meer waard is dan wat dan ook, zien hoe hun geliefde achteloos mishandelt wat zij als heilig beschouwden. Het is niet zozeer het idealisme dat verkeerd is, maar de bijbehorende ontkenning van Thanatos die altijd in de schaduw op de loer ligt. Ontkenning leidt ertoe dat zijn onaangenamere vorm tevoorschijn komt.

Soms moeten we een altaar oprichten voor onze lastige goden.[7] Hiermee herinneren we ons aan een bestaan dat we anders op eigen verantwoordelijkheid zouden negeren. We kunnen de pijnlijke kant van thanatos vermijden als we eraan denken zijn aanwezigheid te eren. We moeten ons bewust zijn van wat er in de duisternis op de loer ligt, van onze niet-erkende schaduw van het bewustzijn. We moeten onze behoefte aan een zekere afzondering en onze angst verzwolgen te worden niet ontkennen, maar ervoor uitkomen en begrijpen dat dezelfde angst bij onze partner niets over ons zegt, maar dat het de behoefte van Thanatos is om de relatie in evenwicht te brengen, zodat Eros de dans van liefde en aantrekking kan voortzetten.

Verdriet: demon van het hart

Geef verdriet woorden; de smart die niet spreekt, fluistert het overvolle hart toe en noodt het tot breken.

WILLIAM SHAKESPEARE

Wanneer Thanatos toeslaat, voelen we verdriet. Als demon van het hart ligt verdriet als een steen op het chakra. Wanneer ons hart zwaar is van verdriet, is het moeilijk het te openen, dan gaat zelfs ademhalen moeilijk. Wanneer verdriet wordt ontkend, raken onze gevoelens en onze levendigheid verdoofd. We worden hard en kil, onbuigzaam en afstandelijk. We kunnen ons vanbinnen dood voelen. Wanneer verdriet echter wordt erkend en geuit, hebben we daarmee een belangrijke sleutel in handen om het hart te openen. Tranen worden vergoten, de waarheid gezegd en het hart wordt lichter. De ademhaling wordt dieper. Er komt een gevoel van ruimte naar boven, dat ons vanbinnen meer ruimte voor de ziel geeft. Er ontstaat nieuwe hoop. Wanneer we met ons eigen verdriet leren leven, kunnen we mededogen voor anderen gaan voelen.

Wanneer we verliefd worden, laten we alle maskers vallen. We stellen ons voor de ander en voor de wereld open. We expanderen en groeien. Wanneer we in liefdeszaken worden gekwetst, worden we in onze kwetsbaarste, vriendelijkste aspecten gekwetst. De zuiverste vorm van het zelf raakt gewond. Het lijkt niet langer veilig om authentiek te zijn. Ons systeem – dat tot in zijn kern gewond is – sluit zich en we verliezen niet alleen onze geliefde, maar ook onszelf. Dit is het grootste verlies.

Een van mijn cliënten belde op terwijl ik aan dit hoofdstuk bezig was. Ze sprak met trillende stem en huilde. 'Ik weet dat het voorbij is, ik weet het gewoon. Hij gaat me verlaten.' Ik herinnerde haar eraan dat ze dit twee weken geleden, toen ik haar voor het laatst had gezien, ook had gezegd, en twee weken daarvoor ook.

'Het is dus nog steeds aan?' vroeg ik.

'Ja, en hij wil zelfs met me in therapie, maar ik weet dat het voorbij is. Hij weet alleen niet hoe hij het me moet zeggen. Waarom gebeurt me dit nou altijd? Ik voel me zo verloren, ik heb het gevoel dat ik mezelf haat. Ik wil het liefst verdwijnen.'

'Dan laat je jezelf in de steek,' zei ik. 'Het is niet per se zo dat hij jou heeft verlaten, maar dat je jezelf in de steek hebt gelaten door zo te denken. Dus denk je natuurlijk ook dat hij jou in de steek zal laten.'

Plotseling was het rustig aan de andere kant van de telefoon. 'O,' zei ze. 'Ik snap het. Ik heb vandaag nog niet eens gegeten of een douche genomen. Ik heb me alleen maar van alles in mijn hoofd gehaald. Wat moet ik doen?'

'Ga naar binnen, naar het zelf dat nu zo bang is. Beloof haar dat je er altijd zult zijn. Maak iets lekkers voor haar klaar. Ga onder de douche. Over je vriend heb je geen controle, maar je kunt wel beloven dat je er zelf altijd zult zijn. Dat helpt.'

De volgende keer dat ik haar zag, was haar vriend inderdaad meegekomen. Hij had haar niet verlaten, was dat ook niet van plan. Hij probeerde haar juist van zijn niet-aflatende vriendschap te overtuigen. Zij leek zich minder aan hem vast te klampen, en we konden een goed gesprek op gang brengen.

Verdriet dat zich voordoet wanneer er een einde aan een relatie komt, is gemakkelijk te begrijpen. Het brengt ons weer in verbinding met de eerste keer dat we verlaten werden en het geeft ons een machteloos gevoel. Als het wordt erkend en geuit, gaat het uiteindelijk over, maar soms dragen we verdriet met ons mee uit situaties die niet zo voor de hand liggen, zoals in het geval van Susan.

Susan had een moeder die te veel van haar hield. Ze was enig kind en haar moeder had eigenlijk niets anders te doen dan Susans moeder zijn. Susan voelde zich speciaal en was nooit alleen. Het ontbrak haar aan niets wat aandacht, kleding of speelgoed betrof. Maar Susan mocht niet onafhankelijk zijn. Haar moeder voelde zich enigszins bedreigd wanneer ze bij vriendinnetjes thuis speelde en ook later toen ze met jongens begon uit te gaan. Susans definitie van liefde was door haar moeder gevormd. Toen ze later in haar leven relaties kreeg, was ze net zo verstikkend en bezitterig als haar moeder was geweest. Wanneer haar partner haar niet met dezelfde hoeveelheid aandacht overstelpte, voelde ze zich onbemind. Hoewel we zouden kunnen aannemen dat Susan een zelfverzekerde volwassene vol zelfvertrouwen zou worden, was ze in werkelijkheid bang dat ze niet genoeg was en werd ze heel erg op anderen gericht. Ze kon niet de plaats innemen van de werkelijke behoeften van haar moeder aan een authentiek leven, dus voelde ze zich altijd tekortschieten.

Susan dacht dat ze een gelukkige jeugd had gehad. Maar haar borstkas was samengetrokken en ze was vaak depressief. Toen ze dieper leerde ademhalen, raakte ze aan een enorm reservoir met verdriet. Eerst begreep ze niet waarom het daar zat, maar toen ze aan haar verdriet toegaf, herkende ze met behulp van haar diepere zelf dat het verdriet dat ze meedroeg een rouwen om het verlies van haar eigen authenticiteit was.

Als we van mening zijn dat liefde inderdaad het belangrijkste element van welzijn en spirituele groei kan zijn, dan is elke beschadiging in ons vermogen om liefde te vinden een diepe wond. Wanneer we bovendien van mening zijn dat deze beschadiging van invloed is op hoe we elkaar in de grotere maatschappelijke sfeer behandelen, dan hebben we niet alleen met een persoonlijk probleem te maken, maar ook met een ernstige collectieve situatie. Waar verdriet de wond is, is mededogen de genezer.

Mededogen

Groot mededogen dringt door tot in het beenmerg. Het is de steun van alle levende wezens. Net zoals de liefde van een ouder voor een enig kind is de tederheid van de Meedogende allesdoordringend.

Nagarjuna (India, eerste eeuw)

Mededogen, of compassie, betekent *passie hebben met*. In het tweede chakra kwamen we passie in het rijk der gevoelens tegen, waar ze via de verlangens van de ziel naar voren reikte om haar eigen behoeften te vervullen. In het hartchakra reiken we nu boven onszelf uit en breiden we die passie uit tot inzicht in wat anderen nodig hebben. Het ego kan zich, in de veiligheid van zijn eigen autonomie en macht, nu bereidwillig aan altruïsme overgeven. Als onze eigen behoeften erkend en vervuld zijn, kunnen we thans onze volheid met een ander delen.

Het vermogen om mededogen voor anderen te hebben is in de eerste plaats afhankelijk van ons vermogen contact te maken met onze verlangens en pijn. Ruimer van geest worden is een van de goede dingen die tegenspoed ons oplevert. Pijn stelt ons open voor een dieper inzicht in anderen en verruimt ons eigen beperkte wezen. Alleen door onze eigen zorgen en problemen te ervaren, kunnen we anderen deelgenoot maken van de wijsheid en het inzicht die uit het tedere niveau van gevoelens afkomstig zijn. Mededogen is derhalve een prachtig evenwicht tussen de uitdrukking van bovenste en onderste chakra's. Mededogen blijft in het midden geconcentreerd, maar is toch open en geeft ruimte voor verandering, doordat het zowel in de stabiliteit van een vat als de vrijheid van loslating voorziet.

We zijn geneigd mededogen als een onbaatzuchtige daad te zien. Deze onbaatzuchtige daad schept in het heldere licht ervan vaak een donkere schaduw van afhankelijkheid, rancune en veeleisendheid, zo niet uitputting. Oprecht mededogen is een daad die *met* het zelf mee beweegt, *vanuit* het zelf verankerd is en in staat is te reageren op het zelf van *een ander*.

Mededogen betekent niet dat we alles in orde moeten maken. Meestal kunnen we dat niet. Maar in plaats van ons af te wenden, kunnen we anderen mededogen aanbieden. Wanneer ik paren in therapie heb, zie ik vaak dat de ene partner mededogen wil, terwijl de andere het gevoel heeft dat hij of zij iets in orde moet maken. 'Ik wil alleen maar dat je beseft hoe moeilijk het voor me is om de hele dag met de kinderen alleen te zijn,' zegt zij.

'Wat wil je dat ik eraan doe, ontslag nemen?' vraagt hij ongeduldig.

Ze ziet er gekwetst en gefrustreerd uit, want dat is niet wat ze bedoelde. Wat ze wilde, was empathie en begrip, niet per se een oplossing. Ze wilde horen: 'Ik weet dat het moeilijk voor je is. Ik waardeer wat je allemaal doet.' Wanneer we iets niet in orde kunnen maken, is het nog belangrijker om mededogen aan te bieden.

Toewijding

Als iedereen volmaakt was, zou er geen behoefte aan liefde zijn. Toewijding is een daad van onbaatzuchtige liefde en bewuste overgave aan een grotere kracht, een kracht groter dan wijzelf. Van de vele takken van yoga is Bhakti-yoga, in praktijk gebracht door devote dienstbaarheid aan een godheid of leraar, de weg waarlangs men de transcendente vreugde van versmelting met het goddelijke ervaart. Toewijding is er ook voor de geliefde, binnen een gezin, of voor een politieke zaak of project.

Met toewijding stellen we de in het zelf aanwezige energie in staat buiten het zelf te stromen. Hierdoor transcenderen we onze beperkingen. Wanneer we moeder of vader worden, ervaren we onbaatzuchtige toewijding voor het pasgeboren kind; we transcenderen de grenzen van wat we dachten dat mogelijk was op het gebied van liefde en geven.

Toewijding is een spirituele daad van egoloze overgave. Wanneer het zelf de geest te zeer aan banden legt, dan heft toewijding deze banden op door ons boven onszelf te laten uitstijgen. We krijgen de krachtige les dat het zelf zelfs zonder voortdurende aandacht overleeft.

Toewijding kan ons ook van bewust contact met het zelf afhouden, vooral als de fase van op het ego gebaseerd bespiegelend bewustzijn nog niet is bereikt. We vinden het dan misschien gemakkelijker om door de wil van een ander geleid te worden dan zelf het labyrint van onze eigen innerlijke verlangens door te werken. In dit geval put toewijding het op het ego gerichte derde chakra uit met als doel een excessieve uitstorting in het vierde. Mocht het voorwerp van onze aanbidding weggaan, uit de gratie raken of ons afwijzen, dan zijn we nergens meer. Om te helen, moeten we vervolgens op verantwoordelijke wijze weer contact leggen met het innerlijk zelf, door het als een op zichzelf staand aspect van goddelijkheid te zien, dat heel veel behoefte aan liefde en inzicht heeft. Wanneer we in evenwicht zijn, wordt onze toewijding nog dieper.

De lotus laten groeien

Ontwikkeling en vorming van het hartchakra in één oogopslag

Leeftijd:
- 4 tot 7 jaar

Taken:
- Vormen van sociale identiteit en genderrollen
- Ontwikkelen van altruïsme
- Aangaan van relaties met leeftijdgenoten

Behoeften en levensgebieden:
- Initiatief versus schuldgevoel
- Liefde versus afwijzing
- Maatschappelijke aanvaarding
- Zelfaanvaarding

Toen Alex een jaar of vijf was, kreeg hij een buikgriepje waarvoor hij enkele dagen in bed moest blijven. Aangezien hij last van zijn maag had, was ik niet van plan hem te dwingen iets te eten, maar ik wilde dat hij iets at als hij daar zin in had. Ik maakte dus wat geroosterde boterhammen voor hem en zette die op een dienblad naast zijn bed, en stopte hem en zijn teddybeer in. Hij was snel weer hersteld en ik vergat het voorval. Een paar weken later werd ik na een middagdutje wakker en zag ik een dienblad met wat onbeholpen beboterde geroosterde boterhammen op mijn nachtkastje staan en een teddybeer naast me op het kussen liggen. Dit was echt een teken dat hij in de hartchakrafase zat.

De ontwikkelingsfase die bij het vierde chakra behoort, begint wanneer het kind het intense egocentrisme en de koppigheid van het derde chakra achter zich laat en een bereidheid om anderen te leren kennen en met hen samen te werken bereikt. Dit gebeurt over het algemeen drie tot vier jaar nadat autonomie en eenvoudige impulsbeheersing tot stand zijn gekomen. Het kan heel plotseling gebeuren, wanneer het schijnbaar onmogelijke kind spontaan iets liefs en aardigs voor zijn moeder doet. Een kind kan ook wanneer het drieëneenhalf is weer in koppige halsstarrigheid terugvallen alvorens uiteindelijk omstreeks zijn vierde naar de liefdevollere en harmonischer hartchakrafase over te gaan. Omdat het kind onzeker is over zijn nieuwe gedrag, keert het vaak terug naar de vertrouwde patronen waaraan het zekerheid ontleent. Ontwikkeling verloopt niet altijd gladjes.

Naarmate we hoger in de chakra's komen, is minder nauwkeurig aan te geven wanneer de ontwikkelingsfasen zich precies voordoen. Dit hangt voor een deel af van het met succes doorlopen van de voorgaande fasen, wat van geval tot geval verschilt. En die verschillen worden groter naarmate we hoger komen. Helaas bereiken veel mensen de bij de bovenste chakra's behorende fasen helemaal niet, of pas later in hun leven. Derhalve zullen we nu zowel de ontwikkeling van kinderen als van volwassenen gaan bespreken.

In onze jeugd wordt de bij het vierde chakra behorende ontwikkeling gekenmerkt door de vorming van onze *sociale identiteit*, die ook bekendstaat als de persona. Dit is het aspect van het zelf dat we in het leven roepen om liefde te winnen, maatschappelijke goedkeuring te verwerven en ons in de grotere wereld te kunnen redden. In het vierde chakra zien we de wereld niet langer geheel vanuit onze eigen behoeften. We kunnen onze een-op-eenrelaties (dat wil zeggen kind en moeder, kind en vader) dus uitbreiden, zodat onze relaties grotere gezins- en maatschappelijke structuren gaan omvatten. Het kind komt nu tot de ontdekking dat het deel uitmaakt van de relatie die mamma en pappa met elkaar hebben, en dat het broertjes en zusjes heeft, klasgenoten, buren en eigen vriendjes.

De verbale boodschappen die tijdens de bij het derde chakra behorende fase werden verinnerlijkt, hadden actie en gedrag als middelpunt. In de hartchakrafase wordt thans de ouder/kindrelatie zelf verinnerlijkt. Niet alleen de boodschappen die pappa ons voortdurend geeft over het lawaai dat we in huis maken zijn belangrijk, maar ook de context van pappa's relatie met ons wordt belangrijk. Als de boodschap in een context van angst werd gegeven, voelen we samen met de verinnerlijkte boodschap angst. Hoe we ons gedragen en wie we worden krijgt vorm door de manier waarop we onze primaire gezinsrelaties verinnerlijken.

Eric Berne schetste deze innerlijke relaties in zijn theorieën over Transactionele Analyse. Er wordt in beschreven hoe we vanuit verinnerlijkte ouder-, volwassene- of kindscenario's opereren. Als we tegen pappa's boodschappen in opstand komen, spelen we het scenario van het ondeugende kind met een kritische ouder; aspecten hiervan gaan deel uitmaken van onze innerlijke dialoog. Deze twee rollen kunnen ons leven lang om de voorrang blijven strijden; soms zullen we immers door opstandige impulsen geleid worden, terwijl we op andere momenten door onze innerlijke criticus tegengehouden zullen worden. We herhalen deze relaties ook met anderen. Als een vriend(in) kritiek op je heeft, kan hij of zij plotseling je kritische ouder worden. Je zult dan merken dat je als een ondeugend kind reageert en niet luistert naar wat hij of zij te zeggen heeft.

Kinderen verinnerlijken relaties door *imitatie*. Een kind dat vaak op zijn kop krijgt, zul je misschien tegen haar pop of beste vriendin horen uitvallen. Alex imiteerde zijn moeder toen hij me de geroosterde boterhammen bracht. Dit imiteren wordt *identificatie* genoemd en vormt de kern van het relatieprogramma. Identificatie wil zeggen dat het kind de opvattingen, instelling, waarden en gedragingen van anderen imiteert en deze instelling vervolgens naar zijn relaties meeneemt.

Terwijl genderrollen verinnerlijkt worden, ontwikkelen we onze genderidentificatie. Door te kijken hoe ouders en broertjes of zusjes zich gedragen, krijgen we onze eerste voorbeelden van hoe we een jongetje of meisje moeten zijn. Terwijl we zien hoe onze grote zus met poppen speelt of make-up opdoet, hoe onze broer met treinen of enge beestjes speelt, hoe moeder zich aan de behoeften van het gezin overgeeft en hoe vader altijd met zijn carrière bezig is, ontwikkelen we, hoe dan ook, op gender gerichte gedragsprogramma's.

Meestal treedt hier de splitsing in anima en animus op. Meisjes wordt geleerd hun mannelijke gedragingen te onderdrukken en jongens hun vrouwelijke. We leven nog steeds in een tijd waarin jongens te horen krijgen dat ze niet mogen huilen en meisjes dat ze lief moeten zijn. Deze kloof tussen en onderdrukking van het mannelijke en vrouwelijke treedt omstreeks de middelbare leeftijd weer op de voorgrond; door onze eenzijdige ontwikkeling komen we dan in de een of andere persoonlijke crisis terecht. Zoals eerder gezegd, houdt werken aan het hartchakra reïntegratie van anima en animus in.

Het kind verinnerlijkt niet alleen de relatie met zijn ouders, maar ook het gehele gezinssysteem. Het kan broertjes of zusjes krijgen en een oudste kind worden, waardoor het uit het middelpunt van de aandacht verdwijnt. Het kan beseffen dat het de jongste van veel broers en zusters is en zijn sociale identiteit opdoen uit de manier waarop zijn broers en zusters hem behandelen. Of het kan het middelste kind zijn, dat met de beide anderen om aandacht moet vechten. Al deze dynamiek was al op de achtergrond aanwezig in de 'alles-draait-om-mij'-fase van het derde chakra, maar komt bij chakra vier als deel van de persoonlijkheid tevoorschijn. We spelen deze gezinsdynamiek dan uit op het maatschappelijke strijdtoneel van school, werk, clubs en het gezin dat we als volwassenen vormen. Terwijl het opgroeiende kind deel gaat uitmaken van de gezinsdynamiek, neemt het een rol aan, zoals de rol van het brave kind, de zondebok, de held, de clown, of de verloren zoon of dochter, om er slechts enkele te noemen. Deze rollen zijn zoiets als de stappen van een dans, onbewuste patronen waardoor onze sociale identiteit wordt gevormd. Wat als de bewuste cultivering van een bepaald gedrag kan beginnen ('Mamma vindt het leuk wanneer ik haar aan het lachen maak'), kan tot een levenslange rol uitgroeien (de clown uithangen).

Het ontwikkelen van een sociale identiteit bereidt het kind voor op complexere interacties met de buitenwereld. Hiervoor is een subtiel evenwicht tussen autonomie instandhouden en prijsgeven nodig, een evenwicht dat in het derde chakra ontwikkeld zou moeten zijn. Het kind van wie de autonomie zwak is, is geneigd door anderen weggemaaid te worden, bepaald te worden, of bang te zijn zichzelf kwijt te raken. Wanneer een vriendje van een dergelijke kleuter hem opdraagt de koekjes van een ander kind te pikken, doet hij dat gewoon, zonder te beseffen dat dit niet zijn eigen impuls is; dat beseft het pas wanneer het er last mee krijgt. Dan zegt het: 'Het moest van Billy!' Een kind dat altijd zijn zin kreeg, kan te zeer op zichzelf gericht zijn en wordt dan door anderen afgewezen, zoals de dwingeland die op school de baas speelt over de jongere kinderen, of de egocentrische klasgenoot die er altijd voor zorgt in het middelpunt van de belangstelling te staan.

Ook de intellectuele ontwikkeling gaat in deze fase met sprongen vooruit. We zijn Piagets *pre-operationele fase* binnengegaan, tijdens welke 'de intellectuele ontwikkeling meer op conceptueel-symbolisch dan, zoals eerder, op sensorisch-motorisch gebied' plaatsheeft.[8] Nu het kind de eenvoudige bouwstenen van de taal onder de knie heeft, begint het de vele stukjes van zijn ervaring te ordenen. Het kind heeft niet alleen belangstelling voor relaties tussen mensen, maar tussen alle componenten van de wereld om hem heen. Het leert ruwe informatie te ordenen tot grotere concepten die gedrag dicteren. Het is nu niet meer behulpzaam om zo een koekje te krijgen, maar beseft dat behulpzaam zijn een goed concept is. Het wil dan waardering voor zijn intenties en niet meer voor zijn daden. Dit is wat Lawrence Kohlberg de *brave jongen/lief meisje*-fase van morele ontwikkeling noemt. Het kind schept zichzelf door nieuwe concepten in zijn zich ontwikkelende persoonlijkheid op te nemen.

Routines zijn reeksen relaties. Kinderen raken in deze fase vaak overstuur wanneer standaardroutines worden doorbroken – wanneer iemand op zijn plaats aan tafel gaat zitten, wanneer het voor het eten onder de douche moet in plaats van erna, of wanneer de stabiliteit in het gezin wordt verstoord. Ze willen dat relaties tussen dingen stabiel blijven, zodat hun eigen plaats duidelijk is. Wanneer kinderen in deze fase met stiefouders, nieuwe broertjes of zusjes, nieuwe gezinnen, of veranderingen in de dagelijkse routine op school of in de crèche te maken krijgen, kan dat uitermate ontwrichtend zijn. Ze ontlenen zekerheid en identiteit aan stabiele relaties. Wanneer die relaties beëindigd of bedreigd worden, zoals door echtscheiding, overlijden of uit elkaar gaan, kunnen het gevoel van zekerheid en de zich ontwikkelende sociale identiteit in gevaar komen. Dit is tegelijkertijd van invloed op de verinnerlijkte relatie met onszelf. Als we bijvoorbeeld een van onze ouders verliezen, krijgen we niet te zien hoe de twee genders met elkaar in wisselwerking treden en kan het zijn dat we dat evenwicht ook niet in onszelf ontwikkelen. (Wat sommige huwelijken betreft, kan dit echter een zegen zijn.)

Ten slotte is dit de leeftijd waarop relaties met leeftijdgenoten tot ontwikkeling beginnen te komen. Een kind gaat naar school, kiest vriendjes uit en test deze gedragsprogramma's buiten het gezin. Het kind leert of het leuk gevonden of afgewezen wordt en zo wordt zijn sociale identiteit aan zijn ego-identiteit toegevoegd, als een nieuw fundament voor zijn gevoel van eigenwaarde. Het is interessant dat veel kinderen tussen hun vierde en zesde jaar denkbeeldige vriendjes hebben, alsof dit een oefentijd voor echte relaties is.

Aangezien relaties de ondergrond voor de ontwikkeling van het vierde chakra vormen, is het belangrijk enige fundamentele vragen op te werpen. Hangen de relaties in het gezin af van een agressieve strijd voor ieders rechten? Van jezelf inleveren om straf of afwijzing te voorkomen? Worden er in het gezin emoties en affectie geuit, of verbergen de ouders dit aspect van hun eigen relatie? Is de communicatie dusdanig dat het kind kan zien hoe problemen worden opgelost, of wordt er nooit over iets moeilijks gesproken? Overheerst de ene ouder de andere, of zijn ze partners die samenwerken? Krijgen broertjes en zusjes net zo veel aandacht, of is er sprake van voortrekkerij, en zo ja, waarop is die dan gebaseerd? En wat het belangrijkste is – bestaat er consistentie in de relaties? Is pappa de ene dag warm en liefdevol en de andere dag gemeen en gewelddadig? Dit zijn de elementen die het kind leren hoe het zich dient te gedragen.

Socialisatie wil zeggen dat een individu gedragspatronen, motivaties, opvattingen en waarden verwerft die de cultuur belangrijk acht. In onze huidige sociale structuur is voor dit proces vereist dat we veel aspecten van onze onderste chakra's ontkennen. Om goed gesocialiseerd te raken, moet het kind leren zijn spontane agressieve aandriften, afhankelijkheid en angsten te beheersen of erboven te staan. Wat mannen betreft kunnen hiertoe ook alle emoties behoren. De sociale identiteit ontwikkelt zich derhalve vaak ten koste van voorgaande identiteiten. Zo kan het zijn dat het kind van wie de sociale identiteit om het tevredenstellen van anderen draait haar eigen behoeften moet ontkennen. Het niet-geaccepteerde kind dat zich op de achtergrond verborgen houdt, ontkent zijn behoefte aan aandacht. Wanneer we het contact met de oorspronkelijke ondergrond verliezen, veroorzaakt dat een soort existentiële leegte die vervolgens op relaties wordt geprojecteerd. Uiteindelijk zullen we van anderen zekerheid, emotionele bevrediging of versterking van ons ego proberen te krijgen, omdat we dit alles in onszelf hebben ontkend.

Het lijkt er vaak op dat het ene chakra zich ten koste van het chakra eronder ontwikkelt. We moeten iets van de stabiliteit en zekerheid van het eerste chakra opgeven om ons in het tweede chakra aan verandering te kunnen overgeven. We moeten het voortdurende krachtige verlangen in het tweede chakra temperen om in het derde chakra onze energie in productieve activiteit te kunnen omzetten. We moeten boven onze egocentrische behoeften uitreiken om waarlijk liefdevol ten opzichte van anderen te kunnen zijn. Hoewel er tijdens verschuivingen in onze ontwikkeling altijd sprake is van een zekere herverdeling van energie, betekent dit niet dat chakraontwikkeling een kwestie van of/of is, gebaseerd op onderdrukking, maar van een alomvattende transmutatie van energie. Wanneer we niet genoeg ondergrond hebben om ons zeker te voelen, zijn emoties en gevoelens overweldigend. De wil heeft zonder verlangen geen energie. Liefde is een hopeloze vermenging van projecties wanneer er te weinig egosterkte bestaat. We kunnen alleen maar transcenderen wanneer aan de eerste vereisten is voldaan. Dit is iets om te onthouden bij onze klim door de chakra's.

Tussen het derde en vierde chakra kan het kind de boodschap krijgen dat autonomie en liefde een kwestie van of/of zijn. Dit geldt vooral wanneer de ouders voorwaardelijke liefde gebruiken om gedrag te vormen. Johnny leert snel welk gedrag mamma prettig vindt en welke aspecten van hemzelf ze afwijst. 'Mamma besteedt geen aandacht aan me als ik huil. Ze houdt me vast als ik rustig ben.' Het verlangen naar liefde is meestal groter dan de behoefte aan autonomie, dus creëren we een onecht zelf. We groeien op met het idee dat we of onszelf kunnen zijn, of bemind kunnen worden, en denken dat allebei tegelijk onmogelijk is. Dit is de premisse van op anderen gericht, passief-agressief gedrag, of van eenzaamheid, ook al kunnen we in werkelijkheid geen duurzame, eerlijke relaties hebben zonder onszelf trouw te zijn.

Wanneer we op een goede manier onze sociale identiteit kunnen ontwikkelen, heeft dit transcendentie van het ego tot gevolg zonder dat er veel aan autonomie is opgeofferd. Het kind kan zich met anderen identificeren, die het als even belangrijk als het zelf beschouwt, en bezit het vermogen om met familie, vrienden en de grotere sociale omgeving samen te werken.

Iedere functionerende volwassene heeft in elk geval een basisniveau van ego-ontwikkeling bereikt, hoe gebrekkig dit ook tot stand mag zijn gekomen. Niettemin zijn er veel volwassenen die de overgang naar de bij het vierde chakra behorende staat nog niet volledig hebben gemaakt. Een gebrek aan bevrediging in de onderste chakra's heeft niet de stabiliteit en overvloed voortgebracht die noodzakelijk is om het hartchakra te openen en te vullen. Ze blijven steken in de narcistische egovoldoening van het derde chakra, zelfs in hun intieme relaties, en vinden het moeilijk echte empathie en altruïsme te voelen. Midlifecrises, die zich meestal als gevolg van de pijn van mislukte relaties voordoen, brengen vaak wonden uit de vroegste jeugd aan het licht. Deze wonden aan de onderste chakra's kunnen vervolgens geheeld worden, zodat het hartchakra zich kan openen. In deze gevallen kan de ontwikkeling van het vierde chakra zich op middelbare leeftijd voordoen, wanneer we aan de integrerende fase van ons volwassen individuatieproces beginnen.

De delen van ons die genegeerd of door de buitenwereld afgewezen worden, trekken zich in het rijk van het onbewuste terug. Ze gaan, gescheiden van de persona, deel uitmaken van de schaduw. De persona bestaat uit aspecten die ons liefde opleveren, terwijl de schaduw uit aspecten bestaat die onaanvaardbaar lijken. Werk aan het vierde chakra bestaat voor volwassenen voor een deel uit het herenigen van de persona met de afgewezen schaduw, om zo evenwicht en heelheid tot stand te brengen.

Het als volwassene ontwikkelen van het hartchakra resulteert in een transcendentie van het ego, de integratie van de bovenste en onderste chakra's, het ontstaan van het heilig huwelijk tussen mannelijk en vrouwelijk, en ontwikkeling van empathie en altruïsme. Verantwoordelijk hiervoor is het innerlijk evenwicht dat ontstaat wanneer we onze vele subpersoonlijkheden integreren, en de uitdrukking van dat evenwicht via onze relaties met anderen. Het vierde chakra is in feite de poort tot spirituele bevrediging en persoonlijke zeggenschap. De beloning voor het bereiken hiervan is zelfaanvaarding en liefde voor onszelf.

Trauma's en mishandeling

Kinderen… komen dus tegenover een kweller te staan van wie ze houden, niet tegenover een kweller die ze haten, en deze tragische complicatie zal een verwoestende invloed op hun hele verdere leven hebben.

ALICE MILLER

Niets is verwoestender dan gebrek aan liefde. Liefde is de oerlijm van het universum, de bindende kracht *par excellence*. Het hartchakra, de in het midden gelegen integratiekamer, is de genezer, de vereniger. Liefde brengt integratie teweeg, gebrek aan liefde desintegratie. Wanneer er geen liefde is die ons bijeenhoudt, maken we ons los van de delen van onszelf die liefde wegjagen. We verwerpen de behoeftige delen, de boze delen, de lelijke delen. En dan zijn we niet langer heel.

Alle soorten mishandeling traumatiseren het hart, omdat ze verraad plegen tegenover liefde. Mishandeling heeft meestal in de context van gezinsrelaties plaats. Het is al erg genoeg dat het voorkomt, maar nog erger is dat de daders mensen zijn van wie we houden, mensen met wie we samenleven, mensen die we moeten kunnen vertrouwen. Dus lijden we niet alleen onder de mishandeling, maar ook onder een verwringing van de relatie waarin die zich voordoet. We verbreken de verbinding, doen ons hart op slot en trekken ons in onszelf terug.

Wanneer belangrijke relaties verstoord raken, verzwakt ons vermogen om lief te hebben en betrekkingen aan te gaan – om *relationeel* te worden. Relationeel zijn betekent eenvoudigweg dat we in staat zijn onze eigen ervaringen te relateren aan een grotere context buiten ons. Hierdoor raken we met dingen verbonden en zien we hoe die met elkaar verbonden zijn. Heel veel cliënten, en dan met name vrouwen, klagen erover dat hun partners zo weinig energie in de relatie stoppen. Hun mannen gedragen zich, zo vertellen ze, alsof ze in hun eigen wereld leven waarin de relatie een soort postscriptum is of iets dat ze vanzelfsprekend vinden. Deze mannen (en ook sommige vrouwen) zien relaties eerder als dingen dan als levende processen. Hun vermogen om relationeel te zijn is onderontwikkeld.

Wanneer relaties verstoord zijn, is ook ons besef van hoe dingen samenhangen verstoord. Het vermogen om het grotere geheel – de context waarin het leven is ingebed – te zien, is verzwakt. Hierdoor kunnen we niet tot een groter besef van ons eigen wezen komen.

Een klein kind is een open, ongepantserd wezen dat volledig afhankelijk is van zijn verzorgers. In deze staat is het kind een open liefdeskanaal voor degenen die voor hem zorgen. Zijn eerste begrip van wat liefde is, komt voort uit de bevrediging van zijn overlevings- en afhankelijkheidsbehoeften – dat er voor hem wordt gezorgd, dat hij aandacht krijgt en veilig is. Wanneer het gespiegeld wordt en gevoed, en wanneer het in zijn autonomie wordt gesteund, wordt er ook van hem gehouden. Als alles goed is gegaan, is er tegen de tijd dat het kind in de bij het vierde chakra behorende fase komt een goede fundering voor afhankelijke liefde gelegd. Het ziet de ouders als degenen met wie het voor zijn persoonlijke behoeften in verband staat en als degenen die hem helpen de ingewikkelde wereld om hem heen te begrijpen.

Het is letterlijk hartbrekend wanneer het vertrouwen en de liefde die een kind voor zijn verzorgers heeft tegen hem gebruikt worden. Als volwassenen hebben we in relaties de keuze (of we dit nu beseffen of niet) om op te stappen wanneer iemand ons mishandelt. Een kind heeft die keuze niet. Een kind kan er niet eens voor kiezen niet van zijn verzorgers te houden.

De effecten van deze mishandeling doen zich tegelijkertijd op drie niveaus voor:
1. De *ervaring* van de mishandeling, die trauma's kan veroorzaken die de natuurlijke ontwikkeling van het lichaam en de psyche in alle chakra's kan verstoren.
2. De *interpretatie* van de mishandeling, die meestal aan onze eigen tekortkomingen wordt toegeschreven in plaats van aan die van onze ouders.
3. De *versmelting* van mishandeling met liefde, zodat beide verband met elkaar gaan krijgen, onlosmakelijk met elkaar verbonden raken. Dit is verantwoordelijk voor de voortzetting van mishandeling in relaties tussen volwassenen.

Als een kind oppervlakkige aandacht krijgt maar niet aangeraakt wordt of geen specifieke aandacht krijgt, zal zijn liefde voor anderen even oppervlakkig zijn. Het lijdt lichamelijk vanwege het gebrek aan aanraking, emotioneel vanwege gevoelens van schaamte en conceptueel vanwege een verwrongen idee van wat liefde is. Als een vader zijn dochter die van hem houdt en hem vertrouwt seksueel misbruikt, leert hij haar een verwrongen vorm van met elkaar omgaan die geen respect voor grenzen kent. Volwassenen die seksueel misbruik hebben overleefd, voelen zich vaak van hun lichaam ontdaan, hebben in hun liefdesrelaties zwakke grenzen en definiëren hun waarde vaak in seksuele termen. Als een kind juist door de mensen die het belangrijkst in zijn leven zijn, genegeerd of beschaamd gemaakt wordt, dan verinnerlijkt het die verwringing in zijn relatie met zichzelf. Zijn eigen innerlijke stem zal die kritiek overnemen en hem in een staat van volslagen nietswaardigheid houden. Als volwassene zal hij relaties aangaan met mensen die hem ook nietswaardig vinden en de cyclus instandhouden.

Elke vorm van mishandeling is op deze drie niveaus van invloed: het ontwikkelingsproces, ons gevoel van eigenwaarde en onze relaties met anderen. Deze niveaus zullen hieronder uitgebreider worden besproken.

De mishandeling zelf

Ik had een vrouw in therapie die, nadat haar ouders tijdens de Tweede Wereldoorlog waren omgekomen, door een tante was geadopteerd. Haar tante vergeleek haar voortdurend met haar eigen kinderen. 'Waarom kun je niet net zo goed leren als je zus? Je bent zeker dom! Waarom ben je zo lui vergeleken met je broer? Wat is er mis met jou?' Hoewel er oppervlakkig voor haar werd gezorgd, werd er over haar oorspronkelijke trauma, het verlies van haar ouders, nooit gesproken, iets dat erg nadelig voor haar was. Er was geen tijd geweest om voordat ze naar latere fasen overging eerst ontwikkelingsgaten te dichten of te repareren. Natuurlijk kon ze niet wedijveren met broers en zussen die niet zulke trauma's hadden opgelopen.

Mishandeling is de antithese van liefde. Als we niet de liefde krijgen die we nodig hebben, missen we het basiselement om onszelf in elkaar te zetten. Mishandeling van welke soort ook ondermijnt het natuurlijke ontwikkelingsproces doordat het met de innerlijke bedrading van het fysieke, emotionele en psychische systeem interfereert. Als dit met onze stereoapparatuur zou gebeuren, zouden we het volume niet goed kunnen afstellen, of een verstoorde geluidskwaliteit of atmosferische storing hebben. Wanneer dit met de psyche gebeurt, voelen we ons als mankementen vertonende koopwaar – onze afstemming is in de war.

Mishandeling is van invloed op onze liefde voor het leven. Als leven pijn doet, of eenzaam, afwijzend, leeg, vijandig of gevaarlijk is, dan willen we ons er niet mee verbonden voelen. Leven wordt een pijnlijke ervaring, een proces dat doorstaan moet worden. We vinden het niet langer heerlijk om te leven; we treden het leven niet langer met hoop en enthousiasme tegemoet. We worden teruggetrokken, depressief, geblokkeerd. De natuurlijke energiestroom kan zich niet langer voorwaarts begeven.

Verlies van liefde voor onszelf

Aangezien we ons meestal met onze verzorgers en hun waarden identificeren, leert de manier waarop zij ons behandelen iets over onze waarde als mens. We nemen hun houding ten opzichte van ons over. Mishandeling maakt dat we ons onbeminnelijk voelen, en het gevoel dat we mankementen vertonen maakt onze schaamte alleen maar groter. We worden een voorwerp voor onszelf, een voorwerp van minachting zelfs. Onbeminnelijk als we zijn, staan we niet langer in verbinding met onze goddelijkheid, onze speciaalheid, onze deugdelijkheid als mens. We zijn ervan overtuigd dat het aan iets in ons ligt, iets waarvoor we blind zijn en waar we hulpeloos tegenover staan, en dus laten we onszelf in de steek.

Wanneer er geen relatie met het zelf bestaat, is bespiegelend bewustzijn onmogelijk. We zijn stuurloos, verloren en eenzaam, staan los van onze ondergrond, en uiteindelijk zullen we onze ondergrond bij een ander proberen te vinden. Zij worden onze werkelijkheid, en de last die we op hun schouders leggen – het gewicht van onze eigen zelfverloochening – verjaagt hen meestal. En dan verliezen we alle energie die we in hen geïnvesteerd hebben, inclusief stukjes van onszelf. 'Ik heb haar alles gegeven! Hoe kon ze me nou verlaten?' Wanneer we alles geven, gaan we zelf failliet. Het ontbreekt ons aan een middelpunt waartoe anderen zich aangetrokken kunnen voelen, gewoon omdat er niemand thuis is. Er is niemand in ons om lief te hebben, omdat we onszelf hebben weggegeven.

Verinnerlijkte relaties

Alle mishandelingen hebben plaats in de context van relaties. Relaties gaan derhalve het veld vormen waarin alle gebeurtenissen geïnterpreteerd worden, en het gebied waarin ze later verinnerlijkt worden. Verinnerlijkte relaties vormen archetypische componenten van onze psyche. Onze relatie met onze moeder gaat meer symboliseren dan hoe we over mamma denken, ze beïnvloedt hoe we het archetypische symbool van de Moeder begrijpen en ook het vrouwelijke in het algemeen. Als onze moeder ons mishandelde, zal onze innerlijke relatie met het vrouwelijke en alles waar dit voor staat beschadigd raken. Als zij deze eigenschappen niet vertoonde, zullen we verwachten dat ze nergens vertoond zullen worden, ook niet door mannen. Als ze die eigenschappen als controlemiddel gebruikte, zullen we bang zijn dat we door onze behoefte eraan gecontroleerd zullen worden. Wanneer we deze beschadiging op de vrouwen projecteren die we in ons leven tegenkomen, zullen we ontdekken dat we meer een relatie met ons beschadigde innerlijke beeld van het vrouwelijke aangaan dan met de echte vrouwen die we tegenkomen. Onze woede, verwachtingen, afweermechanismen en behoeften raken allemaal met de relatie verweven en kunnen in de knoop raken met de innerlijke structuur van onze partner, die net zo beschadigd kan zijn. Wat een puinhoop kan dat worden: twee mensen die vanuit hun verwondingen en afweermechanismen een relatie aangaan in plaats vanuit hun heelheid! Ze zien hun eigen projecties in plaats van elkaar. Helaas is dit heel vaak de gebruikelijke procedure.

De manier waarop onze vader ons behandelde beïnvloedt onze relatie met alle mannen en ook met ons innerlijk mannelijke. Hoe we tegenover de mannelijke eigenschappen agressie, gezag, logica of ondernemingszin staan, en hoe we deze eigenschappen op mannen projecteren, heeft belangrijke consequenties voor onze relaties.[9] Vaak kiezen we dezelfde soort man uit als onze vader, maar verwachten we andere resultaten.

Larinda had haar vader altijd bewonderd om zijn geslaagde carrière en om alles wat hij met hard werken en onzelfzuchtigheid voor zijn gezin deed. Ze verdedigde hem altijd wanneer haar moeder klaagde dat hij nooit thuis was of zo weinig tijd aan de kinderen besteedde. Larinda trouwde met een man die ze om dezelfde eigenschappen bewonderde en kreeg al snel het gevoel dat ze weduwe was, slachtoffer van een werkverslaving, altijd alleen met haar kinderen, nooit eens iemand om mee te praten. Zoals ze de gevoelens van haar moeder had ontkend, zo ontkende ze ook haar eigen gevoelens. Ter compensatie zocht ze haar toevlucht in alcohol. Toen ze uiteindelijk iets aan haar alcoholisme ging doen, werd ze gedwongen zowel de onvervulde behoeften die ze als kind had onder ogen te zien als de manier waarop haar beeld van haar vader haar gevoelens van verlating hadden gemaskeerd.

In zijn bestseller *Getting the Love You Want* noemt Harville Hendrix de verinnerlijkte relatie met onze moeder of vader een *imago*. Een imago is een 'samengesteld beeld van de mensen die je toen je heel jong was het sterkst hebben beïnvloed'.[10] Dit beeld wordt niet in de bewuste geest gevormd, maar is meer een mal die gedurende alle jaren waarin we voortdurend met onze familie in wisselwerking staan in het zenuwstelsel geëtst raakt. Het programmeert onze reacties, afweermechanismen, gedragingen en interpretaties van gebeurtenissen. Het gaat deel uitmaken van ons karakterpantser, van onze persoonlijkheid.

Onze relatie met verinnerlijkte archetypische krachten bepaalt onze relatie met de wereld. Of we de wereld nu vanuit verantwoordelijkheid of opstandigheid tegemoet treden, vanuit acceptatie of afwijzing, dit alles blijft een deel van ons relatieprogramma. Het stempel dat dit programma in eerste instantie vormgeeft, is het gezin. Alleen door deze primaire relaties te ontrafelen, kunnen we hopen tot het bespiegelend bewustzijn te komen dat nodig is om gewoontepatronen te doorbreken en nieuwe en productieve relaties te scheppen.

Onze huidige relaties vormen altijd het oefenterrein voor dit proces. Ze vormen de snijkant van onze groei, want wie kent onze hoop en angsten, sterke en zwakke punten beter dan onze partner? Wie anders dan onze partner krijgt de volle laag van onze verwachtingen en woede, onze projecties en manipulaties over zich heen? Wie anders dan onze partner is de beste spiegel voor onze ontwikkeling?

Het hartchakra gaat over banden krijgen. Niet-geïntegreerde delen van onszelf die niet met banden van liefde met het hart zijn verbonden, zullen die banden elders zoeken. Ons schaamtevolle kleine kind kan zich aan de kritische ouder van onze partner binden en voortdurend een dynamiek herscheppen waardoor het zich nietswaardig blijft voelen. Onze afgewezen woede kan op zoek gaan naar iemand met driftbuien, die ons ruimschoots de gelegenheid geeft dit verloren gegane deel van onszelf te herwinnen. Onze verschillende zelven streven naar bindingen die permanent zijn.

Helaas zijn onze bindingspatronen niet altijd leuk. We kunnen erin vastraken, erdoor onderdrukt worden. We verliezen de frisheid om onze partner te zien zoals hij of zij werkelijk is en zien in plaats daarvan alleen maar de kritische ouder, het behoeftige kind, of het afwijzende aspect van hun persoonlijkheid. De enige manier waarop we deze patronen kunnen doorbreken, is door ons bewust te worden van deze relaties in onszelf – door naar de vele aspecten van onze innerlijke complexiteit te luisteren, ze te ontdekken en te eren.

Verwrongen ideeën over liefde

De liefde die een kind voor zijn of haar ouders heeft, zorgt ervoor dat hun bewuste of onbewuste daden van geestelijke wreedheid niet ontdekt zullen worden.

ALICE MILLER

Tegenstrijdige relaties verwringen onze voorstelling van liefde. Doordat het kind zo afhankelijk is, is er geen ruimte in de geest van het kind voor de tegenspraak tussen liefde en mishandeling. Om hun wereld consistent te houden, ontkennen kinderen de gevolgen van mishandeling of overtuigen ze zichzelf ervan dat ze die verdienen. Zelfs wrede daden worden als daden van liefde beschouwd. Wanneer een kind geslagen wordt en te horen krijgt: 'Dit doet mij net zo veel pijn als jou. Ik doe dit alleen maar omdat ik van je houd,' dan krijgt het een heel vreemde boodschap over wat liefde is. Ze stellen liefde gelijk aan pijn en mishandeling. Als ontvangers van die liefde wordt het hun plicht de pijn te verdragen en niet te betwisten. Alice Miller beschrijft dit scherp in haar boek met de toepasselijke titel *For Your Own Good*: 'Wanneer wat mij werd aangedaan voor mijn eigen bestwil werd gedaan, dan wordt van mij verwacht dat ik deze behandeling als een essentieel deel van het leven aanvaard en niet betwist.'[11] Deze aanvaarding is van invloed op het hartchakra en ook op de bovenste drie chakra's, zodat ze ons vermogen onze waarheid uit te drukken, te zien wat er aan de hand is en vraagtekens te zetten in het algemeen beïnvloedt.

Later kunnen we als volwassene in onze relaties blind zijn voor mishandeling door onze partner. We geloven niet helemaal dat we mishandeld worden; we dragen in ons hart de illusie mee dat we bemind worden. Bradshaw heeft dit de *fantasieband* genoemd. Het is een illusie die ons laat geloven dat onze partner (vader, moeder, vriend(in), geliefde) echt van ons houdt – misschien heeft hij (zij) vandaag gewoon zijn (haar) dag niet, hebben we iets verkeerd gedaan, of zal het morgen vast wel beter gaan. We weten dat het zal veranderen als we alleen maar dit konden doen of dat niet gedaan hadden. We zoeken verontschuldigingen voor hun gedrag en blijven aanvaarden wat normaal gesproken onaanvaardbaar zou zijn. Daar het kind onophoudelijk de behoefte heeft om zich ten koste van alles bemind te voelen, fantaseert het een liefde die er niet werkelijk is.

Afwijzing

Op het moment van verraad gaat er op onze kwetsbaarste plek – ons aanvankelijk vertrouwen – een wond open, die de wond van een volkomen weerloos kind is dat in de wereld alleen maar in de armen van een ander kan overleven.

ALDO CARATENUTO

Een paragraaf over hartchakratrauma's zou niet volledig zijn zonder een bespreking van afwijzing. De angst voor afwijzing, een universele ervaring die ons allen kwetst, is een angst die diep in het menselijk hart leeft. Afwijzing brengt mensen bij hun diepste wanhoop, hun somberste angsten en hun hevigste verdriet. Angst voor afwijzing is de belangrijkste reden waarom we onze liefde verzwijgen en het hartchakra afsluiten.

Wanneer we afgewezen worden, zijn we vaak niet in staat de situatie te veranderen, zodat dit kinderlijke gevoelens van hulpeloosheid teweegbrengt. Ons gevoel van eigenwaarde keldert, onze gevoelens storten ons in het moeras van een onpeilbare depressie en ons lichaam doet pijn van verlangen. We denken dat we niet meer kunnen leven, en inderdaad is de neiging om vanwege het verloren gaan van liefde zelfmoord te plegen een universeel thema dat mensen al heeft gekweld zolang als de kracht van de liefde onze harten regeert.

Afgewezen worden zegt dat we nietswaardig zijn en vergroot onze toch al aanwezige schaamte tot ongekende omvang. Het zet ons tegen onszelf op, waardoor een wond ontstaat die misschien wel de diepste is die er bestaat. Waarom treft afwijzing door een ander onze innerlijke staat zo hevig?

Voor jonge kinderen staat afwijzing gelijk aan dood. Welke garantie hebben we dat er voor ons zal worden gezorgd als er geen ouderliefde is? Bij veel mensen brengt liefdesverlies de kinderlijke staat van een in de steek gelaten kind teweeg, een staat van onverdraaglijke hulpeloosheid die volledig incongruent met ons volwassen zelf is.

Een kind identificeert zich met zijn ouders, door terwijl het leert wat leven inhoudt hun gedrag te imiteren en hun waarden over te nemen. Als volwassenen identificeren we ons wanneer we iemand intens liefhebben ook in zekere mate met hem of haar. We vereenzelvigen ons met hun verdriet en pijn, hun triomfen en vreugde. We delen hun gevoelens vaak alsof het onze eigen gevoelens zijn. Wanneer onze geliefde lijdt, lijden we in onze zorgzaamheid met hen. Hoe dieper we beminnen, hoe meer we onze grenzen laten vallen en hoe sterker onze identificatie met de ander is.

Wat gebeurt er dus wanneer we afgewezen worden? Als we ons nog steeds identificeren met degene die ons afwijst, nemen we dezelfde houding over en wijzen we onszelf af. Het kind dat zich met zijn ouders heeft geïdentificeerd, zal leren zichzelf naar beneden te halen, zelfs te haten. De volwassene die zijn geliefde verliest, zit niet alleen met dit verlies, maar ook met een negatieve boodschap van iemand die hij of zij respecteert en waardeert, de boodschap dat hij of zij onvolmaakt, nietswaardig en ongewenst is! Als het een intieme relatie was, hadden de partners waarschijnlijk veel gemeenschappelijke waarden en zal de afgewezene de afwijzing door zijn of haar geliefde waarschijnlijk als een ware uitspraak over hem- of haarzelf beschouwen. Zo vereenzelvigen we ons met de deserteur en ontvereenzelvigen we ons met onszelf. We gaan tegen de natuurlijke zelfaanvaarding van dit chakra in en wijzen in plaats daarvan onszelf af, iets dat ons veel verdriet oplevert.

Sommige mensen worden boos in plaats van verdrietig wanneer ze afgewezen worden. Dit is vaak een poging tot zelfbehoud; het doorbreekt de negatieve verbondenheid en overidentificatie. Wanneer we zeggen: 'Jij grote rotzak, hoe kon je? Dat verdien ik niet!' identificeren we ons niet langer met de oorzaak van onze pijn en is de kans groter dat we ons weer met onszelf gaan identificeren.

Soms komen door een afwijzing echter waarheden aan het licht die we onder ogen moeten zien. Een duidelijker aansporing om wakker te worden dan het feitelijke of dreigende verlies van iemand van wie we houden bestaat er waarschijnlijk niet. Het is een tot verandering leidende kracht die uitermate sterk is, maar veel van iemand vergt. Te veel woede kan de krachtige lessen die zich aandienen versluieren.

Het is belangrijk onderscheid te maken tussen overidentificatie met onze geliefde en waarheden die we moeten leren. Als er belangrijke lessen geleerd moeten worden, dienen we deze met mededogen voor onszelf tegemoet te treden, daar mededogen nooit zo nodig is als in tijden van diep verdriet. Alleen mededogen kan ons weer in verbinding met het zelf brengen en een einde maken aan onze identificatie met de ouder, geliefde of vriend(in) die ons verraden, afgewezen of naar beneden gehaald heeft. Verdriet moet ondergaan worden, en tijdens dat verdriet kan opnieuw contact worden gemaakt met het ware zelf.

Karakterstructuur

Het rigide en het hysterische karakter

HET RIGIDE KARAKTER

Henry was van het karaktertype dat meestal niet in therapie gaat. Hij was de knappe, aardige en zeer succesrijke algemeen directeur van een grote onderneming. Zijn lichaam straalde vitaliteit en vlugheid uit en het had een goede spiertonus en een rechte houding. Als ik niet met karakterstructuren vertrouwd was geweest, had ik me afgevraagd wat hij hier deed. Nadat ik een paar minuten naar Henry had geluisterd, werd duidelijk dat zijn energie, hoewel deze sterk geladen was, aan de achterkant van zijn lichaam vastzat. Terwijl ik keek hoe hij zich bewoog, kon ik zien dat zijn rug enigszins gebogen was en dat hij tijdens het praten zijn armen nooit erg ver voor zich uitstak. Zijn indrukwekkende energie had geen diepte, het leek wel of ze in een lus gevangen zat. Hij gaf toe dat hij een mysterie voor zichzelf was. Hij had een hele reeks relaties achter de rug, aangezien veel vrouwen verliefd op hem waren geworden, maar op de een of andere manier raakte hij snel verveeld en trok dan weer verder. Henry zat gevangen in een sterk opgeladen energiesysteem dat zich niet voor diepere gevoelens kon openstellen. Henry's hart was geblokkeerd.

Zijn geblokkeerde gevoelens, die zowel het tweede als het vierde chakra beïnvloedden, waren grotendeels te wijten aan afwijzing door zijn ouders. Deze was begonnen toen hij de bij het vierde chakra behorende ontwikkelingsfase doormaakte. Hoewel zijn ouders aanvankelijk liefdevol en aanmoedigend waren geweest, verwachtten ze plotseling van hem dat hij volwassen werd en berispten ze hem wegens zijn onvolwassen behoefte aan liefde en zekerheid. Hij mocht niet langer op schoot zitten, om omhelzingen vragen, of huilen wanneer hij verdrietig was. Toen hij een zusje kreeg, leidde dit de speciale aandacht waaraan hij gewend was van hem af, en op de prille leeftijd van vijf jaar werd er van hem verwacht dat hij zich als een man gedroeg. Henry herinnert zich dat hij de eerste dag dat hij naar de kleuterschool ging, bang was om in de schoolbus te stappen. Hij huilde en klampte zich aan zijn moeder vast, en later die avond werd hij hevig beschimpt om zijn kinderachtige gedrag. Hij kreeg te horen dat hij echt te oud was voor dit soort dingen en dat ze die niet zouden pikken. Om het stromen van dit soort gevoelens te stoppen, maakte hij zijn lichaam stijf en zijn ademhaling oppervlakkig. Door zijn borstkas uit te zetten nam hij een typisch militaire houding aan en zag er zo vol zelfvertrouwen uit. Zijn borstkas ging echter niet met zijn ademhaling op en neer, maar werd in plaats daarvan een strak vat voor de emotionele energie die niet naar het hart kon uitstromen (figuur O-5, D).

Zijn vader, ook een ambitieuze carrièreman, had zulke hoge verwachtingen van hem dat Henry nooit het gevoel had dat hij goed genoeg was. Op de middelbare school was hij een voetbalster en een veelbelovende leerling. In zijn fantasie werd hij een groot wetenschapper en verwierf hij eindelijk de goedkeuring van zijn vader. Zijn vader was echter nog altijd afstandelijk, helemaal op zijn eigen werk gericht, en besteedde altijd net genoeg aandacht aan Henry om hem te vertellen dat het nog beter had gekund. Zijn moeder stond er zwijgend bij en ondersteunde haar echtgenoot in zijn gedrag, terwijl ze Henry's jongere zusje met tederheid overstelpte.

Wat Henry ook deed, zijn authentieke zelf werd afgewezen. Elke keer dat hij goedkeuring probeerde te verwerven, werd zijn hart gebroken. Doordat hij gedwongen was boven zijn behoefte aan liefde te staan, zette hij zijn agressieve energie in prestaties om, onbewust hopend dat hij hiermee de liefde en erkenning zou krijgen waarnaar hij hunkerde. Maar zijn hart was al lang geleden gedwongen zich te sluiten, zodat zelfs wanneer hij liefde kreeg, van veel vrouwen bijvoorbeeld, hij niet in staat was de voldoening te ervaren dat hij genoeg was. In feite vergroot in bewondering gegeven liefde het gevoel dat er geen liefde voor het authentieke, kwetsbare zelf bestaat. Dit levert geen echte bevrediging of heelwording op, dus trekt het rigide karakter rusteloos verder.

In de ontwikkelingsfase waarin Henry's hart normaliter zo open en nieuwsgierig mogelijk zou zijn, werd hem opgedragen zich voor zijn gevoelens af te sluiten en te presteren. De afwijzing van het ware zelf ten gunste van het presterende zelf verleent deze karakterstructuur haar positievere benaming *prestatiegerichte structuur*. Energetisch gezien sloot Henry zowel het tweede als het vierde chakra af, terwijl hij zijn levenskracht het derde chakra, centrum van het ego en activiteit, in perste. Daar werd ze op geslaagde zakelijke activiteiten losgelaten, gevoed door doorzettingsvermogen en ambitie (figuur 4-2).

Rigide karakterstructuren tonen zich energetisch gereserveerd. Ze hebben geen verbinding met hun schaduw en zijn derhalve bang zich aan hun eigen gevoelens over te geven. Ze hebben geen contact met hun innerlijke kind, daar ze niet erg lang kind mochten zijn. Wat ze ook bereiken, ze hebben nooit het gevoel dat ze genoeg hebben en ze kunnen nooit de dingen zomaar op hun beloop laten. Hun acties leveren geen bevrediging op, waardoor ze voortdurend in een staat van frustratie verkeren. Hun energie wordt in steeds meer en steeds grotere prestaties omgezet, totdat ze uiteindelijk aan bepaalde stoffen verslaafd raken (cocaïne is favoriet bij dit karaktertype), of gewoon van uitputting opbranden. Dat is het moment waarop ze door het leven gedwongen worden onder ogen te zien dat ze kwetsbaar zijn en dat is ook het moment waarop genezing kan beginnen.

Om de prestatiegerichte structuur te genezen dient aan de voorwaarden van het kwetsbare kind tegemoetgekomen te worden; het moet kunnen voelen dat het

Figuur 4-2. De rigide/prestatiegerichte structuur – Het opgejaagde kind

Eerste chakra Stevig, evenwichtig	Tweede chakra Deficiënt	Derde chakra Excessief	Vierde chakra Deficiënt
Heeft meestal goede lichaamstonus en het juiste gewicht	Is bang om zich aan emoties over te geven	Als kind te vroeg verantwoordelijkheid gekregen, hoge verwachtingen	Voelt zich niet geaccepteerd
Goed contact met de werkelijkheid	Is zich niet bewust van de eigen behoeften	Streeft naar perfectie	Moet prestaties leveren om zich bemind te voelen
IJverig	Is bang voor intimiteit	Prestatiegericht	Hunkert naar tederheid, maar heeft moeite dit toe te geven
Vaak in goeden doen	Bedwingt impulsen om zich voor anderen open te stellen	Agressief, snel boos	Heeft goedkeuring van de vader nodig
	Heeft moeite zich te ontspannen	Beheerst, gedisciplineerd, trots	Goedkeuring wordt als liefde gezien
	Kreeg als kind niet wat hij nodig had	Vlucht in werk	Hart opent en sluit zich snel
		Ego met veel behoeften	Bang voor betrokkenheid, verplichtingen
		Defensief, op zijn hoede	
		Voelt zich tegengewerkt en uitgedaagd	

Vijfde chakra *Evenwichtig*	Zesde chakra *Kan alledrie zijn*	Zevende chakra *Over het algemeen evenwichtig*
Verbaal sterk	Is vaak irrelevant, belangstelling gaat uit naar pragmatische successen	Meer pragmatisch dan spiritueel ingesteld, maar verlangt naar spirituele verbondenheid
Stem kan ijl of beheerst zijn	Kan logische abstracties, symbolen en dromen heerlijk vinden, zonder over elk afzonderlijk na te denken	Intelligent
Verbaal defensief		Rationeel
Expressief, maar niet wat innerlijke emoties betreft		Logisch

goed is zoals het is. Door met behulp van positief spiegelen bij het rigide type zijn zachtere gevoelens op te wekken, kan dat zijn innerlijke emoties gaan ontdekken en deze beter laten stromen. Door hem te helpen de spanning in de borstkas los te laten en gevoelens met de armen tot uitdrukking te brengen gaat het hartchakra open en kan de energie beter naar de grond afdalen. Algemene technieken zullen in de paragraaf over helen worden besproken.

HET HYSTERISCHE KARAKTER

Doordat mannen hun tranen en kwetsbaarheid zo vaak wordt ontstolen, komt het rigide karakterpatroon vaker bij mannen voor dan bij vrouwen. Aangezien vrouwen in onze cultuur meer dan mannen hun gevoelens mogen uiten, kunnen zij tot de hysterische of expressieve vorm van rigiditeit vervallen. Aan beide vormen ligt dezelfde wond ten grondslag – afwijzing door de vader vanaf een bepaalde leeftijd, gebrek aan empathie en hoge verwachtingen waar het prestaties betreft. Het voelende/expressieve type treedt deze afwijzing tegemoet door ogenblikkelijk haar gevoelens te uiten, meestal met melodramatische overdrijving, om zo de aandacht te krijgen waarnaar ze hunkert. Daar de hysterica alleen maar in extreme situaties aandacht kreeg, wordt haar neiging om emoties hysterisch te uiten een gewoonte. Ze heeft vaak niet door dat haar reacties door andere mensen extreem worden gevonden. Doordat ze hunkert naar liefde, is ze heel erg op familiebetrekkingen en relaties gericht. Haar verlangen naar intimiteit is echter eerder veeleisend en bezitterig dan verwelkomend en uitnodigend. De hysterica kan veranderen en is sterk geladen, maar ze uit zich ongelijkmatig en sporadisch. Haar manieren om zich te uiten lopen uiteen van woede-uitbarstingen tot zich pruilend terugtrekken.

De hysterica heeft een peervormig lichaam – tenger en bijna kinderlijk boven het middel, met omvangrijker heupen en dijen (figuur 0-5, E). De klap die het hartchakra heeft gekregen komt duidelijk tot uitdrukking in de rigiditeit van haar borstkas. De poging om boven haar gevoelens te staan leidt tot een excessief tweede chakra, waar de gevoelens tijdelijk in het bewustzijn komen en in hysterische uitbarstingen worden geuit. Wanneer haar emoties worden gewekt, kan ze ademhalingsproblemen krijgen, waardoor ze paniek en nog extremere emoties gaat voelen. Net zoals het rigide type leeft de hysterica hoofdzakelijk in haar persona en beseft ze niet dat ze haar authenticiteit heeft ingeleverd. Ze voelt zich het meest authentiek wanneer ze sterke emoties uit, aangezien haar psyche zo voor evenwicht zorgt met het uit gewoonte geremde ware zelf. Ze identificeert zich dus voornamelijk met haar sociale en emotionele identiteit, waardoor haar tweede chakra excessief wordt.

Er zitten ook positieve kanten aan het hysterische karakter. Hysterische typen zijn vaak heel creatief en theatraal, kunnen vaak goed acteren en presteren en ze weten wat hun behoeften zijn en kunnen deze heel goed uitdrukken. Wanneer hun behoeften worden vervuld, kunnen ze heel zorgzaam zijn en anderen goed steunen. Sommige mensen vinden hun onvoorspelbaarheid opwindend. Net zoals het rigide type zijn ze sterk geladen en lijken ze heel levendig (figuur 4-3).

Zowel de hysterische als de rigide/prestatiegerichte structuur kunnen hun hartchakra snel en naar believen sluiten. Het hart opent zich in feite alleen maar aarzelend voor korte, intense perioden, als uitzonderingen op de basisregel: wantrouwen. Ze verlangen naar nabijheid, maar doordat ze zich ontoereikend voelen, zijn ze bang dat intimiteit hun tekortkomingen aan het licht zal brengen. Ze zijn meestal charmant en verleidelijk en anderen mogen hen meestal graag, maar ze geloven maar zelden dat hun intieme relaties authentiek zijn, omdat ze zelf zelden authentiek zijn.

Het kan frustrerend zijn om een relatie met deze typen te hebben. Dat ze het moeilijk vinden om tederheid met tederheid te beantwoorden zou erop kunnen wijzen dat ze vaak afgewezen worden, maar ze zijn in feite zo voor afwijzing op hun hoede, dat het waarschijnlijker is dat zij een relatie zullen beëindigen. Onbewust doen ze anderen datgene aan waarvoor ze zelf bang zijn, waardoor hun hartchakra leeg blijft en ze hun oorspronkelijke patronen voortzetten.

In werkelijkheid hunkeren ze naar liefde – echte liefde die op hun voelende zelf is gericht, het niet-presterende zelf, het eenvoudige, kwetsbare, authentieke zelf van het onbeminde kind.

Figuur 4-3. Hysterische/expressieve karakterstructuur – Het opgejaagde kind

| Eerste chakra
Stevig, evenwichtig | Tweede chakra
Excessief | Derde chakra
Excessief | Vierde chakra
Deficiënt |
|---|---|---|---|
| Heeft meestal goede lichaamstonus en het juiste gewicht | Door emoties beheerst | Als kind te vroeg verantwoordelijkheid gekregen, hoge verwachtingen | Voelt zich niet geaccepteerd |
| Kinderlijk – wil dat er voor haar gezorgd wordt | Hevige emotionele uitbarstingen | Streeft naar perfectie | Moet prestaties leveren om zich bemind te voelen |
| | Negeert behoeften totdat ze groot worden | Prestatiegericht | Hunkert naar tederheid, maar heeft moeite dit toe te geven |
| | Is bang voor intimiteit | Agressief, snel boos | Heeft goedkeuring van de vader nodig |
| | Heeft moeite zich te ontspannen | Beheerst, gedisciplineerd, trots | Goedkeuring wordt als liefde gezien |
| | Kreeg als kind niet wat zij nodig had | Vlucht in werk | Hart opent en sluit zich snel |
| | | Ego met veel behoeften | Bang voor betrokkenheid, verplichtingen |
| | | Defensief, op haar hoede | |
| | | Voelt zich tegengewerkt en uitgedaagd | |

Vijfde chakra *Evenwichtig*	Zesde chakra *Kan alledrie zijn*	Zevende chakra *Over het algemeen evenwichtig*
Verbaal sterk	Is vaak irrelevant, belangstelling gaat uit naar pragmatische successen	Meer pragmatisch dan spiritueel ingesteld, maar verlangt naar spirituele verbondenheid
Stem kan ijl of beheerst zijn	Kan logische abstracties, symbolen en dromen heerlijk vinden, zonder over elk afzonderlijk na te denken	Intelligent
Verbaal defensief		Rationeel
Expressief		Logisch

Exces en deficiëntie

Om liefde te ontwikkelen – universele liefde, kosmische liefde, hoe je het ook maar wilt noemen – moeten we de hele levenssituatie aanvaarden zoals ze is, zowel het licht als het duister, zowel het goede als het slechte.

Chögyam Trungpa

Het is altijd een beetje verwarrend om een exces in het hartchakra als een probleem te beschouwen, en ik krijg hierover tijdens mijn workshops dan ook herhaaldelijk vragen. Hoe kunnen we te veel liefde hebben? Hoe kan het hart te open zijn? Moeten we onszelf echt beperken wanneer we ons hart openen? Bestaat er een juist niveau van openheid waarnaar we moeten streven?

Exces

Een exces in het hartchakra is geen exces van werkelijke liefde, maar een excessief gebruik van liefde ter vervulling van onze eigen behoeften. Een exces doet zich voor wanneer we onze eigen wonden overcompenseren. Aangezien bij liefde uiteraard anderen betrokken zijn, krijgen dezen in ons overcompensatiedrama de slachtofferrol. Excessieve liefde is wanhopige liefde. Dit vanwege haar behoefte aan voortdurende geruststelling. Excessieve liefde houdt de vrijheid van een ander om te zijn wie hij is niet in stand. Het is liefde die als een drug wordt gebruikt, met als doel high te worden en onze verantwoordelijkheden en pijn te ontlopen. We zijn excessief wanneer we liefde gebruiken om de onvolledigheid in onszelf te compenseren, of wanneer we een ander gebruiken om te bereiken wat wijzelf niet kunnen of zullen bereiken (figuur 4-4).

Connie klaagde erover dat ze tijdens het meest recente bezoek van haar moeder vijf pond was aangekomen. 'Wat is er gebeurd?' vroeg ik. 'Mamma wilde de hele tijd maar voor me zorgen, me te eten geven, alles voor me doen. Als ik bezwaar maakte, was ze heel gekwetst, beweerde ze dat ik haar liefde afwees. Dus at ik als ik geen honger had. Mijn fitnessoefeningen heb ik ook maar laten schieten. Als er zakelijke telefoontjes binnenkwamen belde ik niet terug. Ik raakte met alles achter.'

Wat Connies moeder voor liefdevol gedrag aanzag, was in werkelijkheid voor haar dochter heel verstikkend. Dat Connies moeder gekwetst was wanneer haar goede bedoelingen afgewezen werden, bewijst dat ze met haar gaven niet Connies welzijn op het oog had, maar dat van zichzelf. Connies moeder is iemand die ten koste van zichzelf op anderen is gericht, maar uit het verhaal van Connie blijkt dat deze precies zo is. Ze wilde liever niet de kans lopen dat haar moeder gekwetst werd en dus ging ze tegen haar eigen behoeften in. Ze heeft niet van het bezoek genoten en keek niet uit naar het volgende.

Figuur 4-4. Exces en deficiëntie van het vierde chakra

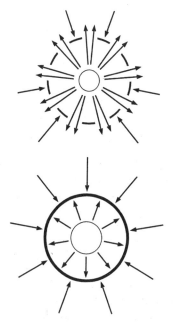

EXCES
Een excessief vierde chakra vertoont zo'n sterke beweging naar buiten dat er maar heel weinig energie naar binnen kan. Dit put de kern uiteindelijk uit. Deze probeert zichzelf weer te vullen door op dezelfde, uitputting veroorzakende excessieve manier relaties met anderen aan te gaan.

DEFICIËNTIE
Starre grenzen zorgen ervoor dat het binnenste niet naar buiten kan komen en het buitenste niet naar binnen, wat tot eenzaamheid leidt. Hierdoor wordt de deficiëntie instandgehouden.

Het hartchakra gaat per definitie over verder dan het zelf reiken en met anderen relaties aangaan. Wanneer we ten koste van onszelf op anderen zijn gericht, wijst dat op een excessief hartchakra; het accent op de ander is te groot. De dwangmatige behoefte om onze aandacht, inclusief excessieve zorgzaamheid en bemoeizucht, op anderen te concentreren, is een gedraging die voortkomt uit onze eigen onvervulde behoeften aan dergelijke zorg. Doordat we geen contact hebben met onze eigen behoeften, stemmen we ons excessief op de behoeften van anderen af. We hopen zo het recht te verwerven om in ruil hiervoor door hen bemind te worden. Hierdoor ontzeggen we de ander het recht om op zichzelf te vertrouwen, zijn eigen fouten te maken en hiervan te leren, en zich in zijn eigen tempo te ontwikkelen. Een dergelijke gerichtheid op anderen is geen liefde, maar een obsessie die als liefde vermomd gaat.

Een excessief hartchakra kan veeleisend en bezitterig zijn en is hartstochtelijk met de ander verbonden, die vaak niet echt wordt gezien. Liefde wordt een obsessie waarin de geliefde meer een uitbreiding van onszelf is dan een op zichzelf staand wezen. Jaloezie is een projectie van onze onzekerheden, een product van het hongerige hart. Eros en thanatos zijn uit evenwicht. We hunkeren naar verbondenheid en verdragen geen scheiding. Mensen die jaloers zijn, hebben voortdurend geruststelling en aandacht nodig. Dit leidt vaak tot afwijzing, wat de onderliggende wond alleen maar dieper maakt en nog meer onzekerheid veroorzaakt.

Doordat de behoefte aan liefde in het excessieve hartchakra zo sterk is, kan er sprake zijn van zwakke grenzen en van een slecht onderscheidingsvermogen. Het kan gebeuren dat we niet zien dat er iets scheef gaat zitten in de relatie, dat we in een fantasieband blijven geloven waaraan alles goed is. Er kan sprake zijn van idealistische denkbeelden over de volmaaktheid van de liefde die voortdurend door de harde, kille realiteit worden gelogenstraft. Of we verwachten dat onze geliefde ons de maan geeft – zelf zijn we in elk geval bereid die aan hem te geven – en snappen maar niet waarom er niet aan onze verwachtingen wordt voldaan. De excessieve gerichtheid op liefde is als het ware een verslaving, die onze helderheid van geest en ons oordeelvermogen aantast.

Deficiëntie

Alan lag in scheiding. 'Ik word nooit meer verliefd,' verklaarde hij. 'Het is het niet waard. Dit doet te veel pijn.' Al zijn vrienden zeiden dat hij binnen niet al te lange tijd wel weer een ander zou vinden. 'Ik wil geen ander!' riep hij uit. 'Deze was prima. Als ik haar niet kan krijgen, bind ik me nooit meer aan een ander!'

Alan reageerde met een vermijdingsrespons op zijn gewondheid. Hij doekte de zaak op – geen handel meer, geen risico meer. Ik wist dat Alan eigenlijk een heel liefdevol persoon was en dus wist ik dat deze reactie niet blijvend zou zijn. Het was alleen maar natuurlijk dat Alan, wiens hart geopend en vervolgens gebroken was, zich een poosje wilde afsluiten. Helaas nemen sommige mensen deze houding tijdens hun kinderjaren als basishouding aan; bij hen wordt dit afsluiten een stuk ernstiger.

Een deficiënt hartchakra reageert op liefdeswonden door zich terug te trekken. Het hart, dat al eerder gewond is geraakt, wordt een gesloten systeem, en liefde wordt voorwaardelijke liefde. Het zegt: 'Als je me niet beter behandelt, geef ik je geen liefde meer.' 'Als je me niet op tijd opbelt, zeg ik niet dat ik om je geef.' Het hart speelt een onverschilligheidsspel, probeert door het ontzeggen van liefde iemand zo te manipuleren dat hij of zij meer van ons houdt. Een deficiënt hart, dat zich uitgeput voelt, wil dat anderen de eerste stap zetten. Wat een verschil met de te veel op anderen gerichte persoon die dwangmatig liefde geeft, of deze nu gewenst wordt of niet!

Het deficiënte hartchakra wacht meestal op redding door een prins op het witte paard of een feeachtige godin-moeder. Hij of zij wil dat iemand ziet hoe gekwetst hij of zij is, en daar iets aan doet. Ze willen dat er energie in het systeem wordt gegoten zonder dat ze zelf risico's hoeven te nemen. Dit omdat risico's in het verleden pijn bleken op te leveren (figuur 4-4). Je voelt gewoon dat ze het zich niet kunnen permitteren om hun hart te openen en te geven, omdat hun hart leeg is. Wanneer we niet geven, stort de innerlijke economie echter in en doen depressies hun intrede. Als een lege accu wachten we op iemand met startkabels. Als we de accu nooit opladen, hebben we die startkabels voortdurend nodig.

Mensen met een deficiënt hartchakra zijn geneigd in het verleden te blijven steken en over relaties te blijven nadenken die al lang geleden werden beëindigd. Ze doen dit omdat ze zich in die tijd bemind voelden. Ook bestaat de neiging in woede en verraad te blijven steken en nooit te vergeven. Het feit dat het hart niet werd gevuld, wordt de ander aangerekend en niet als de eigen verantwoordelijkheid gezien. Onwilligheid om te vergeven houdt het hart gesloten.

Het deficiënte hartchakra is een verdedigingsmiddel tegen te weinig liefde. Doordat het onbeminde kind geen empathie voor zijn beleving kreeg, heeft het er moeite mee zichzelf of anderen empathie te geven. Het ontbreekt hun aan mededogen; ze blijven kritisch en veroordelend, wat de mensen van wie ze houden pijn doet en waardoor ze expressie- en ontvangstkanalen afsluiten.

Pijn uit het verleden kan bitterheid en cynisme tot gevolg hebben – een soort algemene onverdraagzaamheid. Over anderen oordelen is een manier om de afstandelijkheid van anderen te rationaliseren en om ons af te schermen tegen intimiteit en het risico om opnieuw gekwetst te worden. Als anderen niet goed genoeg zijn, dan kunnen we ons rechtschapen voelen in plaats van afgewezen. Liefdesverlies vermindert het zelfrespect en onze rechtschapenheid geeft ons een onecht gevoel van trots. We zijn beter dan anderen, die onze liefde niet waard zijn. Dit is een projectie van onze eigen leegte en onwaardigheid. We zullen onszelf waarschijnlijk met hetzelfde gebrek aan mededogen veroordelen.

David weeklaagde meerdere sessies over het feit dat hij tegen niemand kon zeggen dat hij van hem of haar hield. Hij was tot liefde in staat, maar was bang ervoor uit te komen. Zijn hartchakra was zo gewond dat hij meende dat hij zich het risico van een afwijzing niet kon permitteren. Omdat hij die kanalen niet opende, kon hij ook niet de liefde ontvangen die zijn vrienden voor hem voelden en bleef hij geïsoleerd en eenzaam. Als iemand over fundamentele eenzaamheid klaagt, is zijn of haar hartchakra waarschijnlijk deficiënt. Er zijn op deze wereld zo veel mensen die liefde nodig hebben – zijn we misschien een beetje te kieskeurig als we niemand kunnen vinden?

Een deficiënt hartchakra voelt zich fundamenteel en tot in de kern onbeminnelijk. Wanneer iemand met een deficiënt hartchakra een relatie heeft, is hij of zij bang voor intimiteit omdat intimiteit deze fundamentele, onbeminnelijke kern aan het licht kan brengen. Als er niet genoeg eigenliefde aanwezig is om trots over het eigen innerlijk te stimuleren, blijft dit verborgen en onbekend. Zonder intimiteit raakt het hart niet vol. En zo houdt de cyclus zichzelf in stand.

Combinaties

En de dag kwam waarop de behoefte om gesloten te blijven pijnlijker werd dan het risico om zich te openen.

Anoniem

Het is mogelijk dat je deze beide subparagrafen hebt gelezen en je met beide hebt geïdentificeerd. Het is heel gewoon om op verschillende momenten in het leven heen en weer te gaan. Zelf neig ik ertoe me te veel op anderen te richten, totdat ik gekwetst wordt en me terugtrek en afsluit. Wanneer ik verliefd ben, stroom ik helemaal over van liefde en heb ik genoeg voor iedereen. Wanneer ik me afgewezen voel, zeg ik tegen iedereen dat ze weg moeten gaan en me met rust moeten laten, hoewel ik heimelijk wil dat er iemand voor me zorgt.

Wanneer een hart te open is geweest, is het alleen maar natuurlijk als het zich vervolgens afsluit. Wanneer een hart genoeg eenzaamheid heeft ervaren, kan het bereid zijn zich weer te openen. We kunnen ons de ene dag vol liefde voelen en de volgende dag boos en vol wrok. Het kan zijn dat we enkele deficiënte of excessieve kenmerken vertonen, maar niet allemaal. Het is belangrijk om de basishouding die we in het leven aannemen onder de loep te nemen en om die wanneer we maar kunnen in evenwicht te brengen.

Herstel van de lotus in zijn oorspronkelijke staat

Helen van het hartchakra

Liefde is troostend als zonneschijn na regen.

William Shakespeare

Liefde is de essentie die geneest. Geduld, vaardigheid, oefening en talent spelen allemaal een rol, maar zonder liefde zijn het slechts technieken. Alle verwondingen schreeuwen om het universele geneesmiddel liefde. Liefde, de kosmische lijm van hun universum, is de kracht die de kloven overbrugt die ons in stukken snijden. In de kloof tussen hemel en aarde is liefde de bindende kracht die de veelkleurige stappen van de Regenboogbrug bijeenhoudt.

Vanwege de beschadigingen die we allemaal in ons leven hebben opgelopen, weten we helaas niet altijd goed hoe we liefde op de wonden in onszelf en anderen moeten aanbrengen. We weten niet hoe echte liefde eruitziet of hoe we deze kunnen creëren. De volgende aanwijzingen blijven aan de oppervlakte van dit veelomvattende onderwerp. Aan het einde van het hoofdstuk vind je wat titels van boeken die er dieper op in gaan.

Zelfaanvaarding

Om te kunnen liefhebben, moet er innerlijk iemand thuis zijn. Wanneer we ons voor de universelere elementen van liefde openstellen, vergeten we gemakkelijk elkaars individualiteit te respecteren. Bezielde liefde is, zoals Thomas Moore zo mooi heeft gezegd, abstract noch leeg, maar vereert het bijzondere, het unieke, het geïndividueerde zelf.

Door onze eigen individualiteit te respecteren, respecteren we de subtiele relaties in onszelf. We respecteren de individualiteit van elk samenstellend deel: het deel dat naar succes streeft, het deel dat er bang voor is, het deel dat naar verbondenheid hunkert, het deel dat vrijheid wenst, het innerlijke kind, de opstandige tiener, de behager, de koesterende ouder en alle andere zelven die we tijdens ons leven in onszelf waarnemen. Ze kunnen op verschillende momenten verschillende dingen willen, of zelfs op hetzelfde moment verschillende dingen.

Het leren coördineren van deze innerlijke relaties is het innerlijke werk dat bij liefde voor onszelf hoort. Onze gevoelens worden met onze opvattingen in verband gebracht; ons kwetsbare kind vormt een bondgenootschap met onze verantwoordelijke volwassene; ons innerlijk mannelijke bedrijft de liefde met het innerlijk vrouwelijke. Onze innerlijke criticus is niet meer in elke gedachte aanwezig, maar gaat op praktische wijze verband houden met onze zelfbescherming. De delen zijn talloos, de combinaties onbegrensd. Alleen met behulp van dit betrekkingen uitdrukkende proces krijgen we een idee van het geheel.

Het is niet genoeg om de stukjes van onszelf alleen maar te herkennen – we moeten ze weer opeisen, met het gevoel van verbondenheid dat we liefde noemen. Door elk deel als een essentieel element van het geheel te waarderen, brengen we onze ongelijksoortige zelven naar huis, naar de integratiekamer van het hart. De natuurlijke neiging van het hart is verbondenheid scheppen. Net zoals hartcellen onder een microscoop altijd gelijktijdig zullen slaan, zo zullen ook onze verschillende subpersoonlijkheden wanneer ze in het liefdevolle bewustzijn van het hartchakra worden gebracht een harmonische eenheid vormen. Dat wat geen verband krijgt met de essentie van het hart, blijft buiten het geheel, een nieterkend deel. Bij het tweede chakra noemden we deze delen afgewezen zelven of de schaduw.

Wanneer we over onszelf nadenken, integreren we steeds meer stukjes van onszelf. Ons besef van het geheel wordt groter en sterker. Net zoals een ecosysteem waarvan de stabiliteit en pracht toenemen naarmate de diversiteit groter wordt, zo wint het geheel van een persoon aan schoonheid en stabiliteit naarmate steeds meer delen geïntegreerd raken. We worden complexer, volwassener; onze mogelijkheden worden steeds groter. Hiermee wordt de fundering gelegd voor de creativiteit van chakra vijf en voor het heldere inzicht en begrip van chakra's zes en zeven. Om integratie te bereiken, is bespiegelend bewustzijn nodig; beide komen meestal via psychotherapie tot stand.

Naarmate we meer geïntegreerd raken, krijgen we ook meer betrekkingen met anderen. Ons vermogen tot het begrijpen van en werken met relaties buiten onszelf wordt door de verfijning van onze innerlijke relaties vergroot. We gaan geen relaties meer aan vanuit een enkel deel van onszelf, waardoor we onbuigzaam werden, maar hebben thans een bredere basis van waaruit we betrekkingen met anderen kunnen aangaan. Er is gewoon meer aanwezig waartoe een ander zich aangetrokken kan voelen, en meer van ons om hen tegemoet te treden. Als we ons eigen innerlijke kind hebben geaccepteerd, kunnen we dat aspect beter in anderen accepteren.

Zelfaanvaarding is de wegbereider voor onze sociale identiteit. Met behulp van zelfaanvaarding kunnen we begrijpen hoe complex onze sociale onderlinge afhankelijkheid is. Bovendien kunnen we gaan beseffen dat we op dit moment van de geschiedenis allemaal een collectieve identiteit dienen te ontwikkelen. Kunnen waarnemen en begrijpen en relaties kunnen aangaan is voor dit proces van wezenlijk belang. Dan kunnen we begrijpen wat onze rol in het ingewikkelde relatieweb om ons heen is en kunnen we de grotere componenten van onze cultuur in evenwicht brengen.

DE INNERLIJKE FAMILIE

Maak een lijst van alle delen van jezelf waarvan je je bewust bent. Je zou het innerlijke kind erop kunnen zetten, de criticus, de minnaar, de clown, de ouder, de prestatiegerichte, de rustige, enzovoort – de mogelijkheden zijn oneindig. Schrijf naast elke benaming een paar woorden waarmee je beschrijft hoe je dit deel van je zelf ziet. Het innerlijke kind zou als speels of gekwetst kunnen worden beschreven, als behoeftig of boos, bang, schattig of onbeholpen. De prestatiegerichte zou energiek, meedogenloos, uitgeput of enthousiast kunnen zijn.

Schrijf na de beschrijving op wat je denkt dat elk deel wenst. De clown wil misschien graag aardig gevonden worden, het innerlijke kind wil misschien plezier maken, de criticus wil er misschien voor zorgen dat we altijd volmaakt zijn. Hoe vaak slagen deze delen erin hun wensen te verwezenlijken? Hoe realistisch zijn hun wensen? Wat kan er gedaan worden om ze in het geheel op te nemen?

Als je het ingewikkelder wilt maken, kun je ook gaan kijken wie in relatie tot wie staat. Houdt de ijverige volwassene verband met het innerlijke kind? Remt de criticus de kunstenaar? Vermaakt de clown het verdrietige innerlijke kind? Probeert de held iedereen te redden? Als je delen ziet die duidelijk hun relatie moeten verbeteren, schrijf dan een dialoog voor hen, zoals je voor een toneelstuk zou doen. Zie hoe de dynamiek zich ontwikkelt. Laat de dialoog net zolang duren totdat zich een of andere oplossing voordoet.

Liefde bloeit op dankzij gevoelens

Gevoelens zijn de antennen van de ziel. Telkens wanneer onze gevoelens gekwetst worden (vooral als kind), reageren we beschermend en doen we onze gevoelens op slot. We hebben het rijk der gevoelens bij het tweede chakra beschreven als een innerlijke energiestroom die zich door het lichaam beweegt. Bij het hartchakra krijgen we via onze ademhaling toegang tot onze gevoelens. Wanneer we onze gevoelens vasthouden, houden we onze adem vast. Wanneer we onze adem vasthouden, krijgen onze cellen en spieren niet genoeg lucht, niet genoeg vitale voeding, en verdoven we in feite onszelf. Door de ademhaling dieper te maken, laten we onderdrukte gevoelens naar boven komen en mobiel worden. Hierdoor bevrijden we het hart van de last van verdriet en kan het natuurlijk evenwicht van opnemen en loslaten hersteld worden.

Het is raadzaam om niet helemaal alleen ademhalingsoefeningen te gaan doen. Je kunt dit beter samen met een vriend of therapeut doen die je vertrouwt, zodat deze als vat, katalysator of anker voor je naar boven komende gevoelens kan dienen. Als je niemand hebt om mee samen te werken, zijn bepaalde uit yoga afkomstige ademhalingsoefeningen (pranayama geheten) geschikt. Deze bevorderen het opengaan van de borstkas en laden het lichaam op met de levensenergie prana die in het element lucht wordt gevonden. Enkele van deze oefeningen staan in mijn vorige boeken beschreven. Ze zijn ook in de meeste boeken over yoga te vinden.

OBSERVEREN VAN DE ADEMHALING

De meesten van ons merken niet hoe we ademen. We voelen niet hoe we de adem vasthouden of verschillende delen van de buik of borstkas samentrekken. We vinden onze manier van ademen gewoon.

De eerste stap van bewust ademen bestaat erin dat je je eigen ademhaling voelt en dat iemand anders kijkt hoe je ademt. Laat hem of haar je vertellen of je ergens in de ademhalingscyclus je adem vasthoudt. Sommige mensen houden hun adem even vast voordat ze uitademen, terwijl anderen dit doen voor de volgende inademing. Laat de ademhalingscyclus gelijkmatig en evenwichtig worden. Merk op of je vanuit je buik of je borst ademt en kijk wat er gebeurt wanneer je de delen die normaliter samengetrokken zijn bewust uitzet. Merk op welke gevoelens, impulsen en verlangens er opkomen. Probeer deze gevoelens niet te blokkeren.

OP DE ADEMHALING UITSTEKEN EN INTREKKEN VAN DE ARMEN

Een eenvoudige maar grondige oefening om het hart te openen brengt de *uitsteek- en intrekbewegingen* van de armen in harmonie met de uit- en inademing. De volgende instructies zijn voor de helper bedoeld.

Stap een. Laat je vriendin op een mat plaatsnemen en op de rug gaan liggen, met gebogen knieën, zodat de voeten contact met de vloer maken. Let op haar ademhaling en word je bewust van het ritme ervan. Moedig haar vriendelijk aan haar bewustzijn naar de delen te laten gaan die vastgehouden worden of die zo te zien niet op de ademhaling uitzetten of samentrekken. Als je partner het niet erg vindt om aangeraakt te worden, zou je de aandacht op deze delen kunnen vestigen door ze aan te raken. Het helpt ook om de schouders en armen, de borstspieren die de schouders aan de borstkas vastmaken en het gedeelte van de rug achter het hartchakra lichtjes te masseren. Als het hartchakra zo samengetrokken is dat de rug opgetrokken en naar voren getrokken wordt, leg ik soms een kussen onder het hart. Hierdoor wordt de rug aangemoedigd zich de andere kant op te krommen. Zodra het ernaar uitziet dat de ademhaling zo diep mogelijk is en dat je vriendin zich erop heeft ontspannen, is het tijd om met de volgende stap te beginnen.

Stap twee. Vraag je partner haar armen op elke uitademing naar voren te strekken en op elke inademing in de richting van het hartchakra in te trekken. Deze bewegingen dienen langzaam en bewust te zijn. Het helpt om ons bij het intrekken van de armen voor te stellen waarnaar we de armen hebben uitgestrekt. Wanneer we uitademen, stellen we ons voor wat we loslaten of wat we de wereld aanbieden. Je zou als helper bijvoorbeeld kunnen zeggen: 'Denk aan de dingen die je het gevoel geven dat je bemind wordt en trek ze naar je toe.' 'Stel je voor dat je je angst om afgewezen te worden loslaat.' 'Laat op een uitademing de liefde uit je eigen hart naar de wereld uitgaan.'

Na een poosje zul je misschien merken welke van de twee bewegingen je partner gemakkelijker afgaat; bij de ene kan er meer aarzeling en blokkering optreden dan bij de andere. Zeg gewoon wat je waarneemt en probeer te zien of je vriendin zich ervan bewust is.

Stap drie. Ga over je partner heen staan en pak haar handen vast. Wanneer ze haar armen naar haar hart brengt, bied je een beetje weerstand. Wanneer ze haar armen uitsteekt, doe je dat ook. Jouw weerstand doet meer energie door haar armen stromen en ontsluit vaak geblokkeerde gevoelens. Ook nu kijk je gewoon wat er gebeurt en breng je hiervan verslag uit.

VERDRIET VERWERKEN

Door ongeuit verdriet wordt de ademhaling oppervlakkig; dieper ademen maakt vaak verdriet los. Met verdriet is het net als met regenwolken die de lucht donker maken: zodra de regen is gevallen trekt de lucht weer open en kan de zon weer gaan schijnen.

Verdriet is bijna altijd op verlies gebaseerd en heeft vooral te maken met dingen waaraan we niets kunnen doen. Het is belangrijk om dat deel van ons te herwinnen dat aan wat we hebben verloren gehecht was. De volwassen vrouw die als klein meisje haar pappa heeft verloren, kan tegelijkertijd haar innerlijke kind hebben verloren. De koesterende echtgenoot die zijn echtgenote heeft verloren, kan het deel van zichzelf verliezen dat teder en open was. Het zelf dat zich speels, seksueel, creatief of enthousiast over het leven voelde, kan verloren zijn gegaan toen de geliefde die deze kwaliteiten in ons naar boven bracht weer verder trok. Dat we een liefdesobject verliezen is te verdragen, maar niet dat we essentiële delen van onszelf kwijtraken.

Het is belangrijk te onthouden dat het bij het verwerken van verdriet om het herstellen van de verbinding met het innerlijke zelf gaat en niet om het vergroten van onze gehechtheid aan wat verloren is gegaan. We moeten eraan denken ons af te vragen: 'Waarom was nu juist die persoon zo belangrijk voor mij?' 'Wat heb ik van hem of haar gekregen dat ik in mezelf mis?' 'Welk deel van mij was in het bijzonder met deze persoon verbonden, en wat heeft dat deel nodig?' 'Met welk deel van mezelf heb ik geen contact meer nu deze relatie is beëindigd, en hoe kan ik dat deel weer voeden en het herwinnen?'

We hebben verdriet omdat we ons van een heilige essentie in onszelf bewust zijn geworden, die vervolgens in gevaar is gebracht. Door verdriet om die essentie te hebben, herwinnen we haar en kennen we haar het belang toe dat ze verdient. Soms zorgt een situatie vol pijn ervoor dat we ook weer de wonden voelen die door eerder leed werden geslagen en die nooit zijn geheeld. Het kan zelfs gebeuren dat we het idee hebben dat we alle pijn die we ooit hebben gevoeld opnieuw ervaren. Door al dit verdriet te verwerken, worden de wonden schoongemaakt, zodat we onze heelheid kunnen herwinnen.

Terwijl we de schijnbaar eindeloze stroom tranen van verdriet plengen, moeten we aan de hoop van de kleine jongen in de stal blijven denken: 'Er ligt hier zó veel stront, er móét gewoon wel ergens een pony staan!' Verwerken van verdriet leidt ons naar de pony.

VERGIFFENIS

Wanneer ons hart verwond is, beschermen we het tegen degene die het volgens ons kwaad heeft gedaan. We geven hem of haar vaak de schuld van de pijn, terwijl we de rol die we er zelf misschien in hebben gespeeld vergeten. De barricade zorgt ervoor dat we ons niet voor die persoon openstellen, zodat we niet het risico lopen nog eens gekwetst te worden. Helaas is het zo dat als we ons hart tegen pijn barricaderen, we het ook tegen al het andere barricaderen. Wanneer we ons afsluiten voor iemand die ons heeft gekwetst, sluiten we ons ook af voor de mogelijkheid van genezing. We blijven in het verleden steken, zijn niet in staat de toekomst in te trekken.

We blijven ook de gevangene van het verleden wanneer we onszelf de schuld geven van iets dat we betreuren. We blijven in de staat van het hulpeloze kind steken, van de stuurloze volwassene, of de schuwe minnaar, gevangen in een patroon van schaamte dat ons niet volledig aanwezig laat zijn.

Van vergiffenis wordt gezegd dat het de laatste en belangrijkste stap in het heelwordingsproces zou zijn. Vergiffenis gebruikt het mededogen van het hart om situaties te begrijpen in termen van de krachten die zowel op onszelf als op anderen inwerkten. We kunnen het nog steeds hartstochtelijk oneens zijn met wat er is gedaan. We kunnen met recht zeggen dat wij zoiets nooit gedaan zouden hebben. Het kan zelfs zijn dat we iets van de ander nodig hebben om vergiffenis mogelijk te maken – een excuus, een vorm van genoegdoening, of de erkenning dat ons leed is berokkend. Maar uiteindelijk stelt vergiffenis het hart in staat lichter te worden en verder te gaan; vergiffenis is de reddingsactie van het hart.

De eerste stap is onszelf vergeven. Dit wil niet zeggen dat we zomaar alles zouden moeten vergoelijken wat we achteloos hebben gedaan. We dienen met mededogen naar onszelf te kijken, naar de hunkeringen van de ziel en wat deze probeerde te bereiken, naar de obstakels die zich op onze weg bevonden en de krachten die toentertijd op onze reis inwerkten. Het betekent dat we begrijpen waarom we de dingen deden die we hebben gedaan en dat we onze basisessentie losmaken van de fout die we hebben begaan.

Om onszelf te vergeven kan het nodig zijn dat we het bij anderen weer goedmaken. Dit is een belangrijke stap van ontwenningsprogramma's, omdat het evenwicht erdoor wordt hersteld en omdat wij ons weer bewust worden van onze verantwoordelijkheid ten opzichte van anderen.

Overzie je leven en maak een lijst van dingen die je jezelf niet hebt vergeven. Bekijk elk ding afzonderlijk en haal je het scenario voor de geest dat leidde tot wat je hebt gedaan. Kijk of je erachter kunt komen welk deel van je indertijd werd geactiveerd – het hongerige kind, de overwerkte volwassene, de aan de kant gezette echtgenote, de wanhopige tiener. Probeer te begrijpen wat je hebt gedaan en sta jezelf toe de gevoelens te voelen die je toen misschien niet kon toelaten. Stel je voor hoe je zou kunnen reageren als je een ander kind (echtgenote, echtgenoot, dochter, enzovoort) hetzelfde zag doen en alles over hun situatie wist. Zou je meer of minder veroordelend zijn? Welke verwachtingen had je indertijd van jezelf? Welke verwachtingen hadden anderen van jou? Waren deze verwachtingen realistisch?

Behandel het deel van je dat je je voor de geest hebt geroepen met mededogen. Kijk naar wat het nodig had, wat het probeerde te vinden. Kijk of je het vergiffenis kunt schenken. Probeer die woorden ook tegen jezelf te zeggen: 'Ik vergeef je, je probeerde alleen maar... Misschien kan ik je nu helpen dit op een productievere manier te bereiken.'

Anderen de schade vergeven die ze bij jou hebben aangericht is vaak moeilijker. Sommige mensen proberen onmiddellijk te vergeven, nog voordat ze hun verdriet en boosheid hebben verwerkt. Ze zeggen: 'O, dat geeft niet. Zo was mijn vader nu eenmaal. Hij kon het ook niet helpen dat hij zo boos was.' Dit zou wel eens waar kunnen zijn, maar het bagatelliseert de uitwerking die dergelijk gedrag op de ziel heeft en de inspanning die het kost om de patronen die daardoor in ons leven zijn ontstaan te doorbreken.

Hebben we onze gevoelens over een bepaalde omstandigheid eenmaal verwerkt en de stukjes die kwijt waren herwonnen, dan kunnen we dankzij vergiffenis verdergaan. Vergiffenis is een organisch proces. Dit kan niet voortijdig worden afgedwongen, hoewel het wel kan worden gestimuleerd.

Om een ander te vergeven, zetten we dezelfde stappen als om onszelf te vergeven. We vragen ons af welke krachten er indertijd op die persoon inwerkten. Wat hij of zij probeerde te bereiken. Wat hen dreef. Wat ze nodig hadden maar niet konden krijgen. Waardoor ze geblokkeerd werden om op een andere manier te reageren. Wat hun werkelijke intenties hadden kunnen zijn als hun bewustzijn groter was geweest. Wat ik van deze persoon nodig heb om het vergevingsproces vooruit te helpen (als dat mogelijk is). Wat ik van mezelf nodig heb om hem of haar te kunnen vergeven en verder te kunnen gaan.

Vergiffenis verzacht de hardheid van het hart en doet het zo weer opengaan. Vergeving schenken is niet als een proces bedoeld dat het mogelijk maakt dat hetzelfde opnieuw gebeurt. Het zorgt er wel voor dat er in situaties die eerder scheef zijn gegaan groter bewustzijn ontstaat. Het stelt ons in staat onze energie uit het negatieve verleden los te haken en die voor een positievere toekomst vrij te maken.

Liefde moet gewenst, voortgebracht en gevoeld worden

We zijn geneigd liefde als een gevoel te zien dat je passief ontvangt. Wanneer liefde eb en vloed vertoont, en dat doet ze, denken we dat hier helemaal niets aan te doen valt. Steven R. Covey, auteur van *Seven Habits of Highly Effective People*, vertelde me over de raad die hij een man gaf die het gevoel had dat hij niet meer van zijn vrouw hield en dat zij niet meer van hem hield.

'Houd van haar,' zei hij tegen de man.
'Dat zei ik toch al, dat gevoel is er gewoon niet meer,' antwoordde de man.
'Houd van haar,' antwoordde Covey.
'Je snapt het niet, het gevoel liefde is er gewoon niet,' antwoordde de man.
'Houd dan van haar. Als het gevoel er niet is, is dat een goede reden om van haar te houden.'
'Maar hoe kan ik nou van haar houden als ik niet van haar houd?' vroeg de man.
Covey antwoordde: 'Beste vriend, liefde is een werkwoord. Liefde – het gevoel – is een voortbrengsel van liefde, het werkwoord. Houd dus van haar. Dien haar. Offer je op. Luister naar haar. Leef je in haar in. Waardeer haar. Geef haar bevestiging. Ben je bereid dat te doen?'[12]

Liefde is een gevoel, ja, dat is zo, maar dan wel een gevoel dat uit daden ontstaat. Het vierde chakra bevindt zich precies boven de wil van het derde chakra. Liefde is een dagelijks, zelfs elk uur voor jezelf te herhalen bewuste belofte om je op liefdevolle en zorgzame wijze ten opzichte van jezelf en anderen te gedragen. Wanneer het gevoel afneemt, is het onze verantwoordelijkheid mogelijkheden te vinden om nieuwe liefde voort te brengen. Net zoals een tuin die zorgvuldig wordt onderhouden onze inspanningen beloont, zo zullen ook onze inspanningen op het gebied van de liefde worden beloond.

Degenen onder ons die niet goed weten hoe liefde eruitziet, kunnen wellicht hun fantasie gebruiken. In onze fantasie kunnen we ons onze ideale moeder of vader voorstellen, of onze ideale minnaar. We kunnen ons voorstellen hoe ze tegen ons zouden spreken, wat ze voor ons zouden doen. Het is belangrijk dat tijdens het fantaseren de gevoelens het lichaam volledig doordringen. Tegen mijn cliënten zeg ik altijd: 'Dompel je cellen in dit gevoel onder. Herprogrammeer je lichaam met deze voeding.' Het is vaak prettig om ons eerst voor te stellen dat we heel jong zijn en vervolgens dat we geleidelijk opgroeien terwijl dit gevoel aanwezig is. Hoe zou het hebben aangevoeld om op je derde dit soort steun en liefde te hebben gekregen? Hoe zou het hebben aangevoeld om naar school te gaan als je dit soort liefde had gekregen? Hoe zou je puberteit hebben aangevoeld? Zou je anders lopen, praten en voor anderen openstaan? Hoe zou het op de universiteit zijn geweest? Op wat voor manier zou je huwelijk of je relatie met je kinderen anders zijn? Met behulp van fantasie kun je het chakra door een hele reeks ontwikkelingsfasen heen herprogrammeren.

Liefde moet boven het zelf uitstijgen

Het doel van het vierde chakra in het systeem als geheel is ons zover te krijgen dat we de grenzen van ons ego verlaten en een grotere verbondenheid met al wat leeft gaan ervaren. Dit is de beweging van de bevrijdende stroom. Hoewel het belangrijk is het kleinere zelf niet te verloochenen of te verwaarlozen, is het echt een bevrijdende ervaring om boven de beperkingen van je eigen behoeften uit te stijgen en vreugde te scheppen in dienstbaarheid en altruïsme.

Tijdens mijn workshops geef ik de cursisten wanneer we bij het hartchakra zijn aangeland de opdracht iets onverwachts, of zelfs iets buitensporigs, voor een ander te doen. Je kunt bijvoorbeeld iets voor een buurman of buurvrouw doen met wie je bijna nooit contact hebt, of midden in de nacht het huis schoonmaken voor je vrouw. Je kunt een zwerver honderd gulden geven, of twee dagen vrij nemen van je werk om die tijd helemaal aan je kinderen te besteden.

De vreugde die dit soort acties teweegbrengt, is aanstekelijk. Je wordt er niet alleen zelf opgewekt van, ook degene die je weldaden ontvangt zal in zijn hart geraakt zijn en dit weer naar anderen uitstralen. Hoe zal hij anderen behandelen nadat jij zijn dag goed hebt gemaakt?

Het kan zijn dat bij cursisten die zichzelf als hopeloos op anderen gericht beschouwen dit soort onzelfzuchtige daden alleen maar tot bekrachtiging leiden van wat ze toch al doen. Hun geef ik een veel moeilijker opdracht: doe iets buitensporigs voor jezelf!

Liefde moet energieën in balans houden

We denken dat het hartchakra wijdopen zou moeten zijn, maar in werkelijkheid zijn er in onze opeengepakte en getraumatiseerde sociale omgeving maar weinig mensen die deze staat kunnen verdragen. Als we onze grenzen niet kunnen bewaken, zal het hart zich onbewust sluiten. Het innerlijke zelf zal zich niet beschermd voelen en zich gewoon terugtrekken.

Veel mensen vinden het moeilijk om intimiteit en autonomie in een relatie in evenwicht te houden. Ze proberen de ene kant meer te steunen dan de andere, en beseffen niet dat ze beide nodig hebben. De volgende oefening lijkt op de oefening met de armen, maar dient meer om de actieve dan om de passieve aspecten van liefde te activeren.

KOM DICHTERBIJ, GA WEG

Ga tegenover je partner zitten, met gekruiste benen of op een stoel. Jullie handen raken elkaar ter hoogte van jullie hart. Sta je partner toe dat hij je handen naar zijn hart brengt terwijl hij hardop zegt: 'Kom dichterbij.' Bied een beetje weerstand – niet genoeg om de beweging te blokkeren, maar genoeg om hem zich te laten inspannen. Wanneer jullie handen zijn hart hebben bereikt, sta je je partner toe dat hij je handen weer terugduwt terwijl hij hardop zegt: 'Ga weg.' Bied ook nu weer een beetje weerstand.

Voer beide bewegingen afwisselend uit en laat alle gevoelens of weerstanden bovenkomen. Vaak zal een van beide bewegingen de boventoon voeren en zal de betrokkene beseffen dat hij of zij eigenlijk meer nabijheid of afstand wil. Je kunt hem dan in dit gevoel steunen door je op die beweging te concentreren. Wissel vervolgens van plaats. Nu ben jij aan de beurt om te trekken en te duwen en is je partner aan de beurt om weerstand te bieden en feedback te geven.

Als je dit doet met iemand met wie je een relatie hebt, vraag je dan af op welke manier dit een weerspiegeling is van wat er tussen jullie tweeën gebeurt. Wie duwt, trekt en biedt weerstand? Wat is het effect ervan? Is het evenwichtig?

Conclusie

Met een goed werkend hartchakra zijn we tot een aanvaarding en openheid in staat die het de ziel mogelijk maken stil te zijn en onbeperkte rust en stabiliteit te vinden. Als het derde chakra zijn werk goed heeft gedaan, hebben we het vierde chakra de mogelijkheid gegeven om los te laten en eenvoudigweg te zijn. Zijn in plaats van doen maakt het kwalitatieve verschil uit tussen het vierde en het derde chakra.

Heelwording van het hart houdt in dat we aandacht besteden aan onze kwetsbaarste en heiligste innerlijke aspecten. Slechts door aandacht te besteden aan hun waarheid kunnen we het beschermende pantser laten vallen waarmee we vastzitten aan het ego, aan de kleinere delen van onszelf. Manipulatie, spot, kritiek of beheersing zullen niet werken. Alleen met de combinatie van gevoel en begrip die liefde is kunnen we het pantser doen smelten.

Dankzij liefde zijn we in staat onze instinctieve kern te tonen, kunnen we de volgende stap in het tot uitdrukking brengen van onze waarheid zetten. Dankzij liefde zijn we in staat de wereld om ons heen te omarmen en te helen. Relaties bevorderen de ontwikkeling van individuele zielen en van de collectieve ziel van onze planeet.

NOTEN

1. *San Francisco Chronicle*, 11 mei 1994, A8. Uit andere statistieken in hetzelfde artikel blijkt dat in Amerika elke dag negen kinderen worden vermoord, dertien aan schotwonden sterven, dertig door vuurwapens gewond raken en 1.200.000 sleutelkinderen thuiskomen in een huis waarin zich een vuurwapen bevindt.
2. Er is zo veel archeologisch onderzoek gedaan waaruit blijkt dat er op grote schaal sprake is geweest van godinnenverering, dat de ruimte hier ontbreekt om er dieper op in te gaan. Voor meer informatie verwijs ik naar het door Riane Eisler geschreven *The Chalice and the Blade* (San Francisco: HarperCollins, 1991) en naar het door Elinor Gadon geschreven *The Once and Future Goddess* (New York: Harper & Row, 1989). Er bestaan echter nog veel meer boeken over dit onderwerp.
3. *Bastaard* is het woord voor een kind zonder vader. Er bestaat geen woord voor een kind zonder moeder, omdat dit biologisch onmogelijk is. Niettemin is dit nu juist wat onze huidige mythe in het leven roept. Het concept is zo belachelijk dat we er niet eens een woord voor hebben.
4. C.G. Jung, 'Transformation Symbolism in the Mass', uit *Structure and Dynamics of the Psyche*, zoals door Aldo Caratenuto geciteerd in *Eros and Pathos* (Toronto: Inner City Books, 1985), 25.
5. Thomas Moore, *Soul Mates: Honoring the Mysteries of Love and Relationship* (New York: HarperCollins, 1994), 23.
6. Ibid., 19.
7. Ik heb deze uitdrukking van de astrologe Carolyn Casey, die haar in een lezing met de titel 'Memories of our Future' gebruikte.
8. Jean Piaget, zoals geciteerd in *Psychological Development: A Life-Span Approach* (New York: Harper & Row, 1979), 173.
9. Hoewel de mannelijke/vrouwelijke kenmerken die hier worden opgesomd misschien hopeloos seksistisch lijken, weerspiegelen ze wel collectieve ideeën die eerst geïntegreerd moeten worden voordat we aan een dergelijk seksisme kunnen ontsnappen en beide soorten eigenschappen in onze psyche kunnen opnemen, wat ons geslacht ook is.
10. Harville Hendrix, *Getting the Love You Want* (New York: Harper & Row, 1988), 38.
11. Alice Miller, *For Your Own Good* (New York: Basic Books, 1981), 115.
12. Steven R. Covey, *The Seven Habits of Highly Effective People* (New York: Simon and Schuster, 1989), 79–80.

Aanbevolen literatuur

Conscious Loving: The Journey of Co-Commitment. Gay en Kathlyn Hendricks. New York: Bantam, 1990.

Getting the Love You Want. Harville Hendrix. New York: Harper Perennial, 1988.

Soul Mates: Honoring the Mysteries of Love and Relationship. Thomas Moore. New York: Harper Perennial, 1994.

Embracing Each Other: Relationship as Teacher, Healer & Guide. Hal Stone & Sidra Winkelman. Novato, CA: Nataraj Publishing, 1989.

Facing Codependence. Pia Mellody. San Francisco: Harper & Row, 1989.

Codependent No More: How to Stop Controlling Others and Start Caring for Yourself. Melody Beattie. New York: Harper Hazelden, 1987.

Creating Love: The Next Great Stage of Growth. John Bradshaw. New York: Bantam, 1992.

Crossing the Bridge: Creating Ceremonies for Grieving and Healing from Life's Losses. Sydney Barbara Metrick. Berkeley, CA: Celestial Arts, 1964.

VIJFDE CHAKRA

Al trillend tot expressie komen

Het vijfde chakra in één oogopslag

Element:
- Geluid

Kleur:
- Lichtblauw

Naam:
- Vissudha (zuivering)

Plaats:
- Keel, halsvlecht

Doel:
- Communicatie
- Creativiteit

Identiteit:
- Creatief

Levensgebieden:
- Communicatie
- Creativiteit
- Luisteren
- Resonantie
- Je eigen stem vinden

Gerichtheid:
- Zelfexpressie

Demon:
- Leugens

Ontwikkelingsfase:
- 7 tot 12 jaar

Ontwikkelingstaken:
- Creatieve expressie
- Communicatieve vaardigheden

- Symbolisch denken

BASISRECHTEN:
- De waarheid spreken en te horen krijgen

EVENWICHTIGE KENMERKEN:
- Een volle stem
- Een goed luisteraar
- Goed gevoel voor timing en ritme
- Duidelijke communicatie
- Leeft creatief

TRAUMA'S EN MISHANDELING:
- Leugens, gemengde boodschappen
- Verbaal geweld, constant schreeuwen
- Buitensporige kritiek (blokkeert creativiteit)
- Geheimen (dreigt ze te verklappen)
- Autoritaire ouders (zeg niets terug!)
- Alcoholisme, aan chemische stoffen verslaafde familie (praat niet, vertrouw niet, voel niet)

DEFICIËNTIE:
- Spreekangst
- Een kleine, zwakke stem
- Moeite met het verwoorden van gevoelens
- Introversie, verlegenheid
- Geen muzikaal gehoor
- Slecht ritmegevoel

EXCES:
- Te veel praten, praten als afweer
- Onvermogen tot luisteren, slecht begrip van geluiden/klanken
- Roddelen
- Dominerende stem, anderen onderbreken

LICHAMELIJKE GEBREKEN:
- Stoornissen van keel, oren, stem, nek
- Verkrampte kaken
- Vergiftiging (volgt uit de naam van het chakra, die 'zuivering' betekent)

HELINGSSTRATEGIE:
- Nek en schouders losmaken
- Bevrijding van stem
- Zingen, chanten, galmen
- Verhaaltjes vertellen
- In een dagboek schrijven
- Automatisch schrijven
- Oefenen in stil zijn (in geval van exces)
- Ongerichte, vrije creativiteit
- Psychotherapie
	Communicatieve vaardigheden leren
	Communicatie leren afmaken
	Brieven schrijven
	Communiceren met innerlijke kind
	Dialogen tussen innerlijke stemmen

AFFIRMATIES:
- Ik hoor en spreek de waarheid.
- Ik uit me met heldere bedoelingen.
- Creativiteit stroomt in en door mij.
- Mijn stem is noodzakelijk.

Verschillende kleuren blauw

Als het waar is dat je bent wat je eet, dan kunnen we even accuraat zeggen dat je bent waar je naar luistert.

STEVEN HALPERN

Ik herinner me een verbazingwekkende film die op school een keer tijdens natuurkundeles werd gedraaid. Hij ging over de Tacoma Narrows Suspension Bridge, in 1940 gebouwd en bijgenaamd de 'Galloping Gertie'. Nog geen vier maanden na de voltooiing vond er een opmerkelijke en betreurenswaardige gebeurtenis plaats. Op een middag als zoveel andere reed een chauffeur als enige over de brug. Er kwam een stevige bries met een snelheid van tegen de 65 kilometer per uur opzetten. De wind veroorzaakte subtiele trillingen in de brug, die zich samenvoegden tot hoe langer hoe sterkere trillingen, totdat de hele brug begon te beven en te schudden. Binnen luttele tellen plofte de brug in één grote, oscillerende golf in elkaar en verdween in de rivier.

Als een dergelijke reusachtige constructie als een hangbrug van staal en beton de vernieling in geholpen kan worden door de trillingen van de wind, wat moeten wij dan wel te lijden hebben van de ontelbare trillingen waarmee we dag in dag uit te maken krijgen? Onze moderne wereld overspoelt ons met wanklanken – trillingen waar we ons bewustzijn voor afsluiten, terwijl ons lichaam en zenuwstelsel ze onverlet te incasseren krijgen. Het gevolg is een hele reeks kleine spanningen, die zich kunnen opbouwen tot grotere spanning, met als mogelijk gevolg dat ons lichaam er ten slotte onder bezwijkt. Wat zijn enkele van deze trillingen en hoe werken ze op ons in?

Drie jaar geleden ben ik van een grote stad verhuisd naar een tamelijk rustige plaats op het platteland. Ik herinner me nog goed de talloze vormen van geluidsoverlast die ik dagelijks te verduren had gekregen, geluiden die zo'n normaal onderdeel van het stadsleven vormen. Op de achtergrond had je altijd de dreunende snelweg vlakbij, een constant gezoem onderbroken door toeterende claxons. Ons huis stond dicht aan de straat. De auto's spoten voorbij over straat, vaak met gierende banden of de stereo vol opengedraaid. Elk uur hoorde je wel ergens de sirenes loeien, die 's avonds het koor van de verzamelde buurthonden dirigeerden. Zoals in zoveel grote steden klonken de schoten door de nachtelijke lucht, me eraan herinnerend hoe onveilig het eigenlijk buiten op straat was. Van onbewaakte auto's ging met de regelmaat van de klok het alarm af, natuurlijk net als ik aan het indommelen was. De slaap werd 's morgens al evenzeer verstoord, aangezien het naburige flatgebouw een parkeerplaats naast ons huis had. Elke ochtend, om precies te zijn: van klokslag tien over half zes tot tien voor zes, liet een van de mannen uit de flat de motor van zijn oude auto zonder geluiddemper warm lopen. Hetzelfde flatgebouw had galerijen aan de buitenkant en balkons, vanwaar de geluiden van heftige ruzies, vechtende kinderen, huilende baby's en, als je geluk had, de muzieksmaak van iemand anders tot je kwam.

Alsof het nog niet genoeg was, hadden we drie actieve tieners in huis, en mijn jongste zoon, Alex. De telefoon rinkelde onafgebroken, de voeten denderen de trap op en af, en het waren zeldzame momenten als de televisie noch de stereoinstallatie aanstond. Als extraatje werd het 'gewende' lawaai van een huishouden vervolgens nog eens regelmatig verstoord door het woedende gegil van ruziënde broertjes en zusjes en, zo nu en dan, het gerinkel van iets wat kapot viel.

Helaas is mijn verhaal niet uniek.

Iedereen die in een moderne stadsomgeving woont, wordt aan een stuk door bestookt door lawaai. Pas sinds kort in de lange menselijke evolutie staan we zozeer bloot aan vervuiling door onwelkome geluiden als vandaag de dag. Tweehonderd jaar geleden kon iemand in Wenen nog roepend van de top van de kathedraal brandalarm geven zonder versterking of wat verder ook. In 1964 hoefde een sirene slechts 88 decibel te zijn om gehoord te worden (1 decibel of dB is de kleinste eenheid die het menselijk oor hoort). Tegenwoordig is een sirene 122 dB, een fiks stuk boven de pijndrempel. Terwijl we het hebben over de verontreiniging van lucht, water en bodem, schenken we weinig aandacht aan geluidsvervuiling. Daar we onze oren nu eenmaal niet 'dicht' kunnen doen, is dit een vorm van vervuiling waar we ons nauwelijks tegen kunnen verweren.

Meer dan de helft van de Amerikaanse productiemedewerkers staat onafgebroken bloot aan een geluidsniveau van 80 dB of hoger, terwijl de maximale intensiteit die we langere tijd achtereen aankunnen zonder ons gehoor te verliezen 75 dB is. Toen ze blootgesteld werden aan industriële geluiden, steeg de bloeddruk van resusapen met 27 procent; het niveau bleef vier maanden verhoogd nadat de blootstelling gestaakt was. Vlak bij een vliegveld wonende kinderen hebben een grotere kans op leerstoornissen dan andere. Baby's uit luidruchtige woningen bleken zich sensorisch en motorisch minder snel te ontwikkelen en behielden hun kinderlijke gewoonten veelal langer dan baby's uit een rustiger omgeving.[1]

Het zijn niet alleen rauwe geluiden die ons bestoken – we worden ook door de wanklanken van de massacommunicatie overstelpt. Hongerend naar waarheid worden we omringd door de 'junksound van de oppepsiënde' reclamemantra's, nieuwsberichten die door geweld en dood geobsedeerd worden en sensatieverhalen die het toch al geagiteerde gemoed proberen op te hitsen. De drang om ons eerlijk te uiten onderdrukkend, beperken we ons tot geaccepteerde aardigheden en zeggen de 'echte' waarheid alleen achter andermans rug om. Het keelchakra van mannen wordt door hun individualiteit verstikkende stropdassen afgeknepen, terwijl vrouwen nog maar net hun eeuwenlang stilzwijgen in het openbaar beginnen te doorbreken.

Zoals mijn vriendin Wendy Hunter Roberts ooit opmerkte, brengt onze nieuwsverslaggeving ons informatie zonder ervaring. De verslaggevers ratelen met nauwelijks een greintje gevoel de ellendigste feiten af. We horen over de vernietiging van het milieu in termen van zoveel vierkante kilometer regenwoud, centimeters bovengrond, aantallen uitstervende diersoorten, maar deze statistische cijfers vertellen ons niet hoe het is om in een regenwoud te staan en de bomen om je heen te horen neerploffen, of om toe te moeten kijken hoe een levensvorm uitsterft die er nooit meer zal zijn. We lezen over rampen in andere landen in termen van zoveel doden, zoveel gewonden en zoveel gulden schade. We nemen de gegevens voor kennisgeving aan zonder de tijd of de context te hebben om hun impact echt te voelen. *We ontvangen ontlichaamde communicatie.*

Intussen groeit de massacommunicatie maar door. De moderne communicatietechnologie geeft ons sneller toegang tot meer informatie dan ooit voorheen. Films, video's, radio, boeken, tijdschriften, kranten, internet, greenpoints, bumperstickers en zelfs T-shirts – het culturele vijfde chakra is een alomtegenwoordig veld. Het beïnvloedt ons bewustzijn op elk en ieder moment. Hoe kunnen we nog onze eigen unieke vibratie horen in een wereld die overstemd wordt door het brullende kabaal van de beschaving? Hoe kunnen we onze waarheid uiten, wanneer dat indruist tegen de gangbare gewoonte om toch vooral beleefd met elkaar te praten? Hoe kunnen we, in de subtiele sfeer van het vijfde chakra, de verstilling vinden zonder welke we niet de waarheid binnenin kunnen verstaan?

Dat zijn de thema's die bij het vijfde chakra centraal staan. Als het primaire middel of kanaal voor het uitwisselen van informatie, waarden, vriendschappen en gedrag bindt communicatie ons als een cultuur samen. Door communicatie geven we vorm aan onze toekomst.

Het ontvouwen van de bloembladen

BELANGRIJKSTE LEVENSGEBIEDEN VAN HET VIJFDE CHAKRA

Symbolisch denken
Resonantie
Etherisch lichaam
Communicatie
De stem
Waarheid en leugen
Creativiteit

De subtiele wereld der trillingen

Alle klanken die we door het Sanskriet-alfabet kennen, worden beschouwd als de woordvormen die voortgekomen zijn uit het kosmisch getrommel van Shiva, dat wil zeggen uit de schepping zelf. Geluid is het paradigma van de schepping, en wegstervend geluid keert terug naar zijn bron.

AJIT MOOKERJEE

Met het bereiken van het etherische niveau van het keelchakra betreden we een paradoxale sfeer van grote subtiliteit en desalniettemin machtige invloed. We laten de evenwichtige middengrond van de groene straal achter ons en bereiken de bandbreedte van turkoois en blauw, de kleuren die met het keelchakra resoneren. Het ons omsluitende element lucht omringt ons nog steeds, maar we reiken daar voorbij in de onbekende ether – de sfeer van trillingen, geluid, communicatie en creativiteit.

We zijn het punt halverwege in onze regenboog gepasseerd. In de dans tussen bevrijding en manifestatie laten we nu het yin-overwicht van het hart achter ons en concentreren ons sterker op de bovenste chakra's. We ontworstelen ons aan de zwaartekracht en bevrijden ons van de manier waarop de dingen altijd geweest zijn en van de structuren en beperkingen van gemanifesteerde vormen. We worden abstracter, tegelijkertijd verruimt onze reikwijdte zich echter. In de eerste vier chakra's hebben we ons met vormen, beweging, activiteit en relaties beziggehouden – dingen die we gemakkelijk kunnen waarnemen. Bij het vijfde chakra verschuift onze aandacht naar trillingen, de subtiele, ritmische pulsaties die gaan door alles wat leeft.

Het binnengaan van de symbolische wereld

Het symbool heeft zijn wortels in de geheimste diepten van de ziel; de taal scheert over het oppervlak van het begrip als een zacht briesje...Woorden maken het oneindige eindig; symbolen dragen de geest voorbij de eindige wereld van worden naar het rijk van oneindig zijn.

J.J. BACHOFEN

Met het bereiken van de trits van de bovenste chakra's gaan we de symbolische wereld van de geest binnen. Symbolen zijn de bouwstenen van bewustzijn, de verbindende schakels tussen het eeuwige en het vergankelijke. Woorden, beelden en gedachten (chakra's vijf, zes en zeven) zijn allemaal symbolische reflecties van het gemanifesteerde vlak. Elk woord dat we gebruiken is een symbool voor een ding, concept, gevoel, proces of relatie. Elk beeld in ons hoofd is een mentaal symbool voor iets echts en elke gedachte is een combinatie van dit soort symbolen. Met symbolen kunnen we meer doen met minder. Ik kan over een vrachtwagen praten ook al kan ik er geen optillen. Ik kan een spiraalvormige melkweg beschrijven ook al kan ik er niet naar eentje toe reizen. Ik kan je gemakkelijker een plaatje van een man laten zien dan ik hem kan beschrijven.

Symbolen kunnen we beschouwen als de trillingsessentie van wat ze representeren. Ze vormen de bouwstenen van communicatie en bewustzijn. Ze zijn als pakjes van betekenis, die we in ons hoofd kunnen opslaan en met anderen delen, waarbij elk pakje het bewustzijn vergroot. Als een symbool ons echt aanspreekt – wanneer het veel betekenis voor ons bezit – dan, zo zeggen we, resoneren we ermee.

Resonantie

Alle leven is ritmisch. Van het opkomen en ondergaan van de zon tot het uitzetten en inzakken van onze ademhaling, van het kloppen van ons hart tot de oneindige trillingen van atomaire deeltjes in onze cellen zijn we één grote verzameling of veld van trillingen, die wonderbaarlijk met elkaar resoneren als één enkel systeem. Sterker nog, ons vermogen om als een ongedeeld geheel te functioneren hangt af van de coherente resonantie van de ontelbare subtiele vibraties in ons. *De taak van het vijfde chakra is het bevorderen van deze resonantie.*

Resonantie is een toestand van synchronisatie tussen trillingspatronen. Alle trillingen kunnen we opvatten als golfachtige bewegingen door de ruimte en tijd. Elke golfvorm bezit een kenmerkend ritme (wat we frequentie noemen), dat beschrijft met welke regelmaat de golven stijgen en dalen. In de muziek is de hoogte van een noot gecorreleerd aan een bepaalde frequentie – hogere noten trillen sneller, lagere langzamer.

Wanneer twee of meer geluiden uit verschillende bronnen op dezelfde frequentie trillen, zeggen we dat ze met elkaar resoneren. Het betekent dat hun golfvormen in hetzelfde ritme stijgen en dalen (zie lijnen A en B in figuur 5-1). Wanneer dit gebeurt, worden de hoogten van de golven bij elkaar opgeteld (de amplitude wordt vergroot, lijn C) en komen de golven met elkaar in fase. Eenmaal in fase neigen ze ernaar dat te blijven. Oscillerende golfvormen vertonen de tendens tot stabiliseren wanneer ze in resonantie komen (ongeveer zoals leden van een politieke beweging elkaar in hun politieke visie versterken), omdat ze op dezelfde golflengte zitten. Het is bijvoorbeeld gemakkelijker om dezelfde noot als iemand anders te zingen dan een andere noot, zoals we snel zullen merken wanneer we meerstemmig proberen te zingen. Resonerende frequenties neigen er dus naar zich te verbinden. Deze toestand wordt ook wel *meetrillen* of *sympathisch trillen* genoemd.

Figuur 5-1. Voorbeeld van resonerende sinusoïden

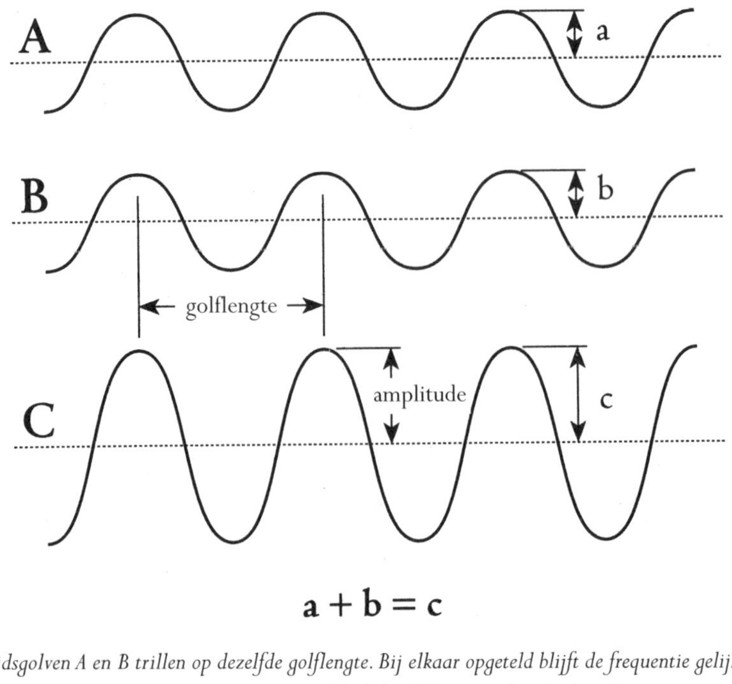

$$a + b = c$$

Geluidsgolven A en B trillen op dezelfde golflengte. Bij elkaar opgeteld blijft de frequentie gelijk, terwijl de amplitude verdubbelt. De toonhoogte blijft dezelfde, maar de geluidssterkte is toegenomen.

Resonerende golfvormen komen we op tal van manieren tegen in het gewone leven. Wanneer we naar een zangkoor of drumband luisteren, worden we ondergedompeld in een veld van resonantie die elke cel in ons lichaam laat trillen. Een dergelijk veld beïnvloedt de subtielere trillingen van ons bewustzijn en we voelen ons prettig, expansief en ritmisch verbonden met de hartslag van het leven zelf. We komen in een zelfs nog diepere toestand van resonantie, wanneer we ook nog dansen of ons ritmisch bewegen op de muziek. De ritmische bewegingen van ons lichaam blijven in fase met de muziek en het wordt feitelijk zelfs moeilijk om ons uit fase te bewegen.

Het meetrillen van verschillende frequenties in ons lichaam en ons bewustzijn vormt een coherente, centrale trilling, die we als een soort resonerende 'zoem' ervaren wanneer we ons lekker voelen. Op dat soort momenten lijken we in harmonie te zijn met alles wat er is, alsof we vanzelfsprekend in de maat lopen. We zijn in synchronie met het ritme van de kosmos. (Merk overigens op hoezeer de verliefdheidstoestand van het vierde chakra aan deze gemoedsgesteldheid bijdraagt.) Op andere momenten hebben we het gevoel uit fase te zijn of alsof niets ons wil lukken of meezit. Dan voelen we ons van slag en niet lekker in ons vel zitten; anderen kunnen ons gezelschap onbehaaglijk of vervelend vinden. Inzicht in de trillings- en resonantieprincipes helpt ons de coherentie van onze fundamentele trillingservaring te vergroten en in grotere harmonie met ons basisritme te komen.

Resonantie vergt een zeker evenwicht tussen flexibiliteit en spanning of stijfheid. Om een noot te kunnen voortbrengen moet een snaar zowel gespannen zijn als kunnen bewegen. In ons lichaam moeten we evenzo voldoende flexibel zijn om met verschillende frequenties te kunnen resoneren, terwijl we toch genoeg spanning bewaren om een herhalend patroon voort te brengen.

De mate van resonantie in lichaam/geest vertelt hoe het er met onze gezondheid en vitaliteit voorstaat. Wanneer we niet met de wereld om ons heen kunnen resoneren, kunnen we ons er niet mee verbinden. We kunnen niet expanderen, reageren of ontvangen. We raken geïsoleerd en worden ziek. Willen we kunnen resoneren, dan moeten we ons enerzijds aarden, zodat er een vorm beschikbaar is, en anderzijds open ademhalen, zodat we zachtheid en flexibiliteit verkrijgen. Deze balans is een heerlijke combinatie van laten gebeuren en willen, die ons in staat stelt op een en hetzelfde moment zowel te luisteren als te reageren.

Naar mijn mening brengt slapen ons weer in harmonie met onze eigen resonantie. Wanneer we slapen, bevinden onze hartslag, ademhaling en hersengolven zich allemaal in een staat van meetrillen op diep niveau. Een verstorend geluid of andere zintuiglijke gewaarwording – een wekker die afgaat, iemand die ons schudt, een geluid op straat – wekt ons en haalt ons uit een diepe resonantietoestand. Aan het eind van de dag, nadat we zoveel verwarrende trillingen moesten bolwerken, voelen we ons moe. We willen weer gaan slapen.

Bij ziekte wil het lichaam van nature slapen. Rusten helpt de natuurlijke resonantie van het lichaam te herstellen, zodat zijn veld weer coherent wordt. Wanneer we vermoeid zijn, doet elke trilling een nieuwe aanslag op ons, die ons verder fragmenteert. Uitgerust zijn we beter opgewassen tegen de dag.

Het etherisch lichaam

Op het niveau van het vijfde chakra verruimen we onze aandacht van het fysieke vlak naar de subtielere etherische velden. Ons etherisch veld, veelal *aura* genoemd, wordt voortgebracht door het totaal van onze inwendige processen – van de energetische uitwisseling van subatomaire deeltjes tot de vertering van voedsel in onze cellen, van de processen in onze zenuwcellen tot onze emotionele toestand op dat moment en de grotere ritmen van onze activiteiten in de buitenwereld.

Onze levenskracht zelf kunnen we als een stroom van pulserende energie beschouwen. Zolang de stroom niet gefragmenteerd wordt door blokkades in het lichaamspantser, bewegen de pulsaties vrij door het lichaam en naar buiten de wereld in. Dit stromen creëert een resonerend, etherisch veld rond ons lichaam – een intacte aura. Een resonerend veld gaat coherente verbindingen aan met de buitenwereld. Met een gefragmenteerd veld blijven ook de connecties gefragmenteerd.

Ons etherisch veld is daarnaast als een levend archief van onze ervaringen door de tijden heen. Oude trauma's laten hun sporen in de aura na, evenals ongeheelde wonden, onafgemaakte communicaties en (naar sommigen geloven) vorige levens en de waarschuwing voor toekomstige gebeurtenissen. Normaliter worden we te zeer door grovere en luidere trillingen overstelpt om ons op dit subtiele veld te kunnen afstemmen en er de informatie in te lezen die het ons te bieden heeft. Naarmate we onze energie verfijnen in onze opwaartse beweging door de chakra's, vergroten we ons bewustzijn van dit subtiele niveau.

In onze interacties met anderen komen onze etherische velden in contact met elkaar. De verbindingen die tot stand komen wanneer beider trillingsvelden met elkaar resoneren, ervaren we als uiterst plezierig. Het is alsof onze tonen in harmonie zijn en we voelen ons opgetild door de ervaring. Net zoals mensen die dezelfde taal spreken met gesproken symbolen resoneren, verdiept de subtiele resonantie tussen ons etherisch veld en dat van anderen ons gevoel met elkaar verbonden en op elkaar afgestemd te zijn. Hoe groter onze innerlijke resonantie, des te dieper we kunnen resoneren met degenen om ons heen.

De Kirlian-fotografie, die ons in staat stelt de activiteit van het etherisch veld waar te nemen, heeft opmerkelijke dingen over het etherisch lichaam onthuld. Kirlian-foto's van een afgesneden blad laten bijvoorbeeld zien dat het etherisch lichaam van het blad nagenoeg hetzelfde blijft, ook al zijn er delen van het fysieke blad verwijderd.[2] Wanneer twee mensen van gedachten over elkaar veranderen, laten opeenvolgende Kirlian-foto's daarentegen zien dat hun aura's zich drastisch wijzigen. Toen de gedachten van een echtpaar over elkaar van vijandig in liefdevol veranderden, smolten de velden rond hun vingertoppen (die elkaar op de foto niet aanraakten) samen, terwijl ze daarvoor gescheiden waren gebleven.[3] We leiden eruit af dat het etherisch lichaam mogelijk gevoeliger reageert op de subtiele vibraties van onze gedachten dan op grote veranderingen in ons fysieke lichaam!

Ons etherisch lichaam is zeer sensitief voor emanaties om ons heen, ook al zijn we ons er niet van bewust. In het vijfde chakra werken we aan de verfijning van onze trillingen, zodat we ons op dit soort subtiliteiten kunnen afstemmen. De naam voor dit chakra is *Vissudha*, wat 'zuivering' betekent. Zuivering is een verfijning van trillingen, die plaatsvindt wanneer we ons lichaam ontlasten van gifstoffen, waarheidsgetrouw en authentiek spreken en de thema's van de lagere chakra's uitwerken. Zuivering bereidt ons voor op onze toegang tot de zelfs nog verfijndere energieën van de chakra's hogerop.

Communicatie

Communiceren is het uitwisselen van informatie en energie. Terwijl resonantie het onderliggende principe van het vijfde chakra is, is communicatie de essentie en functie ervan. Als onze *zelfexpressie* is communiceren een poort of doorgang tussen onze binnen- en buitenwereld. Alleen door onze zelfexpressie komt de buitenwereld te weten wat er in ons is. Alleen door onze zelfexpressie kunnen we naar buiten brengen wat we eerder in ons hebben opgenomen.

Zelfexpressie in het vijfde chakra is een tegenhanger van de zintuiglijke indrukken die langs het tweede chakra binnenkomen. In het tweede chakra hebben we een poort geopend die langs onze zintuigen de wereld *binnen*laat. In het vijfde chakra openen we een poort die het mogelijk maakt dat ons innerlijk zelf naar *buiten* de wereld in gaat. Deze twee chakra's zijn dikwijls verbonden, zodat problemen in het ene centrum vaak weerspiegeld zullen worden in het andere.

Het keelchakra is voorts de inwendige poort tussen hoofd en lichaam. Als de smalste doorgang in het totale chakrasysteem is de keel letterlijk een bottleneck voor het passeren van energie. We kunnen dit chakra beschouwen als een relaisstation, dat boodschappen van het lichaam uitsorteert en ze met in de hersenen opgeslagen informatie verbindt. Alleen wanneer hoofd en lichaam verbonden zijn, kunnen we waarlijk communiceren. Alleen dan verlaat de informatie de sfeer van abstractie en wordt ervaring, zodat onze fysieke ervaringen betekenis krijgen. En zijn het niet betekenisvolle ervaringen die we graag met anderen willen delen?

Langs deze interne poort wordt ook wat onbewust is bewust. Als de keel geblokkeerd is, is de naar boven gaande beweging van energie dat ook, waardoor ze dus niet bij het bewustzijn kan komen. We kunnen iets opmerken zonder het te begrijpen. We hebben impulsen zonder strategie, grillen zonder het te willen. We kunnen niet bij ons hoger zelf komen. Als we daarentegen, andersom, in ons hoofd leven met ons keelchakra geblokkeerd, kunnen we niet praten over wat we weten. We kunnen kennis niet in gevoelens of handelingen vertalen en laten zodoende na waarvan we weten dat we het zouden moeten doen.

Als wat in het hoofd zit niet congrueert met wat het lichaam ervaart, gebeurt het vaak dat de stand van het hoofd ontzet is ten opzichte van de rest van het lichaam. Het hoofd kan naar voren buigen met een gekromde nek, of er kan een tendens bestaan dat we nekverwondingen oplopen ten gevolge van ongevallen of dat de nekspieren verkrampen door stress.

Dat was het geval met Sarah, die over nekproblemen klaagde. Sarah was in een gewelddadig, alcoholistisch gezin opgegroeid en zodoende genoodzaakt geweest haar hoofd omhoog te houden teneinde te overleven in angstaanjagende en krankzinnige situaties. Ten gevolge daarvan stond haar hoofd pijnlijk uit verband met haar romp en ze had het gevoel niet in contact met haar lichaam te staan. In een van onze sessies lieten we elk deel van haar lichaam over zijn ervaringen vertellen. Alle delen onder haar nek zeiden gespannen te zijn of pijn te hebben. Haar hoofd en gezicht verklaarden daarentegen zich prima te voelen! Toen ik haar vroeg te praten alsof ze haar nek was, zei ze: 'Ik ben gekromd en ik ben gespannen. Ik sta schuin. Ik verdeel dingen over het lichaam. Ik voel me verdrietig. Ik voel me allesbehalve op mijn gemak. Ik voel niets, behalve dan een knobbel aan mijn voorkant.' De knobbel in haar keel was de plaats waar de communicatie tussen haar hoofd en lichaam stokte. Als de verbinding met haar hoofd weer hersteld werd en het deze kennis doorkreeg, zou het de pijn in haar lichaam gaan beseffen. Deze bewustwording kon echter alleen plaatsvinden, wanneer het mogelijk was om daadwerkelijk iets te doen aan de pijn en de situatie waardoor deze veroorzaakt was. Als kind had ze niets kunnen doen. Teneinde de negatieve ervaringen zo minimaal mogelijk te houden, had ze haar hoofd verdraaid, waardoor het harmonieuze verband tussen hoofd en lichaam en dus ook de communicatie tussen beide verstoord was.

De nek is een cruciaal punt in de verbinding tussen hoofd en lichaam. Het lichaam functioneert tot op grote hoogte op basis van gewoonten, onbewust. Het hoofd wil begrijpen en erboven uitstijgen. Alleen wanneer er een volle, solide verbinding bestaat tussen ons hoofd en lichaam, samenkomend in de nek, zijn we in staat met oude gewoonten te breken, onze fysieke ervaringen te begrijpen en met die levensbelangrijke combinatie de wereld om ons heen tegemoet te treden.

De stem

Onze stem is een levendige expressie van onze grondtrilling. Aangezien het vijfde chakra met het element geluid verbonden en in de keel gelokaliseerd is, is de stem de toetssteen voor de gezondheid van dit centrum. Met een vernauwd vijfde chakra is onze stem dat ook en klinkt zeurderig, fluisterend of murmelend. Is dit centrum bovenmatig ontwikkeld, dan kan de stem juist weer hard of schel klinken of heeft de betrokkene de gewoonte om anderen te onderbreken en gesprekken te domineren.

Het teken van een gezond vijfde chakra – dat wil zeggen, wanneer het centrum evenwichtig met zowel het hoofd als het lichaam is verbonden – is een volle en ritmische stem, die waarheidsgetrouw, duidelijk en bondig spreekt. We praten op evenwichtige manier met anderen en bezitten het vermogen om echt te luisteren en te reageren.

De stem geeft niet alleen een indicatie van de gezondheid van het vijfde chakra, maar ook van de andere chakra's. Contractie ergens in het lichaam (eerste chakra) knijpt de stem af. Door een gebrek aan gevoel (tweede chakra) klinkt de stem mechanisch. Met te weinig wilskracht (derde chakra) krijgt de stem een hoge toon en klinkt zeurderig, terwijl de stem met een te sterk derde chakra dominerend wordt. Om te kunnen spreken hebben we daarnaast adem nodig (vierde chakra). Wordt de ademhaling belemmerd of is ze ongelijkmatig, dan is de stem niet vol. Als we ons bewustzijn afsluiten (zesde en zevende chakra), vervalt onze stem in herhalingen en klinkt saai. Wanneer we naar zo'n stem luisteren, bekruipt ons het gevoel het allemaal al eens gehoord te hebben. Van wie in het verleden leeft klinkt de stem niet helemaal aanwezig.

Daarnaast hebben we tal van stemmen in ons. Zo hebben we de stem die ons vertelt dat we niet deugen, de stem die boven alles uitgehoord wil worden, de stem die slechts zacht fluistert op de rustige momenten dat we alleen zijn. Wanneer we de verschillende delen van onszelf innerlijk dialogen laten voeren, bevordert dat onze integratie. Integratie zorgt voor resonantie. Het individuatieproces eerbiedigt en integreert al onze afzonderlijke stemmen en brengt ze samen in één geheel.

We kunnen alleen ten volle individueren, wanneer we de vrijheid bezitten om onszelf te uiten. Met een geblokkeerd vijfde chakra worden we bovenmatig introvert en kunnen ons uiten noch nieuwe informatie opnemen. Als de blokkade ernstig genoeg is, kunnen we een gesloten systeem worden.

Waarheid en leugen

De geringste afwijking van de waarheid in het begin vermenigvuldigt zich later duizendvoudig.

ARISTOTELES

Onze individualiteit ten volle uitdrukken is onze waarheid uitdrukken. Wie niet geïndividueerd is, uit alleen wat anderen graag willen horen. Wie bevreesd is, is bang om zijn waarheid te spreken. Iemand zonder egokracht is bang voor wat anderen denken en geeft zijn authenticiteit prijs.

Degenen bij wie de lagere chakra's naar behoren functioneren – dat wil zeggen, die naar de waarheid van hun lichaam en gevoelens leven, met egokracht en accepterende liefde – kunnen nu veilig de eigen persoonlijke waarheid uiten. Ik kan niet genoeg benadrukken wat voor belangrijke rol elk van de lagere chakra's in dit proces speelt.

Als we bij het vierde chakra onszelf zijn gaan accepteren, hoeven we niet langer de waarheid te ontkennen. Deze aanvaarding is als een voedingsbodem waarop we tot bloei kunnen komen. Wanneer we in het veld van aanvaarding leven met onvoorwaardelijke liefde en openheid van geest, kunnen onze waarheid en individualiteit tevoorschijn treden. We hoeven onze gevoelens niet te ontkennen of te pretenderen anders te zijn.

Met een sterk ego en sterke wil zijn we in staat onze waarheid te verkondigen ook al worden we met tegenstand geconfronteerd. We bezitten de moed om anders te zijn, de krijgersmentaliteit om voor onze waarheid op te komen, ook al druist ze in tegen onze omgeving.

Als we onze gevoelens ontkennen, kunnen onze waarheden met elkaar in botsing komen. We willen naar voren gaan en we willen standhouden. We voelen ons aangetrokken tot iemand en vertrouwen hem niet. In waarheid leven betekent dat we met deze contradicties kunnen leven – dat we het aanvaarden dat elk deel op zich waar kan zijn zonder dat we het andere ontkennen. Indien we onszelf ertoe dwingen voor de ene dan wel de andere kant te kiezen, zouden we een waarheid kunnen ontkennen. We kunnen een innerlijk conflict alleen oplossen wanneer we ons bewust zijn van onze waarheden en ze erkennen, ook al confligeren ze dan.

Waarheid kunnen we opvatten als een resonantieveld. Negatieve ervaringen leren ons onze waarheid te ontkennen en binnen te houden. We worden bijvoorbeeld gestraft als we het met onze ouders oneens zijn. We worden geplaagd als we toegeven bang te zijn. We worden verkeerd begrepen als we onszelf proberen uit te drukken. Als onze meningen niet stroken met die van de meerderheid, kunnen we uitgestoten worden. Soms zijn onze veiligheid en psychische overleving afhankelijk van het onderdrukken van onze waarheid. Het kind dat een klap krijgt als het zijn mond opendoet, leert al gauw hem dicht te houden. Helaas moet daar een tol voor betaald worden. Door een deel van onze waarheid te onderdrukken beperken we zowel de natuurlijke resonantie van ons etherisch veld als de voltooiing van de horizontale stroom van binnen naar buiten. We lopen uit de maat, worden ongecoördineerd, resoneren niet langer met anderen. Wanneer we niet naar onze waarheid leven, leven we in een leugen. Leugens vormen de demon van het vijfde chakra.

Leugens kunnen met woorden verteld worden, maar ze kunnen ook door activiteiten overgebracht worden of door het lichaam afgegeven. Wanneer ik bang ben iemand te laten zien hoe opgewonden ik ben, houd ik mijn gezicht in de plooi of mijn armen dicht tegen mijn lichaam. Ik lieg dan met mijn lichaam en resoneer niet met mijn eigen veld. Mijn natuurlijk proces verstijft. Zolang we op deze manier verstijfd zijn, staan we stil in de tijd. We kunnen niet ten volle meegaan in het stromen van de kosmos. We zijn zelfs niet eens in resonantie met ons eigen wezen.

Wanneer we in onze waarheid leven, bestaat er daarentegen een resonante continuïteit tussen onszelf en anderen. Wordt deze resonantie verstoord, dan ervaren we discontinuïteit. Langdurige discontinuïteit ondermijnt onze gezondheid. Net zoals alle trillende delen van een motor goed gecoördineerd moeten zijn, moet onze basisresonantie dat ook zijn. Dat maakt het mogelijk dat het zelf vlot en sierlijk vooruitgaat.

Creativiteit

Ten volle onze waarheid als individu leven is het leven leiden als een creatieve daad. Nu we meer afstand hebben genomen van de gevestigde vormen en patronen van de lagere chakra's, bezitten we niet alleen grotere vrijheid om creatief te zijn, maar hebben we daar ook een grotere behoefte aan. We hebben ons aan de gevestigde patronen ontworsteld en dat houdt automatisch in dat we creatief moeten gaan leven.

Communicatie is de creatieve expressie van alles wat in ons is. Creativiteit, gelokaliseerd halverwege tussen het derde chakra van de wil en het zevende chakra van het abstracte bewustzijn, combineert wil en bewustzijn en verplaatst ons vooruit de toekomst in. Wanneer we scheppen, maken we iets dat nog niet heeft bestaan.

Sommigen beschouwen het tweede chakra als het centrum van de scheppingskracht, aangezien dit het centrum is waarlangs we nieuw leven voortbrengen. Creativiteit op het niveau van het tweede chakra is echter onbewust. De schepping van een kind in mijn schoot voltrekt zich op het niveau van alledag, buiten mijn bewuste controle om. Ik besluit niet vingers en tenen, blauwe of bruine ogen te scheppen. Het gebeurt uit zichzelf.

In het vijfde chakra behelst creativiteit daarentegen een bewust gewild proces. Op elk en ieder moment maken we letterlijk onze wereld door onze activiteiten, expressie en communicatie. Als ik tegen iemand zeg dat ik wil dat hij dichterbij komt, schep ik intimiteit in mijn leven. Als ik hem vertel weg te gaan, schep ik afzondering, of misschien zelfs vervreemding. Of ik je nu vraag bij de melkboer melk en eieren te gaan halen of een in mijn hoofd broedend idee met je deel, ik ben telkens bezig met een scheppingsproces en geef zo constant vorm aan mijn realiteit.

Creativiteit is een zuivere expressie van de geest in ons, het natuurlijke proces van het individuerende zelf. Ze stelt het zelf in staat een geassimileerde vorm van wat het heeft opgenomen terug te geven aan de wereld. Creativiteit is de poort tussen het verleden en de toekomst.

De lotus laten groeien

Ontwikkeling en vorming van het vijfde chakra in één oogopslag

LEEFTIJD:
- 7 tot 12 jaar

TAKEN:
- Zelfexpressie
- Symbolisch redeneren
- Communicatieve vaardigheden

BEHOEFTEN EN LEVENSGEBIEDEN:
- Nijverheid versus minderwaardigheid
- Creativiteit
- Toegang tot instrumenten voor leren en creativiteit
- Blootstelling aan de grotere wereld

Bij de hogere chakra's zijn de ontwikkelingsstadia minder duidelijk afgebakend. Dat geldt vooral voor de communicatieve ontwikkeling. In de vorm van trillingen en langs chemische weg ontvangen we in de baarmoeder de eerste communicatie van onze moeder. Als zuigeling worden we in een bad van taal ondergedompeld en reageren we op geluiden, stemhoogten en gelaatsuitdrukkingen. Met negen maanden beseffen we dat klanken echte dingen representeren en beginnen we geluiden om ons heen te imiteren. Tegen onze twaalfde maand kunnen we enkele woordjes zeggen, reageren op eenvoudige woorden als 'nee' en herkennen we onze naam. Met twee jaar kunnen we ons in eenvoudige zinnetjes uiten, met een woordenschat van omtrent driehonderd woorden. Op vier- of vijfjarige leeftijd maakt het taalvermogen een explosieve groei door en ratelt het kind onafgebroken tegen iedereen die maar wil luisteren!

Op zijn zesde beheerst een kind zijn taal in grote lijnen. Het begrijpt woorden die abstracte concepten aanduiden en zinnen die relaties tussen dingen beschrijven. Bij het derde chakra hebben we gezien dat de ontwikkeling van taal ons onze eerste ervaring van tijd als een opeenvolging van oorzaak en gevolg gaf. Pas op zijn zevende begint het kind evenwel de tijd in haar grotere verband te begrijpen, bijvoorbeeld hoeveel weken of maanden het nog is tot aan Kerstmis of zijn verjaardag. Een zevenjarige kan nu vooruit of achteruit in de tijd kijken, een proces dat Piaget omkeerbaarheid heeft genoemd. In dit stadium kan het intellect zich lang genoeg van de directe ervaring losmaken om alternatieve werkelijkheden te overwegen. Alleen met dit besef is bewuste creativiteit echt mogelijk.

Hierin vinden we tevens de kiem van het geweten. Het kind kan conceptualiseren hoe het zou zijn als iedereen leugens vertelde of van elkaar stal. In het stadium van het derde chakra was dat niet mogelijk, omdat het niveau van conceptueel denken zich nog niet voldoende had ontwikkeld om verder dan directe oorzaken en gevolgen te kijken. In het stadium van het vierde chakra wil het kind behulpzaam zijn, omdat behulpzaamheid een positieve eigenschap lijkt te zijn. Bij het vijfde chakra leert het dat het morele gedrag zowel sociale als persoonlijke gevolgen heeft.

Het is tussen zeven- en twaalfjarige leeftijd (Piagets fase van het *concreet operationeel denken*) dat het vijfde chakra bloeit. Dit stadium wordt gekenmerkt door een hoger ontwikkeld symbolisch redeneren – het vermogen om een mentale representatie van een reeks activiteiten op te stellen. Een vijfjarige kan leren een eenvoudige route naar school af te leggen, maar kan de route niet uittekenen op papier. Een concreet operationeel kind kan deze overgang naar symbolische representatie wel maken en redeneringen opstellen. Ik moest vroeger geregeld een rit van drie uur maken, wat mijn zoontje maar lang en saai vond. Op zijn vierde zei hij tegen me: 'Mam, als het zo lang duurt om er te komen, waarom nemen we dan niet een andere weg, zodat we er meteen zijn?' Op zijn achtste herinnerde ik hem aan die opmerking en hij moest lachen over hoe onnozel hij was geweest.

Het bewustzijn van het kind verschuift van het door relaties beheerste vierde chakra naar een punt waarop zijn sociale identiteit tamelijk goed gevormd is en het met de eigen creatieve expressie begint te experimenteren. Erikson beschrijft deze fase als het conflict tussen *nijverheid en minderwaardigheid*, waarin het kind 'nu erkenning leert te verwerven door dingen te produceren'.[4] De schoolomgeving begint het gezin te vervangen als het belangrijkste brandpunt van activiteit, aangezien ze een ruimer perspectief en grotere mogelijkheden voor creatieve expressie biedt. Op school vinden we allerlei gereedschappen, zoals tekenspullen, boeken, sportattributen, audio-visuele apparatuur en computers. Instrumenten geven ons een middel in handen om op de wereld in te werken en stellen ons in staat meer te doen met minder. Elk instrument dat we vinden, vergroot de mogelijkheden voor onze creatieve expressie.

Als het kind zich zeker voelt in zijn relaties, is het een stuk waarschijnlijker dat het zich ook zeker genoeg voelt om zijn waarheid uit te spreken en creatief te experimenteren. Het kan zijn ideeën testen door erover te redeneren en te fantaseren. Het kan zeggen dat het iets graag wil doen alvorens het feitelijk te doen. Een meisje kan ineens aankondigen dat ze met het buurjongetje gaat trouwen wanneer ze groot is. Wanneer je dan vraagt hóé ze dat weet, kan ze een tamelijk creatieve deductieve redenering afsteken.

Tot nu toe heeft het kind eerder ontvangen en gereageerd dan daadwerkelijk zelf een creatieve bijdrage te leveren. Het systeem is aan het rijpen – de lichamelijke groei begint beduidend langzamer te verlopen en de motorische basisontwikkeling is afgesloten. Freud noemt dit de *latentieperiode*, een periode van relatieve vredigheid en harmonie, waarin de seksuele activiteit minimaal is. De enorme input aan energie die het kind nodig heeft gehad, en die het hopelijk voorafgaande aan deze fase gekregen heeft, begint naar buiten te bewegen door middel van zijn creatieve expressie. Susan komt met haar tekeningen of kleifiguren thuis en overhandigt ze vol trots aan mamma en pappa. Het is belangrijk dat ze erkenning krijgt voor haar bijdrage, omdat onze egokracht toeneemt wanneer we het gevoel hebben dat we iets te bieden hebben wat de moeite waard is.

Met de bouwblokken taal en relatie op hun plaats neemt de mentale capaciteit nu exponentieel toe. We leren symbolen te gebruiken om voorbij onze directe ervaring te reiken. Door school, boeken, televisie, gesprekken en ervaringen neemt het kind hongerig informatie over de wereld op. De conceptuele structuren die al deze informatie organiseren zijn al aanwezig en het leren verloopt gemakkelijk en snel. Met meer kennis om mee te spelen nemen de creatieve mogelijkheden toe.

Dit is het ontwaken van de *creatieve identiteit*, waarvan de taak *zelfexpressie* is. De ontwaking wordt mogelijk gemaakt doordat we een besef van onszelf als een gescheiden individu hebben gekregen, ons zeker voelen in onze sociale omgeving en ernaar verlangen een persoonlijke bijdrage te leveren aan de wereld om ons heen. Voorwaarde ervoor is een tot op zekere hoogte afgerond systeem, dat hopelijk totstandgekomen is in de voorgaande stadia van de lagere chakra's. Zonder een dergelijk afgerond geheel is het kind nog steeds meer op opnemen georiënteerd dan op naar buiten stromen. Onze eigen vorm moet afgebakend zijn voordat we vorm aan de wereld kunnen gaan geven. Wanneer deze stadia naar behoren afgesloten zijn, of wanneer de lagere chakra's relatief gezond gemaakt en in balans gebracht zijn, voltrekt deze progressie van communicatieve en creatieve vermogens zich op natuurlijke wijze.

Trauma's en mishandeling

Het zijn niet de trauma's waaronder we in onze jeugd lijden die ons emotioneel ziek maken, maar het onvermogen om het trauma naar buiten te brengen.

ALICE MILLER

Als ik de gespannen snaar van een gitaar aansla, brengt hij een klank voort. Als ik hem hard aansla, brengt hij een hard geluid voort. Als ik hem zacht tokkel – een zachte klank. Iedere beginnend gitarist weet dat als je de snaar niet stevig op de frets drukt, het geluid dof in plaats van vol klinkt. Wanneer ik de beweging van de snaar beperk, beperk ik ook zijn expressie.

Als een gebeurtenis op ons inwerkt, doet ze dat met een trilling. Net zoals voor de gitaarsnaar is het onze aard om wat op ons inwerkt tot uitdrukking te brengen. Wanneer die expressie beknot wordt (door welke remmingen we ook gedwongen zijn geweest te accepteren), verliezen we onze resonantie en trillen niet langer mee in het scheppingskoor. We boeten aan levendigheid in, gaan buiten de maat, zijn dissonant.

Als we geen geluid voortbrengen, wordt de op ons inwerkende trilling in ons lichaam opgeslagen als spanning. De natuurlijke trillingsstroom door het lichaam wordt onderbroken en er komt wel energie binnen, maar ze gaat niet weer naar buiten. Het beperken van de stroom kost moeite en het instandhouden ervan veroorzaakt verdere spanning.

Wanneer ons keelchakra geblokkeerd is, scheiden we ons af van het levenskoor. We kunnen onze ogen en oren en de zenuwuiteinden van onze huid lang niet zo goed afsluiten als onze keel, zodat het gemakkelijker is om onze expressie dan onze ontvangst te blokkeren, gemakkelijker om wat uit ons gaat te blokkeren dan wat er binnenkomt. Een blokkering van het keelchakra is zodoende heel waarschijnlijk een blokkade in de ontlading van energie. Daardoor ontstaat een situatie waarin de input groter is dan de output. Het verschil daartussen ervaren we als spanning.

Als ik de inwerking onderga van het gebrom van machines, het rinkelen van telefoons, het gegil van iemand die boos is, de talloze trillingen waar ik heel de dag door, zonder het te beseffen, aan blootsta, en ik kan deze energie niet vrijmaken, raak ik gespannen. Als ik een sterke negatieve inwerking of een ondraaglijke situatie te incasseren heb gekregen en ik kan er niet over praten, verstijven deze trillingen in de kern van mijn lichaam. Met een verstijfde kern is mijn hele wezen afgesneden van zijn natuurlijk pulsatieritme.

Maar wat blokkeert ons nu in onze expressie van onze waarheid, onze woede, onze creativiteit, onze behoeften? Waardoor sluiten we ons keelchakra af en kroppen onze emoties op, of drukken onze ideeën de kop in nog voordat ze de kans krijgen om uit onze mond te komen? Waarom verschuilen we ons achter stilzwijgen?

Door schaamtegevoelens in onze kern, angst om onze veiligheid of simpelweg doordat we niet in contact staan met ons kernzelf, schrikken we ervoor terug datgene wat zich in ons bevindt naar buiten te brengen en aan de wereld te tonen. Teneinde te voorkomen dat het toch gebeurt, blokkeren we de essentiële poort die binnen met buiten verbindt en doen de deur op slot, zodat onze ware gevoelens niet per ongeluk toch aan ons ontsnappen. We beschermen het kwetsbare zelf binnenin tegen blootstelling aan gevaar, onrecht of spot. We sluiten onszelf op en posteren een censor bij de deur.

We doen dat door onze nek en schouders te spannen, door ons hoofd uit zijn verband met de rest van ons lichaam te rukken, door onophoudelijk over van alles en nog wat te praten behalve over wat ons echt bezighoudt. Sommigen doen het door voedsel in hun keel te proppen, alsof het vullen van de mond de doorgang blokkeert en verhindert dat de gevoelens naar buiten stromen.

Ten grondslag aan al dit soort strategieën ligt een behoefte om ons te verbergen. Door ons te verschuilen houden we onszelf in een isolement. We vermijden intimiteit en de noodzaak om ons verder te ontwikkelen. Kortom, we voorkomen dat we onze waarheid onder ogen moeten zien. We worden een gesloten systeem, dat uiteindelijk zonder brandstof komt te zitten en in inertie vervalt. Wanneer onze blokkering dusdanige proporties heeft aangenomen dat we in inertie vastzitten, wordt het zelfs nog moeilijker om de keel te openen. Net zoals het moeilijk is om een brief te schrijven aan iemand met wie we al lange tijd geen contact meer hebben gehad, is het moeilijk om het stilzwijgen te verbreken over onderwerpen die lang onbesproken zijn gebleven en om te zeggen wat we vinden wanneer het onze gewoonte is om ons verborgen te houden. En stel je voor dat we het risico namen om opeens opgemerkt te worden in de massa. Veel wordt hier instandgehouden door de demonen van de lagere chakra's.

Angst

We bezitten een biologisch instinct om bij gevaar stil te zijn. Behalve dat we reageren door lichamelijk te verstijven, houden we instinctief onze adem in om zo stil mogelijk te zijn. Door het inhouden verstijft ook onze stem, want zonder ademtocht kunnen we ons stemapparaat niet gebruiken. Hoe vaak gebeurt het bijvoorbeeld dat mensen met een nachtmerrie het willen uitschreeuwen, maar geen enkel geluid kunnen uitbrengen!

Wanneer iemand in een chronische angsttoestand leeft, sluit zijn keelchakra zich. Niet alleen zijn we bevreesd voor wat er zou kunnen gebeuren wanneer we onze keel openen, maar de fysiologische ervaring van angst zelf heeft ook een blokkerend effect. We snakken naar adem; we kunnen geen woord uitbrengen ook al zouden we het willen. We kunnen niet diep dooradem, het duizelt in ons hoofd en we kunnen niet meer denken.

Echte communicatie onthult onze innerlijke toestand. Wanneer we als kind woede of excessieve kritiek over ons uitgestort krijgen, lichamelijk mishandeld, seksueel misbruikt of vernederd worden, ontwikkelen we een angst om onszelf nog bloot te geven. We sluiten onszelf op in de gevangenis om in veiligheid te zijn, met onze in onze spieren neergeslagen gewoontepatronen als de tralies van onze cel. De cipier houdt vooral ons keelchakra nauwlettend in de gaten, want de stem binnenin verlangt er heimelijk naar uit te breken. Een luidere stem brengt ons tot stilzwijgen en onze eigen stem wordt een fluisterstemmetje, welk patroon na verloop van tijd permanent in onze geest gegrift staat.

Schuld- en schaamtegevoelens

Bekropen door schuld- of schaamtegevoelens willen we ons het liefst verbergen. Ze houden ons voor dat wat we in ons hebben in een of ander opzicht gebreken vertoont en dat als we onszelf blootgeven, iedereen die gebreken in hun volle glorie zal zien. Doordat onze naar buiten gaande expressie geblokkeerd is, neemt de door ons in schuld- en schaamtegevoelens gestopte energie de gedaante aan van innerlijke stemmen, die als kwaadaardige cipiers de heilige poort tussen binnen- en buitenwereld bewaken. Terwijl we innerlijk onze woorden repeteren, komt onze schaamte omhoog als de hardnekkige criticus, die ons vertelt waarom niemand wil horen wat we willen gaan zeggen, dat we niet weten waar we het over hebben of wat voor belachelijk figuur we zullen slaan. Op slag wordt onze keel afgeknepen en we kunnen onze woorden alleen nog maar hakkelen; de gedachten tollen hoe langer hoe sneller door ons hoofd, maar slechts een fractie daarvan komt over onze lippen.

We hebben deze criticus aanvankelijk in het leven geroepen om ons reële vernederingen te besparen. Zijn oorspronkelijke taak bestond uit het beschermen van het nog onrijpe en kwetsbare zelf tegen dreigingen van buiten. In de meeste gevallen heeft de criticus zich echter volgevreten met alle vastzittende energie die niet langs de keel naar buiten kan – energie die dan op een negatieve manier bij ons terugkomt. Zulke critici zijn onvermoeibaar in de weer en onrealistisch in de zwaarte van hun kritiek. Hun woorden worden zelfvervullende voorspellingen, die ons zo bang en onbeholpen maken wanneer we ons proberen te uiten, dat het inderdaad op een fiasco uitloopt. Waarna zij dus natuurlijk weer kunnen zeggen: 'Zie je nu wel, ik had gelijk. Je bent een grote idioot en nu weet iedereen het.'

De stem van de criticus steekt gewoonlijk een monoloog af. Wanneer ik bij een van mijn cliënten de criticus naar boven haal, blijken de gesprekken altijd van slechts één kant te komen. De cliënt is er doorgaans te geïntimideerd door om er zelfs maar bij stil te staan dat er nog een andere mening zou kunnen zijn. Als ik erin slaag van de monoloog een dialoog te maken, roert er zich een andere stem om de criticus van repliek te dienen. Om de dialoog te vergemakkelijken speel ik de stem van de criticus.

'Je weet niet voldoende van tuinieren af om er een cursus in te geven,' schimp ik.

'Dat doe ik wel! Ik ben nu al meer dan twintig jaar hovenier en bezit een heleboel praktische kennis. Ik maak mooie tuinen!'

'Maar wat als je een fout maakt? Wat als je niet weet hoe je iets moet doen?' vraag ik, de woorden van de criticus maar al te goed kennend.

'Ik weet dan wel misschien niet alles, maar ik weet waar ik het moet opzoeken. En bovendien, wat weet jij nou? Je bent net mijn vader! Je denkt nooit dat ik iets goed kan doen!'

De mening van een andere innerlijke stem vragen is altijd nuttig om de criticus weerwoord te geven. Vaak is het de stem van het kind dat nooit terugsprak tegen de oorspronkelijke kritische vader. Deze stem zijn zegje laten doen kan erg bevrijdend zijn.

Geheimen

Onszelf uiten is communiceren. Wanneer we een geheim bewaren, moeten we niet alleen goed opletten op wat ons over de lippen komt, maar ook op wat we misschien zouden kunnen zeggen met ons lichaam en onze ogen en gelaatsuitdrukking. We worden de waakzame controleur van ons eigen wezen – er eerder los van staand dan er deel van uitmakend. We zijn dan afgesneden van de spontane, stromende trilling die ware levendigheid kenmerkt.

Veel kinderen gaan gebukt onder de last dingen geheim te moeten houden. Het seksueel misbruikte kind, door dreigementen tot stilzwijgen gebracht, moet met een slot op zijn vijfde chakra leven. 'Ik vermoord je als je hier ooit iemand iets over vertelt,' is een zin die maar al te veel slachtoffers van kindermisbruik in hun ziel gekerfd hebben staan. Het verbod hebben ze dermate sterk verinnerlijkt, dat ze in volslagen paniek raken of zelfs door zelfmoordneigingen gegrepen worden wanneer ze dan eindelijk, tientallen jaren later, over de schanddaad naar buiten durven te treden.

Het jongetje dat te horen heeft gekregen dat het nóóit over pappies drinken mag praten, moet een gezinsgeheim bewaren. Het kan niet ten volle in zijn waarheid leven. Wanneer in het gezin schaamte bestaat over iets wat intern bekend is, maar dat niet met buiten gedeeld kan worden – schaamte over geld, ziekte, geestesziekte, verslaving of misdaden –, geldt de onuitgesproken regel dat je nooit over deze werkelijkheid mag praten met iemand van buiten het gezin. Het kind moet dan op zijn hoede zijn voor de spontane expressie van zijn vijfde chakra en er goed op letten dat het niet praat over dingen die het misschien juist het meest dwarszitten. Dat kan ten grondslag liggen aan een levenslang patroon, dat vooral desastreuze gevolgen voor intieme relaties kan hebben.

Maar er worden ook dingen voor kinderen geheimgehouden. Ik ken iemand wiens moeder stierf toen hij acht was, maar die nooit over de redenen van haar dood mocht praten of zijn gevoelens erover laten blijken. Er werd doodgewoon nooit meer over gesproken. Een andere cliënt had een broer die zelfmoord had gepleegd en de gezinsleden was verboden zelfs maar zijn naam nog uit te spreken.

Wanneer er overduidelijk problemen in het gezin bestaan, maar er niet openlijk over wordt gesproken, pikt het kind de onuitgesproken regel op dat er dingen zijn die je geheim moet houden. Dat maakt het voor hem onmogelijk om vragen over het probleem te stellen en moeilijk om later in zijn leven over andere problematische kwesties te praten. Hoewel gesproken taal zelf al op jonge leeftijd geprogrammeerd wordt, wordt het gebruik van communicatie voor het oplossen van problemen heel de jeugd door gemodelleerd, in het bijzonder gedurende de ontwikkelingsstadia van de hogere chakra's.

De seksualiteit is een ander veelvuldig verboden onderwerp. In een gezin waarin nooit over seks wordt gesproken, beseft het rijpende kind dat het de eigen seksuele gevoelens volkomen verborgen moet houden. Aangezien seksualiteit en masturbatie natuurlijk zijn in het leven van een opgroeiend kind, móét het wel muren van schaamte- en schuldgevoelens opbouwen teneinde het geheim binnen te houden. Dat verdringt de seksualiteit naar het schaduwrijk. Als je je weinig op je gemak voelt om over seksuele kwesties te praten, vergroot dat het risico van ongewenste zwangerschappen, seksueel overdraagbare aandoeningen, verlammende verlegenheid, schaamte en allerlei vormen van afreagerend gedrag.

Geheimen werken onwetendheid in de hand. Ze verhinderen dat een onderwerp in het licht van het bewustzijn komt en er nieuwe informatie ter beschikking komt. Geheimen blokkeren de energiestroom door het vijfde chakra naar de hogere sferen van bewustzijn en zorgen ervoor dat herhalende en dwangmatige gedragspatronen instandgehouden blijven.

Leugens en gemengde boodschappen

De ervaring van de eigen waarheid... maakt het mogelijk om op een volwassen niveau terug te keren naar de eigen wereld van gevoelens – niet in gelukzaligheid, maar met het vermogen om te rouwen.

ALICE MILLER

Leugens vormen de demon van het vijfde chakra. We hebben er al kort over gesproken bij de basisthema's, maar hier wil ik het hebben over de leugens waarmee we leven terwijl we opgroeien, leugens die de programmering van ons vijfde chakra vervormen.

Wanneer ons verteld wordt dat we geen recht hebben om een bepaalde mening over iets te hebben, terwijl dat nu precies is wat we vinden, wordt onze basiservaring daardoor een leugen. Wanneer we de woorden 'ik hou van je' horen, terwijl we de ervaring hebben mishandeld, verwaarloosd of te schande gemaakt te worden, maakt dat liefde tot een leugen. Wanneer ons gevraagd wordt ons te verontschuldigen voor iets terwijl we er geen spijt van hebben, om aardig te zijn tegen iemand die we ronduit niet mogen, om dankbaar te zijn voor iets wat we helemaal niet wilden hebben, zijn dat telkens ervaringen die ons leren te liegen. Ze leren ons te liegen tegen onszelf, tegen elkaar en tegen ons lichaam. Ze bewerkstelligen dissonantie in de grondtrilling van het zelf.

Daniël was het slachtoffer van de woede van zijn vader, die hij over zich uitgestort kreeg in de vorm van zware straffen. Teneinde te bewijzen dat hij een man was, was Daniël gedwongen de straf te verduren zonder ook maar enige reactie. Als hij boos werd, schreeuwde of huilde, werd de straf alleen nog maar zwaarder. Niet alleen werd hij mishandeld, maar hem werd ook de eerlijke reactie op zijn mishandeling ontzegd. Hij was gedwongen in een leugen te leven. Verwondert het dan nog dat hij nu een boosaardige innerlijke criticus heeft, die de poort van zijn keelchakra bewaakt en alles controleert wat uit zijn mond zou kunnen komen?

Gillen en schreeuwen

Kinderen leren door imitatie. Een sfeer van vijandigheid, tot uitdrukking komend in constant geruzie, gegil of geschreeuw, verstoort de ontwikkeling en het functioneren van het vijfde chakra. Wat we om ons heen horen, programmeert ons taalgebruik en leert ons hoe we kennelijk moeten communiceren.

Wanneer de sfeer thuis onplezierig om te horen of te zien is, sluiten we onze gehoor- en gezichtsfuncties zoveel mogelijk. Aangezien het moeilijker is om de oren te sluiten dan de ogen, draaien we vaak een tegendialoog af in ons hoofd. Zo blokkeren we effectief te moeten luisteren door er iets anders voor in de plaats te stellen. Terwijl mam ons voor de zoveelste maal aan de kop zanikt over wat voor puinhoop het is op onze kamer, sluiten we haar buiten door een andere reeks woorden in ons hoofd af te draaien.

Later in ons leven kan het ons dan moeite kosten om naar anderen te luisteren, nieuwe ideeën op te nemen, echt te horen wat andermans waarheid is. We gaan ervan uit dat we toch al weten wat ze gaan zeggen, dat we het allemaal al eens gehoord hebben. We hebben onze argumenten en verdediging klaar nog voordat ze maar hun mond opendoen. In plaats van echt te luisteren wanneer ze spreken, hebben we het veel te druk met het voorbereiden van ons weerwoord. Luisteren, een absoluut noodzakelijke voorwaarde voor duidelijk communiceren, wordt zo een verzwakte functie.

Autoritarisme – 'Zeg niets terug!'

Wanneer ouders regels stellen die onwrikbaar zijn en dus niet in twijfel getrokken mogen worden, laten ze geen ruimte voor discussie. Zonder discussie heeft het kind geen oefenterrein voor het aanleren van communicatieve vaardigheden. Het heeft geen plaats om zijn waarheid te vertellen en daarom gerespecteerd te worden en geen plaats om te leren redeneren. Het voelt zich al gauw gedevalueerd omdat niemand wil luisteren, met als gevolg dat het zich van de eigen waarheid afsplitst.

Als er niet naar ons geluisterd wordt, sluiten we ons vijfde chakra. We krijgen de boodschap dat onze innerlijke waarheid er niet toe doet, of wat dat betreft, dat wij er niet toe doen. Verbaast het dan dat de innerlijke stem later zijn kans schoon ziet, wanneer onze vrienden en vriendinnen willen dat we iets doen waarvan we eigenlijk weten dat het gevaarlijk is? Dat we de stem van onze eigen grenzen niet kunnen horen wanneer onze baas ons vraagt over te werken, of dat we het over ons heen moeten laten gaan wanneer de stem van de klagende levenspartner ons gedrag bekritiseert?

De innerlijke stem van een kind moet ertoe aangemoedigd worden zich te laten horen. Het moet een veilige plaats hebben, waar het zich kan veroorloven onzeker te zijn of het verkeerd te hebben zonder dat er daarom de spot met hem gedreven wordt. Het heeft een meedogende en liefdevolle omgeving nodig, waar het de ruimte krijgt om met zijn stem te experimenteren en op verkenning uit te gaan. Zonder dat zou het misschien niet eens zichzelf kunnen horen.

Verwaarlozing

Op een keer werkte ik met iemand van in de veertig, die zei dat ze nooit echt een gesprek had gevoerd met haar vader, ondanks dat ze heel haar jeugd onder hetzelfde dak hadden gewoond en ze elkaar ook daarna nog regelmatig zagen. Hij had al die tijd *tegen haar* gesproken, maar nooit *met haar*. Hij had haar nooit iets over haar leven gevraagd, zich nooit afgevraagd wat zij ervan vond of nooit een antwoord afgewacht wanneer hij tegen haar sprak. Weinig verrassend waren haar communicatieve vaardigheden slecht ontwikkeld; evenmin kon het verbazen dat ze veel verborgen hield voor haar man en eigenlijk meestentijds eenvoudigweg zweeg.

Kinderen zitten met vragen, gevoelens en ideeën, waarover ze moeten kunnen praten met een belangstellende volwassene. Het is belangrijk voor hen dat dingen uitgelegd worden en dat ze hun horizon kunnen verbreden door gesprekken. Kinderen leren communiceren doordat er met hen gepraat wordt – ze leren te redeneren, vragen te stellen, voor zichzelf te denken, te vertrouwen en te delen. Door communicatie aarden ze zich in de werkelijkheid en vinden een klankbord voor hun ideeën, een middel waardoor ze toegang krijgen tot iets groters. Zo krijgen ze nieuwe informatie en leren en groeien ze.

We leren communiceren door taal te gebruiken. We doen dat overeenkomstig het model waarin het om ons heen aangeboden wordt. Het is dus belangrijk dat we als kind ervaren dat met behulp van taal problemen opgelost kunnen worden. Net als het leren hanteren van een hamer wordt communiceren zo een onschatbaar stuk gereedschap voor het opbouwen van ons leven. Het geeft ons het gevoel met anderen verbonden en capabel te zijn en schenkt ons zelfvertrouwen. Kinderen het geschenk van duidelijke communicatie geven is ze een sleutel in handen geven tot de oplossing van het merendeel van de impasses en moeilijkheden waarvoor ze zich in de toekomst gesteld zullen zien.

Karakterstructuur

De psychopathische structuur

Stella bezig zien was altijd weer een hele belevenis. Ze was het soort vrouw dat op straat wordt nagekeken – donker en sensueel, met een zwoele glimlach, waarvan de vlindertjes in je buik spontaan opwarrelen. Haar ogen biologeerden je, haar lijf was lenig en sierlijk, met brede schouders, goedgevormde armen en een smalle taille en heupen. Het leek niet meer dan gepast dat ze als model werkte, in nachtclubs zong en hoopte het ooit te maken als actrice.

Onnodig te zeggen dat het haar nooit aan mannelijke belangstelling ontbrak. Maar haar relaties waren van korte duur en altijd weer een bron van grote frustraties. Ze had met de regelmaat van de klok woede-uitbarstingen, waarna ze haar partner weliswaar weer een zekere nabijheid toestond, maar zich echt helemaal in vertrouwen overgeven lukte haar nooit. Na intimiteit werd ze gegrepen door nervositeit en ze stelde zich kritisch en afstandelijk op. Haar opeenvolgende partners waren het uiteindelijk altijd weer beu om als aan elastiek heen en weer geslingerd te worden tussen intimiteit en afstandelijkheid en spraken haar erop aan. Wanneer dat gebeurde, wist ze altijd wel iets te vinden waardoor ze het zo kon draaien dat zij fout waren of haar misbruikten en zijzelf het slachtoffer was, waarna ze hun de bons gaf. Ze neigde ernaar te overdrijven, en je zou zelfs kunnen zeggen dat haar hang naar acteren voortkwam uit een liefde voor melodrama. Ze was er in ieder geval een ster in, zowel in als buiten het theater.

Stella straalde grote kracht uit in de manier waarop ze haar werk uitvoerde en oogstte de bewondering van degenen die haar kenden. Slechts weinigen bevroedden echter hoe fragiel en eenzaam ze feitelijk van binnen was. Maar aan de andere kant: ze was zich er zelf nauwelijks van bewust. Ze stortte zich met al haar tomeloze energie op haar carrière en andere bezigheden die bewondering afdwongen. Ze schiep een uiterlijke persona die mooi en machtig was, terwijl daaronder een armzalig zelfbeeld, kwetsbaar en bang, schuilging. Ze had een sterk vijfde chakra, een excessieve wil in het derde chakra, een geopend maar onverbonden tweede chakra en een zwak gevoel van haar eigen grond. Haar hart opende en sloot zich naar gelang van de situatie – ze kon heel liefdevol of koud en boos zijn, waarbij ze vaak met verbluffende snelheid tussen de twee polen omschakelde. Stella was een voorbeeld van de karakterstructuur die de psychopathische structuur wordt genoemd (figuur 5-2).

De karakterstructuur ligt grotendeels in lichaam/geest vast tegen de tijd dat een kind de schoolleeftijd bereikt. Aangezien het vijfde chakra pas daarna bloeit, kunnen we de ontwikkelingsstadia van de hogere chakra's niet langer zo precies correleren aan de vorming van de karakterstructuur. Hoewel de psychopathische structuur voortvloeit uit deprivatie in de periode tussen de tweeëneenhalf en vier jaar (het laatste deel van het derde chakra), bespreek ik hem hier bij het vijfde chakra, omdat hij gepaard gaat met de tendens om energie in het lichaam omhoog naar de hogere chakra's te trekken, en dan vooral het vijfde. Uitdager-verdedigers kunnen geweldige acteurs, zangers, advocaten, professoren en entertainers zijn, aangezien ze uitermate creatief en briljant kunnen communiceren. Ze genieten ervan een machtspositie te bekleden en kunnen daarin dikwijls ook prima uit de voeten. Kwetsbaarheid vormt een probleem voor deze structuur, en hun meeste inspanningen zijn dan ook op het vermijden van kwetsbare situaties gericht.

Een sterk vijfde chakra is een van de onbewust verleidelijke aspecten van deze structuur. Deze mensen paaien je met aardigheden, imponeren je met hun welbespraaktheid, overreden je met hun kant-en-klare argumenten en palmen je in met hun openhartigheid. Gegeven hun charismatische uitstraling zijn anderen maar al te graag bereid het ze naar de zin te maken. Ze voelen zich lekker wanneer ze een machtspositie bezitten en weten daar gebruik van te maken.

Doordat hun energie naar boven getrokken is, hebben ze dikwijls brede schouders en smalle heupen. Hun fysieke verschijning straalt zowel iets machtigs als elegants uit. Ze zijn niet stijf, zoals het prestatiegerichte type, en hun lagere chakra's (vooral het bekken) kunnen feitelijk zelfs uitzonderlijk los en vloeiend lijken (figuur 0-5, E). Hun seksuele drift kan sterk zijn, maar is vluchtig, en ze kunnen zich niet lang emotioneel binden. Ze neigen er enerzijds toe energetisch uitbundig te zijn, aangezien de energie van de lagere chakra's naar boven gestuwd wordt langs de bevrijdende stroom, terwijl ze anderzijds veelal gebrekkig geaard zijn, doordat hun manifesterende stroom zwak is en er weinig energie naar beneden getrokken en in brandpunten en vormen geleid wordt. Ze zijn gewoonlijk aantrekkelijk, maken een waardige indruk en blaken van zelfvertrouwen.

Hun macht en goed ontwikkelde communicatieve eigenschappen maskeren een dieper gevoel van wantrouwen en onzekerheid. Achter het masker heeft de psychopathische karakterstructuur meer iets van het orale karakter – behoeftig, hongerig en zwak. Deze gevoelens zijn dermate onverdraaglijk, dat de uitdager-verdediger zijn uiterste best doet om alle situaties te vermijden waarin hij zijn verborgen, kwetsbare aard bloot zou kunnen geven. Hij heeft een goede verdediging tegen elke mogelijke uitdaging opgebouwd, maar deze afweer bewerkstelligt tevens dat zijn eenzaamheid in stand wordt gehouden.

Zoals het verdedigersaspect van de naam suggereert, komen personen met deze structuur met geweldige begaanheid en steun op voor de underdog, in wie ze zichzelf onbewust herkennen. Ze zijn heldhaftige voorvechters, die aan komen stormen om je te verdedigen, voor belangrijke zaken vechten en gulhartig met troost en begrip strooien voor de zwakken en behoeftigen. Vaak hebben ze een relatie met iemand die jonger, stiller en emotioneel afhankelijk is, zodat de kans klein is dat ze getart worden.

Figuur 5-2. Psychopathische structuur (uitdager/verdediger) – Het verraden kind

Eerste chakra *Kan beide zijn*	Tweede chakra *Excessief*	Derde chakra *Excessief*	Vierde chakra *Deficiënt*
Gewoonlijk geen belangstelling voor het lichaam, houdt het voor vanzelfsprekend. Sommigen kunnen evenwel bodybuilder worden als manier om sterk te worden	Zeer los bekken	Sterk georiënteerd op macht, dominerend, maar voelt zich machteloos en het slachtoffer	Vreest onderwerping te zeer om intimiteit te kunnen vertrouwen
Onbetrouwbaar	Verleidend	Hyperactief, gevolgd door instorting	Beschouwt intimiteit als zwakte
Paranoïde	Behoeftig onder verdediging	Neigt naar woede-uitbarstingen	Kan geen gelijkwaardige relaties vormen, moet domineren en beheersen
Zelfgericht	Emotioneel, wispelturig	Vreest onderwerping, staat zodoende klaar om te vechten, moet winnen	Kan dichtbij zijn als iemand haar nodig heeft, defensief als ze uitgedaagd wordt
	Jeugd moet ontgonnen worden	Denkt dat elke moeilijkheid op te lossen is met wilskracht	Goed voorvechter van de underdog
		Moet gelijk krijgen	Zacht en liefdevol wanneer hij zich veilig voelt

Vijfde chakra *Excessief*	Zesde chakra *Deficiënt*	Zevende chakra *Evenwichtig tot excessief*
Innemend, onderhoudend, charismatisch	Kan ongevoelig voor andermans noden lijken	Uitermate intelligent
Verbaal sterk, sterk in discussies	Gefixeerd op imago in plaats van op werkelijkheid	Goed geïnformeerd
Geneigd tot overdrijving	Kan gemonopolariseerd zijn (één juiste manier)	Moeite met zich overgeven aan een hogere macht
Ontlaadt spanning door praten	Neigt zeer sterk naar ontkenning	Energie wordt hoog in het lichaam vastgehouden, hoofd en schouders zijn sterk en groot
Domineert door praten	Kan moeilijk alternatieven zien	
Kan bedrieglijk of heimelijk zijn		

Wanneer het makke schaap echter een leeuw wordt en de euvele moed heeft om dit type op zijn daden aan te spreken, slaat de steunende verdediger op slag om in een aanvallende uitdager. In het defensief gedrongen kan hij in razernij ontstoken verbaal uitvallen en iedereen naar de strot vliegen die hem durft te tarten. Als dat zijn gevoel van macht niet herstelt, kan hij afwijzend en ongenaakbaar worden. Intimiteit kan hij alleen toestaan vanuit een positie van veiligheid en overwicht. Hij moet te allen tijde als winnaar uit de bus komen en elke tegenstand, hoe reëel misschien ook, is onduldbaar. Hij zal nagenoeg alles doen om zijn machtspositie te behouden. Gelijk krijgen is voor hem levensnoodzakelijk.

Als kind is de uitdager-verdediger onherstelbaar geschonden in zijn vertrouwen, gewoonlijk door verleidende manipulatie. In de tijd dat het autonomie (derde chakra) ontwikkelde, maar nog steeds afhankelijk was en behoefte aan de connectie van het hartchakra had, maakte de ouder van de kwetsbaarheid van het kind gebruik als middel om het te manipuleren. In deze zin werd het kind verleid door de ouder, meestentijds de ouder van het andere geslacht. De verleiding kan, maar hoeft niet seksueel van aard geweest te zijn. In ieder geval heeft de ervaring het kind ervan overtuigd dat het zijn authentieke kwetsbare zelf moest prijsgeven ter wille van een onoverwinnelijker bedekkende persona.

Het kind leert zo dat kwetsbaarheid gevaar inhoudt en dat verleiding en manipulatie middelen zijn om die kwetsbaarheid te overwinnen. Als gevolg daarvan kan misleiding een primaire overlevingsstrategie worden. Uitdager-verdedigers kunnen het volstrekt gerechtvaardigd vinden om de gangbare ethische normen en eerlijkheid aan hun laars te lappen, zodat ze in plaats daarvan volgens hun eigen regels kunnen leven. Om deze reden, en wegens hun drang om koste wat het kost macht te verwerven, noemt Alexander Lowen deze structuur de *psychopaat*.

In hun autoriteit waren de ouders gewoonlijk inconsequent – de ene keer liefdevol en laks, de andere keer boos en straffend. Het onderliggende resultaat is een gebrek aan vertrouwen en zekerheid, wat een zwak eerste chakra verklaart. Er is openheid, maar gevaar in het emotionele centrum van het tweede chakra, een sterk machtsgevoel in het derde chakra, uitermate voorwaardelijke liefde in het vierde chakra, en een schijnbaar capabel, maar niet altijd even eerlijk vijfde chakra. Chakra's zes en zeven weerspiegelen gewoonlijk de grote intelligentie en doordringende scherpzinnigheid van dit type.

Uitdager-verdedigers hebben, net zoals wij allemaal, behoefte aan liefde, veiligheid en zekerheid. Ze hebben een plaats nodig waar hun kwetsbaarder behoeften herkend worden en erin voorzien kan worden, waar men van hen houdt om hun onvolmaakte zelf en niet zozeer om hun machtig imago. Ze moeten gaan inzien hoe ze in hun jeugd gedomineerd werden en vervolgens leren hun woede op de daders te richten in plaats van op hun dierbaren. Het beste zou zijn wanneer ze dierbaren hadden die hun onvolkomenheden kunnen accepteren, die zich niet om de tuin laten leiden door hun valse persona en hen niet verlaten wanneer ze aanvallen – een onredelijke eis, zeker, en eentje die ze zelden evenredig zullen beantwoorden. Maar wanneer ze hun waarheid kunnen vertellen en deze ontvangen wordt zonder veroordeling, verwerven ze soms in de relatiearena een gevoel van echte bekrachtiging, die in hun gevoelens en lichaam wordt verankerd. Dan kunnen ze de behoeften die hen drijven bevredigen en de verschuiving naar de hogere chakra's in balans brengen. Aldus zijn ze op weg naar psychologische gezondheid.

Exces en deficiëntie

Iemand die zich niet bewust mocht zijn van wat hem werd aangedaan, kan er op geen andere manier over vertellen dan door het te herhalen.

ALICE MILLER

Een exces of deficiëntie in het keelchakra is gemakkelijk te herkennen. Aangezien dit een poort tussen binnen- en buitenwereld is, kunnen we door alleen te luisteren al uitmaken in hoeverre deze poort geopend is. Ratelt iemand aan een stuk door of hult hij zich onafgebroken in stilzwijgen? Klinkt de stem vol of is hij hoog en zeurderig? De snelle praters ontladen energie langs hun keelchakra en de langzame zitten binnenin opgesloten zonder voldoende energie om uit te breken.

Deficiëntie

Iemand met een deficiënt vijfde chakra kan zijn woorden niet op een rijtje krijgen. Zijn stem kan zwak, schriel, afgeknepen of ritmisch grillig klinken. Hij is zich sterk bewust van zichzelf en verlegen, voelt een drang om zich te verbergen en vreest vernedering. Soms is er binnenin een goede communicatie, maar die komt nooit langs de poort naar buiten. In andere gevallen is de communicatie binnenin slecht of verstoord en bestaat er een sterke scheiding tussen hoofd en lichaam.

Hoe dichter een onderwerp aan de gevoelens binnenin raakt, hoe moeilijker het gewoonlijk is om te communiceren. De betrokkene kan uitstekend blijken te communiceren op het werk, bijvoorbeeld tijdens vergaderingen of als het om het schrijven van rapporten en praten aan de telefoon gaat, maar hij heeft er ontzaglijk veel moeite mee om met zijn vrouw en kinderen te praten over zijn wensen en behoeften. Aangezien het bij dit chakra gaat om de zelfexpressie van de eigen waarheid, is de maatstaf voor de geopendheid ervan de mate waarin we kunnen praten over de dingen die ons het meest na aan het hart liggen.

Vaak komt het bij iemand met een deficiënt vijfde chakra doodgewoon niet eens op om te communiceren. Hij kan tot op het allerlaatste nippertje vergeten je te vertellen dat hij volgende week op reis gaat, vergeet je te vragen hoe je dag is geweest of leeft in een wereld van innerlijke gesprekken, waarin hij denkt het allemaal al gedaan te hebben. Bij zo iemand komt het niet op om een gesprek over een moeilijke situatie te beginnen of woorden te gebruiken als een middel voor het verwerven van meer informatie. Mogelijk denkt hij zelfs niet eens het recht te bezitten om vragen te stellen. Zo iemand kan in zijn jeugd aan zware verhoren onderworpen geweest zijn en heeft daardoor geleerd ter verdediging dit chakra privé te houden (figuur 5-3).

Figuur 5-3. Exces en deficiëntie van het vijfde chakra

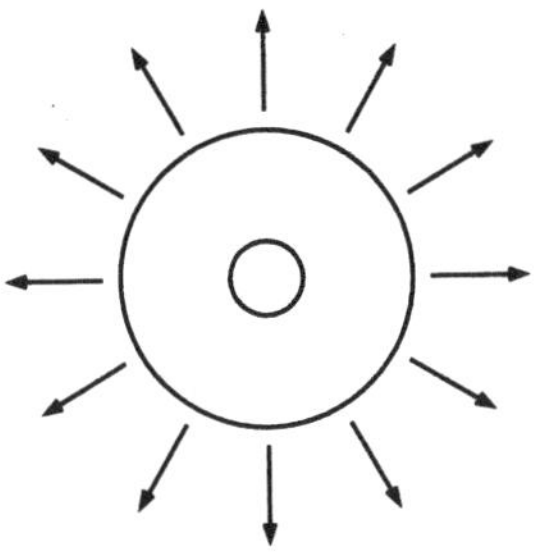

EXCES
Weggeschoven als hij is van de kern en de aardende invloed van de lagere chakra's, uit iemand met een excessief vijfde chakra zich willekeurig vanuit zijn oppervlaktepersoonlijkheid.

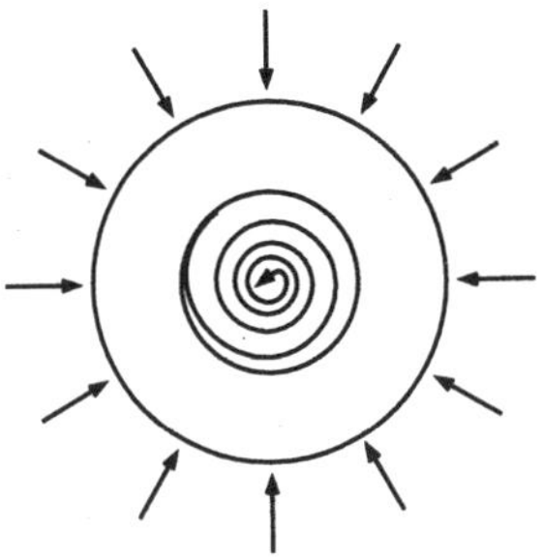

DEFICIËNTIE
Pogingen om met communicatie naar buiten te treden draaien terug naar binnen toe, naar de kern. Van buiten binnenkomende communicatie overstelpt het chakra, dat zich angstig terugtrekt.

Exces

Met een excessief vijfde chakra is praten een verdedigingsmiddel, dat ingezet wordt om de controle te behouden. Iemand met een excessief vijfde chakra beheerst het gesprek, onderwerp en ritme en stelt zich daardoor in het middelpunt van de aandacht.

Aangezien het vijfde chakra een van de poorten is waarlangs spanning ontladen kan worden, kan een excessieve woordenstroom een middel tot het kwijtraken van energie zijn. Dat was duidelijk het geval bij een cliënte die in een woordenvloed losbarstte, elke keer dat we een bio-energetische ladingsoefening deden. De woorden hielden haar bewustzijn bezig en verhinderden dat ze ten volle haar lichaam voelde, terwijl ze tegelijkertijd de excessieve energie ontlaadde. Ook verdrongen woede drukt zich vaak uit via snel praten.

Met een excessief vijfde chakra is er veel gepraat maar weinig echte inhoud. Cliënten kunnen een uitvoerige beschrijving geven van een situatie die ze de afgelopen week hebben meegemaakt, compleet met ontelbare details, en toch niets zeggen over hoe ze zich er werkelijk bij voelden. Opnieuw is dit een poging om energie te ontladen, gevoelens te vermijden en een zeker gevoel van macht over de situatie te hebben (figuur 5-3).

Combinaties

Gebrek aan aarding kan ofwel een exces ofwel een deficiëntie in het keelchakra veroorzaken. Bij sommigen kan een gebrekkige aarding uitmonden in excessief praten zonder dat ze eigenlijk echt iets zeggen. Anderen kan het dermate bang maken, dat ze nauwelijks een woord over de lippen krijgen. Wanneer ze proberen te spreken, kolkt de energie door hen heen, alsof het ze begint te duizelen, waardoor ze onmogelijk nog helder kunnen denken. Dat knijpt het keelchakra dicht, met als gevolg een deficiëntietoestand.

Het komt vrij vaak voor dat iemands keelchakra tekenen van zowel een deficiëntie als een exces vertoont. Daardoor kunnen we in sommige situaties goed communiceren, in andere daarentegen slecht. Iemand kan bijvoorbeeld helder en fijnzinnig over zijn gevoelens praten, maar het zelfvertrouwen missen om zijn stem te laten horen als het op werk en carrière aankomt. Anderen kunnen goed praten met vreemden, maar klappen dicht tegenover hun partner.

Daar dit chakra een poort is, opent en sluit het zich snel. Het is hypergevoelig voor de situatie van het moment. Het coördineert een groot aantal stemmen binnenin, inbegrepen die uit ons verleden en van verschillende delen van ons. Het keelchakra moet ze zodoende allemaal in één ferme en ongedeelde stem integreren, wanneer de poort opengaat voor communicatie naar buiten.

Balans

Uiteraard is bij geen van beide uitersten sprake van een gezond keelchakra. Een gezond keelchakra houdt in dat we de waarheid van onze eigen ervaring accuraat kunnen verwoorden, andermans waarheid opmerken en aannemen en het leven creatief en effectief benaderen. Met een evenwichtig vijfde chakra bezitten we goede communicatieve vaardigheden, zowel op het vlak van onze zelfexpressie als op dat van het effectief luisteren naar anderen. Een goed luisteraar kan vragen stellen die informatie loskrijgen, van die informatie gebruikmaken en de ander laten weten dat hij gehoord en begrepen is. Met een gezond vijfde chakra is onze stem resonant en aangenaam om naar te luisteren en bezit een natuurlijk ritme met de gepaste tonaliteit en geluidssterkte. We kunnen naar gelang van de situatie onze stem verheffen of stil zijn. In gesprekken bewaren we een balans tussen spreken en luisteren. Aangezien het vijfde chakra nauw met ritme is verbonden, bezitten we een goed gevoel voor timing en zijn sierlijk in onze activiteiten en lichaamsbewegingen. Energetisch stroomt de levensvibratie vrijelijk en levendig door ons heen, zonder schokken of rukken en zonder dat we zelfbewust of geagiteerd zijn.

Niet in de laatste plaats leeft iemand met een sterk vijfde chakra creatief. Hij is redelijk goed geïndividueerd en is niet uit angst gebonden aan de gangbare manieren om dingen te doen. Naarmate de energie uit de lagere chakra's zich verplaatst naar de hogere chakra's, wordt de vorm minder belangrijk, terwijl intelligentie, bewustzijn en denkcapaciteit in belang toenemen. Overigens betekent creatief leven niet louter dat we op het vlak van de kunst actief zijn. Creatief leven doen we vanuit de attitude open te staan voor alles wat mogelijk is. De kwaliteit van iemands keelchakra kunnen we niet beoordelen op grond van het feit of hij tekent, danst of muziek maakt. We kunnen al dat soort dingen bij onszelf erin stampen en mechanisch uitvoeren, zonder ook maar een sprankje creativiteit. Met een gezond keelchakra werkt de progressieve geest daarentegen langs deze poort met de levensstroom van het lichaam om nieuwe manieren voor het benaderen van het leven te scheppen. Dat kan bijvoorbeeld blijken uit de manier waarop we ons kleden, praten of variëren in de route naar ons werk. Durven we creatief te zijn? Bezien we het leven als een schatkamer van oneindige mogelijkheden? Zijn we gewoontedieren of leven we volslagen onbevangen en vrij in het moment? Dat kenmerkt ware creativiteit.

Herstel van de lotus in zijn oorspronkelijke staat

Gezondmaking van het vijfde chakra

Een stof dankt zijn vermogen tot sympathetisch resoneren aan zijn elasticiteit.

RANDALL MCCLELLAN

Enkele jaren geleden bood een vriendin me een aantal stemlessen aan in ruil voor lichaamswerk. Aangezien ik altijd van muziek heb gehouden, maar nooit een sterke zangstem heb gehad, nam ik het aanbod maar al te graag aan. Al gauw merkte ik echter dat ik begon te huilen zodra ik diep adem probeerde te halen en mijn stem op volle sterkte wilde verheffen. Wanneer ik dan probeerde mijn beheersing terug te vinden en de tranenstroom tot stoppen te brengen, verloren mijn stem en ademhaling hun volheid.

Mijn lerares was erg geduldig en vertelde dat het heel gewoon was. Ze zei dat de emoties nauw verbonden zijn met de stem en dat we niet aan het een kunnen komen zonder ook aan het ander te raken. Dat klopte. Ik kon mijn mond niet opendoen en tegelijkertijd verbergen hoe ik me die dag voelde, net zomin als ik kon uiten wat ik voelde zonder mijn mond te openen. Dat gaat niet alleen op wanneer we proberen te zingen, maar voor ons stemgebruik in het algemeen. Wanneer we onze emoties inperken, perken we tegelijkertijd onze expressie in.

Een deel van mijn genezing in die periode kwam tot stand doordat ik simpelweg het geluid van mijn verdriet en angst eruit liet komen. Op andere momenten had ik het nodig om te praten over wat er binnen in mij gebeurde – om het in een intellectuele context te plaatsen en het te delen met iemand die het zou begrijpen. Soms was er een combinatie van abstracte en specifieke communicatie. Uiteindelijk slaagde ik erin een plaats van blijdschap te bereiken, van waaruit het geluid vol uit mijn keel naar buiten kon stromen, vanuit vertrouwen in plaats vanuit angst. Hoewel ik de lessen niet lang genoeg volgde om een geweldige zangeres te worden, bood de ervaring me een kans om lichaam, ademhaling en stem op een nieuwe manier met elkaar te verbinden.

Ik vertel dit verhaal om te laten zien dat in de gezondmaking van het vijfde chakra een groot aantal niveaus tegelijk betrokken zijn, uiteenlopend van fysiek/lichamelijk tot geestelijk. We moeten op verschillende fronten tegelijk werken, zoals het elimineren van geluidsvervuiling, aandacht schenken aan ons lichaam, het openen van onze stem door middel van galmen, chanten of zingen, helder leren communiceren en ons genoeg verstillen om de subtielere vibraties en boodschappen binnenin te horen. Op elk van deze basisprincipes gaan we hieronder uitvoeriger in.

Het vibrerend lichaam

Aangezien ons lichaam de klankkast is van de geluiden die we maken, is het essentieel dat we aan de spanningen in ons lichaam werken. Het vrijmaken van spanningen en vastgehouden emoties herstelt de natuurlijke reflexieve en vibrerende toestand van het lichaam. Zonder dit werk is het onwaarschijnlijk dat het keelchakra vrij van beperkingen is of we diep in onze waarheid leven. Door ons lichaam terug te winnen herstellen we onze unieke vibratie.

In *Your Body Speaks its Mind* beschrijft Stanley Keleman een eenvoudig proces voor het in contact komen met onze pulserende grondvibratie:

> Als je je adem inhoudt en je aandacht op je borst en buik richt, voel je opwinding komen en gaan. Als je je vuist balt of je dijspieren spant en de contractie vasthoudt, voel je een fijne vibratie door heel je organisme trekken. Als de vibratie verdiept, begin je haar als een kloppen te voelen. Houd de contractie vast totdat het kloppen verdiept, laat dan los en je wordt een stromen gewaar: een stromen in jezelf, dat moeilijk te zien is, maar dat je kunt voelen.[5]

Het is dit stromen dat het kenmerk van onze levendigheid en individualiteit is. Altijd wanneer we een sterke drang om naar voren te gaan inhouden, kunnen we het stromen van energie door ons lichaam voelen kloppen. We kunnen het eveneens voelen na lichamelijke inspanning of emotionele expressie, bijvoorbeeld na een stevig eind hardlopen, een goede huilpartij of een sterke seksuele ervaring. Het brengt ons bij een vitale ervaring van *met onszelf verbonden zijn*, in welke toestand we ontvankelijk zijn voor onze eigen trillingsresonantie.

Velen zijn bang zo'n grote lading binnen te houden. Voor sommigen (met name degenen die typisch overladen zijn) betekent energie hebben dat ze er meteen iets mee moeten doen. Als we ons echter uiten voordat onze waarheid ten volle gerijpt is, zijn onze acties niet synchroon met onze potentiële volheid. We ervaren dat gewoonlijk als een *slechte timing*.

Jaren geleden dwong ik mezelf te gaan werken in plaats van te wachten totdat mijn organische volheid me daartoe motiveerde. Het eindigde erin dat ik in een soort van creatief faillissement belandde, een toestand waarin ik zonder ideeën en energie zat. Wanneer ik mezelf voor mijn eigen natuurlijke ritme uit opjoeg, voelde ik me onvoorbereid, gespannen, angstig en zelfs enigszins buiten adem. We raken uit onze timing onder financiële druk of uit emotionele onzekerheid, angst, honger naar macht, niet in de laatste plaats ook doordat ons overheersende verstand ons lichaam rondcommandeert met zijn spervuur van 'geboden'. Als de lagere chakra's sterk worden, stelt de zekerheid van het eerste chakra ons in staat vol vertrouwen het juiste moment af te wachten, terwijl de emotionele stabiliteit van het tweede chakra onze gevoelens laat rijpen en vol worden, het gevoel van onze eigen macht in het derde chakra zichzelf niet hoeft te bewijzen en het vierde chakra hoofd en lichaam in balans brengt. Op dit punt kunnen we dansen op het ritme van onze eigen persoonlijke vibratie zoals ze resoneert met de omgeving en de mensen om ons heen.

OEFENING

Beweeg je met gesloten ogen vrijuit door de kamer. Probeer je te bewegen vanuit de natuurlijke neigingen van je lichaam en de beslissingen van je hoofd zoveel mogelijk te negeren. Wanneer je lichaam los is geworden, laat je elke beweging vergezeld gaan van een abstract geluid, dat voortkomt uit de beweging zelf. Stel je open voor een ervaring van 'beweging die geluid maakt' en voel hoe beweging en geluid in één gecoördineerde vibratie door je hele wezen trekken. Geniet van de ervaring en kijk waar ze je brengt.

Het veld uitzuiveren

Behalve ons af te stemmen op onze eigen vibratie moeten we goed letten op de externe vibraties waarmee we dagelijks te maken krijgen. Wat is het niveau van geluids- en mediavervuiling waaraan we blootstaan? Welke ritmen volgt ons lichaam in het opzicht van eten, slapen, seksualiteit, activiteit en rust? Wat voor soort vibraties vinden we onverenigbaar met de resonantie van ons eigen bewustzijn? Hoe kunnen we vergiftigende geluiden en mensen in onze omgeving zoveel mogelijk reduceren?

Geluiddichte muren en ramen, oordoppen dragen in de buurt van lawaaierige machines, ongewenste telefoontjes bekorten en de persoonlijke ritmen laten stabiliseren in kalmerende en regelmatige patronen zijn allemaal middelen die ons vibratieveld helpen beschermen. Het fungeert als een preventief geneesmiddel. Het elimineren van dergelijke verstorende patronen stelt ons in staat zonder afgeleid te worden te luisteren naar wat we wél willen horen en onszelf en anderen gewaar te worden op een dieper en subtiel niveau.

In de moderne tijd is het nochtans moeilijk om geluidsvervuiling te elimineren en toch in een stadsomgeving te blijven wonen. Aangezien we niet altijd schadelijke geluiden kunnen uitfilteren, is het des te belangrijker dat we elke dag de tijd nemen om volmaakt stil te zijn. We hebben een periode nodig waarin we de telefoon niet beantwoorden, niet gestoord worden en in stilte kunnen mediteren met oordoppen in of luisterend naar rustgevende muziek door de hoofdtelefoon. Geregeld het weekeinde doorbrengen op het platteland, waar de achtergrondgeluiden in een volslagen ander ritme resoneren, maakt het mogelijk dat ons vibratieveld zichzelf bijstelt, ongeveer zoals het terugzetten van de thermostaat. Zonder dat sluiten we ons op den duur af voor gewenste geluiden en tegelijkertijd voor grote delen van ons bewustzijn.

Diep luisteren

In stilte verbindt innerlijk luisteren hart en hoofd. Luisteren is een essentieel onderdeel van communiceren. Als we de tijd nemen om stil te zijn, zijn we in staat echt naar onszelf te luisteren. Het geklets van het hoofd verstomt op den duur en het lied van het hart klinkt op. Doordat we ons zo in stilte openen, kunnen de hogere en lagere chakra's met elkaar in resonantie komen, waardoor hoofd en lichaam worden verbonden.

OEFENING

Ga op een rustige plaats zitten en maak je geest leeg. Kijk hoeveel lagen van geluiden je om je heen kunt bespeuren. Luister naar het geluid van je eigen ademhaling, het ritme van je hartslag, het kloppen van het bloed in je oren. Hoor de vogels, het verkeer in de verte, het geluid van de wind. Laat dan al deze geluiden versmelten in één algeheel geluid, waarin het ritme van je ademhaling en de subtiele bewegingen van je lichaam opgaan in het geluid om je heen.

Laat je lichaam, één geworden met het geluid, subtiel meebewegen op dit ritme. Kijk waar de beweging je brengt, waarbij je er goed op let in het algehele geluid te blijven dat je hoort.

Galmen

Galmen moedigt de grondvibratie in ons aan langs onze keel naar buiten te komen als geluid. We dwingen onze stem niet tot het uiten van specifieke woorden, melodieën of geluiden, maar werken met zowel ons lichaam als onze ademhaling om een zuivere expressie voort te brengen, die vrij is van enige intellectuele betekenis of esthetische aspiratie.

Wanneer we ons lichamelijk bewegen, of emotioneel bewogen zijn, is het natuurlijk om geluid te maken. We kraaien van plezier wanneer we ons prettig voelen of kermen wanneer we pijn hebben. Wanneer we ons inspannen, lijken we meer kracht te bezitten als we kreunen. Jammer genoeg schamen we ons voor deze geluiden en leren ze te verstikken, waarmee we ons keelchakra sluiten.

OEFENING

Alvorens te gaan galmen kun je het beste eerst kort je lichaam opwarmen. Ga rechtop staan en strek je naar de lucht reikend uit naar boven. Strek je naar rechts en links, naar voren en achteren, en maak zo je romp los. Laat je lichaam schudden en trillen, waarbij je alle geluiden loslaat die naar buiten willen. Schud je benen uit, zwier met je armen. Laat je lichaam los en levendig worden.

Wanneer je je voldoende opgewarmd voelt, plant je beide voeten stevig op de grond. Laat je armen langs je zij hangen of breng ze omhoog boven je hoofd. Sluit je ogen en luister naar de geluiden in je.

Neem een diepe ademteug, open je mond en laat je adem als een zo vol mogelijk geluid naar buiten stromen. Het kan eruit komen als een kreun, piep, bulderende lach of wat voor geluid dan ook. Of er kunnen een groot aantal verschillende geluiden zijn, die van het ene op het andere moment veranderen. Laat ze gewoon opkomen zonder erover te oordelen en open je zoveel mogelijk voor je spontane expressie.

Na enige tijd zul je merken dat de toon stabiliseert in een noot waarvan je het gevoel hebt dat hij precies bij je past – een noot die je aan kunt houden. Misschien moet je eerst met een heleboel noten experimenteren voordat je deze speciale vindt. Galm deze noot zo vol als je kunt uit. Ontspan je middenrif, keel en borst. Probeer of je kunt voelen waar het geluid in je lichaam vandaan komt. Komt het uit je keel? Je borst? Je buik? Je hoofd? Probeer het uit je hele lichaam tegelijk te laten komen. Beweeg een lichaamsdeel dat onverbonden lijkt net zolang totdat het ook in het geluid geïntegreerd is.

Uiteindelijk zal de vrijmaking van het geluid op natuurlijke wijze in stilte verstommen. Merk op hoe je lichaam voelt, wat je kunt horen. Word je gewaar hoe aanwezig je je voelt. Schrijf of teken in je dagboek en voel de stroom van creativiteit die dikwijls door deze oefening vrijkomt.

Chanten en mantra's gebruiken

De mantra is niet louter een ontwakingstechniek; hij is feitelijk en in zichzelf een zijnstoestand van goddelijke aanwezigheid.

AJIT MOOKERJEE

Chanten of reciteren is een verfijndere vorm van galmen. Het wiegt de vibraties van ons lichaam en bewustzijn in resonantie door de ritmische herhaling van een eenvoudige zin of klank. Dit ritme verfijnt ons bewustzijn. De gebruikte klanken kunnen specifieke betekenissen hebben die we ons bewustzijn willen inprenten –

zoals met het herhalen van affirmaties over dingen die we graag willen veranderen. Ze kunnen echter ook zonder betekenis zijn, in welk geval ze volledig buiten ons bewustzijn om gaan. In beide gevallen gaat het niettemin om een ritmische ervaring waarbij de bewuste geest niet al te veel hoeft te denken. Dat stelt ons in staat ons aan een diepere resonantie over te geven of een trancetoestand binnen te gaan. In deze toestand expandeert ons individuele bewustzijn en gaat op in het grotere bewustzijn en levensritme.

Mantra's zijn een soort formules die we in stilte opzeggen bij onszelf. Ze nemen de plaats in van de onophoudelijke stroom van onze drukke gedachten en zuiveren, vereenvoudigen en ordenen daardoor onze geest. Het woord 'mantra' betekent letterlijk *instrument van de geest*. Transcendentale Meditatie (TM) is een meditatietechniek waarbij je mentaal een bepaalde klank herhaalt, die je individueel gekregen hebt van een leraar of goeroe. Onderzoek heeft aangetoond dat het in stilte reciteren van een mantra een meditatieve staat opwekt doordat het de hersengolven tussen verschillende hersenkwabben synchroniseert.[6]

In een wereld waarin we constant overstelpt worden door dissonantie, kan het reciteren van een mantra weer een ander middel zijn voor het ijken of weer zuiver stellen van onze basale trillingsessentie. Door mantrameditatie gaan we op een zeker moment een kalme en ritmische staat binnen, waarin we ontlast zijn van alle onsamenhangende mentale rommel die we in de loop van de dag oppikken, en waarin we goed afgestemd en opmerkzaam zijn. We zijn alerter en sensitiever. Sommige yogi's geloven dat het reciteren van mantra's een 'vloeibare nectar' in de pijnappelklier vrij laat komen en dat dit bijdraagt aan het totstandkomen van de veranderde bewustzijnsstaat. Gedacht wordt dat het uitscheiden van de 'nectar' wordt geactiveerd doordat de tong ritmisch tegen het gehemelte drukt.[7]

Elk chakra heeft een specifieke mantraklank. De onderstaande tabel geeft zowel de zaadlettergrepen uit de oude tantrische teksten – waarvan gedacht wordt dat ze op de elementaire kwaliteiten van de chakra's inwerken – als de klinkerklanken die in het lichaam zelf resoneren. Hoewel westerlingen de klinkerklanken veelal sterker ervaren, wil ik je ertoe aansporen met beide te experimenteren en uit te zoeken wat voor jou het beste werkt.

- Eerste chakra: zaadlettergreep *Lam*, klinkerklank *Oooo* (zoals in 'boot')
- Tweede chakra: zaadlettergreep *Vam*, klinkerklank *Oeee* (zoals in 'boek')
- Derde chakra: zaadlettergreep *Ram*, klinkerklank *Ahhh* (zoals in 'bad')
- Vierde chakra: zaadlettergreep *Yam*, klinkerklank *Eeee* (zoals in 'twee')
- Vijfde chakra: zaadlettergreep *Ham*, klinkerklank *Ieee* (zoals in 'biet')
- Zesde chakra: zaadlettergreep *Om*, resonerende klank *Mmmm*
- Zevende chakra: (geen zaadlettergreep gegeven), resonerende klank *Nngg* (zoals in 'zing')

In *Sound Medicine* geeft Leah Garfield een formule voor het chanten van de zaadlettergrepen, waarin ze elk negenmaal in een speciaal ritme worden herhaald met telkens een volle minuut stilte tussen de chakra's.[8]

Doe voordat je de klinkerklanken gaat chanten enkele eenvoudige strekoefeningen en ga dan gemakkelijk zitten of staan, zodat je ademhaling onbelemmerd diep en vol kan stromen. Open je onder het chanten voor zowel de resonantie van je stem als de trilling op de plaats van het lichaam waar het desbetreffende chakra gelokaliseerd is. Laat de klank zo vol mogelijk naar buiten komen. Houd hem, wanneer je alleen bent, minimaal één hele minuut aan. Groepen kunnen de ademhaling alterneren en de klank zelfs nog langer aanhouden.

JE EIGEN MANTRA MAKEN

Nadat je de klinkerklanken hebt gechant en ervaren hebt hoe ze in elk van je chakra's resoneren, wil je misschien proberen zelf een stille mantra te maken voor gebruik in meditaties. Met de volgende techniek kun je een mantra samenstellen die resoneert met de chakra's die je het liefst wilt verbeteren.

Kies de klanken uit die horen bij een, twee of hooguit drie van de chakra's die naar jouw gevoel de meeste aandacht nodig hebben. Rangschik de klanken op een manier die je prettig vindt. Als je bijvoorbeeld met het eerste en het vierde chakra wilt werken, neem je de klanken *Oooo* en *Eeee*. Je mantra zou dan kunnen klinken als *EeeeOooo, EeeeOooo, EeeeOooo*.

Chant vervolgens in stille meditatie mentaal de klank die je samengesteld hebt. Voel hoe hij resoneert in de uitgekozen chakra's. Stel je voor dat ze expanderen of schoon worden. (Deze oefening levert de beste resultaten op wanneer ze consistent gedurende langere tijd gedaan wordt.)

Communicatie

Wil je begrepen worden, probeer dan eerst te begrijpen.

STEVEN R. COVEY

Tot dusver hebben we technieken besproken voor het stemmen van het vijfde chakra in het algemeen, zodat geluid gemakkelijker door ons lichaam gaat. Hieronder richten we ons op het specifiekere aspect van het keelchakra: het communiceren zelf. Als we merken dat het ons moeite kost om wat we willen zeggen duidelijk te laten overkomen bij een ander, kan het zijn dat we niet begrepen hebben wat hij óns duidelijk wil maken. Vaak kan iemand niet echt luisteren totdat hij het gevoel heeft zelf gehoord te zijn. Hiervoor hebben we de kunst van het luisteren toegepast op de geluiden om ons heen en in ons. Nu passen we het diepe luisteren toe in onze communicatie met anderen.

De behoefte om gehoord te worden

Tenzij je me vertelt wat je hoort, kan ik niet zeker zijn van wat ik feitelijk zeg.

Robert Maidment

Een van de diepste behoeften van de mens is de behoefte om gehoord te worden. Wanneer aan deze primaire behoefte tegemoet wordt gekomen door een aandachtige, inlevende luisteraar, voelen we ons compleet en zijn we klaar om verder te gaan. Het is verbazingwekkend hoeveel genezing er kan plaatsvinden, wanneer ons verhaal en onze gevoelens of meningen simpelweg gehoord worden, ook al verandert er feitelijk niets aan de omstandigheden. Gehoord worden bevestigt ons in onze waarheid en individualiteit. Het bevestigt dat we bestaan. Als we niet gehoord kunnen worden, houden we op met te bestaan in alles behalve onze eigen geest. We voelen ons krankzinnig en twijfelen aan onze eigen innerlijke stem, onze eigen werkelijkheid. Wanneer we onze ervaring niet kunnen vertrouwen, splitsen we ons af van ons lichaam en dus ook van de werkelijkheid.

De behoefte om gehoord te worden is dikwijls belangrijker dan het vinden van oplossingen. Dat is een veelvoorkomende dynamiek bij echtparen. Als de ene partner niets kan doen aan het probleem waar de andere mee zit, wil hij er niets over horen. Wat echter vaak belangrijker is dan het verhelpen van het probleem als zodanig, is het simpelweg herkennen en erkennen van de gevoelens van de ander. Dat op zich heeft vaak al een helende uitwerking en bevordert een goede communicatie.

Karen en George zaten duidelijk vast in deze dynamiek. George moest geregeld op reis voor zaken. Tijdens zijn afwezigheid zorgde Karen voor het huishouden en de kinderen, terwijl ze in haar rijkelijke vrije tijd haar eigen baan had als coördinatrice op een cursuscentrum. Onnodig te zeggen dat het voor Karen moeilijker was om haar werk te doen wanneer George op reis was, maar aangezien George voor het grootste deel van het inkomen zorgde, zagen ze geen manier om te voorkomen dat hij geregeld weg was. Karen had het nodig om over haar situatie te klagen tegen George, maar aangezien hij niet zag hoe hij er iets aan kon veranderen, weigerde hij er ook maar iets over te horen. Feitelijk echter had zij het alleen maar nodig dat hij simpelweg inzag hoe moeilijk het voor haar was, ook al kon hij er dan niets aan verhelpen. Dan zou ze ermee ophouden er heel de tijd over te zaniken en hoefde hij zich niet meer rot of schuldig te voelen over de baan die hij had.

Op zijn beurt wilde George dat Karen begreep dat zijn zakenreizen niet bepaald een lolletje waren. Hij vond het niet leuk om van huis weg te zijn en voelde zich in zijn baan onder druk staan en ondergewaardeerd. Aangezien zij om te beginnen al niet wilde dat hij op reis ging, wilde zij op haar beurt niets over zijn ervaring horen. Ze sloten zich zodoende af voor elkaar, zelfs in de korte perioden dat ze samen waren. Ze kregen geen van beiden de kans om te praten over wat hen dwarszat en dus evenmin om het gevoel te hebben door de ander gehoord te worden. Dientengevolge was hun relatie zeer gespannen. Hoewel ze aan hun directe omstandigheden niets konden veranderen, zorgde het doodgewoon leren luisteren naar elkaar en erkennen van elkaars werkelijkheid al voor een geweldige verbetering in hun onderlinge band en samenwerking met elkaar.

ACTIEF LUISTEREN

Actief luisteren stelt een ander in staat de ervaring te hebben gehoord te worden. We zwijgen en richten onze totale energiefocus op de ander. Terwijl hij praat, kunnen we knikken of 'mmmm' zeggen om hem te laten weten dat we nog steeds bij hem zijn, maar we onderbreken hem niet en onthouden ons van commentaar. Wanneer de spreker uitgesproken lijkt, vragen we hem of hij inderdaad klaar is. We kunnen dan eventueel vragen stellen of hem vragen iets te verhelderen wat we niet begrepen hebben, maar we onthouden ons nog steeds van commentaren, suggesties, argumenten of beoordelingen.

Wanneer we denken begrepen te hebben wat de spreker gezegd heeft, reageren we door samen te vatten wat we zojuist gehoord hebben, maar in onze eigen woorden. We kunnen bijvoorbeeld zo reageren: 'Wat ik je heb horen zeggen, is dat jij het beu bent om altijd degene te moeten zijn die gesprekken over onze relatie begint, en dat je het gevoel hebt dat ik niet echt om je geef, als ik nooit wat ik voel of denk met jou deel.' In deze reactie herhalen we eenvoudig wat we gehoord hebben, ongeacht of we het ermee eens zijn of niet en zonder tegenwerpingen te maken. Bij het samenvatten is het ook belangrijk om niet de exacte bewoordingen te herhalen, maar onze reactie te formuleren op een manier die ons eigen begrip van wat er gezegd is overbrengt naar de ander.

De ander krijgt daarna de kans om ons te laten weten of we het al of niet juist gehoord hebben. Hij zou kunnen zeggen: 'Dat komt in de buurt, maar is het niet helemaal. Het is niet zo dat ik denk dat je helemaal niets om me geeft, maar dat ik niet weet of je wel om mij geeft – dat ik niet weet waar ik aan toe ben. Wanneer je me niet vertelt wat je voelt, denk ik het ergste.' Als er een dergelijke correctie wordt aangebracht, is het belangrijk dat we opnieuw een samenvatting geven om te kijken of we het nu wel juist begrijpen.

'Dus wanneer ik niet tegen je zeg hoe ik me voel, weet jij niet zeker waar je aan toe bent met mij, en dan ga je je al snel indenken dat ik mogelijk niets om je geef.'

'Ja, dat is wat ik probeer te zeggen.'

Pas wanneer de eerste spreker tevreden is en het gevoel heeft echt gehoord te zijn, is de tweede spreker aan de beurt om de eigen waarheid te delen.

'Als je er tevreden over bent dat ik je juist heb verstaan, wil ik je graag mijn kant vertellen. Is dat goed?'

'Ja, ga je gang.'

'Bij mij is het zo dat ik er het minst toe geneigd ben erover te praten, wanneer ik het meest om iets geef. Het is alsof om jou geven het griezelig maakt om je te vertellen hoe belangrijk je voor mij bent. Ik weet dat het idioot klinkt, maar ik zit nu eenmaal zo in elkaar dat wanneer mijn hartchakra zich blootgesteld en kwetsbaar voelt, ik mijn toevlucht zoek in stilzwijgen, totdat ik weet dat het veilig is om naar buiten te komen.'

'Dus als ik het goed hoor, vind je het moeilijk om te praten wanneer je echt geraakt bent en je hart geopend is. Met zwijgen voel je je veiliger.'

Nadat beiden naar tevredenheid gehoord zijn door elkaar (en deze procedure kan nog enkele keren herhaald moeten worden voordat de communicatie voltooid is), kunnen ze gaan werken aan een oplossing waarin beiden zich kunnen vinden.

'Wanneer je niet zeker weet waar je met mij aan toe bent, zou ik graag hebben dat je dat voortaan ook gewoon tegen mij zegt. Dat schept een stuk duidelijkheid.'

'En wanneer jij je in stilzwijgen hult omdat je bang bent, zou ik graag hebben dat je me vertelt dat je er behoefte aan hebt je stil te houden, in plaats van je alleen maar terug te trekken, want dan voel ik me buitengesloten. Als je zegt dat je ruimte nodig hebt, kan ik dat begrijpen en hoef ik het niet als afwijzing uit te leggen.'

Het is even belangrijk om naar onszelf te luisteren wanneer we spreken. Als we moeilijkheden met onze communicatie ondervinden, is het nuttig om onze gesprekken met anderen of onze solo-oefengesprekken op te nemen, zodat we opmerkzaam worden op nuances en subtiliteiten. Hoe zouden we ons voelen wanneer we zelf te horen kregen wat we zeggen? Wat kunnen we tussen de regels door horen als we naar onze eigen stem luisteren? Hoe kunnen we directer en effectiever communiceren?

Schrijven

Schrijven is een communicatievorm die boven de tijd uitstijgt. Met de pen in de hand (of achter het toetsenbord van de computer) kunnen we in alle rust wachten totdat de juiste woorden bij ons opkomen, ze opschrijven, ze veranderen en verschuiven of precies zeggen wat we willen en het eruit gooien voordat het onnodig iemand in zijn gevoelens kwetst. Wie er moeite mee heeft zich in gesprekken, ter plaatse, verbaal te uiten, heeft er veel baat bij de tijd te nemen om wat hij voelt en vindt in het eigen tempo op te schrijven.

David stond altijd weer met de mond vol tanden zodra zijn vrouw boos werd. Zij was een uitdaagster/verdedigster, die behendig met woorden was en een meester in argumenteren. Hij was een verdrager/masochist, een stille vent, die geen argumenten om zich te verdedigen kon bedenken, in haar bijzijn zwijgend knikte, het over zich heen liet komen en voorwendde het met haar eens te zijn. Uren later draaide hij het gesprek dan opnieuw af in zijn hoofd en bedacht allerlei snedige tegenopmerkingen die hij gemaakt had kunnen hebben. En voelde zich verloren en hulpeloos. Want uiteindelijk kon hij altijd weer op slechts één manier reageren: passief/agressief en emotioneel onaangedaan, wat vanzelfsprekend de disfunctionele dynamiek alleen maar in stand hield.

Ik moedigde David aan te gaan zitten en zijn ongeuite en onopgeloste kwesties met haar op te schrijven, waarbij hij met verschillende communicatievormen kon werken. Met de eerste vorm kon hij zijn eigen stem vinden. Hij moest om te beginnen opschrijven wat hij haar wilde zeggen zonder het te censureren. Hij kon elk woord gebruiken dat hij wilde, zijn woede luchten zonder zich in te houden en zolang als hij nodig had doorgaan zonder onderbroken te worden. Het hoefde geen steekhoudende redenering te zijn – als hij er zijn gevoelens maar door luchtte. Het geschrevene werd niet aan haar gegeven, maar diende er louter toe de zaak aan de gang te brengen en zijn normaliter dichtgesnoerde keelchakra los te maken.

De tweede vorm was dat ik hem vroeg of hij wat hij geschreven had hardop aan mij wilde voorlezen, zodat ik de actieve luisteraar kon spelen en hem het gevoel kon geven hoe het is om gehoord te worden. Doordat hij gehoord werd, ervoer hij hoe hij de kracht van zijn stem kon gebruiken om resonantie en voltooiing te vinden. Zo leerde hij zijn eigen stem meer te vertrouwen.

Daarna was hij in staat wat hij geschreven had op te pakken en zonder verhitte emoties formuleringen voor de saillante punten te zoeken, zodat zijn woorden beter bij hun doel zouden aankomen. Met deze verheldering begonnen we aan een rollenspel. We speelden een dialoog tussen hem en zijn ex-vrouw, zodat hij zich erin kon oefenen aan zijn waarheid vast te blijven houden als hij met tegenstand werd geconfronteerd, terwijl ik het soort antwoord gaf dat hij gewoonlijk van haar kreeg. Daarna was hij er klaar voor de dialoog in het echte leven te proberen. Tot zijn grote verrassing bleek zij veel beter naar hem te kunnen luisteren nu hij duidelijk was over wat hij wilde zeggen en het ferm en direct vertelde, zonder geplaagd te worden door de heftige opwellende gevoelens waardoor hij voorheen altijd volkomen van de kook was geraakt.

Schrijven kan voorts nuttig zijn voor het communiceren met personen die werkelijk niet kunnen horen wat we ze te zeggen hebben. Misschien zijn ze niet meer in leven of wonen te ver weg, of mogelijk hebben ze zelf redenen waarom ze geen contact meer met ons wensen te hebben. Al dat soort redenen hoeven nog niet te betekenen dat we de situatie niet voor onszelf afronden. Door het volgen van de boven beschreven procedure, met uitzondering van de laatste stap, kunnen we ons eigen proces voltooien en ons daardoor bevredigder voelen over de situatie. Als de ander nog in leven is, kan het nuttig zijn om hem een bijgeschaafde versie te sturen, ook al weten we van tevoren dat hij toch niet reageert.

Onafgemaakte gesprekken blijven door ons hoofd spoken en leiden ons af, zodat we niet volledig aanwezig zijn. Deze oefening maakt het keelchakra schoon van onvoltooide gesprekken; we maken de schijf schoon zodat er ruimte is voor de opslag van nieuwe informatie. We kunnen dan met een open geest luisteren.

Muziek

Muziek is een schreeuw van de ziel. Ze is een openbaring, iets wat ons van ontzag vervult. Uitvoeringen van grote muziekwerken zijn voor ons wat de religieuze riten en feesten waren voor de mensen in de oudheid – een initiatie in de mysteriën van de menselijke ziel.

FREDERICK DELIUS

Als chanten, galmen en mantrameditatie al het vermogen bezitten om ons in ons innerlijkste wezen te raken, dan kan het niet anders of muziek heeft een diepgaande uitwerking op ons totale systeem van lichaam en geest. Muziek kan ons aan het huilen brengen, ons van blijdschap vervullen, ons lichaam tot schudden en dansen inspireren en ons kalmeren of opwinden. Muziek op de achtergrond van films en televisieprogramma's bespeelt onze emoties als een instrument. Producten worden beter verkocht door de muziek van hun reclame, en muziek vermaakt, plaagt, inspireert en verenigt ons. Liedjes zijn het spirituele archief van de mensheid en leggen haar beproevingen en triomfen vast. Ze zijn een verbindende schakel van volken, godsdiensten en politieke bewegingen. Vernietig haar muziek en je vernietigt een cultuur.

Muziek combineert op heerlijke wijze de ervaring van de hogere en lagere chakra's. Enerzijds baadt ze ons lichaam in ritme en resonantie, anderzijds behaagt ze ons hoofd door haar complexe totaliteit van metrum, melodie, instrumentatie en boodschap. Muziek verenigt de ziel van het lichaam met het verstand en de geest.

De sjamanistische geneeskunde berust ten dele op het principe van resonantie door muziek en trommelen. Muziek kan ons in een trance brengen, waarin het lichaam loslaat en een veranderde bewustzijnsstaat binnengaat. In trance kunnen we het ego transcenderen en een meeromvattender, spirituele toestand betreden, die bevorderlijker is voor genezing.

Technisch gesproken gaat muziek langs de gehoorzenuwen naar de thalamus in de hersenen, die een belangrijke rol in onze gevoelswaarnemingen speelt. De thalamus prikkelt vervolgens de cortex, die responsieve impulsen terugstuurt naar de thalamus en hypothalamus. Dit circuit, dat de thalamische reflex wordt genoemd, zorgt ervoor dat we met onze voeten gaan trappelen en met ons lichaam wiegen als de muziek intensifieert. Rond de thalamus ligt het limbisch systeem. Dit is het deel van de hersenen dat het nauwst verbonden is met de emoties en het endocriene stelsel, dat op de chakra's inwerkt en invloed uitoefent op onze willekeurige processen, zoals ademhaling, hartslag, bloedcirculatie en kliersecreties.

In *The Healing Energies of Music* bespreekt Hal A. Lingerman diverse soorten muziek voor het opwekken of helen van bepaalde emotionele toestanden.[9] Hij geeft een opsomming van specifieke muziekstukken voor het uiten of kalmeren van woede, het verdrijven van depressiviteit of verveling en het in balans brengen van hyperactiviteit, en voor de grondelementen en het in harmonie brengen van de woning en andere omgevingen. Hoewel zijn informatie te omvangrijk is om hier opgenomen te worden, beveel ik iedereen ten zeerste aan te experimenteren met enkele van zijn suggesties.

Conclusie

Alle tragedie in de wereld, in de individuele mens en op grotere schaal, komt voort uit gebrek aan harmonie. En harmonie bewerkstelligen kun je het beste door voor harmonie in het eigen leven te zorgen.

HAZRAT INAYAT KHAN

In de filosofieën van India wordt geluid als het primordiale ingrediënt van de schepping beschouwd. Geluid, voortgebracht door het kosmisch trommelen van Shiva in de hemelse sferen, werd gegeven aan Brahma en Saraswati, het godenpaar dat over de schepping en alle begin heerst. De goddelijke orde in de kosmos, de essentie van de geest en het element geluid zijn nauw verweven. Zonder geluid zal het universum weer imploderen in het niets, gestolen door moeder Kali, in haar laatste daad van vernietiging. Met geluid bezitten we het vermogen om van binnenuit onszelf te scheppen met behulp van dezelfde oerenergieën die de wereld om ons heen en, niet te vergeten, onszelf scheppen. Met geluid beschikken we over de instrumenten om destructie af te wenden.

Het vijfde chakra vergemakkelijkt een diepe doorgang tussen de abstracte informatie van conceptie, beeld en idee en de gemanifesteerde sfeer van de stoffelijke wereld. Het leidt ons door het hart, waar we communiceren en ons met elkaar verbinden; door onze macht, waar we commanderen en inhouden; door onze emoties en naar beneden naar de coördinatie van de cellen in ons lichaam. Op het spirituele vlak brengt geluid ons door de lagere chakra's (ons lichaam gebruiken, beweging, wil en ademhaling) omhoog naar resonantie en harmonie, informatie en begrip. Het is de primaire overdrager van bewustzijn zelf. Maar hoewel geluid dan het primordiale ingrediënt van het bestaan is, is het het bewustzijn – geschapen uit zijn trillingsimpact – dat het web van leven schept en instandhoudt.

NOTEN

1. Deze statistische cijfers en andere zijn afkomstig uit Steven Halpern, *Sound Health* (San Francisco: Harper & Row, 1985), 11–12.
2. Mikol Davis en Earle Lane, *Rainbow of Life: The Promise of Kirlian Photography* (New York: Harper Colophon, 1978), 47. Toen het echtpaar op aangename gedachten overschakelde, stroomden hun aura's in elkaar over, ook al raakten ze elkaar lichamelijk niet aan. Bij onaangename gedachten bleven ze los van elkaar.
3. Ibid., 58–61.
4. Erik Erikson, *Childhood and Society* (New York: W.W. Norton, 1964), 259.
5. Stanley Keleman, *Your Body Speaks its Mind* (Berkeley: Center Press, 1975), 36.
6. Bloomfield, *et al.*, *Transcendental Meditation: Discovering Inner Awareness and Overcoming Stress* (New York: Delacorte Press, 1975).
7. Randall McClellan, *The Healing Forces of Music* (New York: Amity House, 1988), 61.
8. Leah Garfield, *Sound Medicine* (Berkeley: Celestial Arts, 1987), 73–77.
9. Hal A. Lingerman, *The Healing Energy of Music* (Wheaton: Quest Books, 1983).

Aanbevolen literatuur

Sounding the Inner Landscape: Music as Medicine. Kay Gardner. Stonington: Caduceus Publications, 1990.

Sound Medicine: Healing with Music, Voice, and Song. Leah Maggie Garfield. Berkeley: Celestial Arts, 1987.

Vibrational Medicine. Richard Gerber. Santa Fe: Bear & Co., 1988.

Sound Health: The Music and Sounds that Make Us Whole. Steven Halpern met Louis Savary. San Francisco: Harper & Row, 1985.

Tuning the Human Instrument: An Owner's Manual. Steven Halpern. Palo Alto: Spectrum Research Institute, 1978.

Through Music to the Self. Peter Michael Hamel. Boston: Shambhala, 1979.

Toning: The Creative Power of the Voice. Laurel Elizabeth Keyes. Marina del Ray: DeVorss & Co., 1973.

The Silent Pulse. George Leonard. New York: E.P. Dutton, 1978.

The Healing Energies of Music. Hal A. Lingerman. Wheaton: Quest Books, 1983.

The Healing Forces of Music: History, Theory, and Practice. Randall McClellan. New York: Amity House, 1988.

ZESDE CHAKRA

Onze weg erdoorheen zien

Het zesde chakra in één oogopslag

ELEMENT:
- Licht

KLEUR:
- Indigo

NAAM:
- Ajna (waarnemen en commanderen)

PLAATS:
- Voorhoofd, wenkbrauwen, halsslagadervlecht, derde oog

DOEL:
- Herkennen van patronen

IDENTITEIT:
- Archetypisch

LEVENSGEBIEDEN:
- Beeld(vorming)
- Intuïtie
- Verbeelding
- Visualisatie
- Inzicht
- Dromen
- Visioenen

GERICHTHEID:
- Zelfreflectie

DEMON:
- Illusie

ONTWIKKELINGSFASE:
- Adolescentie

ONTWIKKELINGSTAKEN:
- Vestiging van persoonlijke identiteit

ZESDE CHAKRA

- Vermogen om patronen waar te nemen

Basisrechten:
- Het recht om te zien

Evenwichtige kenmerken:
- Intuïtief
- Perceptief
- Voorstellingsvermogen
- Goed geheugen
- Toegang tot dromen en vermogen om ze zich te herinneren
- Vermogen tot symbolisch denken
- Vermogen tot visualiseren

Trauma's en mishandeling:
- Wat je ziet, rijmt niet met wat je verteld is
- Invalidatie van intuïtie en paranormale ervaringen
- Lelijke of angstaanjagende omgeving (oorlogsgebied, geweld)

Deficiëntie:
- Ongevoeligheid
- Slecht gezichtsvermogen
- Slecht geheugen
- Moeite met het zien van de toekomst of het zich voorstellen van alternatieven
- Gebrek aan fantasie
- Zich geen dromen kunnen herinneren
- Ontkenning (kan niet zien wat er aan de hand is)
- Gemonopolariseerd (één ware, juiste en enige manier)

Exces:
- Hallucinaties
- Waanideeën
- Obsessies
- Concentratieproblemen
- Nachtmerries

Lichamelijke gebreken:
- Hoofdpijn
- Visuele problemen

HELINGSSTRATEGIE:
- Beeldende kunst scheppen
- Visuele stimulatie
- Meditatie
- Psychotherapie
    Kleuren en teken/kunsttherapie
    Met het geheugen werken
    Beeld met gevoel verbinden
    Droomwerk
    Hypnose
    Geleide visualisaties
    Vorige-leven/regressietherapie

AFFIRMATIES:
- Ik zie alles helder.
- Ik sta open voor de wijsheid binnenin.
- Ik kan mijn visioen manifesteren.

Verschillende kleuren indigo

Als er geen bewustzijn is, zinken de beelden terug de duisternis in, in het niets, en blijft alles alsof er niets gebeurd is. Maar als het erin slaagt de betekenis van de beelden te begrijpen, vindt er een transformatie plaats, en niet louter van bewustzijn, maar eigenaardig genoeg eveneens van het onbewuste; het 'niets' komt tot activiteit.

ANIELA JAFFE

Monica's beeld van zichzelf stond in schril contrast met de persoon die voor mij zat. Ze was een ongelooflijk knappe vrouw, sierlijk, welbespraakt en dynamisch. Ik mocht haar meteen. Het verraste me daarom te horen dat ze zich eenzaam en geïsoleerd voelde en geen partner of intieme vrienden kon vinden.

Geheel in tegenstelling tot mijn indruk had Monica van zichzelf het beeld dat ze afstotend was. Ze vermeed sociale bijeenkomsten omdat ze, in haar eigen woorden, 'zo obsceen dik' was dat ze zich ervoor schaamde zich in het openbaar te vertonen. Vanzelfsprekend had het tot gevolg dat ze in de weekeinden alleen thuis bleef, waar ze zich dan ironisch genoeg 'naar hartelust te goed deed' om haar eenzaamheid te stillen. Monica zat niet meer dan een pond of twintig boven het populaire ideaal van een vrouwenlichaam, maar voor haar wogen de extra rondingen veel zwaarder. Hoe hard ze ook haar best deed om te beantwoorden aan het beeld waarmee de populaire cultuur haar geprogrammeerd had, het lukte haar doodgewoon niet. Alleen al de poging ertoe druiste volslagen in tegen haar natuurlijke zelf en loochende de basale boodschappen van haar lichaam. Elke zaterdagavond kwam haar lichaam steevast in voedseloproer en saboteerde haar pogingen om het tot onderwerping te dwingen. Niettegenstaande haar pogingen om zich aan een dieet te houden en af te slanken volgde haar lichaam het beeld dat ze van de dikke meid had en dat snel een zelfvervullende voorspelling aan het worden was. Ze was er rotsvast van overtuigd dat niemand ook maar de minste belangstelling voor een 'vette' vrouw had, en haar isolement leverde het valse bewijs dat haar theorie klopte. Doordat ze vastzat in de vicieuze cirkel dat ze haar natuurlijke zelf moest opgeven om te voldoen aan een uiterlijk beeld waaraan ze niet kon beantwoorden, ervoer ze het elke keer als een nederlaag, wat weer het negatieve beeld bekrachtigde dat de hele kringloop in stand hield. Zij was een slachtoffer van het *imagosyndroom*.

Stuart klaagde eveneens over eenzaamheid. Niet dat zijn zelfbeeld, zoals bij Monica, bijzonder negatief was, maar zijn beeld van een acceptabele vriendin liet maar heel weinig ruimte voor de werkelijkheid. Hij was niet in staat de schoonheid te zien in vrouwen met een ander postuur of andere maten of van een andere leeftijd; hij zou Monica volkomen in haar geloof bevestigd hebben, hadden ze elkaar ooit leren kennen. Dientengevolge werden de vrouwen die voor Stuart vielen van meet af aan door hem afgewezen als ongeschikt. Erger nog, als je hem hoorde praten was het alsof ze niet eens bestonden, aangezien hij constant jammerde: 'Niemand houdt van me!' Toen ik hem erop wees dat veel vrouwen belangstelling voor hem hadden, antwoordde Stuart dat 'zij niet telden'. De geïdealiseerde vrouw van Stuarts verbeelding was voor hem levensechter dan enige vrouw die hij kon tegenkomen.

William was erin geslaagd een realiteit te scheppen die aan zijn beeld beantwoordde. Hij had een prestigieuze, goedbetaalde baan, een knappe vrouw en mooie woning, hield zijn lichaam in goede conditie en ook voor de rest voldeed zijn leven in zowat alles aan zoals hij het zich voorgesteld had. Toch was William ongelukkig. Met het klimmen van de jaren werd hij hoe langer hoe sterker geplaagd door ongrijpbare emoties, die zijn volmaakte beeld bleven ondermijnen. Zijn huwelijk vertoonde tekenen van spanning, hij begon te veel te drinken en leefde dagelijks met een angst die hij kon benoemen noch overwinnen. William leefde zijn beeld in plaats van zijn ware zelf; hij liet zich leiden door zaken buiten zichzelf in plaats van door zijn innerlijke gevoelens. Nadat hij succesvol zijn illusie had 'waargemaakt', werd hij nu halverwege zijn leven ruw wakker geschud. Toen hij onder de oppervlakte begon te kijken, ontdekte hij dat hij absoluut geen benul had van wie hij eigenlijk echt was. Hij moest zich een heel nieuwe zienswijze eigen maken teneinde de persoon te kunnen herkennen die in hem huisde.

Alledrie de verhalen gaan over wat er kan gebeuren wanneer het bewustzijn zich vastbijt in een beeld. Hoewel in de beschreven gevallen ook de dynamiek van andere chakra's meespeelde, was het voor alledrie noodzakelijk dat ze zich bewust werden van de discrepantie tussen beeld en werkelijkheid en op een dieper niveau leerden kijken.

Wanneer onze illusoire beelden worden bekrachtigd door de cultuur waarin we ingebed zitten, wordt dat heel moeilijk. We worden dag in dag uit overspoeld met beelden die ons voorhouden hoe we eruit moeten zien, wat we moeten voelen, hoe we ons moeten gedragen, wat we moeten kopen, waar we naartoe moeten gaan, zelfs wat we moeten zien. We rijden over straat zonder bewust de reclameposters van slanke dames en gespierde mannen met een pakje sigaretten op te merken, maar onbewust worden we met deze beelden geprogrammeerd. Terwijl ik dit schrijf, zit mijn zoon aan de buis gekluisterd. Hij wordt geprogrammeerd met de waarden die inherent zijn aan de programma's waarnaar hij kijkt en die rivaliseren met onze pogingen om zijn bewustzijn op andere manieren te beïnvloeden.

Verondersteld wordt dat ons denken voor negentig procent visueel gebeurt. De beelden van de dingen om ons heen trekken voorbij in onze fantasieën en dromen, ons bewustzijn en onbewuste gedrag, en beïnvloeden alles wat we zien en doen. Ze vervormen de aard van wat we zien en creëren illusies, die we vervolgens voor de werkelijkheid houden. Welk licht kunnen we door het zesde chakra op dit probleem werpen?

Ik mag het zesde chakra altijd graag vergelijken met een metaforisch glas-in-loodvenster, waar het licht van bewustzijn doorheen schijnt op weg naar manifestatie. Wanneer de zon door het gekleurde glas schijnt, projecteert het licht het beeld van het glas-in-loodpatroon op het vaste oppervlak waarop het valt. Het licht van bewustzijn schijnt evenzo door de beelden die we in ons hoofd hebben heen en geeft een vorm aan wat we scheppen. Deze beelden zijn tevens filters waardoor we dingen waarnemen en die soms onze perceptie vervormen.

Stuart projecteerde zijn onvermogen om lief te hebben op de vrouwen die hij leerde kennen. Monica schiep een zelfbeeld vanuit haar diepe schaamte. William ontgroeide zijn valse zelf en zijn beeld versplinterde als gebroken glas. Voordat het bewustzijn kan ontwaken, moeten we het derde oog zuiveren van illusies, zodat we wat in ons en om ons heen is kunnen zien zonder vervormingen.

De Sanskriet-naam voor dit chakra, Ajna, betekent zowel waarnemen als commanderen. We zien beelden met onze fysieke ogen, maar het derde oog houdt de beelden in het geheugen die onze percepties kunnen vervormen. Op basis van deze percepties 'commanderen' we onze werkelijkheid.

Het ontvouwen van de bloembladen

BELANGRIJKSTE LEVENSGEBIEDEN VAN HET ZESDE CHAKRA

Het derde oog openen

Psychische ontwikkeling kan niet door intentie en wil alleen bereikt worden; ze heeft de aantrekking van het symbool nodig.

C.G. JUNG

Met het bereiken van het voorhoofdschakra kijken we met een nieuwe visie terug op de achter ons liggende stappen. Indigo aan onze zich steeds verder uitbreidende brug toevoegend, hebben we nu inmiddels genoeg kleuren om te zien dat we, inderdaad, een regenboog aan het bouwen zijn. Wanneer we eenmaal zien wat het patroon aan het worden is, kunnen we aanvoelen welke stappen er nodig zijn om het te voltooien. Ons zicht geeft ons leiding. We kunnen zien waar we geweest zijn, waar we nu staan en voorspellen waar we heen gaan. Door deze bewuste wetenschap weten we wat we moeten doen. Dat verklaart ook waarom het gezichtsvermogen traditioneel verbonden is met het derde chakra, ook al gaat het dan bij het zesde chakra om *zien*.[1] Zonder een sturend visioen blijven onze acties louter impulsen. Met een visioen worden ze daarentegen creatieve wilsdaden in dienst van transformatie.

Het element van dit chakra is *licht*, een hogere en snellere trilling dan die van geluid in het chakra eronder. Dankzij licht zijn we gezegend met het vermogen om te zien, om van een afstand de gedaante en vorm van de dingen om ons heen op te nemen. Deze wonderbaarlijke daad van zien is de basisfunctie van dit chakra, maar de implicaties ervan gaan veel verder dan het kijken met onze fysieke ogen. Onze fysieke perceptie vertelt ons *dat iets bestaat*, maar alleen ons innerlijk zicht kan ons vertellen *wat het is*.

Terwijl onze fysieke ogen de organen van onze uiterlijke perceptie zijn, houdt het zesde chakra verband met het mystieke *derde oog* – het orgaan van onze innerlijke perceptie. Het derde oog kijkt naar het innerlijke scherm waarop herinneringen en fantasieën, beelden en archetypen, intuïtie en verbeelding in elkaar overlopen in een eindeloze vertoning. Door te kijken naar wat er op dit scherm verschijnt, kunnen we betekenis toekennen aan dingen en deze naar ons bewustzijn brengen. Het doel van het zesde chakra is de weg zien en het licht van bewustzijn laten schijnen over alles wat in ons en om ons heen bestaat.

Het herkennen van patronen

De ogen zijn de poorten naar de ziel.

WILLIAM SHAKESPEARE

We zien de weg door patronen te leren herkennen. Patronen onthullen de identiteit van iets – wat het is, waar het voor dient, hoe we ons ertegenover op moeten stellen. Al te vaak kijken we slechts naar iets totdat we het patroon herkennen en dan stoppen we. We zien iemand van de andere kant van de straat op ons af komen lopen. We kijken naar zijn haar, lichaam, manier van lopen, proberen het patroon te onderscheiden, totdat we zien wie het is. We zeggen: 'Hee, dat is Kevin,' op welk punt we vaak ophouden met nieuwe informatie op te nemen. Met een geopend derde oog kunnen we doorgaan met kijken; we kijken verder en nemen almaar diepere patronen en betekenis waar.

Het herkennen van patronen laat zich goed illustreren aan de hand van een puzzel die we als kind allemaal wel eens opgelost hebben: het verbinden van stippen met cijfertjes. Aanvankelijk zien we niet meer dan één grote wirwar van stippen en getallen op de bladzijde. Maar naarmate we meer stippen verbinden, tekent zich steeds duidelijker een beeld af. En nog voordat alle stippen verbonden zijn, kunnen we al raden wat het beeld is, omdat we het herkennen.

In het verzamelen van informatie komt een omslagpunt waarop het incomplete patroon het geheel prijsgeeft. Terwijl elk van onze chakra's ons informatie brengt, is het de taak van het zesde chakra om alle stukken informatie in elkaar te passen en daardoor betekenisvolle patronen op te stellen. Deze zelfreflectie leidt tot zelfkennis en totaliteit.

Het herkennen van patronen vereist het vermogen om gelijktijdig in verleden, heden en toekomst te kijken. Wanneer onze vriend in een maar al te bekende scheldkanonnade losbarst over hoezeer hij toch zijn baan haat, kunnen we voorspellen wat hij waarschijnlijk vervolgens gaat zeggen, omdat we het allemaal al eens gehoord hebben. We stoppen daarom misschien met naar hem te luisteren, met als gevolg dat we ook niet opmerken als hij iets nieuws zegt. We nemen uit het verleden en projecteren het op de toekomst.

Herkenning kan ons voor de mogelijkheid van nieuwe informatie afsluiten, of ons een ervaring besparen die we liever zouden vermijden. Onze interpretatie van het patroon bepaalt wat we kiezen. Als ik merk dat mijn relatie een dynamiek vertoont die ik al eerder heb meegemaakt, hoef ik niet de hele relatie af te maken om te weten te komen wat er waarschijnlijk gaat gebeuren. Ik kan ervoor kiezen me van de afstandelijke of onbetrouwbare partner los te maken zodra het patroon duidelijk wordt. Wanneer we een patroon eenmaal herkennen, kunnen we vermoeden wat het gaat worden en ons doen en laten daar dienovereenkomstig op afstemmen. Dat is het begin van wijsheid.

Door het herkennen van patronen komen we tot *inzicht*. In-zien is letterlijk het vermogen om in iets te kijken, het 'aha' van het herkennen van een patroon, zien hoe het in het grotere plaatje past, zien wat het betekent. Het is *in* onszelf dat de informatie van onze ervaringen verzameld is en opgeslagen ligt in ons geheugen. Alleen door in onszelf te kijken kunnen we die stukken informatie met elkaar in verband brengen en betekenisvolle patronen herkennen.

Elke keer dat we een patroon herkennen, komen we tot een geheel. Dit geheel heeft een identiteit, die er zowel betekenis als doel aan geeft. Met een geopend derde oog kunnen we het grotere verband zien, onze egocentriciteit transcenderen en de in alle dingen inherente diepere betekenis vinden. Naarmate ons innerlijk zicht zich ontwikkelt, spatten hoe langer hoe meer illusies uiteen en worden steeds meer dromen geïntegreerd. We worden almaar helderder en ons bewustzijn zet weer een volgende stap voorbij hetgeen door de lagere vijf chakra's op zichzelf staand beschikbaar is. We krijgen nu toegang tot de verruimde visie die ons in staat stelt onze weg naar voltooiing te zien.

Illusie

We zien dingen niet zoals ze zijn. We zien dingen zoals wij zijn.

ANAÏS NIN

Bij het waarnemen van patronen lopen we vaak in de valkuil van *illusie* – de demon van het zesde chakra. Illusies verhinderen dat ons bewustzijn onbevooroordeeld waarneemt en fixeren het op een stilgezet of versteend beeld. Een illusie is een statisch beeld, losgekoppeld uit het stromen van de tijd, en om die reden onwerkelijk. De illusie die ik heb van hoe iets zou moeten zijn, is gewoonlijk een beeld van hoe het op dit moment niet is. Mijn fixatie erop haalt me weg uit het hier en nu, waar ik het misschien in een realistisch licht zou kunnen zien. Wanneer ik erop gefixeerd ben dat mijn lichaam tien pond lichter behoort te zijn, kan ik mijn lichaam niet appreciëren zoals het nu is. Mijn illusie van hoe een relatie zou moeten zijn, zet me ertoe aan kritiek te hebben op alles waarin mijn huidige relatie tekortschiet ten opzichte van dat beeld, met als gevolg dat ik de betekenis niet zie die deze kwesties voor mij zouden kunnen hebben. De aan het begin van dit hoofdstuk beschreven personen waren alledrie slachtoffer van een illusie; hun fixatie op een beeld verhinderde dat ze helder en authentiek leefden.

Illusies houden we in stand doordat we er psychische energie in stoppen. Wanneer we ons fixeren op een beeld, wordt alles voedsel voor zijn instandhouding en verdieping. Als we denken dat iemand ons niet mag, vatten we de geringste dissonantie op als bewijs daarvoor. Voor een hypochonder is het geringste pijntje er al bewijs voor dat hij ziek is. Wanneer we in een illusie investeren, bindt het onze energie aan zich en houdt onze gehechtheid in stand. Hoe gehechter we eraan raken, des te meer energie we er uiteraard in moeten investeren. Het is op dit punt dat we het gevaar lopen er geobsedeerd door te raken. Aangezien een illusie de energie die we erin stoppen niet naar ons terug laat stromen, brengt ze geen bevrediging of voltooiing en blijft, als een verslaving, doorgaan met ons te lokken met haar valse beloften.

Als opgroeiend kind ontsnapte Anya aan de onverkwikkelijke drama's thuis door liefdesromannetjes te lezen. Zonder het zelf te beseffen was ze gaan geloven in de illusie van de liefdesaffaire die tot het 'en ze leefden nog lang en gelukkig'-huwelijksmodel leidt. Als volwassene investeerde ze al haar tijd en energie in haar echtgenoot en kinderen, er geen seconde bij stilstaand dat het huwelijk misschien geen stand zou houden. Omdat ze helemaal opging in haar beeld, kon ze het zich niet veroorloven de ernstige tekortkomingen van haar huwelijk onder ogen te zien. Ze ontkende dat haar man haar en haar kinderen mishandelde. Deze ontkenning drong haar ertoe steeds meer energie te investeren in haar pogingen het hem naar de zin te maken. Ze hield de mishandeling verborgen voor haar vriendinnen en hield naar buiten toe het beeld van een gelukkig gezin in stand. Aangezien deze investering haar van haar sociale leven en financiële onafhankelijkheid beroofde, werd het alleen maar belangrijker om het huwelijk hoe dan ook vol te houden. En dus verdiepte haar ontkenning. Ze werd onafgebroken geobsedeerd door haar man en dacht altijd louter aan zijn behoeften ten koste van die van haarzelf.

Maria was door haar vader verlaten en achtergebleven bij een boze moeder. Om het nog erger te maken kwam haar vader enkele keren voor enige tijd terug, waarna hij definitief verdween. Maria herinnert zich dat ze als kind urenlang uit het raam zat te staren, uitkijkend naar zijn auto en zich afvragend of hij ooit terug zou komen. Uiteindelijk herkende ze het patroon en realiseerde zich dat hij, ook al verscheen hij dan eens in de zoveel tijd, voorgoed weg was. Als volwassene wordt Maria erdoor geobsedeerd dat haar vriend haar zal verlaten. Hoezeer hij haar ook van zijn intenties verzekert, ze legt de minste of geringste gereserveerdheid van zijn kant uit als een teken dat 'het voorbij is'. Ze legt een patroon uit het verleden over de huidige situatie heen. Soms wordt ze gegrepen door de drang om langs zijn werk te rijden, alleen maar om zijn auto te zien staan, alsof de aanwezigheid van de auto haar geruststelt. Zowel de auto als de verlatenheid zijn illusies door middel waarvan ze enige homeostase probeert te vinden.

Wanneer een illusie door een excessief zesde chakra wordt gevoed, wordt ze een obsessie of waanidee. Obsessies fixeren een geweldige hoeveelheid energie in een bepaalde kwestie; waanideeën voegen opgeblazen illusies samen rond een centraal thema. Ontkoppeld van de aardende verbinding van het eerste chakra, tollen de hogere chakra's wild in het rond, als een op volle toeren draaiende motor met ingetrapt koppelingspedaal – er is een heleboel activiteit, maar de auto gaat nog geen millimeter vooruit. Hoe meer we in een illusie investeren, hoe moeilijker we deze los kunnen laten. Onze investering sluit de energie op in de illusie en geeft er archetypische proporties aan. Eraan gebonden zitten we gevangen in een zich telkens weer herhalende kringloop, die verhindert dat we tot werkelijk inzicht komen.

Archetypen

Psychologisch... is het archetype als een beeld van instinct is een spiritueel doel, waar het hele wezen van de mens naar streeft.

C.G. JUNG

In het proces dat we stukken informatie in elkaar passen en daardoor de identiteit van het geheel beginnen te ontwaren, betreden we de wereld van de archetypen. Als we in de verbonden stippen een kat zien, dan herkennen we haar omdat we al eerder katten hebben gezien. Het kan een zwarte kat of een tijger zijn, een schriel klein poesje of een staartloze manxkat, maar allemaal vallen ze in dezelfde archetypische categorie *kat*.

Een archetype is een samenstelsel van beelden en ervaringen die gegroepeerd zijn rond een gemeenschappelijk thema. Archetypen zijn als morfogenetische velden, die ons begrip in vormen gieten. Net zoals de vreemde attractoren uit de chaostheorie zijn ze niet direct zichtbaar, maar slechts afleidbaar uit de gebeurtenissen in ons leven. Iemand die bijvoorbeeld chronisch tot zelfopofferende goede daden wordt gedreven, kan sterk onder de invloed van de positieve aspecten van het archetype van de grote moeder staan. Wie doodsbang is door vrouwen verslonden te worden, kan lijden onder de negatieve kant van ditzelfde archetype, de verschrikkelijke moeder. Stuart werd dermate door zijn innerlijke anima verleid, dat zijn fantasievrouw zijn hart bezat en geen enkele echte vrouw het daartegen kon opnemen.

Archetypen kunnen symbolisch weergegeven worden door wat het *archetypisch beeld* wordt genoemd. Wanneer een archetypisch beeld niet ten volle in ons ego is geïntegreerd, zijn we vatbaar voor illusie. Het archetype van de held representeert bijvoorbeeld de zoektocht of queeste waarbij we eropuit zijn iets uitzonderlijks te presenteren. Williams gedrevenheid om te slagen weerspiegelde ten dele de zoektocht van de held, maar zijn ego werd zo beheerst door een beeld van conformiteit, dat het de mogelijkheid van ook maar iets buitengewoons ontkende. Dientengevolge voelde hij zich leeg met zijn succes en bleef zijn ziel naar een diepere zin hunkeren. Door het verschil in te zien kreeg William op een bewuste manier toegang tot de diepere archetypische energie van de held, waarna hij zijn leven kon richten op doelen die zijn ziel grotere bevrediging schonken.

Alle chakra's kunnen aan een archetype gecorreleerd worden, zoals weergegeven in figuur 6-1. Daarnaast bezit elk chakra de archetypische energie van het ermee corresponderende element (*aarde, water, vuur, lucht, geluid, licht* en *gedachte*). Het chakrasysteem zelf is een weer groter archetypisch patroon, overeenkomend met Jungs archetype van volledigheid, het Zelf. Jung beschouwde de totaliteit van het Zelf als het centrale archetype van orde in de psyche, het vormingsprincipe van de individuatie.

Individuatie op zichzelf is ook een archetypisch proces. Hoewel het proces van persoon tot persoon verschilt, zitten er telkens gemeenschappelijke elementen in die het archetypisch patroon samenstellen. Het individuatieproces weerspiegelt de ontvouwing van de chakra's, in welk proces we onze schaduw naar ons terughalen, onze autonomie vestigen, onze anima en animus integreren, onze individualiteit tot uitdrukking brengen, ons bewust worden van onze archetypische invloeden en al deze elementen integreren in een groter geheel. Wanneer we een archetypische energie herkennen, worden we ons bewust van het patroon en de

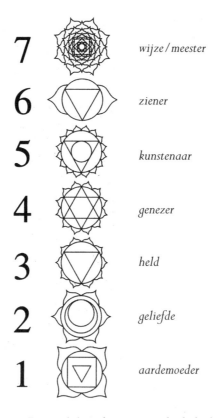

Figuur 6-1. Archetypen van de chakra's

betekenis ervan, waarna we dienovereenkomstig actie kunnen ondernemen. Wanneer we het patroon van individuatie (of ontvouwing van chakra's) herkennen zoals het zich in ons leven voltrekt, zijn we in staat te zien waar we ons bevinden, waar we heen gaan en wat we moeten doen om daar te komen. Aldus stuurt ons inzicht wat we doen.

In het zesde chakra verkrijgen we onze *archetypische identiteit*. Deze identiteit verwerven we door bewustwording van beelden en symbolen die in ons leven verschijnen in onze dromen, verbeelding, kunst, relaties en situaties. Wanneer we de archetypische betekenis van deze symbolen inzien, kunnen we onszelf in een groter spiritueel kader plaatsen. Ons begrip krijgt een grotere reikwijdte en we gaan op een dieper niveau beseffen wie we zijn en wat ons doel is. Dat is in een notendop waar het om gaat in de ontwikkeling van onze archetypische identiteit.

Alexandra had grote moeite met het afnemen van vitaliteit en libido waarmee de menopauze soms gepaard gaat. Ze had onophoudelijk het gevoel dat ze 'aan het sterven' was en trok zich geleidelijk aan steeds meer terug uit haar uiterlijke leven. Toen ik haar proces vergeleek met de archetypische ervaring van de reis naar de Onderwereld – de tocht naar het mythische land van dood en wedergeboorte, zoals weergegeven in de Griekse mythe van Persephone en de Soemerische van Inanna – kon ze het beter aan. Het maakte het voor haar mogelijk om aan haar ervaring een zin te geven die boven haar directe lijden uitsteeg. Ze kon het aanvaarden als een reis naar binnen die een begin en een eind kende en die als onderdeel van de zoektocht naar diepere volledigheid en het vinden van het Zelf een heilig doel diende.

Aangezien de archetypen in een groter veld ingebed liggen, zijn ze geladen met geweldig veel energie. Wanneer we ze tegenkomen, kunnen we een sterke psychische geladenheid voelen, die alles om ons heen met grote betekenis doordrenkt. Behalve betekenis bezitten ze ook een doel dat richting geeft aan kleinere delen in onszelf. Zodra we in onszelf het archetype van bijvoorbeeld een leraar, genezer, moeder, vader of kunstenaar waarnemen, krijgen we, met de herkenning ervan, een inherente set instructies en energie. Hoewel sommige van die instructies ons de weg naar meer informatie kunnen wijzen, is het het archetype zelf dat ons feitelijk stuurt. In de wetenschap dat ze moeder gaat worden leest een zwangere vrouw boeken over het grootbrengen van kinderen of bezoekt een zwangerschapscursus. Daarnaast heeft ze echter bepaalde instinctieve reacties op het moederschap in zich, die zich onafhankelijk aandienen wanneer ze bevalt. Een genezer traint zich in zijn methode, leert gaandeweg in de praktijk andere kennen en helpt degenen die bij hem komen zoals nodig is. Maar de genezer heeft ook een zeker aangeboren gevoel voor gezondheid en ziekte in om het even welke vorm, en zijn drang om te genezen kan zich op alle gebieden van zijn leven manifesteren. Een beeldend kunstenaar ziet de wereld in termen van kleur en schaduw, vorm en compositie en maakt vanuit zijn creatieve identiteit archetypische statements met zijn kunst. De in een archetypische energie besloten zittende instructies geven ons zodoende niet alleen betekenis, maar sturen ons ook.

De archetypische identiteit die we op dit niveau verwerven wordt, ten goede of ten kwade, een manier van waarnemen. De genezer en de kunstenaar zoeken in dezelfde situatie naar verschillende details. We kunnen ons dan ook afvragen of het archetype niet gewoon weer een andere illusie of vervorming is van ons vermogen om echt te zien. Dat kan het zijn, maar wanneer we het archetype herkennen, wordt het mogelijk om even goed de filter te herkennen en onze percepties navenant te corrigeren. Wanneer ik weet dat ik me bovenmatig vereenzelvig met de positieve aspecten van het moederarchetype, kan ik de ontkenning van mijn eigen schaduw inzien; ik kan het programma herkennen dat zegt dat ik altijd klaar moet staan zodra men maar een beroep op mij doet. Ik heb er een naam voor, een zienswijze op en een middel voor om het te begrijpen. Ik kan de betekenis ervan in mijn eigen verleden terugvolgen tot aan mijn eigen moeder, haar moeder en verder terug in de tijd. Door bewustzijn van mijn archetypische invloeden ben ik vrijer om nieuwe gedragsvormen te creëren; zonder inzicht ben ik me er niet eens van bewust dát ik keuzen kan maken – mijn huidige gedrag lijkt de enige optie.

Inzicht in onze archetypische invloeden verheldert onze zienswijzen. Het verduidelijkt ons doel in het leven en trekt de dingen aan die we nodig hebben teneinde dat doel te verwerkelijken. Het voorkomt tevens dat we onbewust door het archetype beheerst worden en stelt de energie ervan aan ons beschikbaar voor onze groei. Het archetype wordt dan onze bondgenoot in plaats van een onzichtbare dictator.

Onbewuste subroutines in ons gedrag en onze overtuigingen worden gevoed door archetypische energieën. Jung noemde deze subroutines *complexen*. Het zijn de dingen die we uit gewoonte doen of denken, ook al weten we misschien beter. We wijken bijvoorbeeld keer op keer dwangmatig af van ons vaste patroon van maaltijden, zijn pijnlijk kritisch tegen onze kinderen, saboteren onze relaties wanneer ze net goed gaan of vermijden succes te hebben terwijl het feitelijk voor het oprapen ligt. Complexen vormen zich altijd rond een archetypische matrix. Bewustwording van de matrix helpt ons de kringloop te doorbreken.

Zelfs nadat hij was gaan inzien dat hij een beeld had nagejaagd, kon William nog steeds zijn perfectionisme niet loslaten. Verstandelijk kon hij inzien dat het niet nodig was om het beeld in stand te houden, maar emotioneel was hij doodsbang voor het opgeven ervan. Als een rigide/prestatiegericht karakter voelde hij een diepe behoefte om indruk te maken op zijn vader. Hoewel zijn vader niet langer in leven was, was de energie van de archetypische vader in zijn psyche nog steeds de drijvende kracht achter zijn gevoelens en gedrag. Pas toen hij eenmaal individualiseerde van zijn feitelijke vader, en het recht op zijn eigen expressie van het vaderarchetype opeiste, kon hij zich van de rigide invloed van zijn vader op zijn gedrag bevrijden.

Het archetypische niveau is gelijktijdig immanent en transcendent. Het is immanent wanneer we het ervaren als iets binnenin dat we van binnenuit onszelf voortbrengen. Ook als we een archetype niet herkennen, kan het nog steeds een constellerende kracht in ons gedrag zijn. Een echtgenote die onbewust met het archetype van de geliefde resoneert, kan herhaaldelijk affaires hebben. De archetypische kunstenaar voelt zich vaak ellendig in een vaste baan. Een door het moederarchetype 'bezeten' vrouw zonder kinderen zal aan een stuk door de zorg voor anderen op zich nemen, ook al gaat het ten koste van zichzelf. Ons bewust worden van ons archetype stelt ons in staat bewust met de energie ervan om te gaan.

Een archetype is anderzijds transcendent doordat het resoneert met een grotere megastructuur, op dezelfde wijze als ons lichaam in de stoffelijke wereld is ingebed. We zijn niet de enige genezer in de wereld; de traditie van genezers gaat immers terug tot het begin van de mensheid. We zijn niet de eerste die vader worden. Ons beeld van vader, van onze vader tot alle vaders die we hebben leren kennen door vriendjes, films en lezen, geeft ons informatie over hoe we een vader moeten zijn. Het archetype van de moeder komen we overal om ons heen tegen, van de godinnen uit de oudheid tot de vrouwen die in reclamecommercials wasmiddelen vergelijken. Een archetype heeft talloze verschijningsvormen, maar achter elk daarvan gaat een gemeenschappelijk concept schuil.

Het archetype is transcendent omdat het groter is dan wij zijn. Het is immanent omdat het een element is van wie we zijn – zij het slechts één element, want we kunnen verscheidene archetypen tegelijk belichamen. We kunnen zowel kunstenaar als vader zijn, zowel bedrieger als geliefde, zowel moeder als kind. Archetypen kunnen in ons met elkaar strijden. Het eeuwige kind kan bijvoorbeeld tegen de verantwoordelijkheden van het ouderschap vechten. Of de geliefde, die naar verbinding met een ander verlangt, komt in botsing met de kluizenaar, die juist weer alleen wil zijn. Bij dit soort schijnbare contradicties is het belangrijk om een modus te vinden die recht doet aan elk van de archetypische energieën die om erkenning schreeuwt. Een archetype afwijzen verbant het alleen maar naar het schaduwrijk, waarmee we energie geven aan de negatieve kant van het archetype. Dan slaat de goede moeder om in de slechte moeder, boos en vol wrok jegens haar kinderen, als ze niet de vrijheid krijgt waaraan ze behoefte heeft. De geliefde kan afstandelijk en humeurig worden, als hij niet de tijd krijgt om alleen te zijn.

Archetypische energieën vinden we in de kern van alle mythologie en godsdienst. Herkenning en aanvaarding van een archetype, geladen als het is met een machtige energie die diep in onze psyche resoneert, is een spirituele ervaring en opent ons voor de geestelijke bewustzijnsstaten die met de hogere chakra's zijn verbonden. Christus, Boeddha en Pan, Aphrodite, Isis en moeder Maria – ze zijn allemaal archetypische principes, die niet alleen met de krachten van de natuur om ons heen resoneren, maar ook met diepe elementen van onze eigen psyche. Door deze resonantie bezit een archetype grote kracht. Door de tijd heen wordt het opgeladen met collectieve psychische energie en oefent een sterke invloed uit op de cultuur.

De beste methode voor het leren kennen van archetypen en het ontwikkelen van onze archetypische identiteit is door bewustwording en integratie van symbolen.

Beeld als symbool

Een archetype is geconcentreerde psychische energie en een symbool voorziet in de verschijningsvorm die het archetype zichtbaar maakt. We kunnen nooit een archetype tegenkomen, alleen zijn symbool.

EDWARD WHITMONT

Boven het hartchakra gekomen betreden we de symbolische wereld. Onze taal is opgebouwd uit klanksymbolen en onze letters duiden weer die klanken aan. Op het visuele niveau spreken symbolen tegen ons als representaties van machtige archetypische energieën. We zien ze in onze fantasieën en dromen, dragen ze in onze sieraden verwerkt, krabbelen ze op ons schrijfblok en gebruiken ze in ons logo. Symbolen zijn een direct medium voor het communiceren over diepe archetypische energieën, waarbij gelijktijdig beide hersenhelften betrokken zijn.

Symbolen zijn de middelen waardoor de geest archetypische energie waarneemt. Evenzo worden archetypen, die per definitie niet-stoffelijke 'mallen' voor psychische energie zijn, in het bewustzijn geïntegreerd door symbolen.

Symbolen verschijnen wanneer we een patroon herkennen. De geest spreekt niet altijd tegen ons in verbale taal, maar maakt gebruik van een meer archetypische taal, waarvan symbolen de elementen zijn. Willen we een *archetypische identiteit* ontwikkelen, dan moeten we leren symbolisch te denken en ons bewust zijn van wat de in ons leven verschijnende symbolen naar ons communiceren op geestelijk niveau. Door bewustwording van symbolen worden we ons bewust van archetypische energieën.

Symbolen komen uit het onderbewustzijn omhoog in onze dromen en fantasieën, kunstzinnige scheppingen en toevallige ontmoetingen en gebeurtenissen. Toen ik aan dit hoofdstuk begon te werken, begon ik allereerst met een zuiveringsperiode, waarin ik storingen uitzuiverde en enkele van mijn spirituele oefeningen intensifieerde. Twee dagen later vond ik een complete, een meter vijftig lange slangenhuid aan de rand van mijn tuin. Het bevestigde dat ik inderdaad een transformatie doormaakte en mijn oude huid aan het afwerpen was. Het feit dat ik de huid in mijn tuin vond – een plaats waar ik de groei van dingen cultiveer –, reikte me nog een ander symbool aan om over na te denken. Wát wil ik eigenlijk cultiveren in mijn leven? Wat heb ik in het verleden gecultiveerd en wil ik nu achter me laten? Wanneer slangen net hun huid beginnen af te werpen, is er een periode waarin deze over hun ogen glijdt en ze slecht kunnen zien. Na het afwerpen zien ze met nieuwe helderheid. Dat weerspiegelde de periode die ik net had doorgemaakt en waarin ik onzeker van mijn stem en ongerust op zoek naar mijn helderheid was geweest. Tot slot is de slang ook een symbool van de Kundalini-energie die door de chakra's stroomt. Met het bereiken van de laatste hoofdstukken van dit boek komt mijn innerlijke Kundalini op een nieuw niveau. Ik bewaar de huid nu op mijn persoonlijke altaar, waarop tal van symbolen uitgestald zijn van dingen die ik wil eren en in mijn leven brengen.

Het bovenstaande is een eenvoudig voorbeeld hoe we kunnen werken met de symbolen die in ons leven verschijnen. De potentste bron van deze symbolen zijn onze dromen.

Dromen

Dromen brengen een verbinding tot stand tussen het bewustzijn en het onbewuste. Ze verbinden onze lagere en hogere chakra's, wat cruciaal is voor zowel onze ontwaking als bewuste mens als de verbinding van dat bewustzijn met de dynamische grond van aarde en natuur.

Hoewel dromen tegen ons spreken op de symbolische wijze van de hogere chakra's, symboliseren ze feitelijk de verbinding tussen onze 'lagere' processen (instincten, gevoelens en impulsen) en de grotere archetypische wereld van de geest. Ze ontsluiten het mysterie dat ziel en geest, individueel en universeel in een dynamisch en gesynthetiseerd geheel verenigt. Ze zijn de bijdrage van het zesde chakra aan het doel van bewustwording, die onze laatste stap op de Regenboogbrug zal uitmaken.

Dromen bieden ons alternatieven voor de gewone werkelijkheid. Visioenen, verbeelding, helderziendheid en inzichten zijn alleen mogelijk wanneer we op nieuwe en creatieve manieren kunnen denken. Dromen stellen ons in staat dingen in een nieuw licht te gaan zien. Ze onthullen ons verborgen gevoelens en inzichten, verlangens en behoeften, afgewezen delen van onszelf, onbenutte talenten en stukken die we nog missen voor onze volledigwording. Ze zijn vaak opgebouwd uit volslagen irrationele beelden, die ons bewustzijn overhoophalen en daardoor openen voor iets groters.

Dromen brengen ons dikwijls antwoorden op problemen die ons bewustzijn niet kan oplossen en worden zo machtige geestelijke leraren. Vaak genoeg worden wetenschappelijke en technologische uitvindingen ingegeven door dromen, waarin zich in symbolische vorm het antwoord aandient op het probleem waar de dromer zijn hersens over pijnigt. Mendelejev bijvoorbeeld kwam op het periodieke systeem der chemische elementen in een droom die hij had toen hij op een middag in slaap was gedoezeld bij de precieze rangschikking van kamermuziek. Niels Bohr droomde van renpaarden op een renbaan en kreeg daarvan de inspiratie voor zijn model van het atoom met geordende banen van subatomaire deeltjes. De uitvinding van de naaimachine werd 'aan de hand gedaan' door een droom waarin kannibalen naar de uitvinder prikten met speren die gaten hadden in de *punten*; dat bleek de wezenlijke sleutel te zijn die uitvinders al meer dan vijftig jaar ontglipt was.[2] Dromen zijn representaties van onze innerlijke wereld zoals ze met de eisen van de uiterlijke worstelt.

Dromen zijn de manier waarop de psyche de homeostase bewaart – waarop ze de evenwichtsverstoringen corrigeert die optreden doordat we ons leven aan de externe realiteit aanpassen. Ze verstrekken het bewustzijn essentiële informatie over onze gezondheid, relaties, werk, groei en nagenoeg alle andere terreinen van ons leven. Jeremy Taylor vertelt het verhaal van een vrouw, Barbara, die droomde dat ze een portemonnee opende die gevuld was met rottend vlees. Haar droomgroep maakte zich ongerust dat de portemonnee haar baarmoeder symboliseerde en zij misschien kanker had. Hoewel er tot dan geen lichamelijke symptomen waren geweest, resoneerde het droombeeld voldoende om haar ertoe aan te sporen zich te laten onderzoeken. Het eerste onderzoek bracht niets aan het licht, maar verontrust door de droom besloot ze zich door een tweede arts te laten onderzoeken. Ze bleek inderdaad kanker te hebben en was er nog net op tijd bij om het tij te doen keren. Had ze langer gewacht, dan had ze te horen gekregen dat het te laat was.[3]

Dromen zijn een primaire ervaring van transcendent bewustzijn. In dromen is er geen lineaire tijd of beperking tot een logische ruimte. We kunnen ondersteboven vliegen of ons het ene moment boven op een berg bevinden en het volgende op kantoor. In dromen overschrijden we de grenzen van ons lichaam en betreden we een dimensie waar lichamelijk wel of niet mogelijk zijn er niet langer toe doet. Maar dromen kunnen ons ook ons lichaam *in* leiden door ons symbolische informatie over zijn behoeften te geven of door ons in staat te stellen bewegingen te maken of gevoelens te hebben die ons lichaam tijdens ons waakleven ontzegd worden. Aldus zijn dromen een essentiële schakel tussen somatische en transcendente ervaring.

Dromen fascineren filosofen en psychologen al duizenden jaren. Op hun helende kracht voor onze bewustzijnsontwikkeling zullen we nader ingaan wanneer we genezing langs de weg van het zesde chakra bespreken. Om dromen te kunnen begrijpen, moeten we nochtans beseffen dat symbolen representaties van archetypische energie zijn en onze intuïtie gebruiken voor het vinden van hun betekenis.

Intuïtie

Intuïtie is een sprong van fragmentatie naar volledigheid. Met onze intuïtie herkennen we onbewust een patroon. Ze is een van de vier functies van de jungiaanse typologie (de andere zijn *gewaarworden* en *voelen*, die met de eerste twee chakra's zijn verbonden, en *denken*, dat bij het zevende chakra hoort). Onze intuïtie is, zoals de energie in de lagere chakra's, in wezen passief. Wie wel eens ingevingen probeert af te dwingen, zal maar al te goed weten dat deze geen kwestie van wilskracht zijn, maar zich aandienen in een geestestoestand van openstaan en ontvankelijk zijn.

De ontwikkeling van onze intuïtie vergroot onze buitenzintuiglijke vermogens en speelt een centrale rol in het functioneren van het zesde chakra. Als we ons voor onze onbewuste processen afgesloten hebben en haast uitsluitend vanuit ons bewustzijn leven, is onze intuïtie onontwikkeld en vormt wat Jung een *inferieure functie* noemt. Zonder intuïtie kunnen we niet het geheel of de essentie van iets vatten. We kunnen ons niet overgeven aan de resonantie van waarheid en begrip die directer zijn dan waar we toegang toe hebben met onze rationele, bewuste geest. Aangezien onze intuïtie een passief proces behelst, moeten we ons kunnen overgeven, net zoals het ons openen voor de elementen aarde en water vereist dat we ons aan de zwaartekracht en het stromen overgeven. Alleen met onze intuïtie kunnen we het mysterie van de grotere, kosmische wereld bevatten.

We leven in een cultuur die de logica boven de intuïtie stelt. Als kind wordt ons niet geleerd waardering voor onze intuïtie te hebben en worden onze ingevingen vaak gebagatelliseerd, omdat we onze redenering niet logisch kunnen onderbouwen. Het gevolg is dat we onze eigen ingevingen afdoen als onzin, omdat we niet geloven dat we werkelijk iets zouden kunnen weten langs niet-logische weg. Deze innerlijke invalidatie onderdrukt onze buitenzintuiglijke vermogens.

De rationele geest (van *ratio*, 'tellen') denkt in stukken. Het ene stuk volgt op het andere en zo komen we logischerwijs van de ene gedachte bij de volgende. Hoewel de rationele geest een geheel kan synthetiseren uit de samenstellende delen, is het slecht geschikt voor het bevatten van grotere gehelen op een direct ervaringsniveau. Voor het bevatten van concepten van kosmisch en transcendent bewustzijn – de niveaus van de hogere chakra's – hebben we een directere wijze van waarnemen nodig. Dat is de functie van onze intuïtie.

Sri Aurobindo heeft de intuïtie beschreven als het opflitsen van een lucifer in de duisternis.[4] Enkele fracties van een seconde wordt de hele kamer verlicht. We zien in één directe, ongedeelde ervaring hoe groot hij is en welke vorm hij heeft, welke meubels en voorwerpen zich erin bevinden enzovoort. Onze intuïtieve flitsen verlichten evenzo kortstondig onze psyche en onthullen haar onderliggende geheel. Naarmate ons bewustzijn toeneemt (vooral door beoefening van meditatie) leren we deze verlichte momenten steeds langer te laten voortduren.

HELDERZIENDHEID

Door de ontwikkeling van ons zesde chakra verwerven we het vermogen van *clairvoyance* of *helderziendheid*. Hierdoor kunnen we met ons innerlijk gezichtsvermogen niet-stoffelijke niveaus waarnemen en bijvoorbeeld aura's en chakra's en gebeurtenissen in verleden en toekomst zien. Dit innerlijke gezichtsvermogen volgt uit de ontwikkeling van onze intuïtie. In essentie komt het erop neer dat we leren onze innerlijke aandacht lang genoeg op iets te richten om licht te laten schijnen op de patronen ervan. Naarmate we onze eigen bewuste processen beter inzien, zijn we ook steeds beter in staat dat bewustzijn te richten zoals we zelf verkiezen. Wanneer we eenmaal ons eigen licht hebben gevonden, kunnen we dat laten schijnen op wat het ook is wat we willen zien.

Geestelijk groeien vereist vaak dat we ons van gevestigde, gangbare patronen bevrijden. Dat kan angstaanjagend zijn – dermate angstaanjagend zelfs, dat velen liever helemaal nooit een poging wagen en het in plaats daarvan houden bij de vertrouwde niveaus van de lagere chakra's. Hoe kunnen we voorkomen dat we de bodem onder onze voeten verliezen, wanneer we het onbekende territorium van transformatie betreden? Door op onze intuïtie te vertrouwen. Onze intuïtie wordt dan de grond onder de voeten van onze bovenpersoonlijke psyche. Ze maakt het onbekende bekend.

Helderziendheid ontwikkelen we, net zoals intuïtie, door ons bewust over te geven aan ons onbewuste. We moeten vooropgezette noties loslaten en erop vertrouwen dat de integrerende kracht van ons Zelf ons naar totaliteit leidt. Het ontwikkelen van helderziendheid vergt dat we vertrouwen hebben en ons erin oefenen ons open te stellen voor de innerlijke gevoelens, stemmen en beelden die zich ongenood in ons bewustzijn aandienen.

Transcendente functie

Doordat het door de tegendelen in zichzelf te verenigen boven de tegenstelling uitstijgt, houdt het symbool het psychische leven constant aan het stromen en draagt het verder naar zijn bestemde doel. Spanning en loslaten – als een expressie van de levendige beweging van het psychische proces – kunnen elkaar in een onafgebroken ritme afwisselen.

JOLANDE JACOBI

Het is belangrijk om op dit punt nog eens naar onze chakrastructuur te kijken en vast te stellen waar we ons precies bevinden. We zijn de hals gepasseerd en gaan het hoofd binnen. Daarmee stijgen we uit boven de stoffelijke wereld van tijd en ruimte en betreden het onstoffelijke, symbolische niveau van de geest. Chakra's zes en zeven samen corresponderen met de gebieden die Jung het bovenbewustzijn noemde en waaraan anderen namen als transcendent, transpersoonlijk of kosmisch bewustzijn hebben gegeven.

De onderste twee chakra's waren het niveau van de instincten en het onbewuste, die gebonden aan de zwaartekracht stroomden overeenkomstig hun eigen aard. Bij het derde chakra ontwaakte ons egobewustzijn – een besef van een gescheiden zelf met een wil om de instinctieve stroom te weerstaan of in banen te leiden. Chakra's vier, vijf en zes werden tot op grote hoogte gestuurd door dat egobewustzijn zoals het in wisselwerking met de uiterlijke wereld treedt en onze ervaring integreert op de innerlijke niveaus (figuur 0-8).

Het niveau van het transpersoonlijke bewustzijn betreft een wereld die enerzijds boven het ego en de instincten uitstijgt, anderzijds beide weerspiegelt en combineert. Wat de weerspiegeling betreft, zien we dat chakra's zes en zeven de *mentale spiegels* van de lagere respectievelijk middenniveaus zijn. Het zesde chakra weerspiegelt symbolisch het *onbewuste*, terwijl het zevende chakra het niveau van *bewust* begrip is. We kunnen het zevende chakra beschouwen als de 'central processing unit' (CPU), die betekenis vindt in de beelden die het zesde chakra van de lagere niveaus naar boven brengt en ze incorporeert in een almaar verder uitdijend lichaam van begrijpen.

In oude tantrische teksten worden de belangrijkste *nadi's* (energiekanalen) van de chakra's weergegeven als een zich herhalend, rond de chakra's omhoog draaiend patroon van het cijfer acht. De twee nadi's *ida* en *pingala* – die als tegenpolen, solair en lunair, mannelijk en vrouwelijk, worden beschouwd – beginnen in het eerste chakra en komen weer bij elkaar in het zesde chakra. Op hun weg naar boven polariseren ze alle tussenliggende chakra's en beïnvloeden hun wervelen (figuur 6-2). Uit het feit dat ze in het zesde chakra samenkomen, leiden we af dat beide tegenpolen aanwezig en verenigd zijn, voordat de energie verder stroomt naar het transcendente, non-dualistische kruinchakra. Het zesde chakra is derhalve de grond waar dualiteiten samenkomen en getransformeerd worden. Een van die dualiteiten is die van bewust en onbewust.

Aangezien de bovenste twee chakra's met het niveau van het transcendente bewustzijn verbonden zijn, stijgen ze boven de (voor het lichaam zo belangrijke) tijd en ruimte uit. Hun draagwijdte verschuift van het zuiver persoonlijke naar een universeler, kosmisch niveau, waar het bewustzijn gediversifieerde elementen van ervaring samensmelt in een verenigd geheel.

Transcendente functie is een term die Jung gebruikte ter beschrijving van het vermogen van de psyche om tegendelen te verzoenen en te synthetiseren door het gebruik van symbolen. Wanneer dat gebeurt, transformeert onze attitude. We gaan van een kortzichtiger plaats van of/of – uit welke attitude innerlijk conflict, contradictie en onderdrukking voortvloeien – naar een groter perspectief, dat onze visie verruimt. In technische termen heeft de transcendente functie het doel 'de these van zuivere natuur en haar antithese van het tegenoverstaande ego op te heffen in de synthese van bewuste natuur'.[5] Met andere woorden, we maken aan de strijd tussen het bewuste ego en de onderdrukte instincten een einde door een synthese die beide in zich sluit. Zodra de opheffing tot stand gekomen is, kunnen we de energie van onze instincten bewust en harmonieus gebruiken in plaats van ons door ze te laten gebruiken. Bij de transcendente functie gaat het derhalve niet zozeer om het uitstijgen boven onze conflicten, als wel om het bereiken van een zienswijze waarin die conflicten zich oplossen in complementaire elementen van onze volledigheid.

Figuur 6-2. De chakra's en hun hoofdnadi's: ida, pingala en sushumna

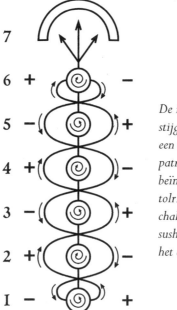

De ida en de pingala stijgen en dalen in een spiraalvormig patroon en beïnvloeden de tolrichting van de chakra's. De sushumna loopt door het centrum omhoog.

De transcendente functie combineert de onbewuste aspecten van de lagere chakra's met een visioen van volledigheid, dat omhelsd kan worden door het bewustzijn en vandaar door het totale Zelf. Ze brengt ons naar een volslagen nieuw uitkijkpunt – een geboorte op een hoger niveau van begrijpen. Het is de laatste stap in het individuatieproces (zolang althans individuatie ooit definitief voltooid genoemd kan worden). Het is onze poort naar de laatste stap over de brug – de poort naar zelfreflectie en zelfkennis.

Net zoals mantra's het hulpmiddel waren voor het focussen van het vijfde chakra, zo zijn symbolen dat voor het zesde – meer in het bijzonder het symbool van de *mandala*. Yogi's beoefenen soms *yantra-yoga*, de yoga van het mediteren over een symbool of mandala teneinde de geest in helderheid te focussen. Jung legde het verschijnen van mandala's in dromen uit als een opheffing van tegendelen en een symbool van volledigheid.

Naarmate het bewustzijn steeds meer van zijn elementen in een patroon van volledigheid integreert, centreert het evenwicht van tegendelen zich innerlijk hoe langer hoe meer rond het Zelf in plaats van rond het ego. Terwijl de instincten het centrum van het onbewuste zijn en het ego het centrum van de denkende geest, is het Zelf het archetypische mysterie in het centrum van het totale wezen. Het is geen punt, geen ding, geen plaats – maar een bindende kracht, die de verschillende essentiële onderdelen samentrekt, ongeveer zoals de zon de planeten in hun baan houdt.

Jung zegt: 'Met de geboorte van het symbool komt er een einde aan de regressie van het libido in het onbewuste. Regressie verandert in progressie, blokkering maakt plaats voor stromen, en de zuigkracht van de primordiale afgrond is doorbroken.'[6] Door het scheppen van het bemiddelende symbool kristalliseren onze belangrijke polariteiten ten slotte uit in een begrijpen en leiden ons naar bewuste realisatie.

Visioenen

Het uiteindelijke resultaat van het werken aan en met het zesde chakra – met zijn archetypen en beelden, dromen en fantasieën, symbolen en illusies – is het opkomen van een persoonlijk visioen. Naarmate we meer van onszelf waarnemen, kijken we dieper in de mensen en situaties om ons heen. Doordat ons innerlijk gezichtspunt zich verruimt tot een grotere, meeromvattender wereldbeschouwing, beginnen we onvermijdelijk een visioen te scheppen. Het visioen kan georiënteerd zijn op wereldproblemen en hoe ze ten goede veranderd kunnen worden, of het kan op kleinere schaal iets in het eigen persoonlijke leven behelzen. Het kan om een groots visioen over een nieuwe maatschappij gaan of minder verreikend om het visioen dat we ons anders moeten gaan gedragen tegenover onze partner. Het is niet de omvang of draagwijdte van het visioen die belangrijk is, maar dat we in staat zijn een nieuwe zijnswijze te zien.

In ons visioen scheppen we met behulp van onze verbeelding iets dat we nog nooit eerder hebben gezien. Het beeld dat we ervan in ons hoofd hebben vormt de blauwdruk op basis waarvan we onze werkelijkheid gaan scheppen. Het wordt onze nieuwe kijk op de dingen, het nieuwe glas-in-loodvenster, waardoor het licht van ons bewustzijn zal schijnen. Ons innerlijk visioen is de vreemde attractor die vormgeeft aan de chaotische fluctuaties in ons leven.

Een visioen is de tegenhanger van illusie en derhalve van transformatie. Een visioen verschilt van een illusie doordat we weten dat het slechts een mogelijkheid is – een richtsnoer die het manifesterende principe een brandpunt geeft en in banen leidt. Een illusie achten we daarentegen een voldongen feit en proberen we koste wat het kost in stand te houden. Een visioen houden we losjes vast; het transformeert en verandert constant. Het krijgt moment door de toegevoerde energie van de zich ten dienste stellende creatieve kracht. Een illusie bindt de energie in een statische vorm. Een visioen stroomt en leeft.

We hebben een visioen nodig om onze Regenboogbrug opnieuw te kunnen bouwen, om een leven te kunnen leiden dat rijk aan zin en doel is. Er is een visioen, zowel persoonlijk als collectief, voor nodig om te werken aan de verandering van de vele disfunctionele aspecten van onze wereld die ons verstrikt, gevangen en losgesneden houden. Een visioen hebben is een essentieel onderdeel van enig helingsproces.

Hoe abstract of specifiek ons visioen echter verder ook is, we kunnen het alleen beginnen te verwezenlijken door veranderingen in ons eigen leven aan te brengen. Om iets te kunnen veranderen, moeten we ons een voorstelling van het hoe en wat kunnen maken. We hebben een beeld, symbool of teken nodig dat de psychische energie van ons bewustzijn en onze activiteiten stuurt en op de gewenste nieuwe manifestatie concentreert. We hebben een vormgever van de realiteit nodig – een doel in de toekomst dat aangeeft wat we nú in het heden moeten ondernemen. Met dit beeld voor ogen kunnen we de ongevormde chaos van ons leven een gedaante gaan geven.

Met een geheeld zesde chakra kunnen we visioenen ontwikkelen. We zijn in staat, bewust, onze weg naar de toekomst aan te leggen en ons te bevrijden uit de greep van het verleden. Ons visioen maakt het verschil uit.

De lotus laten groeien

Ontwikkeling en vorming van het zesde chakra in één oogopslag

LEEFTIJD:
- Adolescentie

TAKEN:
- Onafhankelijkheid
- Oorspronkelijkheid

BEHOEFTEN EN LEVENSGEBIEDEN:
- Zelfreflectie
- Vrijheid en verantwoordelijkheid
- Identiteit versus rolverwarring

> *De behoefte van de mens om de wereld en zijn ervaring erin zowel symbolisch als realistisch te begrijpen, herkennen we bij veel kinderen al op jonge leeftijd... Ze is de wortel van alle creativiteit... gevoed... door de kracht van aanvankelijk onwaarneembare archetypen, die vanuit de diepten van de psyche werken en de geestelijke wereld scheppen.*
>
> JOLANDE JACOBI

De verbeelding van een kind werkt haast onafgebroken. Nog 'onvervuild' door vaste ideeën over hoe dingen in elkaar zitten, kan het zijn verbeelding vrij gebruiken voor het verkennen van nieuwe mogelijkheden. Met zijn onbevangenheid ziet een kind dikwijls duidelijk de kern van dingen; het is nog niet gebonden aan illusies over hoe dingen 'behoren te zijn', vrijer om ze waar te nemen zoals ze zijn. In zijn natuurlijke nieuwsgierigheid stelt het zichzelf ontelbare 'wat, indien...'-vragen en laat vrijuit allerlei mogelijkheden de revue passeren in zijn drang om de in zijn leven werkzame patronen te ontwaren. Dit is de geest die naar zijn natuurlijke doel van bevrijding en begrijpen streeft. Het is van het grootste belang om het kind in deze fantasievolle creativiteit te steunen, zodat het open blijft staan voor de verruiming van de eigen geest.

Het herkennen van patronen is een capaciteit waar we ons heel ons leven verder in blijven bekwamen. De door ons ontwaarde patronen worden van eenvoudig, zoals het gezicht van onze moeder, almaar complexer, bijvoorbeeld de tranceachtige dans van gezinsrollen. Elk door ons waargenomen patroon vertelt ons iets over onszelf en ook iets over de wereld om ons heen. Elk stukje wordt een onderdeel van onze innerlijke matrix van begrijpen, die zich constant vormt en wijzigt terwijl we verder leren en groeien. Dit is een de mens aangeboren bewustwordingsproces, dat zich op enig moment voltrekt, is het niet op het ene niveau, dan wel op het andere.

Maar wat kenmerkt de specifieke ontwikkeling van het zesde chakra? – het vermogen om symbolisch en abstract te denken. Voor Piaget is dit het stadium van de *formele operaties* (vanaf twaalf jaar). Het kind oriënteert zich meer op de vorm dan op de inhoud en begint te denken als een wetenschapper, na te denken en te filosoferen over zijn leven. In deze fase kan het kind nadenken over iets wat het niet feitelijk ervaren heeft. Het heeft toegang tot de symbolische wereld.

Deze ontwaking vindt plaats wanneer we ons gaan realiseren dat niet alles wat we waarnemen noodzakelijkerwijs onszelf betreft – en dat er grotere patronen zijn buiten onze vriendenkring op de middelbare school, onze familie of zelfs de samenleving. Merkwaardig genoeg schept dat tevens een noodzaak om onszelf verder te definiëren, aangezien we gedwongen zijn ons ego aan te passen bij onze meeromvattender zienswijze en de zich snel voltrekkende veranderingen die ons lichaam in de puberteit ondergaat. Het lijkt erop dat hoe verder het kind buiten zichzelf kan reiken, hoe onzekerder het wordt over de eigen identiteit.

Erikson vat de adolescentie op als het stadium waarin *identiteit versus rolverwarring* het centrale thema gaat vormen. In deze fase zoeken we in toegenomen mate naar een zinvolle persoonlijke identiteit omdat, zoals we allemaal weten, die welke mamma, pappa of de maatschappij heeft gemodelleerd, gewoonlijk onacceptabel is. Een zinvolle persoonlijke identiteit moet in dit stadium epische proporties hebben – het moet sterk met het Zelf resoneren en het Zelf naar een grotere plaats brengen. Het moet richting geven aan de krachtige energiestoten die we voelen terwijl onze lichamelijke groei afneemt en onze seksuele energie rijpt. De energie die voorheen door het organisme werd gebruikt voor lichamelijke groei wordt nu, voorzover ze zich niet seksueel ontlaadt, in de geestelijke ontwikkeling gestoken.

We zien vaak dat adolescenten in hun zoeken naar een zinvolle identiteit bij een soort van archetypische heldenverering uitkomen. Jongens aanbidden bijvoorbeeld topvoetballers of archetypische figuren uit films, zoals Batman, Jean-Claude Vandamme of Rambo. Ze verven hun haar oranje en dragen het in een hanenkam, scheren hun kop kaal of piercen verschillende delen van hun lijf, al naar gelang de mode van het moment. Jonge meisjes modelleren zich naar topmannequins, fantaseren erover dat ze met een filmster trouwen of imiteren feministes van de harde lijn. Ze proberen verschillende rollen uit alsof ze auditie doen voor een toneelstuk. En feitelijk doen ze dat ook, want de volgende levensfase staat voor de deur en het lijkt erop dat we daar alleen aan deel kunnen nemen als we een rol gekozen hebben om te spelen.

Jammer genoeg heeft het zoeken naar persoonlijke zin in termen van archetypen in onze cultuur veel aan verfijning ingeboet. Onze kinderen, verstoken van de rijke archetypische erfenis van de mythologie, moeten hun modellen ontlenen aan MTV. Rambo heeft de plaats van de mythische held ingenomen en Barbie de geest van Aphrodite. De adolescent doet zijn intrede in de grotere gemeenschap in het winkelcentrum, terwijl de schoolopleiding van alle fantasie gespeend is en zich fixeert op een rationele denkwijze, die geen nieuwe identiteit toelaat.

Niettemin blijven de archetypen aan ons voorbijtrekken. Michael Jackson wordt een symbool van rassen- en geslachtenintegratie of, het ligt er maar aan hoe je het bekijkt, de ontkenning daarvan. Luke Skywalker ontmoet zijn spirituele leraar, Yoda, en transformeert de donkere kant van zijn vader. Dit soort archetypische drama's beïnvloeden de adolescent diepgaand in de vorming van zijn identiteit, ook al begrijpt hij niet bewust de symboliek ervan. Zoals Erikson heeft gezegd: 'In het zoeken naar de sociale waarden die tot richtsnoer van de identiteit kunnen dienen, stuit men daarom op de problemen *ideologie* en *aristocratie*... Om niet cynisch te worden of in apathie te vervallen, moeten jonge mensen zichzelf er op de een of andere manier van kunnen overtuigen dat wie in zijn geanticipeerde volwassenenwereld slaagt, daardoor de verplichting op zich neemt om de beste te zijn.'[7]

Aangezien de verbeelding een belangrijk bloemblaadje van de zesde lotus vormt, schimpt de adolescent vaak op de *fantasieloosheid* van de oude generatie. Wanneer zijn mentale apparaat een stroom 'fantasterijen' uitspuit, lijken mamma en pappa ook inderdaad tamelijk bekrompen. Het maakt niet uit of ze zelf al alle dingen hebben uitgeprobeerd die de adolescent nu zo nieuw en opwindend vindt – de oude manier lijkt in de ogen van de jongeling, wanneer zijn zesde chakra ontwaakt, doodgewoon te kleingeestig en beperkend. Hij heeft het nodig om te kunnen experimenteren met zijn toegenomen keuzemogelijkheden.

Het kan tegenstrijdig lijken dat de persona aanvankelijk gevormd is in het stadium van het vierde chakra en de persoonlijke identiteit desalniettemin opnieuw zo belangrijk wordt bij het zesde chakra. Maar er bestaat een groot verschil tussen de twee. In het vierde chakra vormen we onze sociale persoonlijkheid relatief onbewust. We imiteren wat we om ons heen zien, we passen ons aan en conformeren ons. We doen wat werkt – wat ons liefde en goedkeuring oplevert. We zijn ons niet bewust van het spectrum van mogelijke keuzen.

Op de piek van de adolescentie evalueren we onze aangenomen persona. Plotseling merken we dat we veel meer keuzemogelijkheden hebben, terwijl we bovendien inmiddels over de creativiteit van het vijfde chakra beschikken. Dit keer maken we onze keuze relatief bewust. We zullen ons waarschijnlijk minder gelegen laten liggen aan het tevredenstellen van onze ouders. Veel belangrijker is onze identiteit tegenover onze vrienden en in verhouding tot onze culturele goden. Onze keuze is meer op de toekomst georiënteerd – we veranderen van wie we zijn geweest in wie we graag willen worden. De nieuwe identiteit moet een of andere zinvolle betekenis hebben. Het zoeken naar deze betekenis leidt ons naar het zevende chakra.

Ontwikkeling in de volwassenheid

Indien het proces zich niet in de adolescentie heeft voltrokken, vinden het ontwaken van de symbolische communicatie en het vinden en aannemen van de eigen archetypische identiteit bij de volwassene gewoonlijk plaats na een midlifecrisis. Onze tot dan toe aangenomen rollen bevredigen niet langer en doordat we ze afleggen, storten we omlaag in onbekende diepten, waar niets nog duidelijk en zeker is. Door onze gehechtheid aan onze oude identiteit kunnen we andere belangrijke aspecten van onszelf ontkend hebben en deze kwellen ons nu in onze dromen en fantasieën en dwingen ons ertoe ons open te stellen voor een meeromvattende identiteit en levensinstelling.

De ontwikkeling van het zesde chakra wordt gewoonlijk als een geestelijke ontwaking omschreven. We zien opeens met nieuwe ogen, komen tot diepe inzichten, veranderen ons perspectief en onze attitude of ontwikkelen een visioen. Het kan zich op enig moment in het leven voltrekken, maar zoals het licht van de meeste dageraden wordt het dikwijls voorafgegaan door duisternis. Het is de duisternis die ons ertoe aanzet in de diepten van onze ziel te reiken tot voorbij waar we ooit eerder geweest zijn, zodat we vandaaruit een nieuwe realiteit kunnen gaan scheppen. Het is altijd het donkerst vlak voor het ochtendgloren.

Trauma's en mishandeling

Het komt louter door de overheersing van ons intellect dat we visualiseren beschouwen als iets dat losstaat van de rest van onze ervaring. In feite is ons visuele proces evenwel direct verbonden met wat we voelen, denken en uiten. Wanneer we iets vanuit onze ooghoek zien, springen we op of houden de adem in. Bekoorlijke beelden kunnen onze seksuele opwinding stimuleren. Van gewelddadige beelden worden we misschien misselijk of doodsbenauwd.

Als ons visuele geheugen dermate nauw met onze somatische ervaring is verbonden, is het niet meer dan logisch dat schending van onverschillig welk ander chakra – van ons lichaam, onze emoties, onze autonomie, ons hart of onze vrijheid van expressie – eveneens een schadelijk effect sorteert op de mate van geopendheid van ons zesde chakra. Dit is de bibliotheek waar we de met onze ervaring verbonden beelden opslaan. Als het volgestouwd zit met negatieve ervaringen, kunnen we onbewust delen van de bibliotheek censureren.

Als onze met een beeld of herinnering verbonden gevoelens onplezierig zijn, kunnen we die gevoelens slechts op twee manieren vermijden: of we kunnen de herinnering *verdringen*, of we kunnen haar van ons *afsplitsen*. In geval van verdringing beperken we ons waarnemingsvermogen en zetten als het ware oogkleppen op, die ons gezichtsveld vernauwen. In geval van afsplitsing of dissociatie remmen we ons vermogen om iets zinnigs te maken van de beelden die we zien – we ontdoen ze van hun betekenis en waarde, terwijl onze onbewuste reacties losgekoppeld blijven van alle bewuste inzicht.

De vader van Sandra sloeg haar moeder geregeld en bedreigde Sandra zelf vaak verbaal. De ervaring van alle gewelddadigheden was voor haar voldoende om zich vast voor te nemen zich koste wat het kost onberispelijk te gedragen, zodat ze uit de problemen zou blijven. Maar als ze zag dat haar moeder weer eens werd afgeranseld, stond ze zelf doodsangsten uit en voelde zich hulpeloos. Ze kon haar vader niet vertrouwen als hij woedend was, evenmin kon ze erop vertrouwen dat haar moeder haar, indien nodig, zou verdedigen, aangezien haar moeder overduidelijk zichzelf niet eens kon verweren. Anderzijds was Sandra van hen afhankelijk voor steun. Het gevolg was een ondraaglijke contradictie. Aangezien dit soort angst in het lichaam de energie mobiliseert om in actie te komen, maar er geen toelaatbare actie was die ze kon ondernemen, kon Sandra haar psychische evenwicht alleen handhaven door voor te wenden dat ze het niet zag. Ze verdrong de herinnering. In plaats daarvan herinnerde ze zich haar vader als liefdevol en aardig. Later, als volwassene, kon ze zichzelf evenmin tot actie aanzetten, toen haar echtgenoot op zijn beurt haar tienerdochter mishandelde. Toen een van de buren tegenover haar over de mishandeling begon, reageerde ze vol ongeloof en defensief. Ze verdedigde haar echtgenoot fel en hield vol wat voor goede man het toch was en hoe zielsveel hij van zijn dochter hield. Hoewel hij inderdaad op zijn manier van hun dochter gehouden kan hebben, kon ze doodgewoon niet zien wat zich voor haar neus afspeelde. Ze kon de liefde niet scheiden van de mishandeling en zag en verdedigde in plaats daarvan haar eigen illusie.

De herinnering aan haar vader was, begraven in haar psyche, nog tamelijk actief. Ze werd geplaagd door dromen waarin ze achtervolgd werd door duistere figuren en haar lichaam was samengetrokken en klein, haar stem timide. Haar voorhoofd was gerimpeld rond het zesde chakra en ze droeg al sinds het begin van de middelbare school een sterke bril. In veel opzichten was ze de ideale moeder, die voor haar dochter deed wat ze maar kon. Maar ze had een deel van haar psyche afgesloten, wat haar verhinderde duidelijk te zien en een belangrijk patroon met betrekking tot het welzijn van haar dochter te herkennen.

Tom somde daarentegen de verschrikkelijkste herinneringen aan zijn jeugd op alsof hij een waslijst opdreunde. Bij hem was duidelijk sprake van *dissociatie*. Hij was uitermate creatief, artistiek en elegant, maar vertoonde in zijn relaties een koudheid om van te huiveren. Hij kon maar niet begrijpen waarom zijn opeenvolgende partners altijd boos op hem waren – hij was zich onbewust van de uitwerking die zijn woorden en daden hadden op een ander en weet het in plaats daarvan aan de emotionele zwakte van zijn partner. Zijn patroon in relaties bleef oningezien en onveranderd voortbestaan. Hij kon niet 'zien' wat hij niet kon voelen.

Met verdrongen emoties sluiten we ons zesde chakra af, waardoor een deficiëntie ontstaat. In geval van dissociatie verliezen we onze grond en wordt ons zesde chakra excessief – overstelpt door beelden die in onze psyche rommelen, maar nooit het niveau van bewustzijn bereiken.

Wanneer we dagelijks leed en ellende in onze omgeving zien, sluiten we ons zesde chakra. Zelfs ons vermogen om met onze fysieke ogen te zien kan verminderen. Als iemand al sinds zijn jeugd een bril draagt, kan het de moeite lonen om na te gaan wat er zich in het gezin afspeelde toen de gezichtsproblemen zich voor het eerst aandienden. Wat was het wat hij niet wilde zien? Wat was de contradictie? Wat is de illusie die hij eraan overgehouden heeft, en wat zou de onderliggende waarheid kunnen zijn?

Er zijn ook momenten waarop een kind te horen krijgt dat het niet gezien heeft wat het dacht gezien te hebben. 'Pappa ligt niet dronken op de bank, hij is alleen maar moe.' 'Mamma is niet kwaad op je, ze is alleen maar met het verkeerde been uit bed gestapt.' 'Wij zijn een zeer gelukkig gezin en we houden allemaal zielsveel van elkaar.' Dit zijn de soort illusies die in woorden uitgesproken of door het gezin opgevoerd worden in zijn dagelijkse toneelstuk. Aangezien het voor het jonge kind moeilijk is om met een contradictie te leven, vindt het het gemakkelijker om zijn eigen waarneming te ontkennen.

Ten aanzien van het herstelproces spreekt John Bradshaw over 'van de illusie van zekerheid naar de zekerheid van illusie' gaan.[8] Valse herinneringen aan ons verleden als veilig en zeker kunnen een illusie van zekerheid zijn. Wanneer we nauwgezet terugkijken naar de gebeurtenissen, zien we dikwijls dat het zeer zeker een illusie was. Op dit punt krijgen we helderheid, die ons in staat stelt een heleboel dingen in ons leven in een nieuw perspectief te zien.

Kinderen zijn van nature sensitief. Bij ontstentenis van directe kennis gaan ze bij het taxeren van een situatie af op hun intuïtie. Een kind kan aanvoelen dat er problemen in het gezin zijn, maar als dit niet door feiten is gestaafd, begint het de eigen intuïtie te wantrouwen. Het gevolg is dat deze zich niet zo sterk ontwikkelt als andere functies.

Schaamte

Schaamte zet aan tot een intense zelfcontrole. Door schaamte geplaagde personen voelen de drang om te allen tijde zo volmaakt mogelijk over te komen en te presteren. Dientengevolge is hun gezicht naar binnen gekeerd in een verlammend patroon van controlerende zelfobservatie. Daardoor is hun gezichtsvermogen minder beschikbaar om naar buiten te kijken. Wanneer de ogen dan wel naar buiten kijken, zoeken ze vaak naar aanwijzingen die vertellen hoe ze het ervanaf brengen, wat men van hen wil, of ze veilig zijn. Als dit zelfcontrolerende programma in het zesde chakra draait, neemt het het grootste deel van de 'schijfruimte' van het centrum in beslag. Zelfs wanneer iemand tegen ons zegt dat we er goed of leuk uitzien, kan dat door het programma afgewezen worden. Iemand die zich schaamt kan dat positieve beeld van zichzelf niet in zich opnemen.

Daarnaast kunnen zich diep schamende mensen je niet recht in de ogen kijken. Wanneer we onszelf als zwak beschouwen, beschermen we onze ogen om te voorkomen dat iemand naar binnen kijkt, alsof ze anders onze eigen negatieve, verinnerlijkte beelden zouden zien. Maar als we geen contact kunnen maken met andermans ogen, kunnen we noch zelf zien noch accuraat gezien worden. We sluiten de blinden voor dit essentiële venster naar de ziel en worden ook psychologisch blind.

Exces en deficiëntie

Deficiëntie

Met een deficiënt zesde chakra blijven de bijbehorende vermogens onontwikkeld. De intuïtie is slecht, vaak gepaard aan een compenserende gerichtheid op het rationele denken. We kunnen psychisch ongevoelig of 'hoofdverblind' zijn. Dit is de gast die het niet opmerkt dat zijn gastheer en gastvrouw op hun horloge kijken en hun keel schrapen als stille wenken dat het tijd is om te vertrekken. Dit is de man die een afspraakje wil maken maar het niet durft, terwijl hij het niet opmerkt dat de vrouw naast hem feitelijk openlijk met hem flirt. Wanneer we hoofdverblind zijn, merken we geen subtiele stemmingsnuances op, vaak die van onszelf inbegrepen. We worden er ons mogelijk pas veel te laat bewust van dat we het eigenlijk al vermoedden dat iets niet goed zou uitpakken. Met een deficiënt zesde chakra ontgaan ons de subtiliteiten van ons eigen proces (figuur 6-3).

Figuur 6-3. Exces en deficiëntie van het zesde chakra

EXCES
Ten gevolge van een slecht onderscheidingsvermogen worden we bovenmatig overspoeld door buitenzintuiglijke input, waardoor we niet helder meer kunnen zien.

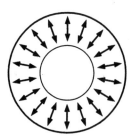

DEFICIËNTIE
Een exces is als een muur, die verhindert dat we naar buiten kunnen kijken. Onze zelfreflectie is erg versmald en egotistisch.

Als het geheugen over het algemeen genomen slecht is, kan het zesde chakra gesloten zijn uit bescherming. In dit geval kunnen zekere herinneringen verdrongen zijn en slurpt de inspanning om ze begraven te houden een fiks deel van de opslagcapaciteit van het chakra op.

Mensen met een deficiënt zesde chakra hebben moeite met visualiseren of het zich voorstellen dat dingen anders zouden zijn. Ze kunnen zich er geen voorstelling van maken hoe de zitkamer eruit zou zien wanneer hij blauw was geverfd; ze kunnen zich het leven niet voorstellen als anders dan het is, evenmin dat ze zich anders zouden gedragen. Dit soort mensen kan zeggen: 'Zo zit ik nu eenmaal in elkaar,' en het daar verder bij laten. Moeite met visualiseren speelt hen ook parten bij geleide meditaties of creatieve visualisaties. Zulke mensen zullen vaak technieken vermijden die van dergelijke methoden gebruikmaken. Maar als we ons geen voorstelling van verandering kunnen maken, is de kans klein dat ze ook daadwerkelijk tot stand komt.

Wanneer we inhouden van ons onbewuste onderdrukken, kunnen we er moeite mee hebben ons onze dromen te herinneren. Misschien denken we dat we helemaal nooit dromen hebben (terwijl feitelijk iedereen 's nachts droomt) of we kunnen onze dromen niet vasthouden in ons waakbewustzijn. Dat sluit helaas een belangrijke toegangsweg naar ons diepere zelf af. Het kan het gevolg zijn van een deficiëntie van het zesde chakra; het kan echter ook eenvoudig komen doordat we ons zesde chakra zoveel gebruiken in ons wakend leven, dat het 's nachts minder actief is.

Wanneer we moeite hebben met visualiseren, ons een voorstelling van iets maken of dromen, is de kans groot dat we sterk geneigd zijn te geloven dat we 'de ene ware, juiste en enige manier' zien. De term monopolarisatie beschrijft de geestestoestand die de andere kant niet kan zien. Niet in staat ons voor te stellen dat iets ook anders kan zijn, moeten we het wel ontkennen of ongeldig verklaren. Het gevolg is een geestelijke geslotenheid, die het liever bij het bekende houdt dan zich te verruimen door zich op onbekende gebieden te wagen. Als de onderste chakra's ons niet hebben voorzien van de zekerheid die nodig is om ons te kunnen laten gaan, geven we er de voorkeur aan in het oude vertrouwde wereldje te blijven.

Veel van wat we weigeren te zien valt vanzelfsprekend onder het kopje *ontkenning*. Ontkenning houdt hardnekkig vol dat iets niet bestaat – dat we geen drankprobleem hebben, dat we niet te sterk gehecht zijn aan onze relatie, dat we gelukkig zijn wanneer we dat niet zijn, of dat er geen milieuproblematiek in de wereld bestaat. Ontkenning kan zowel op persoonlijke als op collectieve schaal plaatsvinden. Als we iets ontkennen, verkeren we in de greep van de demon van illusie – we zitten gevangen in een fantasiewereld, zodat we niet genoodzaakt zijn in ons leven actie te ondernemen.

Exces

Wanneer het beeld of de herinnering van een gebeurtenis onverbonden is met de rest van de ervaring, is er energie afgesplitst en in een beeld geïnvesteerd. Zijn er veel van zulke gedissocieerde beelden, dat wil zeggen beelden die niet in de ervaring geaard zijn, dan ontwikkelt zich in het zesde chakra een toestand van exces. Dit soort elementen kunnen ons dan in onze dromen achtervolgen, zich als obseferende fantasieën aandienen of zich tot complete wanen en hallucinaties ontwikkelen. Het kan het hele spectrum van lichte neurotische stoornissen tot volledige psychosen doorlopen (figuur 6-3).

Zulke mensen lijken te werken onder de belasting van te veel psychische input. Ze komen, vaak met schichtig heen en weer schietende ogen, naar je toe om je te vertellen wat iedereen van hen denkt of dat er bepaalde dingen staan te gebeuren. Ze kunnen veel visioenen hebben, maar hun visioenen zijn verziend, blind voor de directe werkelijkheid. Dit is degene die stinkend rijk gaat worden met zijn nieuwe project terwijl hij niet eens de huur van deze maand kan betalen, of degene die al loopt te fantaseren over de trouwpartij met iemand met wie hij nog maar net een paar keer uit is geweest. Ik noem het 'visioenverblindheid', alsof het beeld dat ze zien hen verblindt voor al het andere.

Bij een excessief zesde chakra is energie onttrokken aan de lagere chakra's. Zonder aarding en de daarmee gepaard gaande begrenzing en eenvoud kunnen we het spoor bijster raken in de grenzeloze wereld van de bovenste chakra's en hebben we geen oriëntatiepunt dat ons in staat stelt er ordening in aan te brengen. We kunnen ons te sterk vereenzelvigen met archetypische energieën en hebben te weinig persoonlijk ego om het in balans te brengen. We kunnen denken dat we Jezus, Cleopatra of de grote wereldleider zijn, maar zijn ons nauwelijks bewust van hoe onze naaste vrienden op ons reageren. De archetypische fantasieën dienen als buffer voor ons zwakke ego en geven ons het gevoel belangrijk en machtig te zijn. We kunnen in onze vorige levens een of ander element ontdekken en dan alle huidige problemen wijten aan deze onopgeloste kwesties. 'Ik kan niet met Sarah opschieten, omdat ze in een vorig leven mijn moeder is geweest en me heeft proberen te doden, omdat ze te veel kinderen had.' (Dit soort fantasieën kunnen overigens heel goed elementen van de huidige kwestie blootleggen.)

Bij de paragnostische lezingen in mijn praktijk verbaast en schokt het me altijd weer hoeveel ontzag sommigen voor een paragnost hebben. Gewoonlijk weet ik al meteen dat de cliënt een excessief zesde chakra heeft, wanneer hij gaat zitten en in naïeve ernst alle details van een vorige lezing begint op te sommen, alsof het het evangelie was. Het zesde chakra staat wijdopen zonder enig onderscheidingsvermogen. Het is belangrijk dat we open blijven staan voor buitenzintuiglijke, niet-rationele input, maar het is even belangrijk om de ontvangen informatie rationeel te sorteren. Gebrek aan onderscheidingsvermogen wijst op een slechte afgrenzing van het zesde chakra, waardoor het centrum overladen raakt.

Daarmee wil ik nog geenszins de mogelijke waarde van intuïties, herinneringen aan vorige levens, precognities, telepathie of enige andere paranormale discipline ontkennen. Maar met een excessief zesde chakra neemt het vermogen om waarheid van verzinsel te onderscheiden nu eenmaal af. Het op zich al universeel georiënteerde zesde chakra opent zich voor de enorme uitgestrektheid van het astrale niveau, waarop alles plaatsvindt zonder de testgrond van de onderste chakra's. Dit is een gevaarlijke situatie.

De afwezigheid van energie in de lagere chakra's maakt het gemakkelijk om het lichaam in en uit te gaan en de betrokkene kan zodoende inderdaad paranormale input ontvangen. Dat betekent echter nog niet dat al zijn input ook accuraat is, of dat de waargenomen patronen in het bewustzijn geïntegreerd worden. Zulke mensen kunnen vaak een 'channeler' worden, een medium met het vermogen om het lichaam te verlaten en andere entiteiten door zich heen te laten komen. Over de waarde van channeling kan men van mening verschillen. Maar ongeacht of de informatie gestuurd wordt door een autonome, lichaamloze entiteit of het eigen onbewuste of hogere zelf, of dat het louter om grillen van de fantasie gaat, er kan geen twijfel over bestaan dat er in sommige gevallen accurate informatie kan doorkomen. En het staat evenzeer buiten kijf dat er ook inaccurate informatie kan doorkomen. Zoals bij enige buitenzintuiglijke activiteit moet er een testgrond zijn, waar we met onderscheidingsvermogen uitziften wat we ervaren hebben. Een excessief zesde chakra wil dit proces omzeilen.

Wanneer we door buitenzintuiglijke input overstelpt worden, kunnen we ons moeilijk concentreren. Binnendringende, storende elementen leiden ons af wanneer we helder proberen te denken. Ze kunnen ons ook bang maken, zodat we moeilijk stil kunnen blijven zitten en onze geest laten bezinken. Een klassieke metafoor omschrijft meditatie als het lang genoeg laten staan van een glas met modderwater, totdat de modder naar de bodem gezonken en het water helder geworden is. Trekken we deze analogie door, dan is degene met een excessief zesde chakra iemand die het zich niet kan veroorloven om de modder te laten bezinken. Gebeurt het namelijk wel, dan zou daardoor aan het licht kunnen komen wat hij probeert te onderdrukken. Niet in staat te zinken kan hij zich niet aarden, en dus blijft de psychische energie in de hogere chakra's circuleren en doolt ongebonden rond door de oneindige wereld der verbeelding.

Een excessief zesde chakra hebben betekent niet noodzakelijkerwijs dat de buitenzintuiglijke vermogens sterk ontwikkeld zijn. Voor de ontwikkeling daarvan is het een voorwaarde dat we informatie kunnen aarden, onderscheiden, doorgronden en wijs in het dagelijks leven gebruiken. Een exces is in plaats daarvan een soort van op hol geslagen psychische energie, een auto zonder remmen, een geest die openstaat maar kaleidoscopisch is.

Combinaties

Terugkerende nachtmerries kunnen een gevolg van zowel een exces als een deficiëntie zijn. Dit soort in het bewustzijn binnendringende elementen kunnen we beschouwen als gedissocieerde fragmenten die uit het onbewuste omhoogkomen, maar niet in het waakleven geïntegreerd kunnen worden. Als het chakra sterk gesloten is, kan het zijn dat de dromen het onbewuste materiaal onder de aandacht proberen te brengen. Voordat we in geval van nachtmerries kunnen beoordelen of er sprake is van een exces dan wel een deficiëntie, moeten we eerst naar andere elementen van het zesde chakra kijken.

Zoals gebruikelijk is het mogelijk om kenmerken van beide toestanden te vertonen. We kunnen ons bijvoorbeeld enerzijds uitstekend onze dromen herinneren, maar zijn anderzijds hoofdverblind of hebben moeite met visualiseren in het waakleven. We kunnen sterk paragnostisch of intuïtief zijn en toch ontkennen. We kunnen fantasievol zijn, maar ongevoelig voor anderen.

Balans

Kenmerken van een evenwichtige toestand van het zesde chakra zijn onder meer een goed intuïtief waarnemingsvermogen, dat ons in staat stelt beter te functioneren, en het vermogen om fantasievol en creatief te zijn. Met een evenwichtig zesde chakra kunnen we onze geest tot rust laten komen en helder zien, zonder dat persoonlijke kwesties of lagere identiteiten een verstorende of vervormende invloed uitoefenen. We kunnen symbolisch denken, ons een voorstelling maken van verschillende uitkomsten en een visioen ontwikkelen dat ons tot richtsnoer dient en zin aan het leven geeft.

Herstel van de lotus in zijn oorspronkelijke staat

Gezondmaking van het zesde chakra

Wanneer we het mythische bewustzijn niet juist begrijpen, maar in feite afwijzen, onthouden we onszelf de mogelijkheid van psychische en sociale integratie. Het mythische bewustzijn is even noodzakelijk als het verstandelijke bewustzijn...Wie deze structuren negeert, doet dat op eigen risico.

GEORG FUERSTEIN

Voor de meesten in onze cultuur is het werken aan het zesde chakra eerder een kwestie van de gezondmaking dan van de ontwikkeling ervan. Als kind en jonge volwassene wordt ons niet geleerd onze intuïtie te gebruiken, mythisch of symbolisch te denken of buitenzintuiglijke waarnemingen zelfs maar voor mogelijk te houden. Voorwaarde voor de ontwikkeling van ons zesde chakra is dan ook in de eerste plaats dat we deze eenzijdige gerichtheid en dit ongeloof overwinnen. Vervolgens moeten we onze bewuste waarneming ontwikkelen door ons er gericht in te oefenen en haar te disciplineren. Leren zien is een kwestie van leren hoe te kijken en het geduld hebben om lang genoeg te kijken totdat we vinden waarnaar we zoeken.

Aangezien ons visuele denkproces zo nauw verbonden is met de rest van onze persoonlijke ervaring, vergroot elke stap in ons gezondmakingsproces – of het nu lichaam, emoties, geest of persoonlijke relaties betreft – de helderheid van het grotere verband dat we proberen te zien.

Onze cultuur is tot op grote hoogte losgesneden van onze grond in de vorm van de aarde en ons lichaam. De meesten van ons missen daardoor de stabiele basis die nodig is om effectief de hogere chakra's te openen. Ze ontwaken slechts ten dele en het is op dit niveau (ervan uitgaande dat we ons aardingswerk gedaan hebben) dan ook onze taak om hun ontwaking te stimuleren, zodat ze beter de integratie van het Zelf kunnen dienen.

Naarmate deze ontwaking vordert, heffen we hoe langer hoe meer de contradicties tussen onze waarneming en de rest van onze ervaring op. Doordat de verschillende elementen zo met elkaar verenigd worden, wordt de stroom van de psyche door het chakrasysteem als geheel aldoor vloeiender en dynamischer, opmerkzamer en bewuster, geïntegreerder en vollediger.

Droomwerk

Het beste vertrekpunt voor de ontwikkeling van het zesde chakra is droomwerk. Dromen leren ons symbolisch te denken en datgene wat verborgen is te zien en te integreren. Ze leiden ons de zowel in als buiten ons bestaande archetypische wereld binnen. Droomwerk is een uitgestrekt terrein, dat behandeling in een apart boek verdient. Hieronder geef ik daarom niet meer dan enkele beknopte wenken, die je op gang kunnen helpen. De literatuurlijst aan het eind van het hoofdstuk vermeldt aanvullende bronnen.

De eerste stap in het werken met dromen is dat we leren ze ons te herinneren. Als we onze dromen 's ochtends niet in ons waakbewustzijn kunnen halen, kunnen we niet met succes deze essentiële koppeling in de brug tot stand brengen – de verbinding van bewust en onbewust. Enkele suggesties:

1. Affirmeer elke avond als je in slaapt begint te vallen dat je je dromen zult herinneren.
2. Neem, voordat je gaat slapen, je dag in omgekeerde volgorde door; begin met de laatste gebeurtenis en ga vandaar terug naar het moment dat je opgestaan bent.
3. Blijf bij het wakker worden onbeweeglijk stil liggen totdat je de droom in je halfbewuste staat opnieuw afgedraaid hebt. Pas wanneer je de droom helemaal afgekeken hebt, kun je je bewegen. Heb je je al omgedraaid, dan draai je je terug in de houding waarin je lag te slapen; mogelijk komt de droom dan terug.
4. Houd schrijfbenodigdheden gereed bij je bed en leer de gewoonte aan om alles op te schrijven wat je je kunt herinneren, ook al zijn het slechts flarden. Wanneer onze psyche eenmaal weet dat er aandacht wordt geschonken aan dromen, verbetert onze herinnering van dromen gewoonlijk aanmerkelijk.
5. Sommigen beweren dat bepaalde supplementen, bijvoorbeeld van vitamine B of melatonine, de droomactiviteit en het herinneren ervan vergroten. Gebruik van marihuana en alcohol heeft daarentegen een remmende werking.

ANDERE SUGGESTIES

Schrijf je dromen op in de tegenwoordige tijd, dus bijvoorbeeld: 'Ik ga de trap af naar de kelder. Ik zie een gemutste figuur op me afkomen. Ik ben bang en wil wegrennen, maar kan me niet bewegen.' Verwerk er zo veel details in als je kunt – beschrijf kleuren, smaken, geluiden en vooral gevoelens. Teken indien mogelijk symbolen en beelden.

Beschouw de droom als een montagefoto van je eigen psyche. Alle personen, dieren en dingen in de droom zijn aspecten van jezelf. Dat geldt ook voor levenloze elementen, zoals auto's, huizen, stenen, waterplaatsen, gereedschappen of enig ander merkwaardig voorwerp dat verschijnt. Auto's zijn vaak het voertuig dat we gebruiken om door het leven te gaan; huizen symboliseren de structuur van onze psyche. Wees echter voorzichtig met de geijkte interpretaties van symbolen zoals die in droomboeken worden gegeven. Wat de droom voor jou persoonlijk betekent is veel belangrijker.

Uit je waakleven herkende personen kunnen eveneens delen van jezelf symboliseren. Vrienden, kinderen, partners, ouders of gehate vijanden (vooral!) kunnen voor innerlijke aspecten van jezelf staan, zoals de innerlijke bondgenoot, het innerlijke kind, de anima of animus, de verinnerlijkte ouder of de schaduw. Met schaduwelementen – donkere of griezelige figuren waarvan we een sterke afkeer hebben – kunnen we beter proberen goed op te schieten dan ze weg te jagen of te verslaan, aangezien ze ons iets te leren hebben. Vraag ze waarom ze er zijn en wat ze van je willen.

Je standpunt in de droom wordt het *droomego* genoemd. Ga na in welke toestand je droomego verkeert – is het doodsbang, opgewonden, verbijsterd, boos? Wat probeert je droomego te bereiken in de droom? Hoe pakt het dat aan? Wat verhindert het welslagen ervan?

Laat verschillende delen in de droom een dialoog met elkaar voeren. Je kunt je droomego laten praten met de broodrooster, de boom of de demon die je achtervolgt. Laat je droomego de rol van andere elementen in de droom op zich nemen, zoals van de boom waarin je klimt, de muur die je naar voren gaan blokkeert of het geweer dat op je is gericht.

Tot slot is het nuttig om met anderen over je dromen te praten. Als je samen met iemand slaapt, kun je van het uitwisselen van jullie dromen een ochtendritueel maken. Sluit je aan bij een droomgroep; de leden ervan kunnen je helpen je dromen dieper te doorgronden en je wijzen op aspecten die je misschien niet opgemerkt hebt. Verwerk je dromen in kunstzinnige vormen, maak tekeningen, schrijf gedichten of verhalen. Wees creatief in het integreren van je droomelementen in je waakleven. Zo ontwikkel je een waardevolle taal, waarmee je zowel met je diepste zelf als met de wereld van de geest kunt communiceren.

Mythologie

Als we ons bewust op het archetypische niveau willen bewegen en onze eigen archetypische identiteit willen ontwikkelen, dienen we over een kennislichaam te beschikken van waaruit we de symbolen kunnen begrijpen die we tegenkomen. Mythen zijn het archief van archetypische elementen in de menselijke psyche – ze onthullen de dans van deze archetypen op het transpersoonlijke niveau van het collectief onbewuste. De verhalen van de goden en godinnen, mythische helden, harpijen, draken, slangen en andere totemdieren beschrijven stuk voor stuk hoe archetypische figuren zich gegroepeerd hebben in het veld van menselijk bewustzijn. Kennis van deze verhalen stimuleert onze verbeelding, verleent context en richting aan ons gezondwordingsproces en maakt ons ontvankelijk voor de geestelijke wereld. Het is essentieel voor het vinden van diepere zin in de rest van ons leven. Het is tevens essentieel voor het overbruggen van innerlijk en uiterlijk tijdens de stap van het zevende chakra naar universeel bewustzijn.

Beeldende kunst

Veel mensen zeggen dat ze moeite hebben met visualiseren, waardoor ze in het nadeel zijn bij technieken als creatieve visualisatie, geleide meditatie, helderziende lezingen en trancewerk. Als je tot deze mensen behoort, wanhoop dan niet, want er is hoop. Ook al acht je jezelf de belabberdste kunstenaar van de wereld, dan nog kun je je visuele denkproces stimuleren door kunst te scheppen. Het doel hierbij is niet dat je iets maakt dat je aan de muur kunt hangen of cadeau kunt geven aan vrienden, maar beeldende kunst gebruikt als een middel om je onbewuste aan te boren en je visuele denken te stimuleren. Vergeet vooral niet er plezier aan te beleven! Hier volgen enkele suggesties voor de niet-kunstenaar.

JE CHAKRA'S TEKENEN

Pak een groot stuk krantenpapier en wat potloden, krijtjes, stiften of balpennen. Breng jezelf in een meditatieve toestand en voel de energie in elk chakra, een voor een. Concentreer je op je eerste chakra. Voel of het centrum geopend of gesloten is, gespannen of levendig, vast of los. Pak dan de kleuren die naar je gevoel de energie in het chakra het beste representeren en teken de vorm of vormen die het gevoel dat je daar hebt tot uitdrukking brengen. Je kunt bijvoorbeeld grote zwarte blokken tekenen of gele spiralen, roze cirkels of welke abstracte vormen dan ook die het beste lijken uit te drukken hoe je je in dat gebied van je lichaam en leven voelt. Doe daarna hetzelfde met het tweede chakra. Teken de vorm hiervan boven die van het eerste. Ga zo door met de overige chakra's. Ben je klaar, bestudeer dan het geheel dat zich gevormd heeft. Welke energetische lijnen springen in het oog? Ben je meer geopend aan de bovenkant of aan de onderkant? Ben je samengetrokken en dicht, of zo licht dat je er nauwelijks bent? Zijn de chakra's met elkaar verbonden, of is er ergens een breuk? Als je deze persoon tegenkwam, wat zou dan je reactie zijn? Aan welke gebieden moet gewerkt worden?

COLLAGES

Als je moeilijk in contact kunt komen met je gevoelens, aan een bepaald thema wilt werken of bang bent om daadwerkelijk op papier te tekenen, kun je collages maken. Kies een thema uit waaraan je wilt werken, bijvoorbeeld je relaties, werk, lichaamsbeeld, communicatie, persoonlijke macht of dromen, en pak een stapel oude tijdschriften, een groot vel papier of stuk karton, lijm en een schaar. Knip de foto's en koppen uit die resoneren met wat je voelt of graag wilt. Rangschik je knipsels op het vel of stuk karton en plak ze vast. Zo creëer je een kunstwerk waarover je kunt mediteren. Je kunt er elke keer nieuwe knipsels aan toevoegen als je daar de behoefte toe voelt. Op deze manier weerspiegelt je collage je veranderen en groeien.

MANDALA'S

Jung noemde de mandala een symbool van volledigheid. Mandala's zijn geometrische patronen die vanuit een centrum emaneren. Je kunt ze zelf maken met een passer en liniaal en inkleuren zoals je verkiest. Je kunt bijvoorbeeld voor elk chakra een aparte mandala maken, voor het eerste chakra in rode kleuren, voor het tweede in oranje tinten, voor het derde in gele en gouden schakeringen enzovoort. De mandala kun je vervolgens – terwijl je hem maakt of als hij af is – gebruiken wanneer je over het desbetreffende chakra mediteert.

Visualisatie

Wanneer we visualiseren of ons iets voorstellen of herinneren, maken we gebruik van een proces dat in grote lijnen overeenkomt met dat van paragnostische waarnemingen; het verschil zit in het brandpunt waarop we ons innerlijk oog richten. Als ik mijn ogen sluit en me herinner wat ik gisteren tijdens mijn wandeling heb gezien, of mijn ogen sluit en me een wandeling voorstel die ik morgen wil gaan maken, is het innerlijke proces hetzelfde – ik visualiseer elementen die niet fysiek aanwezig zijn. Onze herinneringen zijn gebaseerd op wat we gezien hebben, maar hetzelfde geldt voor onze projectie van toekomstige gebeurtenissen – het enige verschil is de rangschikking van hun elementen.

Als we onze paranormale vermogens willen ontwikkelen, hebben we er zodoende veel aan om te leren visualiseren. We kunnen beginnen met een eenvoudige visualisatieoefening: stel je een glas voor en vul het in je verbeelding met water. Stel je voor dat het vol, halfvol of met rood, blauw, modderig of helder water gevuld is. Beeld je een gegraveerd antiek glas met patronen op de buitenkant in en stel je dan voor dat het glas breekt. Je kunt dit soort oefening uitbreiden zoals je maar wilt – de 'truc' is dat je je aandacht naar willekeur leert richten op het vormen van beelden.

We kunnen ook beginnen met ons een schemerig beeld te herinneren en het dan langzaam gaan invullen met details. Wat heb je gisterochtend bij het ontbijt gegeten? Welke kleur had het servies? Welke kleren droeg je? Wie was er nog meer in de kamer? Hoe was het weer buiten? Hoeveel lampen waren er aan? Met dezelfde techniek kunnen we onze droomherinneringen preciezer uitwerken. 'Ik loop alleen in het bos.' Wat voor soort bos? Welk jaargetijde is het, op welk moment van de dag? Wat voor bomen staan er? Welke kleur hebben je kleren in de droom? Stel jezelf dit soort vragen, niet om te weten wat het antwoord is, maar om met behulp van de informatie het schilderij van je verbeelding te verven.

We kunnen verder een bepaald beeld, bijvoorbeeld van een roos of een huis, nemen als symbool voor iets waarnaar we willen kijken. Stel je je beste vriend voor als een huis. Welke kleur heeft het huis? In wat voor staat verkeert het? Hoeveel kamers zijn er? Hoe zijn ze ingericht? Wie woont er eigenlijk? Hoe ziet de tuin eruit? Komen er vaak vrienden op bezoek in het huis? Voelen ze zich welkom?

Werk je met een roos als symbool, kijk dan hoever ze geopend is. Welke kleur heeft ze en hoeveel bloemblaadjes hebben zich opengevouwd? Hoe sterk is de stengel, hoe diep gaan de wortels? Is het een zonnige tuin met andere rozen, of is de roos doornig en staat ze alleen? Is de grond vruchtbaar en zacht, of hard en stenig? In welke opzichten symboliseert dit soort informatie je vriend? Of jezelf?

Creatieve visualisatie is een techniek met behulp waarvan we ons dingen voorstellen waarvan we graag willen dat ze in ons leven aanwezig zijn en ze de focus en aandacht geven die nodig zijn om dat te realiseren. Wanneer we eenmaal eenvoudige zaken hebben leren visualiseren, kunnen we, in fullcolour en gedetailleerd, de dingen gaan visualiseren die we willen en nodig hebben. Zo creëren we het glas-in-loodvenster waardoor we ons bewustzijn laten schijnen in onze scheppingsdaad.

Voor creatieve visualisaties kun je het beste gaan liggen en je diep ontspannen. Doe enkele yogahoudingen of pas je gebruikelijke meditatietechniek toe om je te ontspannen. Je kunt ook enkele minuten je ademhaling observeren. Laat dan het gewenste voorwerp of de gebeurtenis of situatie die je wilt realiseren voor je geestesoog verschijnen. Stel het je voor alsof het er reeds was, alsof je het voorwerp daadwerkelijk vasthoudt of je in de gewenste situatie bevindt. Voel, op een lichamelijk-emotioneel niveau, hoe je lichaam erop reageert. Laat dat gevoel diep je cellen in trekken en resoneren met al je chakra's. Geef je genietend over aan het proces – onderga het passief en laat het gebeuren.

Wanneer je het gevoel hebt dat je geest en lichaam de visualisatie voldoende diep in zich opgezogen hebben, is het tijd om het beeld los te laten. Als we het niet loslaten, is het als een brief schrijven die we nooit op de post doen. Soms visualiseer ik een gloeiende bol rond mijn beeld en stel me voor dat het beeld als een ballon opstijgt in de lucht. Terwijl ik het laat gaan, zeg ik tegen mezelf dat het zich nu op weg naar zijn manifestatie bevindt en richt mijn aandacht op iets anders. (Want anders laat ik het niet los.) Ik affirmeer dat ik erop vertrouw dat mijn visioen zich zal manifesteren in de vorm en op het tijdstip die het gunstigst zijn voor alle betrokkenen.

Geleide visualisaties en trancereizen

Er zijn tegenwoordig talloze prachtige cassettes te koop die ons meenemen op verlichte reizen door archetypische sferen. Ze helpen ons visioenen en geestelijke gidsen te vinden, aan onze heling te werken en andere dimensies te verkennen. Vrienden kunnen ons op onze verkenningstochten loodsen door middel van een scala van technieken, van het hardop voorlezen van een reis uit een boek tot het opbouwen van een tocht compleet met muziek, trommelen, zingen of chanten.

We kunnen bijvoorbeeld met de hulp van een vriend een archetypische mythe omwerken tot een astrale reis. Zoek om te beginnen een mythe uit die je aanspreekt met een poëtische vertelling die rijk aan beelden is. Maak het je dan gemakkelijk en ontspan je. Zorg ervoor dat jullie niet gestoord kunnen worden. Laat je vriend dan de mythe aan je voorlezen *alsof je zelf de hoofdfiguur erin bent*. Als het bijvoorbeeld de mythe van Persephones tocht naar de Onderwereld is, stel je je voor dat je een van de hoofdfiguren in het verhaal bent – Persephone die ontvoerd wordt, Demeter die haar dochter kwijtraakt of Hades die zijn bruid schaakt. Laat je vriend de mythe voorlezen als een geleide visualisatie in de tweede persoon en, wederom, in de tegenwoordige tijd: 'Nu sta je op een weide op de heuvel en plukt bloemen. Plotseling voel je een stroom koude lucht uit de grond opstijgen.' Je vriend last stille pauzes in zijn vertelling in, zodat je diep de gevoelens kunt ondergaan die de mythe bij je losmaakt. Het is belangrijk dat jullie de mythe helemaal tot haar einde afmaken, want de afloop van het verhaal bevat de heling en lering die we zoeken.

Een andere techniek bestaat uit trancereizen. Dit keer scheppen we zelf van moment tot moment onze geleide tocht. Om gemakkelijker in een veranderde bewustzijnstoestand te komen, kun je trommelen of chanten of instrumentale muziek op de achtergrond draaien. Kies een thema uit waarvoor je de reis wilt ondernemen (een bezoek aan de akasha-kronieken, een tocht naar de Onderwereld, het zoeken van een geestelijke gids enzovoort). Laat de beelden zich vanzelf aandienen en vormen alsof je in een droom zit. Neem contact op met de figuren die voor je geestesoog verschijnen. Geef ze een geschenk, stel ze vragen, dans met ze, omhels ze. Aanvaard wat ze je kunnen leren. Noteer nadat je van je reis teruggekeerd bent wat je geleerd hebt in je dagboek terwijl je het nog vers in je geheugen hebt. Vaak genoeg zullen er inzichten bij je op blijven komen ook al ben je niet langer in trance.

De intuïtie ontwikkelen

Door te leren in contact met onze intuïtie te komen en ernaar te luisteren en er gehoor aan te geven, kunnen we ons rechtstreeks met de hogere macht van het universum verbinden en deze onze leidende kracht laten worden.

Shakti Gawain

Of we het wel of niet beseffen, onze intuïtie is te allen tijde beschikbaar voor ons. Het probleem is alleen of we naar haar luisteren of niet. Om naar haar te willen luisteren, moeten we om te beginnen erkennen dat ze ons nuttige informatie kan verstrekken. We moeten geloven dat ze een reëel bestaande kracht of functie is. Het betekent niet dat we dan uitsluitend op onze intuïtie af moeten gaan, omdat we de door haar gegeven informatie altijd behoren te controleren. Het betekent daarentegen wel dat we bereid zijn te luisteren naar de ingevingen die ons de juiste richting wijzen.

Aangezien onze intuïtie een passieve, tot op grote hoogte onbewuste ervaring behelst, kunnen we het proces niet dwingen. In plaats daarvan moeten we ons nauwkeurig op onze gevoelens afstemmen en naar onze 'buik' en de niet-rationele onderdelen van ons denkproces luisteren. We moeten een houding van openstaan en vertrouwen aannemen. Als we onszelf of onze omgeving niet vertrouwen, zal het ons moeite kosten om onze intuïtie te vertrouwen.

Wie heeft je in het verleden 'aangepraat' dat je je intuïtie niet kunt vertrouwen? Hoe kijk je er zelf tegenaan? In hoeverre vertrouw je je intuïtieve proces en op welke argumenten baseer je je vertrouwen of wantrouwen?

In *Women Who Run with the Wolves* (*De ontembare vrouw*) vertelt Clarissa Pinkola Estés een verhaal over een jong meisje dat, toen haar moeder op sterven lag, van haar een poppetjes kreeg dat ze in haar zak moest bewaren. Haar stervende moeder vertelde dat het poppetje haar vragen zou beantwoorden door op en neer te springen in haar zak. Dit is een metafoor voor de heftige beroering die we in onze buik voelen wanneer iets niet goed zit. Hoe vaak negeren we dat gevoel en gaan koste wat het kost toch door – om het later te berouwen!

Als hulpmiddel voor onze intuïtie kunnen we in onze voorstelling symbolen oproepen die tegen ons spreken, zoals de bovengenoemde poppetjes. Sommigen werken met een innerlijke gids, wijze vrouw of man of totemdier als symbool van hun intuïtie. In een heldere visualisatie kun je je gids alle vragen stellen die je wilt. Hoewel de antwoorden altijd uit je eigen innerlijk komen, kan de gids fungeren als het symbolische voertuig dat de informatie vertaalt in een vorm die je kunt begrijpen.

Helderziendheid

Helderziendheid wordt ook wel aangeduid met de Franse term *clairvoyance*. Hierbij kijken we in de heldere ruimte *rond* een voorwerp in plaats van *naar* de vaste vormen van de materiële wereld. Om helder te kunnen zien moeten we onze geest zuiveren van alle illusies, zodat we de om ons heen wervelende energieën direct kunnen waarnemen. Dan zijn we in staat aura's, chakra's en de subtiele energiestromen in, rond en tussen mensen te zien. Iedereen kan de gave van helderziendheid ontwikkelen – het vergt geen speciaal gen of talent, al gaat het sommigen gemakkelijker af dan anderen.

Helderziende gaven ontwikkelen we door een combinatie van alle hier besproken oefeningen. Kunnen visualiseren helpt ons antwoorden te zien op vragen die zich opwerpen. Naar onze intuïtie luisteren helpt ons iets zinnigs te maken van wat we zien, zodat we er op de juiste wijze gebruik van kunnen maken.

In mijn workshops voor het zesde chakra beginnen we met een combinatie van meditatie en visualisatie. De deelnemers kiezen een partner uit en proberen elkaars chakra's te lezen. Ze gaan daarvoor op tegenover elkaar opgestelde stoelen zitten en sluiten de ogen. Ze stellen zichzelf vragen en kijken welke beelden opkomen ter beantwoording daarvan. Ze kunnen bijvoorbeeld vragen: 'Met welk chakra heeft de ander de grootste problemen? Wat voor energieën of angsten blokkeren dat centrum? Waar komen ze vandaan?' Terwijl de beelden opkomen, doen ze degene die wordt gelezen daar verslag van. 'Ik zie in je hartchakra een deur die los aan zijn scharnieren hangt. Ik zie iets van duisternis links naar de achterkant toe.' De impressies hoeven niet altijd visueel te zijn. Sommige mensen zijn sterker kinesthetisch of auditief ingesteld. 'Wanneer ik naar je derde chakra kijk, voel ik in mijn eigen lichaam een naar boven stromen van energie.' 'Wanneer ik je eerste chakra probeer aan te voelen, hoor ik de boodschap dat je je nog nooit veilig hebt gevoeld in de wereld.' We kunnen op talloze verschillende manieren informatie ontvangen.

Het verbaast me altijd weer dat veel deelnemers door enkele eenvoudige 'opwarmende' visualisatieoefeningen, zoals het kleuren van de chakra's en andere hierboven genoemde technieken, vrijwel meteen helder kunnen zien. Wanneer ze hun impressies meedelen aan hun partner, staan ze zelf verbaasd van de nauwkeurigheid ervan. Daarmee zijn ze nog niet van het ene op het andere moment volleerde paragnosten, maar het bevestigt in ieder geval dat ze paragnostische vermogens bezitten, zodat ze daar vol vertrouwen meer gebruik van kunnen maken. Net zoals een spier wordt ons gezichtsvermogen sterker naarmate we ons derde oog meer gebruiken.

Vision quest

Met een visioen dragen we in ons een bron van inspiratie en macht mee. Als een leidlicht verlicht het ons pad en helpt ons bij de talloze beslissingen die we moeten nemen. Een visioen geeft zin en doel aan ons leven en leidt ons bij het vormgeven en transformeren van de wereld om ons heen. Visioenen creëren de vreemde attractoren die chaotische energieën tot omlijnde patronen vormen. Sommigen krijgen gemakkelijk een visioen; het dient zich vanzelf, ongevraagd, aan vanuit de diepten van hun bewustzijn om hun doel en begrip te verhelderen. De meesten zullen evenwel naar hun visioenen moeten zoeken en erom vragen.

De godsdiensten van de Amerikaanse indianen en andere vormen van natuurspiritualiteit kennen een traditie die de *vision quest* (letterlijk vertaald 'visioenqueeste') wordt genoemd. Een vision quest betreft een rite van zuiveren en luisteren, een openstaande maar gerichte zoektocht naar spirituele lering en leiding. Een belangrijke voorwaarde is dat de zoekende tot nederigheid bereid is en zijn persoonlijke beproevingen aanvaardt. Hij moet tevens bereid zijn lang genoeg de banden met de beschaving, die ons zien zozeer verblinden, te verbreken om helder de patronen van de natuurlijke wereld te kunnen waarnemen. Op de zoektocht is hij volstrekt aan zichzelf overgelaten en zoekt naar diep contact met het Zelf. Uit de ervaring komt hij ten slotte tevoorschijn met een verruimde creatieve, archetypische en universele identiteit.

Hieronder volgt een korte beschrijving van een vision quest; het is geen volledige 'handleiding'. Er zijn tal van variaties mogelijk. Verder is het goed om te weten dat vision quests ook wel in groepsverband worden ondernomen. De zoekende is daardoor vrij van alle wereldse details en kan zich ten volle aan het proces overgeven. Dit soort groepen kunnen waardevolle leiding en hulp bieden en voorzien in een ceremonieel kader.

De vision quest bestaat gewoonlijk uit drie fasen. In de eerste fase maken we onszelf los van de wereld zoals we die kennen. We laten onze familie, vrienden en stad achter ons en trekken net zo ver de vrije natuur of wildernis in tot we geen tekenen van menselijke beschaving meer bespeuren. Voor de queeste kiezen we een speciale plaats uit, een plek die mooi is en kracht uitstraalt. Het is belangrijk dat de plaats geïsoleerd ligt en ons voor beproevingen stelt. Doordat we uit onze bekende wereld wegtrekken, breken we ons psychologisch los van onze wereldse bezigheden; we zetten al onze dagelijkse zorgen en besognes van ons af.

Op een vision quest trekken we alleen de wildernis in met een minimale uitrusting. Gedurende de middelste fase van de queeste, die minstens drie dagen behoort te duren maar ook langer kan zijn, onthouden we ons van alle voedsel. Door op de queeste te vasten, zuiveren we niet alleen onszelf, maar verzwakken ook de normale verdedigingsmechanismen van ons ego, zodat we ontvankelijker worden voor de subtielere niveaus.

In de tweede fase gaan we een heilige dimensie binnen, een wereld die boven de beperkingen van tijd en ruimte uitstijgt en waarin we volledig openstaan voor de geest. De eerste dag kunnen we al mediterend rondwandelen, op zoek naar de juiste plek waar we onze aandacht kunnen gaan richten. De tweede dag kunnen we dan zittend doorbrengen in een heilige cirkel die we op de uitgekozen plaats hebben gecreëerd en chanten, mediteren, bidden en luisteren. We scheppen onze persoonlijke ceremonie om ons met de geest van de plaats te verbinden en te vragen om wat we zoeken.

In deze fase kan er een aantal dingen gebeuren. We kunnen onze eigen psychische demonen tegenkomen. We kunnen diergeesten ontmoeten, de wind ervaren of intense dromen hebben. We kunnen ervaren dat ons persoonlijk ego sterft – een periode van leegte en verlies, die uiteindelijk gevolgd wordt door een psychische wedergeboorte met een visioen en inzicht.

Wanneer de alleen doorgebrachte tijd erop zit en we de geest van de plaats bedankt hebben, is het tijd om terug te keren. We gaan terug naar onze groep of vriend, die vlakbij hun kamp opgeslagen hebben, en delen ceremonieel het verkregen visioen en de verworven wijsheid. De groep of vriend helpt ons daarna de overgang terug naar de beschaving te maken, waar we, in de loop van de tijd, ons visioen gaan realiseren.

Het belangrijkste aan een vision quest is dat we ons bevrijden van de gebruikelijke manier om naar dingen te kijken. Onze attituden en zienswijzen worden versterkt door de cultuur die dagelijks op ons inwerkt door middel van beelden, gesprekken en ervaringen. Op een vision quest kiezen we er bewust voor de duisternis binnen te gaan teneinde het licht van nieuw bewustzijn te vinden en te ontvangen.

Licht

Blootstelling aan het volle spectrum van het zonlicht is essentieel voor onze gezondheid. Helaas brengen we, naarmate onze beschaving zich verder ontwikkelt, hoe langer hoe meer tijd binnenshuis door onder kunstlicht (met name TL-buizen) en staan daardoor bloot aan lichtfrequenties die niet bevorderlijk zijn voor onze gezondheid. Doordat we door de aantasting van de ozonlaag een groter risico van schade door ultraviolette zonnestralen lopen, bedekken we ons lichaam met kleren, allerlei smeerseltjes, zonnebrillen en hoeden, waardoor de toch al zo geringe blootstelling aan natuurlijk licht in zijn volle spectrum nog eens extra verminderd wordt. Hoewel dat tot op zekere hoogte noodzakelijk kan zijn, blijft het een feit dat we ons lichaam daardoor de waardevolle inwerking van ons welzijn bevorderende lichtfrequenties onthouden.

In zijn boek *Light: Medicine of the Future* stelt Jacob Liberman dat we niet alleen aan ondervoeding lijden, maar ook aan 'onderverlichting'. Onvoldoende blootstelling aan het volle spectrum van zonlicht kan symptomen veroorzaken als depressie, chronische vermoeidheid, verhoogde niveaus van stresshormonen als ACTH en cortisol, alsmede een verhoogde cholesterolspiegel. Onderzoeken bij kinderen hebben aangetoond dat onvoldoende licht sterk bijdraagt aan hyperactiviteit, leerstoornissen, problemen met het gezichtsvermogen, voedingsproblemen en zelfs tandbederf.[9]

Psychologen hebben een depressieve aandoening geïdentificeerd die met de wisseling van de seizoenen samenhangt. Lijders aan deze zogenaamde winterdepressie (in het Engels *Seasonal Affective Disorder*, afgekort SAD) worden lethargisch en depressief gedurende de wintermaanden, wanneer het minder lang licht is. Sterk toegenomen blootstelling aan licht in zijn volle spectrum blijkt bij deze mensen grote verbetering te brengen en geldt als de eerst aangewezen therapie voor de behandeling van de aandoening. Zou het kunnen dat Prozacland lijdt aan lichtdeprivatie ten gevolge van het feit dat we hoe langer hoe meer ons leven binnenshuis doorbrengen?

Licht komt ons lichaam binnen langs de ogen. Deze geven rechtstreeks signalen door aan de hypothalamus, die het autonome zenuwstelsel en het endocriene stelsel reguleert (beide stelsels beïnvloeden de chakra's). De pijnappelklier, verbonden met het zesde chakra, is een voor licht gevoelig orgaan dat verantwoordelijk is voor de productie van *melatonine*, een stof die onze slaappatronen reguleert en een rol speelt in de afstemming van de biologische lichaamsfuncties op de omgeving. Er zijn inmiddels meer dan honderd lichaamsfuncties in verband gebracht met dagcycli. Wanneer we dit ritme veranderen door kunstlicht, jetlag of een onregelmatig waak-slaappatroon verstoren we de centrale coördinatie van ons lichaam. Zoals Jacob Liberman het beschrijft:

> Alle stelsels van het lichaam staan in een zich voortdurend wijzigende wisselwerking met elkaar, met de hypothalamus in het centrum. De hypothalamus is de interface tussen geest en lichaam, coördineert de staat van paraatheid van beide, beïnvloedt ons bewustzijn en controleert daardoor onze constante staat van voorbereid zijn. Deze kritieke balans in de lichaamsharmonie wordt instandgehouden door synchronisatie van de vitale lichaamsfuncties met de condities van de omgeving of, zoals sommigen het zeggen, door 'één te zijn met het universum.'[10]

Meditatie

Meditatie verbetert onze concentratie en de scherpstelling van ons gezichtsvermogen. De meesten zullen alleen naar de hoogste chakra's kunnen opklimmen door een regelmatig meditatieprogramma. We kunnen ons innerlijk oog alleen openen wanneer we onze geest tot rust kunnen brengen en beheersen en onze aandacht eenpuntig gericht kunnen houden. Als een zaklantaarn in de duisternis verlicht onze scherpgestelde concentratie wat we moeten zien.

Meditatie wordt hier genoemd, omdat ze een belangrijk element in de ontwikkeling van buitenzintuiglijke vermogens vormt. Aangezien ze echter in de eerste plaats een activiteit van het zevende chakra is, zullen we aldaar gedetailleerder ingaan op meditatiemethoden en -technieken.

Conclusie

Maar het Zelf, als een inclusieve term die ons totale levende organisme omvat, sluit niet alleen de neerslag en totaliteit van al onze vorige levens in zich, maar is ook een vertrekpunt, de vruchtbare bodem waaruit al onze toekomstige levens zullen voortkomen.

JOLANDE JACOBI

Opklimmen naar het zesde chakra opent ons voor niveaus die ons normale bewustzijn transcenderen. Deze geestesverruiming kan ons perspectief op onze dagelijkse situaties radicaal wijzigen en ons diepgaande inzichten en visioenen brengen. Ze kan tevens ons begrip op meeromvattender niveaus brengen en stelt ons daardoor in staat een veel groter wezenssysteem te omhelzen dan we voorheen tegengekomen zijn. Door ons bewustzijn te verruimen neemt het zesde chakra ons mee naar een prachtige wereld van kleuren en symbolen, dromen en fantasieën, archetypen en beelden. Door de ontwikkeling van onze verbeelding vergroten we onze mogelijkheden en creativiteit. Vanuit ons nieuwe uitkijkpunt komen we tot diepere inzichten, aangezien we niet alleen de patronen om ons heen waarnemen, maar ook onze eigen plaats en ons doel daarin herkennen.

Het zesde chakra bereidt ons voor op de laatste passage over de Regenboogbrug. Met zijn focus op archetypen stort het het fundament voor onze bewustwording van de ingewikkelde dans van goddelijkheid en bewustzijn bij het volgende chakra.

NOTEN

1. In de tantrische teksten correleren chakra's een tot en met vijf met respectievelijk reuk, smaak, gezicht, tastgevoel en gehoor. Met de hoogste chakra's corresponderen geen fysieke zintuigen.
2. Deze verhalen worden gedetailleerder beschreven in Jeremy Taylor, *Where People Fly and Water Runs Uphill* (New York: Warner Books, 1992).
3. Ibid., 13.
4. Satprem, *Sri Aurobindo, or the Adventure of Consciousness* (New York: Harper & Row, 1968).
5. Gerhard Adler, geciteerd door Jolande Jacobi, *The Way of Individuation* (New American Library, 1965), 18.
6. C.G. Jung, *Psychological Types*, in Collected Works 6, Bollingen Series XX (Princeton: Princeton University Press, 1971), 325.
7. Erik Erikson, *Childhood and Society* (New York: W.W. Norton, 1964), 263.
8. Tv-serie van Bradshaw over 'het gezin', PBS Broadcasting.
9. Jacob Liberman, *Light: Medicine of the Future* (Santa Fe: Bear & Co., 1991), 59–60.
10. Ibid., 36.

Aanbevolen literatuur

Over dromen:

Jungian-Senoi Dreamwork Manual. Strephon Kaplan Williams. Berkeley: Journey Press, 1980.

Dreamwork: Techniques for Discovering the Creation Power in Dreams. Jeremy Taylor. New York: Paulist Press, 1983.

Where People Fly and Water Runs Uphill: Using Dreams to Tap the Wisdom of the Unconscious. Jeremy Taylor. New York: Warner Books, 1992.

Lucid Dreaming: The Power of Being Awake & Aware in Your Dreams. Stephen LaBerge. New York: Ballantine, 1985.

Over de vision quest:

The Book of the Vision Quest. Stephen Foster en Meredith Little. Englewood Cliffs: Prentice Hall, 1988.

Diversen:

Creative Visualisation. Shakti Gawain. San Rafael: New World Library, 1979.

Light: Medicine of the Future. Jacob Liberman. Santa Fe: Bear & Co., 1991.

Man and His Symbols. Carl G. Jung. New York: Doubleday, 1964.

Archetypes. Dr. Anthony Stevens. New York: Quill, 1983.

Complex, Archetypes, Symbol. Jolande Jacobi. Princeton: Princeton University Press, Bollingen Series, LVII, 1959.

Personal Mythology: The Psychology of Your Evolving Self. David Feinstein en Stanley Krippner. Los Angeles: Jeremy Tarcher, Inc., 1988.

ZEVENDE CHAKRA

Je openen voor het mysterie van de hemel

Het zevende chakra in één oogopslag

ELEMENT:
- Gedachte

KLEUR:
- Violet

NAAM:
- Sahasrara (duizendvoudig)

PLAATS:
- Hersenschors

DOEL:
- Begrip

IDENTITEIT:
- Universeel

LEVENSGEBIEDEN:
- Transcendentie
- Immanentie
- Overtuigingen
- Hogere macht
- Goddelijkheid
- Eenheid
- Visioen

GERICHTHEID:
- Zelfkennis

DEMON:
- Gehechtheid

ONTWIKKELINGSFASE:
- Jonge volwassenheid en daarna

ONTWIKKELINGSTAKEN:
- Assimilatie van kennis

- Ontwikkeling van wijsheid

BASISRECHTEN:
- Het recht om te weten en te leren

EVENWICHTIGE KENMERKEN:
- Het vermogen om informatie waar te nemen, te analyseren en te assimileren
- Intelligent, opmerkzaam, bewust
- Onbevooroordeeld, in staat in twijfel te trekken
- Heeft een gevoel van spirituele verbondenheid
- Wijsheid en meesterschap, ruim begrip

TRAUMA'S EN MISHANDELING:
- Achtergehouden informatie
- Opvoeding die de nieuwsgierigheid onderdrukt
- Afgedwongen religiositeit
- Invalidatie van de overtuigingen
- Blinde gehoorzaamheid (geen recht om vragen te stellen of zelf te denken)
- Verkeerde informatie, leugens
- Spirituele mishandeling

DEFICIËNTIE:
- Spiritueel cynisme
- Leerproblemen
- Starre overtuigingen
- Apathie
- Exces in onderste chakra's – materialisme, hebzucht, dominantie over anderen

EXCES:
- Overintellectualisatie
- Spirituele verslaving
- Verwarring
- Dissociatie van het lichaam

LICHAMELIJKE GEBREKEN:
- Coma
- Migraine
- Hersentumoren
- Geheugenverlies
- Cognitieve wanen

HELINGSSTRATEGIE:
- Herstellen van verbinding met lichaam en emoties (in geval van exces)
- Herstellen van verbinding met de geest (in geval van deficiëntie)
- Programma van leren en studeren
- Spirituele discipline
- Meditatie
- Psychotherapie
    Onderzoek naar de eigen overtuigingen
    Ontwikkelen van de innerlijke getuige
    Doelen leren stellen

AFFIRMATIES:
- Ik draag de goddelijkheid in mij.
- Ik sta open voor nieuwe ideeën.
- Ik krijg de informatie die ik nodig heb.
- De wereld is mijn leraar.
- Ik word geleid door de hogere macht.
- Ik word geleid door mijn innerlijke wijsheid.

Verschillende kleuren violet

We houden ons niet langer bezig met de dualistische tegenstelling tussen God en mens, maar met de immanente spanning in het godsbeeld zelf... Deze innerlijke onevenwichtigheid, de prachtvolle onvolmaaktheid van het leven, is het werkzame evolutieprincipe. God is niet de schepper, maar de geest van het universum.

C.G. JUNG

De scheiding van geest en stof

Onze westerse beschaving berust op de overtuiging dat geest en stof twee verschillende, van elkaar losstaande zaken zijn. We beschouwen de aarde als een levenloos voorwerp dat we – in al onze onoordeelkundigheid – naar eigen goeddunken menen te kunnen gebruiken. De wetenschap bestudeert de wereld rationeel en methodisch en vermijdt het nadrukkelijk om zich met het ongrijpbaarder terrein van de geest bezig te houden. In het economische leven staan de belangen van het bedrijf voorop, al te vaak met weinig tot geen oog voor het geestelijk welzijn van de werknemers of het milieu.

Degenen die een hoge prioriteit aan spiritualiteit geven, worden dikwijls als randfiguren van de maatschappij beschouwd. Voor veel zoekenden en gerespecteerde meesters staat het leiden van een geestelijk leven anderzijds ook in tegenspraak met een werelds leven. Monniken verlaten hun ouderlijke woning en familie en verzaken alle wereldse beslommeringen teneinde verlichting te bereiken. Nonnen gaan het klooster in om dichter bij God te zijn. De 'hemelvaartsfilosofie' van de New Age propageert dat we ons lichaam transcenderen en niets dan licht worden. De oosterse filosofieën leren ons dat we van alle wereldse gehechtheden afstand moeten doen.

Door de afscheiding van spiritualiteit van de rest van het leven zijn we geestelijk zonder thuis. Als uitvloeisel van de archetypische scheiding van moeder Aarde en vader Lucht wordt ons bijgebracht verlichting te zoeken door de fundamentele aard van ons biologisch bestaan te ontkennen. Dit schisma tussen hemel en aarde zorgt voor een evenredige kloof tussen geest en lichaam, waarin velen vallen wanneer ze een ascetisch leven proberen te leiden, hun eigen wil overdragen aan goeroes en zich uit de wereld terugtrekken. Onze wezenlijke basis ontkennen teneinde eenheid te bereiken is een uit dualistisch denken voortvloeiende contradictie, die nooit tot eenheid of volledigheid zal leiden.

Bij het zevende chakra gaat het om het opgaan in goddelijk bewustzijn en bewustwording van onze ware aard. Door de dagelijkse beslommeringen, die zo'n groot deel van ons waakleven in beslag nemen, vergeten we maar al te vaak wie we werkelijk zijn onder de baan en auto, de kinderen en de kleren. Het is belangrijk om voortdurend te blijven beseffen dat we goddelijke kinderen zijn die onze weg terug naar huis zoeken – dat het leven een diepere zin heeft dan normaal wordt verondersteld.

Wat wél klopt aan deze mythe van scheiding, is dat we ons inderdaad moeten scheiden van de illusies en gehechtheden die we tussen onszelf en het goddelijke stellen, van de substituten waarmee we de leegte van onze ziel opvullen.[1] Mijns inziens vinden dit soort zielenwonden in laatste instantie hun oorzaak in het feit dat we ons gewone leven van zijn spirituele betekenis ontdaan hebben, waardoor de gemiddelde mens zonder doel of richting is.

Het kruinchakra is de duizendbladige lotus. De meesten stellen zich voor dat de bloembladjes naar de hemel reiken. Feitelijk draaien de lotusblaadjes zich echter naar binnen als een zonnebloem en laten nectar in de kruin en verder naar beneden door de chakra's druppelen. Op deze manier zijn de twee uiteinden van het spectrum diepgaand verbonden. Maar hoe kan een lotus bloeien zonder wortels in de aarde? Hoe kan hij naar de hemel reiken, als hij geen diep en breed uitlopend wortelwerk heeft?

Zoals elke brug brengt de Regenboogbrug een verbinding tot stand. De twee uiteinden van het spectrum verbinden het individuele zelf met de universele schepping. Het middendeel van de brug verwerkelijkt die combinatie in de wereld, door middel van gepast handelen, juiste relaties en creatieve bijdragen. Ons doel in het zevende chakra is enerzijds in contact komen met het goddelijke, maar anderzijds evenzogoed het manifesteren van het goddelijke in ons lichaam en onze daden en daardoor het transformeren van de wereld. In het zevende chakra zien we de goddelijkheid in alle stof en alle oneindige schikkingen daarvan. Door de Regenboogbrug over te gaan verbinden we het eindige met het oneindige, terwijl we toch beide kwaliteiten behouden. Het is door deze integrerende stap dat we groeien.

We kunnen de volbloeiende lotus van het zevende chakra alleen bereiken wanneer onze stengel stevig met de aarde is verbonden en onze wortels diep in de grond verankerd zijn. Door deze verbinding wordt onze lotus gevoed en blijft bloeien, met zijn blaadjes eeuwig ontvouwen. Ons doel is wel degelijk de verlossing van de geest, maar als we niet willen verdwalen in de oneindige uitgestrektheid, moeten we een thuis behouden waar de geest naar terug kan keren. Dat is de uitdaging van een psychologisch evenwichtig zevende chakra.

Het ontvouwen van de duizendbladige lotus

BELANGRIJKSTE LEVENSGEBIEDEN VAN HET ZEVENDE CHAKRA

Bewustzijn
Opmerkzaamheid
De getuige
Overtuigingen
Besturingssysteem
Universele identiteit
Gehechtheid
Hogere macht
Transcendentie
Immanentie
Goddelijkheid
Informatie
Intelligentie
Betekenis
Eenheid

Bewustzijn

Bewustzijn, de laatste grens. De machtige en onmisbare sleutel tot het ultieme mysterie, eindeloos en ondoorgrondelijk. Datgene wat het ons mogelijk maakt om in de spiegel van de ziel te kijken en ons eigen bestaan te observeren. Bewustzijn is zowel onze laatste bestemming als ons voertuig op de weg daarnaartoe.

Wat is het dat deze woorden nu op dit moment leest, ze sorteert, er een betekenis aan geeft? Wat is het dat je ertoe aangezet heeft dit boek te gaan lezen, je partner te kiezen, de weg te volgen die je elke dag neemt? Wat is het dat ziet, hoort, zich herinnert, voelt, denkt en je lichaam laat bewegen in zijn dagelijkse activiteiten? Dat beantwoorden is het vinden van het laatste stuk van onze Regenboogbrug.

Bij bewustzijn denken we aan onze gedachten, maar gedachten zijn wat het bewustzijn voortbrengt, niet wat het is. We denken bij bewustzijn aan onze waarnemingen, maar er is een vermogen dat niet alleen waarneemt, maar zich onze waarnemingen ook herinnert, er onderscheid in aanbrengt en ze integreert. Wie of wat doet dit allemaal? We voelen hoe het bewustzijn in wisselwerking met onze emoties staat, maar wie of wat voelt die emoties, en wat dat betreft, hoe komt het dat we voelen? Dit is het mysterie waarin we doordringen bij het kruinchakra – een mysterie dat alleen ervaren kan worden, niet uitgelegd.

Ons bewust worden van ons eigen bewustzijn is getuige zijn van een wonder. Dat onze geest de rare vormen op deze bladzijde kan ontcijferen, ze tot woorden samenvoegt en die weer vertaalt in concepten en daden – dat is een indrukwekkend staaltje. Dat we ons de woorden van honderden liedjes kunnen herinneren en talloze stemmen over de telefoon kunnen herkennen – zelfs deze gewone capaciteiten zijn ontzagwekkend. Dat we onze eigen programma's kunnen draaien en ze op hetzelfde moment kunnen herschrijven, dat we immens veel feiten kunnen leren over willekeurig welk onderwerp we bestuderen en die kennis kunnen transformeren in creatieve expressie – dat zijn ronduit fenomenale prestaties. Hoewel we over computers beschikken waarvan de rekencapaciteit onze menselijke vermogens verre overtreft, moeten we eerst nog maar eens een machine maken die, al is het maar in de verste verte, zo gesofisticeerd is als de menselijke hersenen.

Mystieke wijzen beschrijven bewustzijn als een geünificeerd veld waarin alles wat bestaat ingebed ligt. Bewuste mensen bezitten het vermogen om zich aan te sluiten op dat universele intelligentieveld, waar reusachtige hoeveelheden informatie opgeslagen liggen, ongeveer zoals een pc toegang kan krijgen tot internet. Tot hoeveel bewustzijn we toegang hebben hangt af van onze apparatuur. Een zakrekenmachine kan niet zo veel informatie verwerken als een pc en heeft daardoor geen toegang tot internet en kan evenmin onderzoeksgegevens opslaan. Een aap heeft geen toegang tot dezelfde omvang van bewustzijn als een mens en kan geen wiskunde bedrijven of poëzie schrijven.

Bij het openen van het kruinchakra gaat het niet zozeer om het vergroten van ons eigen bewustzijn, als wel om het dusdanig verruimen van ons besturingssysteem dat het een groter deel van het universele bewustzijnsveld aankan. Dat kunnen we verwezenlijken door meditatie, spirituele praktijken, mystieke ervaringen, veranderde bewustzijnstoestanden, studie en onderricht en die onvatbare eenvoudige, maar diep doordringende activiteit – aandacht schenken.

In de bewustzijnsrivier duiken

In een wereld die zichzelf schept, blijft het idee van goddelijkheid niet erbuiten, maar ligt ingebed in het totaal van zelforganiserende dynamische processen op alle niveaus en in alle dimensies.

ERICH JANTSCH

Wijlen de systeemtheoreticus Erich Jantsch heeft drie verschillende niveaus van menselijk bewustzijn onderscheiden: het *rationele*, het *mythische* en het *evolutionaire*.[2] Als we ons het leven in al zijn complexiteit voorstellen als water dat door een rivierbedding stroomt, kunnen we met behulp van dat beeld illustreren hoe alle drie de niveaus werkzaam zijn als aparte besturingssystemen die informatie en onze ervaring organiseren.

We beginnen met op de rivieroever te zitten en het voorbijstromende water te observeren. Dit symboliseert het rationele systeem, waarin we onze kennis verwerven door wetenschap en andere logische, empirische methoden. De kernactiviteiten van de rationele modus zijn observeren en wetten opstellen. Onze onderzoeksmethode kenmerkt zich door een *ik-het*-relatie – van subject naar object. We doen dingen met *het* en observeren hoe *het* daarop reageert. We observeren en meten het opkomen en vallen van het getij, de oevers en de erosie daarvan, de blaadjes en takjes die voorbij komen drijven. We leren zoveel als we kunnen van buiten de stroom. Maar als we ons steeds dichter naar het water toe buigen in een poging om zijn diepere mysteries te doorgronden, vallen we er uiteindelijk in. Ondergedompeld in de rivier verandert onze waarneming drastisch. Dit sluit ons aan op het mythische systeem.

Velen kiezen ervoor eeuwig op de rivieroever te blijven en feiten te verzamelen. Ze denken verlichting te bereiken door het vergaren van steeds grotere hoeveelheden informatie.

Wanneer we in het water vallen, schakelen we van *observeren* over op *ervaren*. Ondergedompeld in het water kijken we niet langer van buiten naar binnen, maar bevinden we ons *in* een kracht die groter is dan wijzelf. Deze kracht is het mythische aspect van de stroom. Ze kan niet verklaard worden in termen van liters water of stroomsnelheid, maar is iets wat we weten en ervaren. Als we op dit mythische niveau meegaan en ervoor kiezen enige tijd in de rivier te zwemmen, bezien we de rivier niet meer in een relatie tussen *ik* en *het*, maar als een tussen *ik* en *jij*. Hier omhelst subject subject. De rivier heeft een levenskracht van zichzelf – ze gaat ergens heen en neemt ons daar mee naartoe. We kunnen zo dom zijn om te proberen tegen de stroom in te zwemmen, of we kunnen ons door haar kracht mee laten nemen op een reis.

Zodra we in de rivier duiken, komt ons archetypisch bewustzijn op. Op het archetypische niveau vereenzelvigen we ons met de rivier, identificeren haar als de kracht die ons meeneemt over ons pad, vereenzelvigen ons met haar snelle en langzame delen, haar gevaarlijke stroomversnellingen en aangename stilstaande poelen. We vereenzelvigen ons en omvatten.

Onze verzameling van op het rationele niveau vergaarde feiten groepeert zich nu uit zichzelf tot een intuïtief geheel, een complete *gestalt*, die gelijktijdig geest en lichaam omvat. Het is nuttig om te weten hoeveel kubieke meter water er door de rivier stroomt of dat er een waterval of stroomversnelling in aantocht is. Deze kennis is ons fundament, de onontbeerlijke bewustzijnsoriëntatie van de onderste chakra's. Niettemin vertelt het ons weinig over hoe we moeten zwemmen, een vaardigheid die we alleen kunnen leren door nat te worden. Eenmaal zwemmend kunnen we niet bedenken hoeveel water we met onze handen wegduwen en zelfs niet hoeveel slagen we moeten maken. We kunnen alleen leren door het te voelen en te doen, zoals het ook met de stroom van het leven is.

Op het mythische niveau strijden we met krachten die een eigen leven leiden. Teneinde te overleven moeten we één worden met een kracht, maar we moeten van de rivieroever af komen om deze ervaring te kunnen hebben. Dit is het aspect van spiritualiteit waarbij het om *loslaten* gaat. De rivieroever is onze vertrouwde wereld, onze rationele geest, onze veiligheid en zekerheid. Hij is ons kennislichaam. Als we het mythische bewustzijn binnengaan, verdwijnt het rationele systeem daarmee niet, maar wordt door een diepere ervaring getranscendeerd.

'Eén met de rivier worden' betekent nog niet dat we onszelf verliezen. Als we het zonder meer zouden opgeven en ons aan het water overgeven, zouden we verdrinken of op de rotsen te pletter slaan! Dit is de uitdaging waarvoor de meesten van ons gesteld worden op ons spirituele pad. Hoe kunnen we één worden met een grotere kracht dan wijzelf zonder onszelf te verliezen? We hebben de *wil* van ons derde chakra nodig om met onze voeten te trappelen. We moeten onze relatie met de rivier leren kennen en onze vele gevoelens interpreteren die ons vertellen hoe we onze weg tussen de rotsen door kunnen vinden. Wanneer we eenmaal vol in de energierivier zijn gedoken die door ons lichaam en leven stroomt, zijn we gedwongen grotere uitdagingen aan te nemen. We zijn gedwongen ons te ontwikkelen.

Door dit versmelten – dat wil zeggen, niet alleen erin duiken, maar leren zwemmen totdat het een heerlijke vrijstromende dans is – komen we op het derde bewustzijnsniveau: het *evolutionaire systeem*. Op dit punt gaan *ik* en *jij* op in een *wij*. Dit is de verruiming naar de universele geest, de eenheid met de goddelijkheid, de allesomvattende zijnsstaat waarin grenzen zich opgelost hebben en alles zich herschikt heeft in een groter en dieper geheel. Opnieuw verliezen we niet ons ik, maar we geven er een nieuw kader aan. Het ik omvat nu het al. Dit is onze laatste transcendentie naar kosmisch bewustzijn, van waaruit we zullen terugkeren met een nieuw begrip, dat het proces van culturele evolutie zal bevorderen.

Veel spirituele disciplines, vooral die welke op verheffing zijn georiënteerd, sporen ons ertoe aan het zelf op te geven, ons volkomen over te geven aan een meester, goeroe of bepaald godsconcept.³ Hoewel het beslist belangrijk is om onze gehechtheid aan onze lagere ego's op te geven, gaat het er feitelijk om dat we één met de goddelijkheid worden. Er kan geen *wij* zijn zonder een *ik*. Eén worden met de goddelijkheid betekent niet dat we het Zelf (als archetype van volledigheid) prijsgeven, maar beseffen dat goddelijk bewustzijn precies datgene is wat dat Zelf uitmaakt.

Eén worden met de goddelijkheid houdt in dat we de ons gescheiden houdende grenzen oplossen of transcenderen. Deze grenzen bestaan louter in onze geest. Wát we moeten opgeven, is onze gehechtheid aan de rivieroever, onze weigering om erin te duiken en nat te worden, om ons in het onbekende te wagen. We moeten ons vastklampen aan de rationele modus opgeven, wanneer deze ons niet de diepere betekenis brengt van hoe het is om *in* de stroom te zijn. Zoals Jantsch heeft gezegd: 'Zonder evolutionair onderzoek missen we een besef van richting; zonder mythologisch onderzoek missen we een besef van het bestaan in een systeem. Zonder beide scheiden we ons van de wereld waarin we leven.'⁴

De getuige

Wat we zoeken, is de wezenlijke essentie van datgene wat zoekt.

Soms wordt de essentie van innerlijk bewustzijn wel de getuige genoemd. De getuige gaat schuil achter onze normale activiteiten en observeert zonder te oordelen de stroom van onze wisselende emoties, gejaagde gedachten, impulsen en gehechtheden. De getuige is een instantie die ons lichaam en zijn ervaringen te boven en te buiten gaat, ook boven onze herinneringen en dromen staat, hoewel hij in stilte al deze gebeurtenissen gadeslaat. Hij zou onze zielessentie kunnen zijn die andere levens dan ons huidige heeft meegemaakt. Hij zou een goddelijke intelligentie kunnen zijn die groter is dan ons Zelf. Ons bewust worden van deze getuige is ons bewust worden van onze diepste essentie. De getuige is de kern van het Zelf, een onvernietigbare goddelijke vonk.

De getuige omhelzen, is de onderliggende realiteit van ons zijn omhelzen. Hij kan zowel objectief als subjectief zijn. Hij kan zich losmaken van de momenten dat we lijden en hij kan ons in de stroom leren zwemmen wanneer we kopje-onder dreigen te gaan. De getuige is onze eeuwige gids, een onschatbare vriend, het ons diep innerlijk bewust zijn van het Zelf. Aan het eind van het hoofdstuk volgen oefeningen die ons helpen ons bewust te worden van de getuige. Onthoud voorlopig, terwijl je de rest van deze woorden leest en daarna het boek neerlegt en verdergaat met je leven, dat je deze getuige in je draagt. Besef dat hij realiteit is.

Overtuigingen

Als we de analogie voortzetten van chakra's als programma's op diskettes, die in het 'moedersysteem' steken naargelang de noodzaak zich voordoet, dan kunnen we het kruinchakra het *besturingssysteem* noemen. Het besturingssysteem stelt ons in staat een programma in te lezen en ermee te werken. Het interpreteert de instructies van dat programma. Anders gezegd, het maakt er iets zinnigs van. De primaire activiteit van het zevende chakra is dan ook het vinden van betekenis.

Als we van iets de betekenis kennen, weten we hoe we ons moeten oriënteren. Onze wetenschap van de betekenis vertelt ons hoe we iets moeten interpreteren, hoe we moeten reageren, hoe we onze ervaring moeten organiseren. Ze geeft een doel aan ons leven doordat we in een grotere context naar ons eigen bestaan kijken. De meesten willen, wanneer hen iets overkomt, weten wat de betekenis ervan is. Als we ergens pijn hebben in ons lichaam, gaan we naar de dokter om te weten te komen wat het te betekenen heeft. Als we ontslagen worden, willen we weten of het komt doordat we ons werk slecht hebben gedaan, de economie in het slop zit of het universum ons duidelijk wil maken dat het tijd is dat we een andere richting inslaan. In de menselijke psyche worden betekenissen geassimileerd in een stelsel van overtuigingen. Deze overtuigingen worden vervolgens het besturingssysteem dat de programma's van alle andere chakra's laat draaien.

Onze overtuigingen komen voort uit interpretaties van onze ervaring, maar nadat ze eenmaal gevormd zijn, geldt het omgekeerde – onze interpretatie is gebaseerd op onze overtuigingen. Zo bestaat er een feedbacksysteem. Als kind werd Susan constant teleurgesteld. Haar ouders beloofden haar herhaaldelijk iets – een cadeautje, een speciaal uitje – en kwamen dan hun belofte niet na. Susan vormde de overtuiging dat niemand te vertrouwen viel. Nu vat ze de geringste aarzeling in iemands stem op als bewijs dat hij haar gaat verraden. Haar overtuiging beïnvloedt haar interpretatie van situaties in het heden. Aangezien dit haar besturingssysteem is, opereert ze vanuit een plaats van wantrouwen.

Onze overtuigingen vertellen ons hoe de wereld in elkaar zit. Ze zijn gebaseerd op concepten die we hebben gevormd. *Conceptie* is aldus het beginpunt van alles wat we manifesteren. We moeten iets concipiëren alvorens we het kunnen uitvoeren.

Bij de biologische conceptie, wanneer een eitje en een zaadcel samenkomen, is er heel weinig materiële substantie, maar een heleboel informatie. Het DNA in het eitje en de zaadcel bevat de 'in-form-atie' (middel voor vorming van binnen) die de weefsels in een bepaalde vorm organiseert.[5] Evenzo zijn onze overtuigingen en concepten *ordenende principes* voor informatie. Ze stellen ons in staat onze feiten te organiseren en geven ons richtsnoeren voor hoe we ons moeten gedragen.

De aard van ons stelsel van overtuigingen bepaalt onze interpretatie van alles wat we meemaken. Deze interpretatie is het sturende principe achter de wijze waarop we ons leven ordenen.

Het 'locomotiefje dat kon' was ervan overtuigd dat het zou lukken. De optimist, die gelooft dat dit de beste van alle mogelijke werelden is, heeft een andere interpretatie dan de pessimist, die bang is dat hij gelijk heeft. Onze overtuigingen geven vorm aan onze werkelijkheid en onze werkelijkheid geeft vorm aan onze overtuigingen.

Joan bijvoorbeeld heeft een aantal negatieve ervaringen met mannen gehad, waaronder twee verkrachtingen. Zij houdt er de overtuiging op na dat mannen egoïstisch, gevaarlijk en spiritueel minder ontwikkeld zijn. Nicole heeft daarentegen de overtuiging dat zij niets is zonder een man, dat zij volslagen alleen is, en zij kijkt dan ook altijd uit naar de ware Jacob. De twee zitten met elkaar te praten op een feestje. Een knappe man komt naar hen toe gelopen en begint te flirten. Wat denk je dat er gebeurt? Joan beschouwt het als een verstoring van haar gesprek, voelt zich beledigd en wordt grof. Nicole is verrukt en breekt haar gesprek met Joan af om met de man te praten. Deze wending interpreteert Joan weer als zijn fout. Deze verschillende houdingen aanvoelend, richt de man vanzelfsprekend zijn aandacht op Nicole en negeert Joan. Een en dezelfde gebeurtenis wordt op twee verschillende manieren geïnterpreteerd en deze interpretaties beïnvloeden op hun beurt het gedrag van de man, dat beide vrouwen in hun overtuiging sterkt.

De reis naar beneden vanaf het kruinchakra begint met de conceptie van een idee. Deze conceptie is het opperste *bindu*, het dimensieloze punt van bewustzijn waarin alles zijn oorsprong vindt. Op basis van onze conceptualisatie genereren we in ons zesde chakra beelden. We hebben eerder besproken hoe het licht van bewustzijn door die beelden heen schijnt als door een glas-in-loodraam en ze daardoor potentie voor manifestatie verleent. De beelden die we in ons hoofd hebben genereren vervolgens ons verhaal – onze verbale litanie van onze overtuigingen tegenover anderen. Ons verhaal genereert bepaalde soorten relaties, die verschillende activiteiten, gevoelens en tot slot lichamelijke ervaringen stimuleren naarmate de manifestatie van de concepten van het bewustzijn verder afdaalt door de chakra's.

Als we willen zien hoe bewustzijn eruitziet, hoeven we alleen maar om ons heen te kijken. Alles wat we zien is begonnen met een conceptie – de door architecten ontworpen gebouwen, de mensen die over straat lopen, de bomen en bloemen die inherent aan hun natuur uit zaadjes opgeschoten zijn. De aard van ons eigen bewustzijn zien, is zijn reflectie zien in onze eigen scheppingen – de gezichten van onze familie, de manier waarop we voor onze woning zorgen, de expressie van ons lichaam, de dingen die we maken. Als het bewustzijn binnenin verandert, veranderen deze uiterlijke manifestaties mee. In therapie is het gemakkelijker om veranderingen in bewustzijn te genereren dan die inzichten toe te passen en het leven daadwerkelijk te veranderen. Niettemin zijn de uiterlijke veranderingen onmogelijk zonder de innerlijke ontwaking.

Het herprogrammeerwerk in het kruinchakra vereist dat we ons stelsel van overtuigingen nader onder de loep nemen, want ze zijn de primaire structuren die onze werkelijkheid genereren. Onze veelal onzichtbaar blijvende opvattingen maken zozeer deel van onszelf uit, dat we dikwijls niet eens hun bestaan beseffen. Het ontwaakte kruinchakra volgt kritisch al onze overtuigingen en herprogrammeert constant het besturingssysteem van ons leven en werkt het bij.

Universele identiteit

Bevrijding kan alleen bereikt worden, als we beseffen dat het individuele zelf en de universele geest een en hetzelfde zijn.

SHANKARA

Elk van de bij de lagere chakra's besproken identiteiten kunnen we als een figuurlijke laag kleding beschouwen. Laten we deze identiteiten nog eens doornemen nu we aan het eind van onze reis zijn gekomen.

Het eerste chakra heeft ons onze *lichamelijke identiteit* gebracht. Hierin vereenzelvigen we ons met ons lichaam en zijn behoeften en vermogens, alsmede met de stoffelijke wereld om ons heen. De lichamelijke identiteit is op *zelfbehoud* georiënteerd.

Bij het tweede chakra hebben we onze *emotionele identiteit* opgehaald. Hiermee voelen we onze lichamelijke gewaarwordingen en transformeren ze op een onbewust niveau in op waarden georiënteerde betekenissen. Wat een goed gevoel geeft waarderen we, wat een slecht gevoel geeft devalueren en vermijden we. De emotionele identiteit laat verlangen en motivatie ontvonken, die als brandstof dienen voor de wil in het chakra erboven. Onze drijfveer is hier *zelfbevrediging*.

Als onze wil tot ontwikkeling komt, ontwaakt ons autonome, gescheiden zelf. Dit is de geboorte van de *ego-identiteit*, het uitvoerende element van het Zelf. Het ego begint zich in zijn oriëntatie op de buitenwereld af te splitsen van de onbewuste drijfveren. Bij deze identiteit gaat het in de eerste plaats om *zelfdefiniëring*.

Bij het vierde chakra hebben we onze *sociale identiteit* aangenomen. Het ego verruimt zich tot relaties met anderen. Hier zijn de drijfveren van de lagere chakra's, indien bevredigd, bereid een ondergeschikte rol te spelen wanneer we dienstbaar aan anderen zijn. De reflexieve kwaliteit van deze identiteit is *zelfaanvaarding*, die een onmisbare voorwaarde is om anderen te kunnen aanvaarden.

Het vijfde chakra heeft ons onze *creatieve identiteit* gebracht. Ons bewustzijn van de wereld buiten onszelf is gegroeid en we streven ernaar een bijdrage aan haar cultuur en kunst te leveren, aan het scheppingsproces in het algemeen. Wat we in ons hebben heeft voldoende tijd gehad om zich op te bouwen, te rijpen, en ontwikkelt zich nu tot het punt van *zelfexpressie*.

Bij het zesde chakra zijn we 'in de rivier geduikeld' en de mythische dimensie van de *archetypische identiteit* binnengegaan. Hier beginnen we ons te vereenzelvigen met de bovenpersoonlijke, mythische krachten die onze wereld en ons leven sturen. Doordat we onszelf in deze mythische krachten weerspiegeld zien, komen we tot bovenpersoonlijke *zelfreflectie*. Het archetypische niveau stelt ons in staat te conceptualiseren en goddelijke energieën te ervaren.

Bij het kruinchakra komen we bij de laatste en grootste identiteit. In deze *universele identiteit* vereenzelvigen we ons met heel de schepping. Naarmate ons bewustzijn zich verruimt, krijgt ons inzicht een hoe langer hoe grotere reikwijdte. Doordat we ons bewust worden van de immensiteit van het systeem waarin we ingebed zijn, identificeren we ons met onze universele verbondenheid. Onze informatie kan kennis van verre melkwegen duizenden lichtjaren van ons vandaan omvatten, evenzogoed als van de dans van subatomaire deeltjes in elke cel van ons lichaam. We worden ons bewust van het miljarden jaren bestrijkende evolutieverhaal en realiseren ons dat we een deel van het totale levensweb zijn – dieren, planten, bergen en zeeën. Tot deze allesomvattende identificatie kunnen we alleen komen door ons bewustzijn zelf, op basis van de informatie waarover we beschikken. Ik kan mijn evolutionaire geschiedenis inzien omdat ik er meer over te weten gekomen ben. Ik kan me spiraalvormige melkwegen voorstellen omdat ik er foto's van heb gezien. Ik kan me met de grotere wereld verbinden wanneer ik mijn ego transcendeer en de grotere zin van het leven besef. Dat is het gemeenschappelijke thema in mystieke ervaringen: de desidentificatie met de staat van het kleinere ego en de bewustwording van het ongedeeld eenzijn met de totale schepping.

Bij elk van deze identiteiten is er telkens een proces van iets aangeboren individueels – even uniek als ons lichaam – in de richting van universaliteit. Aan het andere uiterste van het kruinchakra wordt de individualiteit volkomen getranscendeerd en geabsorbeerd in het grotere veld van de goddelijkheid. Dat wordt uitgedrukt in de boeddhistische spreuk *Gij Zijt Dat*. Het doel van het kruinchakra, van meditatie en in wezen de meeste spirituele disciplines is het verbreken van de beperkende gebondenheid aan de lagere identiteiten en bewustwording van deze universele identiteit.

Elk van deze identiteiten behelst in feite een stelsel van overtuigingen en biedt een interpretatiekader. Neem een relatie. Iemand van het gevoelstype zal een relatie waarin hij geografisch van zijn partner gescheiden is voortzetten, ook al is het niet praktisch, zolang de gevoelens maar sterk genoeg zijn. Iemand van het gewaarwordingstype, voor wie de praktische omstandigheden belangrijker zijn, kan de relatie daarentegen beëindigen ongeacht de intensiteit van de gevoelens. Als we vanuit onze sociale identiteit leven, interpreteren we de relatie in termen van onze sociale rol. Loopt ze stuk, dan denken we dat we in onze rol gefaald hebben, of dat de ander in zijn of haar rol gefaald heeft. Vanuit onze creatieve identiteit levend, vragen we ons af of de relatie ons creatieve werk bevordert. In onze archetypische identiteit kunnen we de relatie bezien als een archetypische dans tussen moeder en kind, tussen een donkere god en een maangodin, of tussen een held en zijn verovering.

In onze universele identiteit transcendeert ons besturingssysteem al deze interpretaties en is onbevangen getuige van de ongelooflijke dans van de kosmos in zijn myriade van manifestaties. In deze vereenzelviging hebben we onze gehechtheden en drang tot beheersing opgegeven en nemen rechtstreeks aan het wonderbaarlijke deel. Het is hier dat we waarlijk 'loslaten en God toelaten'.

Ons van onze universele identiteit bewust worden is ons bewust worden van de vele identiteiten waarin we ons kleden. Dat betekent nog niet dat we deze 'pakken' dan maar moeten weggooien – toevallig ben ik erg gesteld op mijn kleren, en er zijn maar weinig plaatsen waar ik me naakt op mijn gemak voel. Evenzo heb ik mijn ego en persona nodig wanneer ik een lezing geef. Ik moet me met mijn lichaam vereenzelvigen wanneer het moe is. Maar tegelijkertijd moet ik beseffen dat deze identiteiten keuzemogelijkheden zijn, die slechts deel van een groter geheel uitmaken. Het zijn kledingstukken die ik aan en uit kan trekken wanneer dat nodig is, niet omdat ze de enig mogelijke expressie vormen van wie ik ben.

Bewustwording van onze universele identiteit is alleen mogelijk als we het fundament van onze lagere identiteiten hebben gestort. Het is immers niet erg waarschijnlijk dat we midden in een emotionele of lichamelijke crisis naar kosmisch bewustzijn zullen streven. We zijn een stuk stabieler wanneer in de behoeften van lagere orde is voorzien.

Gehechtheid – de demon van het kruinchakra

Door pijn en niet te krijgen wat ik wil en verwacht, leer ik het meest over mijn gehechtheden en over mijzelf, en zo kan ik groeien.

CHARLES WHITFIELD

De demon van het kruinchakra is gehechtheid. Terwijl gehechtheid enerzijds onontbeerlijk is voor het aangaan en instandhouden van de verbintenissen die zo essentieel zijn voor de lagere chakra's, belemmert of verhindert ze anderzijds dat we opklimmen tot het niveau van het kruinchakra. Gehechtheid ontkent de staat van onafgebroken stromen van het universele systeem. Ze zet ons stil in de tijd en verhindert dat we naar voren gaan. Doordat ze ons gevangen houdt in een kleinere plaats, kunnen we niet verder trekken naar een grotere plaats. In oosterse godsdiensten wordt gehechtheid als de bron van alle lijden beschouwd.

Nu is gehechtheid een demon die om een zekere mate van koorddansen vraagt.

We kunnen niet helemaal zonder, aangezien we enkele gezonde gehechtheden aan onze kinderen en dierbaren, onze doelen en afspraken nodig hebben. Op een keer hoorde ik een verhaal over een yogi die een meester ontmoette en vroeg bij hem te mogen komen leren. De meester vroeg op zijn beurt dat hij zijn oprechtheid bewees door zijn vrouw en gezin te verzaken. De yogi deed het onmiddellijk om zijn niet-gehechtheid te bewijzen. Maar was het waarlijk een spirituele daad om degenen die hem nodig hadden in de steek te laten, zodat hij zijn eigen verlangen naar verlichting kon verwerkelijken? Mijns inziens geenszins. De gehechtheid werd alleen maar overgedragen. Als hij waarlijk ongehecht was geweest, zou de yogi gezegd hebben: 'Ik heb op dit moment verantwoordelijkheden. Ik kom wel terug wanneer het er de juiste tijd voor is.'

Voor sommigen is het loslaten van gehechtheid synoniem met het opgeven van verantwoordelijkheid. Het kan een ontsnappingsmiddel vormen. Wanneer het moeilijk wordt, verbreken we doodgewoon onze verbondenheid ermee in plaats van de vervelende kwestie uit te werken. We ervaren daardoor dan wel vrijheid, maar offeren ons groeien op.

In wezen gaat het bij gehechtheden en het loslaten daarvan om hoe we onze psychische energie richten. Als we onze gehechtheid aan iets opgeven, maken we een einde aan onze fixatie op iets buiten ons, aan onze behoefte om te beheersen, ons verlangen naar een bepaalde afloop. Door gehecht te blijven zeggen we in wezen dat we niet op de wijsheid van het universum vertrouwen, terwijl het feitelijk probeert ons iets te leren. Door onze gehechtheid proberen we onszelf te verdedigen tegen ons lijden in plaats van de in ons lijden besloten zittende les in te zien. We zeggen ermee dat we zelf zeker weten wat het beste is. Dat verhindert de nederige instelling die ons openstelt voor iets groters.

Zoals alle demonen van de chakra's is gehechtheid als zodanig een leraar. Toen ik aan dit hoofdstuk begon, verloor ik de liefde van iemand aan wie ik heel diep gehecht was. (Werd ik op de proef gesteld?) Mijn gehechtheid leidde me af van mijn werk en ik voelde grote pijn in mijn hart. Ik bad erom er vrij van te zijn, deed rituelen om het los te laten, maar het haalde allemaal niets uit. Ik bleef gehecht – er tegelijkertijd onafgebroken tegen vechtend. Uiteindelijk gaf een vriend me de raad om er niet zo tegen te vechten en het gewoon zijn loop te laten nemen – om erover te rouwen. Het vechten ertegen intensifieert de gehechtheid alleen maar. In plaats daarvan moeten we de onderliggende factoren aanpakken die de gehechtheid zo veel macht over ons geven. Welk doel dient ze? Welke pijn willen we erdoor stillen? Wie lijdt er? Het verlies van iets dwingt ons ertoe onze energieën opnieuw te richten. Welke kant dringt het ons op? Wat is de erin bevatte les? Door aan onze onderliggende behoeften te werken, benemen we de macht aan onze gehechtheden aan wat we niet kunnen hebben.

Gehechtheid fixeert onze energie buiten onszelf. In plaats van onze psychische energie op het voorwerp van onze gehechtheid te concentreren – op de verloren geliefde, de gemiste kans, de ongrijpbare beloning – zouden we haar naar het Zelf moeten richten. Opnieuw kunnen we naar de innerlijke getuige zoeken. Wie is het die gehecht is? Welke onderliggende overtuigingen steunen de gehechtheid? Welk doel dient deze overtuiging? Wat zijn de baten? Wat zijn de kosten? Naar welke kant slaat de balans door?

We kunnen ook gehecht raken aan een geloof of overtuiging. In de zeventiende eeuw was de katholieke kerk dermate sterk gehecht aan het idee dat de zon rond de aarde draaide, dat Galileo het zwijgen opgelegd en gestraft werd omdat hij iets anders beweerde. De vader van een kennis was zo gehecht aan de overtuiging dat zijn homoseksuele zoon een zondaar was, dat hij weigerde hem op te zoeken toen hij met aids op zijn sterfbed lag; daardoor onthield hij hun beiden een machtig moment van voltooiing. Zeker van iets zijn kan ons regelrecht naar onwetendheid leiden. Wanneer we er zeker van zijn dat we iets weten, lopen we het risico dat ons kruinchakra zich sluit. Nieuwe informatie vereist dat we onze overtuigingen verruimen en de weigering om dat te doen sluit ons systeem.

Een ander woord voor gehechtheid is verslaving. We raken gehecht aan iets omdat we daarmee gediend zijn – niet omdat we gelijk hebben, of omdat iets of iemand noodzakelijk juist voor ons is, maar omdat we onbewust de gehechtheid gebruiken om een of ander aspect van onze groei te vermijden.

Vermijding is een andere vorm van gehechtheid, zij het dan het spiegelbeeld ervan. Wanneer we iets vermijden, zijn we eraan gehecht iets niet te hebben. Meestentijds heeft het te maken met onze tegenzin om iets te doen aan moeilijke of vervelende situaties waarin we ons tekort voelen schieten. Bijna alles wat over gehechtheid is gezegd kan evenzeer op vermijding worden toegepast. En wat we vermijden is al evenzeer relevant voor onze groei. Het is overigens opvallend dat in relaties de vermijding van de één dikwijls de gehechtheid van de ander wordt. Dit soort situaties kunnen vaak verbeterd of opgelost worden wanneer beide partijen naar het centrum opschuiven.

Bij zowel gehechtheid als vermijding moet er de bereidheid zijn om ons ervan te bevrijden, een bereidheid om iets ofwel onder ogen te zien ofwel los te laten. Dat dient vaak te gebeuren op het egoniveau van het derde chakra, dat het meest te maken heeft met vasthouden en loslaten. Zoals Charles Whitfield treffend gezegd heeft: 'Lijden kan ons dwingen tot een nieuw perspectief en nieuwe zienswijze op wat de werkelijkheid is. Het kan het ego verzwakken door het net zolang te frustreren totdat het ten slotte opgeeft of zich overgeeft; dan krijgen we de kans om boven onze overtuigingen en ons bewustzijnsniveau tot dan toe uit te stijgen.'

Hogere macht

Het moderne twaalfstappenprogramma, dat mensen beoogt te helpen in hun herstel van een verslaving of andere stoornis, legt grote nadruk op een connectie met een hogere macht. Velen beschouwen dit facet van de twaalf stappen als het essentiële element op weg naar hun herstel, terwijl anderen erop afknappen als gevolg van een eerdere ervaring met een godsdienst.

Ons openstellen voor een hogere macht, en voor de mystieke en transcendente kant van spiritualiteit in het algemeen, vereist dat we ons kunnen overgeven. Alleen door het opgeven van onze gehechtheden, onze onwerkbare overtuigingen, onze verslavende gewoonten en onze behoefte tot beheersen kunnen we waarlijk de grootsheid van onze universele identiteit ervaren. Alleen dan staan we open voor de overvloed van de geboden mogelijkheden.

Onze vroegste ervaring met een hogere macht hebben we met onze ouders opgedaan. Als kind bezagen we hen als goden – almachtig, alwetend. Toen we een hulpeloze baby waren, kleedden en voedden ze ons. Ze waren onze eerste leraren, onze beschermers, onze verzorgers. Als het veilig was om onze ouders te vertrouwen en ons over te geven aan hun liefde en leiding, opent het kruinchakra zich later gemakkelijk voor een hogere macht. Als de jeugd niet veilig was, kan je overgeven later daarentegen ontzettend moeilijk zijn. De oorspronkelijke vertrouwenskwesties moeten in dat geval in een nieuw licht geëvalueerd en uitgewerkt worden.

Ons overgeven aan een hogere macht vergt niet dat we onze lagere staten opgeven, wel dat we ons bevrijden van alles wat ons van de rest van de schepping gescheiden houdt. Ons overgeven betekent dat we onze verdedigingen opgeven, onze gehechtheden loslaten, het universum vertrouwen. Als we de kleine plaatsen loslaten waaraan we ons vastklampen, worden we opgepakt en de genadigheid binnengedragen.

Transcendentie en immanentie

Transcendentie is het pad van bevrijding. Immanentie is het pad van manifestatie. Beide paden bewandelen is het goddelijke binnenin en buiten als een onscheidbare eenheid zien. Het kruinchakra is een twee richtingen opgaande poort. Het opent zich buitenwaarts, voorbij onszelf tot in het oneindige, en het opent zich binnenwaarts en benedenwaarts naar de wereld van visioenen, schepping en uiteindelijk manifestatie. Oosterse filosofieën zien transcendentie als het doel en de essentie van het kruinchakra, of ruimer genomen van het totale chakrasysteem zelf. Transcendentie is een zuiverend bad in het water van de geest, een gelukzalige verlossing van wat ons aan beperking bindt. Het doel van het opklimmen door de chakra's is één constante transcendentie, waarbij elk nieuw niveau telkens het chakra eronder omvat in een groter kader. Transcendentie ervaren is bevrijding ervaren.

Uiteindelijk moeten we echter weer naar beneden terugkeren, aangezien bewustzijnsverruiming haar grootste waarde heeft als ze toegepast wordt. In onze ogen schijnend licht kan ons verblinden, maar licht dat gericht wordt op iets wat verlicht moet worden is een zegening. Immanentie is het licht van goddelijk bewustzijn dat van binnenuit schijnt. Ze manifesteert de aanwezigheid van de goddelijkheid binnenin, de goddelijkheid van het Zelf in zijn totaliteit. In het perspectief van immanentie is het goddelijke aanwezig in alles wat leeft en niet leeft. Als ik met jou praat, praat ik met de goddelijke aard in jou. Als ik planten en bloemen laat groeien of een kind grootbreng, zie ik de goddelijkheid gemanifesteerd in zijn veelvoudige vormen. Je waarheid spreken is de goddelijkheid binnen in je laten emaneren.

Een vriend merkte ooit op: 'Waarom zou je je druk maken om de schepping? Waarom niet meteen regelrecht naar de bron toe gaan?' Groot liefhebster als ik ben van de schepping en de kracht erachter, stemde het me tot nadenken. Zouden we de schoonheid van de rivieren, meren en oceanen moeten negeren omdat ze de wolken niet zijn? Zouden we alleen maar naar de zon moeten kijken in plaats van naar het delicate spel van licht in de bloemen? Zouden we het kind moeten negeren en rechtstreeks naar de moeder toe gaan? Wil ik, als ik een boek schrijf, dat mensen het negeren en me in plaats daarvan opbellen? Absoluut niet! De schepping is de expressie van de goddelijkheid, en ze is maar al te vaak diepgaander, verfijnder en gedetailleerder dan de bron zelf, immens uitgestrekt en abstract als deze is.

Een van de verschillen tussen ziel en geest is dat de ziel een expressie van immanentie in de individuele mens is, terwijl de geest naar transcendentie en universaliteit streeft. De ziel is als een brandpunt voor de geest, waarin het abstracte verdicht wordt tot een samengestelde entiteit. De geest hoeft bovendien helemaal niet iets individueels te zijn, want hij kan talloze vormen aannemen. Net als bewustzijn lijkt de geest een veld te zijn waarop we ons kunnen aansluiten en dat we in onszelf bevatten. De ziel dankt haar bestaan aan de aanwezigheid van de geest, alsof de geest de essentie is waaruit ze zich vormt. De geest vormt de kern van de ziel en brengt zich tot uitdrukking door de ziel, die er belichaming, betekenis en doel aan geeft. De ziel is op manifestatie gericht en de geest op bevrijding.

Als we transcenderen, betreden we het veld van de geest en worden ons bewust van de totaliteit. Als we die goddelijke staat van ontwaakt bewustzijn vervolgens naar beneden brengen in ons lichaam en ernaar handelen, verwerkelijken we de immanentie ervan. Als het voertuig dat de goden terug op aarde brengt, herstelt immanentie het heilige.

Omhelzing van de goden

We scheppen onze bestemming door onze keuze van goden.

VERGILIUS

Hoe zou je je gedragen, als je wist dat je een god of godin was? Hoe zou je jezelf behandelen, hoe zou je anderen behandelen? In welke mate zou je proberen je bewust te zijn van je nog zo geringste daad, als je wist dat de gevolgen ervan van invloed waren op de rest van de schepping? Als je onopzettelijke onoplettendheid talloze doden tot gevolg kon hebben? Als je bewuste daden tallozen vreugde konden brengen? In hoeverre zou dat je bedachtzaam en opmerkzaam stemmen?

Ik stel mijn cliënten dikwijls deze vragen, omdat ze hen ertoe aanzetten na te denken over wat nu eigenlijk de aard van goddelijkheid is. Het is mijn diepste overtuiging dat ieder van ons, of beter gezegd ieder levend wezen, een element van de goddelijkheid is. Helaas vergeten we onze goddelijkheid maar al te vaak doordat ons bewustzijn te vernauwd is door angst, we ons laten overweldigen door schaamte en twijfel, of de grenzen van ons persoonlijk ego ons gevangen houden.

Zoals Stewart Brand in zijn boek *Whole Earth Catalog* zegt: 'We zijn als goden en kunnen er net zo goed dan maar voortreffelijk in worden.'[6] Het besef dat we feitelijk een god zijn, opent ons voor een grotere goddelijke kracht en geeft ons tevens grotere verantwoordelijkheid. Onze verantwoordelijke positie vereist dat we ons zoveel mogelijk bewust en onafgebroken opmerkzaam zijn.

Hoeveel aandacht schenken we aan de kleinste details wanneer we met onze dierbaren samen zijn? Hoe oplettend zijn we op wat we in ons lichaam stoppen als we ziek zijn? Hoe aandachtig verdedigen we iets dat er voor ons echt toedoet? Op dit soort momenten zijn we er met onze hele aandacht bij, omdat ze speciaal zijn. De godheid binnenin omhelzen en ons ervan bewust zijn dat ze altijd aanwezig is, is beseffen dat alle momenten dat soort aandacht verdienen.

De mythologische betekenis van de Regenboogbrug is dat hij ons met de goden verbindt. Door over de brug te gaan, ons bewust van elke stap die we zetten, herstellen we onze verbinding met de goddelijke bron. De ultieme verwerkelijking is evenwel niet louter de verbinding tot stand brengen, maar deze tot manifestatie brengen. Dan gaat onze verruimende transcendentie over in immanentie. Dat is de essentie van de genadigheid.

De goden uit de mythologie belichamen archetypische energieën die zuiver van vorm en machtige krachten zijn. Ze brengen het Universele Ene in zijn oneindige emanaties tot uitdrukking. De eenwording van het bewustzijn met het alomtegenwoordige Ene is een staat van verlichting die slechts weinigen bereiken, en nog minder kunnen vasthouden. Voor de meesten van ons gaat zelfs maar een glimp ervan opvangen onze reikwijdte verre te buiten, laat staan dat we er kunnen blijven. Maar van moment tot moment de goddelijkheid in zijn oneindige manifestaties bewust omhelzen is een daad van verering die ons bewustzijn verheft tot het niveau van het heilige. Zoals in de *Brihadaranyaka Upanishad* staat:

> Wie een andere godheid vereert dan zijn zelf, denkend 'Hij is een, ik ben een ander', weet niet... Men moet vereren vanuit de gedachte dat hij het eigen zelf is, want daarin wordt alles één. Dit zelf is de voetafdruk van het Al – even waarlijk als men door het volgen van een voetafdruk vee kan vinden dat verdwaald is... Hij die het zelf alleen vereert als dierbaar – wat hem dierbaar is, zal waarlijk niet vergaan.[7]

De lotus laten groeien

Ontwikkeling en vorming van het zevende chakra in één oogopslag

Leeftijd:
- Jonge volwassenheid en heel het leven door

Taken:
- Intellectuele onafhankelijkheid
- Spirituele connectie
- Ontwikkeling van wereldbeschouwing
- Onderwijs
- Egotranscendentie
- Rijpwording
- Volledigheid

Behoeften en levensgebieden:
- Geestelijke vrijheid
- Intellectuele stimulatie
- Spirituele leefwijze

In het zevende chakra ontwikkelen we onze cognitieve structuur, ons stelsel van overtuigingen, ons begrip van de wereld en ons vermogen om dingen in twijfel te trekken en zelfstandig te denken. Hiermee is geen afgebakend ontwikkelingsstadium verbonden, aangezien het proces zich op uiteenlopende manieren voltrekt vanaf het moment van onze geboorte tot aan het moment van ons sterven.

De voornaamste activiteit van deze cognitieve structuur is leren. Door leren verruimen we onze horizon, worden meester over onze relaties met voorwerpen en personen en groeien in ons inzicht en onze wijsheid. Doordat we er constant iets bij leren, brengen we voortdurend aanpassingen aan in wat we weten en upgraden onafgebroken onze cognitieve matrix.

Wel verandert de oriëntatie van wat we leren naar gelang van de verschillende stadia, waarbij er weer verschillen kunnen optreden van persoon tot persoon. In het stadium van het zevende chakra verlangen we bewust naar een dieper begrip en verbondenheid met de onderliggende structuur van het bestaan. Dit is de spirituele ontwaking die begint met fundamentele vragen als: 'Waarom zijn we hier?', 'Wat is de zin van het leven?', 'Wat is de bron?' Vanaf jonge leeftijd kunnen kinderen dit soort vragen terloops stellen uit nieuwsgierigheid. 'Waarom is opa gestorven?' vraagt de kleinzoon. 'Wat is geest?' placht mijn zoon te vragen.

Bij het begin van de adolescentie intensifieert het verlangen naar kennis en het bereikt een hoogtepunt wanneer het kind het ouderlijk huis achter zich laat en een eigen leven gaat leiden. Op dit punt trekt het gezin, dat tot dan toe de richting gevende matrix is geweest (ten goede of ten kwade), zich terug op de achtergrond van verinnerlijkte waarden, terwijl de jonge volwassene op zoek gaat naar het eigen besturingssysteem. De afwezigheid van het familiesysteem schept zowel de behoefte aan als de mogelijkheid voor iets nieuws.

Een gezond kruinchakra zal er van nature heel het leven door naar streven zijn kennis te vergroten. Als de ouders hun eigen overtuigingen niet al te zeer hebben proberen op te dringen, is het waarschijnlijker dat het kind als volwassene flexibel blijft en openstaat om de eigen overtuigingen waar nodig te veranderen en daardoor te groeien. Als de ouders daarentegen gefixeerd zijn in hun overtuigingen, kan ook het tot volwassene opgegroeide kind gefixeerd blijven op bepaalde plaatsen en zal hij zijn overtuigingen waarschijnlijk alleen upgraden wanneer hij daar door lijden en frustratie toe genoodzaakt is.[8]

Het verschil tussen het ontwaken van het zesde en het zevende chakra zit in de mate waarin het ego betrokken is in het zoeken. De eerste en middelste fase van de adolescentie kunnen een tijd zijn waarin we naar een archetypische zin of identiteit zoeken, maar deze identiteit is in laatste instantie een persoonlijke: 'Wie ben ik in het grotere plan der dingen?' In het zevende chakra stijgen we daarentegen boven het ego uit en zoeken naar een zin die boven het zelf uitgaat. Niet zozeer 'Wie ben ik?' als wel 'Wat is de zin van alles?'

Aangezien dit proces van geestesverruiming en reflectie zich grotendeels voltrekt nadat kinderen het huis uit zijn, is het beste wat we voor hen kunnen doen ze een gezond fundament voor het kruinchakra meegeven. We doen dat door hun intellect te stimuleren en ze zoveel mogelijk in de gelegenheid te stellen om te leren en informatie te verwerven, bijvoorbeeld door middel van cursussen en lessen, boeken en nieuwe ervaringen. Het is essentieel dat we hun zowel toestemming geven om vragen te stellen en hen daarin aanmoedigen, als serieus proberen hun vragen te beantwoorden of hen helpen zelf hun antwoorden te vinden. Het is aan ons om hun het model aan te bieden dat leren, denken, lezen en vragen stellen waardevol zijn. We kunnen hun evenzo zonder het op te dringen het model van een spirituele levenswijze aanbieden. Wat het kind ten slotte voor zichzelf kiest, zal dan veel authentieker en van blijvender waarde zijn. Onze taak is 'slechts' ervoor te zorgen dat het een zo groot mogelijk scala van keuzemogelijkheden heeft.

Trauma's en mishandeling

Een psychoneurose moet, uiteindelijk, begrepen worden als het lijden van een ziel die haar zin niet ontdekt heeft... Het ontbreken van zin is onverdraaglijk voor ons.

C.G. JUNG

Schendingen van het kruinchakra zijn subtiel, maar werken diep door. Ze vinden op elke leeftijd plaats en fixeren het kruinchakra ofwel in een geopende ofwel in een gesloten stand. Dat beperkt onze mogelijkheden tot focussen en concentreren (te open) of bewustzijnsverruiming (te gesloten).

Achterhouden van informatie, invalidatie van overtuigingen

Op een intuïtief niveau voelen kinderen alles aan wat er om hen heen gebeurt. Gewoonlijk missen ze nog de verstandelijke capaciteiten om wat ze aanvoelen te begrijpen en zoeken constant naar informatie om de lege plekken in te vullen. Veel ouders kiezen ervoor informatie voor een kind achter te houden, in de mening dat het voor zijn eigen bestwil is. Bennie vraagt waar baby'tjes vandaan komen en krijgt te horen: 'Van de ooievaar.' Kinderen vragen waarom pappie voor pampus op de bank ligt en kunnen uitgefoeterd worden omdat ze het durven vragen. Soms stellen kinderen vragen waarop hun ouders doodgewoon het antwoord niet weten en krijgen dan leugens te horen of worden opnieuw uitgefoeterd. 'Waarom wil je dat nou weten? Ben je stom of zo?' Zeldzaam is de ouder die antwoordt: 'Ik weet het niet. Maar misschien kun je het zo te weten komen.' Kinderen kunnen er ook intens naar verlangen een opleiding te volgen die hun ouders maar tijdverspilling achten of niet bij hun geslacht vinden passen. Op allerlei manieren kan kinderen de toegang ontzegd worden tot informatie die hen helpt zich te ontwikkelen.

Na een herhaling van de oude tv-serie *I Love Lucy* vroeg het zoontje van een vriend zijn vader of de wereld, toen zijn vader klein was, soms in zwart en wit was geweest. Zijn ouders hadden erom kunnen lachen en de spot met hun zoontje kunnen drijven omdat hij zo'n malle conclusie had getrokken, met als gevolg dat hij zich geschaamd zou hebben voor zijn eigen denkcapaciteiten. Ze hadden kunnen zeggen: 'Wat een stomme vraag! Wat is er met jou aan de hand?' Of ze hadden hem nog verder kunnen vernederen door er tegen een andere volwassene over te beginnen: 'Hee, moet je horen wat Jantje me net vroeg! Hij denkt dat de wereld net zoals op de televisie is!' Als dat vaak genoeg was gebeurd, zou de jongen aan zijn eigen denken zijn gaan twijfelen en geleerd hebben zijn gedachten voortaan voor zichzelf te houden. In plaats daarvan bevestigde mijn vriend dat zijn zoontje inderdaad een conclusie had getrokken die heel goed mogelijk was en legde vervolgens zorgvuldig het verschil tussen zwartwit- en kleurenfotografie uit.

Kinderen hongeren constant naar kennis en door deze achter te houden depriveren we ze van gezonde geestelijke voeding. Wanneer informatie achtergehouden wordt, verzint het kind ofwel zelf iets ofwel houdt op met vragen stellen. In beide gevallen komt er een einde aan het zoeken, met als gevolg dat het kruinchakra geen nieuwe informatie opneemt en zich sluit.

Slecht onderwijs schaadt de nieuwsgierige geest. De meeste van onze schoolsystemen blijven achter bij de snel veranderende cultuur en stimuleren het kind nauwelijks in zijn natuurlijke honger naar kennis, laat staan dat ze deze kunnen stillen. Scholen gaan te vaak controversiële onderwerpen uit de weg en maken leren tot een vlijtige, vervelende taak in plaats van een vreugdevolle verkenningstocht.

Spirituele mishandeling

Toen ik onlangs een lezing gaf op een New Age-congres werd ik bij de deur aangeklampt door een zeer geagiteerde vrouw met een bijbel in de hand. Met haar mond bijna in mijn gezicht gedrukt gilde ze me toe dat ik naar de hel zou gaan als ik ook maar één stap in de zaal waagde te zetten, want deze zat vol met duivelaanbidders. Ze hield een sproeterig, roodharig jochie stevig bij de hand vast. Zijn ogen stonden even wijd opengesperd van angst als zijn lichaam verstijfd en bleek was. Ik sloeg enige tijd gade hoe ze alle deelnemers aanklampte die naar binnen wilden gaan. Toen ik oogcontact probeerde te krijgen met het jongetje en tegen hem lachte, duwde de vrouw hem ruw achter zich. Zijn gezicht staat voor eeuwig in mijn geheugen gegrift.

Het gebeurt nogal eens dat ouders hun kinderen met harde hand tot onrealistische zuiverheid proberen op te voeden. Strenge religieuze praktijken, woedende tirades in de naam van God, bovenmatig autoritarisme, bestraffingen in de naam van een godsdienst, het hardnekkig eisen dat het kind volmaakt is of het bijbrengen dat het een groot zondaar is – het zijn allemaal ervaringen waardoor het kruinchakra zich sluit en die het kind zich beschaamd en angstig doen voelen. Zo het één ding tot gevolg heeft, dan is het wel dat de betrokkene zich op latere leeftijd veel moeilijker openstelt voor spiritualiteit in onverschillig welke vorm.

Sommige kinderen zijn gedwongen een geloof aan te nemen dat niet uit hun eigen innerlijke overtuiging voortkomt. Neem het voorbeeld van Brian, die van jongs af gedwongen was een driedelig pak aan te trekken en zijn moeder dagelijks te vergezellen op haar bekeringstocht langs de deuren. Brian schaamde zich keer op keer kapot als er weer een deur voor zijn neus werd dichtgegooid en kinderen hem uitlachten en pestten. Hij mocht zijn verjaardag niet vieren en evenmin Kerstmis en andere feestdagen waarover zijn klasgenootjes altijd zo uitgelaten waren. Hij had niet de leeftijd dat gestructureerde spiritualiteit iets voor hem betekende of hem zelfs maar interesseerde. Zijn enige ervaring ermee was negatief en onplezierig. Toen hij later als volwassene met een heroïneverslaving worstelde, vond hij het hele idee van je tot een hogere macht richten weerzinwekkend en ontzegde zich aldus een mogelijke sleutel tot zijn herstel.

Het aanbieden van een gestructureerde religie gebeurt vaak op een ongeschikte leeftijd. Jonge kinderen ervaren nog geen spiritualiteit door op harde banken te zitten en naar woorden te luisteren die ze niet begrijpen, of doordat ze onder dreiging met gruwelijke straffen tot onderwerping worden gedwongen. In een gezonde en liefdevolle omgeving grootgebrachte kinderen hebben daarentegen van nature affiniteit met het spirituele. Vaker wel dan niet zijn het volwassenen die zelf hun spirituele wortels vergeten zijn die hun vervreemding op hun kinderen projecteren.

Als in een spirituele weg geen plaats is voor liefde en respectvolle eerbied voor de individualiteit van anderen, is het naar mijn mening een dwaalweg. Kinderen staan weerloos tegenover vormen van spirituele mishandeling zoals hierboven beschreven. Het gevolg is dat ze in angst en met schuld- en schaamtegevoelens leven – de demonen van de lagere chakra's die hen aan deze niveaus gebonden houden. Alleen door verwerking van dit soort kwesties kunnen ze zich geleidelijk weer leren openen voor hun eigen persoonlijke, vervulling brengende spiritualiteit. Daar staat tegenover dat het eveneens een vorm van deprivatie is om een kind niet kennis te laten maken met verschillende religieuze mogelijkheden. Zonder voldoende aanbod van uiteenlopende spirituele richtingen zal zijn weg naar zijn eigen spiritualiteit alleen maar langer zijn.

Exces en deficiëntie

Deficiëntie

Het moderne bewustzijn kenmerkt zich doordat het geen element van geest herkent in de zogenaamde inerte voorwerpen om ons heen.

MORRIS BERMAN

Met een gesloten kruinchakra kan de bevrijdende stroom zijn reis niet voltooien en bereiken we geen vrijheid. De in het lichaam opstijgende transformerende energieën kunnen niet ten volle in het bewustzijn komen en blijven onverwerkelijkt (figuur 7-1). Doordat ze toch in het bewustzijn proberen door te dringen, zullen patronen zich telkens weer herhalen. Zonder het bewustzijn van het kruinchakra is de kans groter dat we door het onbewuste beheerst worden.

DE ALLESWETER

Mijn cliënte Jane vroeg haar moeder een boek over haar geloof te lezen, dat verschilde van dat waarmee ze grootgebracht was. Haar moeder weigerde het boek te lezen en zei dat ze al alles wist wat ze over God hoefde te weten en er niet in geïnteresseerd was. Mijn cliënte was er niet op uit haar moeder te bekeren, maar wilde alleen dat zij haar eigen overtuigingen zou begrijpen. Hoe kan iemand beweren alles van het oneindige af te weten?

Het tegenovergestelde van oneindige kennis en mogelijkheden is fixatie op één zienswijze als de enige ware en echte weg. Als de geest zich voor nieuwe informatie afsluit, kan scepsis een integraal onderdeel van de persoonlijkheid worden. De moeder van Jane had sterke overtuigingen, maar weigerde zich open te stellen voor nieuwe kennis. John Bradshaw beschrijft dit in termen van mystificerende godsdienst: 'Een cultische autoritaire religie zorgt voor een soort van cognitieve afsluiting. De gebruikte taal is zo pasklaar, zo duidelijk en star, dat het de toegang blokkeert naar gebieden waar de geest van nature graag op verkenning zou uitgaan.'[9]

DE BEHOEFTE OM GELIJK TE HEBBEN

Ik had ooit een buitengewoon intelligente vriend, die 'altijd gelijk had'. Uit zichzelf vertelde hij iedereen om zich heen wat ze verkeerd deden en hoe ze het konden herstellen of beter doen. Hij was uitermate scherpzinnig ten aanzien van bepaalde dingen, was een voortreffelijk criticus en gewoonlijk hád hij ook gelijk. Desalniettemin was hij ongelukkig, omdat slechts weinigen met hem te maken wilden hebben. Ten slotte wees iemand hem erop dat het er verdacht veel op leek dat hij liever gelijk had dan gelukkig was, liever gelijk dan vrienden had. Dat leidde tot een waardeverschuiving in zijn besturingssysteem, die hem in staat stelde op een nieuwe manier te opereren.

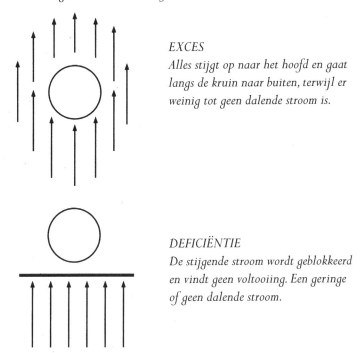

Figuur 7-1. Exces en deficiëntie van het zevende chakra

EXCES
Alles stijgt op naar het hoofd en gaat langs de kruin naar buiten, terwijl er weinig tot geen dalende stroom is.

DEFICIËNTIE
De stijgende stroom wordt geblokkeerd en vindt geen voltooiing. Een geringe of geen dalende stroom.

Gelijk hebben voedt de waan dat we alles weten. Het sterkt ook het ego, want als wij gelijk hebben, moeten anderen het verkeerd hebben en staan wij dus in een gunstig licht. Dat heeft echter alleen maar scheiding tot gevolg en weerspiegelt niet de eenheid en verruiming van het kruinchakra. Als je jezelf erop betrapt dat je het doet, maak dan pas op de plaats en vraag jezelf af: 'Wat geeft me het gezag om te zeggen dat ik gelijk heb? Gelijk volgens wie?' Verschillende besturingssystemen kunnen laten draaien, is het feit omhelzen dat je op talloze manieren gelijk kunt hebben.

NIET VERDER LEREN

Leren is een proces waarin we ten gevolge van onze ervaring veranderen. Zonder bevrijdende stroom kan veranderen moeilijk zijn. Met een gesloten kruinchakra kan het moeilijk zijn om nieuwe informatie te begrijpen of op te nemen. Als de toestand chronisch is, kunnen er leerstoornissen optreden. Op andere momenten zijn we simpelweg te afgeleid, gehecht of sceptisch om iets nieuws te leren. We kunnen ons verzetten tegen nieuwe informatie, omdat ze onze overtuigingen ondermijnt – als we ons bovenmatig met deze opvattingen identificeren, houdt nieuwe informatie een bedreiging in.

GELOOF IN BEPERKINGEN

Het is verbazingwekkend hoe fel sommigen hun geloof in beperkingen verdedigen. 'Het is onmogelijk dat ik ooit uit de schulden kom.' 'Wat ik ook doe, uiteindelijk blijf ik toch alleen.' 'Niemand kan tegelijkertijd naar school gaan en kinderen grootbrengen. Ik zit voor eeuwig aan deze baan vast.' Ook al beschrijf je situaties waarin anderen deze beperkingen overwonnen hebben, dan nog zal zo iemand altijd wel een reden weten te bedenken waarom de oplossing niet voor hem zal werken. Het geloof wordt een zelfvervullende voorspelling. Dit is een andere versie van denken dat we het allemaal weten. Maar hoe kunnen we alle mogelijkheden van een oneindig universum kennen?

SPIRITUELE SCEPSIS

Sommigen zijn gehecht aan het geloof dat er niets bestaat buiten de tastbare, materiële wereld, een geloof dat al honderden jaren wordt beleden door het gros van ons wetenschappelijk establishment. In extreme mate verraadt spirituele scepsis een deficiënt zevende chakra. Als we ons niet kunnen openen voor de geest, kunnen we niet op een hogere macht vertrouwen of ons openstellen voor het onbekende. Bij spirituele scepsis overheerst de twijfel, die in vipassana-meditatie als een van vijf vijanden voor opmerkzaamheid geldt. (De andere vier zijn begeerte, rusteloosheid, haat en laksheid.) Een zekere dosis scepsis is nochtans gezond – te weinig onderscheidingsvermogen wijst in feite op een excessief kruinchakra.

Exces

Het intellect schaadt inderdaad de ziel, wanneer het het lef heeft om de erfenis van de geest voor zichzelf in bezit te nemen.

C.G. JUNG

Aangezien het kruinchakra zo vaak beschouwd wordt als de alfa en omega van het chakrasysteem, kan het raar lijken dat er sprake kan zijn van een exces in dit centrum. Zoals eerder opgemerkt dienen we evenwel te beseffen dat excessief niet 'vol' of 'geopend' betekent, maar dat het chakra een overschot aan energie bevat, die als verdediging wordt gebruikt (figuur 7-1). Een exces in het kruinchakra komt in feite zelfs vrij veel voor, omdat we ons in ons hoofd terugtrekken om gevoelens te vermijden en afstand te nemen van wereldse eisen. Iemand die van zijn lichaam en emoties ontkoppeld is of zich machteloos en eenzaam voelt kan, noodgedwongen, de onverwerkte energie bovenwaarts naar de kruin sturen. Dat is beslist het geval bij personen van het schizoïde/creatieve type, die hun werkelijkheid in de wereld van de geest vinden.

OVERINTELLECTUALISME

Onder het eten ratelde Frank maar door over zijn nieuwste inzichten, in de mening dat hij de rest van ons bekoorde door zijn briljante intellect te laten schitteren. Maar hoewel hij inderdaad erg intelligent was, merkte hij niet op dat op den duur niemand nog naar hem luisterde. Terwijl zijn vrouw excessief dronk, had Frank een excessief kruinchakra.

'Ik denk, dus ik besta' karakteriseert dit patroon. De radertjes in het hoofd draaien altijd maar door, en zulke mensen kunnen uitermate intelligent zijn en grote kennis van zaken bezitten. Voortbouwend op hun sterke kanten overontwikkelen ze het intellect ten koste van hun andere delen, zoals het lichaam, de emoties of het hart. De wereld van het intellect is veilig, fascinerend en egostrelend. Maar het hoeft niet noodzakelijkerwijs een soort van intelligentie in te houden die in echte levenssituaties wijs uit de voeten kan (zoals Frank niet opmerkte dat zijn gasten zich stierlijk verveelden).

Excessief intellectualisme is een chronische kwaal in onze westerse cultuur. Pronken met wat we weten is welhaast een deugd, die afgemeten wordt aan het aantal obscure citaten dat we er tussendoor gooien en de titels en opleidingen waarop we kunnen pochen. Kennis is macht, maar ze kan ongrijpbaar zijn en afleiden als ze niet in wijsheid en begrip is geaard.

SPIRITUELE VERSLAVING

In sommige gevallen wordt spiritualiteit een verslaving voor degene met een excessief kruinchakra. Om te ontsnappen aan bepaalde veeleisender taken van de lagere chakra's kan iemand achter een goeroe aanlopen, de bijbel opdreunen op de hoek van de straat, het ene na het andere retraitehuis bezoeken of zijn toevlucht tot psychedelische drugs nemen om spiritueel high te worden.

Spirituele zuiverheid is een andere vorm die deze verslaving kan aannemen. Door geloften van armoede, kuisheid en gehoorzaamheid blijven de eerste drie chakra's deficiënt. Vasten, ascese, zelfverloochening en eindeloos opofferen kunnen tot een air van zowel grote als egostrelende rechtschapenheid leiden.

Als we dit soort praktijken verstandig beoefenen met het doel ons leven te verbeteren, verricht het kruinchakra naar behoren zijn taak om de ziel te ontwikkelen op haar reis. Maar als ons leven wanordelijk blijft en we in spirituele verslaving vluchten, stagneert onze groei daardoor net zozeer als door onverschillig welke andere verslaving.

OVERWELDIGING

Toen ik alle informatie voor dit boek net bijeengegaard had, voelde ik me overweldigd. Zelfs na de voltooiing van de eerste opzet kreeg ik nog hoofdpijn alleen al bij de gedachte hoe ik het moest klaarspelen om al die informatie in één manuscript in te passen. Ik kon nauwelijks helder bedenken hoe ik het ging aanpakken. Te veel informatie, zonder behoorlijke organisatie, kan inderdaad overweldigend zijn.

Wanneer er een overschot aan energie naar het kruinchakra stroomt (zoals van nature gebeurt bij de schizoïde/creatieve karakterstructuur), of onder stress of in een crisis, kan het gevolg verwarring, frustratie of dissociatie zijn. Dat overkomt ons allemaal van tijd tot tijd, maar wanneer de stress chronisch is, gaan deze toestanden deel uitmaken van ons besturingssysteem. Dan tolt het kruinchakra op hoge snelheid rond in 'vrije versnelling', te vergelijken met de eerder besproken obsessieve toestand van het zesde chakra. We hebben een overmaat aan energie in ons hoofd en kunnen niet helder denken. We beschikken over te veel informatie en weten niet wat we ermee moeten aanvangen. Veel mensen krijgen hoofdpijn wanneer dit gebeurt. De bovenwaartse druk tegen het schedeldak neemt toe, maar wordt niet ontladen. Wanneer het lichaam verstijfd is, kan het minder goed een lading aan en het teveel gaat naar het hoofd toe, waar het voor verwarring zorgt. Op zulke momenten doen we er goed aan aardingsoefeningen te doen of te mediteren; ook door inspannende lichaamsbeweging kunnen we de overtollige energie tot bedaren brengen of ontladen.

PSYCHOSE

Psychotische stoornissen kunnen tal van oorzaken hebben en er is geen simpele, in alle gevallen werkende remedie voor te geven. We noemen ze hier om ze in het juiste perspectief te plaatsen, aangezien ze globaal genomen op een exces in de hogere chakra's wijzen. Wanneer overweldiging een ernstige en chronische toestand wordt, kan de organisatie van ons besturingssysteem volkomen instorten. We kunnen dan psychotische trekken of een complete psychose ontwikkelen.

De lagere chakra's zijn het primaire niveau van *neurotische stoornissen*. Ik definieer neurotisch gedrag als het continu herhalen van patronen ook al sorteren ze geen effect. Neurotische patronen worden gevoed door driften die nog niet in het bewustzijn zijn gekomen en daardoor geen andere mogelijkheid hebben dan zich te herhalen. In tegenstelling daarmee kenmerken *psychotische stoornissen* zich door een verbreking van het contact met de werkelijkheid en de aardende aspecten van de lagere chakra's. Ze manifesteren zich meestal als een gebrek aan voorspelbare patronen en het onvermogen om de energie binnen te houden. Een psychose is zodoende een toestand van exces in de hogere chakra's, waarbij een overschot in het vijfde, zesde en zevende chakra zich respectievelijk manifesteert als het horen van stemmen, hallucinaties en waandenkbeelden. Bij een psychose is sprake van een exces van de bevrijdende stroom in combinatie met te weinig aarding, wat een gebrekkige focus en beheersing tot gevolg heeft. Een neurose is daarentegen een deficiëntie van de bevrijdende stroom in combinatie met te weinig bewustzijn, wat in dwangmatige herhaling resulteert.

Herstel van de lotus in zijn oorspronkelijke staat

Gezondmaking van het zevende chakra

Integreren rond de stuiptrekkingen van het mentale en vitale ego? Dat is hetzelfde als een boot aan de staart van een aal proberen aan te leggen.

SRI AUROBINDO

Meditatie

Meditatie is een techniek voor het stimuleren, kalmeren en verhelderen van de geest. Door meditatie trainen we onze geest om subtielere bewustzijnstoestanden binnen te gaan en boven de, de geest gewoonlijk in beslag nemende, dagelijkse besognes uit te stijgen, zodat we toegang verkrijgen tot een diepere, grootsere geestestoestand. Van alle methoden voor het helen en ontwikkelen van het kruinchakra is meditatie wellicht het meest vermogende instrument waarover we beschikken. Als we het universeel bewustzijn opvatten als het systeem waarin we allemaal ingebed zijn, en de geest als een organisator van de componenten daarvan, dan schept een techniek die kalmte, orde en helderheid aan die geest brengt ook orde en helderheid met betrekking tot al het andere. Regelmatig mediterende personen vertellen gewoonlijk dat niet alleen hun denken erdoor verbetert, maar dat ze er ook op tal van andere gebieden van hun leven beter door functioneren. Toegenomen lichamelijke gezondheid en welzijn, grotere productiviteit in het werk, een verbeterd concentratievermogen, toegenomen creativiteit en grotere persoonlijke bevrediging zijn enkele van de gunstige effecten die gemeld worden.[10]

Er zijn talloze technieken met behulp waarvan we in een meditatieve staat kunnen komen. De onderstaande, allesbehalve uitputtende opsomming geeft een idee van het omvangrijke repertoire van mogelijke technieken. Degenen die zeggen dat ze niet kunnen mediteren, lukt het misschien wel als ze het met een andere techniek proberen.

- Ongerichte, vrijstromende beweging, hetzij als een rustige stroom (authentieke beweging), hetzij als een snelle ontlading (chaotische meditatie van Rajneesh).
- Je ademhaling reguleren en observeren.
- Staren naar een beeld, zoals een vlam, mandala of symbool.
- Een mantra, zin of affirmatie reciteren.

- Contact zoeken met de getuige.
- Je gedachten volgen.
- In stilte en opmerkzaam wandelen.
- Je concentreren op een concept of een probleem (bijvoorbeeld een zen-koan als 'Wat is het geluid van één klappende hand?').
- Intens luisteren naar geluiden of muziek.
- Visualiseren dat er energie opstijgt en daalt in het lichaam (energie laten stromen).
- Geleide visualisaties en trancereizen.
- Je eenvoudig ontspannen en ontvankelijk zijn voor wat zich ook mag aandienen.

Bij sommige van bovengenoemde methoden gaat het om een vorm van *concentrerende meditatie*. Hierbij richten we onze aandacht op een bepaald hulpmiddel, zoals een klank, beeld of activiteit, en concentreren ons daardoor eenpuntig en sluiten ons af voor alle afleidingen. Andere methoden behelzen een *receptieve meditatie*. Bij deze vormen stellen we ons ontvankelijk op voor de stroom van gedachten, gevoelens of impulsen en volgen deze waar ze ons ook heen mogen leiden. In de *Yogasoetra's* beschrijft Patanjali drie algemene fasen in concentrerende meditaties: *dharana* (concentratie), *dhyana* (meditatie of eenwording) en *samadhi* (extase).[11] Concreter gezegd: we concentreren onze aandacht op een object, worden één met het object en ervaren de geestestoestand die ontstaat wanneer er totale absorptie plaatsvindt en er niet langer een onderscheid tussen subject en object wordt beleefd, maar slechts een staat van zijn. (Op receptieve meditatie gaan we in de paragraaf over opmerkzaamheid nader in.)

Welke techniek het beste werkt, hangt af van ons karakter en onze behoeften op het desbetreffende moment. Als we in een crisis een helder hoofd proberen te bewaren, kan het een probaat middel zijn om onze ademhalingen te tellen, omdat vlak en regelmatig ademhalen ons lichaam kalmeert. Als stil zitten ons zo veel moeite kost dat we helemaal niet tot mediteren komen, kunnen we proberen te mediteren in een vorm waarbij we ons bewegen of rondlopen. Als het in ons hoofd maar doorratelt, kunnen we het met een mantrameditatie proberen; deze bewerkstelligt een ritmische synchronisatie in onze geest en brengt zo onze gedachten en activiteiten in harmonie. Als we ons willen ontdoen van de stress die we van het werk mee naar huis nemen, is het nuttig om energie door ons lichaam te laten stromen, alsof we ons afspoelen onder een douche van lichamelijke gewaarwording en licht.

Meditatie kan diepgaande resultaten bewerkstelligen. Onze gedachten houden ons maar al te vaak vast in zich herhalende patronen en beperkende overtuigingen. In meditatie verstillen we geestelijk, zodat we toegang verkrijgen tot een diepere wijsheid, een diepere bewustzijnsstaat. In deze kalme geestesstemming kunnen we ons losmaken van onze gewoontegetrouwe reacties – woede of veroordelen, angst of begeerte – en ons bevrijden van deze patronen. Doordat we ons ervan ontdoen, worden we lichter en leger en kunnen we gemakkelijker de transcendentale staat van universeel bewustzijn binnengaan.

Meditatie kan tot dusver begraven onbewust materiaal van de lagere chakra's in het bewustzijn brengen. Mediteren bevordert zodoende tevens de opstijgende, bevrijdende stroom, die onze trillingen chakra voor chakra verfijnt en ons dieper begrip en grotere zelfkennis brengt. Zodra het constante geklets in onze geest tot zwijgen is gebracht, kunnen de diepere fluisteringen daaronder doorbreken, net zoals dromen doen wanneer ons waakbewustzijn slaapt.

We dienen erop voorbereid te zijn dat het naar boven komende materiaal uit het onbewuste uiteenlopende gevolgen kan hebben. We kunnen overstelpt worden door gevoelens, gewaarwordingen of informatie die we niet aankunnen, of we kunnen bevrijd worden van materiaal dat ons onbewust tegenhoudt. Als ons werk in de lagere chakra's een fundament voor hoger bewustzijn heeft gestort, zullen we over de stukken gereedschap en het kader beschikken om moeilijk materiaal aan te kunnen. Zo niet, dan kunnen we naar iemand toe gaan die getraind is in het helpen daarbij. Mijns inziens valt het niet aan te bevelen om (zoals sommige spirituele leraren adviseren) de informatie eenvoudigweg te negeren. Het is veel beter om haar te gebruiken voor het werken aan de knopen in onze psyche. Er kunnen somatische (lichamelijke), emotionele of symbolische aspecten aan zitten. Nadrukkelijk zij opgemerkt dat ik hier op de grotere stukken materiaal doel. Het is niet nodig om hulp te zoeken voor alles wat naar boven komt – alleen voor de dingen die zich herhalen of een sterke psychische lading bezitten.

> *Wat we in het verleden niet verwerkt hebben, keert keer op keer terug,*
> *elke keer met een iets ander gezicht, maar in wezen altijd hetzelfde,*
> *net zolang totdat we de oude kennis onder ogen gezien*
> *en ontward hebben.*
>
> SATPREM

Meditatie kan daarnaast de dalende stroom van manifestatie bevorderen. Dit aspect van de transformerende kracht wordt door Sri Aurobindo benadrukt. Het is dit wat in de plaats zal komen van onze snel uitgeputte energieën en onbeholpen pogingen. Het begint waar andere yoga's eindigen. De kracht verlicht aanvankelijk het hoogste punt van ons wezen en daalt vervolgens zacht, vredig, onweerstaanbaar niveau na niveau af, totdat uiteindelijk ons totale wezen tot aan de laagste laag toe geüniversaliseerd is.

Afdalende meditatie strekt zich uit naar de bovenbewuste laag boven het hoofd en trekt de kracht van bewustzijn chakra voor chakra naar beneden, elk centrum voedend uit de oneindige bron boven ons. Doordat we hoger bewustzijn naar onze lagere centra brengen, krijgt ons lichaam een heiligheid die ons wezen immanentie en genade verleent. Het is dit afdalen van bewustzijn waarop we in het laatste hoofdstuk ingaan.

Opmerkzaamheid

Opmerkzaam zijn... heeft te maken met bezinning op wie we zijn, met het in twijfel trekken van onze kijk op de wereld en onze plaats daarin, en met het ontwikkelen van appreciatie voor de volheid van elk moment dat we leven. Bovenal heeft het te maken met in contact staan.

JOHN KABAT-ZINN

Opmerkzaam zijn is de essentiële sleutel tot het leiden van een bewust leven. Het is de fundamentele kwaliteit die we in het kruinchakra moeten ontwikkelen, zodat het zowel de lens wordt die ons op de reis leidt als de geneeskrachtige zalf voor de schrammen en builen die we onderweg oplopen. De meeste van deze schrammen lopen we op doordat we te weinig opmerkzaam zijn.

Opmerkzaam zijn betekent dat we er met heel onze aandacht bij zijn. We merken van moment tot moment de subtiele nuances en structuren op en appreciëren hun talloze verweven betekenisniveaus zonder ons ook maar aan iets daarvan te hechten. We zijn met onze hele aandacht in het huidige moment aanwezig en ervaren het daardoor ten volle. Doordat we ons vol in de onvoorstelbare rijkdom van elk moment onderdompelen, ervaren we bevrediging in het leven. Een opmerkzame geesteshouding betekent niet dat we het verleden of de toekomst vergeten, maar we brengen ze samen in het heden. We houden ze bewust in ons gezichtsveld als middelen om grotere betekenis aan het heden te geven. Als ik naar een cliënt kijk die doorbreekt, vergroot mijn kennis van waar hij geweest is en de vrijheid die hij spoedig zal ervaren de machtigheid van dat moment. Ik hoef niet naar het verleden of de toekomst te rennen, maar kan eenvoudig bij hem zijn in zijn ervaring in het hier en nu, in de wetenschap dat ze hem zal brengen waar hij heen moet gaan. Opmerkzaamheid ligt ten grondslag aan het concept 'Wachten Is' (uit *Stranger in a Strange Land* van Robert Heinlein). Wachtend richten we onze aandacht niet op de toekomst, maar ervaren de volmaaktheid van het zich ontvouwende heden.

Opmerkzaamheid kent talloze vijanden, waaronder dissociatie, veronderstellingen, verdoofdheid, ongeduld, angst en alle demonen van de chakra's. Elk van deze vijanden koppelt ons los van onze ervaring in het hier en nu en neemt waardevolle schijfruimte in ons besturingssysteem in beslag. Elk is een verdediging tegen de machtigheid van een bewust geleid leven, dat zowel om gevoeligheid als verantwoordelijkheid vraagt. Wanneer we opereren op basis van gewoonten, splitst onze geest zich af en zijn we niet langer vol in het heden aanwezig. Wanneer we uitgaan van veronderstellingen laten we het huidige moment zich niet ontvouwen in al zijn uniekheid. Zijn we verdoofd, dan sluiten we ons af voor waardevolle informatie en beroven onszelf van de volheid van ervaring. Als we ongeduldig zijn, rennen we vooruit naar de toekomst en realiseren ons niet hoe rijk het heden is. Als we bang zijn, kunnen we niet vol aanwezig zijn en vernauwen in plaats daarvan ons aandachtsveld.

Door opmerkzaam te zijn, vergaren we reusachtige hoeveelheden informatie. De vijanden ervan beperken daarentegen onze informatiestroom en laten ons zitten met halve waarheden, misverstanden, onvolledige inzichten, onwetendheid en verkeerde indrukken. Complete informatie staat gelijk aan intelligentie. Intelligent leven is lijden vermijden en met gratie en gemak onze weg door het leven gaan.

In een opmerkzame geesteshouding hoeven we niets te doen – in plaats daarvan observeren we. We oordelen, waarderen, ontkennen, applaudisseren niet. We zijn simpelweg getuige.

OEFENING VOOR HET ONTDEKKEN VAN DE GETUIGE

We kunnen de oefening in twee vormen doen: als meditatie (gevolgd door het noteren van de verkregen inzichten in een dagboek), of in de vorm van een gesprek met een ander. Het doel is dat we ons lang genoeg van onze normale waarnemingspositie losmaken om ons bewust te worden van de realiteit van ons onderliggende wezenlijke zelf.

Meditatie: Kies een scène, verhaal of situatie uit die voor jou een emotionele lading heeft, eentje die je voor problemen heeft gesteld. Laat de scène in je hoofd afdraaien alsof je naar een videoband kijkt. Stel je voor dat je een afstandsbediening in je hand houdt, waarmee je op enig moment de band kunt stopzetten of achteruit of versneld vooruit spoelen. Kijk naar het zich ontvouwende drama door de ogen van de getuige.

Begin bij het begin. Word je bewust van hoe je je voelt. Laat de band draaien en observeer je reacties op wat je ziet. Wanneer je bij een stuk komt dat je sterk aangrijpt, druk je op de denkbeeldige pauzeknop. Stop en observeer je reactie. Wat gebeurt er in je lichaam? Wat voel je? Wat word je gewaar? Wat hebben je gevoelens te betekenen? Welke impulsen voel je?

Schrijf in een dagboek je antwoorden op alsof je over een derde persoon schrijft: 'Ze voelt zich bloednerveus. Het zweet staat haar in de handen en ze is bang dat iemand kritiek op haar gaat uitoefenen. Ze wil wegrennen.' Keer daarna terug naar je film en draai de volgende scène af. Herhaal dezelfde stappen als hierboven. Stop elke keer als je een lading voelt en leg je ervaring vast. Merk op dat het de getuige is die observeert en schrijft.

Nadat je de film helemaal afgedraaid hebt, is het tijd om de getuige te ontmoeten. Schrijf in de eerste persoon de zienswijze van de getuige op. Welke observaties wil de getuige met je delen over deze persoon? Wat merkt hij op? Welke waarheden worden hier duidelijk? De getuige kan bijvoorbeeld zeggen: 'Het verrast me dat ze zo zenuwachtig is. Ik zie dat ze bang is, maar ik wil haar vertellen dat er geen echt gevaar bestaat. Ze heeft dit karwei al vele malen eerder met succes geklaard.'

Het is belangrijk om te beseffen dat de getuige geen rechter is. Als de criticus zich ertussen wil mengen in de vermomming van de getuige, laat de getuige zich dan gewoon naar de criticus keren. Als je bijvoorbeeld opschrijft: 'Wat een stomme meid om zo doodsbenauwd te zijn,' weet je dat je criticus de plaats van de getuige heeft ingenomen. Laat de getuige dan de criticus observeren en over hem schrijven. 'Ik zie dat er behoefte bestaat om een oordeel te vellen. Ik zie dat er iemand is die haar angst niet begrijpt.' We kunnen getuige zijn van onze getuige in verschillende lagen totdat we bij een *objectief Kernzelf* komen. Dit Kernzelf bezit grote wijsheid. We weten het wanneer we het vinden.

Met een ander: Kies een scène, verhaal of situatie uit waar je het moeilijk mee hebt. Ga tegenover een vriend of therapeut zitten en vertel hem erover in de eerste persoon. Vertel wat je voelt en denkt. De luisteraar bevestigt louter wat je vertelt, maar onderbreekt je niet. Wanneer je klaar bent, ga je naast de vriend zitten en vertelt het verhaal nog eens in de derde persoon, vanuit het perspectief van een objectieve getuige. 'Ze moest er toen heen en haar baas onder ogen komen, en dat maakte haar laaiend. Ze vond het niet leuk om woedend te zijn, omdat woede haar in het verleden altijd ellende had bezorgd.'

Als laatste stap kan de vriend de getuige vragen of hij nog meer observaties of inzichten over de betrokkene heeft en wat hij ervaren heeft onder het gadeslaan.

Hoger Zelf

Wanneer we door de bomen het bos niet meer zien, moeten we misschien naar de top van een berg klimmen om een duidelijker overzicht te krijgen. Nadat we zo onze positie bepaald hebben, kunnen we een koers uitstippelen die ons brengt waar we heen willen. Evenzo kan contact met ons Hogere Zelf opnemen ons waardevolle inzichten brengen, wanneer we geen uitweg uit een moeilijke situatie zien. Dikwijls is een verandering van perspectief al voldoende.

Er circuleren talloze meningen over wat het Hogere Zelf precies zou zijn. Sommigen zeggen dat het één met de goddelijke intelligentie is of een god of godin, een lichaamloze meester die als gids optreedt of een onbewust aspect van onze eigen geest. Anderen beweren dat het niets anders is dan een ander aspect van het Zelf – datgene wat van nature verrijst wanneer de behoeften en wensen van de identiteiten van de lagere chakra's weggevallen zijn (zie Transcendentie van de lagere ego's, blz. 448). Hoe we het definiëren is van weinig belang, want het blijft toch een onbewijsbaar mysterie. Wat wél belangrijk is, is dat het een archetype is dat ons in staat stelt informatie te ontvangen. Die informatie kunnen we vervolgens gebruiken voor onze gezondwording en als leiding op onze weg naar volledigheid.

OEFENING VOOR LEIDING VAN HET HOGERE ZELF: PRATEN MET DE GOD OF GODIN

Met een vriend of counselor: Creëer een mentaal beeld van je concept van de godheid. Het kan een ronde, kloeke moeder Aarde zijn, een oude man met een witte baard, een fontein van licht of een astrale wolk. Het maakt niet uit, zolang het maar een beeld is dat je aanspreekt, dat voor jou wijsheid en mededogen belichaamt. Beschrijf je voorstelling van de godheid aan je vriend.

Denk vervolgens aan een kwestie waarbij je leiding zoekt. Formuleer wat je bezighoudt in een vraag die je aan dit hogere wezen kunt stellen. 'Wat moet ik begrijpen in deze moeilijke situatie waarin ik verkeer?' 'Hoe kom ik te weten welke richting ik nú op mijn pad moet inslaan?' Het beste kun je 'volwassen' vragen stellen en niet zozeer 'kleine' als: 'Houdt hij van mij?' We praten hier tenslotte met een god en willen zijn tijd niet verspillen. Vertel dan je vraag aan je vriend.

Nadat je je god/godin beschreven en je vraag gesteld hebt, verwissel je van plaats met je vriend. Stel je nu voor dat je de god of godin bent die je voor je geestesoog hebt gehaald. Voel je echt als hem of haar; dompel je helemaal onder in de ervaring. Wanneer je je volkomen één met je beeld voelt, laat je je vriend jou, als god/godin, de eerder door jou geformuleerde vraag stellen. Beantwoord deze dan zoals de god/godin het zou kunnen doen. Praat tegen je vriend alsof hij jou was. Vraag hem wat je zegt te onthouden en op te schrijven.

Alleen: Als je deze oefening alleen wilt doen, kun je zelf beide rollen spelen. Vorm je opnieuw om te beginnen een beeld van je concept van de god/godin en schrijf je vraag op een stuk papier. 'Kruip in de huid' van de god/godin en lees de vraag. Beantwoord de vraag en onthoud het antwoord of spreek het in op een cassetterecorder. Schrijf tot slot in je dagboek wat je te weten bent gekomen.

Ongehechtheid

Het klinkt allemaal leuk en aardig om te zeggen dat we ons in ongehechtheid zouden moeten oefenen als een middel om ons leed te verminderen en onze opmerkzaamheid te vergroten. Maar hoe doen we dat wanneer we echt aan iets gehecht zijn? Hoe verbreken we onze gehechtheid en keren we terug in onze volledigheid? Als we onszelf ertoe dwingen niet te denken aan of over iets, versterken we door onze inspanning om het te vermijden alleen maar onze gehechtheid eraan.

DAGBOEKOEFENING VOOR ONTHECHTING

Sluit je ogen en ga je lichaam in. Denk aan het voorwerp van je gehechtheid en de pijn die je voelt als je het kwijt bent. Laat je helemaal zakken in dat rotgevoel, het verdriet, in wat voor gevoelens er ook losgemaakt worden. Neem contact op met je getuige terwijl je jezelf in deze gevoelens observeert. Wat merkt je getuige op?

Schrijf vervolgens precies op aan wat je gehecht bent en de vele uiteenlopende niveaus waarop deze gehechtheid zou kunnen bestaan. Als je bijvoorbeeld gehecht bent aan een persoon, schrijf dan niet alleen zijn naam op, maar ook de eigenschappen die voor jou belangrijk zijn. Noteer aan welke facetten van jullie relatie je gehecht bent, de dingen die je extra moeilijk kunt loslaten. Schrijf vervolgens op welke aspecten van jezelf profijt hebben van de kwaliteiten die je denkt kwijt te raken. Als je gehecht bent aan een kans op een baan, dan schrijf je de dingen op waarvan je verwachtte dat de baan ze je zou brengen. Ben je gehecht aan succes, geld, prestige of privileges? Welk deel van je in het bijzonder heeft behoefte aan deze dingen?

Je zou ook gehecht kunnen zijn aan een 'complex' van gevoelens. Mogelijk ben je gehecht aan het gevoel het slachtoffer te zijn en de woede die een situatie in je losmaakt, gevolgd door je verontwaardiging erover. Misschien ben je er gehecht aan het bij het juiste eind te hebben, te winnen of iets op een bepaalde manier te doen.

Wanneer je eenmaal duidelijk zicht hebt gekregen op waar je precies aan gehecht bent, laat je je getuige luisteren naar de verhalen die je tegen jezelf vertelt over het kwijtraken ervan. Misschien denk je dat het je enige kans is om iets te krijgen of dat je zonder dat nooit volledig zult zijn, nooit meer in staat lief te hebben, opnieuw te scheppen, opnieuw vrijheid te ervaren. Luister naar deze verhalen en laat je getuige vaststellen in hoeverre ze accuraat zijn. Scheid je emoties van de waarheid. Schrijf de waarheid naast je uitspraken zodra je daartoe in de gelegenheid bent.

Stel vervolgens een lijst op van wat je gehechtheid je 'kost'. Hoeveel energie van jezelf stop je erin, en waar komt die energie vandaan? Als je die energie weer voor jezelf had, wat voor geschikters zou je er dan mee kunnen doen? Als je bijvoorbeeld door je baan van huis weg zou moeten, probeer je dan voor te stellen dat je weer over de in de gehechtheid gestopte energie beschikt en haar in je gezin investeert. Als je gewoonte ten koste gaat van je gezondheid, stel je je voor dat je de energie in gezondere gewoonten kanaliseert. Als je relatie je baan in de weg zit, stel je je voor dat je de energie opnieuw in je werk stopt.

Schrijf tot slot redenen op waarom een hogere wijsheid je gescheiden zou kunnen hebben van het object van je gehechtheid. Vind een vorm van je god/godin om mee te praten (zie de oefening hiervoor) en vraag hem/haar de betekenis van het verlies op te helderen. Misschien is er een oude wond uit je jeugd die geheeld moet worden; of misschien moet je meer mededogen leren tonen of een andere richting inslaan. Hoe kun je de les toepassen?

Nadat je klaar bent met het schrijven in je dagboek, doe je een meditatie waarin je de energie van je gehechtheid terughaalt naar jezelf en naar een geschiktere plaats leidt. Keer met gesloten ogen kortstondig terug naar het gevoel dat je had of gehad zou hebben als het leven verlopen was zoals je het voorzien had (dat wil zeggen zonder het verlies van het object van je gehechtheid). Zuig dat gevoel op in al je cellen. Wees je bewust van wat je er prettig aan vindt – de grote opwinding, het gevoel van compleetheid of belangrijkheid.

Schuif vervolgens, voor je geestesoog, dit voorwerp of deze persoon of gebeurtenis van je vandaan, net zolang tot er een duidelijke scheiding is ontstaan. Bedank het object van je gehechtheid voor de les die het je heeft geleerd. Terwijl het zich van je verwijdert, stel je je voor dat je energiekoorden die jou met het object verbinden losmaakt, alsof je een haakje van een vis losmaakt alvorens hem weer in het water terug te gooien. Wind de koorden op en trek zo de energie terug in je directe veld. Haal je daarna een beeld voor de geest van iets wat energie nodig heeft. Zie met je innerlijk oog je gezin, werk, gezondheid of wat het verder ook is dat het geschiktst is om nieuwe energie van je te krijgen. Trek het beeld ervan in je veld en maak er de energiekoorden aan vast. Voel je nog steeds leegte, bedenk dan manieren waarop je deze kunt vullen – met activiteiten, interesses of anderen met wie je tijd kunt doorbrengen. Laat het goede gevoel waarmee je begonnen bent terugkeren terwijl je je deze andere elementen in je leven voorstelt. Doordrenk je cellen in het gevoel en neem vanuit deze plaats van kracht afscheid van hetgeen je moet loslaten. Je bent nu op een grotere, vollere plaats. Gij Zijt Dat! (Met kleine aanpassingen kunnen we met deze meditatie en dagboekoefening eveneens werken aan vermijding in plaats van gehechtheid, aangezien ze twee kanten van dezelfde medaille zijn.)

Het transcenderen van de lagere ego's

Het openen van het kruinchakra is als het uittrekken van onze kleren en de vreugde ervaren van naakt te zijn. De volgende meditatie helpt ons de mantels van de bij de lagere chakra's behorende identiteiten af te leggen en onze universele identiteit te omhelzen.

Ga in alle rust in een gemakkelijke meditatiehouding zitten. Haal een paar keer diep adem en laat alle afleidingen van buiten van je afglijden. Richt op elke inademing je aandacht naar binnen, in jezelf. Laat op elke uitademing de buitenwereld los – alles waarover je je zorgen maakt, alles wat geen deel van deze oefening of dit moment in het hier en nu uitmaakt. Wanneer je je tot rust gekomen en gecentreerd voelt, kun je beginnen.

Stap 1: *Laat alles los wat niet je lichaam is.* Het lichaam leeft in dit moment en is een grens tussen binnen- en buitenwereld. Doordat je alles loslaat wat niet je lichaam is, kan je bewustzijn ten volle in je lichaam komen. Voel hoe lang, stevig, breed het is. Voel zijn hoeken en grenzen, binnen- en buitenkant. Ervaar je lichaam als het huis waarin je woont, als het omhulsel van de geest en de ziel, waarin ze zich warm en veilig voelen.

Word je nu bewust van het deel dat je lichaam gewaarwordt. Word de aanwezigheid van een inhuizende bewoner in je lichaam gewaar. Omhels die inwoner, omhels zijn energie, zijn bestaan. Sta stil bij hoe de vorm van je lichaam in de loop der jaren veranderd is en de inwoner er toch altijd in is blijven wonen. Merk op dat ze niet hetzelfde zijn. Vraag de inwoner met je mee te gaan op een reis. Bedank je lichaam ervoor dat het je gehuisvest heeft en laat je dieper in je lichaam zinken.

Stap 2: Word nu de emoties in je lichaam gewaar. Wat voel je op dit moment? Voel de verlangens en angsten, vreugde en pijn in je wervelen. Wees voor een kort moment getuige van alle emoties die je in de loop van een dag, week, jaar of je hele leven ervaart. Word je bewust van de persoon binnenin die deze emoties ervaart. Stel je voor dat je emoties als een rit in de achtbaan zijn en aan een stuk door op en neer golven. Besef dat de inwonende geest degene is die de rit maakt, maar gescheiden van de rit zelf blijft. Besef dat je de keuze hebt om niet met de rit mee te gaan. Sta jezelf toe nee tegen de rit te zeggen, je ervan los te maken en naar een andere plaats te gaan, aan een andere rit te beginnen. Omhels het innerlijk Zelf en laat je emotionele lichaam tot bedaren komen in je fysieke lichaam. Maak je op om verder te gaan.

Stap 3: Kijk nu, alsof er een film voor je geestesoog draait, naar de activiteiten die je in je leven ontplooit. Zie voor je wat je op je werk doet, hoe je het eten klaarmaakt, een wandeling maakt. Sla jezelf gade bij wat je doet en hoe je reageert. Observeer degene die reageert. Merk op hoeveel van die reacties automatisch gebeuren, hoeveel ervan door emoties worden ingegeven, hoeveel ervan niets anders dan lichamelijke gewoonten zijn. Ga na in welke mate het ego een hand in deze activiteiten heeft. Wie is het die deze dingen doet? Besef dat degene die ageert en reageert losstaat van de handelingen zelf. Besef dat de handelingen keuzen zijn. Durf ervoor te kiezen niet te doen. Omhels de inhuizende geest en laat de activiteiten van je afglijden. Maak je op om verder te gaan.

Stap 4: Observeer jezelf in je interacties met anderen. Kijk naar jezelf zoals zij naar jou kijken, alsof je door hun ogen kijkt. Wat voor soort persoon zie je? Welke rol speelt hij veelal? Of zijn er veel verschillende rollen? Verplaats je nu weer in jezelf en stel je voor dat je een marionettenspeler bent die door aan zijn touwtjes te trekken een pop laat bewegen, de persona dirigeert. Besef dat degene achter de rol niet helemaal hetzelfde is als de rol zelf. Wie is het die de rol speelt? Omhels de marionettenspeler en laat de persona vallen. Maak je op om verder te gaan.

Stap 5: Laat nu voor je geestesoog de dingen verschijnen die je in je leven tot nu toe geschapen hebt. Kijk naar je schoolprojecten, de inrichting van je woning, je artistieke prestaties, zakelijke projecten, de gebeurtenissen die je op gang gebracht hebt en zelfs de situaties die je gecreëerd hebt. Besef dat het ik het werk voor die scheppingen heeft gedaan, ongeacht of ze goed of slecht waren. Wees je bewust dat het ik een generator is die nog vele dingen meer kan voortbrengen, maar tegelijkertijd iets is dat gescheiden is van de scheppingen zelf. Erken alles wat je hebt gedaan en laat die situaties achter je. Maak je op om verder te gaan.

Stap 6: Stel je nu voor dat je op een zee van archetypische energieën drijft, meegaat op de rijzende en dalende golven, erdoor gedragen wordt. Herken de archetypische energieën uit je leven – de culturele energieën van man en vrouw, de aanwezigheid of afwezigheid van de schaduw, de dans van de archetypen in je ouderlijk huis, je relaties. Word je ervan bewust hoezeer de cultuur de gedaante van deze archetypische stroom heeft beïnvloed. Besef hoe je er zelf, op jouw beurt, vorm aan probeert te geven. Word je ervan bewust dat de beweging van je leven voortvloeit uit een archetypische drang naar voltooiing – misschien als de held, de leraar, de rebel of de geliefde. Besef hoe je dit archetypische motief omhelsd hebt en hoe je het in je gedragen hebt, hoe het jou gedragen heeft. Besef dat deze archetypische motieven beïnvloed zijn door de cultuur – dat de cultuur de zee is met zijn golven op en neer deinend in verschillende perioden van de geschiedenis. Realiseer je dat er nog een andere aanwezigheid binnenin is die meegegaan is op deze geweldige rit – een die gescheiden is van de archetypische energie, een die misschien al op ontelbare verschillende golven meegegaan is in de loop van duizenden levens, een die kan kiezen welke rit hij wil maken. Laat deze energieën dan los en verrijs uit de zee. Maak je op om verder te gaan.

Stap 7: Voel de aanwezigheid die met je is meegegaan op deze reis. Voel hoe licht je wordt wanneer lichamelijkheid, emoties, acties, persona, projecten en archetypische krachten van je afvallen. Strek je in al je lichtheid uit om de aarde, het zonnestelsel, de melkweg te omvatten, verruim je almaar verder en voel je verwevenheid met heel de schepping. Besef dat je zelf de goddelijke intelligentie, zuiver bewustzijn, de god of godin bent. Merk op hoe klein alle andere identiteiten lijken in dit perspectief. Omhels het Zelf dat overgebleven is. Dit is je ultieme realiteit. *Gij Zijt Dat.*

Onze overtuigingen kritisch bekijken

Psyche en wereld vormen geen onverzoenbare dualiteit, maar een ondeelbare eenheid.

C.G. Jung

Naarmate we ons bewustzijn verruimen, groeien en verruimen ook onze overtuigingen zich. De grootste vijand van die verruiming zijn de beperkende overtuigingen die we erop na houden, zoals: 'Ik kan het niet. Het zal toch nooit lukken. Het is onmogelijk, onlogisch. Ik verdien het niet. Ik kan nooit…,' enzovoort. Wat we feitelijk ontdekken is dat alles mogelijk is. Denken dat iets onmogelijk is, ontkent de oneindige mogelijkheden van de geest.

Om ons bewust te worden van onze overtuigingen moeten we onze gedachten vanaf hun conceptie terugvolgen naar hun bron. Wanneer ik kritisch naar mijn overtuigingen kijk, kan ik mezelf de vraag stellen: 'Wanneer heb ik dat idee voor het eerst gekregen?' En vervolgens: 'Waar kwamen die gedachten op dat moment vandaan? En de gedachten daarvoor?' Zo volgen we de lijn terug door onze invloeden van buiten, bijvoorbeeld van ouders, leeftijdgenoten, boeken of dierbaren, tot we uiteindelijk op het punt komen dat we ons kunnen afvragen: 'Is dit echt een overtuiging die ik opgesteld heb op basis van mijn eigen ervaring?' We kunnen verder nagaan welke aspecten van onze ervaring tot deze overtuiging hebben geleid en wat, als onze ervaring ermee in tegenspraak is, een gepastere overtuiging is. En welke overtuigingen koesterden we op het moment van die ervaring, zodat ze mogelijk onze interpretatie ervan beïnvloed hebben? Het proces kan inderdaad een tocht door een doolhof zijn, maar leidt uiteindelijk naar een diepere kernervaring. Ontkleed van de mantels van overtuigingen en interpretaties staan we directer in verbinding met onze innerlijke waarheid.

Onderwijs en informatie

Het doel en de functie van alle denken, bewustzijn, wijsheid en begrijpen is het verwerven van informatie, zodat we ons leven beter kunnen leiden. Het zevende chakra voedt zich met informatie, net zoals het eerste chakra zich met voedsel en aanraking voedt en het vierde chakra met liefde. Als het centrum deficiënt is, moet het gevoed worden. Als we merken dat we verward of onwetend zijn, niet in staat voor onszelf te denken of niet weten welke kant we op moeten, hebben we mogelijk meer informatie nodig.

We kunnen op een groot aantal verschillende manieren informatie krijgen. Deze kan afkomstig zijn van leraren die we op ons pad tegenkomen, van ons Hogere Zelf, uit boeken, van instituties, door ervaring en onderzoek. De primaire gerichtheid van de levenskracht – of van niets minder dan de evolutie zelf (eenvoudig gesteld) – is slimmer worden, meer informatie verwerven en die informatie verwerken in steeds gesofisticeerder systemen van begrijpen.

Het betaamt ons derhalve om ons met informatie te voeden als een weg naar het verruimen van ons kruinchakra. Denk er eens over na of je misschien niet een nieuwe studie zou willen oppakken of nieuwe boeken lezen. Pak een onderwerp bij de kop dat je interesseert en probeer er zoveel mogelijk over te weten te komen. Dit boek doorwerken of een goede therapie is een methode om meer over jezelf te weten te komen en de mysteries binnenin te ontraadselen. Kennis van de wereld om ons heen en kennis van de wereld binnen in ons zijn beide paden naar het verwerven van zelfkennis, het doel van het zevende chakra.

Religie en spiritualiteit

De verheffing van psychische volledigheid vindt alleen plaats, wanneer energie die voorheen in een externe godheid was geïnvesteerd, is teruggehaald en naar haar bron in de psyche teruggekeerd.

C.G. JUNG

Het woord *religie* komt van het Latijnse *religare*, wat zoveel als 'aan-binden' betekent. In het ideale geval is het doel van een godsdienst het vergemakkelijken van het (opnieuw) aan-binden aan de geest, aan de ziel en de vitale en eeuwige aspecten van het leven. Religie is de psychische structuur die velen gekozen hebben als hun voertuig om de verbinding tot stand te brengen, als een overkoepelend besturingssysteem dat een wereldbeschouwing en een set van instructies voor de omgang met de wereld biedt. Ze kan de activiteit van het kruinchakra zijn zoals dagelijks naar het werk gaan de activiteit van het eerste chakra kan zijn. Religie is de collectieve expressie van onze spirituele verlangens.

Een uitvoerige bespreking van dit onderwerp gaat het bestek van dit hoofdstuk te buiten. Desalniettemin breng ik religie hier ter sprake, omdat ze een van de vele blaadjes van de zevende lotus is, een machtige psychische structuur, die ons kruinchakra ofwel bevrijdt of gevangen houdt. Net zoals enig stelsel van overtuigingen kan een religie onze ervaring inperken en vernauwen, of ons naar een wijdser uitkijkpunt brengen.

De omhelzing van een religie kan haar bron in elk van de chakra's vinden. Sommigen keren zich tot een godsdienst uit behoefte aan zekerheid (eerste chakra), anderen uit een behoefte aan emotionele vervulling (tweede chakra) of een gevoel van macht, gemeenschap of creatieve expressie (respectievelijk derde, vierde en vijfde chakra). Voor weer anderen brengt ze verlichting of een kans om in contact te komen met de ultieme bron, wat we ons daarbij dan ook voorstellen (zesde en zevende chakra).

Hoewel ik het recht van het zevende chakra eerbiedig om je eigen vorm van religie te kiezen, moet ik toch opmerken dat men, ongeacht om welke religie het gaat, de uiterlijke structuur ervan als een verdediging kan opwerpen. Het belijden van een religie ontkent ware spiritualiteit wanneer ze een structuur wordt voor het ontkennen van onze gevoelens, het uit de weg gaan van de uitdagingen van het leven, het beheersen van anderen of egostrelende rechtschapenheid. Dat zijn de valkuilen van om het even welke godsdienst, de demonen van gehechtheid, die zich als morele standvastigheid vermommen en de realisering van ware spiritualiteit verhinderen.

In positief opzicht reikt een religie ons een structuur aan en, belangrijker, een stelsel van oefeningen en praktijken die ons in staat stellen ons te laten gaan en ons te openen voor diepere niveaus van ervaring, bewustzijn en begrip. Ze bedt ons tevens in een gemeenschap in en geeft ons de steun van vrienden op hetzelfde pad. Die steun kan van onschatbare waarde zijn in tijden van crisis of problemen of wanneer ons pad ons door de diepste duisternis lijkt te voeren. Praktijken als meditatie, zingen in een koor, rituelen, *puja* (offeren), yoga en dienstbaarheid aan de gemeenschap aarden religieuze waarden in ervaringen in het echte leven. Ze zijn de praktisering van het geloof, het skelet dat het lichaam een zinvolle en stevige vorm geeft. Religie zonder praktisering blijft niets anders dan een set ideeën en concepten. Religie met praktisering (of zelfs praktisering zonder religie) is daarentegen een actieve ervaring, die de evolutie van de ziel en de wereld waarin ze leeft kan bevorderen.

NOTEN

1. Nogmaals wordt eraan herinnerd dat ik met *ziel* doel op datgene wat zichzelf organiseert ten opzichte van lichaam, gevoel en vorm. *Geest* is abstracter en universeler en wil zich verruimen. Wanneer de ziel losgekoppeld is van de geest, wordt ze levenloos en saai. Wanneer de geest losgekoppeld is van de ziel, mist hij diepgang en dichtheid en wordt diffuus en ineffectief.
2. Erich Jantsch, *Design for Evolution* (New York: George Brazillier, 1975).
3. Aangezien God naar zijn aard onbeperkt is, is een 'bepaald godsconcept' intrinsiek beperkend en schiet derhalve tekort.
4. Erich Jantsch, ibid., 92.
5. Alexander Maven heeft zelfs geopperd dat de voor het zevende chakra karakteristieke mystieke eenwording direct analoog is aan een zaadcel die een eicel binnendringt. We maken een lange reis, die slechts weinigen overleven, en bij onze aankomst worden we volledig geabsorbeerd en getransformeerd in de kiem van iets groters. We raken onze identiteit (chromosomen) niet kwijt, maar herdefiniëren deze teneinde er een aanvulling in op te nemen. (Daarnaast geeft deze analogie een goed argument voor het vrouwelijke aspect van goddelijkheid, of niet?) Uit John White (red.), 'Mystic Union: A Suggested Biological Interpretation', in *The Highest State of Consciousness* (New York: Doubleday/Anchor, 1972).
6. Stewart Brand, *The Millennium Whole Earth Catalog* (San Francisco: HarperCollins, 1994), i.

7. Brihadaranyaka Upanishad, I Adhyay, 4 Brahmana, vers 10 e.v.; *The Upanishads*, Max Müller (vert.) (New York: Dover, 1962).
8. Studies hebben aangetoond dat bij kinderen die opgroeien in een monogaam gezin met dezelfde ouders de kans groter is dat ze gefixeerd raken in één denkwijze, dan bij kinderen die opgroeien met co-ouders die hertrouwen, niet-monogame ouders of uitgebreide families. Magorah Maruyama en Erich Jantsch (red.), 'Toward Cultural Symbiosis', in *Evolution and Consciousness* (Reading: Addison-Wesley, 1976), 198.
9. John Bradshaw, *Creating Love* (New York: Bantam, 1992), 244.
10. Students International Meditation Society en Demetri P. Kanellakos, 'Transcendental Meditation', in *The Highest State of Consciousness* (New York: Doubleday/Anchor, 1972).
11. H. Aranya, *Yoga Philosophy of Patanjali* (New York: State University of New York Press), 1983).

Aanbevolen literatuur

Meditatie:

Wherever You Go, There Are You. John Kabat-Zinn. New York: Hyperion, 1994.

Bewustzijn:

Sri Aurobindo, or the Adventure of Consciousness. Satprem. New York: Harper & Row, 1968.

Frontiers of Consciousness: The Meeting Ground Between Inner and Outer Reality. John White (red.). Julian: Julian Press, 1974.

Yoga and Psychotherapy, The Evolution of Consciousness. Swami Rama, Rudolph Ballantine en Swami Ajaya. Honesdale: Himalaya International Institute of Yoga Science and Philosophy, 1976.

The Highest State of Consciousness. John White (red.). New York: Anchor Books, 1972.

Spirituele mishandeling:

The God Game: It's Your Move. Leo Booth. Stillpoint, 1994.

BESLUIT

Herstel van het heilige

De vele schakeringen van de regenboog

Verlichting of ontwaking is niet de schepping van een nieuwe stand van zaken, maar bewustwording van wat er reeds is.

ALAN WATTS

Op onze reis van de geboorte tot waar we ons nu bevinden, zijn we op obstakels en moeilijkheden gestoten. De trauma's en misstanden waar we als kind onder lijden, het gebrek aan bewustzijn waarmee we te werk gaan, de blinde vlekken van onze cultuur – het zijn allemaal factoren waardoor we ons afsluiten en ons pad van zijn oorspronkelijke koers afdwaalt. Anderzijds bevat het archetype van het Zelf het programma om volledig te worden, net zoals een zaadje het programma in zich sluit om een bloem te worden. Elke keer dat we een stuk van ons verleden verwerken, keren we terug naar het oorspronkelijke patroon en pakken ons evolutionaire proces op waar het onderbroken was. We halen een stukje van de werkelijkheid van ons lichaam naar ons terug en herstellen zo weer een nieuw stukje van de tempel. We slechten de barrières die verhinderen dat we liefde ervaren, die de waarheid van onze goddelijke aard aan het oog onttrekken. We prikken door de illusies heen die ons verhinderen helder te zien, diep te begrijpen.

Elk teruggehaald stuk laat een blaadje van een chakra ontvouwen. Sommige stukken laten verscheidene blaadjes ontvouwen, of mogelijk verscheidene chakra's, en brengen herstel op een diep niveau. Met elk stuk kunnen we een voller en rijker leven leiden – komen we tot dieper inzicht in onszelf en de wereld waarin we ingebed zijn.

Het is niet zozeer een kwestie van ergens proberen te komen, als wel van het elimineren van alles wat verhindert dat we zien dat we er al zijn. Het doel is niet zo snel als we kunnen opklimmen naar het kruinchakra, in de mening dat onze reis eindigt in een of andere conceptuele verlichting, maar ons zo bewust mogelijk zijn van de gehele reis – zo veel diepgang en wijsheid op elk niveau brengen als we kunnen. Zelfs als we erin slagen de obstakels uit de weg te ruimen die ons van de kosmische realisatie van ons goddelijke en universele Zelf vandaan houden, zelfs als we erin slagen kortstondig of gedurende dagen of jaren verlichting te ervaren – wat dan? Is er om ons heen dan geen wereld die in wanhoop ten onder dreigt te gaan en om wijsheid schreeuwt? Is er geen leven dat ernaar hunkert ten volle geleefd te worden?

De terugreis

De psychische bewustwording of ontdekking van de ziel is nog niet het eindpunt voor de zoeker, ze is slechts het nietige begin van een andere reis, die dit keer in bewustzijn in plaats van in onwetendheid wordt gemaakt.

SRI AUROBINDO

Nadat we op onze reis tot dusver naar de top geklommen zijn, beginnen we nu aan de afdaling van bewustzijn. Dit is, zul je je herinneren, onze manifesterende stroom. Zoals we allemaal weten, zien de oriënteringspunten op een terugreis er ietsje anders uit dan de eerste keer dat we erlangs zijn gekomen. In het ontwikkelingsproces waarin we onze chakra's ontvouwen, van wortel tot kruin, komt onze energie op aldoor efficiëntere en complexere niveaus. Op elk niveau maken we een vorm van bewustwording door: de zuigeling gaat geleidelijk aan beseffen dat hij een gescheiden wezen is; de geliefde realiseert zich dat de realiteit van zijn partner verschilt van die van zichzelf; de visionair heeft een plotselinge intuïtieve flits en wordt zich bewust van een nieuw perspectief.

Terwijl we opgroeien, komen we gelijktijdig energie tegen die van de top naar beneden komt. We hebben gezien hoe zuiver bewustzijn in het lichaam komt en ons in staat stelt het te sturen, dat visueel bewustzijn ons bewegen en verlangen stimuleert, dat taal het ons mogelijk maakt om onze acties te beheersen en een zelf te conceptualiseren dat boven onze directe impulsen en behoeften uitgaat. In hoeverre is dat anders op de reis naar beneden?

Op de reis naar boven hebben we toegang tot de 'ruwe grondstoffen' van de hogere chakra's, zoals visuele perceptie en taal, maar we zijn nog niet georganiseerd op dat niveau. Ons centrum opereert niet vanuit die staat. De zuigeling ziet, maar hij heeft nog geen pakhuis van beelden op basis waarvan hij iets zinnigs kan maken van wat hij ziet. De dreumes babbelt, maar hij denkt nog niet na over wat hij zegt. Het kind houdt van anderen, maar begrijpt nog niet de fijnere kneepjes van relaties. We kunnen zeggen dat de toegang tot de hogere chakra's onbewust is – ze sijpelen door, maar we wonen er niet. We krijgen een salaris van de baas, maar we bezitten het bedrijf niet.

Op de reis naar boven krijgen we toegang tot hogere niveaus van organisatie en complexiteit, met elke keer een nieuwe bewustwording, een verschuiving van perspectief, een transformatie. Op de reis naar beneden brengen we dat hogere bewustzijn daarentegen in de activiteiten van de lagere chakra's. In plaats van onze beslissingen gevoelsmatig te nemen, kunnen we ze op principes baseren. In plaats van impulsieve patronen te herhalen, kunnen we een strategie opstellen. In plaats van louter te ontdekken wie we zijn, kunnen we scheppen wie we zijn. Onze principes, strategieën en scheppingen omvatten de lagere chakra's en verfijnen ze in plaats van ze te ontkennen.

De van onder naar boven gaande energie is dynamisch en expansief. Ze is de energie die opgeslagen zit in de materie, vol potentie voor transformatie in warmte, licht, activiteit. De van de top naar beneden komende energie is systematisch en kalm. Ze organiseert, ordent, stuurt. Maar zonder van beneden komende energie is er niets om te organiseren, niets om te sturen. En zonder van de top komende energie vervalt de van onder komende energie in chaos en vervliegt in het luchtledige.

Figuur 8-1 toont het mogelijke beeld van de chakra's na volle bewustwording.

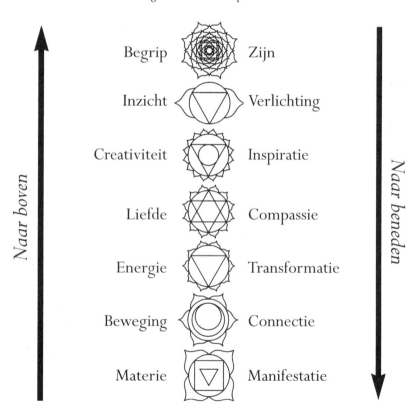

Figuur 8-1. De complete reis

Het kruinchakra is niet slechts een toestand van begrijpen, maar een toestand van zijn. Bewustzijn is geen ding, maar een ervaring. Wanneer we in volledigheid op dit niveau zijn aangekomen, zonder de niveaus eronder ontkend of overgeslagen te hebben, hebben we een ten volle bewuste zijnstoestand bereikt. Wat we dan naar beneden naar het zesde chakra kunnen brengen is niet alleen een vermogen om te zien, maar verlichting. Verlichting is als het gebruiken van een schijnwerper in plaats van een zaklantaarn. We zien niet slechts een deel, maar het geheel. En met het in het zevende chakra verworven begrip zien we niet alleen het geheel, maar weten we ook wat we ervan moeten maken. Zoals mijn vriend en collega Jack Ingersoll heeft gezegd: 'Een visioen transformeert illusie in betovering.'[1] Vanuit verlichting scheppen we waarachtige visioenen.

Verlichting inspireert onze creativiteit. In plaats van ons creatief proces te ontplooien door vallen en opstaan, scheppen we uitgaande van een visioen. Onze woorden bezitten wijsheid, helderheid en doelgerichtheid. We weten wat we willen communiceren. We begrijpen wat er gezegd wordt, op een archetypisch en een letterlijk niveau.

Wanneer we ons ontwaakt bewustzijn naar het hartchakra brengen, voorzien we het van het begrip dat nodig is voor compassie. Begrijpen stelt ons in staat in een relatie verder te kijken dan onze eigen behoeften. We kunnen de objectieve getuige onze innerlijke worstelingen of andermans beproevingen laten observeren. De voor duurzame relaties benodigde wijsheid verwerven we door ervaring en het verwerken van ons eigen materiaal. De kalmte die over ons komt wanneer het bewustzijn van de hogere chakra's afdaalt, zorgt voor stabiliteit in onze liefde. Gecentreerd en in evenwicht in onszelf eisen we minder van onze partner.

Wanneer we bewustzijn op het niveau van onze macht brengen, kunnen we niet alleen onze actie sturen, maar daarmee ook gericht transformeren. In plaats van blind proefondervindelijk te werk te gaan, gebruiken we nu onze intelligentie voor het opstellen van een strategie. We stellen een plan op dat tot richtsnoer voor ons handelen dient. Met visioen, inspiratie, communicatie en liefde kunnen we dat plan kracht meegeven en de verwerkelijking ervan sturen met heldere intentie.

We kunnen nu ons nieuwe bewustzijn naar het niveau van onze emoties en seksualiteit brengen, onze directe ervaring daarvan verdiepen en ons begrip van onze ervaringen verruimen. We bezien emoties met mededogen. We uiten onze seksualiteit met liefde en communicatief. Onze impuls om naar buiten te reiken volgend, kunnen we stevige connecties aangaan met emotioneel rapport, bewustzijn van onze zintuiglijke gewaarwordingen, nieuwe niveaus van empathie.

Tot slot worden deze kwaliteiten, in het wortelchakra, een integraal onderdeel van ons vermogen tot manifesteren – we verwerkelijken onze conceptie, ons visioen, onze inspiratie, compassie, transformatie en connectie in de materiële realiteit. We brengen een verruimend bewustzijn diep in ons lichaam met liefde, connectie, gevoel en levendigheid. Want het is ontegenzeggelijk bewustzijn dat het lichaam ten volle tot leven laat komen, net zozeer als het lichaam bewustzijn een plaats om te wonen biedt.

Misschien denk je dat dit allemaal te ideaal is. Hoevelen bereiken totaal bewustzijn? Moeten we op verlichting wachten om deze kwaliteiten te verwerven? Ik mag zeker hopen van niet, want anders zou het wel erg ontmoedigend zijn.

Verlichting komt in stukjes en beetjes. Elke dag komt er weer wat bij. Elke keer dat we een klein inzicht hebben, verruimen we ons bewustzijn verder, waarna we het kunnen toepassen waar het ook maar nodig is. Elke keer dat we ons bewust worden van een gevoel, een beeld betekenis voor ons heeft, een relatie ons een les leert, of een succes of mislukking ons feedback over onze acties geeft, verwerven we een nieuw stukje wijsheid dat we in het chakrasysteem naar beneden kunnen brengen. Want hoewel we de chakra's afzonderlijk besproken hebben, mogen we niet vergeten dat ze een compleet, ondeelbaar systeem vormen. Wat op een deel inwerkt, heeft gevolgen voor het geheel.

Alles in elkaar passen

Tijdens het lezen van dit boek heb je misschien tegen jezelf gezegd: 'Tjonge, daar moet ik toch echt aan werken.' 'Dat klinkt net als mijn vrouw/man; zij/hij is excessief in dit of dat.' 'Ik zou enkele dingen hiervan bij mijn cliënten willen gebruiken.' Zo ja, dan heb je vermoedelijk al een deel van het werk gedaan door een idee te krijgen waar de problemen zitten. Je hebt mogelijk een vermoeden gekregen waar je geblokkeerd of sterk bent, wat excessief of deficiënt is. Nu moet je naar alle chakra's in relatie tot elkaar kijken. Het is tijd om het geheel te omhelzen.

Een taxatie maken

Hieronder volgt een methode voor het taxeren van welke chakra's excessief of deficiënt zijn en het inventariseren van de relevante thema's.

Pak om te beginnen een vel papier en verdeel het in vier kolommen. Geef de kolommen de kopjes *Thema's, Sterke punten, Exces* en *Deficiëntie*. Loop daarna de opsommingen aan het begin van elk hoofdstuk door en noteer telkens in de inventarislijst de woorden die op jou van toepassing zijn. Misschien bedenk je thema's die niet opgesomd staan, wat prima is, als je denkt dat ze bij het desbetreffende chakra horen. Voel je vrij om waar nodig te accentueren of te kwalificeren. Dit is je uitspraak – het is geen gestandaardiseerde persoonlijkheidstest.[2] Ter controle van je uitkomsten kun je een vriend die jou goed kent, vragen eveneens een taxatie van je te maken, waarna je beide beoordelingen vergelijkt.

De methode geeft je niet alleen een analyse van je algemene patroon, maar voorziet tevens in grafische vorm in een lijst van de thema's waaraan je moet werken, inbegrepen de sterke punten waarop je kunt steunen bij dat werk.

De tabel op bladzijde 464 is een voorbeeld van een vrijwilligster.

Bij het bestuderen van het taxatievoorbeeld springen een aantal dingen meteen in het oog. Voor chakra's vier tot en met zeven worden veel meer items opgesomd, zodat de verdeling van energie sterker is in de hogere chakra's. Chakra's zes en zeven zijn overduidelijk het sterkst en deze sterke punten kunnen zodoende gebruikt worden voor het werk aan de lagere chakra's. De lagere chakra's zijn zwakker, waarbij de ontwijkende of compenserende reacties op deficiëntie en exces duidelijk te herkennen zijn.

Deze vrouw woont niet erg in haar lagere chakra's. Aangezien de lagere chakra's minder ontwikkeld en de hogere sterk zijn, verrast het niet dat de belangrijkste kwesties rond het hart draaien, waar de hogere en lagere chakra's naar evenwicht streven. De kwesties van het hart zullen vermoedelijk beter opgelost worden wanneer ze haar lagere chakra's versterkt dan door het rechtstreeks wer-

Chakra	THEMA'S	STERKE PUNTEN	EXCES	DEFICIËNTIE
Een	Vertrouwen	Goede gezondheid	Hamstert complexe taken	Manifestatie
	Familie	Praktisch	(hamsterrat)	Focus en discipline (?)
	Grenzen	Geaard		Wanordelijk
Twee	Behoeftigheid	Goede sociale vaardigheden	Emotioneel	Angst voor seks
	Beweging	Emoties als bondgenoten		Afhankelijkheid?
	Onhandig			
Drie	Zelfachting	Verantwoordelijk	Behoefte om gelijk te hebben	Passief
	Macht/ego	Betrouwbaar		
Vier	Alles!	Devotie	Codependentie	Isolement
	Relaties	Liefde en vertrouwen	Slechte afgrenzing	Narcisme
	Intimiteit	Het hart	Vastklampen	
	Zelfliefde	Empathisch	Jaloezie	
	Om anderen geven		Bovenmatig opofferend	
Vijf	Mijn eigen stem vinden	Goed luisteraar	Praat te veel	Angst voor spreken?
		Goede zanger	Interrumperen	
	Pijnlijke nek	Kan goed schrijven	Te luid	
Zes	Kan me geen dromen herinneren	Mijn beste chakra!		Bijziend
	(ten gevolge van leeftijd?)	Intuïtief		Geheugen?
	Fantasievol	Perceptief		
	Kan symbolisch denken			
	Redelijk geheugen			
	Goed in visualiseren			
Zeven	Geen	Goede overtuigingen		Bovenmatig intellectueel
	Liefde immanentie en transcendentie	Mogelijk waandenkbeelden		
	Vindt het onbekende heerlijk			
	Aanwezigheid van goddelijkheid			

ken aan het hart, aangezien het toch al excessief is. Anders gezegd, door haar lichaam in te gaan kan ze zich meer op haar gemak voelen in haar bewegen en wordt minder bang voor seksualiteit en tevens assertiever. Dat zal haar helpen er minder naar te neigen zich vast te klampen, emotioneel afhankelijk te zijn of zich slecht af te grenzen.

Na voltooiing van dit deel van de taxatie is het een goed idee om in je dagboek te schrijven over je gevoelens, situaties of ontwikkelingsmateriaal in verband met de desbetreffende chakra's. Enkele van de voorgestelde bijbehorende oefeningen doen is eveneens heilzaam. Mijn bedoeling hier is je informatie te verstrekken die je kunt gebruiken op de manier die je het prettigst vindt, maar ik kan uiteraard geen uitvoerig behandelingsprogramma 'voorschrijven'. Enkele algemene principes kunnen niettemin in enig talig gereedschap voorzien om over de algemene structuur te praten.

Top-down, bottom-up, inside-out, outside-in

Waar de aandacht heen gaat, volgt de rest van de energie gegarandeerd.

De inventaris van onze patronen laat zien waar de energie in ons lichaam het sterkst en het zwakst is. Zoals Robin Hood van de rijken stal om aan de armen te geven, moeten we de excessieve energie gebruiken voor het opbouwen van de plaatsen met een deficiëntie. Als we excessief zijn in het zesde chakra, kunnen we het overschot gebruiken om een gezond lichaam of een betere relatie te visualiseren. Als we sterk in communiceren zijn, kunnen we met behulp van die vaardigheid ons gevoel van macht vergroten of onze relaties verbeteren. Zijn we zeer gedisciplineerd, dan kunnen we onze discipline benutten voor lichaamsbeweging en -oefeningen en meditatie.

Naast de vijf grondkarakterstructuren zijn er vier basispatronen van een onevenwichtige verdeling van energie over de chakra's. Ze zijn genoemd naar de richting waarin iemands energie moet bewegen teneinde in balans te komen (van exces naar deficiëntie). Nadrukkelijk wordt opgemerkt dat de navolgende beschrijvingen stereotypisch zijn en dat je eigen patroon subtieler kan zijn.

TOP-DOWN-SYSTEMEN

Als je in je hoofd leeft en alleen iets met je lichaam en de stoffelijke wereld te maken wilt hebben wanneer het echt niet anders kan, heb je vermoedelijk een chakrasysteem van het type top-down. In je taxatie zullen de hogere chakra's excessief blijken en de lagere deficiënt. Top-down-mensen zijn gewoonlijk van het *denkend-intuïtieve* type. Ze denken eerst en handelen later (zo ze dat al doen) en hebben er dikwijls moeite mee spontaan en speels te zijn. Na lang nadenken besluiten ze hoe ze zich over iets zullen voelen. Het zijn vaak zeer complexe en intelligente mensen.

Top-down-personen neigen er van nature toe energie naar boven te trekken, maar hun *groei en evenwicht* vinden ze door haar naar beneden te bewegen en zich met hun lichaam te verbinden. De schizoïde/creatieve persoon, die uit gewoonte energie naar boven brengt, kunnen we als een voorbeeld van een top-down-energiesysteem beschouwen, omdat hij energetisch topzwaar is; hij zal de meeste baat hebben bij het ontwikkelen van de lagere chakra's.

Dit type mensen ondervindt gewoonlijk op jonge leeftijd moeilijkheden, die hen uit hun lichaam en in hun hoofd slingeren. Ze kiezen veelal voor een intellectuele of analytische baan – lesgeven, programmeren, schrijven, counselen en niet-uitvoerende kunst, zoals schilderen. Ze zijn op *zelfreflectie* en *zelfexpressie* georiënteerd.

BOTTOM-UP-SYSTEMEN

In tegenstelling tot het hierboven genoemde zijn deze mensen energetisch 'bodemzwaar'. Ze neigen ertoe in de herhalende, vertrouwde patronen van de lagere chakra's vast te blijven zitten, terwijl hun groei tot stand komt door energie naar boven te bewegen in de bevrijdende stroom. Ze zijn het *voelende/gewaarwordende* type en zullen zich waarschijnlijk eerder door hun emoties en instincten laten leiden dan door cognitieve processen. Ze zullen niet gauw hun beslissingen met anderen bespreken en neigen ertoe niet al te zeer bij hun leven stil te staan; ze houden het liever bij een gestage koers en 'liggen niet dwars'. Ze koesteren meestal eenvoudige verwachtingen ten aanzien van het leven en zijn tevreden met regelmatige routines.

Stereotypen van dit patroon zien we in de sporter die voor lichamelijke activiteit leeft en kleinerend doet over de meditatielessen van zijn vrouw, of in de arbeider die alleen maar overdag wil werken en 's avonds voor de buis zitten en die wacht op zijn pensioen, zodat hij eindelijk zijn boot kan kopen. Het kan de buitenmens zijn die van de natuur houdt, maar weinig belangstelling heeft voor aangelegenheden van het intellect. Onder vrouwen kan het het 'domme blondje' zijn, wier voornaamste bezorgdheid haar fysieke uiterlijk betreft, of de klassieke huisvrouw die er tevreden mee is thuis te blijven en het huishouden te doen, met weinig interesses buiten de beslommeringen van alledag.

Bottom-up-typen genieten over het algemeen van lichamelijke activiteiten, zoals sport, seksualiteit, dingen met hun handen maken, koken of een massage geven. (Het betekent nog niet dat iedereen die zulke dingen leuk vindt onder dit patroon valt.) Ze zwoegen, conformeren zich en zijn voorspelbaar en betrouwbaar. Voor bottom-up-structuren staan *zelfbehoud* en *zelfbevrediging* centraal.

Gestuurd door hun onbewuste weten ze vaak niet waarom ze doen wat ze doen; ze kunnen louter op hun impulsen afgaan en de weg van de minste weerstand volgen. Het kan zelfs niet eens bij hen opkomen om hun impulsen in twijfel te trekken of over de zin van het leven na te denken. Hun energie blijft veelal in de onderste chakra's vastzitten, tenzij ze gestimuleerd wordt door invloeden van buiten, zoals een relatie, crisis, ziekte of verwonding.

Deze structuur is waarschijnlijk het gevolg van een strikte ouder, die de natuurlijke expansiedrang van het kind kortwiekt. 'Zit stil. Doe wat je gezegd wordt. Houd je mond. Denk daar niet eens aan.' De ouders kunnen het kind gestraft of belachelijk gemaakt hebben of het beknot in zijn creativiteit en experimenteerlust. Sommige gezinnen bieden dit soort structuur als model aan en leren het kind dat de beloningen van het leven alleen te verdienen zijn door hard te werken, je gehoorzaam te gedragen en zo weinig mogelijk te verwachten.

INSIDE-OUT-SYSTEMEN

Inside-out-systemen zijn energetisch gecentreerd in de middelste egocentra; groeien doen ze door de energie benedenwaarts naar het diepere zelf te bewegen en bovenwaarts naar de geest en het intellect. Bij deze mensen zijn de bovenste en onderste chakra's globaal genomen in balans, maar ze zijn slecht verbonden met beide uiteinden. Ze nemen hun lichaam veelal voor vanzelfsprekend aan en vermijden introspectie.

Als de middelste chakra's geblokkeerd zijn, wordt de energie in het midden van het lichaam vastgehouden en kan niet aan de periferie komen. Dat is evident bij de types met de verdragersstructuur, die er moeite mee heeft zijn grond te vinden of zijn gevoelens in het bewustzijn te brengen en die zijn energie vasthoudt op zijn wilsniveau. Als de middelste chakra's geopend zijn, zijn deze typen doorgaans op ego en actie gerichte extraverten, die zich graag in het leven storten – leden van de beau-monde, artiesten, managers in het middenkader of bureaucraten. Ze zijn niet bijster geïnteresseerd in hun lichaam noch in spiritualiteit. Hun belangstelling gaat veeleer uit naar de uiterlijke wereld van politiek, zaken, relaties of uitvoerende kunsten. Ze zijn de doeners die hun identiteit in activiteit vinden, maar zich onbewust van hun innerlijk leven kunnen zijn. De rigide en de psychopathische karakterstructuren kunnen in deze categorie vallen.

Veel van zulke mensen houden hun lichaam voor iets vanzelfsprekends totdat er iets misgaat; evenzo hebben ze vermoedelijk weinig belangstelling voor spiritualiteit, totdat een crisis hen ertoe dwingt op zoek te gaan en dingen in twijfel te trekken. Het is minder waarschijnlijk dat deze structuren het gevolg zijn van moeilijkheden in de jeugd, aangezien ze zich veelal uit zichzelf vormen rond de algemene waarden van de cultuur.

OUTSIDE-IN-SYSTEMEN

Deze systemen kunnen zich scherp bewust zijn van zowel hun hoofd als hun lichaam, maar de twee zijn onverbonden. Er gaapt een grote, diepe kloof in het midden, met name in het hart. Ze kunnen lichamelijk buitengewoon gevoelig zijn en met allergieën, irritaties of chronische pijn kampen; ze zouden zelfs in een of ander opzicht geobsedeerd kunnen worden door hun lichaam, bijvoorbeeld door afslanken of hypochondrie. Hun bovenste chakra's zijn gewoonlijk sterk ontwikkeld en ze zijn intelligent, creatief en intuïtief. Ontkoppeld van het integrerende midden neigt dit type naar introversie. Er kunnen trauma's zijn die uit het geheugen zijn verdrongen of ernstige verwondingen van het hart. Groeien doen deze mensen door diepe relaties te vormen en zich te openen en naar buiten te reiken.

De orale structuur kan in deze categorie vallen, aangezien daarbij het hart ingeklapt is; anderzijds kunnen orale personen in elk van de categorieën hierboven thuishoren, afhankelijk van hun defensiesysteem. In extreme mate kan deze opbouw een ernstige dissociatie inhouden. Ik heb het patroon gezien in gevallen van een meervoudige, obsessief-compulsieve en borderline-persoonlijkheid.

EVENWICHTIGE SYSTEMEN

Het is mogelijk om relatief evenwichtig in alle chakra's te zijn zonder meteen een verlichte meester te zijn. Mensen die veel aan hun eigen heling hebben gewerkt of geluk hebben gehad met hun opvoeding, kunnen redelijk tot goed in balans zijn. Hoe zou dat eruitzien?

Met een evenwichtige verdeling over de chakra's zouden we goed geaard en in contact met ons lichaam zijn en van een betrekkelijk goede gezondheid en vitaliteit blijk geven. We zouden ons bewust zijn van onze gevoelens zonder erdoor beheerst te worden, seksueel tevreden zonder gedreven te zijn. Met een evenwichtig derde chakra zouden we zelfvertrouwen en doelgerichtheid bezitten, zonder dat we anderen domineren. Ons hart zou meedogend en liefhebbend zijn, en toch gecentreerd en vredig. We zouden even waar als helder over gevoelens of ideeën kunnen communiceren en naar anderen kunnen luisteren. Onze hogere chakra's zouden ons fantasie, wijsheid en een persoonlijke connectie met de geest geven.

Dat is een ideaal waarnaar we alleen maar kunnen hopen te streven. Door met behulp van onze sterke kanten aan onze zwakten te werken en onszelf in liefdevolle compassie en begrip te omhelzen, bezitten we nochtans allemaal de middelen om het te bereiken. Het vergt 'niet meer' dan tijd, geduld en toewijding.

De taxatie gebruiken

Je 'taxatierapport' zou je een goed idee moeten geven van waar in je systeem de meeste energie zit en waar ze heen moet bewegen voor het vinden van evenwicht. Velen hebben me verteld dat ze diepgaande resultaten hebben geboekt door alleen al te visualiseren dat hun energie in een nieuwe richting bewoog of dat langs kinesthetische weg te bewerkstelligen. Dat gaat met name op voor ongeaarde mensen die er nooit bij stil hebben gestaan hun energie naar beneden te sturen.

Werk in geval van twijfel van beneden naar boven

Wanneer ik voor het eerst met iemand ga werken, begin ik gewoonlijk met aardingsoefeningen en werk van daaruit naar boven toe. Dat is over het algemeen een veilige aanpak, die de cliënt helpt zijn lichaam in te gaan en hem enkele essentiële methoden leert om zich te verankeren en veilig te voelen. Met de aardingsoefeningen kan ik grenzen vaststellen, krijg ik een idee waar de energie geblokkeerd is en kan ik de levensenergie van de cliënt in het hier en nu richten, zodat we ermee kunnen werken. Nuttig is verder tekeningen van het lichaam te maken of de lichaamsdialoog uit *The Sevenfold Journey* uit te voeren.

Als iemand zo doodsbenauwd is om iets met zijn lichaam te maken te hebben dat hij zich niet op de oefeningen kan concentreren, mag daarentegen niet met aardingsoefeningen worden begonnen. In dat geval probeer ik door gesprekken vertrouwen te kweken en tegelijkertijd materiaal over het verleden van de betreffende persoon bijeen te garen. Ik vraag hem zich voor te stellen dat zijn wortels hem in de aarde verankeren of draag hem bij wijze van huiswerk lichamelijke taken op, zoals in de tuin werken, zich laten masseren of eenvoudige strekoefeningen doen.

Wanneer de aarding eenmaal tot stand begint te komen, blijkt doorgaans vanzelf welke kant het werk op moet gaan. Er kunnen emoties omhoogkomen; gedachten kunnen associaties met relevant materiaal uit het verleden brengen; er kunnen lichamelijke reacties optreden. Dromen gedurende de week kunnen eveneens aanwijzingen geven. Bij twijfel wacht ik af en kijk wat er gebeurt. Ik dring mijn cliënten geen vast 'helingsprogramma' op, maar volg hun patroon van ontvouwing en steun en moedig hen, waar nodig, aan.

Vanaf dit punt hangt het werk volkomen af van de structuur van de cliënt en de stijl van de therapeut. Hopelijk vind je in dit boek geschikte methoden en technieken. Het belangrijkste is om te beseffen dat lichaam, ziel, verstand en geest, samen met de zeven chakra's, één ondeelbaar geheel vormen. Ook wanneer we aan één deel werken, zijn de andere altijd aanwezig en erin betrokken. We dienen het geheel te allen tijde in gedachte te houden als het richtinggevende archetype van het Zelf.

Kundalini-ontwaken

Zoals je de deur opent met een sleutel, zo zou de yogi de poort naar bevrijding moeten openen met Kundalini. Zij brengt de yogi vrijheid en de dwaas knechtschap.

HATHAYOGAPRADIPIKA

Benjamin dacht dat zijn vrouw Marlena krankzinnig aan het worden was. Hij klaagde dat ze hem 's nachts wakker hield doordat ze vreselijk lag te woelen en alle dekens en lakens van het bed trapte. 'Ze ligt maar te trillen,' zei hij, 'alsof iemand haar om de zoveel tijd een kleine schok geeft. Ze zegt dat ze er niets aan kan doen.' Zij klaagde er op haar beurt over dat haar linkervoet en -been tintelden en pijn deden, en ze had het over haar hele lichaam ontzettend warm. Af en toe begon haar romp heftig te schudden, soms slechts enkele seconden, andere keren bijna een uur. 'En emotioneel is ze helemaal in de war,' ging hij verder. 'Het ene moment is ze doodsbang en klampt zich aan me vast als een klein meisje. Op andere momenten lijkt ze wel in de zevende hemel te verkeren. Ze zegt dat ze kleuren en licht ziet wanneer ze haar ogen dicht doet, en soms maakt ze van die rare geluiden. Ik kan er maar niet achterkomen wat er aan de hand is en ik maak me erg ongerust.'[3]

Klassieke psychologen zouden in de verleiding komen om te zeggen dat Marlena inderdaad een psychotische instorting had. Psychosomatisch woelen en pijn, stemmen, hallucinaties, extreme stemmingswisselingen en dissociatie lijken allemaal symptomen van een ernstige stoornis. In een ander licht bezien kunnen dezelfde symptomen evenwel tot een volslagen andere diagnose leiden – Marlena kon een Kundalini-ontwaken doormaken.

In de hindoemythologie is Kundalini een slangengodin die ligt te slapen aan de basis van de wervelkolom, drieëneenhalf keer rond het eerste chakra gekronkeld. Haar volledige naam is Kundalini-Shakti en ze representeert de ontvouwing van de goddelijke Shakti-energie, de stimulerende potentie van het leven zelf, een levende godin die alle dingen tot leven wekt. Onder bepaalde omstandigheden ontwaakt de Kundalinikracht en begint door het lichaam naar boven te stijgen. In haar golvende, slangachtige beweging dringt ze de chakra's binnen en opent ze. Terwijl ze opgeslagen en geblokkeerde energie vrij laat komen, kan haar beweging tamelijk intens zijn, soms zelfs pijnlijk, en het leidt vaak tot geestestoestanden waarin de betrokkene niet meer op deze wereld lijkt te zijn. Kundalini kan door allerlei uiteenlopende omstandigheden ontwaken. Gewoonlijk wordt het nochtans geactiveerd door factoren als lange perioden van meditatie, yoga, vasten, stress, trauma, psychedelische drugs of bijna-doodervaringen.

Zelfs heel alledaagse ervaringen kunnen deze onvoorspelbare godin wekken. Ongeveer zeven jaar geleden had ik mijn eerste Kundalini-ervaring nadat ik van een paard was gevallen en mijn stuitje had gekneusd. Ik deed al enkele jaren aan yoga en mediteren, zodat ik enigszins voorbereid was. Mijn ervaring was weliswaar minder intens dan bij de meesten, maar toch. Enkele maanden sliep ik 's nachts slechts vier uur; ik voelde een sterke drang om lange tijd achtereen te mediteren, had een onkarakteristiek gebrek aan belangstelling voor seks en maakte een periode van toegenomen gevoeligheid en creativiteit door. Ik volgde in die tijd een training voor helderziende en mijn buitenzintuiglijke vermogens namen ongelooflijk toe. Ik heb mildere en kortere Kundalini-ervaringen gehad na het kijken naar een bloedstollende thriller die mijn overlevingschakra stimuleerde, of nadat ik langer dan normaal niets gegeten had. Ik ervoer de Kundalini-energie eveneens toen ik zwanger was van mijn zoon, voornamelijk gedurende de eerste drie maanden.

Kundalini is een geconcentreerde oerkracht, overeenkomend met de potentiële energie in materie. Vrijgekomen brengt ze een verticale verbinding tussen de chakra's tot stand door het openen van de subtiele kanalen die *nadi's* worden genoemd, meer in het bijzonder het centrale kanaal dat door de ruggengraat loopt, de *sushumna*.[4] Als we water met zeer grote druk door een smalle slang persen, golft het einde van de slang als het gelijknamige dier. Evenzo laat de intense energie van kundalini het lichaam golven in haar stroom omhoog door de chakra's.

De ontwaking van Kundalini kunnen we ook als het gevolg, in plaats van als de oorzaak, beschouwen van het in verbinding met elkaar komen van de chakra's. Als de chakra's groter worden, kan het draaien van het ene centrum theoretisch het draaien van het centrum daarboven of daaronder bevorderen. Alle langs de rand van een chakra stromende energie kan in een slangenachtige beweging door de chakra's naar boven of beneden 'gekatapulteerd' worden, aangezien hun tollen van richting verandert, van met de klok mee in tegen de klok in[5] (figuur 6-2).

Kundalini is in wezen een genezende kracht, al kunnen haar effecten tamelijk onplezierig zijn. Zulke effecten kunnen enkele minuten aanhouden of dagen, maanden of zelfs jaren, zoals gedocumenteerd is in het bekende geval van Gopi Krishna, die jaren met de gevolgen van Kundalini-opwekking te kampen had.[6]

Als je met onaangename Kundalinisymptomen te maken krijgt, kunnen de volgende suggesties en methoden baat brengen.
1. *Zorg goed voor je lichaam.* Zuiver je lichaam zoveel mogelijk door je te onthouden van stoffen als drugs, tabak, alcohol en cafeïne. Mogelijk geldt hetzelfde voor medicijnen. Let op je voeding en vermijd toevoegingen en voedingsmiddelen met veel suiker of vet. Eet goed, met een sterke nadruk op eiwitten, die mogelijk voor aarding kunnen zorgen. Laat je masseren en verricht indien mogelijk inspannende vormen van lichaamsbeweging.

2. *Verminder de stress.* Je kunt voor een belangrijke geestelijke transformatie staan. Zo ja, dan moet je er ruimte voor maken. Het kan tijd vergen om de noodzakelijke veranderingen in je leven aan te brengen. Mogelijk ben je zelfs enige tijd niet in staat tot wat dan ook. Misschien moet je meer tijd besteden aan je spiritualiteit of gezondheid. Plan indien mogelijk een geestelijke retraite voor jezelf – een periode weg van je normale leven, waarin je de Kundalini-energieën hun loop kunt laten nemen en je ongestoord over hun betekenis kunt nadenken.
3. *Zoek steun.* Zoek anderen die kennis over deze ervaring bezitten en vrienden met wie je je spiritueel verwant voelt.
4. *Informeer jezelf.* Lees over Kundalini. Verdiep je in yoga. Probeer meer te weten te komen over de chakra's.
5. *Werk aan onderliggende psychologische kwesties.* Aangezien Kundalini onverwerkte kwesties omhoogbrengt (dit zal gegarandeerd gebeuren), is dit een voortreffelijke gelegenheid om eraan te werken. Het zal de rit soepeler laten verlopen. Zoek een therapeut met wie je kunt werken of een steungroep.
6. *Bezin je op je spirituele praktijken.* Misschien moet je enige tijd stoppen met mediteren, als het onplezierige Kundalinisymptomen intensifieert. Gun het proces dat je al op gang hebt gebracht de tijd om op hetzelfde niveau als je lichaam en psyche te komen. Als je tot dusverre niet aan meditatie, yoga of een andere spirituele praktijk hebt gedaan, kan dit het moment zijn om daarmee te beginnen. De praktijk zal het uitwijzen – kijk wat de onprettige gevolgen versterkt of vermindert.
7. *Aard je.* Een Kundalini-ervaring is het moeilijkst wanneer de energie naar boven stijgt zonder dat er voldoende energie naar beneden komt om voor een balans te zorgen. Bestudeer de aardingsoefeningen in dit boek of in *The Sevenfold Journey* en doe ze dagelijks. Ga na of er geen kwesties van het eerste chakra zijn die je moet oplossen, zodat je een steviger basis verwerft.

Boeken:

The Kundalini Experience. Lee Sannella. Lower Lake: Integral Publishing, 1987.

Kundalini, Energy of the Depths. Lilian Silburn. New York: State University of New York Press, 1988.

Kundalini: The Arousal of Inner Energy. Ajit Mookerjee. New York: Destiny Books, 1982.

Kundalini, The Evolutionary Energy in Man. Gopi Krishna. Boston: Shambhala, 1971.

Energies of Transformation. Bonnie Greenwell.

Shiva – tegenhanger van Kundalini-Shakti

Het Shivaprincipe is de as van manifestatie, zich ontwikkelend vanuit de puntlimiet (bindu), het centrum van de kosmos.

ALAIN DANIÉLOU

Kundalini-Shakti is de naar boven gaande stroom die zich uit de beperkende stof losbreekt en naar het oneindige reikt. Shiva, haar tegenhanger, is de bron van de naar beneden gaande stroom. Hij is de hindoegod van vernietiging, de partner van de grote moeder Kali. Shiva vernietigt onwetendheid, gehechtheid en illusie. In deze daad brengt hij bewustwording van het eeuwig bewustzijn binnenin, dat nooit vernietigd kan worden.

Zoals zoveel archetypen en goden heeft Shiva een donkere en een lichte kracht. In zijn actieve principe wordt hij Rudra genoemd, de huilende – een machtige vernietiger, die onwetendheid wegschroeit in één enkele bliksemende schicht van zijn derde oog. Toch is Rudra ook de god van het lied, van genezing, offers en voorspoed, terwijl hij een einde aan pijn maakt. In zijn laatste aspecten kreeg Rudra de naam Shiva, wat *god van de slaap* betekent. Zo representeert hij de 'niet-duale, ongedifferentieerde staat van vrede'.[7] In deze vorm is hij de ultieme transcendente god van alle kennis, de oplossing van het individu in de goddelijkheid, de oneindige zaligheid.

Indien geactiveerd door Shakti komt Shiva tot manifestatie als *de dans* (Shiva nataraja). Hij wordt vaak als dansend op een lijk afgebeeld, wat vergetelheid symboliseert. Men zegt dat Shiva zonder Shakti niets anders dan een dood lichaam is. Tot leven gewekt door Shakti 'verwijst de dans van Shiva naar het oerritme van het goddelijk hart, waarvan het kloppen alle beweging in het universum initieert'.[8] Samen zijn Shiva en Shakti de oorspronkelijke emanaties van het leven zelf, de kosmische ouders inherent aan heel de schepping.

In hun samenkomen is Shiva het zuivere bewustzijn dat de ruwe, vitale energie van shakti ontmoet en tempert. Shiva is het statische mannelijke principe, dat naar vorm en orde beweegt, terwijl Shakti het dynamische vrouwelijke beginsel vertegenwoordigt, dat op vrijheid en chaos afgaat.[9] Vaak aanbeden als de shiva-linga (mannelijk symbool van schepping) staat Shiva voor de doorborende aard van bewustzijn, dat de zoeker in geweldig besef drenkt.

Shiva kan een temperende kracht zijn voor de heftige ravages van Kundalini-Shakti. Bewustzijn van boven naar beneden brengen is kalmte en orde brengen in haar chaotische energieën. Kundalini confronteert ons met moeilijke, onverfijnde en onbewuste energieën. In haar opstijgen 'kookt' Kundalini de grovere niveaus tot de verfijning van de hogere chakra's. Maar Shiva is die verfijning. Hij brengt orde en vrede in haar rusteloze wildheid. Misschien is Kundalini wel het onstuimigst wanneer ze naar haar partner smacht.

De energie van Shiva opwekken is de transcendente zaligheid van het kruinchakra laten ontwaken en naar beneden in het lichaam laten afdalen. Dit wekt de manifesterende stroom, die vorm, eenvoud en aarding brengt. De vereniging van deze twee krachten synthetiseert de kosmische principes van mannelijk en vrouwelijk, hoger en lager, vorm en chaos, transcendentie en immanentie in één ongedeelde dynamische essentie.

Tantra – samenkomen in het hart

De yogi die, door het wekken van de energie, standvastig op de tweesprong van de tweevoudige beweging van emanatie en resorptie huist, keert aldus terug in de primordiale eenheid, de vibratie van het universele hart.

LILIAN SILBURN

Terwijl de meesten ten onrechte denken dat het in de filosofie van tantra slechts om seks gaat, gaat het feitelijk over weven. Het woord *tantra* betekent letterlijk 'draad' of 'weefsel' en het werkwoord *tan* betekent 'strekken'. Tantra is de spirituele praktijk van het verweven van tegengestelde energieën, meer in het bijzonder de naar boven en beneden gaande stromen van Shakti en Shiva. De seksualiteit, als een ondergroep van tantra, is een heilige daad die deze vereniging op het stoffelijk niveau belichaamt. Het ultieme evenwicht van de twee krachten bereiken we evenwel wanneer we ze door alle chakra's heen en in het hart in balans brengen.

Tantra streeft naar verlichting, niet door verzaking, maar door de volle ervaring van het leven te omhelzen. Op deze weg genieten we van onze zintuigen, verlangens en gevoelens en richten ons op de bewustzijnsverruiming die we bereiken door een dynamisch, zintuiglijk in het leven staan. Het tantrisme adviseert ons niet op te houden met doen, maar transformeert onze activiteiten in creatieve evolutie. Tantra is het harmonieus verweven van essentiële tegendelen: sterfelijk en goddelijk, mannelijk en vrouwelijk, Shiva en Shakti, geest en stof, hemel en aarde.[10]

We hebben eerder gezegd dat het hartchakra de centrale integrerende kamer van het chakrasysteem is. Door de verbindende kracht van liefde bereiken alle dingen uiteindelijk connectie en volledigheid. De kruin brengt ons bewustwording – het begrip dat ons het geheel laat omhelzen. Ons lichaam is de tempel waar alle dingen tot rust en vrucht komen. Zonder integratie blijft de tempel leeg en de geest zonder onderkomen. Het hart, als de integrator, is zodoende het ultieme centrum van het Zelf.

Wat betekent het dat we onszelf in het hart centreren? Het betekent dat we ons lichaam en zijn behoeften en emoties voelen en die gevoelens naar een plaats van wijsheid en begrip brengen. Het betekent dat we afwegen wat voor gevolgen onze acties voor anderen hebben, terwijl we toch een besef van ons individueel Zelf bewaren. Het betekent dat we onze wijsheid belichamen door niet blind overtuigingen aan te nemen, zonder ze te toetsen aan de waarheid van ons lichaam. Het betekent dat we de totaliteit van leven – in het Zelf en met anderen – benaderen met mededogen en liefde. Het betekent dat we wonen in een plaats van vrede en evenwicht, levendig en toch kalm, veranderend en toch stabiel.

Mijns inziens is het op dit punt in de geschiedenis een wanhopige noodzaak geworden dat we uit onze collectieve onderdompeling in het derde chakra opklimmen naar het niveau van het hart. Momenteel draaien de kwesties in de wereld om macht en agressie. We leven onder de dreiging van een nucleaire holocaust. De westerse beschaving heeft de cultus van het individu tot norm verheven. We hebben de queeste van de held vereerd. Onze technologie is ongeëvenaard in de geschiedenis.

Het is nu de hoogste tijd om te beginnen aan de volgende fase van de tocht van de held: de terugkeer. Zo brengen we de vruchten van individualiteit en macht terug naar huis, zodat ze ten dienste komen aan de gemeenschap – een duidelijke beweging van het derde naar het vierde chakra. We dienen te beseffen dat onze mogelijkheden voor ons als individu beperkt zijn. Als bewuste leden van een grote gemeenschap hebben we daarentegen oneindige mogelijkheden. In onze zoektocht naar verlichting is het onze laatste verantwoordelijkheid om naar de wereld terug te keren en deel te worden van het *evolutionaire systeem*.

Alleen liefde kan ons boven de voor onze tijd zo kenmerkende gewelddadigheid, agressie en ongevoelig individualisme uittillen. Alleen liefde kan het verscheurde weefsel van volledigheid opnieuw weven en in de oorspronkelijke staat herstellen, in onszelf en met elkaar. Dit is het vitale stuk van de Regenboogbrug waarop in deze tijd de nadruk moet liggen. Aangezien de brug door ieder van ons persoonlijk gebouwd wordt, kunnen alleen wij, als bewuste, geïntegreerde individuen, ons hart openen en de verbinding van hemel en aarde tot een levende realiteit maken.

Tempel voor de goden

Spiritualiteit is het ontwaken van de goddelijkheid in het bewustzijn.

HARISH JOHARI

In de Noorse mythologie bouwden de reuzen het paleis Walhalla als onderkomen voor de goden. De Regenboogbrug was de toegangsweg naar het Walhalla. De reuzen hadden evenwel een betaling voor hun werk geëist – Freyja, de godin van de liefde. We kunnen niet een ander onze tempel voor ons laten bouwen, evenmin kunnen we het ons veroorloven ervoor te betalen door onze liefde op te offeren. Willen we de goddelijke energieën uitnodigen zich in ons te manifesteren, dan moeten we onze eigen tempel bouwen.

In de bespreking van het zevende chakra hebben we bewustzijn een universeel veld genoemd, waartoe we toegang hebben met onze individuele psyche. We hebben ook opgemerkt dat de omvang van bewustzijn waar we toegang toe hebben afhangt van onze intelligentie en geestestoestand. De goddelijkheid is echter meer dan alleen maar bewustzijn. In zijn volle spectrum is de goddelijkheid ook schoonheid, geluid, liefde, energie, gevoel en vorm – elementen die in de chakra's weerspiegeld worden. Willen we ons aansluiten op het volle spectrum van de goddelijkheid, dan moeten we een tempel in onszelf bouwen die in staat is al deze verschillende frequenties te ontvangen en uit te zenden. Alleen dan kunnen we ons ten volle bewegen op de talloze niveaus waarop de goddelijkheid zich manifesteert.

Elk chakra vormt een onmisbare kamer in de tempel van het Zelf. Elk ervan huisvest een aspect van het heilige en is onontbeerlijk voor onze volledigheid. Hoe meer we de tempel opruimen en op maat inrichten, hoe meer we er de goddelijkheid toe uitnodigen er zijn intrek in te nemen.

We bouwen een tempel voor de goden door aan alle kamers van de chakra's te werken en ze op te ruimen. Alleen wanneer we een fundament gestort hebben en onze levenskracht van de grond af in ons gehaald hebben, zijn we waarlijk in staat de manifestaties van goddelijk bewustzijn aan te kunnen. Hoe vol we de goddelijkheid te voorschijn kunnen brengen, hangt af van hoe gedegen we de zeven kamers in ons ontwikkelen. Wanneer we eenmaal de goden in onszelf omhelsd hebben, is het onze taak om ze door onze eigen gewijde manier van leven naar buiten te brengen en de reis voor anderen te bevorderen. Alleen door zelf op reis te gaan, kunnen we anderen leiden. Zo wordt de reis over de Regenboogbrug een heilige queeste naar de evolutie van de mensheid.

NOTEN

1. Persoonlijke correspondentie.
2. Als iemand een meer gestandaardiseerde persoonlijkheidstest voor de chakra's heeft of kent, zou ik deze graag zien.
3. Dit verhaal betreft een samenstelling van Kundalinisymptomen, ontleend aan een aantal gedocumenteerde gevallen in verschillende bronnen.
4. De esoterische literatuur bespreekt talloze effecten van het opstijgen van Kundalini door verschillende nadi's. De sushumna is het centrale hoofdkanaal en benadrukt de aard van het verticale stijgen.

5. Over het wervelen van de chakra's bestaat groot verschil van mening. Sommigen beweren dat ze allemaal met de klok mee draaien (Brennan 1978, Bruyere 1989). Ik denk dat dat energetisch onrealistisch is, aangezien het in tegenspraak is met de afwisselende beweging van de nadi's ida en pingala.
6. Gopi Krishna, *Kundalini: The Evolutionary Energy in Man* (Boston: Shambhala, 1971).
7. Alain Daniélou, *Gods of India* (1995).
8. Lilian Silburn, *Kundalini: Energy of the Depths* (1988).
9. Hierover bestaan verschillende meningen. Aangezien de naar beneden gerichte driehoek het vrouwelijke symbool van de yoni representeert en de naar boven gerichte driehoek de linga van Shiva, stellen sommigen (Mookerjee 1977) dat Shakti de naar beneden gaande stroom is en Shiva de naar boven gaande. Dat druist in tegen de klassieke opvatting van Kundalini-Shakti als een opstijgende kracht en lokaliseert Shiva's woning aan de basis van de ruggengraat, wat in tegenspraak is met Shiva's fundamentele attribuut van zuiver bewustzijn. Klassieke afbeeldingen van het muladhara-chakra laten nochtans de shiva-linga rechtop zien, waar de slang Kundalini drieëneenhalf keer omheen gewonden ligt.
10. Ajit Mookerjee, *The Tantric Way* (Boston: New York Graphic Society, 1977), 9.

Bibliografie

De met * gemerkte titels zijn ook in het Nederlands vertaald.

Adamson, Sophia. *Through the Gateway of the Heart*. San Francisco: Four Trees Publications, 1985.
Ahsen, Akhter. *Basic Concepts in Eidetic Psychotherapy*. New York: Brandon House, 1973.
Aranya, H. *Yoga Philosophies of Patanjali*. New York: State University of New York Press, 1983.
* Assagioli, Roberto. *The Act of Will*. New York: Penguin Arkana, 1974.
* Assagioli, Roberto. *Psychosynthesis*. New York: Penguin Arkana, 1976.
Avalon, Arthur. *The Serpent Power*. New York: Dover Publications, 1974.
* Berman, Morris. *The Reenchantment of the World*. New York: Bantam Books, 1984.
Blair, Lawrence. *Rhythms of Vision*. New York: Schocken Books, 1976.
* Bly, Robert. *Iron John*. Reading: Addison-Wesley, 1990.
Boldt, Lawrence. *Zen and the Art of Making a Living*. New York: Penguin Arkana, 1991.
Bradshaw, John. *Bradshaw on The Family: A Revolutionary Way of Self-Discovery*. Deerfield Beach: Health Communications, Inc., 1988.
* Bradshaw, John. *Healing the Shame that Binds You*. Deerfield Beach: Health Communications, Inc., 1988.
* Bradshaw, John. *Homecoming: Reclaiming and Championing Your Inner Child*. New York: Bantam, 1990.
* Brennan, Barbara Ann. *Hands of Light: A Guide to Healing Through the Human Energy Field*. New York: Bantam, 1987.
* Brennan, Barbara Ann. *Light Emerging: The Journey of Personal Healing*. New York: Bantam Books, 1993.
Bruyere, Rosalyn L. *Wheels of Light: A Study of the Chakras. Vol. 1*. Sierra Madre: Bon Productions, 1989.
Bynum, Edward Brude. *Transcending Psychoneurotic Disturbances: New Approaches in Psychospirituality and Personality Development*. Binghamtom: Harrington Park Press, 1994.
Carotenuto, Aldo. *Eros and Pathos: Shades of Love and Suffering*. Toronto: Inner City Books, 1989.
Carotenuto, Aldo. *The Vertical Labyrinth: Individuation in Jungian Psychology*. Toronto: Inner City Books, 1985.
Conger, John. *Jung & Reich: The Body as Shadow*. Berkeley: North Atlantic Books, 1988.
* Covey, Steven R. *The Seven Habits of Highly Effective People*. New York: Simon and Schuster, 1989.

Cunningham, Donna, en Andrew Ramer. *Further Dimensions of Healing Addictions*. San Rafael: Cassandra Press, 1988.

Davis, Mikol, en Earle Lane. *Rainbows of Life: The Promise of Kirlian Photography*. New York: Harper Colophon, 1978.

Dourley, John P. *A Strategy for a Loss of Faith: Jung's Proposal*. Toronto: Inner City Books, 1992.

Eliade, Mircea. *Shamanism*. Princeton: Princeton University Press, 1964.

* Erikson, Erik. *Childhood and Society*. New York: W.W. Norton, 1964.

Evola, Julius. *The Yoga of Power: Tantra, Shakti, and the Secret Way*. Rochester: Inner Traditions, 1992.

Feuerstein, Georg. *Wholeness or Transcendence? Ancient Lessons for Emerging Global Civilization*. New York: Larson Publications, 1992.

Gardner-Gordon, Joy. *The Healing Voice: Traditional and Contemporary Toning, Chanting, and Singing*. Freedom: Crossing Press, 1993.

* Gawain, Shakti. *Living in the Light*. New York: Bantam, 1993.
* Gibran, Kahlil. *The Prophet*. New York: Knopf, 1951.

Goldstein, Joseph. *The Experience of Insight: A Simple and Direct Guide to Buddhist Meditation*. Boston: Shambhala, 1983.

Hill, Gareth. *Masculine and Feminine: The Natural Flow of Opposites in the Psyche*. Boston: Shambhala, 1982.

Hunt, Valerie. 'A Study of Structural Integration from Neuromuscular Energy Fields and Emotional Approaches'. Boulder: Rolf Institute. Herdrukt in *Wheels of Light*, deel 1, van Rosalyn L. Bruyere (Sierra Madre: Bon Productions, 1989).

* Jacobi, Jolande. *The Psychology of C.G. Jung*. New Haven: Yale University Press, 1951.
* Jacobi, Jolande. *The Way of Individuation*. New American Library, 1965.

Jantsch, Erich. *Design for Evolution: Self-Organization and Planning in the Life of Human Systems*. New York: George Braziller, 1975.

Jantsch, Erich, en Conrad H. Waddington. *Evolution and Consciousness: Human Systems in Transition*. Reading: Addison-Wesley Publishing Company, 1976.

Jantsch, Erich. *The Self-Organizing Universe: Scientific and Human Implications of the Emerging Paradigm of Evolution*. New York: Pergamon Press, 1980.

* Johari, Harish. *Chakras: Energy Centers of Transformation*. Rochester: Destiny Books, 1987.
* Judith, Anodea. *Wheels of Life: A User's Guide to the Chakra System*. St. Paul: Llewellyn, 1987.

Jung, Carl Gustav. *Aion: Researches into the Phenomenology of the Self*. Princeton: Princeton University Press, 1959.

Jung, Carl Gustav. *The Archetypes and the Collective Unconscious*, CW 9.1. Princeton: Princeton University Press, 1959.

Jung, Carl Gustav. *Dreams*. Princeton: Princeton University Press, 1974.
* Jung, Carl Gustav. *Memories, Dreams, Reflections*. Onder redactie van Aniela Jaffe. New York: Vintage Books, 1965.
  Jung, Carl Gustav. *The Practice of Psychotherapy*, CW 16. Princeton: Princeton University Press, 1966.
* Jung, Carl Gustav. *Psychology and the East*. Princeton: Princeton University Press, 1978.
* Jung, Carl Gustav. *Psychology and Religion:West and East*, CW 11. Princeton: Princeton University Press, 1958.
* Jung, Carl Gustav. *Psychological Types*, CW 6. Princeton: Princeton University Press, 1971.
  Jung, Carl Gustav. *The Structures and Dynamics of the Psyche*, CW 8. Princeton: Princeton University Press, 1960.
  Jung, Carl Gustav. *Two Essays on Analytical Psychology*, CW 7. Princeton: Princeton University Press, 1966.
* Jung, Emma. *Animus and Anima*. Spring Publications, 1957.
  Kano, Susan. *Making Peace with Food*. San Francisco: Harper & Row, 1989.
* Kaptchuk, Ted. *The Web that has No Weaver: Understanding Chinese Medicine*. New York: Congdon & Weed, 1983.
  Kasl, Charlotte. *Women, Sex, and Addiction: A Search for Love and Power*. New York: Ticknor & Fields, 1989.
  Keleman, Stanley. *Emotional Anatomy*. Berkeley: Center Press, 1985.
  Keleman, Stanley. *Love: A Somatic View*. Berkeley: Center Press, 1994.
  Kosko, Bart. *Fuzzy Thinking: The New Science of Fuzzy Logic*. New York: Hyperion, 1993.
  Levine, Peter, en Ann Frederick. *Waking the Tiger: Healing Trauma through the Body*. In voorbereiding.
* Levine, Stephen. *Healing into Life and Death*. New York: Anchor Books, 1987.
* Liedloff, Jean. *The Continuum Concept*. Reading: Addison-Wesley, 1975.
* Lowen, Alexander. *The Betrayal of the Body*. New York: Collier Books, 1967.
* Lowen, Alexander. *The Language of the Body*. New York: Collier Books, 1958.
  Mahler, Margaret S., Fred Pine en Anni Bergman. *The Psychological Birth of the Human Infant: Symbiosis and Individuation*. New York: Basic Books, 1975.
  Maidment, Robert. *Tuning In: A Guide to Effective Listening*. Gretna: Pelican Publications, 1984.
* May, Rollo. *Love and Will*. New York: Delta, 1969.
  McKenna, Terence. *Food of the Gods*. New York: Bantam, 1992.
  McNeely, Deldon Anne. *Touching: Body Therapy and Depth Psychology*. Toronto: Inner City Books, 1987.

* Miller, Alice. *The Drama of the Gifted Child: The Search for the True Self*. New York: HarperCollins, 1981.
* Miller, Alice. *For Your Own Good: Hidden Cruelty in Child-Rearing and the Roots of Violence*. New York: Farrar, Straus and Giroux, 1983.
* Montagu, Ashley. *Touching: The Human Significance of the Skin*. New York: Harper & Row, 1971.

    Mookerjee, Ajit. *The Tantric Way: Art, Science, Ritual*. Boston: New York Graphic Society, 1977.
* Moore, Thomas. *Care of the Soul: A Guide for Cultivating Depth and Sacredness in Everyday Life*. New York: HarperCollins, 1992.
* Mumford, John. *A Chakra and Kundalini Workbook: Psycho-Spiritual Techniques for Health, Rejuvenation, Psychic Powers & Spiritual Realization*. St. Paul: Llewellyn Publications, 1994.

    Mussen, Paul Henry, John Janeway Conger, Jerome Kagan en James Geiwitz. *Psychological Development: A Life-Span Approach*. New York: Harper & Row, 1979.

    Neuman, Erich. *The Origins and History of Consciousness*. Princeton: Princeton University Press, 1954.

    Newman, Barbara M., en Philip R. Newman. *Development Through Life: A Psychosocial Approach*. Chicago: Dorsey Press, 1975.
* Ornstein, Robert E. *The Psychology of Consciousness*. San Francisco: Penguin Books, 1972.

    Ott, Jonathan. *Pharmacotheon: Entheogenic Drugs, Their Plant Sources and History*. Kennewick: Natural Products Co., 1993.

    Papall, Diana E., en Sally Wendkos Olds. *A Child's World: Infancy through Adolescence*. New York: McGraw-Hill, 1986.

    Piaget, Jean. *The Grasp of Consciousness: Action and Concept in the Young Child*. Cambridge: Harvard University Press, 1976.

    Piaget, Jean, en Barbel Inhelder. *The Psychology of the Child*. New York: Basic Books, 1969.
* Pierrakos, John. *Core Energetics: Developing the Capacity to Love and Heal*. Mendocino: Life Rhythm Publications, 1987.

    Ratsch, Christian (red.). *Gateway to Inner Space: Sacred Plants, Mysticism, and Psychotherapy*. Dorset: Prism-Unity Press, 1989.

    Reich, Wilhelm. *Character Analysis*. New York: Farrar, Straus and Giroux, 1949.

    Reich, Wilhelm. *Children of the Future*. New York: Farrar, Straus and Giroux, 1983.

    Reich, Wilhelm. *The Function of the Orgasm: The Discovery of the Orgone*. New York: World Publishing Co., 1971.

Roberts, Elizabeth, en Elia Amidon. *Earth Prayers from Around the World*. San Francisco: Harper San Francisco, 1991.

Sell, Emily Hilburn. *The Spirit of Loving*. Boston: Shambhala, 1995.

Small, Jacquelyn. *Transformers: The Therapists of the Future*. Marina del Rey: DeVorss & Co., 1982.

Smith, Curtis D. *Jung's Quest for Wholeness: A Religious and Historical Perspective*. New York: State University of New York Press, 1990.

Spiegelman, J. Marvin, en Arwind Vasavada. *Hinduism and Jungian Psychology*. Scottsdale: Falcon Press, 1987.

Starhawk. *Truth or Dare: Encounters with Power, Authority, and Mystery*. San Francisco: Harper & Row, 1987.

Steiner, Claude. *The Other Side of Power: How to Become Powerful without Being Power Hungry*. New York: Grove Press, 1981.

* Stone, Hal. *Embracing Our Selves: The Voice Dialog Manual*. Novato: Nataraj, 1993.
* Teilhard de Chardin. *The Phenomenon of Man*. New York: HarperCollins, 1959.

Thouless, Robert H. *An Introduction to the Psychology of Religion*. Derde druk. Londen: Cambridge University Press, 1971.

Walsh, Roger N., en Frances Vaughan. *Beyond Ego: Transpersonal Dimensions in Psychology*. Los Angeles: J.P. Tarcher, 1980.

Washburn, Michael. *The Ego and the Dynamic Ground: A Transpersonal Theory of Human Development*. New York State University of New York Press, 1988.

White, John (red.). *Kundalini, Evolution and Enlightenment*. New York: Anchor/Doubleday, 1979.

Whitfield, Charles. *Alcoholism and Spirituality: A Transpersonal Approach*. Rutherford: Thomas Perrin, Inc., 1985.

Whitmont, Edward. *The Symbolic Quest: Basic Concepts in Analytical Psychology*. Princeton: Princeton University Press, 1969.

* Wilbur, Ken. *The Atman Project: A Transpersonal View of Human Development*. Wheaton: Quest Books, 1980.

Wilbur, Ken. *Sex, Ecology, and Spirituality: The Spirit of Evolution*. Boston: Shambhala, 1995.

* Wilbur, Ken. *No Boundary: Eastern and Western Approaches to Personal Growth*. Boston: Shambhala, 1985.

Wolkstein, Diane, en Samual Noah Kramer. *Inanna: Queen of Heaven and Earth*. New York: Harper & Row, 1983.

* Woodman, Marion. *Addiction to Perfection: The Still Unravished Bride*. Toronto: Inner City Books, 1982.

Register

aanraken 134, 136-138
aanschouwend zelf 244-245
aanvaarding, zelf- 40-42, 51-52
aarde 17-18, 70
aarding 23, 70-71, 94-95, 102-105
abortus 144-145
abstract denken 380
achterhouden van informatie 431-432
actief luisteren 346-347
activiteit 183-184
ademhalingswerk 106, 290-291
adolescentie
  mishandeling 382-385
  ontwikkelingsstadia 48-49, 52, 379-381
  traumas 382-385
aerobicsoefening 226
afdalen van bewustzijn 459-462
afwijzing 272-274, 284-285
agressie
  tweede chakra 151
  derde chakra 222-224
Ajna 21, 359
alchemistisch huwelijk 248
alcohol 157-158
Amerikaanse indianen en vision quests 400-401
Anahata 21
angst
  derde chakra 211-213
  vijfde chakra 321-322
  als demon 44, 45, 68-69
anima
  vierde chakra 246-249, 261
  individuatie 186
animus
  vierde chakra 246-249, 261
  individuatie 186
Aphrodite 253
archetype van volledigheid 365

archetypen
  vierde chakra 246-249, 270-271
  zesde chakra 364-369
archetypisch(e)
  beeld 365
  bewustzijn 416
  identiteit 40-43, 52, 366-369
aura 310-311
authenticiteit 213
auto-erotische stimulatie 137
autonomie, ontwikkeling van 141, 184-185, 196-198
autoritarisme 326
autoriteit 209-211
balans
  eerste chakra 100
  tweede chakra 130
  vierde chakra 243, 246, 295
  vijfde chakra 336-337
  systemen 468
beeld
  archetypisch 365
  lichaams-, zelf- 95-96
  symbolisch 369-370
  syndroom 354-359
behoeften 121-122
behoud, zelf- 40, 50
beneden, reis naar 459-462
benen 102-105
beoordeling 100-101, 463-469
beperkingen 73, 436
Berne, transactionele analyse 260
bestraffing 211-213
bevrediging, zelf- 40, 41, 51
bevrijdende stroom 182, 295
bevrijding 24-26, 425-427
beweging
  affirmatie van lichamelijke realiteit 101-102
  tweede chakra 117, 121, 153-154, 161-164
bewuste geest 372-376

bewustzijn, innerlijk 417
bewustzijn
  afdalen 459-462
  zevende chakra 413-417
  chakra-elementen 17-18
  dromen 370-372
  zelfreflectief 244-245
bhakti-yoga 257
bindu 419-420
binnenhouden, emotioneel 168-169
blauw 300
blokkade
  chakrasysteem 26-28
  definitie 200
bottom-up-systemen 466-467
bovenbewustzijn 374
bovenpersoonlijk bewustzijn 374
bovenpersoonlijke identiteiten 40
bovenste chakra's, dominantie, mishandeling en trauma van, gevolgen van 88
Bradshaw, John, fantasiehechting 272
buitenzintuiglijke input 387-390
celibaat 142
Chakra een *Zie ook* chakrasysteem
  aarde 70
  aarding 70-71, 94-95, 105-106
  affirmatie van lichamelijke realiteit 101-102
  angst als demon 44, 45, 68-69
  balans 100
  beminnaar (karakterstructuur) 148
  beperkingen 73
  collectief onbewuste 68
  correspondenties 20
  deficiëntie 96-101
  dissociatie van lichaam 63-65, 83

dominantie van bovenste chakra's 88
eetstoornissen 72, 81-82
eigenheid 76-78
evenwichtsverstoring, chakra 89
exces 96-101
fundament van lichaam 66-67
geboorte 74-78, 79-80
geërfd trauma 84-85
gezondmaking 94-107
grenzen 86-87
honger 81-82
hysterisch (karakterstructuur) 280
incubatoren 80
individualiteit 76-78
klysma's 82
koestering 72
lading/ontladingscyclus 107
lading 96-99
lichaamsdialoog 96
lichamelijke identiteit 40, 50
lichamelijke mishandeling 83
lichamelijke ontwikkeling 77-78
manifestatie 72-73
masochistisch/verdrager (karakterstructuur) 202
mishandeling 79-86
moeder Aarde (archetype) 366
objectivering van lichaam 89
omgeving 76-78
ongevallen 84-85
ontwikkelingsstadia 46-50, 74-78
operatie 84-85
oraal/beminnaar (karakterstructuur) 148
overleving 67-68, 75, 79-86
prestatiegericht (karakterstructuur) 278
psychopathisch/uitdager-verdediger (karakterstruc-

tuur) 330-331
rechten 35, 38
regressie 106-107
reïncarnatie 106
rigide/prestatiegericht (karakterstructuur) 278
rood 61
samenvatting 61-65
schizoïde/creatief (karakterstructuur) 90-94
strategieën 94-107
stress 67-69
taxatie 100-101
tekenen van lichaam 95-96
therapieën 94-107
trauma 79-89
uitdager-verdediger (karakterstructuur) 331
verdediger (karakterstructuur) 330-331
verdrager (karakterstructuur) 202
verlating 80-81
verslavingen 159
vertrouwen 75
verwaarlozing 81
verwondingen 84-85
voedingsproblemen 81-82
voeten, aarding 102-105
volwassenheid 54-58
voorspoed 72-73
wortels 70
zelfbehoud 40, 50
ziekte 84-85
ziekte 84-85
zuigelingentijd 46-50, 74-78
Chakra twee *Zie ook* chakrasysteem
aanraken 134, 136-138
abortus 144
agressie 151
auto-erotische stimulatie 137
autonomie, ontwikkelen 141
behoeften 121-122
beminnaar (karakterstructuur) 146-151
beweging 117, 121, 153-154, 161-164

binnenhouden, emotioneel 168-169
codependentie 156
correspondenties 20
creatieve karakterstructuur 92-93
deficiëntie 152-159
dualiteit 125-130
eetstoornissen 137,150
emoties 122-123, 165-169
emotionele intensiteit 155-157
emotionele omgeving 139-141
emotionele identiteit 40, 41, 50, 133-135
evenwicht 130
exces 152-159
externe connectie 145
familie 135
gehechtheid 132-135
geliefde (archetype) 366
gevoelens 118-121
gezondmaking 160-171
grenzen 150-151, 154, 155-156
heldervoelendheid 155
humeurigheid 141
hysterische karakterstructuur 280
interne connectie 145
introversie 155
isolatie 145
jeugd 47-48, 50-51, 132-135
masochistisch/verdrager (karakterstructuur) 202
mishandeling 136-145
monopolarisatie 152
ontdooien 161-164
ontwikkelingsstadia 47, 48-49, 50-51, 132-135
oraal/beminnaar (karakterstructuur) 146-151
oranje 112
plezier 118-120
polariteiten 125-130
prestatiegericht (karakterstructuur) 276-277
psychopathisch/uitdager-verdediger (karakterstruc-

tuur) 330-331
rechten 36-37, 38
rigide/prestatiegericht (karakterstructuur) 276-277
samenvatting 112-115
schaduw 125-130, 141
scheiding 132-135
schizoïde/creatief (karakterstructuur) 92-92
schuldgevoel, verwerken 164-165
schuldgevoel als demon 44, 45, 128-130
seksualiteit 130-131, 142-143, 155, 156-157
seksueel misbruik 141-144
seksuele heling 169-171
sociale vaardigheden 155
stimulatie 136-138
strategieën 160-171
tactiele deprivatie 136-138
tegendelen 125-130
therapieën 160-171
titratie 164
tonische immobiliteit 162-163
trauma 136-145
uitdager-verdediger (karakterstructuur) 330-331
uitkomen 134
verdediger (karakterstructuur) 330-331
verdrager (karakterstructuur) 202
verkrachting *Zie ook* seksueel misbruik 143-144
verlangen 124
verslavingen 157-159
verstijvende respons 162-163
verstrikking 141
volwassenheid 56
vrijmaking, emotionele 166-168
water 116-117
woede 151
zelfbevrediging 40, 41, 51

zintuiglijke deprivatie 136-138
zintuiglijkheid 118
zwaarlijvigheid 137
Chakra drie *Zie ook* chakrasysteem
activiteit 183-184
aerobicsoefening 226
agressie 222-224
angst 211-213
authenticiteit 213
autonomie, ontwikkelen 184-185
autoriteit 209-211
beminnaar (karakterstructuur) 148-149
bestraffing 211-213
blokkade 204-206
correspondenties 20
creatieve karakterstructuur 92
dalende stromen 181-182
deficiëntie 220-222, 225-227
depressie 222-224
drugs 224
ego-identiteit 40, 41, 50, 187-189, 196-198
energie 183-184
exces 220-224, 227
gedweeheid 213
geel 176
gezondmaking 225-230
held (archetype) 366
hysterische karakterstructuur 280
individualiteit 184-185
individuatie 186-187
isolatie 216, 222-224
jeugd 46-53, 194-198
macht 179-182, 192-193
masochistisch/verdrager (karakterstructuur) 199-206
meditatie 227
metabolische energie 226
mishandeling 207-219
onderstimulatie 216
ontoereikendheid 214-215
ontwikkelingsstadia 47, 48-49, 50, 194-198

opstijgende stromen 181-182
oraal/beminnaar (karakterstructuur) 148-149
overstimulatie 215-216
passiviteit 222-224
prestatiegericht (karakterstructuur) 278
proactiviteit 192
psychopathisch/uitdagerverdediger (karakterstructuur) 330-331
rechten 37-38
rigide/prestatiegericht (karakterstructuur) 276-277
samenvatting 176-182
schaamte als demon 45, 191, 204, 229-230
schaamte 216-218
schizoïde/creatief (karakterstructuur) 93-94
stimulatie 215-216
strategieën 225-230
therapieën 225-230
trauma 207-219
uitdager-verdediger (karakterstructuur) 330-331
veiligheid 227-228
verdediger (karakterstructuur) 330-331
verdrager (karakterstructuur) 199-206
verouderlijkt kind 213-215
verslavingen 159
versterking 179-182
verwijten maken 185
volwassenheid 56-57
vuur 181-182, 225-226
wil 188-190, 196-198, 218-219, 220-222
woede 204-206, 228-229
yoga 227
zelfachting 190-191
zelfdefinitie 40, 41, 50
zelfdominantie 220-222
zelfvertrouwen 190-191
Chakra vier *Zie ook* chakrasysteem

ademhalingswerk 290-291
afwijzing 272-274, 284-285
anima 246-249, 261
animus 246-249, 261
archetypen 246-249, 270-271
balans 243, 245-246
beminnaar (karakterstructuur) 149
bevrijdende stroom 295
codependentie 282-284, 295
correspondenties 21
creatieve karakterstructuur 93
deficiëntie 282-286
devotie 257-258
dienstbaarheid 295
energie 283, 295
eros 253-254
exces 282-286
gehechtheid 252-253
genezer (archetype) 366
gevoelens 289-295
gezondmaking 287-295
grenzen 283
groen 235
hechting 271
hieros gamos 248
hoofd en lichaam 245-246
hysterische karakterstructuur 276-277, 280-281
identificatie 261
imitatie 261
individualiteit 287-289
individuatie 246-249
innemen 250-252, 290-291
innerlijke familie 289
innerlijke heilige huwelijk 248
intellectuele ontwikkeling 262
intimiteit 244-245
isolement 283
jeugd 47, 49, 50-51, 259-265
leeftijdgenoten, relaties met 263
liefde scheppen 294-295

liefde 237-240, 241-243
masochistisch/verdrager (karakterstructuur) 202
mededogen 256-257
mishandeling 266-273
ontwikkelingsstadia 47, 49, 50-51
oraal/beminnaar (karakterstructuur) 148
prestatiegericht (karakterstructuur) 274-279
psychopathisch/uitdager-verdediger (karakterstructuur) 330-331
rechten 37, 38
reflectief bewustzijn 269
relaties 243-245, 247-252, 259-265
relationeel 266
rigide/prestatiegericht (karakterstructuur) 274-279
routines 262-263
samenvatting 235-240
scheiding 239
scheiding 238-239
schizoïde/creatief (karakterstructuur) 93-94
sociale identiteit 40, 41-42, 51-52, 260-265, 289
strategieën 287-295
tantrische afbeelding 243-244
thanatos 253-254, 255
therapieën 287-295
trauma 266-273
uitdager-verdediger (karakterstructuur) 330-331
uitreiken 250-252, 290-291
verdediger (karakterstructuur) 330-331
verdrager (karakterstructuur) 202
verdriet als demon 45, 255, 256
verdriet 273-274, 291-292
vergeving 292-294
verinnerlijkte relaties 269-271

vermijding 284-286
verplichting 252-253, 295
verslavingen 159-293
vervreemding 239
verwijten maken 292-294
volwassenheid 57
vrijheid 252-253
wederzijds doordringende driehoek 243-244
zelfaanvaarding 40, 41-42, 51-52, 287-289
zelfliefde 244-245, 269
zelfonderzoek 246
zelfreflectief bewustzijn 245-246
Chakra vijf *Zie ook* chakrasysteem
angst 321-322
aura 310-311
autoritarisme 326
balans 336-337
beminnaar (karakterstructuur) 149
blauw 300
blokkade 320-321
chanten 342-344
communicatie 305, 311-313, 321-322
compulsief gedrag 324
correspondenties 21
creatief (karakterstructuur) 93
creatieve identiteit 40, 42, 52, 319
creativiteit 316, 318-319, 337
criticus 322-323
deficiëntie 334
discontinuïteit 315-316
energie 320-321, 335
etherisch veld 310-311
exces 334-337
flexibiliteit 309-310
galmen 341-342
geheimen 323-324
geluid 303-305
geluiddichtheid 340-341
geweten 318
gezondmaking 338-350
gillen 329-330
golfvormen 308

herhalend gedrag 324
hoofd-lichaamconnectie 314
horen 344-347
hysterische karakterstructuur 281
individuatie 315
introversie 315
jeugd 47, 49, 51-52, 317-319
keel 312-313
Kirlian-fotografie 311
kunstenaar (archetype) 366
leugens als demon 45, 315-317, 325
luisteren 341-342, 344-347
mantra's 342-344
masochistisch/verdrager (karakterstructuur) 202-203
meditatie 342-344
meetrillen, ritme 308-309
mishandeling 320-327
muziek 349-350
nek 312-313
ontwikkelingsstadia 47, 49, 51-52, 317-319
oraal/beminnaar (karakterstructuur) 149
prestatiegericht (karakterstructuur) 279
psychopatisch/uitdager-verdediger (karakterstructuur) 329-331
rechten 36, 37
resonantie 307-311, 349-350
rigide/prestatiegericht (karakterstructuur) 279
ritme 307-310, 349-350
rust 310
samenvatting 300-305
schaamte 322-323
schizoïde/creatief (karakterstructuur) 93
schreeuwen 325-326
schrijven 347-349
schuld 322-323
seksualiteit 324

seksueel misbruik 323
slapen 310
spanning 309-310
stem 314-315
strategieën 338-350
symbolen 307
sympathisch trillen 308-309
therapieën 338-350
TM (transcendentale meditatie) 342-344
trauma's 320-327
turkoois 306
uitdager-verdediger (karakterstructuur) 328-333
verdediger (karakterstructuur) 328-333
verdrager (karakterstructuur) 203
verslavingen 159
verwaarlozing 327
vibraties 306-311, 339-344
vijandigheid 325-326
Vissudha 311
volwassenheid 57
waarheid 315-317
zelfexpressie 40, 42, 52, 310-316, 319
zuivering 311
Chakra zes *Zie ook* chakrasysteem
  abstract denken 380
  adolescentie 47, 49, 52, 379-381
  archetypen 364-369, 380
  archetypische identiteit 40, 42-43, 52, 366-369, 381
  beeld 369-370
  beeldende kunst 394-395
  beminnaar (karakterstructuur) 148-149
  bewust 374-375
  bewuste geest 370-373
  bewustzijn 370-372
  bovenpersoonlijk bewustzijn 374
  buitenzintuiglijke input 387-390

collages 395
collectief onbewuste 394
correspondenties 21
creatieve karakterstructuur 93
deficiëntie 386-390
derde oog 361
dromen 370-372, 386-387, 392-393
droomego 393
energie 374-375, 390
exces 386-390
geleide visualisatie 397-398
gezondmaking 391-403
hallucinaties 387
helderziendheid 373
herinneringen, verdringing van 382-385
herinneringen, dissociatie van 382-385
hoofdnadi's 374-375
hysterische karakterstructuur 280-281
illusie als demon 45, 363-364
indigo 354
individuatie 365-366, 376
intuïtie 372-373, 386, 398-399
inzicht 362
kosmisch bewustzijn 374
licht 361, 401-402
logica 372
mandala 376, 395
masochistisch/verdrager (karakterstructuur) 203
meditatie 376, 402
mishandeling 382-385
monopolarisatie 387
mythologie, bestudering van 394
nachtmerries 389
obsessie 364
onbewust 374-376
onbewuste geest 370-373
onbewuste subroutines 367
ontkenning 387
ontwikkelingsstadia 47, 49, 52, 379-381

oraal/beminnaar (karakterstructuur) 148-149
patronen herkennen 361-362
prestatiegericht (karakterstructuur) 279
psychopathisch/uitdager-verdediger (karakterstructuur) 330-331
psychose 387
rationele geest 372-373
rechten 37, 38
rigide/prestatiegericht (karakterstructuur) 279
samenvatting 354-359
schaamte 385
schizoïde/creatieve karakterstructuur 93
spirituele ontwaking 381
strategieën 391-402
symbolen 369-370
symbolisch denken 380
tekenen 394-395
therapieën 391-403
trancereizen 396-397
transcendent bewustzijn 371, 374-376
trauma 382-385
uitdager-verdediger (karakterstructuur) 330-331
verbeelding 386, 395-397
verdediger (karakterstructuur) 330-331
verdrager (karakterstructuur) 203
verslavingen 159
visioen 376-377
vision quest 400-401
visualisatie 395-398
volwassenheid 58
waan 364
waandenkbeelden 387
zelfreflectie 40, 42-43, 52
zien 360-361
ziener (archetype) 366
Chakra zeven *Zie ook* chakrasysteem
achterhouden van informatie 431-432
archetypisch bewustzijn 416

beminnaar (karakterstructuur) 141
beperkingen 435
betekenis 418-420
bevrijding 425-427
bewustzijn 413-417
bindu 419-420
concentrerende meditatie 440
correspondenties 21
creatieve karakterstructuur 93
dagboek bijhouden 445, 447-448
deficiëntie 434-438
dharana 440
dhyana 440
energie 435
evolutionair bewustzijn 415-417
exces 434-438
geest-stof, scheiding van 411-412
geest 426
gehechtheid 447-448
gehechtheid als demon 45, 422-424
genade 428
gestructureerde religie 432-433
getuige 417-418, 444-446
gezondmaking 439-453
goddelijk 417
goden 427-428
godin 427-428
hogere macht 425
Hogere Zelf 446-447
hysterische karakterstructuur 280-281
immanentie 425-427, 428
informatie 451-452
innerlijk bewustzijn 417-418
invalidatie van overtuigingen 431-432
leren 436
lijden 422
manifestatie 326-328
mantra's 440-441
masochistisch/verdrager (karakterstructuur) 199

meditatie 439-442, 445, 448-451
meester (archetype) 366
mishandeling 431-433
mythisch bewustzijn 415-416
neurose 438
onderwijs 451-452
ongehechtheid 447-448
ontwikkelingsstadia 47, 49, 52, 429-430
opmerkzaamheid 442-446
oraal/beminnaar (karakterstructuur) 148-149
overintellectualisme 436-437
overtuigingen 418-420, 424-425, 451
overweldiging 437-438
prestatiegericht (karakterstructuur) 279
psychopathisch/uitdager-verdediger (karakterstructuur) 330-331
psychose 438
rationeel bewustzijn 415-416
receptieve meditatie 440
rechten 38
religie, gestructureerde 452-453
rigide/prestatiegericht (karakterstructuur) 279
samadhi 440
samenvatting 409-412
schepping 426
schizoïde/creatief (karakterstructuur) 93
schrijven 445, 447-448
spiritualiteit 452-453
spirituele scepsis 435-436
spirituele mishandeling 432-433
spirituele verslaving 437
strategieën 439-453
therapieën 439-453
transcendentie 425-427, 428
transcenderen van lagere ego's 448-451
trauma 431-433

uitdager-verdediger (karakterstructuur) 330-331
universele identiteit 40, 43, 52, 420-422
verdediger (karakterstructuur) 330-331
verdrager (karakterstructuur) 203
vermijding 424
verslavingen 159, 425
violet 409
volwassenheid 47, 49, 52-53, 58, 429-430
weet-al 434-436
wijze/meester (archetype) 366
yogasoetra's 440
zelfkennis 40, 43, 52, 452
ziel 426
chakrasysteem *Zie ook afzonderlijke chakra's*
    aarding 23
    beschrijving 15-18
    bevrijding 24-26
    blokkade 26-28
    computer, analogie met 19-22
    correspondenties 20-21
    deblokkeren 26-28
    deficiëntie 28-30
    demonen *Zie ook afzonderlijke demonen* 44-45
    elementen 17-18
    energiestromen 22-30
    exces 28-30
    expressie 26
    identiteiten, zeven *Zie ook afzonderlijke identiteiten* 39-43, 46-53, 421
    kleuren *Zie ook afzonderlijke kleuren* 18
    lichaamspantser 27
    manifestatie 24-26
    ontwikkelingsstadia 46-53, 54-58
    overcompensatie 29
    pantser *Zie ook afzonderlijke karakterstructuren* 31-35
    plaats 16
    receptie 26
    rechten, zeven 36-38

structuren, karakter- *Zie ook afzonderlijke karakterstructuren* 31-35
thema's 17-18
vermijden 29
zeven identiteiten *Zie ook afzonderlijke identiteiten* 39-43, 46-53, 421
zeven rechten 36-38
chanten 342-344
chemische afhankelijkheid 157
chronisch-vermoeidheids-syndroom 224
codependentie
    tweede chakra 156
    vierde chakra 281-284, 295
collages 395
collectief onbewuste 68, 246, 394
combustie 17-18
communicatie 305, 311-314, 321-322, 327, 334-337, 344-350
complexen 368
compulsief gedrag 324
concentrerende meditatie 440
concrete operaties 318
connectie, schending van, gevolg van 145
correspondenties, chakrasysteem 20-21
creatieve
    identiteit 40, 42, 52, 319
    karakterstructuur *zie ook afzonderlijke karakterstructuren* 32-35, 90-93
    visualisatie 396-397
creativiteit 316, 318-319, 337
criticus 322-323
dagboek bijhouden 445, 447-448
dalende stromen *Zie ook energie* 153-154
deblokkeren van chakra's 26-28
deficiëntie
    eerste chakra 96-101

tweede chakra 152-159
derde chakra 220-224, 225-227
vierde chakra 282-286
vijfde chakra 334-337
zesde chakra 386-390
zevende chakra 434-439
chakrasysteem 28-30
taxatie 463-469
definitie, zelf- 40, 41, 51
demonen *Zie ook afzonderlijke demonen* 44-45
denken, symbolisch 380
denkend-intuïtieve typen 466
depressie 222-224
derde chakra *Zie chakra drie*
derde oog 361
devotie 257-258
dharana 440
dhyana 440
dienstbaarheid 295
discontinuïteit 316-317
dissociatie 63-65, 83, 382-385, 470
dominantie, hoger chakra 88
driehoeken, in elkaar doordringende 242-243
dromen 370-372, 386-387, 392-393
droomego 393
drugs
    tweede chakra 157
    derde chakra 224
dualiteit 125-130
eerste chakra *Zie chakra een*
eetstoornissen
    eerste chakra 72, 81-82
    tweede chakra 137, 150
ego
    -identiteit 40, 41, 51, 187-189, 196-198
    transcenderen van 264-265
egoïstisch(e)
    bewustzijn 374
    identiteiten 40
eigenheid, zuigeling 76-78
elementen en chakra's 17-18
emoties 120-121, 165-169
emotionele

identiteit 40, 41, 51, 133-135
intensiteit 155-157
mishandeling 212
omgeving 139-141
energie
　archetypische 246-249
　benedenwaartse 459-462
　bovenwaartse 459-462
　eerste chakra 99
　tweede chakra 153
　derde chakra 182, 183-184, 221
　vierde chakra 183, 295
　vijfde chakra 320-321, 335
　zesde chakra 390
　zevende chakra 435
　chakrasysteem 22-30
　hoofdnadi's 374-375
　metabolische 226
　omgeleide 227
　verticale stromen 182
Erikson, Erik
　autonomie versus schaamte en twijfel 198
　identiteit versus rolverwarring 380
　theorie versus ontwikkeling 48-49
　vertrouwen versus wantrouwen 77
　vlijt versus minderwaardigheid 318
Eros 130-131, 170, 253-254
ervaring van misbruik 267
etherisch veld 310-311
evenwicht 17-18
evolutionair bewustzijn 415-417
exces
　eerste chakra 96-101
　tweede chakra 152-159
　derde chakra 220-224, 227
　vierde chakra 281-286
　vijfde chakra 334-337
　zesde chakra 386-390
　zevende chakra 434-439
　chakrasysteem 28-30
　taxatie 463-469
expressie 26

expressie, zelf- 40, 42, 52
externe connectie, schending, gevolg van 145
familie, innerlijke 289
fantasiebinding 272
flexibiliteit 309-310
formele operaties 380
Freud, Sigmund
　ego 187
　id 187
　latentieperiode 319
　ontwikkelingstheorie 48-49
　psychoseksuele stadia 146
　superego 187
fundament, lichaam 66-67
fusie van mishandeling 267
galmen 341-342
geboorte 74-78, 79-80, 106
gebroken wil 218-219
gedachten 17-18
gedweeheid 213
geel 176
geërfd(e)
　schaamte 217
　trauma 84-86
gehechtheid
　tweede chakra 132-135
　vierde chakra 252-253
　zevende chakra 447-448
　demon 45, 422-424
geheimen 323-324
geheugen 382-385
gehoor
　vijfde chakra 344-347
geleide visualisatie 396-397
geletterdheid, emotionele 140
geliefde
　archetype 366
　karakterstructuur 32-35, 146-147
geluid 17-18, 303-305
geluiddichtheid 340-341
genadigheid 428
genezer (archetype) 366
getuige 417-418, 444-446
gevoelens
　tweede chakra 118-121, 132-135, 139-159, 165-169

vierde chakra 289-294
gevoels-gewaarwordingstypen 466-467
gewaarwording-gevoelstypen 466-467
geweten 318
gezondmaking
　eerste chakra 95-107
　tweede chakra 160-177
　derde chakra 225-230
　vierde chakra 187-295
　vijfde chakra 338-350
　zesde chakra 391-403
　zevende chakra 439-453
giftige pedagogiek 209
Gij Zijt Dat 421
gillen 325-326
goddelijkheid 417
goden 426-427
godin 426-427
goede jongen/lief meisje 262
golfvormen 308
gravitatie 17-18
grenzen
　tweede chakra 150-151, 153, 155-156
　vierde chakra 283
　mishandeling, gevolg van 85-86
　trauma's, gevolg van 85-86
groen 235
grote moeder 238, 365
grote vader 238
hallucinaties
　zesde chakra 387
　Kundalini 470
hartchakra *Zie* chakra vier
hechting 271
heilige huwelijk, innerlijke 248
held (archetype) 366
heldervoelendheid 141, 155
helderziendheid 373, 399-400
Hendrix 270
herhalend gedrag 324
hersengolven 342
herstel 425
hieros gamos 248

hogere macht 425
Hogere Zelf 446-447
holotropisch ademhalingswerk 106
honger 81-82
hoofd-lichaamconnectie 246, 314
humeurigheid 141
huwelijk, innerlijke heilige 248
hyperactiviteit 215
hypersensitiviteit 215
hysterische karakterstructuur *Zie ook* karakterstructuur 32-35, 276-277, 279-280
id 187
ida-nadi 374-375
identificatie 261
identiteit versus rolverwarring 380
identiteiten, zeven *Zie ook afzonderlijke identiteiten* 39-43, 46-53, 421
illusie als demon 45, 363-364
imago 270
imitatie 270
immanentie 425-428
immobiliteit, tonische 162-163
impotentie 169
inactief 192
incubatoren 80
indigo 354
individualiteit
  eerste chakra 76-78
  derde chakra 184-185
  vierde chakra 287-289
individuatie
  derde chakra 186-187
  vierde chakra 246-249
  vijfde chakra 315
  zesde chakra 365-366, 376
  volwassenheid 54-58
inferieure functie 372
informatie 431-432, 451-452
innemen 250-252, 290-291
innerlijk(e)

bewustzijn 417-418
familie 289
innerlijke
  connectie, schending, gevolg van 145
  heilige huwelijk 248
inside-out-systemen 466-467
intellectualisme, over- 436-437
intellectuele ontwikkeling 262
intensiteit, emotionele 155-157
interpretatie van mishandeling 267
intimiteit 244-245
introversie 155, 315
intuïtie 372-373, 386, 388-389
intuïtief-denkende typen 448
invalidatie van overtuigingen 431-432
inzicht 362
isolatie
  derde chakra 216, 222-224
  vierde chakra 283
  schending, gevolg van 145
Jantsch, Erich 415-417
jetlag 402
jeugd
  mishandeling 79-89
  ontwikkelingsstadia 46-50, 74-78
  trauma 79-89
jeugd
  mishandeling 136-145, 207-219, 320-327
  ontwikkelingsstadia 47, 48-52, 132-135, 194-198, 259-265, 317-319
  trauma 136-145, 207-219, 266-273, 320-327
Jung, Carl G.
  alchemistisch huwelijk 248
  archetype van volledigheid 365
  bovenbewust 374
  complexen 367
  ego 187

individuatie 186-187
inferieure functie 372
transcendente functie 375-376
Zelf 365
Kama 130
karakterpantsers *Zie ook afzonderlijke karakterstructuren* 31-35
karakterstructuren *Zie ook afzonderlijke karakterstructuren* 31-35
keel 312-313
keelchakra *Zie* chakra vijf
kennis, zelf- 40, 42 43
kind
  onderkoesterd 147-149
  ongewenst 90-93
  opgejaagd 278-281
  overmanaged 202-203
  verouderlijkt 213-215
  verraden 330-331
Kirlian-fotografie 311
kleuren *Zie ook afzonderlijke kleuren* 18
klysma's 82
knieën 104-105
koestering 72
Kohlberg, Lawrence
  goede jongen/lief meisje 276-277
  ontwikkelingstheorie 48-49
kosmisch bewustzijn 374
kracht, verwerving van 178-182, 228-229
kruinchakra *Zie* chakra zeven
Kundalini-Shakti 370, 470-473
kunst, beeldende 394-395
kunstenaar (archetype) 366
kunstlicht 402
kwesties, vaststellen van 463-469
lading *Zie ook* energie
  eerste chakra 96-99
  ontladingscyclus 107
latentieperiode 319
leeftijdgenoten, relaties met 263
leiding van Hogere Zelf 446-447

leren 436
leugens als demon 45, 315-317, 325
levensgeschiedenis, chakra een 100-101
lichaam
 affirmatie van fysieke realiteit 101-102
 benen 102-105
 dialoog 96
 dissociatie 63-65
 fundament 66-67
 geest en 246, 313
 gezondmakingsproces 161
 keel 312-313
 knieën 104-105
 mishandeling 79-80
 nek 312-313
 objectivering van 88-89
 ontwikkeling 77-78
 pantser 27
 resonantie 307-310
 tekenen 95-96
 trauma 79-89
 vibraties 339-344
 voeten 102-105
 wil 190
 zelfbeeld 95-96
lichamelijk(e)
 identiteit 40, 50
 mishandeling 83, 212, 215
 realiteit, affirmatie van 101-102
licht in zijn volle spectrum 401-402
licht
 zesde chakra 361, 401-402
 chakra's en elementen 27-28
liefde
 ademhalingswerk 290-291
 afwijzing 272-274, 284-285
 anima 246-249
 animus 246-249
 bevrijdende stroom 295
 codependentie 282-284
 devotie 257-258
 dienstbaarheid 295
 energie 295

eros 253-254
evenwicht 242
geest en lichaam 246
gehechtheid 252-253
gevoelens 289-294
grenzen 283
innemen 250-252, 290-291
innerlijke familie 289
intimiteit 244-245
isolatie 283
mededogen 256-257
mishandeling 266-273
relaties 247-250
scheppen 294-295
Thanatos 253-254
trauma 266-273
uitreiken 250-252, 290-291
verdriet als demon 255-257
vermijding 284-286
verplichting 252-253
vervormde 271-272
vierde chakra 237-240, 241-243
voorwaardelijke 201-204
vrijheid 252-253
zelfaanvaarding 287-289
lijden 422
logica 372
logica, warrige 129
Lowen 48-49
lucht 17-18
luisteren 341-342, 344-347
luminescentie 17-18
macht 178-181, 192-193, 422-423
Mahler, Margaret 50, 134
man (archetype) 246-249
mandala 376, 395
manifestatie 24-26, 72-73, 425-427
manifesterende stroom 182, 459
Manipura 20, 213
mannelijk archetype 246-249
mantra's 342-344, 440-441
Maslow, Abraham
 behoeftehiërarchie 43

ontwikkelingstheorie 48-49
masochistisch/verdrager (karakterstructuur) *Zie ook* karakterstructuur 32-35, 199-206
mededogen 256-257
meditatie
 derde chakra 227
 vijfde chakra 342-344
 zesde chakra 376, 402
 zevende chakra 439-442, 445, 448-451
meester (archetype) 366
meetrillen, ritme 308-309
melatonine 402
metabolische energie 226
Miller, Alice 219
mishandeling
 eerste chakra 79-89
 tweede chakra 136-145
 derde chakra 207-219
 vierde chakra 266-273
 vijfde chakra 320-327
 zesde chakra 382-385
 zevende chakra 431-433
moeder Aarde (archetype) 366
monopolarisatie
 tweede chakra 152
 zesde chakra 387
Muladhara 20, 66, 71
muziek 349-350
mythisch bewustzijn 415-416
mythologie, bestuderen van 394
naar boven gaande reis 459-462
nacht 253
nachtmerries 389
nadi's, hoofd- 374-375
nastroom 107
nek 312-313
neurose 439
objectivering van het lichaam 89
obsessie 364
oefening, aerobics- 226
omgeving
 emotionele 139-141

gezins- 135
van zuigeling 76-78
omkeerbaarheid 317-318
onbewuste
  geest 370-376
  subroutines 367
onderkoesterd kind 147-149
onderstimulatie 216
onderverlichting 401
onderwijs 451-452
ongehechtheid 447-448
ongevallen 84-85
ongewenst kind 90-93
ontdooien 161-184
ontkenning 387
ontlading/ladingscyclus *Zie ook* energie 107
ontlichaamde wil 188
ontwaking, spirituele 381
ontwikkelingsstadia
  eerste chakra 46-58, 74-78
  tweede chakra 132-135
  derde chakra 194-198
  vierde chakra 259-265
  vijfde chakra 317-319
  zesde chakra 379-381
  zevende chakra 429-430
ontwikkelingstheorieën 48-49
oorzaak en gevolg 195-196
operaties 84-85
opgejaagd kind 276-281
opmerkzaamheid 443-446
opstijgende stromen *Zie ook* energie 181-182
orale/beminnaar (karakterstructuur) *Zie ook* karakterstructuur 32-35, 146-151
oranje 112
orgasme 169
ouders
  geërfde trauma's 84-86
  gezag 209-211
outside-in-systemen 467-468
overcompensatie 29
overintellectualisme 436-437
overleving 67-68, 75, 79-89
overmanaged kind 202-203

overstimulatie 215-216
overtuigingen 418-420, 423, 451
overtuigingen, invalidatie van 431-432
overweldiging 437-438
pantser
  karakter- 31-34 *Zie ook afzonderlijke karakterstructuren*
  lichaams- 27
passiviteit 222-224
patronen herkennen 361-362
Piaget, Jean
  concrete operaties 318
  formele operaties 380
  omkeerbaarheid
  ontwikkelingstheorie
  pre-operationele periode 262
  sensorisch-motorische periode 78
pingala-nadi 374-375
plezier 118-120
polariteiten 17-18, 125-130
posttraumatische stressstoornis 67
praten, snel *Zie ook* communicatie 335-336
pre-operationele periode 261
premature ejaculatie 169
prestatiegericht (karakterstructuur) *Zie ook* karakterstructuur 32-34, 274-279
pro-activiteit 192
promiscuïteit 143
psychopathisch/uitdager-verdediger (karakterstructuur) *Zie ook* karakterstructuur 32-35, 329-331
psychose
  zesde chakra 387
  zevende chakra 439
  Kundalini 470
psychoseksuele stadia 146
psychosynthese 48-49
quest, vision 400-401
rationeel bewustzijn 415-416

rationele geest 372-373
reactief 192
receptie 26
receptieve meditatie 440
rechten, zeven 36-38
reflectie, zelf-
reflectief bewustzijn 40, 42-43, 52
Regenboogbrug 12-14
regressie 106-107
Reich, Wilhelm 48-49
reïncarnatie 106
reis, naar boven en naar beneden 459-462
relaties
  vierde chakra 242-244, 247-252
  verinnerlijkte 269-271
relationeel 266
religie, gestructureerde 432-433, 452-453
rigide/prestatiegericht (karakterstructuur) *Zie ook* karakterstructuur 15, 32-35, 275-277
ritme 307-310, 349-350
rood 61
routines 262-263
Rudra 473
rust 310
SAD (Seasonal Affective Disorder) winterdepressie 401-402
Sahasrara 21
samadhi 440
scepsis, spirituele 436-437
schaamte
  als demon 45, 191, 204, 229-230
  derde chakra 216-218
  vijfde chakra 322-323
  zesde chakra 385
schaduw 125-130, 141
scheiding
  tweede chakra 132-135
  vierde chakra 239
  geest en stof 411-412
scheiding 238-239
schepping 426
schizoïde/creatieve karakterstructuur *Zie ook* karakter-

structuur 32-35, 90-93
schreeuwen 325-326
schrijven
  vijfde chakra 347-349
  zevende chakra 445, 447-448
schuldgevoel
  als demon 44, 45, 128-130
  vijfde chakra 322-323
  verwerken 164-165
Seasonal Affective Disorder (SAD) 401-402
seksualiteit
  tweede chakra 130, 141-142, 155, 156-157
  vijfde chakra 324
seksueel/seksuele
  heling 169-172
  misbruik 141-144, 215, 323
sensorisch-motorische periode 78
Shakti (Kundalini) 370, 470-472
Shiva 472-474
sinusoïden 309
sjamanistische geneeskunde 350
slapen 310
sociale vaardigheden 155
sociale identiteit 40, 41-42, 53, 260-265, 289
soetra's, yoga- 440
somatische identiteiten 40
spanning 309-310
spectrum, licht in volle 401-402
geest
  zevende chakra 426
  scheiding van stof 411-412
spiritualiteit 452-453
spiritueel/spirituele
  misbruik 432-433
  ontwaken 381
  scepsis 436-437
  verslaving 438
stem 314-315
stereotypen 246-247
sterke punten, taxatie van 463-469

stimulatie
  tweede chakra 136-138
  derde chakra 215-216
stof-geest, scheiding van 411-412
betekenis 418-420
strategieën
  eerste chakra 94-107
  tweede chakra 160-171
  derde chakra 225-230
  vierde chakra 287-295
  vijfde chakra 338-350
  zesde chakra 391-402
  zevende chakra 440-453
stromen, opstijgende en dalende *Zie ook* energie 181-182
structuren, karakter- *Zie ook afzonderlijke karakterstructuren* 31-35
subroutines, onbewuste 368
superego 187
sushumna-nadi 375
Svadhisthana 20
symbolen 307, 369-370
symbolisch denken 280
sympathisch trillen 308-309
taalontwikkeling 195-196
tactiele deprivatie 136-138
tantra 474-475
tantrische
  afbeeldingen 242-243
  teksten 374-375
tegengestelden 125-130
tekenen
  eerste chakra 95-96
  zesde chakra 393
  chakra's 394-395
  dromen 393
  lichaam 95-96
tekortschieten 214-215
thalamische reflex 350
Thanatos 253-254, 255
therapieën
  eerste chakra 94-107
  tweede chakra 160-171
  derde chakra 225-230
  vierde chakra 287-295
  vijfde chakra 338-350
  zesde chakra 391-403
  zevende chakra 439-453

titratie 164
TM (transcendentale meditatie) 342-344
tonische immobiliteit 162-163
top-down-systemen 466
trancereizen 397-398
transactionele analyse 260
transcendent(e)
  bewustzijn 371, 374-376
  functie 375-376
transcendentale meditatie (TM) 342-344
transcendentie 425-427, 428
transcenderen van lagere ego's 448-451
transformerende kracht 442
trauma
  eerste chakra 79-86
  tweede chakra 136-145
  derde chakra 207-219
  vierde chakra 266-273
  vijfde chakra 320-327
  zesde chakra 382-385
  zevende chakra 431-433
turkoois 306
twaalfstappenprogramma 425
tweede chakra *Zie* chakra twee
uitbreken
  tweede chakra 50, 134
uitdager-verdediger (karakterstructuur) *Zie ook* karakterstructuur 32-35, 328-330
uitreiken 250-252, 290-291
universele
  ene 428
  identiteit 40, 43, 52, 420-422
validatie van overtuigingen 431-432
veiligheid 227-228
verbeelding 386, 380, 395-397
verdediger (karakterstructuur) 32-35, 328-333
verdrager (karakterstructuur) *Zie ook* karakterstructuur 32-35, 199-206

REGISTER

verdriet
  afwijzing 273-274
  als demon 254-256
  vierde chakra 291-292
verdringing 125-130, 382-385
resonantie 307-311, 349-350
vergeving 292-294
verinnerlijkte relaties 269-270
verkrachting *Zie ook* seksueel misbruik 143-144
verlangen 124
verlating 80-81
vermijding
  vierde chakra 284-286
  zevende chakra 425
  chakrasysteem 29
verouderlijkt kind 213-215
verplichting 252-253, 294
verraden kind 330-331
verschrikkelijke moeder 365
verslavingen 157-159
  vierde chakra 293
  zevende chakra 425
  spirituele 437-438
verstijvende respons 162-163
verstikking 141
vertrouwen 75
vervormde liefde 271-272
vervreemding 239
verwaarlozing 81, 327
verwijten maken
  derde chakra 185
  vierde chakra 292-294
verwondingen 84
vibraties
  vijfde chakra 306-311, 339-344
  chakra-elementen 17-18
vierde chakra *Zie* chakra vier
vijandigheid 325-326
vijfde chakra *Zie* chakra vijf
violet 409
visioen 377-378
vision quest 400-401
Vissudha 21, 311
visualisatie 395-398
visueel denken 394-395
vlijt versus minderwaardigheid 318

voedingsproblemen *Zie ook* eetstoornissen 81-82
voeten, aarding 102-105
volwassenheid
  archetypische identiteit 381
  individuatie
  mishandeling 431-433
  ontwikkelingsstadia 47, 48-49, 53, 429-430
  trauma's 431-433
voorspoed 72-73
voorwaardelijke liefde 201-204
vrijheid 252
vrijmaking, emotionele 166-168
vrouwelijk archetype 246-249
vuur
  derde chakra 181-182, 225-226
  chakra-elementen 17-18
waan 364
waandenkbeelden 387
waarheid 315-317
warrige logica 129
water 17-18, 116-117
wijze/meester (archetype) 366
wil 188-190, 196-198, 218-219, 220-222
Wilbur, Ken 48-49
woede
  tweede chakra 151
  derde chakra 204-206, 228-229
wortels 70
yantra-yoga 376
yoga 227, 257, 376, 441
zaadlettergrepen 343
Zelf 365
zelfaanvaarding 40, 41-42, 51, 287-289
zelfdefinitie 40, 41 51
zelfachting 190-191
zelfafwijzing 273
zelfbeeld van lichaam 95-96
zelfbehoud 40, 50
zelfbevrediging 40,41, 51
zelfdominantie 220-222

zelfexpressie 40, 42, 52, 311-316, 319
zelfkennis 40, 42, 43, 452
zelfliefde 244-245, 269, 287-289
zelfonderzoek 246
zelfreflectie 40, 42-43, 52, 390
zelfreflectief bewustzijn 244-245
zelfvergeving 293-294
zelfvertrouwen 190-191
zesde chakra *Zie* chakra zes
zeven rechten 36-38
zeven identiteiten *Zie ook afzonderlijke identiteiten* 39-43, 46-53, 421
zevende chakra *Zie* chakra zeven
ziekte 84-85
ziekte 84-85
ziel 426
zien 360-361
ziener (archetype) 366
zintuiglijke deprivatie 136-138
zintuiglijkheid 118
zuivering 311
zwaarlijvigheid *Zie ook* eetstoornissen 137, 228-229

Woord van dank

Iris, de Griekse godin van de regenboog, was de eerste godheid waarmee ik ooit kennismaakte. Aan haar dank ik mijn ontdekking van de chakra's en de Regenboogbrug. Tijdens mijn reis over deze brug heb ik echter steun gekregen van een heleboel mensen – mijn cliënten, studenten, docenten, vrienden en familie.

Van bijzonder belang is mijn gezin, dat het met me uithield terwijl ik dit boek schreef en dat ik hiervoor dank. Mijn zoon, Alex Wayne, vond het goed dat ik verhalen over hem in de tekst opnam en hij hielp me met de computertekeningen. Mijn echtgenoot, Richard Ely, gaf me liefde en steun en redigeerde de tekst geduldig. Selene Vega, mede-auteur van *Reis door de chakra's* en mededocent van de cursus *Nine Months Chakra Intensive*, hielp me door de jaren heen met het ontwikkelen van dit werk, terwijl ze me ook geweldig tot steun was, redigeerwerk deed en me feedback gaf. Ik wil Lisa Green graag bedanken voor haar commentaar op de ontwikkeling van het kind, Jack Ingersoll voor de uitgebreide gesprekken over de psychologie van Jung, en Nancy Gnecco voor haar bijdragen aan de tabellen. Ik wil ook mijn agent Peter Beren bedanken, die deze publicatie mogelijk maakte, en David Hinds van uitgeverij Celestial Arts.

Ik wil vooral graag degenen bedanken die het aangedurfd hebben met mij als hun gids aan het heelwordingsproces te beginnen. Van jullie heb ik het meest geleerd. Het is een voorrecht geweest jullie te dienen.